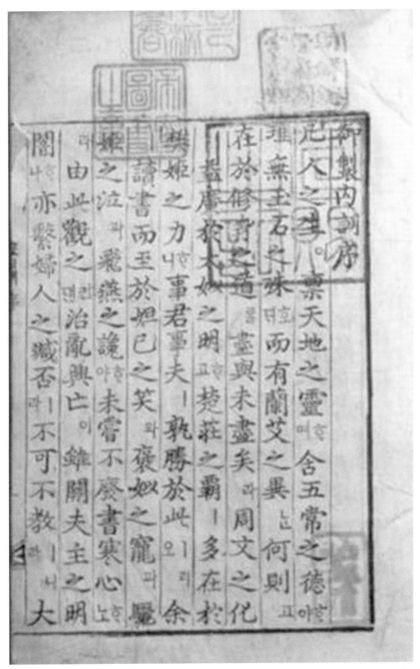

《어제내훈》 서문 원본은 전해지지 않으며, 영조가 《어제내훈》이라는 제목으로 1736년에 개간했다.

《내훈》 권제2 부부장 제4

김홍도필 풍속화첩 〈신행〉 18세기. 신부가 혼례식을 마치고 신방을 치른 뒤 신랑집으로 가는 의식.

김홍도필 풍속화첩 〈행상〉 18세기. 나무통을 지게에 짊어진 남편, 생선 담긴 광주리를 이고 있는 아내와 등에 업힌 아기의 정겨운 가족 모습.

소혜왕후(추존)가 수빈 시절 머물렀던 덕수궁 중화전   시아버지 세조가 지어주었다.

소혜왕후 한씨가 묻힌 경릉   고양시 서오릉, 남편 의경세자(덕종) 봉분의 오른쪽에 있다.

위당 정인보(1893~1950?)　한학자·역사학자·언론인·정치인·작가

왼쪽으로부터 둘째 며느리, 큰며느리, 장녀 정완, 3녀 양완, 장남 연모, 4녀 평원, 차남 상모, 4남 양모 내외(차녀 경완은 재북, 3남 흥모는 6·25 때 전사). ─연세대학교 동상 건립 날(1994)

강신항(셋째 사위)과 정양완(셋째 딸) 부부 공저로 《사모문집》(2017)을 펴냈다.

정인보 흉상　연세대학교 위당관

정인보 묘지   평양 재북인사 묘역. 1950년 한국전쟁 때 납북되었다.

정인보가 지은 국경일 노래 가사

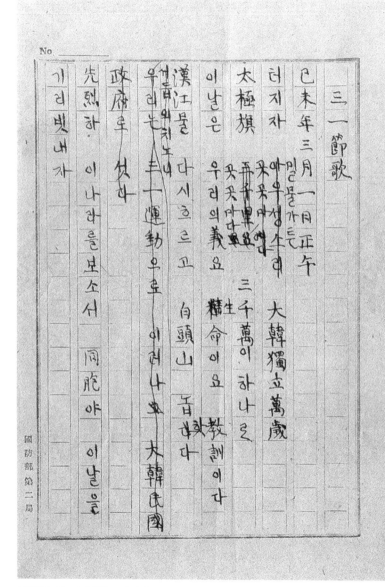

삼일절 노래　연세대학교 박물관

제헌절 노래   연세대학교 박물관

손、씻고、고히、밧들어서 우주의 별들

가치 괴도로만 원복분이로다

사사업는 백안구위 압날 계속하이로다

바다물 거쳐 더내이 이제 붓터 수전하거리라

여긔서 제소리나니 평화오리라

이날은 대한민국 억만년의 터다 대한민국

의터 억만년

光復節歌

흐르다시 만저보자 바다물에도 옛빛이다 줌추겨다

의하여 압을 보서려든 어른님 벗님 엇지하

이날이 사십년의 에 영원히 영원히 매친 앳해 기

하로가 직히하세

리기리

광복야 게록라만 지난일은 못그럽다

섬엔들 이슬것가 있이 것가

다가치 복을심어 잘갓궈 길러 하눌닷

게

광복절 노래 연세대학교 박물관

開天歌

우리가 물어라면 근원이 어잇고

우리가 남기라면 뿔이가 어듸뫼다

이나라를 여러 남은 하늘 檀君이시니

白頭山 앗흔 터에 조선이 서니

阿斯達 세울이요 하늘이 렷다

聖人의 자최싸라 하늘이 렷다

에나야라 엿천 연두만 두엇하시니

맨첫음을 네도 두읍신 윈과

구름에 엿천 연하야 두읍신 윈과

인간을 남녀도와 두읍신

오래나 오래다해도

구름은 엿윈해도 구름아 세엿듯

멋천연 구름가렷두해도 구름아 세엿듯喜哜民國 監察委員會

개천절 노래 연세대학교 박물관

비문

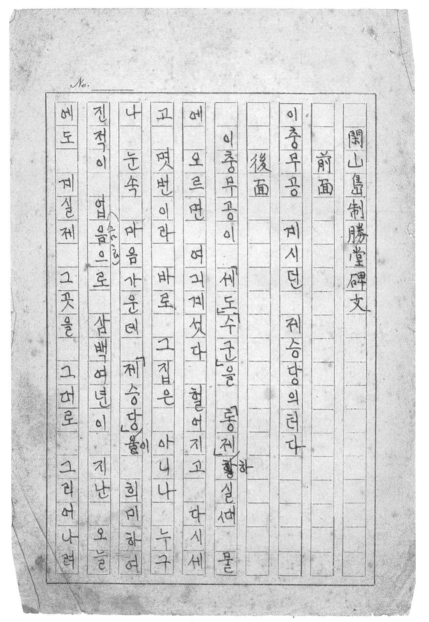

閑山島制勝堂碑文

前面

이충무공 계시던 제승당의러다

後面

이충무공이 "세도수군을 통제항하실새 물
에 오르면 여기게섯다 헐어지고 다시세
고 몇번이라 바로 그집은 아니나 누구
나 눈속 마음가운데 제승당(堂)이 희미하여
진적이 업음(슴)으로 삼백여년이 지난 오늘
에도 계실제 그곳을 그대로 그리어 나려

한산도 제승당 비문(일부) 연세대학교 박물관

충무공 이순신 기념비문(일부)　연세대학교 박물관

World Book 290

昭惠王后

內訓/鄭寅普小傳
내훈/정인보 소전

소혜왕후/정양완 옮겨풀어씀

동서문화사

여자의 마음닦기
내훈
차례

머리글

내훈

말씨와 몸가짐 … 27

어버이 섬기기 … 49

결혼 … 70

남편과 아내의 도리(Ⅰ) … 83

남편과 아내의 도리(Ⅱ) … 115

어머니의 본보기 … 155

서로 화목하게 지냄 … 176

청렴함과 검소함 … 185

《내훈內訓》을 펴내며 … 195

《내훈》을 옮겨 풀어쓰고 나서–정양완 … 199

《內訓》原本收錄 … 205~360

정인보(鄭寅普) 소전
   아버지 담원선생(詹園先生)의 자취를 더듬어 … 363
   강단에서 논단에서 … 381
   연희전문을 그만 두고 8·15까지 … 389
   1945. 8. 15 이후 … 395
   슬픈 시기에 배운 아버지의 올곧은 가르침 … 404
   연구와 가르침을 통한 나라 사랑 … 411
   위당 정인보 선생 학문에 대하여 … 415

아버지를 기다리며―정양완
   그리운 아버지 … 445

머리글

사람이 태어날 때, 하늘과 땅의 신령스러운 기운을 타고 나며, 오상의 덕*¹을 안에 품고 있기 때문에 이치로 보아 옥과 돌과의 구별이 없건만, 난초와 쑥의 차별이 있음은 무슨 까닭인가? 그것은 자기의 몸을 닦는 도를 다함과 미처 다하지 못함에 있는 것이다.

주(周)나라 문왕(文王)의 교화가 태사(太姒)의 밝으심에 더욱 넓어졌고, 초(楚)나라 장왕(莊王)이 제후의 으뜸 됨 또한 번희*²의 힘에 크게 힘입었으니, 임금을 섬기고 남편을 섬기는 일이 누가 이보다 더 하겠는가.

내 글을 읽다가 달기(妲己)의 웃음*³과 포사(褒姒)의 영총*⁴과 여

---

*1 五常之德, 다섯 가지 덕. 사람이면 의례 지켜야 할 덕목으로, 아비와 아들과는 친근함이 있으며, 임금과 신하 사이에는 의리가 있으며, 남편과 아내는 서로 넘나듦 없는 구별이 있으며, 어른과 아이는 질서가 있으며, 벗 사이에는 신의가 있음이라.

*2 樊姬, 초나라 장왕의 왕비.

*3 주(紂)가 유소씨(有蘇氏 : 나라이름)를 치니, 유소씨가 달기(妲己)를 주(紂)에게 바치거늘, 주가 홀딱 빠져 안 들을 말이 없어서, 옳게 여기는 사람은 귀하게 하고, 미워하는 사람은 죽이곤 하였다. 그때 제후 중 배반하는 이가 있거늘, 달기가 말하기를 '벌이 가볍고, 죽임이 적으면 위엄이 서지 않으리라'하며, 주를 충동하여 중한 형벌을 내리라 하였다. 그래서 다리미를 불에 달구어 그 사람으로 하여금 들라 하니 손이 데거늘, 다시 구리 기둥을 만들어 기름을 발라 숯불 위에 얹고 죽을 사람으로 하여금 기둥에 오르라 하여 달기의 웃음을 돕고, 이 형벌에다 이름을 붙여 포락형(炮烙刑)이라 하였다.

*4 유왕(幽王)이 포(褒)를 치매, 포 사람이 포사(褒姒)를 바치거늘, 왕이 홀딱 빠졌다. 포사가 괵석부(虢石父)와 알랑거려 신후(申后)와 태자(太子)의구(宜臼)를 헐뜯으니, 왕이 신후와 의구를 폐하고, 포사를 왕후로 삼고 그 아들 백복(伯服)을 태자로 삼았다. 의구가 신(申)땅에 쫓겨 있는데, 태사(太史) 백양(伯楊)이 이르기를 '재화(災禍)가 일어나리라. 어

희(驪姬)의 울음*5과 비연(飛燕)의 헐뜯음*6에 이르러서는 글 읽기를 그만두고도, 마음에 섬찟하게 여겨지지 않을 수 없었다.

이로써 보건대, 나라가 태평하고 어지러움이 비록 남자의 어질고 포악함에 관계한다고 해도, 그 또한 여자의 어질고 포악함에도 달렸는지라 여자를 가르치지 않을 수가 없다. 무릇 남자는 그 마음을 툭 트인 세계에 노닐게 하고 그 뜻을 여러 미묘한 세계에 익숙하게 하여, 스스로 시비를 가리어 가히 몸가짐을 수행하도록 해야 하니, 어찌 나의 가르침을 기다린 후에야 행하겠는가. 그런데 여자는 그렇지가 아니하여 한갓 길쌈의 굵고 고움만을 달게 여기고 덕행의 높음을 알지 못하니, 이것이 내가 날마다 애닯아하는 것이다.

떻게 할까? 할 수도 없으리로다.' 하였다. 포사가 웃음을 즐기지 아니하여, 왕이 여러 가지로 달래도 짐짓 웃지 아니하더니, 왕이 제후와 더불어 약속하기를 '도적이 오면 봉화(烽火)를 들어 신호를 삼으리니, 문득 병마(兵馬)를 가지고 와서 구하라.' 하였다. 왕이 포사를 웃기려고 아무런 까닭도 없이 봉화를 드니, 제후가 왔지만 도적이 없었는데, 그때 포사가 몹시 웃었다. 또 포사가 비단 찢는 소리를 즐겨 들으매, 왕이 비단을 내어 찢게 하여 포사의 마음에 맞게 하였다. 신국(申國) 임금(신국 임금은 신후(申后)의 아버지라)이 견융(犬戎)(견은 나라 이름, 융은 되[戎])왕을 치거늘, 왕이 봉화를 들어 병마를 모았건만 병마는 오지 아니하여, 유왕을 죽이고 포사를 잡아 갔느니라.

*5 진(晋) 헌공(獻公)이 여융(驪戎)을 치자, 여융 사람이 여희(驪姬)를 바치거늘, 돌아와 해제(奚齊)를 낳았다. 제 아들을 세우고자 하여 태자에게 이르기를 "임금 꿈에 그대의 어머니를 보시니, 빨리 가서 제사지내라." 하였다. 태자가 곡옥(曲沃)에 가서 제사지내고 구운 고기[燔肉]를 보냈는데, 공은 마침 사냥 가 있어서, 여희가 대궐에 엿새(6일)를 두었다. 공이 돌아오시거늘, 약을 넣어드리며 공에게 사뢰기를 "밖에서 온 것은 그저 자셔서는 안 됩니다." 하였다. 공이 땅에 놓으니 땅이 부풀어오르고, 개에게 주니 개가 죽고, 신하에게 주니 신하가 죽거늘, 여희 울면서 이르기를 "도적이 태자에게서 났습니다." 하였다. 그래서 태자가 곡옥땅에 나가 있는데, 공이 죽이었다.

*6 한(漢) 성제(成帝)가 슬며시 나다니다가 양아 공주(陽阿公主)의 집을 지나는데 비연(飛燕)의 아우 생김새가 곱거늘, 또 불러들이니, 좌우에서 본 사람이 다 혀를 차며 칭찬하더라. 형제가 다 첩여(婕妤) 벼슬을 하니 후궁(後宮) 중에 으뜸이더니, 황후와 동열(同列)에 있던 반첩여(班婕妤)가 헐뜯기를 "상감님을 신에게 빌어 없애고자 합니다." 하였다. 왕이 곧이듣고 황후를 폐하여 소대궁(昭臺宮)에 보내었다.

또한 사람이 아무리 본디 맑게 트였더라도, 성인(聖人)의 가르침을 알지 못하고서 하루 아침에 갑자기 귀하게 되면, 이는 원숭이를 씻겨 고깔을 씌워 놓은 것이나 담에 낯을 돌려 세움과 같은 것이다. 진실로 세상에 바로 서서 남에게 말하기 어려우니, 성인의 가르침은 가히 천금(千金)으로도 그 값을 치룰 수 없다고 말할 만하다.

그리고 일에는 어려움과 쉬움이 있으니, 이에 맹자(孟子)가 이르기를 "큰 산을 끼고 북녘 바다를 건너뜀을 사람이 이르되, '내 잘 못하겠다' 한다면, 이는 진실로 잘 못함이거니와, 어른을 위하여 가지를 꺾는 것을 사람이 이르되 '내 잘 못하겠다' 한다면, 이는 안 하는 것일 뿐이지, 잘 못하는 것이 아니다." 하시니, 어른을 위하여 가지를 꺾음은 쉽고 큰 산을 끼고 북녘 바다를 건넘은 어려우니, 이것으로 보건대, 몸을 바르게 하는 도(道)는 너희들이 어렵게 여길 것이 아니다.

요(堯)와 순(舜)은 천하의 큰 성인으로서, 요는 아들 단주(丹朱)를 순은 상균(商均)이라는 아들을 두었다. 엄한 아버지가 부지런히 가르치는 앞에도 오히려 어질지 못한 자식이 있거늘, 하물며 나는 홀어미(과부)라 어찌 능히 옥같은 마음을 지닌 며느리를 보겠는가.

이러기에 《소학(小學)》, 《열녀(烈女)》, 《여교(女敎)》, 《명감(明鑑)》 등이 지극히 적절하며 명백한 책이지만 권수가 자못 많아 쉬 알지 못할 것이므로, 이 네 권 중에 가히 중요한 말을 가려내어 일곱 장(章)으로 만들어 너희에게 준다.

슬프다. 한 몸의 가르침이 다 이에 있거니, 한번 그 도를 잃으면 비록 뉘우친들 가히 미칠 것인가? 너희들이 마음에 새기고 뼈에 새겨 날마다 성인과 다름없도록 기약하라. 밝은 거울은 맑고 맑으니 어찌 조심치 아니할 것인가?

성화(成化) 을미(乙未 1475) 초겨울 어느 날

內訓序

凡人之生, 稟天地之靈, 含五常之德, 理無玉石之殊, 而有蘭艾之異, 何則, 在於修身之道, 盡與未盡矣.

周文之化, 益廣於太姒之明. 楚莊之霸, 多在於樊姬之力. 事君事夫, 孰勝於此. 余讀書而至於妲己之咲, 褒姒之寵, 驪姬之泣, 飛燕之讒, 未嘗不廢書寒心.

由此觀之. 治亂興亡, 雖關夫主之明闇, 亦繫婦人之臧否, 不可不教.

大抵男子游心於浩然, 玩志乎衆妙, 自別是非, 可以持己, 何待我教而後行也. 女子不然, 徒甘紡績之粗細, 不知德行之迫雲, 是余之日恨也.

且人雖素清通, 不見聖學, 而一旦遽貴, 則是沐猴而冠, 面墻而立. 固難立之於世, 語之於人. 聖人謨訓, 可謂千金不償矣.

且事難易, 孟子曰:挾太山以超北海, 語人曰:我不能. 是誠不能也. 爲長者折枝, 語人曰:我不能. 是不爲也, 非不能也. 爲長者折枝易. 挾太山超北海難. 以此觀之. 修身之道, 非若等所難也.

堯舜天下大聖, 而子有丹朱商均. 嚴父孜訓之前, 尚有不淑之子. 況余寡母, 能見玉心之婦耶. 是以小學·烈女·女敎·明鑑, 至切且明, 而卷秩頗多, 未易可曉. 茲取四書之中, 可要之言, 著爲七章, 以螫汝等.

嗚呼. 一身之敎, 盡在於斯. 一失其道, 雖悔可追. 汝等銘神刻骨, 日期於聖. 明鑑昭昭, 可不戒歟.

成化乙未孟冬有日.

내훈 권 제1

제1 말씨와 몸가짐
제2 어버이 섬기기
제3 결혼

제1 말씨와 몸가짐
언행장言行章

《이씨여계(李氏女戒)》에 이르되,

마음에 간직함이 정(情)이요 입 밖으로 내는 것이 말이니, 말은 영(榮)과 욕(辱), 친(親)과 소(疏)의 관계가 좌우되는, 문의 지도리[要樞] 같이 중요한 것이며, 또한 능히 굳은 사이를 헤어지게도 하고, 뜻이 다른 사람을 모이게도 하며, 원망을 하고 원수가 되기도 하니, 크게는 나라를 망치고 집안을 망치며, 적게는 육친*¹ 사이를 이간시키기도 한다. 그러므로 어진 여자가 입 삼가기는 부끄러움과 헐뜯음을 부를까 두려워해서이니, 혹시 어른 앞에 있거나, 고요한 데 있거나, 잠시도 대답하는 말을 거슬리거나 알랑거리는 말을 하지 말아야 하고, 생각해 보지 않은 말을 하지 않으며, 장난치는 일을 하지 않으며, 지저분한 일에 얽히지 않으며, 혐의받을 일에 끼이지 아니한다.

李氏女戒曰: 藏心爲情, 出口爲語. 言語者, 榮辱之樞機, 親疎之大節也. 亦能離堅合異, 結怨興讐. 大者則覆國亡家, 小者猶六親離間. 是以賢女謹口, 恐招恥謗, 或在尊前, 或居閑處, 未嘗觸應答之語, 發諂諛之言. 不出無稽之詞, 不爲調戲之事. 不涉穢濁, 不處嫌疑.

---

*1 六親. 아비와 어미와 형과 아우·아내와 자식.

〈곡례(曲禮)〉*²에 이르기를,

여러 명이 함께 먹을 때는 혼자 배부르게 먹지 말며, 여럿이 같이 밥먹을 때 손을 비비적거리지 말며,*³ 밥을 뭉치지 말며,*⁴ 밥을 마구 먹지 말며,*⁵ 후룩거리며 급히 들이키지 말며, 쩝쩝거려 소리나게 먹지 말며, 뼈를 오도독오도독 씹지 말며, 입에 넣었던 고기를 도로 그릇에 놓지 말며, 뼈를 개에게 던져 주지 말며,*⁶ 굳이 얻어먹으려 들지 말며, 밥을 흘리지 말며, 기장밥을 먹을 때는 젓가락으로 먹지 말며, 국을 사발(국대접)에서 다시 간맞추지 말며, 이를 쑤시지 말며, 젓국을 마시지 말아야 한다. 그것은 손님이 사발에서 다시 간을 맞추면 주인은 잘 끓이지 못함을 미안하다 말하고, 손님이 젓국을 마시면 주인이 가난한 탓으로 반찬이 없음을 미안하다 사과한다.

젖은 고기는 이로 잘라 먹고, 마른 고기는 손으로 찢어서 먹고, 구이(炙)는 한번에 다 먹지 말아야 한다.*⁷

曲禮曰: 共食不飽, 共飯不澤手. 毋搏飯, 毋放飯, 毋流歠, 毋咤食, 毋齧骨, 毋反魚肉, 毋投與狗骨. 毋固獲. 毋揚飯. 飯黍毋以箸, 毋嚃羹, 毋絮羹, 毋刺齒, 毋歠醢. 客絮羹, 主人辭不能烹. 客歠醢, 主人辭以窶. 濡肉齒決. 乾肉不齒決. 毋嘬炙.

---

*2 《예기(禮記)》의 한 편명으로, 어린아이들이 지켜야 할 자질구레한 예절에 대해 기록한 책.

*3 옛날에는 젓가락 없이 손으로 먹었으므로, 음식이 묻은 손을 비비적거리면 지저분하기 때문임.

*4 한 그릇 밥을 같이 먹게 될 때, 뭉치면 자연히 많이 먹게 되어 욕심스러워지는 혐의가 있으므로.

*5 원문의 '방반(放飯)'의 뜻을 다음과 같이 해석한 데도 있다. 손으로 먹을 때, 손에 묻은 밥알을 떼어 그릇에 놓으면 지저분하기 때문이라고도 함.

*6 음식을 천히 여기는 것이 되므로.

*7 너무 걸신스럽기 때문임.

《단원풍속화첩》새참 단원 김홍도. 조선 후기. 일을 하다가 새참을 먹는 중의 그림.

　남자와 여자는 서로 섞여 앉지 말며, 옷걸이를 같이 쓰지 말며, 수건과 빗을 같이 쓰지 말며, 서로 친하게 주고받지 말며, 형수와 시동생은 서로 내왕하지 말며, 아버지의 작은마누라에게 내의를 빨게 하지 말며, 바깥 말을 문 안에 들이지 말고, 안의 말을 문 밖에 내지 말아야 한다.

　여자가 결혼하였거든 큰 연고 없이는 친정 왕래를 하지 말며, 고모와 큰누이와 누이동생과 딸이 이미 결혼하여 돌아왔거든 오라비

형제와 한 자리에 앉지 말며, 같은 그릇에서 먹지 말아야 한다.

男女不雜坐, 不同椸枷, 不同巾櫛, 不親授. 嫂叔不通問, 諸母不漱裳. 外言不入於梱, 內言不出於梱. 女子許嫁纓, 非有大故, 不入其門. 姑姊妹女子子, 已嫁而反, 兄弟弗與同席而坐, 弗與同器而食.

성(城)에 올라가거든 손가락질을 하지 말며, 성 위에서는 소리를 질러 부르지 말며, 장차 남의 집에 갈 때 굳이 가기를 원하지 말며, 대청에 오를 때 인기척을 반드시 내며, 문 밖에 신이 두 켤레 있으면 말소리가 들리거든 들어가고, 말소리가 들리지 않거든(은밀한 이야기를 방해할까 보아서) 들어가지 말며, 장차 지게(방문)에 들어갈 제는 시선을 반드시 나직히 하며, 지게문에 들어가거든 걸쇠를 공경스럽게 받들며, 눈을 사방으로 굴리지 말며, 지게문이 열렸거든 그대로 열어 두고, 지게문이 닫혀 있거든 또 닫되, 뒤에 들어갈 사람이 있거든 꼭 닫지 말아야 한다. 남의 신을 밟지 말며, 남의 자리를 밟지 말며, 옷을 들고 모로 몸을 숙이고 잔걸음으로 달려가, 반드시 묻는 말에만 응답하도록 조심해야 한다.

登城不指, 城上不呼. 將適舍, 求毋固. 將上堂, 聲必揚. 戶外有二屨, 言聞則入, 言不聞則不入. 將入戶, 視必下. 入戶奉扃, 視瞻毋回. 戶開亦開. 戶闔亦闔. 有後入者, 闔而勿遂. 毋踐屨, 毋踏席, 摳衣趨隅, 必愼唯諾.

무릇 눈길을 얼굴보다 위로 하면 거만스럽고, 허리띠보다 낮게 하면 시름에 잠긴 듯하고, 곁눈질하면 간사한 느낌을 준다.

凡視, 上於面則敖, 下於帶則憂, 傾則姦.

몸가짐이 공경스러워야 하며, 점잖아서 생각하는 듯하고, 말을 편안하게 하면 사람들의 마음을 편안하게 해 준다. 거만함을 길러서는 안 되며, 사욕(私慾)을 쫓아서는 안 되며, 뜻은 겸손하게 비워야지 자만해서는 안 되며, 마음껏 즐겨서는 안 된다.

어진 사람은 가까이 하면서도 공경하며 어려워하면서도 사랑하고, 사랑하되 그 결점을 알 수 있어야 하며, 미워하되 그 장점을 알아야 하며, 재물은 쌓아 두되 나누어 주는 것도 알아야 하며, 편안한 데를 편안하게는 여기지만 의리의 판단으로 능히 편안을 버리고 괴로움으로 옮길 줄도 알아야 한다.

제물 앞에 있어도 구차히 얻으려 들지 말며, 어려움에 닥치면 회피하지 말아야 하며, 남과 다툴 때 이기려고 기를 쓰지 말며, 나눌 때 많이 가지려 들지 말며, 의심스러운 일을 밝히려고 억지쓰지 말고, 바른 대로만 말하고 우기지는 말아야 한다.

母不敬, 儼若思, 安定辭, 安民哉. 敖不可長, 欲不可從, 志不可滿, 樂不可極. 賢者, 狎而敬之, 畏而愛之. 愛而知其惡, 憎而知其善. 積而能散, 安安而能遷. 臨財母苟得, 臨難母苟免. 狠母求勝, 分母求多. 疑事母質, 直而勿有.

〈소의(少儀)〉*8에 이르되,
잔치에 어른을 사사로이 모시고 음식을 먹을 때는, 먼저 수저를 들고 나중에 내려놓으며, 밥을 마음껏 떠먹지 말며, 마구 후룩후룩 마시지 말며, 조금씩 떠먹어 빨리 삼키고, 자주 씹어 쩝쩝대지 말아야

*8《예기》의 한 편명으로서, 서로 만나고 음식 대접할 때의 몸가짐을 적어 놓았음.

한다.

少儀曰: 侍燕於君子, 則先飯而後巳. 毋放飯, 毋流歠. 小飯而亟之, 數噍, 毋爲口容.

남의 비밀스러운 일을 엿보지 말며, 곁에 있는 사람에게 가까운 척하지 말며, 예전에 알던 사람의 그릇된 일을 말하지 말며, 장난기 어린 표정을 짓지 말며, 급히 오지도 가지도 말며, 귀신을 우습게 여기지 말며, 잘못된 일을 고치지 않고 그대로 좇아 본받지 말며, 미처 닥치지도 않은 일을 지레 걱정하지 말며, 남의 옷차림이나 남의 어짊을 헐뜯지 말며, 자신의 몸에 빗대어 증거하는 언질을 하지 말아야 한다.

不窺密, 不旁狎. 不道舊故, 不戲色. 毋拔來, 毋報往. 毋瀆神, 毋循枉, 毋測未至. 毋訾衣服成器, 毋身質言語.

빈 것을 들되 마치 가득 채워진 것을 드는 것처럼 조심하고, 아무도 없는 빈 곳에 들어갈 때는 마치 사람이 있는 것처럼 공손하게 해야 한다.
執虛, 如執. 入虛, 如有人

《논어(論語)》에 이르기를,
임금이 음식을 주시거든, 반드시 돗자리를 깔고 바르게 하고 먼저 맛을 보고, 임금이 날고기를 주시거든 반드시 익혀 사당에 제물로 올릴 것이며, 임금이 살아 있는 것을 주시면 반드시 잘 길러야 한다.

論語曰: 君賜食, 必正席先嘗之. 君賜腥, 必熟而薦之. 君賜生, 必畜之.

공자는 임금을 모시고 음식을 드실 때, 임금이 고수레하시면 먼저 잡수셨다.

侍食於君, 君祭先飯.

〈곡례(曲禮)〉에 이르기를,
과일을 임금 앞에서 먹게 되면 씨가 있는 것은 그 씨를 버리지 말고 품고 와야 한다.

曲禮曰: 賜果於君前, 其有核者, 懷其核.

임금을 모시고 음식을 먹을 때, 임금께서 남은 것을 주시거든, 그릇은 씻을 수 있는 것은 음식을 쏟지 말고, 그 나머지는 모두 다른 그릇에 담아야 한다.

御食於君, 君賜餘, 器之漑者不寫, 其餘皆寫.
《예기(禮記)》*9에 이르기를,
임금이 수레와 말을 주시거든 타고 가서, 감사를 드리고, 옷이거든 입고 가서 인사를 하되, 임금의 명령이 채 내리지 않았거든 바로 타거나 입지 말아야 한다.

禮記曰: 君賜車馬, 乘以拜賜. 衣服, 服以拜賜. 君未有命, 弗敢即

*9 오경(五經)의 하나. 진한(秦漢) 시대, 고례(古禮)에 관한 설을 수록한 책.

乘服也.

〈악기(樂記)〉*10에 이르기를,

어진 선비는 간사한 소리와 어지러운 미색을 귀와 눈에 머물게 하지 않으며, 음란한 음악과 요사스럽고 바르지 않은 예의를 마음에 가까이하지 못하게 하며, 게으르고 빗나간 기운을 몸에 두지 아니하며, 귀·눈·코·입·마음과 지혜와 몸의 온갖 곳을 다 순하고 바르게 따라가게 함으로써 그 마땅함을 행해야 한다.

樂記曰: 君子姦聲亂色, 不留聰明. 淫樂慝禮, 不接心術. 惰慢邪辟之氣, 不設於身體. 使耳目鼻口心知百體, 皆由順正, 以行其義.

범노공 질*11이 조카를 경계한 시에서 다음과 같이 말하였다.
말을 많이 하지 말기를 너에게 경계하노니
말 많음은 여러 사람들이 꺼리는 바라
진실로 말을 조심하고 삼가지 않으면
재액(재앙과 액운)이 이로 말미암아 비롯되느니라.
옳고 그른 것을 헐뜯으며 기리는 사이에,
족히 몸의 누(累)가 될 만하니라.

范魯公質, 戒從子詩曰: 戒爾勿多言. 多言衆所忌. 苟不愼樞機, 災厄從此始. 是非毀譽閒, 適足爲身累.

---

*10 《예기》의 한 편명.
*11 范魯公 質. 송나라 때 사람으로 자는 문소(文素). 여러 차례 추밀원 지사를 지냈고, 태조때 노국공(魯國公)에 봉해졌음. 성질이 조급하여 남의 잘못을 면전에서 질책하였으며, 청렴하고 절개를 지켰고, 자신이 받은 봉록(棒祿)을 외로운 이들에게 나누어 주었음. 문집으로는 《옹관기》,《오대 통록》 등이 있음.

《여교(女敎)》에 다음과 같은 말이 있다.

여자에게 네 가지 덕행이 있으니, 첫째는 아낙네의 덕[婦德]이요, 둘째는 아낙네의 말씨[婦言]요, 셋째는 아낙네의 몸가짐[婦容]이요, 넷째는 아낙네의 솜씨[婦功]다.

아낙네의 덕, 부덕이란 구태여 재주와 총명이 가장 뛰어나게 다름이 아니며, 아낙네의 말씨란 구태여 말솜씨 좋고 말의 날카로움이 아니며, 아낙네의 몸가짐이란 구태여 얼굴빛이 좋거나 고움이 아니며, 아낙네의 솜씨란 구태여 그 솜씨가 남보다 뛰어남이 아니다.

말쑥하고 편안하며 바르고 조용하여 절개를 지켜 스스로를 다잡으며, 몸가짐에 부끄러움을 지니며, 행동하거나 가만히 있음에도 법도가 있음이 이른바 아낙네의 덕이다.

말을 가려서 하여 모진 말을 하지 않으며, 적절한 때가 된 후에야 말하여 남에게 싫은 느낌을 주지 않음이 이른바 아낙네의 말씨다.

더러운 것을 자주 빨아 옷과 꾸밈이 깨끗하며, 목욕을 수시로 하여 몸을 더럽게 아니함이 이른바 아낙네의 몸가짐이다.

길쌈에 마음을 오롯하게 하여 장난과 웃음을 즐기지 아니하며, 술과 밥을 정갈하게 준비하여 손님을 대접함이 이른바 아낙네의 솜씨다.

이 네 가지가 아낙네의 큰 덕이라, 이것이 없어서는 안 된다. 그러나 하기는 몹시 쉬운 일이니, 오직 마음먹기에 달려 있을 따름이다.

옛사람이 이르기를, '인(仁)이란 먼 것인가? 내가 인을 하고자 하면 그 인에 이르리라' 하였으니, 바로 이를 말하는 것이니라.

女敎云: 女有四行. 一曰婦德. 二曰婦言. 三曰婦容. 四曰婦功. 婦德, 不必才明絶異也. 婦言, 不必辯口利辭也. 婦容, 不必顔色美麗也. 婦功, 不必工巧過人也. 淸閑貞靜, 守節整齊, 行己有恥, 動靜有法, 是謂婦德. 擇辭而說, 不道惡語, 時然後言, 不厭於人, 是謂婦言.
盥浣塵穢, 服飾鮮潔, 沐裕以時, 身不垢辱, 是謂婦容. 專心紡績, 不
好戲笑, 潔齊酒食, 以奉賓客, 是謂婦功. 此四者, 女人之大德而不
可乏者也. 然爲之甚易, 唯在存心耳. 古人有言: 仁遠乎哉. 我欲仁,
斯仁至矣. 此之謂也.

유 충정공*12이 온공*13을 뵙고, 마음을 다하여 몸가짐을 할 요긴
한 것으로 가히 죽기까지 행할 일을 물었다.

온공이 이르기를,

"그 성실함일 걸!"

유공이 다시 묻잡기를

"행함에 있어 무엇을 먼저 해야 되겠습니까?"

온공이 이르기를

"거짓말을 아니함으로부터 시작해야 하느니라."

유공이 처음에는 몹시 쉽게 여겼는데, 물러나와 나날이 행할 바와
말한 바를 바로잡아 보니, 스스로 서로 억제하고 모순된 점이 많았
다. 그로부터 힘써 행하기 일곱 해가 지난 뒤에야 언행이 한결같아져
서 밖과 안이 서로 응하니, 어떤 일을 만나더라도 마음이 편안하여
늘 여유가 있었다.

劉忠定公見溫公, 問盡心行己之要, 可以終身行之者. 公曰: 其誠
乎. 劉公問: 行之何先. 公曰: 自不妄語始. 劉公初甚易之, 及退而自
檃栝日之所行與凡所言, 自相掣肘矛盾者多矣. 力行七年而後成.

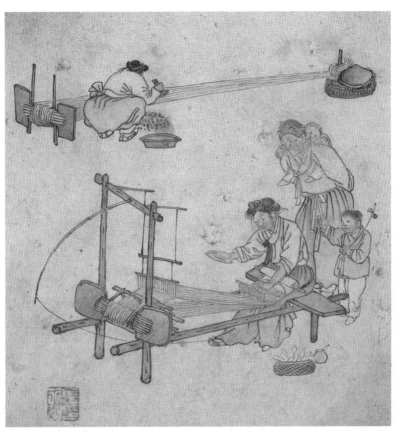

《단원풍속화첩》 길쌈 김홍도. 조선 후기

自此言行一致, 表裏相應, 遇事坦然, 常有餘裕.

  유관*14은 비록 급작스러운 상황이 닥치더라도 말을 빨리 하거나
낯빛을 전혀 고치지 않았다. 그래서 부인이 유관의 화냄을 시험해
보고자 하여, 남편이 임금께 조회하러 갈 때쯤을 엿보아, 이미 옷차
림을 다 마쳤는데, 계집종을 시켜 고깃국을 받들고 가서는 짐짓 조

---

*14 劉寬. 후한 때 사람으로 시호는 소열(昭烈).

복(朝服)에 엎질러서 더럽히고는 급히 치우게 하였다.

유관은 전혀 낯빛이 변하지 않은 채, 태연하게 천천히 말하기를,
"혹시 국에 네 손을 데이지나 않았느냐?"
라고 물었다.

그의 성품과 도량이 이와 같더라.

劉寬雖居倉卒, 未嘗疾言遽色. 夫人欲試寬令恚, 伺當朝會, 裝嚴
已訖, 使侍婢奉肉羹, 翻汚朝服. 婢遽收之. 寬神色不異, 乃徐言曰:
羹爛汝手乎. 其性度如此.

공자가 이르시되,
"말을 충성되고 믿음직스럽게 하고 행실을 돈독하고도 공경스럽게
한다면, 비록 남녘이나 북녘의 오랑캐 나라라 할지라도 갈 것이다.
그러나 말을 충성되고 믿음직하게 하지 않고 행실을 돈독하고 공경
스럽게 하지 않는다면, 비록 한 고을 한 마을이라 할지라도 어찌 가
겠는가.(그런 데는 안 간다.)"

孔子曰: 言忠信, 行篤敬, 雖蠻菊之邦, 行矣. 言不忠信, 行不篤敬,
雖州里, 行乎哉.

《논어》에 이르기를,
공자가 향당*15에서는 신실(信實)하여 능히 말을 못하는 듯하셨다.
그러나 종묘(宗廟)나 조정에 계실 때는 편안히 말씀하시되, 오직 조
심하셨다. 조정에서 하대부(下大夫)에게 말하실 때는 강직하게 하시
고, 상대부(上大夫)에게 말하실 때는 온화하고도 조용히 하시었다.

---

*15 鄕黨. 부모 형제, 붙이가 사는 곳.

論語曰:孔子於鄕黨, 恂恂如也, 似不能言者. 其在宗廟朝廷, 便便言, 唯謹爾. 朝與下大夫言, 侃侃如也. 與上大夫言, 誾誾如也.

〈관의(冠儀)〉*¹⁶에 이르되,

무릇 사람이 사람된 까닭은 예(禮)와 의(義)니, 예의의 시초는 몸을 바르게 하며 낯빛을 바르게 하고 말을 순하게 함에 있으니, 몸이 바르며 낯빛이 바르고 말이 순한 뒤에야 예(禮)와 의(義)가 갖추어지리라.

그렇게 함으로써 임금과 신하 사이를 바르게 하고, 아비와 아들 사이를 친근하게 하며, 어른과 아이 사이를 화목하게 해야 할 것이다. 임금과 신하 사이가 바르며, 아비와 아들 사이가 친근하며, 어른과 아이 사이가 화목하게 된 뒤에야 예와 의가 서게 될 것이다.

冠義曰: 凡人之所以爲人者, 禮義也. 禮義之始, 在於正容體, 齊顏色, 順辭令. 容體正, 顏色齊, 辭令順, 而後禮義備. 以正君臣, 親父子, 和長幼. 君臣正, 父子親, 長幼和, 而後禮義立.

맹자가 이르시기를,

"사람의 도리가 있으니, 배부르게 먹고 따뜻하게 입어 편안히 살되 가르침이 없으면 짐승과 다름없을 것이므로, 성인(聖人)이 이를 근심하여 설*¹⁷로 하여금 사도*¹⁸를 시켜 인륜*¹⁹을 가르치게 하시었다.

즉 아비와 아들 사이에는 친함이 있고, 임금과 신하는 의리가 있

---

*16 《예기》의 한 편명. 관례(冠禮)를 올려 어른됨에 관한 것을 기록함.
*17 契. 순임금의 신하.
*18 司徒. 벼슬 이름.
*19 人倫. 사람이 지켜야 할 도리.

으며, 남편과 아낙네는 서로 침범 못할 구별이 있으며, 어른과 아이 사이에는 차례가 있으며, 벗 사이에는 신의가 있음이니라."

孟子曰: 人之有道也. 飽食暖衣, 逸居而無教, 則近於禽獸. 聖人 有憂之, 使契爲司徒, 教以人倫. 父子有親, 君臣有義, 夫婦有別, 長 幼有序, 朋友有信.

주염계[20]가 다음과 같이 말했다.
"중유[21]는 자기 허물을 남이 지적해 주는 것을 기뻐하더니 그 이름을 널리 떨쳤다. 사람은 허물이 있어도 남이 바로잡아 타일러 줌을 기뻐하지 아니하니, 마치 병든 이가 의사를 꺼려 그 몸이 죽어가는 것도 깨닫지 못함과 같으니 슬프도다."

濂溪周先生曰: 仲由喜聞過, 令名無窮焉. 今人有過, 不喜人規, 如護疾而忌醫, 寧滅其身而無悟也. 噫.

소강절[22]이 자손을 다음과 같이 경계하여 말했다.
"상품(上品)에 속하는 사람은 가르치지 않아도 어질고, 중품(中品)에 속하는 사람은 가르친 뒤에야 어질어지고, 하품(下品)에 속하는 사람은 가르쳐도 어질지 못하다. 가르치지 않아도 어짊이 성인(聖人)이 아니고 무엇이며, 가르친 뒤에 어질어짐이 현인(賢人)이 아니고 무엇이며, 가르쳐도 어질어지지 못함은 어리석은 것이 아니고 무엇이리오.

---

*20 周濂溪. 북송 때의 대학자로서 이름은 돈이(敦頤)이고 염계는 호.
*21 仲由. 자로(子路)를 가리킴. 공자의 제자 중 행(行)에 힘쓰던 이.
*22 邵康節. 송나라 때의 학자로 이름은 옹(雍)이며, 강절은 시호.

이러기 때문에 어짊이란 길(吉)한 것을 말하고, 어질지 못함이란 흉(凶)한 것을 일컫는 것이다.

길(吉)이라 하는 것은 눈으로 예에 어긋나는 것을 보지 않으며, 귀로 예에 어긋나는 소리를 듣지 않으며, 입으로 예에 어긋나는 말을 하지 않으며, 발로 예에 어긋나는 데를 밟지 아니하며, 사람이 어질지 않으면 그와 사귀지 않고, 물건이 의리에 맞지 않으면 갖지 않으며, 어진이를 가까이하기를 마치 영지(靈芝)와 난초(蘭草) 앞에 나아감 같이 하고, 몹쓸 사람 피하기를 뱀이나 쐐기를 겁냄과 같이 하니, 더러 말하기를 길한 사람이라 하지 않더라도 나는 믿지 않을 것이다.

흉이라 하는 것은 말이 간사하고 속임수가 있으며, 몸가짐이 음침하고 험상궂으며, 이(利)를 밝히며, 그른 짓을 꾸미고, 탐심이 많고, 음란하고 재화(財貨)를 즐기며, 어진 사람 미워하기를 원수같이 하고, 죄짓기를 밥먹듯 하여, 작게는 몸을 망치고 본성을 잃게 되고, 크게는 집안을 망쳐 뒤이을 자손까지 그치게 하니, 더러 이르기를 나쁜 사람이라 하지 않더라도 나는 믿지 않으리라.

전(傳)에 다음과 같은 말이 있다.

선한 사람은 어진 일을 하되 세월이 부족하다 여기면서 하는데, 나쁜 사람은 못된 짓을 하면서도 날이 부족하다 여기면서 한다고 하였으니, 너희들은 선한 사람이 되려는가? 나쁜 사람이 되려는가?"

康節邵先生, 戒子孫曰: 上品之人, 不敎而善. 中品之人, 敎而後善. 下品之人, 敎亦不善. 不敎而善, 非聖而何. 敎而後善, 非賢而何. 敎亦不善, 非愚而何. 是知善也者, 吉之謂也. 不善也者, 凶之謂也. 吉也者, 目不觀非禮之色, 耳不聽非禮之聲, 口不道非禮之言, 足不踐非禮之地. 人非善不交, 物非義不取. 親賢如就芝蘭, 避惡如畏蛇蠍. 或曰不謂之吉人, 則吾不信也. 凶也者, 語言詭譎, 動止陰險, 好利飾非, 貪淫樂禍. 疾良善如讐隙, 犯刑憲如飲食. 小則隕身滅性, 大則覆宗絶嗣. 或曰不謂之凶人, 則吾不信也. 傳有之, 曰: 吉人爲善, 惟日不足. 凶人爲不善, 亦惟日不足. 汝等欲爲吉人乎, 欲爲凶人乎.

장사숙*23이 앉아 있는 오른쪽에 붙인 경계하는 말〔座右銘〕은 다음과 같았다.

모든 말은 반드시 성실하고 신의있게 하고, 모든 몸가짐을 반드시 독실하고 조심해야 하며, 음식은 반드시 삼가고 절제하여 먹으며, 글씨는 해서로 정확하게 써야 하며, 용모를 반드시 단정하고도 점잖게 하고, 옷차림은 반드시 엄숙하고 바르게 하며, 걸음걸이를 반드시 편안하고 조용히 하며, 거처하는 곳은 반드시 바르고 조용하게 한다. 일을 할 때는 반드시 먼저 잘 헤아려서 하고, 말을 할 때는 반드시 행실을 돌아보고 하며, 지켜야 할 떳떳한 덕은 반드시 군건하게 지키며, 승낙할 때는 반드시 신중하게 대답하며, 착한 일을 보기를 내가 한 것처럼 여기고, 악을 보기를 나의 잘못인 듯이 여겨야 하나니, 무릇 이 열네 가지 일은 내가 다 깊이 살피지 못하기에, 이를 글로 써서 앉는 모퉁이에 자리잡게 하여 아침 저녁으로 보고 경계로 여기려 한다.

張思叔座右銘曰: 凡語必忠信, 凡行必篤敬, 飲食必愼節, 字畫必楷正, 容貌必端莊, 衣冠必肅整, 步履必安詳, 居處必正靜, 作事必謀始, 出言必顧行, 常德必固持, 然諾必重應, 見善如已出, 見惡如已病, 凡此十四者, 我皆未深省. 書此當座隅, 朝夕視爲警.

*23 張思叔. 송나라 때 학자로 이름은 역(繹). '사숙'은 자.

여정헌공*²⁴이 소년 시절부터 학문을 익히되, 마음을 다스리며 본성을 수양함으로써 근본을 삼더니, 즐겨하는 욕심을 적게 하며, 입치레를 밝히지 않으며, 빠른 말씨와 당황하는 표정이 없으며, 빠르게 걷지 않고, 게으른 모습을 보이지 않아야 한다. 모든 장난기어린 웃음과 더럽고 상스런 말을 조금도 입 밖에 내지 아니하여야 한다. 세속의 잇속과 온갖 번잡하고 화려한 노래 소리와 잡기(雜技)들이 어우러진 잔치와, 쌍륙*²⁵이며 바둑, 기이한 놀이 등에 이르기까지도 덤덤하여 즐기는 바가 없었다.

呂正獻公, 自少講學, 卽以治心養性爲本. 寡嗜慾, 薄滋味, 無疾言遽色, 無窘步, 無惰容. 凡嬉笑俚近之語, 未嘗出諸口. 於世利紛華聲伎遊宴, 以至於博突奇玩, 淡然無所好.

이천*²⁶ 선생의 어머니 후 부인(侯夫人)이 나이 일고여덟일 때에 옛 글을 읽었는데, 거기에 나오는 "여자는 밤에 밖에 나가지 아니하며, 밤에 밖에 나갈 때는 밝은 촛불을 들어라." 함을 읽고는, 그때로부터 날이 저물면 다시는 방 밖에 나가지 아니하였다. 이미 장성해서는 글은 좋아하였지만 글짓기는 아니하였는데, 그 무렵 여자가 글을 짓고 글쓴 것을 남에게 보내는 것을 보고 몹시 옳지 않은 것으로 여겼기 때문이었다.

伊川先生母侯夫人七八歲時, 誦古詩曰: 女子不夜出, 夜出秉明燭. 自是, 日暮則不復出房閣.: 旣長, 好文而不爲辭章. 見世之婦女,

─────────────
*24 呂正獻公, 송나라 때 사람으로 이름은 공저(公著), '정헌'은 시호.
*25 雙六=雙陸. 주사위 놀이.
*26 伊川. 송나라 학자 정이(程頤). 이기 철학(理氣哲學)을 제창했음.

以文章筆札傳於人者, 則深以爲非.

《이씨여계(李氏女戒)》에 다음과 같은 말이 있다.

가난한 사람은 그 가난함을 편안히 여겨야 하고, 부유한 사람은 그 부유함을 경계해야 한다. 가난하면서 스스로 편안히 여기지 않는 이는 가난을 부끄럽게 여겨 재물을 널리 구하는데, 구하다가 얻지 못하면 원망이 생기게 되고, 부부가 서로 우습게 여겨 은혜가 원망으로 바뀌고, 살뜰하던 정이 덤덤해지게 된다. 부유하되 경계하지 아니하면 자랑하며 남을 이기려는 마음이 생길 것이니, 남을 우습게 여기는 빛이 겉으로 나타나면, 온화하고 부드러운 낯빛이 어디에 드러나겠는가. 온화하고 부드러운 낯빛을 버리고, 예쁜 모양을 지어 꾸민다면 그것은 경박한 여자와 다름없는 것이다.

李氏女戒曰: 貧者安其貧, 富者戒其富. 貧不自安者, 恥貧而廣求. 求旣不得, 怨由玆生, 室家相輕, 恩易情薄. 富而不戒, 則夸勝之心生. 凌慢之容旣彰, 和柔之色安在. 棄和柔之色, 作嬌小之容, 是爲輕薄之婦人.

유빈*27이 언젠가 글을 지어 그의 자제들을 경계하기를 다음과 같이 하였다.

"이름을 더럽히고, 제 몸을 해치게 하며, 조상을 욕되게 하고, 집안을 망치는 그 허물에 가장 큰 것이 다섯 가지가 있으니, 마땅히 깊이 가슴속에 새겨 두어야 한다.

---

*27 柳玭. 당나라 때 사람. 곧고 청렴하기가 그 아버지와 같아서 소종(昭宗)이 재상으로 삼으려 하였으나, 참소당해 노주로 좌천되어 죽었음.

첫째는, 저의 편안함만을 찾고, 담박*28함을 달게 여기지 아니하여, 조금이라도 자신에게 이롭기만 하다면 남의 말을 듣지 않는 것이다.

둘째는, 선비의 학술(學術)을 알지 못하고 옛 도(道)를 기뻐하지 아니하며, 앞서 간 성인의 글을 모르면서도 부끄러워하지 않으며, 현대의 일을 의논함에도 진중함이 없으며, 자신은 아는 것이 적으면서도 남이 학문 있음을 미워함이다.

셋째는, 자기보다 나은 사람은 싫어하고 자기에게 알랑거리는 이를 좋아하며, 오직 농담만 좋아하고 옛 도리는 생각하지 않으며, 남의 어진 일을 들으면 미워하고 남의 못된 일을 들으면 겉으로 드러내고, 치우치고 그릇된 일에 빠져서 덕의(德義)를 녹이고 삭여 버리니, 비록 관직에 있은들 종과 다를 것이 없다.

넷째는, 속절없이 노닐기를 즐기며, 술에 맛들여 잔을 입에 대는 것을 높은 멋으로 알고, 부지런히 일하는 것을 세속의 무리로 여기니, 버릇이 쉽게 거칠어져 알아도 이미 뉘우치기 어려운 일이다.

다섯째는, 이름과 벼슬에 다급하여 권력에 가까이하여, 한 자리(地位)나 반 다리(階層)를 혹시 얻었다 해도, 모든 이가 성내고 뭇사람이 미워하여 그 자리를 간직할 이가 드물 것이다.

내가 이름과 가문이 높은 집안을 살펴보니, 조상이 정성스럽고 효성스러우며 부지런하고 검박함으로 말미암아 일어서지 않은 집안이 없고, 자손이 모질며 추솔(麤率 : 거칠고 경솔)하며 사치롭고 오만함으로 말미암아 망하지 아니한 집안이 없으니, 일어서는 것은 하늘에 오르는 것처럼 어렵고, 망하기 쉬움은 털이 불에 타는 것과 같으며, 말하기에도 마음이 아프니 너희는 뼈에 새김이 마땅하니라."

*28 澹泊. 담박은 깊은 늪의 물 맑은 모양이니, 편안하고 고요하여 욕심이 없음이라.

柳玭嘗著書, 戒其子弟曰: 壞名災己, 辱先喪家, 其失尤大者五, 宜深誌之. 其一, 自求安逸, 靡甘澹泊, 苟利於己, 不恤人言. 其二, 不知儒術, 不悅古道, 懵前經而不恥, 論當世而解頤, 身旣寡知, 惡人有學. 其三, 勝己者厭之, 佞己者悅之, 唯樂戲談, 莫思古道. 聞人之善嫉之. 聞人之惡揚之, 浸漬頗僻, 銷刻德義. 簪裾徒在, 廝養何殊. 其四, 崇好優游, 耽嗜麴蘗, 以衘杯爲高致, 以勤事爲俗流. 習之易荒, 覺已難悔. 其五, 急於名宦. 匿近權要, 一資半級, 雖或得之, 衆怒群猜, 鮮有存者. 余見名門右族, 莫不由祖先忠孝勤儉以成立之. 莫不由子孫頑率奢傲以覆墜之. 成立之難如升天, 覆墜之易如燎毛. 言之痛心, 爾宜刻骨.

한(漢)나라 소열*29 유비(劉備) 황제가 장차 돌아가시려 할 때, 후주*30에게 타일러 경계하기를,

"모진 일은 아무리 작다 하더라도 하지 말며, 좋은 일은 아무리 작다 하더라도 하지 않는 일이 없어야 한다."

漢昭烈將終, 勅後主曰: 勿以惡小而爲之, 勿以善小而不爲.

범 충선공*31이 자제를 경계하여 이르기를,

"사람은 아무리 미련하더라도 남을 책망함에는 밝게 하고, 아무리 총명한 사람이라도 자기를 용서함에는 어둡게 하는 법이다. 너희는 오직 남을 나무라는 마음으로 스스로를 나무라고, 자기를 용서하는 마음으로 남을 용서하면, 성현의 지위에 이르지 못할까 걱정할

*29 昭烈. 3국 시대 한 나라의 시조. 성은 유(劉), 이름은 비(備). 소열은 시호.

*30 後主. 뒷 임금. 곧 유비의 아들인 선(禪).

*31 范忠宣公. 송나라 때 사람으로 이름은 순인(純仁)이며, 충선은 시호.

필요가 없을 것이다."

范忠宣公, 或子弟曰: 人雖至愚, 責人則明. 雖有聰明, 恕己則昏.
爾曹但常以責人之心責己, 恕己之心恕人, 不患不到聖賢地位也.

공감*32은 의(義)를 행함에 마치 즐기는 일같이 하여 앞뒤를 돌아
보지 않는다. 이(利)나 녹(祿)에 대해서는 두려워하며 피하고 겁을 냈
는데 마치 나약한 겁쟁이 같더라.

孔戡於爲義, 若嗜慾, 不顧前後. 於利與祿, 則畏避退怯, 如懦夫然.

마원*33의 형의 아들 엄(嚴)과 돈(敦)이 다 남을 놀리는 이야기 하
기를 좋아하여, 경박하고 말 잘하는 사람과 사귀었다.
마원이 교지(交趾)에 있으면서 글월을 보내어 다음과 같이 경계하
였다.
"나는 너희들이 남의 잘못을 듣거든 마치 부모의 이름을 들은 것
처럼 하여, 귀로는 들을지언정 그것을 입에는 올리지 말았으면 한다.
남의 어질고 사나움을 즐겨 따지며, 망령되게 바른 법을 그르니 옳
으니 하는 것은 내가 크게 미워하는 바이니, 차라리 죽으면 죽었지
자손 가운데 이런 행실을 한다고 듣기를 원치 않는다.
용백고*34는 온후하고 곡진(曲盡)하며, 조심스러워 입에 이러쿵 저
러쿵 시비하는 말을 담지 않으며, 겸손하고, 간략하며, 절도 있고, 검

---

*32 孔戡. 당나라 때 사람으로 자는 승시(勝始).
*33 馬援. 후한(後漢)의 복파 장군(伏波將軍). 교지(交趾)를 평정했음.
*34 龍伯高. 용술(龍述). 광무제 때 산도장(山都長)이었는데, 마원이 편지를 보고 영릉(零陵)
    태수를 시킴.

소하며, 청렴하여 공평하고 위엄이 있으니, 내가 그를 사랑하며 귀히 여겨 너희들이 본받기를 원한다.

두계량(杜季良)은 호걸스럽고 의협스러우며, 의(義)를 좋아하여, 남의 근심을 제 근심같이 여기고, 남의 즐거움도 제 즐거움같이 즐긴다. 또 맑거나 흐리거나에 실수됨이 없어서, 그 아버지 상사(喪事)에 조상하는 손님들이 여러 고을에서 다 왔으니, 내 또한 사랑하여 귀히 여기기는 하지만, 너희들이 그를 본받기를 원하지는 않는다.

용백고를 본받다가 미처 다 본받지 못하더라도 오히려 조심하는 선비는 될 것이니, 이른바 '고니를 새기려다가 제대로 못 새기더라도 오히려 집오리 같기는 하다' 함이다.

두계량을 본받다가 제대로 안 되면 그대로 주저앉아 경박한 아이 되리니, 이른바 '범을 그리려다가 제대로 못 그리면 도리어 개 같다' 함이다."

馬援兄子嚴敦, 並喜譏議, 而通輕俠客. 援在交趾, 還書誡之曰: 吾欲汝曹, 聞人過失, 如聞父母之名, 耳可得聞, 口不可得言也. 好議論人長短, 妄是非正法, 此吾所大惡也. 寧死不願聞子孫有此行也. 龍伯高敦厚周愼, 口無擇言, 謙約節儉, 廉公有威, 吾愛之重之, 願汝曹效之, 杜季良豪俠好義, 憂人之憂, 樂人之樂, 淸濁無所失, 父喪致客, 數郡畢至. 吾愛之重之, 不願汝曹效也. 效伯高不得, 猶爲謹敕之士. 所謂刻鵠不成, 尙類鶩者也. 效季良不得, 陷爲天下輕薄子. 所謂畵虎不成, 反類狗者也.

제2 어버이 섬기기
효친장孝親章

　문왕(文王)이 세자였을 때, 왕계*¹에게 문안드리기를 하루에 세 번씩 하셨는데, 첫 닭이 울 때 옷을 차려입고 침실 밖에 가서 내수*²의 시종에게
"오늘 편안하신가요?"
하고 물어
"편안하십니다."
하면 이에 마음을 놓으시더니, 한낮쯤 되어 또 와서 이렇게 물었고, 저물녘에 또 와서 이렇게 물었다.
　더러 편안치 아니하신 때가 있으셔서, 내수가 문왕께 아뢰면, 문왕은 낯빛이 시름겨워져서 제대로 발걸음을 못 옮기시더니, 왕계가 병이 나아서 수라*³를 예와 같이 잡수신 뒤에는 또 처음 같이 하셨다. 수라를 진어*⁴하실 때, 반드시 식었는지 더운지를 살펴보시며, 수라를 물리거든 드신 바를 물으시고 섭니*⁵에게 명하기를
"다시는 이렇게 만들지 말라."
하였다.

---

*1 王季. 문왕의 아버지.
*2 內豎. 궁정에서 낮은 심부름하는 신하.
*3 임금의 진지.
*4 進御. 잡수심.
*5 薛里. 내관(內官)의 칭호. 임금의 수라를 도맡은, 이를테면 주방장.

"그리 하오리이다."
그 대답을 들은 뒤에야 물러나오셨다.

　文王之爲世子, 朝於王季, 日三. 雞初鳴而衣服, 至於寢門外, 問
內豎之御者, 曰: 今日安否, 何如. 內豎曰: 安. 文王乃喜. 及日中, 又
至, 亦如之. 及莫, 又至, 亦如之. 其有不安節, 則內豎以告文王, 文
王色憂, 行不能正履. 王季復膳, 然後亦復初. 食上, 必在視寒暖之
節: 食下, 問所膳. 命膳宰曰: 末有原. 應曰: 諾. 然後退.

　문왕이 병이 생기면, 그 아들 무왕이 의관을 벗지 않은 채 곁에서
모시더니, 문왕이 한 술 뜨시면 당신도 한 술 뜨고, 문왕이 두 술
뜨시면 당신도 두 술 뜨시었다.

　文王有疾, 武王不說冠帶而養. 文王一飯, 亦一飯. 文王再飯, 亦
再飯.

　공자(孔子)는 다음과 같이 말씀하셨다.
　"무왕 주공은 그 효가 극진했다. 무릇 효도라 하는 것은, 어버이의
뜻을 이어받으며 어버이가 하던 일을 잘 따르는 것이다. 주공은 그
자리에 올라 부모가 행하던 예를 행하였고 그 음악을 연주하였으며,
그 받들던 바를 공경하며, 그 가까이하시던 바를 사랑하고, 죽은 이
를 섬기되 산 사람 섬김같이 하며, 없는 이를 섬기되 있는 사람처럼
하시니 이는 효도의 지극하심이라."

　孔子曰: 武王周公, 其達孝矣乎. 夫孝者, 善繼人之志, 善述人之
事者也. 踐其位, 行其禮, 奏其樂, 敬其所尊, 愛其所親, 事死如事生,

〈회혼례도(回婚禮圖)〉부분　작자 미상. '회혼례'란 해로한 부부가 혼인한지 예순 돌을 축하하는 기념의례.

事亡如事存, 孝之至也.

　맹자(孟子)는 다음과 같이 말씀하셨다.

　"증자*6가 그 아버지 증석(曾晳)을 모실 때, 반드시 술과 고기가 있었다. 그리고 상을 물리려 할 때면 의례껏

　'뉘게 주시렵니까?'

하고 여쭈었다.

---

*6 曾子. 공자의 제자로서 이름은 삼(參). 자는 자여(子與)인데, 효행으로 유명함.

'남은 게 있느냐?'

하시면, 반드시

'있읍지요.'

하고 아뢰었다.

증석이 죽자, 증원(曾元)이 그의 아버지 증자를 모시는 데도, 반드시 술과 고기가 있었다. 그런데 상을 물리려 할 때,

'뉘게 주시렵니까?'

하고 여쭙지도 않았다. 더러 증자가

'남은 게 있느냐?'

물으면,

'없습니다.'

하니, 이는 다시 한 번 더 드리려는 생각에서였다. 이는 이른바 어버이 입만 섬기는 자요, 만약 증자같이 한다면 가히 어버이 뜻을 받든다 할 만하니, 어버이 섬기는 것은 증자 같아야 옳으니라."

孟子曰: 曾子養曾晳, 必有酒肉. 將徹, 必請所與. 問有餘, 必曰: 有. 曾晳死, 曾元養曾子, 必有酒肉. 將徹, 不請所與. 問有餘, 曰: 亡矣. 將以復進也. 此所謂養口體者也. 若曾子則可謂養志也. 事親, 若曾子者可也.

증자는 다음과 같이 말하였다.

"효자가 늙은 어버이를 모실 때에는, 그 마음을 즐겁게 해 드리고 그 뜻을 어기지 않으며, 그 듣고 보심을 즐겁게 해 드리며, 그 주무시는 곳을 편안케 해 드리며, 음식으로 정성껏 모셔야 한다. 그러므로 부모가 사랑하시는 바를 또한 사랑하며, 부모가 공경하는 바를 또한 공경해야 하니, 개나 말에 이르기까지도 다 그러해야 하거늘,

하물며 사람에게 있어서야 무엇을 더 말하랴."

曾子曰: 孝子之養老也, 樂其心, 不違其志, 樂其耳目, 安其寢處,
以其飮食忠養之. 是故, 父母之所愛, 亦愛之. 父母之所敬, 亦敬之.
至於犬馬, 盡然, 而況於人乎.

공자 이르시되,
"부모가 나를 낳으시니 혈통을 있는 것만큼 큰 것이 없으며, 임금
과 어버이가 이에 임하시니 그 은혜 두텁기가 이보다 귀함이 없도다.
이런 까닭으로, 그 어버이를 사랑하지 않고 다른 사람을 사랑하는
이를 일러 패덕*7이라 하고, 그 어버이를 공경하지 아니하고 다른 사
람을 공경하는 것을 일러 패례*8라 한다."

孔子曰: 父母生之, 續莫大焉. 君親臨之, 厚莫重焉. 是故, 不愛其
親, 而愛他人者, 謂之悖德. 不敬其親, 而敬他人者, 謂之悖禮.

"효성스러운 자식의 어버이 섬기기는, 계실 때는 공경을 정성스럽
게 하며, 봉양하기는 한껏 즐겁게 해 드리고, 병환이 나셨을 때에는
지극히 근심하며, 상을 당하게 되었을 때는 지극히 슬퍼하고, 제사
를 지낼 때에는 가장 엄숙하게 하여야 한다.
이 다섯 가지를 갖춘 뒤에야 능히 어버이를 섬길 수 있다.
어버이를 섬기는 사람은 높은 벼슬에 있어도 교만하지 말며 낮은
자리에 있게 되어도 어지럽게 굴지 말며, 여럿이 있는 데서 다투지
말아야 한다. 높은 자리에 있어 교만하면 패망하고, 아랫사람이 되

---

*7 悖德. 그릇된 덕.
*8 悖禮. 어긋난 예.

어서 어지럽게 굴면 형벌 받고, 여럿이 있는 데서 다투면 무기를 쓰게 된다. 이 셋을 제거하지 않으면, 비록 날마다 소·양·돼지, 이 세 가지 고기로 봉양을 한다 하더라도 오히려 불효가 되느니라."
하였다.

孝子之事親, 居則致其敬, 養則致其樂, 病則致其憂, 喪則致其哀, 祭則致其嚴. 五者備矣, 然後能事親. 事親者, 居上不驕, 爲下不亂, 在醜不爭. 居上而驕則亡, 爲下而亂則刑, 在醜而爭則兵. 此三者不除, 雖日用三牲之養, 猶爲不孝也.

《여교(女敎)》에 이르되,
시아비와 시어미가 며느리를 얻음은 능히 효도함에 있으니, 진실로 능히 효도 아니하면, 너를 얻어 무엇 하겠는가?
며느리 되는 사람은 새벽 일찍 또한 밤늦도록 공경하며, 조심하여 오직 한 터럭 끝만큼이라도 그 뜻을 어길세라 두려워해야 한다. 시부모의 존귀함이 그 높기가 하늘같으니 모름지기 공경하며 반드시 온순하고 공손하게 하여, 행여 자기가 어진 양 믿지도 말고, 어쩌다 때리거나 꾸짖더라도 기꺼이 받아들여야 한다. 이는 진실로 날 사랑하심이니, 변명의 말을 잠시라도 입 밖에 내서야 될 것인가?
저 동녘 마을 며느리에게는 일찍 말하지 아니하고, 모름지기 내 가까운 사람(친며느리)에게 이렇듯이 가르치는 것이니, 이런 저런 말을 입 밖에 내어 변명하려 하면 곧 패역과 같은지라, 반드시 곡진히 하여 효도와 공경을 더욱 힘써야 하느니라.
혹시 부르심이 있거든 명을 듣고 바로 행해야 하니, 비록 몹시 힘이 들더라도 어찌 잠깐이나마 자신이 편안하려 들겠는가.
어른께서 편안하시거든 효성스런 봉양을 다하여 혹시 시장하지

나 않을까 걱정하고, 몸이 좋지 않으시거든 걱정을 지극히 하여 옷과 허리띠를 벗거나 풀지 말 것이다. 자손들도 본받아 네가 하듯 할 것이니, 몸으로 가르치면 그대로 따라 할 것이니 조심하고 조심해야 하느니라.

女敎云: 舅姑娶婦, 在能孝之. 苟不能孝, 娶汝何爲. 爲之婦者, 夙夜祗畏. 惟恐一毫, 稍違其意. 舅姑之尊, 其高猶天, 必敬必恭, 毋倚己賢. 倘有笞詈, 悅豫而受. 此實我愛, 言敢出口. 彼東隣婦, 曾不施之. 必於我親, 乃爾敎之. 出言自解, 卽同悖逆. 但當曲從, 孝敬益力. 或有指使, 聞命卽行. 雖甚勞勩, 豈敢自寧. 安則致養, 唯恐其餒. 病則致憂, 衣不解帶. 後人則傲, 亦如汝爲. 身敎而從, 愼之戒之.

〈내칙(內則)〉*⁹에 다음과 같은 말이 있다.

부모나 시부모가 계신 곳에 있을 때 부르거든 응하여 바로 '네' 하고 공손하게 대답하며, 나아가고 물러나며 둥글게 돌거나 모를 꺾어 돌매 삼가 조심하며, 오르고 내리며 나며 들며, 앞으로 나아갈 때에는 그 몸을 읍(揖)할 때처럼 약간 굽히고, 물러날 때에는 몸을 약간 편다.

그 앞에서 감히 트림을 하거나, 한숨짓거나, 재채기를 하거나, 기침하거나, 하품하거나, 기지개를 켜거나, 한쪽 발을 절뚝거리거나, 어디 기대거나, 흘겨보지 말 것이다.

또 감히 침을 뱉거나 코를 풀지 말며, 춥더라도 감히 덧입지 말며, 가려워도 감히 긁지 말며, 중요한 일이 아니거든 감히 한쪽 어깨를 벗지 말며, 물 건널 때가 아니거든 옷을 걷어올리지 말아야 한다.

더러운 옷과 이불의 안을 보이지 말며, 부모가 코풀고 침뱉으심을

---

*9 《예기》의 한 편 이름. 안에서 본받아야 할 법칙을 기록하고 있음.

남에게 보이지 말고, 고깔과 허리띠가 때묻었거든 잿물 섞어 빨아드리기를 청하며, 웃옷과 아래옷이 때묻었어도 잿물 섞어 빨아드릴 것을 청하고, 웃옷과 아래옷이 뜯어졌거든 바늘에 실 꿰어 깁고 누벼드릴 것을 청해야 하니, 젊은이가 어른을 섬기며, 낮은 사람이 귀한 사람을 섬길 때는 다 이런 원칙을 따라야 한다.

內則曰: 在父母舅姑之所, 有命之, 應唯敬對. 進退周旋, 愼齊. 升降出入揖遊, 不敢噦噫嚔咳欠伸跛倚睇視, 不敢唾洟. 寒不敢襲, 癢不敢搔. 不有敬事, 不敢袒裼. 不涉, 不撅. 褻衣衾, 不見裏. 父母唾洟, 不見. 冠帶垢, 和灰請漱. 衣裳垢, 和灰請澣. 衣裳綻裂, 紉箴請補綴. 少事長, 賤事貴, 共帥時.

아들과 며느리가 효도하고 공경하는 것이란 부모나 시부모의 명령을 거스르거나 게을리하지 말아야 하는 것이다. 만약에 음식을 먹으라 하시거든 비록 즐겨하지 않더라도 반드시 맛을 보고 다음 말씀을 기다리고, 옷을 주시거든 비록 입고 싶지 않더라도 반드시 입고 말씀을 기다린다. 만약 일을 시키시고 다른 이로 하여금 나를 대신해서 하게 하면 비록 원치 않더라도 우선 그가 하게 하고, 또 나를 시키신 뒤에야 다시 해야 한다.

子婦孝者敬者, 父母舅姑之命, 勿逆勿怠. 若飮食之, 雖不者, 必嘗而待. 加之衣服, 雖不欲, 必服而待. 加之事, 人代之, 己雖不欲, 姑與之, 而姑使之, 而後復之.

〈곡례〉에 다음과 같은 말이 있다.
부모가 병이 나시거든 갓을 쓰는 사람(어른)은 머리를 빗지 말며,

걸어도 뽐내지 말며(활개짓하지 말며), 말하기를 느리적느리적 하지 말며, 거문고나 비파를 타지 말며, 고기를 먹되 맛있게 먹지 말며, 술을 마시되 용모가 변하기(얼굴이 빨개지고 비틀거리게 될 지경)에 이르도록 마시지 말며, 웃을 때 잇몸이 드러나도록 웃지 말며, 성을 내도 꾸짖기에 이르도록은 하지 말아야 한다. 병환이 좋아지시거든 예전으로 돌아가야 한다.

曲禮曰: 父母有疾, 冠者不櫛, 行不翔, 言不惰, 琴瑟不御, 食肉不至變味, 飮酒不至變貌, 笑不至矧, 怒不至詈. 疾止復故.

사마온공(司馬溫公)은 다음과 같이 말하였다.
"부모나 시부모가 병이 나시거든, 아들이나 며느리는 아무 일이 없거든 곁을 떠나지 말며, 손수 약을 달이거나 물에 타거나 하여 맛보고 받들어 잡수시게 하며, 아들과 며느리는 즐거운 표정을 짓지 말며, 장난치고 낄낄대지 말며, 잔치상을 차려 놀지 말아야 한다. 그리고 다른 일은 제쳐 두고 의사를 청해다가 약 짓기에 힘써야 하니, 병환이 좋아지시거든 처음과 같이 해야 한다."

司馬溫公曰: 父母舅姑有疾, 子婦無故不離側, 親調嘗藥餌而供之. 子婦色不滿容, 不戲笑, 不宴遊. 舍置餘事, 專以迎醫檢方合藥爲務. 疾已復初.

백유*10가 잘못한 일이 있었기에 그 어머니가 때리니 울었다. 그러자 그 어머니가
"전에는 너를 때려도 울지 않더니, 지금 우는 것은 무슨 까닭이

---

*10 伯愈. 한나라 때 사람. 성은 한(韓).

냐?"

하니, 아들의 대답은 다음과 같았다.

"제가 죄를 지으면 매질하실 때 늘 아프옵더니, 이제 어머님 힘이 부치시어 아프게 못 치시니 그래서 우옵니다."

그러기에 말하기를

"부모가 성내시거든 마음에 두지 말며 표정에 나타내지 말고 깊이 그 벌을 받아 가히 불쌍하게 여기게 함이 으뜸이다. 부모가 성내시거든 마음에 두지 말며 표정에 나타내지 않음이 그 다음이요, 부모가 성내시면 마음에 두고 표정에 나타냄이 제일 몹쓸 짓이다."

伯俞有過, 其母笞之, 泣. 其母曰: 他日笞子未嘗泣, 今泣何也. 對曰: 俞得罪, 笞常痛, 今母之力不能使痛, 是以泣. 故曰: 父母怒之, 不作於意, 不見於色, 深受其罪, 使可哀憐, 上也. 父母怒之, 不作於意, 不見於色, 其次也. 父母怒之, 作於意, 見於色, 下也.

〈내칙〉에 다음과 같은 말이 있다.

부모가 종이나 더러는 서모의 자식이나 그 손자들 가운데 누군가를 몹시 사랑하시거든, 비록 부모가 돌아가신 뒤라도 한평생 공경하여 그 마음을 변치 말아야 한다.

아들에게 두 첩(妾)이 있어, 부모가 그 하나를 예쁘게 보시고 아들은 다른 하나를 예뻐하거든, 옷이며 음식으로부터 일을 진행함에 이르도록 부모가 사랑하시는 바를 일시적이라도 바꾸지 말고, 부모가 돌아가신 뒤에도 변치 말아야 한다.

內則曰: 父母有婢子若庶子庶孫, 甚愛之, 雖父母沒, 沒身敬之, 不衰. 子有二妾, 父母愛一人焉, 子愛一人焉, 由衣服飲食, 由執事,母敢視父母所愛. 雖父母沒, 不衰.

아들이 제 아내를 몹시 마음에 흡족하게 여기더라도 부모가 좋아하지 않으시거든 내보내야 한다. 그리고 아들이 마음에 들지 않더라도 부모가 말씀하시기를,
"이 아이가 날 이토록 섬기는구나."
하시거든, 아들은 부부의 예를 행하여 죽을 때까지 변치 말아야 한다.

子甚宜其妻, 父母不說, 出. 子不宜其妻, 父母曰: 是善事我, 子行夫婦之禮焉, 沒身不衰.

시아버지가 돌아가시면 시어머니도 늙으시어, 맏며느리는 제사 지내는 일이며 손님 대접하는 온갖 일들을 반드시 시어머니께 여쭈어 보고, 작은며느리는 맏며느리에게 여쭈어 보아야 한다.
시어머니가 맏며느리를 시키시거든 게을리 말며, 작은며느리에게 조금도 무례하게 하지 말아야 한다. 어쩌다가 시부모가 작은며느리에게 일을 시키시더라도 작은며느리는 맏며느리와 조금도 맞서지 말아야 하며, 잠깐도 나란히 걷지 말며, 잠깐도 똑같이 명령하지 말며, 잠깐도 나란히 앉지 말아야 한다.
무릇 며느리들은 시어머니가 방으로 돌아가라 하지 않으시거든 잠깐도 물러나오지 말아야 한다. 또 며느리들에게 장차 일이 생기거든, 큰 일이건 작은 일이건 반드시 시부모께 여쭈어야 한다.

舅沒則姑老, 冢婦所祭祀賓客, 每事必請於姑, 介婦請於冢婦, 舅姑使冢婦, 毋怠, 不友無禮於介婦. 舅姑若使介婦, 毋敢敵耦於冢婦,不敢並行, 不敢並命, 不敢並坐. 凡婦不命適私室, 不敢退. 婦將有事, 大小必請於舅姑.

부모가 비록 돌아가신 뒤에라도, 앞으로 착한 일 할 적에는 부모께 좋은 이름을 끼칠 것을 생각하여 반드시 과감하게 행동하며, 장차 착하지 못한 일을 할 적에는 부모께 부끄러우며 수치스러운 일을 끼칠 것을 생각하여 반드시 재빠르게 행동하지 말아야 한다.

父母雖沒, 將爲善, 思貽父母令名, 必果. 將爲不善, 思貽父母羞辱, 必不里.

이천(伊川) 선생이 말씀하시기를
"사람은 부모가 돌아가신 뒤, 그 생신날에는 반드시 평소보다 두 배 정도는 슬퍼해야 하니, 어찌 술을 빚고 음악을 하며 향락을 할 것인가? 그러나 더러 기쁘고 경사스런 일을 갖춘 사람은 괜찮다."

伊川先生曰: 人無父母, 生日當倍悲痛, 更安忍置酒張樂, 以爲樂. 若具慶者, 可矣.

《예기》에 다음과 같은 말이 있다.
어버이를 섬김에는 조용하게 하며 옳지 못한 일을 말할 때도 마음 상하게 해서는 안 되며, 좌우로 나아가 봉양하되 일정한 장소가 없이 어디서나 받들며, 죽도록 무슨 일이든지 부지런히 다하여 애써 모시며, 돌아가시면 상재 노릇을 극진히 3년 동안 해야 한다.
임금을 섬김에는 맞대어 놓고 그 뜻을 어겨 가면서라도 간(諫)해야 하며 슬며시 간해서는 안 되며,*¹¹ 좌우로 받들되 저마다 맡은 구실이 있으므로 맡은 바대로 받들어야 하며, 죽기까지 무슨 일이든 다 부지런히 하여 모셔야 하며, 돌아가시면 어버이 상을 당했을 때와 같이 3년 동안 거상을 입어야 한다.

스승을 모실 때에는 맞대어 놓고 덤벼 간하지 말며,*¹² 슬며시 하지도 말 것이며, 좌우로 모시되 일정한 장소 없이 어디서나 모시며, 죽도록 무슨 일이든지 다하여 받들 것이며, 돌아가신 뒤에는 마음속으로 거상을 (부모나 임금 상 당했을 때와 마찬가지로) 3년 동안 입어야 한다.

禮記曰: 事親, 有隱而無犯, 左右就養無方, 服勤至死, 致喪三年. 事君, 有犯而無隱, 左右就養有方, 服勤至死, 方喪三年. 事師, 無犯無隱, 左右就養無方, 服勤至死, 心喪三年.

사마온공(司馬溫公)이 이르기를
"부모가 돌아가셔서 상중(喪中)에 있을 때에는 중문 밖에 검소하고 허름한 방을 지어 남자들이 거상할 곳을 만들고, 단을 공구르지 아니한 상복(斬衰)을 입고, 거적 위에서 자며, 흙덩이를 베개삼아 베며, 새끼에 삼(麻)을 감아 만든 수질*¹³과, 허리에 두르는 요질(腰絰)을 벗지 않으며, 남과 같이 앉지 말아야 한다.
아낙네는 딴 방*¹⁴에 있고, 휘장이며 이불, 요의 등 화려한 것을 걷어치워야 한다.

──────────────

*11 이것은 의리의 문제이기 때문이다.
*12 간하면 바로 받아들일 것이므로.
*13 首絰. 머리에 두르는 삼띠.
*14 별실(別室).

남자는 아무 일 없이 중문 안에 들어가지 말며, 아낙네는 남자가 거상하는 곳에 불쑥 나가지 말아야 한다.

진(晋)나라 진수(陳壽)가 아버지 상을 당하였을 때, 병이 있어 계집종을 시켜 환약을 빚게 했다. 손님이 그걸 보고는 마을 사람들에게 말하니 모두들 그르다고 하였다. 결국 이것 때문에 벼슬에 오르지 못하여 세상에 쓰이지도 못한 채 죽고 말았으니, 남의 혐의를 받을 만한 때에는 가히 매사를 삼가지 않을 수 없다."

司馬溫公曰: 父母之喪, 中門外擇樸陋之室, 爲丈夫喪次. 斬衰, 寢苫枕塊, 不脫経帶, 不與人坐焉. 婦人次於中門之內別室, 撤去帷帳衾褥華麗之物. 男子無故, 不入中門, 婦人不得輒至男子喪次. 晋陳壽遭父喪, 有疾, 使婢丸藥. 客往見之, 鄕黨以爲貶議, 坐是沈滯, 坎坷終身. 嫌疑之際, 不可不愼.

"예전에 부모 상(喪)에는, 빈소*15를 차린 뒤에 죽을 먹고, 제일 굵은 베로 지은 자최(상복)*16를 입고서 거친 밥을 먹고 물마시고, 채소와 과일을 먹지 아니하며, 부모 거상에는 이미 우제*17 지내고, 졸곡*18제 지내고, 거친 밥 먹으며 물마시고, 채소와 과일을 먹지 않으며, 일주년만에 소상(小祥) 지내고 채소와 과일을 먹는다.

---

*15 殯所. 시체를 관에 모신 뒤, 발인할 때까지 안치하는 곳.

*16 齊衰. 조금 굵은 생베로 짓되 아래 가를 좁게 접어서 꿰맨 상복이다. 부모상에는 삼년, 조부모 상에는 일 년, 증조부모 상에는 다섯 달, 고조부모 상에는 석 달을 입고, 처상(妻喪)에는 일 년을 입는다.

*17 虞祭. 초우·재우·삼우가 있는데, 초우(初虞)는 죽은 영혼을 위로하기 위하여 장사지낸 날 바로 지내는 제사, 제우(再虞)는 장사지낸 뒤 두 번째 제사, 삼우(三虞)는 장사지낸 뒤 세 번째 제사. 이 세 제사를 통틀어 삼우제라고 함.

*18 卒哭. 삼우제를 지낸 뒤 지내는 제사. 죽은 지 석 달만에 정일(丁日)이나 해일(亥日)을 가려 지냄.

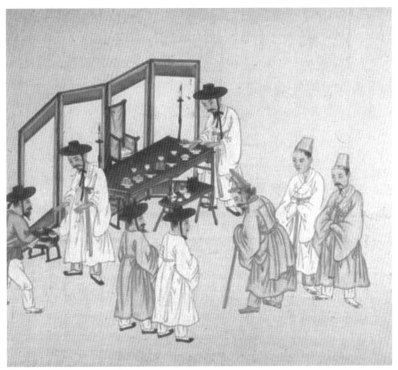

《기산풍속도첩(箕山風俗圖帖)》의 소상제례　기산 김준근. 조선 후기. 상주는 굴건제복, 남
자들은 건이나 갓을 썼고 도포나 창의를 입었다.

　그리고 또 일주년만에 대상(大祥)을 지내고, 초와 간장을 먹으며,
달을 걸러 담제*[18] 지내고, 담제 지낸 뒤에야 단술을 마신다. 처음 술
을 마시는 이는 먼저 단술을 마시고, 처음 고기를 먹는 이는 먼저
마른 고기부터 먹었다. 옛날 사람이 상중에 있을 때는 감히 드러내
어 놓고 고기를 먹거나 술을 마시는 이가 없었다."
　"한(漢)나라 창읍왕*[20]이 먼 곳에서 소제(昭帝)의 상(친상)을 당하

─────────────
*19 禪祭, 대상을 지내고 그 다음 달에 지내는 제사.
*20 昌邑王. 한나라 무제(武帝)의 아들로 소제(昭帝)의 형. 소제가 젊은 나이에 후사가 없이

여 집으로 급히 달려갈 때, 도중에서 고기 반찬 없는 밥은 아니 먹더니, 곽광*²¹이 그 죄를 따져 폐하였느니라."

"진(晉)나라 완적*²²이 재주만 믿고 거들먹거려 거상에도 예절답지 않거늘, 하증*²³이 문제(文帝) 계신 자리에서 완적을 맞대어 놓고
'그대는 풍속을 헐어 버리는 사람이라, 가히 길러 둘 수 없다.'
하고 꾸짖고, 문제에게 아뢰기를 다음과 같이 하였다.

'공(公)이 바야흐로 효도로 천하를 다스리시되, 완적이 거푸 복〔重哀〕*²⁴을 입은 몸으로 공석상에서 술마시며 고기 먹기를 허락하셨으니, 사예*²⁵로 내어쫓으시어, 그로 하여금 화하(華夏) 땅을 더럽힘이 없게 하셔야 마땅할 것입니다."

"송(宋)나라 여능왕(驪陵王) 의진(義眞)은 무제(武帝)의 상을 당하였을 때, 곁에 모신 시종을 시켜 물고기며 육지의 고기며 맛있는 반찬을 사다가 재실*²⁶ 안에 따로 찬방(廚帳)*²⁷을 꾸몄다. 때마침 장사*²⁸ 유담*²⁹이 들어오자 바로 명을 내렸다.

'술 데우고 생합*³⁰을 구워 오라.'

죽자 소제의 형인 창읍왕을 제위에 올렸는데, 행실이 나빠 제위에 오른 지 27일 만에 폐위되었음.
*21 霍光. 한나라 무제(武帝)의 총신(寵臣)으로, 무제가 죽자 소제를 제위에 올렸으나 소제가 일찍 죽었으므로 소제의 형인 창읍왕을 제위에 올렸으나 행실이 음란하여 폐하고 선제(宣帝)를 세우는 등 20여 년간 막강한 권력을 휘둘렀음.
*22 阮籍. 죽림 칠현의 한 사람으로 노장(老莊)을 좋아하였으며 시와 거문고에 능했음.
*23 何曾. 한나라 때의 학자 정치가로 버슬이 공경(公卿)에 이르렀음.
*24 미처 상복을 벗기 전에 거듭 부모상을 당하여 복을 입음.
*25 四裔. 나라의 사방 끝.
*26 齋室. 무덤이나 사당 옆에 제사지내기 위하여 지은 집.
*27 반찬 만드는 곳.
*28 長史. 벼슬 이름.
*29 劉湛. 송나라 무제·문제 때의 학자·정치가.
*30 生蛤. 날조개.

그러자 유담이 엄숙한 표정을 짓고 다음과 같이 말했다.

'공(公)이 이런 때를 당하여서, 이런 차림 있음이 마땅치 못하옵니다.'

의진이 말하기를,

'아침이 몹시 추우니, 장사(長史)는 한집안 같으니, 달리 생각하지 아니하기를 바라노라.'

하였다. 술이 나오자 유담이 일어나 말하기를

'이미 능히 예(禮)로써 스스로 처신(處身)치 못하고, 또 능히 예로써 남까지 처신치 못하게 하는구려.'

하더라."

"수(隋)나라 양제(楊帝)가 태자로 있을 때, 문헌황후(文獻皇后) 상을 당했는데, 매일 아침에 두 줌 쌀을 바치게 하고, 남몰래 시켜 살찐 고기와 포육과 젓갈을 대통〔竹筒〕 속에 넣고, 밀랍으로 통 주둥이를 막고, 옷이나 보자기에 싸서 가져오게 하였다."

"호남(湖南)의 초왕(楚王) 마희성(馬希聲)이 그 아버지인 무목왕(武穆王)을 장사 지내는 날에도 여전히 닭고깃국을 먹으니, 그 관속(官屬) 반기(潘起)가 비웃기를

'옛날 완적(阮籍)이 거상에도 찐 돼지고기를 먹었다더니, 어느 시대에도 어진 이가 없었던가?'

하였으니, 오대*31 때만 해도 거상 중에 고기 먹는 이를 남이 오히려 별스럽게 여겼으니, 흘러내려온 풍속이 폐단으로 된 유래는 매우 가깝다 하겠다."

"요즈음 사대부들은 상제가 되어도 고기 먹고 술마시기를 평상시와 다름없이 하며, 게다가 서로 좇아가 잔치하며 모이고도 경우 없이 부끄러워할 줄을 모르거니와, 그걸 보는 사람들 또한 달리 생각

---

*31 五代. 양(梁)·당(唐)·진(晋)·한(漢)·주(周).

하지를 않아서 예속(禮俗)이 허물어짐을 그만 예삿일로 여기게 되었으니, 딱한 노릇이다.”

“가난한 두멧사람이 혹시 초상을 당하여 미처 염*³² 잡숫기 전이더라도 친한 벗이 술과 반찬을 가지고 와 조상을 위문하면, 주인 또한 술과 반찬을 마련하여 서로 어울려 연일 취하고 배부르도록 마시며, 장사 지낼 때도 또 이와 같이 취하도록 마시고 먹는다.

심한 사람은 초상 때 음악을 연주하여 죽은 이를 즐겁게 한다고 하며, 장사 지낼 때에 이르러서는 음악으로 상여를 앞세게 하고 울면서 뒤따라가기도 한다.

또 상제가 되어서도 이내 혼사를 치루는 이도 있으니, 아! 몸에 배인 풍속은 고치기 어렵고 어리석은 사람은 깨우치기 어렵기가 이 지경까지 이르다니!

무릇 부모 상을 당하여 상제가 된 사람은, 대상(大祥) 전에는 고기를 먹거나 술을 마셔서는 아니 되니, 어쩌다 병이 있어 잠시라도 꼭 고기를 먹으며 술을 마실지라도 병이 좋아지거든 또 반드시 처음으로 돌아가야 한다.(고기와 술은 금해야 한다.)

그런데 혹시 반찬 없는 밥을 목에 넘기지를 못하여, 오래되어 말라 병이 생길까 겁나는 사람은 가히 고깃국물과 포육과 젓갈과, 또는 고기로 그 맛을 도울지언정, 귀한 음식과 찍진 반찬을 실컷 먹거나 남과 더불어 잔치하며 즐김이 옳지 않으니, 이렇게 한다면, 비록 소복(素服)을 입으나 실은 상제 노릇을 하지 않음이니라.

다만 쉰 살 이상 되어 혈기가 이미 쇠약하여 꼭 술이나 고기 힘을 빌려야 기운을 도울 수 있는 자는 그럴 필요까지는 없다. 상제 노릇을 할 때 음악을 즐기거나 혼사를 치루는 자는, 나라에 바른 법이

---

*32 斂. 돌아가신 분의 몸을 솜에 기름을 발라 씻기고 수의(壽衣)를 입힘을 염이라 하고, 염한다는 말은 돌아간 분을 높이느라 염잡숫는다고 함.

있어 다스리므로, 이에 대해 다시는 이야기하지 않겠다."

古者, 父母之喪, 旣殯, 食粥. 齊衰, 疏食水飮, 不食菜果. 父母之
喪, 旣虞卒哭, 疏食水飮, 不食菜果. 期而小祥, 食菜果. 又期而大祥,
食醯醬. 中月而禫, 禫而飮醴酒. 始飮酒者, 先飮醴酒. 始食肉者, 先
食乾肉. 古人居喪, 無敢公然食肉飮酒者. 漢昌邑王奔昭帝之喪, 居
道上, 不素食, 霍光數其罪而廢之. 晋阮籍負才放誕, 居喪無禮, 何
曾面質籍於文帝坐, 曰: 卿敗俗之人, 不可長也. 因言於帝, 曰: 公方
以孝治天下, 而聽阮籍以重哀, 飮酒食肉於公坐, 宜擯四裔, 無令污
染華夏. 宋盧陵王義眞居武帝憂, 使左右買魚肉珍羞, 於齋內別立
厨帳. 會長史劉湛入, 因命臑酒炙車螯. 湛正色曰: 公當今不宜有此
設. 義眞曰: 旦甚寒, 長史事同一家, 望不爲異. 酒至, 湛起曰: 旣不
能以禮自處, 又不能以禮處人. 隋煬帝爲太子, 居文獻皇后喪, 每朝
令進二溢米, 而私令外取肥肉脯鮓, 置竹筒中, 以蠟閉口, 衣袱裏而
納之. 湖南楚王馬希聲, 葬其父武穆王之日, 猶食雞臛. 其官屬潘起
譏之曰: 昔阮籍居喪, 食蒸豚, 何代無賢. 然則五代之時, 居喪食肉
者, 人猶以爲異事, 是流俗之弊, 其來甚近也. 今之士大夫居喪, 食
肉飮酒, 無異平日, 又相從宴集, 靦然無愧. 人亦恬不爲怪. 禮俗之
壞, 習以爲常. 悲夫. 乃至鄙野之人, 或初喪未歛, 親賓則齎酒饌往
勞之. 主人亦自備酒饌, 相與飮啜, 醉飽連日. 及葬, 亦如之. 甚者,
初喪作樂以娛尸, 及殯葬則以樂導輀車, 而號泣隨之. 亦有乘喪即
嫁娶者. 噫, 習俗之難變, 愚夫之難曉, 乃至此乎. 凡居父母之喪者,
大祥之前, 皆未可飮酒食肉. 若有疾, 蹔須食飮, 疾止, 亦當復初. 必
若素食不能下咽, 久而羸憊恐成疾者, 可以肉汁及脯醢, 或肉少許,
助其滋味. 不可恣食珍羞盛饌及與人燕樂. 是則雖被衰麻, 其實不
行喪也. 唯五十以上血氣旣衰, 必資酒肉扶養者, 則不必然爾. 其居

喪聽樂及嫁娶者, 國有正法, 此不復論.

안정*33은 상제 노릇을 제대로 잘했다. 처음 부모가 돌아가시자 편안치 못하여 마치 무엇을 구하려다가 얻지 못한 듯 보였다. 그리고 이미 빈소에 모신 뒤에는, 휙 가 버리고는 뒤돌아보지 않는 이를 따라가려 해도 쫓지 못하여 실의(失意)에 찬 듯한 모습이었다. 이미 장사 지내고 난 뒤에는, 그 돌아오지 못할 것을 애타게 기다리는 듯하였다.

顏丁善居喪. 始死, 皇皇焉, 如有求而弗得. 旣殯, 望望焉, 如有從而弗及. 旣葬, 慨然, 如不及其反而息.

해우*34나라 원님인 하자평(何子平)은 그 어머니가 돌아가시자 벼슬도 그만두고 그 슬퍼함을 예(禮)에 지나칠 정도로 하여, 울 때마다 펄펄 뛰고 갑자기 까무라쳤다가 되살아나더라.

마침 대명말(大明末)에, 동쪽 지방이 가난하고 전쟁이 잇달았기 때문에 여덟 해 동안이나 능히 장사를 지내지 못하여, 낮이며 밤이며 소리치고 울기를 마치 첫 거상 때 단괄*35할 때와 같이 하였다. 겨울에는 솜 둔 옷을 입지 아니하고, 여름에도 서늘한 데 가지 않았으며, 하루에 쌀 두 홉으로 죽을 쑤어 먹었고, 소금과 나물도 먹지 아니하더라.

사는 집이 너무 헐어서 바람과 해를 가리지 못하거늘, 형의 아들

---

*33 顏丁. 춘추 시대 노(魯)나라 사람으로, 상제 노릇 잘함으로써 단궁(檀弓)의 칭찬을 받음.

*34 海虞. 남조(南朝) 송(宋).

*35 袒括. 상례 때 행하는 의식의 하나. '단'은 왼쪽 팔뚝을 벗어 내어놓음, '괄'은 갓을 벗고 머리를 동여맴.

인 백흥(伯興)이 작은아버지를 위하여 이것을 손질하려 하자, 자평(子平)이 달갑게 여기지 않으며 말하기를,

"나는 내 정성을 다 펴지 못하였기 때문에 이 천지간에 죄지은 사람이거니, 지붕을 이음이 어찌 마땅하겠는가?"

하였다.

채흥종(蔡興宗)이 회계(會稽) 땅 태수(太守)가 되어 왔다가 이를 몹시 가엾게 여기고, 또 신통하게 여기어 무덤을 마련해 주었다.

海虞令何子平母喪去官, 哀毀踰禮, 每哭踊頓絕方蘇. 屬大明末, 東土饑荒, 繼以師旅, 八年不得營葬, 晝夜號哭, 常如袒括之日. 冬不衣絮, 夏不就清凉. 一日以米數合爲粥, 不進鹽菜. 所居屋敗, 不蔽風日, 兄子伯興欲爲葺理. 子平不肯曰: 我情事未申, 天地一罪人耳, 屋何宜覆. 蔡興宗爲會稽太守, 甚加矜賞, 爲營塚壙.

제3 결혼
혼례장昏禮章

〈혼의(昏義)〉*¹에 다음과 같은 말이 있다.

혼인의 예의는, 장차 서로 좋아하는 성*²이 다른 두 사람이 어울려서, 위로는 종묘를 섬기고 아래로는 후세에 자손을 잇게 하는 것이다. 그러기 때문에 군자(君子)는 이를 귀하게 여긴다.

이래서 혼인의 예에 납채*³ 문명*⁴ 납길*⁵ 납징*⁶과 신랑집에서 사람을 시켜 청기*⁷하러 오면 색시집에서 혼인을 도맡아 하는 혼주(婚主)가 먼저 사당에 돗자리를 펴고 상을 놓은 뒤에, 색시의 부모가 문 밖에 나가 절하고 맞아들이면 들어가서 서로 읍*⁸하여 인사하고, 사양하면서 올라가 사당에 앉아, 신랑집에서 전하는 명(命)을 듣게 된다. 이 모든 것은 혼인의 예를 공경스럽고 삼가며 소중하게, 그리

---

*1 《예기》의 한 편명. 결혼의 의의에 관한 것을 밝힘.

*2 姓. 사람.

*3 納采. 주대(周代) 결혼에 있어서 육례(六禮) 중의 첫째 일. 상대방과 결혼을 하고자 하면, 반드시 먼저 중매장이를 시켜 통하게 하고, 색시집에서 혼인을 승낙하면 사람을 시켜 그 가려줌에 대한 예물을 바치는데, 그때 기러기를 쓰는 것은 음양을 순히 하여 오가는 뜻을 취함임.

*4 問名. 납채한 뒤, 결혼에 대한 길흉을 점치기 위하여 색시 어머니의 성을 묻는 일.

*5 納吉. 옛 혼례 육례의 하나. 문명 뒤에 사당에서 점쳐 보아 길조를 얻으면, 사람을 시켜 색시집에 알려서 혼사를 결정지음을 말함.

*6 納徵. 폐백을 드려 혼인할 징표로 삼음.

*7 請期. 혼인할 좋은 날을 색시집에 받아 달라고 함.

*8 揖. 두 손을 가슴 높이로 맞잡고 고개 숙여 인사 함.

《기산풍속도첩》혼례 기산 김준근. 조선 후기. 초례청에 보이는 신부는 황의홍삼 삼회장에 초록 원삼을 입고 족두리를 썼다. 신랑은 사모·청단려·상아태·쌍학흉배·목화 차림이다.

고 바르게 하기 위해서이다.

昏義曰: 昏禮者, 將合二姓之好, 上以事宗廟, 而下以繼後世也. 故君子重之. 是以昏禮, 納采 · 問名 · 納吉 · 納徵 · 請期, 皆主人筵几於廟, 而拜迎於門外. 入, 揖讓而升, 聽命於廟. 所以敬愼重正昏禮也.

공경하고 삼가며, 소중하게, 그리고 예의를 바르게 한 뒤에야 친애

함이 예의 대체*⁹이니, 이렇게 함으로써 남편과 아내의 구별을 이루어서 부부의 의를 세우게 되는 것이다.

　남편과 아내의 구별이 있은 뒤에야 부부의 의가 생기고, 부부의 의가 있은 뒤에야 아비와 아들이 정다움이 있고, 아비와 아들이 정다움이 있은 뒤에야 임금과 신하가 저마다 제 위치를 바로잡게(임금은 임금 노릇을, 신하는 신하 노릇을 제대로 함) 된다. 그러기에 혼인의 예는 예의 근원이라고 말하는 것이다.

　敬慎重正而后親之, 禮之大體. 而所以成男女之別, 而立夫婦之義也. 男女有別, 而后夫婦有義. 夫婦有義, 而后父子有親. 父子有親, 而后君臣有正. 故曰: 昏禮者, 禮之本也.

　《예기(禮記)》에 이르기*¹⁰를,
　혼례는 자손 만대의 비롯됨(시작)이라 성(姓)이 다른 사람을 맞이하는 것은 부원*¹¹이요, 후별*¹²하기 위해서이다.
　폐백(幣帛)은 반드시 정성되게 하며*¹³ 납폐의 말은 모두 올곧아서 바른 말로 고하여 신빙성이 있도록 해야 하니, 신의(信)는 남을 섬기는 도리요, 신뢰심은 또한 부덕*¹⁴이다.
　한번 더불어 합환주(合歡酒)를 같이 마셔 부부가 된 뒤에는 죽기까지 변하지 않으니, 이런 까닭으로 남편이 죽어도 아내는 다른 남

---

*9 大體. 기본 원칙.
*10 교특생편(郊特牲篇)에 나옴.
*11 附遠. 관계가 먼 사람과 결혼하여 가정을 이룸.
*12 厚別. 남녀가 동성(同姓)이면 자손이 번성치 못하므로 혈통이 같은 사람을 엄격히 가려 피해야 된다는 말.
*13 정한 뒤에 물르지 말라는 뜻.
*14 婦德. 아낙네의 덕.

자에게 다시 시집을 가지 않는다. 결혼 때 남자가 친히 여자를 맞으러(장가들러) 가는 것은, 그래서 남자가 먼저 가고 여자가 뒤에 오는 것은, 남자의 강*15이 주동하고, 유*16가 피동(彼動)되는 뜻이니, 마치 하늘이 땅보다 앞서고, 임금이 신하보다 앞서는 것과 그 뜻은 마찬가지다.

친영*17 때, 신랑이 색시집에 들어가, 먼저 전안*18한 뒤에 서로 보는 것은 공경하여 남녀의 유별함을 밝힘이다. 남녀의 구분이 분명해진 뒤에야 아비와 아들이 정다움이 있게 되고, 아비와 아들이 정다움이 있게 된 뒤에야 인륜의 의의가 생기게 되고, 인륜의 의의가 생긴 뒤에야 예절이 생기게 되고, 예절이 생긴 뒤에야 만물이 편안하게 될 것이다. 남녀 구별이 분명치 않으면 아비와 아들의 정다움도 없게 될 것이니, 이렇게 되면 새나 짐승과 다를 바가 없을 것이다.

禮記曰: 夫昏禮, 萬世之始也. 取於異姓, 所以附遠厚別也. 幣必誠, 辭無不腆, 告之以直信. 信, 事人也, 信, 婦德也. 一與之齊, 終身不改, 故夫死不嫁. 男子親迎, 男先於女, 剛柔之義也. 天先乎地, 君先乎臣, 其義一也. 執摯以相見, 敬章別也. 男女有別, 然後父子親. 父子親然後義生, 義生然後禮作, 禮作然後萬物安. 無別無義, 禽獸之道也.

왕길(王吉)이 글월을 올려 아뢰기를,
"부부는 인륜의 가장 중요한 근본이니 단명(短命)과 장수(長壽)의

---

*15 剛. 강하다.
*16 柔. 부드럽다.
*17 親迎. 신랑이 색시를 맞으러 감.
*18 奠雁. 기러기를 상 위에 놓고 하느님께 재배.

싹이 됩니다. 세상에서 시집가고 장가들기를 너무 일찍하여, 남의 부모가 될 도리도 잘 알지 못하고서 자식을 두게 됩니다. 그러므로 교화(敎化)가 밝지 못하여 백성들이 흔히 일찍 죽는 것입니다."
라고 하였다.

王吉上疏曰: 夫婦, 人倫大綱, 夭壽之萌也. 世俗嫁娶太蚤, 未知爲人父母之道而有子. 是以敎化不明而民多夭.

문중자*19가 말하기를
"결혼하는 데 재물을 따지는 것은 오랑캐의 짓이니, 점잖은 사람은 그런 고을에는 발을 들여 놓지도 않았다. 옛날 남자와 여자의 집안이 저마다 덕을 택했을지언정 재물로써 예를 삼지는 않았다."

文中子曰: 婚娶而論財, 夷虜之道也, 君子不入其鄕. 古者男女之族, 各擇德焉, 不以財爲禮.

"일찍 시집가고 어려서 장가를 가는 것은 사람을 경박하게 가르침이요, 첩을 수없이 두는 것은 사람을 어지럽게 하는 가르침이다. 또한 귀천에 있어서 등급이 다르니, 한 남편에 한 아내는 서민의 직분이다."

早婚少聘, 敎人以偸. 妾勝無數, 敎人以亂. 且貴賤有等, 一夫一婦, 庶人之職也.

사마온공(司馬溫公)이 말하기를,

---

*19 文中子: 수(隋)나라의 유학자 왕통(王通)을 일컬음.

"대개 혼인을 의론할 때는, 마땅히 먼저 그 사위와 며느리의 성품과 그 집안의 법도가 어떠한지를 살펴야지, 구차스럽게 부귀를 바라서는 안 된다.

사위가 진실로 어질 것 같으면, 지금은 비록 가난하고 벼슬하지 못하였다 하더라도, 이 다음에 부귀할지 어찌 알겠는가? 그러나 만약에 사위가 시원치 않을 것 같으면, 지금 비록 잘살고 세도 있다 하더라도 이 다음에 빈천해질지 어찌 알겠는가?

아내에게는 집안의 성쇠가 달렸으므로, 만약 한때의 부귀를 탐내어 장가들었다가는 그 부귀를 믿고 남편을 업신여기며 시부모에 대하여 거드름떨지 않는 사람이 드무니, 그 교만하고 시새우는 성질을 길러주었다가는 뒷날에 걱정거리 됨이 어찌 끝이 있겠는가? 비록 아내의 친정 재물 덕에 부자 되고, 아내 친정 권세에 의지하여 귀한 벼슬을 한들, 참된 대장부의 기개가 있는 사람이라면, 당연히 부끄럽지 아니하겠는가?"

라고 하였다.

司馬溫公曰: 凡議婚姻, 當先察其婿與婦之性行, 及家法何如. 勿苟慕其富貴. 婿苟賢矣, 今雖貧賤, 安知異時不富貴乎. 苟爲不肖, 今雖富盛, 安知異時不貧賤乎. 婦者家之所由盛衰也, 苟慕一時之富貴而娶之, 彼挾其富貴, 鮮有不輕其夫而傲其舅姑. 養成驕妒之性, 異日爲患, 庸有極乎. 借使因婦財以致富, 依婦勢以取貴, 苟有丈夫之志氣者, 能無愧乎.

안정(安定) 호[20] 선생이 말하기를,

---

[20] 胡. 북송(北宋) 때 사람으로 이름은 원(瑗)이고 시호는 문소(文昭)인데, 안정보(安定堡)에서 살았으므로 안정 선생이라 불렸으며, 성은 호(胡).

"딸을 시집보낼 때는 반드시 내 집보다 나은 집에 보내야 한다. 내 집보다 나은 집이라면, 딸이 남편을 모시기를 반드시 공경스럽게 하고 조심스럽게 할 것이다.

며느리를 보기는 반드시 내 집만 못한 데라야 한다. 내 집만 못하면 며느리의 시부모 모심에 반드시 며느리의 도리를 지킬 것이다."
라고 하였다.

安定胡先生曰: 嫁女, 必須勝吾家者. 勝吾家, 則女之事人必欽必戒. 娶婦, 必須不若吾家者. 不若吾家, 則婦之事舅姑必執婦道.

〈사혼례(士昏禮)〉*21에 이르기를 다음과 같이 하였다.

혼례때 아비가 아들을 높여 친히 술을 부어 주고, 명하기를

"가서 평생 너를 도와줄 사람을 맞아 우리 집안의 종묘일을 잇되, 돌아가신 어머니를 힘써 앞장서서 공경하게 하고, 너는 모든 일에 변함이 없어야 한다."

아들이 대답하기를

"예, 그렇게 하겠습니다. 오직 말씀하신 대로 못 따를까 두렵습니다만 잠시도 감히 잊지 아니하겠습니다."

아비가 딸을 시집보낼 때 타이르기를

"조심하여 공경하고 아침 일찍부터 밤 늦게까지도 명을 어기지 말아라."
하고,

어미는 옷깃을 여미어 주고 향주머니를 매어 주며 딸에게 이르기를

"힘쓰고 공경하여 아침 일찍부터 밤 늦도록 하여 집안일을 그르치지 말아라."

---

*21 《의례(儀禮)》의 편명. 신비의 혼인 예절에 관한 내용을 기록했음.

《단원풍속화첩》신행   단원 김홍도. 조선 후기. 신행길에 나선 신랑의 행장을 그린 그림.

한다.

　서모(庶母)가 문 안으로 와서 (향)주머니 채워주고, 부모의 명을 되풀이하고 명하기를

　"네 부모의 말씀을 공경하여 듣고 받들어, 아침 일찍부터 밤 늦도록 행하여 허물이 없도록 하라."

　그리고는

　"띠와 주머니를 보라."

한다.

士昏禮曰: 父醮子, 命之曰: 往迎爾相, 承我宗事, 勗帥以敬先妣之嗣. 若則有常. 子曰: 諾. 惟恐弗堪, 不敢忘命. 父送女, 命之曰: 戒之敬之, 夙夜無違命. 母施衿結帨, 曰: 勉之敬之, 夙夜無違宮事. 庶母及門內施鞶, 申之以父母之命. 命之曰: 敬恭聽宗爾父母之言, 夙夜無愆, 視諸衿鞶.

공자(孔子)가 말씀하기를,

"아낙네는 남편에게 굽히는 것이니, 그러므로 온전히 제멋대로 처단하지 아니하고, 세 가지로 쫓는 도리(三從之道)가 있다. 말하자면 친정에서는 아비를 쫓고, 시집가서는 남편을 쫓고, 남편이 죽으면 아들을 쫓아, 잠시도 제멋대로 행하는 바가 없어야 한다.

가르치는 말소리가 안방 밖으로 나가지 않게 하며, 하던 일은 음식을 먹는 동안만 멈출 수 있을 따름이다. 이런 까닭으로 아낙네는 안채 안에서 날이 저물고, 백 리 밖으로는 거상을 당해도 달려가지 않으며, 일을 제멋대로 처리하지 않으며, 행동을 저 혼자서 하지 않으며, 다 안 뒤에야 행동하고, 가히 경험한 뒤에야 말하며, 낮에는 뜰에서 노닐지 않으며, 밤에 다닐 때에는 불을 밝혀야 하니, 이렇게 함으로써 아낙네의 덕을 바르게 하는 것이다.

여자가 시집을 가지 않아야 할 다섯 종류의 남자가 있으니 다음과 같다. 역적의 집 아들을 취하지 말며, 아비의 명을 어기는 자식을 취하지 말며, 대대로 형벌받은 사람이 있거든 취하지 말며, 집안에 나쁜 병이 있거든 취하지 말며, 아비 없는 맏아들을 취하지 말아야 한다.

또 아낙네에게는 내어쫓을 일곱 가지 단점이 있으니 다음과 같다. 부모에게 순종치 않거든 내어쫓고, 자식을 못 낳거든 내어쫓고, 음란하거든 내어쫓고, 질투하거든 내어쫓고, 몹쓸 병 있거든 내어쫓고,

말 많거든 내어쫓고, 손이 검거든(盜癖) 내어쫓으라.

그러나 세 가지 내어쫓을 수 없는 것이 있으니 다음과 같다. 데려온 곳은 있어도 보낼 곳이 없거든 내어쫓지 말며, 함께 삼년상을 지냈으면 내어쫓지 말며, 가난하고 벼슬 못 하다가 뒤에 넉넉해지고 높은 벼슬하게 되었거든 내어쫓지 마라.

무릇 성인(聖人)은 이로써 남녀의 사이를 순하게 하시며, 혼인의 시작을 소중히 여기시는 바이니라."

孔子曰.: 婦人伏於人也, 是故無專制之義, 有三從之道. 在家從父, 適人從夫, 夫死從子, 無所敢自遂也. 教令不出閨門, 事在饋食之閒而已矣. 是故, 女及日乎閨門之內, 不百里而犇喪. 事無擅爲, 行無獨成, 叅知而後動, 可驗而後言, 晝不遊庭, 夜行以火, 所以正婦德也. 女有五不取: 逆家子不取, 亂家子不取, 世有刑人不取, 世有惡疾不取, 喪父長子不取. 婦有七去: 不順父母去, 無子去, 淫去, 妬去, 有惡疾去, 多言去, 竊盜去. 有三不去: 有所取無所歸不去, 與更三年喪不去, 前貧賤後富貴不去. 凡此, 聖人所以順男女之際, 重婚姻之始也.

내훈 권 제2(상)

제4, 남편과 아내의 도리(상)

제4, 남편과 아내의 도리(상)
부부장夫婦章·상

《여교(女敎)》에 이르기를

아내가 비록 남편과 가지런하다*¹ 하였으나, 남편은 아내의 하늘이다. 예로써 반드시 공경하여 섬기기를 아비와 같이 해야 한다. 제 몸을 낮추고 제 뜻을 굽혀 망령되이 높고 잘난 척 말며, 오직 순종할 줄 알고 조금도 거스르지 말아야 한다. 남편이 가르치고 경계하는 말을 듣되 마치 성인의 글을 들음과 같이 하며, 남편의 몸을 보배롭게 여기기를 구슬같이 하여, 조심조심 제 도리를 지켜야만 하니, 조금이라도 방자하게 행동하는 일이 있어서는 안 될 것이다. 이 몸이 내 것이 아니거니, 무엇을 감히 믿고 의지하겠는가.

남편이 진실로 허물이 있거든 자기를 낮추어 간(諫)하되 이해를 가지고 말하여, 얼굴 표정을 온화하게 하며 순하게 말을 해야 하니, 남편이 만약 매우 성내거든, 노여움이 가라앉은 뒤에 다시 간하여라. 비록 매를 맞더라도 어찌 조금이나마 원망하며 애달파 하리오.

남편의 직분은 높고 아내는 낮은지라, 혹시 치거나 꾸짖음이 있다 한들 분수에 마땅함이니, 어찌 조금이라도 말대답하며, 어디라고 감히 화를 내겠는가. 그를 의지하며 함께 늙어갈 것이기에 하루만의 일이 아니라 터럭만한 일도 반드시 아뢰어야만 할 것이니, 어찌 감히 제멋대로 처리할 것인가. 제멋대로 처리하면 사람이라고 할 수 없는

---

*1 齊. 균등하다.

것이다.

시댁의 허물을 친정 부모에게 말하지 말아야 하니, 그것은 어버이에게 시름을 끼칠 뿐이리니, 말한들 무슨 보탬이 되겠는가.

시집가는 것을 이미 돌아간다고도 하니, 이렇게 되면 죽거나 살거나 목숨을 다 바쳐 받들어야 하니, 어쩌다가 어지럽게 군다면 마·소[馬牛]만도 못한 것이다.

집안을 일으키고 싶거든 그 길은 화합함과 순종함뿐이니, 어떻게 하면 화합하고 순종할 것인가? 그것은 역시 공경함에 있다.

女教云: 妻雖云齊, 夫乃婦天. 禮當敬事, 如其父焉. 卑躬下意, 毋妄尊大, 唯知順從, 不敢違背. 聽其教戒, 如聞聖經. 寶其身體, 若珠與瓊. 戰兢自守, 敢曰縱肆. 己尚不有, 何物敢恃. 夫苟有過, 委曲諫之. 陳說利害, 和容婉辭. 夫若盛怒, 悅則復諫. 雖被箠鞭, 安敢怨恨. 夫職當尊,. 而妻爲卑. 或毆或詈, 乃分之宜, 我焉敢答, 我焉敢怒. 籍以偕老, 匪一日故. 纖毫之事, 必當稟聞. 豈敢自專, 專則非人. 夫家有失, 勿告父母. 徒胎親憂, 告亦何補. 嫁旣曰歸, 死生以之. 若是紛紜, 馬牛不如. 欲家之興, 曰和與順. 何以致斯, 又在乎敬

부부의 도(道)는 음(陰)과 양(陽)이 맺으며 신명에 통달하니, 진실로 하늘과 땅과의 큰 뜻이며, 인륜(人倫)의 큰 마디다. 이렇기에 예(禮)에 남녀 사이를 귀히 여기고, 모시(毛詩)의 관저장*² 에 그 뜻을

---

*2 關雎章. 관저(關雎)는 모시(毛詩)의 편(篇) 이름이니 관관(關關)은 암새 수새가 서로 정답게 노래하는 소리요, 저구(雎鳩)는 물새(징경이) 이름이니, 제 짝을 일정히 지켜 어지러이 짝을 바꾸지 아니하며, 둘이 늘 나란히 놀되 서로 허물없이 하지는 않아서, 뜻이 지극하되 분간이 있다. 주 문왕(周文王)이 성덕(聖德)이 있고 또 성녀(聖女)인 사씨(姒氏)를 얻어서 배필(配匹)을 삼거늘, 궁중 사람이 그 처음을 제, 유한정정(幽閒貞靜. 그윽하고 한가롭고 곧고 고요함)한 덕이 있으므로 이 시를 지어 이르기를, 서로 화락하며 공경함이

《단원풍속화첩》 자리짜기 단원 김홍도. 조선 후기. 자리 짜는 남편, 물레질 하는 아내 그리고 책 읽는 아이를 안정감 있게 배치하여 그렸다.

밝히었다. 이를 따라 말하건대, 중하게 여기지 않을 수 없다.

남편이 어질지 못하면 아내를 거느리지 못하고, 아내가 어질지 못하면 남편을 섬기지 못하며, 남편이 아내를 거느리지 못하면 위의*3가 무너지고, 아내가 남편을 섬기지 못하면 의리가 무너지리니, 이 두 일을 비유하건대, 그 쓰임은 한 가지다.

정경과 같다 하였다. 유는 길다는 뜻이요, 한(閒)은 안정(安靜)하다는 뜻이요, 정(貞)은 일정(一定)하다는 뜻이요, 정(靜)은 마음이 깨끗하다는 뜻이다.

*3 威儀. 거동이 씩씩(엄)하고 본받음직함이다.

요즘 군자를 보건대, 다만 아내를 거느리지 못함이 잘못임과 위의를 감추지 못함이 잘못인 줄만을 알고 있다. 그러므로 아들을 가르쳐 글월로 몸을 단속하게 하되, 아내가 남편을 섬길 줄 모름이 잘못임과 예의를 간직치 아니함이 잘못인 줄은 정작 알지 못하고 있다. 오직 아들만을 가르치고 딸을 가르치지 아니하니, 그것은 피차(彼此)의 헤아림에 구애됨일 것이다.

《예기》에도 여덟 살에 비로소 글을 가르치고 열다섯에 학문에 뜻을 둔다고 했으니, 여자라 하여 유독 이에 의거하여 법을 삼지 않아도 되겠는가?

夫婦之道, 參配陰陽, 通達神明. 信天地之弘義, 人倫之大節也. 是以, 禮貴男女之際, 詩著關雎之義. 由斯言之, 不可不重也. 夫不賢則無以御婦, 婦不賢則無以事夫. 夫不御婦, 則威儀廢壞. 婦不事夫, 則義理墮闕. 方斯二者, 其用一也. 察今之君子, 徒知妻婦之不可不御, 威儀之不可不整. 故訓其男, 檢以書傳, 殊不知夫主之不可不事, 禮義之不可不存也, 但教男而不教女, 亦蔽於彼此之數乎. 禮. 八歲始教之書, 十五而志於學矣. 獨不可依此, 以爲則哉.

음(陰)과 양(陽)은 그 바탕이 다르고, 남자와 여자는 행실이 다르니, 양(陽)은 강*⁴으로써 그 덕(德)을 삼고, 음(陰)은 유*⁵로써 용(用)을 삼으며, 남자는 강*⁶으로써 귀히 여기고, 여자는 약*⁷으로써 아름다움을 삼는다. 그러므로 속담에 이르기를 '아들을 낳아 이리[狼]

---

*4 剛. 굳셈.
*5 柔. 부드러움.
*6 剛. 굳셈.
*7 부드러움.

같더라도 오히려 약할까 두려워하고, 딸을 낳아 쥐(鼠) 같더라도 오히려 호랑이 같아질까 두려워한다'고 한다.

그러므로 몸을 수양함이 공경만한 것이 없고, 강(强)을 피하기에는 순종만한 것이 없다. 그런 까닭으로 공경하고 순종하는 도(道)는 아낙네가 지켜야 할 가장 근본적인 예라고 한다.

무릇 공경이란 다른 것이 아니라 오래 견딤을 말함이요, 무릇 순종이란 다른 것이 아니라 도량이 넓고 너그러이 받아들임이니, 오래 견딤(持久)은 제 깜냥(그침과 족함)을 알아 제 도리를 지킴(安分守己)이요, 도량이 넓고 너그러이 받아들일 줄 아는 사람은 온순하고 공경하여 낮추기를 숭상하기 마련이다.

부부의 의(誼) 좋음이 일생동안 떠나지 않아 방안에서 맴돌다가 마침내 흉허물 없는 마음이 생기게 마련이니, 흉허물 없는 마음이 생기면 말이 지나치게 되고, 말이 이미 지나치게 되면 방자함이 반드시 생기게 마련이고, 방자하게 되면 남편을 깔보는 마음이 생기나니, 이는, 제 깜냥을 모르고 제 도리를 지킬 줄 모르기 때문이다.

무릇 일에는 잘함과 잘못함이 있고 말에는 옳음과 그름이 있기 마련인데, 잘한 이는 다투지 않을 수 없고 잘못한 이는 변명치 않을 수 없으니, 변명함과 다툼이 생기면 성내는 일이 생기게 마련이다. 이는 온순하고 공경하여 낮추기를 숭상하지 않는 탓이다.

남편 깔보기(우습게 여기기)를 절제하지 못하면 남편의 꾸짖음이 따르고, 성내기를 그치지 않으면 회초리로 매맞기가 뒤따를 것이다. 부부가 의(義)로 화친하고 은정(恩情)으로 화합하는 것이거늘, 회초리로 매질하기를 행한다면 무슨 의가 있으며, 꾸짖기를 행한다면 무슨 은정이 있으리오. 은정도 의리도 다 없어진다면 부부는 헤어지게 마련인 것이다.

陰陽殊性, 男女異行. 陽以剛爲德, 陰以柔爲用. 男以强爲貴, 女
以弱爲美. 故, 鄙諺有云: 生男如狼, 猶恐其尩. 生女如鼠, 猶恐其虎.
然則, 脩身莫若敬, 避强莫若順. 故曰: 敬順之道, 婦人之大禮也. 夫
敬非他, 持久之謂也. 夫順非他, 寬裕之謂也. 持久者, 知止足也. 寬
裕者, 尚恭下也. 夫婦之好, 終身不離, 房室周旋, 遂生媟黷. 媟黷旣
生, 語言過矣. 語言旣過, 縱恣必作. 縱恣旣作, 則侮夫之心生矣. 此
由於不知止足者也. 夫事有曲直, 言有是非. 直者不能不爭, 曲者不
能不訟. 訟爭旣施, 則有忿怒之事矣. 此由於不尚恭下者也. 侮夫不
節, 譴呵從之. 忿怒不止, 楚撻從之. 夫爲夫婦者, 義以和親, 恩以好
合. 楚撻旣行, 何義之有. 譴呵旣宣, 何恩之有. 恩義俱廢, 夫婦離矣.

남편은 다시 장가드는 법이 있지만, 아내는 두 번 시집가도 된다
는 기록은 없다. 그러므로 이르기를, 남편은 하늘이며 하늘은 본래
도망할 수 없는 것이고, 남편은 헤어지지 못할 것이다. 행동이 신명
께 어긋나면 하늘이 벌할 것이고, 예의(禮義)에 허물이 있으면 남편
이 매정하게 하리니, 그러므로 《여헌(女憲)》*8에 이르기를,
　한 사람의 마음에 들면, 이는 이른바 영원히 다함[永畢]이요, 한
사람의 마음에 들지 못하면 이는 이른바 영원히 끝남[永訖]이라 하
니, 이를 통하여 말한다면, 남편의 마음을 알아차리지 않을 수 없다.
그러나 알아차리려 하는 바가, 알랑거리며 아리따운 듯하여 구차히
친한 듯해야 한다고 말하는 것이 아니다. 오직 마음을 온전하게 하
며 얼굴 표정을 바르게 하여, 예의에 맞도록 해야 한다. 귀로는 더러
운 일을 듣지 말며, 눈으로는 그릇된 것을 보지 말며, 나간다고 모습
을 곱게 꾸미지도 말며, 들어왔다고 치장하는 것을 그만두지 말며,
무리를 지어 일을 꾸미지 말며, 남의 집 안을 엿보지 말아야 하니,

*8 아낙네를 경계한 글.

마음을 오롯하게 하며 얼굴 표정을 바르게 함이다.

혹시 움직이는 것과 가만히 있어야 하는 행동이 경솔하며, 눈으로
보고 귀로 듣기가 일정치 않으며, 집에 들어와서는 머리를 흩으며 꼴
사납게 하고, 밖에 나가려면 곱게 용모를 꾸미고, 말하지 못할 바를
말하며, 보아서는 안 될 바를 보기 때문에 이것이 바로 마음을 오롯
하게 못하며, 얼굴 표정을 바르게 못함인 것이다.

夫有再娶之義, 婦無二適之文. 故曰: 夫者, 天也. 天固不可逃, 夫
固不可離也. 行違神祇, 天則罰之. 禮義有愆, 夫則薄之. 故, 女憲
曰: 得意一人, 是謂永畢. 失意一人, 是謂永訖. 由斯言之, 不可不求
其心. 然, 所求者, 亦非謂佞媚苟親也. 固莫若專心正色, 禮義俱縶.
耳無塗聽, 目無邪視, 出無治容, 入無廢飾. 無聚會群輩, 無看視門
戶, 此則謂專心正色矣. 若夫動靜輕脫, 視聽陜輸, 入則亂髮壞形,
出則窈窕作態, 說所不當道, 觀所不當視, 此謂不能專心正色矣.

무릇 한 사람의 마음에 들면 이것을 영원히 마치는 것이라 이르
고, 한 사람의 마음에 들지 못하면 이것을 일러 영원히 끝나는 것이
라 하니, 사람의 뜻을 일정히 하고 마음을 오롯하게 하고자 해서 하
는 말이다.

시부모의 마음에 들지 않는 것이 어찌 옳은 일이겠는가. 어떤 이
는 은혜로써 대해도 제 스스로 떠나갈 이 있으며, 또 의(義)를 가지
고 있어도 절로 깨어지는 이도 있으니, 남편이 비록 사랑하나 시부
모가 마땅치 않다 하면, 이것은 의(義)가 절로 깨어지는 것이다.

그러면 어떻게 해야 시부모의 마음에 들게 될 것인가? 매우 정성
스럽게 좇음보다 더한 것이 없느니라. 시어머니 말씀이 너를 그르게
아니 여겨 옳다 하면 당연히 명령을 좇음(따름)이 옳고, 시어머니 말

씀이 너를 그르다 하더라도 오히려 그 명(命)을 따름이 옳으니, 옳건 그르건 거슬리지 말며, 굽으며 곧음을 다투어 가리지 말아야 하니, 이것이 바로 이른바 곡진하게 좇음(따름)이다.

그러기에 《여헌》에 이르기를

'며느리가 그림자와 메아리 같으면 어찌 아름답다고 칭찬하지 않으리오.'

하였던 것이다.

夫得意一人, 是謂永畢. 失意一人, 是謂永訖. 欲人定志專心之言也. 舅姑之心, 豈當可失哉. 物有以恩自離者. 亦有以義自破者也. 夫雖云愛, 舅姑云非, 此所謂義自破者也. 然脚舅姑之心, 奈何. 固莫尙於曲從矣. 姑云不爾而是, 固宜從令. 姑云爾而非, 猶宜順命. 勿得違戾是非, 爭分曲直. 此則所謂曲從矣. 故女憲曰:婦如影響, 焉不可賞.

《방씨여교(方氏女敎)》에 이르기를,

온갖 일이 대부분 여자에게서부터 일어난다. 모질게 시새움하고 게다가 독살스럽고 성 잘 내면 크게는 집안을 망치고 작게는 자신을 망치리니, 눈을 들어 보건대 도도[9]히 흐르는 물같이 온 세상이 다 이러하다.

오직 도량이 크고 자비롭고 치우치거나 그르지 않아야 유덕(有德)한 마음이니, 집안이 저절로 화목하리라.

늦출 것과 급히 할 것을 보아 가면서 조종(操縱)하여 이치에 맞도록 해야 하지만, 그렇다고 너무 느긋하여 게으름에 이르게는 말아야 한다.

---

*9 滔滔. 도도는 물이 두루 퍼진 모양이니, 사람이 다 한가지임을 견준 것.

종이며 꼬마*10에 이르기까지 반드시 어진 마음(仁)으로써 이해하여 주어야 하니, 네가 너의 집 첩을 애틋하게 여겨야 하거니와, 저들이라고 사람이 아니겠는가. 자기를 미루어 남을 이해한다면 모든 일을 가히 알게 되리니, 사람다운 마음을 가진 사람이라면 당연히 이런 생각이 일어나지 않을 수 있겠는가.

배고파하고 추위함을 가엾게 여기며, 힘겨워하고 편안함을 고르게 해주고, 정말 어쩔 수 없을 때에야 비로소 꾸짖어야 할 것이다.

다른 일은 더러 쉽거니와 아내 노릇하기가 제일 어려우니, 이 일에 가히 힘쓰지 않아서 되겠는가.

方氏女敎云: 百事之生, 多自婦人. 旣悍而妬, 復毒而嗔. 大則破家, 小則亡己. 擧目而觀 滔滔皆是. 唯寬與慈, 及無偏頗, 此謂德懷, 家當自和. 視其緩急, 操縱合理. 又毋太寬, 以至懈弛. 至於婢媵, 當推以仁. 汝女汝愛, 彼獨非人. 以己取譬, 衆事可見. 有人心者, 能不興念. 軫其飢寒, 均其勞逸. 甚不得已, 始加訶詰. 他事或易, 爲婦最難. 爲婦最難, 可不勉旃.

《안씨가훈(顔氏家訓)》*11에 이르기를,

아낙네는 집안에 있어 음식을 도맡은지라, 오직 술이며 밥이며 의복에 속하는 예(禮)를 일삼을 뿐이라, 가히 나라의 정사(政事)에 참여하게 할 수 없으며, 집에서도 일을 도맡게 할 수 없다. 어쩌다 슬기로우며 재주와 지혜가 있어, 옛일이며 지금의 일을 잘 안다고 하더라

---

*10 옛말로는 고마. '곰'은 뒤의 뜻으로 팔곰치, 발곰치, 뱃고물, 임배배 곰배(알게 모르게)의 '곰'에 남아 있다. 버젓한 아내가 아니라 몰래 뒤에 둔 작은마누라를 뜻함. 요즘은 어린 애를 가리켜 꼬마라 하나, 옛말에서는 첩의 뜻임.
*11 남북조 시대의 학자 안지추(顔之推)가 편 책으로 자손에게 주는 훈계 내용을 기록했음.

도, 진실로 반드시 군자*12를 도와 부족한 대목을 권할 뿐일지언정, 암탉이 아침에 울어 그로 인해 재앙을 불러들이는 일은 절대로 없어야 한다.

顏氏家訓曰: 婦主中饋, 唯事酒食衣服之禮耳. 國不可使預政, 家不可使幹蠱. 如有聰明才智, 識達古今, 正當輔佐君子, 勸其不足. 必無牝雞晨鳴, 以致禍也.

정태중(程太中) 부인 후씨(侯氏)가 시부모 섬기기를 효성스럽고 조심스럽게 함으로써 이름났으며, 남편인 태중(太中)과 더불어 서로 대접하기를 마치 손님 대접하듯 하더니, 태중이 그 아내의 도움에 힘입어 예의와 공경이 더욱 지극하건만, 부인은 겸손과 순종으로 스스로를 타이르고 경계하여, 비록 작은 일이라도 제멋대로 한 일이 한 번도 없이 반드시 남편에게 아뢴 뒤에야 행하였다. 부인은 바로 이정*13 선생의 어머님이다.

程太中夫人侯氏, 事舅姑, 以孝謹稱. 與太中相待, 如賓客. 太中賴其內助, 禮敬尤至, 而夫人謙順自牧. 雖小事, 未嘗專, 必稟而後行. 夫人者, 二程先生之母也.

여형공*14 부인 선원(仙源)이 일찍이 말하기를,
"시강*15과 더불어 부부가 되어 같이 살기 육십 년 동안 하루도

---

*12 君子. 여기서는 남편.
*13 二程. 송나라 때의 대학자인 정호(程顥)와 정이(程頤) 형제를 가리키는 데, 형제가 다 주돈이(周敦頤)의 문하로 일가를 이루었음.
*14 呂蒙公. 북송 때의 명신으로 이름은 희철(希哲). 형양공이라고도 함.
*15 侍講. 임금이나 동궁(東宮) 앞에서 글을 강의하는 벼슬 이름.

낮을 붉힌 적이 없으며, 젊어서부터 늙기까지, 비록 잠자리에서조차 장난치거나 낄낄댄 적이 한 번도 없었다. 형양공의 몸가짐이 이와 같았건만, 그래도 자기는 오히려 범내한*16에게는 미치지 못한다고 한탄하더라."

呂榮公夫人仙源嘗言, 與侍講爲夫婦, 相處六十年, 未嘗一日有面赤. 自少至老, 雖袵席之上, 未嘗戲笑. 榮陽公處身如此, 而每歎范內翰, 以爲不可及.

번희(樊姬)는 초(楚)나라 장왕(莊王)의 부인이다. 장왕이 즉위하여 사냥을 즐기거늘, 번희가 간(諫)하였지만 고치지를 않았다. 이에 번희가 짐승의 고기를 먹지를 않으니, 잘못을 고치고 정사(政事)에 부지런하였다.

언젠가 조회를 하고 늦게야 파하거늘, 번희가 전(殿)에서 내려가 맞이하며,

"어찌 이리 늦게야 파하셨습니까? 시장하시고 몹시 힘드시지 않으십니까?"

하니, 왕이 이르되,

"어진 이와 함께 이야기하다 보니, 배고픈 줄도 힘든 줄도 모르겠소."

하더라.

번희가 묻기를

"왕께서 말씀하시는 어진 이가 누구입니까?"

하자

---

*16 范內翰, 범(范)은 성(姓)이고 내한(內翰)은 벼슬 이름인데, 송나라 한림학사(翰林學士)인 범중엄(范仲俺)을 가리킴.

"우구자(虞丘子)요."

하니, 번희가 입을 가리우고 웃으매, 왕이

"자네가 웃는 까닭이 무엇이오?"

하자

"우구자가 어질기야 어질지만, 충성스럽거나 곧지는 못합니다."

왕이

"무슨 말이오?"

하고 묻자, 번희가 다음과 같이 여쭈었다.

"제가 수건과 빗을 잡아 상감을 모신 지 십일 년입니다. 사람을 정(鄭)나라 위(衛)나라에 보내어 미인을 구해 상감께 바치되, 저보다 어진 이가 둘이요, 또 저와 같은 이가 일곱입니다. 제가 어찌 상감의 총애를 독차지하고 싶지 않겠습니까마는, 제가 듣기로는 집에 계집을 여럿 두는 것은 사람의 능력을 보기 위함이라 하기에, 제가 사사로운 욕심으로 공변됨을 가리울 수 없어서, 상감께서 많이 보시고 사람의 능력을 아시게 하려 합니다.

이제 우구자가 초나라에서 재상을 한 지가 십여 년이 됩니다만, 천거한 자가 자기 자제(子弟)가 아니면 집안의 형제들이요, 어진 이를 자리에 앉히고 못난 이를 물러나게 하였다고는 들은 적이 없사옵니다. 이는 상감의 총명을 가리우고 어진 이가 진출할 길을 막은 것이니, 어진 이를 알고도 벼슬에 나아가지 못하게 한다면 이는 불충이요, 어진 이를 알아보지 못한다면 이는 부지(不知)니, 저의 웃음이 또한 당연치 않습니까?"

왕은 기뻐했다. 그리고 번희의 말대로 우구자에게 전했더니, 우구자가 자리를 피하여 대답할 바를 모르더라. 그리고 두려워하며 자리에서 물러나와, 남을 시켜 손숙오*¹⁷를 맞아 추천하여 맞아들였다.

---

*17 孫叔敖. 춘추시대 초(楚)나라 사람. 사람됨이 하도 곧아서 장왕(莊王) 때는 정승된 지

장왕은 손숙오를 영윤*18으로 삼아 초나라를 다스리기 삼 년만에 패주(覇主)가 되었다. 사관은 초사(楚史)에 다음과 같이 기록하였다. "장왕(莊王)이 오패*19의 하나됨은 번희(樊姬)의 힘(덕)이니라."

樊姬, 楚莊王之夫人也. 莊王卽位, 好狩獵. 樊姬諫, 不止, 乃不食 禽獸之肉. 王改過, 勤於政事. 王嘗聽朝罷晏, 姬下殿迎曰: 何罷晏 也. 得無飢倦乎. 王曰: 與賢者語, 不知飢倦也. 姬曰: 王之所謂賢者, 何也. 曰: 處丘子也. 姬掩口而笑. 王曰: 姬之所笑, 何也. 曰: 虞丘子, 賢則賢矣. 未忠也. 王曰: 何謂也. 對曰: 妾執巾櫛十一年, 遣人之鄭 衛, 求美人, 進於王. 今賢於妾者, 二人. 同列者, 七人. 妾豈不欲擅 王之寵愛哉. 妾聞堂上兼女, 所以觀人能也. 妾不能以私蔽公. 欲王 多見, 知人能也. 今, 虞丘子相楚十餘年. 所薦非子弟, 則族昆弟. 未 聞進賢退不肖, 是蔽君而塞賢路. 知賢不進, 是不忠. 不知其賢, 是 不知也. 妾之所笑, 不亦可乎. 王悅. 明日, 以姬言告虞丘子, 丘子避 席, 不知所對. 於是, 避舍使人迎孫叔敖而進之. 王, 以爲令尹. 治楚 三年, 而莊王以覇. 楚史書曰: 莊王之覇, 樊姬之力也.

소월희(昭越姬)는 월왕(越王) 구천*20의 딸이요, 초 소왕(楚昭王)의

석 달만에 간사한 아전이 없어지고 도적이 없어졌다고 함. 세 번이나 재상이 되었어도 기뻐하지 않았고, 재상을 그만두고도 뉘우치지 않았다고 함.

*18 令尹. 초나라 때의 관직 이름으로 재상을 말함.

*19 五覇. '패'는 두목이란 뜻. 무력이나 군도로써 정치를 하는 제후의 우두머리. 춘추 시대 의 제 환공(齊桓公)·진 문공(晉文公)·송 양공(宋襄公)·진 목공(秦穆公)·초 장왕(楚莊王) 을 5패라고 일컬음.

*20 句踐. 춘추 시대 월나라의 제2대 왕. 오(吳)나라의 왕 합려(闔閭)와 싸워서 이겼으나, 합려의 아들 부차(夫差)가 아버지의 원수를 갚고자 매양 섶에서 누워 복수를 다짐하 였는데 마침내 회계산 싸움에서 구천을 사로잡았다. 그러나 구천은 20년 동안이나 쓸 개를 씹으면서 이를 복수함을 잊지 않다가 마침내 오나라를 쳤다는, 와신상담(臥薪嘗

부인이다.

소왕(昭王)이 잔치하며 노니셨는데, 채희(蔡姬)는 왼편에 있고 월희(越姬)는 오른쪽에 모시고 있었다. 왕이 친히 사마*²¹를 타고 달려가서 마침내 부사대(附社臺)에 올라가 운몽택(雲夢澤)의 동산을 바라보며, 뒤따라오는 사대부(士大夫)를 보며 즐거워했다. 두 부인들을 돌아보며 왕이 다음과 같이 물었다.

"즐거운가?"

채희가 대답하였다.

"즐겁습니다."

왕이 말했다.

"내 원컨대, 그대와 더불어 이렇게 살고 죽어서도 또한 이러하기를 바라노라."

채희(蔡姬)는 다음과 같이 사뢰었다.

"저의 고을*²² 임금이 백성의 역부(役夫)로서 군왕의 말발〔馬足〕을 섬긴 까닭으로, 종의 몸인 저에게 포저와 패물*²³을 주시고 이제 비빈(妃嬪)과 동등하게 예우하시니, 진실로 원하옵건대 살아서 함께 즐기고 죽기를 또한 함께 하고자 하옵니다."

왕은 사관(史官)을 돌아보며 말했다.

"적어라. 채희가 나를 따라 죽으려고 하는구나."

왕이 또 월희에게도 같은 질문을 하시자, 월희의 대답은 다음과 같았다.

"즐겁기야 즐겁습니다마는, 그러하오나 오래 계속해서는 안 되옵니

膽)이란 고사(故事)를 만들어 낸 주인공.

*21 駟馬. 네 마리 말이 끄는 수레.

*22 채(蔡)나라를 가리킴.

*23 포저(苞苴)는 싸고 싼다는 뜻에서 남에게 주는 뇌물·예물. 완(玩)은 놀린다는 뜻이고, 호(好)는 사랑한다는 뜻임. 좋아하는 보물〔玩好〕.

《사제첩》 바느질　조영석. 18세기 초반. 어머니가 두 딸과 함께 바느질하는 장면.

다."

　왕이 이르기를

"내 원하기는 그대와 살아서 이같이 하고(즐기고) 죽어서도 이같이 하고자 하니, 능히 그렇게 할 수 없겠는가?"

하자, 월희의 대답은 다음과 같았다.

"옛날 우리 돌아가신 임금 초나라의 장왕(莊王)이 너무도 향락에 빠져서 삼 년이나 정사(政事)를 돌보지 않으시더니, 마침내는 능히 고치시어 천하의 패주(覇主)가 되셨습니다. 저는 임금께서 우리 선군(先君)을 능히 본받으시어 장차 이 즐김을 고치시어 정사(政事)를 부지런히 하시리라 여겼더니, 이제 그렇지 아니하시고 종과 죽기를 기약하시니, 그래서 되겠습니까?

또 군왕이 폐백(幣帛)과 예물로 종[婢子]을 저의 고을*24에서 취하셨거늘 우리 임금이 대묘*25에 가서 명(命)을 받으시되, 죽기를 기약하지는 아니하셨습니다. 또 저는 여러 아주머니에게 듣건대, 아내가 죽음으로써 임금의 어짊을 빛내며 임금의 총애를 더한다는 소리는 들었어도, 구차스럽게 남몰래 죽기를 따름으로써 영화를 삼는다는 소리는 듣지를 못하였사오니, 저는 그 명을 따르지 못하겠나이다."

그제야 왕이 깨달아 월희의 말을 공경하기는 하였으나, 채희를 오히려 가까이 사랑하였다.

그 뒤 이십오 년이 지났다. 왕이 진(陳)나라를 구하러 갈 제, 두 부인이 따라갔었다. 왕이 병들어 군중(軍中)에 계시었다. 이때 붉은 구름이 해를 가리어 마치 나는 새와 같았기에, 주사*26에게 물었다. 주사의 말은 이러했다.

"왕의 몸에 해(害)가 있기 때문입니다. 그러나 장군이나 재상에게 옮길 수는 있습니다."

장군과 재상이 이 말을 듣고는

"제 몸으로 옮겨 귀신에게 빌겠습니다."

하거늘, 왕이

"장군과 재상은 내게는 다리와 팔과 같으니, 이제 재앙을 옮긴다 해서 어찌 이 몸에 없겠는가?"

하고 듣지 않으셨다.

그러자 월희가 말하기를

---

*24 월(越)나라를 가리킴.
*25 大廟. 종묘의 뜻.
*26 周史. 주나라 대사(大史).

"크시도다 상감의 덕이여! 이로써 제가 왕을 따르려 원하옵나이다. 옛날에 하시던 놀이는 지나친 향락이오라 허락하지 아니하였으나, 상감께서 예(禮)로 다시 돌아가심에 이르러서는 나라 사람이 다 장차 상감을 위하여 죽으려 할 것이오니, 하물며 저뿐이겠습니까? 바라건대 제가 먼저 가서, 요사스런 여우와 삵을 지하로 몰아내기를 원하옵니다."

하였다. 왕이 말씀하시기를

"옛날 놀며 즐길 제는 내가 우스갯소리를 하였거니와, 그런데 반드시 죽는다면 이는 나의 몹쓸 덕을 드러내는 것이다."

하니, 월희가 말하기를

"옛날 제가 비록 입에 올리지는 아니하였사오나, 마음 속으로는 이미 그러기로 작정하였었습니다. 듣건대 믿음직스런 사람은 그 본마음을 저버리지 아니하며, 의(義)로운 사람은 마음에 먹은 일을 헛되이하지 않는다 하오니, 저는 상감의 의(義)에 죽고, 상감의 향락에는 죽지 않겠사옵니다."

하고 스스로 목숨을 끊었다.

왕이 병이 위독하여 왕위를 세 아우에게 사양하니, 세 아우가 듣지를 않았다. 마침내 왕이 군중(軍中)에서 죽었는데, 채희는 따라 죽지 못하였다.

왕의 아우인 자려(子閭)가 자서(子西)와 자기(子期)와 더불어 의론하고서 다음과 같이 말하였다.

"어미가 신의(信義) 있는 사람이라야 그 아들이 반드시 어질 것이다."

하여 군사를 굴복시키고 진문(陣門)을 닫고서 월희의 아들 웅장(熊章)을 맞아 왕으로 세우니, 그가 곧 혜왕(惠王)이다. 그런 뒤에야 군사를 파하고 돌아와 소왕(昭王)을 묻었다.

昭越姬者, 越王句踐之女, 楚昭王之姬也. 昭王燕遊, 蔡姬在左, 越姬參右. 王親乘駟以馳逐, 遂登附社之臺. 以望雲夢之囿, 觀士大夫逐者. 旣驩, 乃顧二姬曰: 樂乎. 蔡姬對曰: 樂. 王曰: 吾願與子, 生若此, 死又若此. 蔡姬曰: 昔敝邑寡君, 固以其黎民之役, 事君王之馬足. 故以婢子之身, 爲苞苴玩好, 今乃比於妃嬪. 固願生俱樂, 死同時. 王顧謂史: 書之. 蔡姬許從孤死矣. 乃復謂越姬. 越姬對曰: 樂則樂矣. 然不可久也. 王曰: 吾願與子, 生若此, 死若此, 其不可得乎. 越姬對曰: 昔吾先君莊王, 淫樂三年, 不聽政事. 終而能改, 卒霸天下. 妾以君王, 爲能法吾先君, 將改斯樂而勤於政也. 今則不然, 而要婢子以死, 其可得乎. 且君王以束帛乘馬, 取婢子於敝邑, 寡君受之太廟也, 不約死. 妾聞之諸姑, 婦人以死, 彰君之善, 益君之寵. 不聞其以苟從其閒死爲榮. 妾不敢聞命. 於是, 王寤, 敬越姬之言. 而猶親嬖蔡姬也. 居二十五年. 王救陳, 二姬從. 王病在軍中, 有赤雲夾日, 如飛鳥. 王問周史, 史曰: 是害王身. 然, 可以移於將相. 將相聞之, 將請以身禱於神. 王曰: 將相之於孤, 猶股肱也. 今移禍焉, 庸爲去是身乎. 不聽. 越姬曰: 大哉, 君王之德. 以是, 妾願從王矣. 昔日之遊, 淫樂也. 是以不敢許. 及君王復於禮, 國人皆將爲君王死, 而況於妾乎. 請願先驅狐狸於地下. 王曰: 昔之遊樂, 吾戲耳. 若將必死, 是彰孤之不德也. 越姬曰: 昔日妾雖口不言, 心旣許之矣. 妾聞, 信者不負其心, 義者不虛設其事. 妾死王之義, 不死王之好也. 遂自殺. 王病甚, 讓位於三弟, 三弟不聽. 王薨於軍中, 蔡姬竟不能死. 王弟子閭, 與子西・子期・謀曰: 母信者, 其子必仁. 乃伏師閉壁, 迎越姬之子熊章, 立. 是爲惠王. 然後罷兵, 歸葬昭王.

후한(後漢)의 명덕(明德) 마(馬) 황후는 복파장군(伏波將軍) 원(援)의 작은 딸이다.

어려서 아버지를 잃고, 민첩하고 슬기로운 맏오라비 객경(客卿)도 일찍 죽자, 어머니 인(藺) 부인은 슬퍼하여 병을 얻어 혼미한 상태에 있었다. 그 무렵 황후 나이 열 살이었는데, 집안일을 도맡아 종들을 다스리고 안팎을 처리하는 일이 마치 어른과 같았다. 처음에는 모두들 알지 못하더니, 뒤에 듣고서는 모두 감탄하고 기특하게 여겼다.

한번은 황후가 오래 앓기에 대부인이 점을 치게 한즉, 점장이가 다음과 같이 말했다.

"이 딸이 비록 병이 있으나 반드시 가장 귀하게 될 것이니, 그 점괘를 말할 수는 없습니다."

그 뒤에 다시 관상장이를 불러 딸을 점치게 하였는데, 그는 황후를 보더니 매우 놀라며 말했다.

"내 반드시 이 황후를 위하여 신하가 되겠나이다. 그러나 귀하게는 되더라도 자식이 적을 것이니, 남의 자식을 기르면 힘입음이 낳은 자식보다 나을 것입니다."

그 뒤 태자궁(太子宮)에 뽑히어 들어갔을 때 나이 열셋이었다. 음황후(陰皇后)를 섬기며 동렬*27들을 예를 갖추어 대접하니 위아래 사람이 모두 편안히 여기었다. 임금의 총애를 입어 늘 후당(後堂)에 있더니, 명제(明帝)가 즉위하여 황후를 귀인(貴人)으로 삼았다. 그 때 황후의 전어머니의 언니 딸인 가씨(賈氏)가 또 뽑히어 들어와 숙종*28을 낳았는데, 명황제는 황후가 아들이 없다 하여 숙종을 기르게 명하였다. 그리고 이르기를

"사람이 반드시 제 아들만 낳아 길러야 하는 것은 아니다. 다만 어여삐 여겨 기르기를 지극히 하지 못할까만 걱정할 뿐이니라."
하였다.

---

*27 同列. 같은 궁녀.
*28 肅宗. 명황제의 아들 효장황제(孝章皇帝).

이에 황후는 온 정성을 다하여 길러 애쓰기를 몸소 낳은 아들보다 더 하니, 숙종도 또 효성이 두터우며 은성(恩性)이 타고나길 지극하여, 모자가 서로 자애하여 처음과 끝이 조금도 다름이 없었다.

황제의 자식이 많지 않음으로 황후가 늘 시름하여 좌우에 모신 후궁들을 천거하되, 혹 미치지 못할까 하여 두려워하였다. 후궁이 들어와서 뵈옵는 이 있으면 늘 위로를 더하시고, 만일 자주 보시는 후궁이면 높이 대접하였다.

영평*29 삼년 봄에 유사(有司)가 장추궁*30을 세우기를 여쭈었으나 황제가 말씀이 없으셔서 황태후가 이르기를

"마 귀인(馬貴人)의 덕이 후궁에서 으뜸이니, 바로 그 사람으로 하시오."

하시거늘, 황제는 마 귀인을 황후로 삼았다. 이에 앞서 황후는 작은 날벌레들이 수없이 몸에 붙고, 또 살갗과 살속에 파고들어갔다가 다시 나오는 꿈을 꾸었다.

황후는 이미 자리에 오른 뒤에도 더욱 자기를 겸손하여 낮추며 조심하였다. 키가 일곱 자 두 치고, 입이 반듯하고 머리결이 아름답고, 능히 《주역(周易)》을 외며, 《춘추(春秋)》와 《초사(楚辭)》*31를 즐겨 읽고, 더욱 〈주관(周官)〉*32과 동중서*33의 글을 잘하였다.

늘 굵은 깁*34을 입고, 치마에 선을 두르지 아니하였다. 초하루 보름에 모든 공주들이 와서 뵈올 제, 황후의 옷감이 설피고 굵음을 바라보고는 무늬 있는 고운 비단이라 여기다가 가까이 다가와 뵙고

---

*29 永平. 명제의 연호(年號).
*30 長秋宮. 황후, 또는 황후의 궁.
*31 초나라 지방에서 일어난 서정적 운문. 또는 이를 모아 놓은 굴원(屈原)의 책.
*32 《서경》의 편명으로, 주대(周代)의 제도와 위정자의 도리를 기록했음.
*33 董仲舒. 한나라 때의 대학자.
*34 비단.

는 웃으니 황후가 이르기를,

"이 깁이 물들이기에 특별히 알맞기에 썼을 뿐이다."

하시니, 육궁*³⁵에서 감탄하지 않는 사람이 없었다.

　황제가 일찍이 원유,*³⁶ 이궁*³⁷에 행행(幸行)하시면 황후는 바로 바람과 사기*³⁸와 이슬과 안개를 조심하도록 여쭙는데, 그 말뜻이 정성되게 갖추었으되, 많이 조심하여 해가 될 것은 잘 가리셨음을 볼 수 있었다.

　황제가 탁룡궁에 행차하시어 모든 재인*³⁹들을 다 부르시니, 하비왕*⁴⁰ 이하가 모두 곁에 있다가,

"황후를 부르소서."

하고 청하니, 상감이 웃으며 이르시기를

"그 양반*⁴¹의 뜻은 음악을 즐기지 않으시니, 비록 오신들 즐기지 아니하리라."

하시니, 이런 까닭으로 노니는 일에는 따름이 매우 드물었다.

　십오 년에 황제가 지도를 보고 황자(皇子)에게 봉(封)을 하려 하되, 모두 제후 나라의 반만 봉하려 하자, 황후가 보시고 말했다.

"여러 아들에게 겨우 두어 고을만 식읍(食邑)으로 준다함은 법에 너무 적지 않습니까?"

　그러자 황제가 이르기를

"내 아들이 어찌 선제(先帝) 아들과 같겠는가? 한 해에 이천만(二千

---

*35 六宮. 중국의 궁전에서 황후의 여섯 궁전. 정침(正寢) 하나에 연침(燕寢) 다섯으로, 정침에는 황후가, 연침에는 그보다 아래인 부인들이 있었음.

*36 苑囿. 후원에 짐승치는 동물원.

*37 離宮. 따로 있는 별궁.

*38 邪氣. 삿된 기운.

*39 才人. 후궁의 벼슬 이름.

*40 下邳王. 명제의 아들.

*41 황후를 말함.

萬)을 줌이 족할 것이오."
하였다.

그때 초옥*[42]에는 여러 해 동안 판결나지 않아 죄수가 서로 증인 서느라 연좌되어, 갇혀 있는 사람들이 매우 많았다. 황후가 거기에 그릇됨이 많은가 걱정하여 틈을 타서 황제께 말씀드리며 슬퍼하시자, 황제께서 감동하시어 밤에 일어나 방황하더니, 황후가 여쭌 말씀을 생각하여 마침내 많이 풀어 주고 형벌을 낮추었다.

그때에 여러 장수가 아뢰는 일과 공경(公卿)의 의론이 종잡기 어려운 일을 임금이 자주 황후에게 물으시면, 황후가 분별하여 그 실정을 얻곤 하였다. 늘 뫼실 때에 말씀이 정사(政事)에 미치어 돕는 일이 많았고, 조금도 집안의 사사로움으로 청탁함이 없으므로 총애받고 공경받는 일이 날로 더하여, 처음부터 끝까지 내내 한결같았다.

황제가 돌아가시자 숙종이 즉위하여 황후를 높이어 황태후(皇太后)라 하였다. 여러 귀인*[43]들이 남궁(南宮)으로 옮겨가거늘, 태후가 이별함을 섭섭이 여겨 각각 크고 붉은 인끈(赤綬)을 주시고, 앉아 타는 수레와 네 말이 끄는 수레와 흰 고운 베*[44] 삼천 필과, 여러 가지 고운 비단 이천 필과 황금 열 근을 더 주시었다.

태후는 자기가 직접 현종 실록(顯宗起居注)을 엮되, 맏오라비 방(防)이 의약(醫藥)만드는 일에 참예한 일은 삭제하였다. 이에 임금이 청하기를

"황문*[45] 외삼촌이 아침 저녁으로 공양함이 일 년이나 되는데, 포상도 아니하시고, 또 공로를 기록하지 않으심이 너무하시지 않습니

---

*[42] 楚獄. 초나라 감옥. 초왕(楚王) 영(瑛)이 모반하였으므로 힐문하였음.
*[43] 貴人. 명제의 후궁임.
*[44] 월나라 고운 베.
*[45] 黃門. 벼슬 이름.

까?"

하였다. 태후는 다음과 같이 대답하였다.

"내 후세 사람에게 선제*⁴⁶가 후궁의 집을 자주 가까이하였다는 소리를 듣지 않게 하려는 까닭으로 쓰지 아니하였노라."

건초 원년*⁴⁷에 숙종이 모든 아자비*⁴⁸를 봉작*⁴⁹하려 하거늘, 태후가 듣지 아니하였다. 이듬해 여름에 몹시 가뭄이 심하자, 이에 대해 말하는 사람이

"외척*⁵⁰을 봉작하지 않은 빌미*⁵¹라"

하거늘, 유사*⁵²가 이를 따라 여쭙기를,

"옛 법을 따르심이 마땅하옵니다."

하였다.

그러자 태후가 조서(詔書)를 내려 말씀하기를

"대개 일에 대하여 말하는 사람들은 모두 나에게 사랑받아 복을 구하려고 할 따름이다. 왕씨 오후*⁵³를 하루에 다 봉하였는데, 그때에도 누런 안개만 사방에 가득할 뿐, 비 왔다는 소리는 듣지 못하였으며, 전분*⁵⁴과 두영*⁵⁵이 은총으로 귀해지자 제멋대로 굴다가 나라가 기울어 뒤덮은 재화가 세상에 전해짐이 되었다. 이런 까닭으로 선제(先帝)가 외숙을 막아 조심하여 중요한 벼슬에 있게 하지 아니

---

*46 돌아간 임금.

*47 建初 元年. 중국 후한 장재 1년.

*48 아저씨. 외숙.

*49 封爵. 벼슬을 줌.

*50 외가붙이.

*51 탓.

*52 有司. 당국자.

*53 王氏五侯. 성제 때 태후의 오라비 다섯을 봉하여 5후라 하였음.

*54 田蚡. 경제(景帝)의 황후의 오라비.

*55 竇嬰. 문제(文帝)의 황후의 오라비.

하셨으며, 모든 아들을 봉하기를 초(楚)와 회양(淮陽) 땅을 반을 갈라 맡게 하시면서 늘 이르시기를

'내 아들을 선제의 아들과 같게 할 수는 없다.'

하셨다. 이제 유사(有司)가 어찌 마씨*⁵⁶를 음씨(陰氏)에게 비기려 하는가? 내 천하의 국모되어, 몸에 거친 깁옷을 입으며 음식에 맛진 것을 구하지 않으며, 곁에 있는 사람이 오직 깁과 베를 입고 향훈*⁵⁷의 꾸밈이 없음은, 모름지기 아랫사람을 거느리고자 함이라. 내 생각에, 밧어르신*⁵⁸이 보면 반드시 마음에 슬퍼하여 스스로 경계한다 하였더니, 다만 웃으며 이르시기를

'태후가 본래 검박함을 즐기느니라.'

하였을 뿐이다. 앞에 탁룡문*⁵⁹을 지나갈 제 외가의 안부를 묻는 사람을 만나 보니, 그 수레는 흐르는 물 같고 말은 헤엄치는 용과 같았으며, 종들은 푸른 홑옷을 입었는데 깃과 소매는 정말 희거늘, 궁궐에서 모시고 있는 이를 돌아보니 그에 훨씬 못 미치더라. 이것을 그릇되다 하여 노여워하지 않으시고, 오직 세용(歲用)을 줄인 까닭은 스스로 그 마음에 넌지시 부끄러워하기를 바란 것이였거늘, 오히려 게을러 나라를 걱정하고 집을 잊을 생각이 없다. 신하를 알아보기로는 임금만한 이 없으니, 하물며 나는 오죽 하겠느냐!

내 어찌 위로 선제의 뜻을 저버리고 아래로 선인*⁶⁰의 덕을 헐어, 다시 서경*⁶¹이 패망한 재화를 좇으리오?"

하시고 능이 허락지 아니하시자, 황제가 조서를 보시고 슬퍼하며 탄

---

*56 馬氏. 황후 친정.
*57 香薰. 향이나 향내 나는 풀의 연기를 쏘임.
*58 外親. 아버지.
*59 濯龍門. 한나라 때 낙양의 성문 이름.
*60 先人. 돌아가신 아버지.
*61 西京. 전한(前漢)의 서울. 여기서는 전한.

식하여 또 다시 청하기를

"한(漢)나라가 흥함에 외숙을 제후로 함은 황자(皇子)가 왕 됨과 같았습니다. 태후께서 진실로 겸양하시나, 어찌 나로 하여금 유독 세 외숙에게 은혜를 배풀지 못하게 하십니까? 또 위위*62는 나이 많으시고, 두 교위*63는 큰 병이 있으니 이러다가 죽으면 나로 하여금 뼈에 사무치는 애달픔을 길이 품게 할 것이니, 좋은 때에 해야지 더디 머물지 못할 것입니다."
하였다.

태후 대답은 다음과 같았다.

"내 거듭 생각하여 양쪽이 다 좋도록 생각하였으니, 어찌 한낱 겸양하다는 이름을 얻고자 하여 상감으로 하여금 외척에게 은혜를 배풀지 않았다는 혐의를 입게 하자는 것이리오.

옛날 두 태후*64가 왕 황후*65의 맏오라비를 봉하려 하자, 승상인 조후*66가 이르기를 '고조(高祖) 황제의 언약을 받기로는 군공(軍功)이 없는 이와 유씨(劉氏) 아니면, 제후에 봉하지 말라 하셨습니다.' 했는데, 이제 마씨(馬氏)가 나라에 공이 없으니 어찌 음씨(陰氏)·곽씨(郭氏)와 같이 중흥(中興)한 황후와 같게 하리오.

일찌기 부귀한 집안을 보니, 봉록(俸祿)과 벼슬이 거듭됨이 마치 두 번 열매를 맺은 나무의 뿌리가 반드시 상함과 같으며, 또 사람이 봉후를 원함은 위로는 제사를 받들고 아래로는 따사롭고 배부름을 구할 따름인데, 이제 제사는 사방의 귀한 것을 받고, 옷은 대궐에서 남는 것을 입거늘, 무엇이 부족하여 구태여 한 고을을 가짐이 마땅

---

*62 衛尉. 태후의 맏오라비 요(廖)의 벼슬.
*63 校尉. 방(防)과 광(光)의 벼슬.
*64 竇太后. 문제(文帝)의 황후.
*65 王皇后. 경제(景帝)의 황후.
*66 條侯. 전한(前漢)의 주아부(周亞夫)의 벼슬.

하리오.

내가 생각하기를 곰곰이 하였으니 의심치 마시오. 지극한 효도의 행실은 어버이를 편안케 함이 으뜸이요, 이제 자주 이변을 만나 곡식값이 두어 곱으로 뛰어 밤낮으로 걱정하여 앉거나 눕기를 편안히 못 하거늘, 외척 봉하기를 먼저 하려 하여 어미의 생각하는 마음을 못내 거스리려 하는가.

내 본래 성미가 억세고 급하여 가슴에 기운이 있는지라 거슬려서는 안 되는 것이오.

그러나 만약 풍우가 제 철에 오고 국경 지대가 조용하여진 뒤에는 그대의 뜻을 행하도록 하시오.

나는 그저 단 엿이나 즐기며 손자의 재롱이나 낙으로 삼고, 다시는 정사(政事)에 참예치 않을 참이오."

그때 신평공주(新平公主) 집 하인이 불을 내어 북궐 뒷채(後殿)에까지 미치자, 태후는 '내 죄라' 하시어 기거(起居)를 즐기지 아니하셨다. 그때 원릉(原陵)을 참배코자 하였으나, 자기가 방비를 잘못한 죄라 하여 능실(陵室)에 뵈옵기 부끄러이 여기시고 아니 가셨다.

처음에 대부인(大夫人)을 장사 지낼 때, 무덤 만듦새가 조금 높았으므로 태후가 이를 말씀하니, 맏오라비 요(廖) 등이 바로 깎아 내렸다. 그 외척 중에 겸양하며 검소하여 어진 행실을 하는 사람이 있거든 온화한 말씨를 빌어 재물과 벼슬로 상을 주시고, 어쩌다 조금만 허물이 있거든 먼저 엄격한 태도를 보이신 뒤에야 그릇되다 하시며, 그 수레와 의복을 화려하게 해서 법을 따르지 아니하는 사람은 곧 문중에 속하는 족보에서 빼어 끊고 제 고향으로 보내시었다.

광평(廣平)과 거록(矩鹿)과 악성왕*⁶⁷이 수레와 말이 검박하여 금은으로 꾸밈이 없거늘, 상감이 태후께 아뢰자, 태후가 바로 돈을 각

*67 樂成王. 이 셋은 다 명제(明帝)의 아들.

각 오백만씩 주었다.

이에 태후를 따르고 교화되어 옷 입는 것을 한결같고 똑같이 하니, 모든 집안이 두려워하기를 영평*68 시절보다 더하였다.

태후는 베짜는 방(織室)을 두어 탁룡문 안에서 누에를 치게 하시고, 자주 가 보시며 즐겨하시곤 하였다.

늘 상감과 더불어 아침 저녁으로 정사(政事)를 이야기하시며, 모든 어린 왕들을 가르치시며, 경서(經書)를 의론하시며, 평생의 일을 말씀하시며, 종일토록 화평하게 지내셨다.

사년(四年)에 천하가 부유하여지고 사방 국경 지대가 무사하거늘, 상감이 세 외숙 요(廖)·방(防)·광(光)을 봉하여 제후를 시키니, 다 사양하며 관내후*69나 시켜 달라고 하거늘, 태후는 이 말을 들으시고 이르시기를

"성인의 가르침을 만드심이 각각 법이 있음은 사람의 정(情)과 성(性)이 당연히 같지 못함을 아셨기 때문이니, 내 젊어 한창때에는 오직 죽백*70을 사랑하고, 속으로 명을 돌아보지 아니하였더니라. 이제 비록 늙었으나 경계하는 것은 탐욕 때문인 것이다. 이런 까닭으로 밤낮으로 조심하여, 나를 낮추며 덜기를 생각하여 거처에 편안함을 구하지 않으며, 먹음에 배부르기를 생각지 아니하여, 이로써 선제(先帝)를 저버리지 않으며, 형제를 가르쳐 이 뜻을 같게 하여 눈감은 날에 다시 뉘우침이 없게 하고자 하였더니, 어찌 늙은이의 뜻을 다시 좇지 아니할 생각을 하는가? 만년 뒤에는 길이 뉘우치리로다."

그러자 요·방·광 들은 하는 수 없이 봉작을 받고, 벼슬에서 물러

---

*68 永平. 명제(明帝) 재위 때.
*69 關內侯. 6국 때부터 한나라 때까지 있있던 벼슬. 제후와는 달리 경기(京畿)에 살며, 봉토(封土)는 없고, 그 대신 녹을 받았음.
*70 竹帛. 옛날에는 종이가 없어서 대와 김에 썼기 때문에 책을 죽백이라 이름.

나 집으로 돌아갔느니라.

　그 해에 태후는 병을 앓았으나 무당과 의원을 믿지 않아서, 기도하지 말라고 자주 칙령을 내렸다. 마침내 유월에 이르러 돌아가시니 위(位)에 계심이 스물셋 해이고, 나이는 마흔 남짓하였다.

　後漢明德馬皇后, 伏波將軍援之少女也. 少喪父, 母兄客卿, 敏慧早夭. 母藺夫人悲傷, 發疾慌惚. 后時年十歲. 幹理家事, 勅制僮御, 內外諮稟, 事同成人. 初諸家莫知者, 後聞之, 咸歎異焉. 后嘗久疾, 大夫人令筮之. 筮者曰: 此女雖有患狀, 而當大貴. 兆不可言也. 後又呼相者, 使占諸女. 見后大驚, 曰: 我必爲此女稱臣. 然, 貴而少子. 若養它子者, 得力, 乃當踰於所生. 選入太子宮, 時年十三. 奉承陰后, 傍接同列, 禮則修備, 上下安之. 遂見寵異, 常居後堂. 明帝卽位, 以后爲貴人. 時后前母姊女賈氏, 亦以選入, 生肅宗. 帝以后無子, 命令養之. 謂曰: 人未必當自生子, 但患愛養不至耳. 后於是盡心撫育, 勞悴過於所生. 肅宗亦孝性淳篤, 恩性天至. 母子慈愛, 始終無纖介之閒. 后常以皇嗣未廣, 每懷憂歎, 薦達左右, 若恐不及. 後宮有進見者, 每加慰納. 若數寵引, 輒增隆遇. 永平三年春, 有司奏立長秋宮. 帝未有所言. 皇太后曰: 馬貴人德冠後宮, 卽其人也. 遂立爲皇后. 先是夢有小飛虫無數赴着身, 又入皮膚中, 而復飛出. 旣正位宮闈, 愈自謙肅. 身長七尺二寸, 方口, 美髮. 能誦易, 好讀春秋, 楚辭, 尤善周官, 董仲舒書. 常衣大練, 裙不加緣. 朔望, 諸姬主朝請, 望見后布疎麤, 反以爲綺縠, 就視, 乃笑. 后辭曰: 此繒特宜染色, 故用之耳. 六宮莫不歎息. 帝嘗幸苑囿離宮, 后輒以風邪露霧, 爲戒. 辭意款備, 多見詳擇. 帝幸濯龍中, 並召諸才人, 下邳王已下, 皆在側. 請呼皇后, 帝笑曰: 是家, 志不好樂. 雖來無歡. 是以遊娛之事, 希嘗從焉. 十五年, 帝按地圖, 將封皇子, 悉半諸國. 后見而言曰: 諸子裁食數縣, 於制, 不已儉乎. 帝曰: 我子, 豈宜與先帝子等乎. 歲給二千萬, 足矣. 時, 楚獄連年不斷, 囚相證引坐, 繫者甚眾. 后慮其多濫, 乘閒言及, 愴然. 帝感悟之, 夜起彷徨, 為思所納, 卒多有所降宥. 時, 諸將奏事, 及公卿較議難平者, 帝數以試后. 后輒分解趣理, 各得其情. 每於侍執之際, 輒言及政事, 多所毗補, 而未嘗以家私干欲. 寵敬日隆, 始終無衰. 及帝崩, 肅宗即位, 尊后曰皇太后. 諸貴人, 當徙居南宮, 太后感析別之懷, 各賜王赤綬, 加安車駟馬, 白越三千端, 雜帛二千匹, 黃金千斤. 自撰顯宗起居注, 削去兄防參醫藥事. 帝請曰: 黃門舅朝夕供養, 且一年. 既無褒異, 又不錄勤勞, 無乃過乎. 太后曰: 吾不欲令後世聞先帝, 數親後宮之家. 故不著也. 建初元年, 欲封爵諸舅, 太后不聽. 明年夏, 太旱, 言事者以為不封外戚之故, 有司因此上奏, 宜依舊典. 太后詔曰: 凡言事者, 皆欲媚朕, 以要福耳. 昔王氏五侯, 同日俱封, 其時黃霧四塞, 不聞樹雨之應, 又田蚡・竇嬰, 寵貴橫恣, 傾覆之禍, 為世所傳. 故先帝防慎舅氏, 不令在樞機之位. 諸子之封, 裁令半楚・淮陽諸國, 常謂: 我子, 不當與先帝子等. 今有司奈何欲以馬氏, 比陰氏乎. 吾為天下母, 而身服大練, 食不求甘, 左右但著帛布, 無香薰之飾者, 欲身率下也. 以為外親見之, 當傷心自勑. 但笑言, 太后素好儉. 前過濯龍門上, 見外家問起居者, 車如流水, 馬如游龍, 倉頭衣綠構, 領袖正白, 顧視御者, 不及遠矣. 故不加譴怒, 但絕歲用而已, 冀以默愧其心, 而猶懈怠, 無憂國忘家之慮. 知臣莫若君, 況親屬乎. 吾豈可上負先帝之旨, 下虧先人之德, 重襲西京敗亡之禍哉. 固不許. 帝省詔悲歎, 復重請曰: 漢興, 舅氏之封侯, 猶皇子之為王也. 太后誠存嫌虛, 奈何令臣獨不加恩三舅乎. 且衛尉年尊, 兩校尉有大病, 如今不諱, 使臣長抱刻骨之恨. 宜及吉時, 不可稽留. 太后報曰: 吾反覆念之 思令兩善. 豈徒欲獲謙讓之名, 而使帝受不外施之嫌哉. 昔竇太后, 欲封王皇后之兄,承相條侯言, 受高帝約, 無軍功, 非劉氏不侯. 今馬氏無功於國, 豈得與陰 郭中興之后等耶. 嘗觀富貴之家, 祿位重疊, 猶再實之木, 其根必傷. 且人所以願封侯者, 欲上奉祭祀, 下求溫飽耳. 今祭祀則受四方之珍, 衣食則蒙御府餘資, 斯豈不足, 而必當得一縣乎. 吾計之熟矣, 勿有疑也. 夫至孝之行, 安親爲上. 今數遭變異, 穀價數倍, 憂惶晝夜, 不安坐臥, 而欲先營外封, 違慈母之拳拳乎. 吾素剛急, 有胷中氣, 不可不順也. 若陰陽調和, 邊境清靜, 然後行子之志. 吾但當含飴弄孫, 不能復關政矣. 時新平主家, 御者失火, 延及北閣後殿. 太后以爲己過, 起居不歡. 時當謁原陵, 自引守備不愼, 愍見陵園, 遂不行. 初, 大夫人葬, 起墳微高, 太后以爲言, 兄廖等卽時減削. 其外親, 有謙素義行者, 輒假借溫言, 賞以財位. 如有纖介, 則先見嚴恪之色, 然後加譴. 其美車服不軌法度者, 便絶屬籍, 遣歸田里. 廣平 · 鉅鹿 · 樂成王, 車騎朴素, 無金銀之飾, 帝以白太后, 太后卽賜錢各五百萬. 於是, 內外從化, 被服如一, 諸家惶恐, 倍於永平時. 乃置織室, 蠶於濯龍中, 數往觀視, 以爲娛樂. 嘗與帝, 旦夕言道政事, 及教授諸小王, 論語經書, 述叙平生, 雍和終日. 四年, 天下豐稔, 方垂無事, 帝遂封三舅廖 · 防 · 光爲列侯. 並辭讓, 願就關內侯. 太后聞之, 曰: 聖人設教, 各有其方, 知人情性莫能齊也. 吾少壯時, 但慕竹帛, 志不顧命 今雖已老, 而復戒之在得, 故日夜惕厲, 思自降損, 居不求安, 食不念飽. 冀乘此道, 不負先帝, 所以化導兄弟, 共同斯志, 欲令瞑目之日, 無所復恨. 何意老志復不從哉, 萬年之日長恨矣. 廖等不得已, 受封爵而退位歸第焉. 太后其年寢疾, 不信巫祝小醫, 數勑絶禱祀. 至六月, 崩. 在位二十三年. 年四十餘.

내훈 권 제2(하)

제4, 남편과 아내의 도리(하)

제4, 남편과 아내의 도리(하)
부부장夫婦章·하

후한(後漢)의 화희(和熹) 등황후*¹는 태부*² 우(禹)의 손녀다. 아버지 훈(訓)은 호강교위*³요, 어머니는 음씨(陰氏)니 광렬황후(光烈皇后) 사촌 동생의 딸이다.

황후 나이 다섯 살에 태부 부인이 사랑하여 손수 머리를 깎아 주는데, 부인이 나이들어 눈이 어두운 탓으로 잘못하여 황후의 이마에 상처가 났으나 아픔을 참고 말하지 아니하거늘, 곁에 있던 사람이 이상히 여겨 물은즉, 황후의 대답은 다음과 같았다.

"아프지 않음이 아니나, 할머님이 귀여워하시어 머리를 깎아 주시거늘 늙으신 분의 마음을 상하게 할 수 없기 때문에 참는다."

여섯 살에는 사서(史書)를 잘 하고, 열두 살에는 시와 《논어(論語)》를 통달하더니, 여러 오라비들이 늘 글 읽을 적이면 곧 마음을 겸손히 하여 어려운 것을 물었다. 언제나 마음을 글월에 두고 살림살이를 묻지 않거늘, 어머니는 늘 마땅치 않게 여겨 이르기를

"계집애가 일을 익혀 옷을 짓지는 않고 오로지 학문에만 힘쓰니 반드시 박사(博士)가 되겠구나."
하였다.

---

*1 鄧皇后. 후한의 제4대 임금인 화제(和帝)의 황후.
*2 太傅. 벼슬 이름. 삼경(三卿)의 하나.
*3 護羌校尉. 한나라 때 벼슬 이름. 농서(隴西)에 주둔하여 여러 오랑캐를 진압하였음.

등황후가 어머니 말씀을 어기기 어려워 낮에는 아낙네의 일을 배우고 밤이면 글월을 외우므로 집안 사람들이 이름지어 선비라 하였다. 아버지 훈(訓)은 딸을 기특하게 여겨 크고 작은 모든 일마다 같이 의논하곤 하였다.

영원*4 4년에 당연히 간택에 뽑히어 대궐에 들어가게 되었는데, 마침 훈(訓)이 죽자, 등황후는 밤낮으로 울고 삼 년이 되도록 소금과 채소도 잡숫지 아니하므로 차츰 여위어, 옛모습이 없어서 친한 사람마저 알아보지 못하였다.

황후가 언젠가 꿈에 하늘을 만지니 넓고 아득하여 정말로 퍼렇고, 종유(鍾乳) 모양 같은 것이 있어서 우러러 빨아먹었는데, 꿈을 해몽하는 사람에게 물으니 말하기를

"요(堯)임금이 꿈에 하늘을 휘어잡고 오르시고, 탕(湯)임금이 꿈에 하늘에 이르러 핥으신 것입니다. 그것은 성왕(聖王)이 될 조짐의 꿈이라 그 길함을 이루 말씀으로 드릴 수 없을 정도입니다."
하였다.

또 관상보는 사람이 황후를 보더니 놀라 사뢰기를
"이는 성탕*5의 관상입니다."
하거늘, 집안사람들은 남몰래 기뻐하되 조금도 입 밖에 내지 않았다. 황후의 아재비 해(陔)가 이르기를

"전에 들으니, '천 사람을 살린 사람은 자손 중에 봉후(封候)할 사람이 있다' 했으니, 형인 훈(訓)이 알자*6되어서, 석구하*7를 다스려 해마다 수천 명을 살렸으니, 천도(天道)를 가히 믿을 수 있다면 우리

---

*4 永元. 후한 화제(和帝)의 연호.
*5 成湯. 은(殷)나라의 첫째 왕.
*6 謁者, 사방에 사신 가는 벼슬.
*7 石臼河. 하북성 평산헌 북쪽에 있는 물 이름.

〈바둑을 두는 부부〉 내외가 바둑을 두는 양반 집안의 풍속도. 조선 후기.

집안이 반드시 복(福)을 받으리라."
하였다.

이전에 태부(太傅)인 우(禹)도 말하기를,

"내 백만의 무리를 거느려 한 사람도 함부로 죽이지 아니하였으니,
후에 자손이 반드시 흥할 날이 있을 것이다."
하였다.

영원 칠년에 황후가 또 여러 집 딸들과 함께 간택에 뽑히어 궁에
들어갔는데, 황후의 키 일곱 자 두 치요 모습이 너무 고와 모든 색
시들 가운데 가장 뛰어나므로, 좌우에 모시고 있던 이들이 다 놀라
더라.

영원 팔년 겨울에 대궐에 들어가 귀인*8이 되니, 그때 나이 열여섯
이더니, 온순 공손하며 의젓하고 조심스러워하는 행동마다 법도가

*8 貴人. 한나라 때 여관(女官). 황후의 다음 가는 버슬.

있었다. 음후*9를 섬기되 새벽부터 밤까지 조심조심하며, 같은 또래를 대접하시되 늘 자기를 극복하여 낮추시며, 비록 나인이나 천인이라도 다 은혜를 베풀었으므로, 화제(和帝)가 깊고 아름답게 여겨 극진하게 대했다. 황후가 병들자 왕은 특별히 황후의 어머니와 형제를 들어오게 하여 의약을 받들게 하되 날짜(日數)를 정하지 않으시매, 황후가 상감께 다음과 같이 아뢰었다.

"대궐 안은 지극히 엄중하거늘, 바깥사람으로 하여금 오래 대궐에 머물게 하여 위로는 상감으로 하여금 처가집을 잘 봐준다는 비웃음을 받으시게 하고, 아래로는 첩으로 하여금 은총받고도 족한 줄을 모른다는 헐뜯음을 받게 하여, 위아래가 서로 손상됨을 진실로 원치 않사옵니다."

상감께서 말씀하시기를

"남들은 다 대궐에 자주 들어오는 것을 영화롭게 여기는데, 귀인(貴人)은 도리어 근심으로 여기어 스스로 자만심을 억누르고 겸손하니, 정말 저러기 쉽지 않도다."

하였다.

늘 잔치 때마다 여러 시누이들*10과 귀인(貴人)들이 저마다 다투어 가꾸고 꾸미어, 비녀며 귀고리가 빛나고 웃옷과 치마가 곱거늘, 황후는 무늬 없는 옷을 입어 복장이 꾸밈이 없었다. 만일 그 옷이 음황후와 더불어 같은 빛이면 곧 갈아입으며, 만약 나란히 상감께 뵈어야 할 때는 감히 바로 앉지 않고 따로 떨어져 서 있으며, 걸어갈 때에도 몸을 굽혀 스스로 낮추시며, 상감께서 늘 물으시면 언제나 머뭇머뭇하여 나중에야 여쭈어, 감히 음황후를 앞질러 말한 적이 없었다. 그러기에 상감께서는 등황후의 마음씀과 삼감을 아시고 감

---

*9 陰后, 음황후.
*10 諸姬. 임금과 성(姓)이 같은 사람.

탄하기를

"덕을 닦는 수고로움이 이와 같다니!"

하였다.

그 뒤로는 음황후를 점점 멀리하거늘, 매양 상감을 뵙게 될 때마다 문득 아프다고 핑계를 대곤 하였다.

그때 상감이 자주 황자(皇子)를 잃었으므로 황후는 후사가 많지 못함을 늘 걱정하여 눈물을 흘리며 한숨짓고, 자주 재인(才人)을 가려 상감께 바쳐 상감의 마음을 위로하였다.

음황후는 등황후의 덕에 대한 기림이 날로 성해짐을 보고는 어찌할 줄을 몰라, 축저*11하여 해치려고 하더라.

상감께서 언젠가 병들어 몹시 위태로웠다. 음황후가 가만히 이르기를

"내 뜻을 얻으면 등씨(鄧氏)로 하여금 다시는 그 씨가 남지 못하게 할 것이다."

하였다. 등황후가 이 말을 들으시고 곁에 모시고 있는 사람들을 대하여 눈물을 흘려 이르기를 다음과 같이 하였다.

"내 정성을 다하며 마음을 다하여 황후를 섬겼건만 마침내 도움이 되지 못하니, 반드시 하늘의 벌을 받았음이다. 아내가 남편을 따라 죽는 의리가 비록 없다지만, 주공(周公)이 자기 몸으로 무왕의 명을 대신하기를 빌었으며, 월희(越姬)는 마음에 반드시 죽을 본분을 맹서하였으니, 위로는 상감의 은혜에 보답하고 가운데로는 붙이의 화(禍)를 면케 하며, 아래로는 음씨(陰氏)로 하여금 사람을 돼지같이 여기는 인시*12의 기롱(譏弄)을 못 하게 하리라."

---

*11 祝詛. 귀신에게 빌어 남을 해치도록 함.

*12 人豕. 전한 때 한 고조(高祖)의 황후 여씨(呂氏)는 고조가 죽고 아들 혜제(惠帝)가 즉위하자, 평소에 고조의 총애만을 믿고서 태자인 혜제를 폐하고 자기의 소생인 여의(如

하시고 곧 약을 먹으려 하거늘, 나인(內人. 宮人) 조옥(趙玉)이 굳이 말리며 속히 아뢰기를

"마침 심부름하는 사람이 왔는데, 황제의 병환이 이미 나으셨습니다."

하거늘, 황후가 믿으시어 그러려니 하고 약 먹기를 그만두었다. 이튿날 상감께서 과연 나으셨다.

십사년 여름에 음황후(陰皇后)가 무고*13죄로 폐위되거늘, 등황후가 청하여 음황후를 구하려 하였으나 뜻을 이루지 못하였다.

상감께서는 곧 뜻을 정하신대로 처결했으므로, 황후는 더욱 병이 심하다 핑계하여 스스로 깊이 숨었다.

마침 유사(有司)가 장추궁(長秋宮)을 세우기를 여쭈니, 상감이 이르되

"황후의 존귀하기는 나와 같아서, 종묘를 섬기며 천하 백성의 어미가 되나니 어찌 그 일이 쉬우리오? 오직 등귀인(鄧貴人)의 덕이 후궁 중 으뜸이니, 그만하면 가히 감당하리로다."

하였다.

겨울에 이르러 황후로 책봉하니, 세 번 사양을 한 뒤에야 즉위하였다. 그리고 표*14를 손수 지어 깊이 감사하기를

"덕이 박하여 황후의 자리에 뽑힘에 넉넉치 못합니다."

라고 하였다.

이때 여러 나라에서 바치는 공물(貢物)을 바치는데 서로 다투어 귀하고 좋은 것을 바치더니, 황후가 즉위한 뒤로부터는 다 금지시키

意)를 태자로 삼자고 졸라대던 척 부인(戚夫人)을 잡아들여 척부인의 손발을 자르고 눈을 후벼내고 귀를 짓이기며 목이 쉬어 말을 못하는 약을 먹인 뒤 뒷간에 처넣고서 사람돼지(人豕)라 했음.

*13 巫蠱. 무당을 시켜 귀신을 받들어 사람을 해하기를 비는 푸닥거리.

*14 表. 임금에게 올리는 서장(書狀).

고 세시(歲時)에 다만 종이와 먹만을 바치게 할 뿐이었다.

상감께서 늘 등씨(鄧氏)들을 벼슬 시키려고 하면, 황후가 곧 슬프게 빌어 사양한 까닭으로 맏오라비 즐(騭)은 왕이 세상을 뜰 때까지도 호분중랑장*15에서 넘어서지를 못하였다.

원흥 원년(元興 元年)에 상감이 돌아가시거늘, 맏아들 평원왕(平原王)은 병이 있었다. 그리고 여러 황자(皇子)들은 지레 죽음이 전후로 열이나 되었으므로, 뒤에 낳은 황자는 곧 감추어 민간에서 길렀다. 상제(殤帝)는 태어난 지 백일이었는데, 황후가 이를 맞아다가 임금으로 세웠다.

황후를 높여 황태후로 세우고, 태후가 조회(朝會)에 임하였다. 화제(和帝) 장례 후에 궁인들이 다 외원(外園)으로 돌아감에, 태후가 주귀인(周貴人)과 풍귀인(馮貴人)에게 책(策)을 주어 이르기를

"내 귀인(貴人)들과 더불어 후궁에 있게 되어 서로 정답게 하였던 것이 십여 년이더니, 복을 타지 못하여 선제(先帝)께서 일찍 세상을 버리시니 외로운 마음 허전하여 우러를 곳이 없는지라, 낮이며 밤이며 길이 그리워 슬픔이 마음에서 울어나는구려. 이제 당연히 옛법대로 헤어져 외원(外園)으로 돌아가게 되니, 서러워 한숨지으니, 연연시*16인들 어찌 여기에 비기겠는가?"
하였다.

두 귀인에게 왕청개거*17와 빛나게 꾸민 수레와 수레를 메는 말

---

*15 虎賁中郎將. 한나라 때 벼슬 이름. 천자 호위를 맡음.

*16 燕燕詩.《시경》의 패풍(邶風)에 나오는 편명. 위(衛) 장공(莊公)의 부인 장강(莊姜)이 자식이 없어서 진녀(陳女) 대규(戴嬀)의 아들 완(完)을 아들 삼았는데, 장공이 죽자 완이 즉위했다. 폐인(嬖人. 임금에게 사랑받는 사람)의 아들 주우(州旿)가 임금 완을 죽였으므로 대규가 진나라로 아주 돌아가게 되매, 장강이 대규를 보내며 애닯아 이 시를 지었다고 함.

*17 王靑盖車. 황자(皇子)가 왕으로 봉해졌을 때 타는 수레.

각각 네 필, 황금 삼십 근, 여러 가지 비단 삼천 필과 월산(越産) 고운 흰빛 베 사천 필을 주라 하시고, 또 풍귀인(馮貴人)에게 굵고 붉은 인끈을 주시고, 머리에 보요*¹⁸와 환패*¹⁹가 없다 하여 한 벌씩 더 주었다.

이때 새로 큰 초상을 당하여 법이 갖추어 서지 못하였는데, 궁중에서 굵은 구슬 한 상자가 없어졌다. 태후가 고문하고자 하되, 반드시 죄없는 사람이 있을까 걱정되어, 친히 궁인을 보아 낯빛을 살피니 바로 자복하였다.

그리고 화제(和帝)가 곱게 보시던 사람인 길성(吉成)을 따르던 사람들이 모두 길성을 무고(巫蠱)죄로 헐뜯거늘 후궁에 명령하여 신문하니 말과 증거가 분명하였다. 그러나 태후는 선제(先帝)의 좌우에 모시던 사람을 대접함에 특별히 은혜롭게 하실 때에도 평일에 오히려 모진 말이 없었는데, 이제 돌아섬(배반함)이 이와 같으니 인정에 맞지 않다 여기시고, 다시 스스로 불러 보시어 사실을 밝히시니 과연 아랫사람이 한 일이었다. 이에 감탄하여 탄복하지 아니한 사람이 없고, 모두들 "거룩하시고도 밝으시도다." 하였다.

後漢和熹鄧皇后, 太傅禹之孫也. 父訓, 護羌校尉. 母, 陰氏, 光烈皇后從弟女也. 后年五歲, 太傅夫人愛之, 自爲剪髮. 夫人年高目冥, 誤傷后額, 忍痛不言. 左右怪而問之, 后曰: 非不痛也, 大夫人哀憐, 爲斷髮, 難傷老人意, 故忍之耳. 六歲, 能史書. 十二, 通詩·論語. 諸兄每讀經傳, 輒下意難問. 志在典籍, 不問居家之事. 母常非之, 曰: 汝不習女工以供衣服, 乃更務學, 寧當擧博士耶. 后重違母言, 晝修婦業, 暮誦經典, 家人號曰諸生. 父訓, 異之. 事無大小, 輒

*18 步搖. 걸음 걸을 때마다 패옥이 잘랑잘랑 흔들리게 된 머리 꾸미개.
*19 環珮. 허리에 차는 폐옥.

與詳議. 永元四年, 當以選入, 會訓卒. 后晝夜號泣, 終三年, 不食塩菜. 燋悴毀容, 親人不識之. 后嘗夢捫天, 蕩蕩正青, 若有鐘乳狀, 乃仰漱飲之. 以訊諸占夢, 言: 堯夢, 攀天而上. 湯夢, 及天而咶之. 斯皆聖王之前占, 吉不可言. 又, 相者見后, 驚曰: 此成湯之法. 家人竊喜而不敢宣. 后叔父陔言: 嘗聞活千人者, 子孫有封. 兄訓爲謁者, 使修石臼河, 歲活數千人. 天道可信, 家必蒙福. 初, 太傅嘆曰: 吾將百萬之衆, 未嘗妄殺一人, 其後世, 必有興者. 七年, 后復與諸家子, 俱選入宮. 后長七尺二寸, 姿顏姝麗, 絶異於衆, 左右皆驚. 八年冬, 入掖庭, 爲貴人, 時年十六. 恭肅小心, 動有法度. 承事陰后, 夙夜戰兢. 接撫同列, 常克己以下之, 雖宮人隸役, 皆假恩借. 和帝深嘉愛焉. 及后有疾, 特令后母兄弟, 入侍醫藥, 不限日數. 后言於帝曰: 宮禁至重, 而使外舍久在內省, 上令陛下有幸私之譏, 下使賤妾獲不知足之謗. 上下交損, 誠不願也. 帝曰: 人皆以數入爲榮, 貴人反以爲憂, 深自抑損, 誠難及也. 每有讌會, 諸姬貴人, 競自修整, 簪珥光采, 袿裳鮮明, 而后獨着素, 裝服無飾. 其衣有與陰后同色者, 即時解易. 若並時進見, 則不敢正坐離立, 行則僂身自卑. 帝每有所問, 常逡巡後對, 不敢先陰后言. 帝知后勞心曲體. 歎曰: 修德之勞, 乃如是乎. 後, 陰后漸踈, 每當御見, 輒辭以疾. 時, 帝數失皇子. 后憂繼嗣不廣, 恒垂涕歎息, 數選進才人, 以博帝意. 陰后見后德稱日盛, 不知所爲. 遂造祝詛, 欲以爲害. 帝嘗寢病危甚, 陰后密言: 我得意, 不令鄧氏復有遺類. 后聞, 乃對左右流涕, 言曰: 我竭誠盡心, 以事皇后, 竟不爲所祐, 而當獲罪於天. 婦人雖無從死之義, 然周公身請武王之命, 越姬心誓必死之分. 上以報帝之恩, 中以解宗族之禍, 下不令陰氏有人豕之議. 即欲飲藥, 宮人趙玉者固禁之, 因詐言: 屬有使來, 上疾已愈. 后信以爲然, 乃止. 明日, 帝果廖. 十四年夏, 陰后以巫蠱事, 廢. 后請救不能得, 帝便屬意焉. 后愈稱疾篤, 深自閉

絕. 會有司奏建長秋宮. 帝曰: 皇后之尊, 與朕同體, 承宗廟, 母天下,
豈易哉. 唯鄧貴人, 德冠後庭, 乃可當之. 至冬, 立爲皇后. 辭讓者三,
然後即位. 手書表謝: 深陳德薄, 不足以充小君之選. 是時, 方國貢
獻, 競求珍麗之物. 自后即位, 悉令禁絕, 歲時, 但供紙墨而已. 帝每
欲官爵鄧氏, 后輒哀請謙讓. 故兄騭, 終帝世不過虎賁中郎將. 元
興元年, 帝崩. 長子平原王, 有疾. 而諸皇子夭歿, 前後十數, 後生者,
輒隱秘養於人閒. 殤帝生始百日, 后乃迎立之. 尊后爲皇太后, 太后
臨朝. 和帝葬後, 宮人並歸園. 太后賜周馮貴人策, 曰: 朕與貴人託
配後庭, 共歡等列, 十有餘年. 不獲福祐, 先帝早棄天下, 孤心煢煢,
靡所瞻仰, 夙夜永懷, 感愴發中. 今當以舊典, 分歸外園, 慘結增歎,
燕燕之詩, 曷能喻焉. 其賜貴人王青盖車・釆飾路・驂馬各一駟,
黃金三十斤, 雜帛三千匹, 白越四千端. 又賜馮貴人王赤綬, 以未有
步搖・環珮, 加賜各一具. 是時, 新遭大憂, 法禁未設, 宮中亡大珠
一篋, 太后念, 欲考問, 必有不辜. 乃親閱宮人, 觀察顏色, 即時首服.
又和帝幸人吉成御者, 共枉吉成以巫蠱事, 遂下掖庭考訊, 辭證明
白. 太后以先帝左右, 待之有恩, 平日尚無惡言, 今反若此, 不合人
情. 更自呼見實覈, 果御者所爲. 寞不歎服, 以爲聖明.

대명(大明) 태조(太祖)의 효자소헌지인문덕 승천순성 고황후(孝慈
昭憲至仁文德 承天順聲高皇后) 마씨*[20]는 그 조상이 송(宋)나라 태
보,*[21] 태부 다음 벼슬인 묵(默)으로부터 숙주(宿州)의 민자향(閔子
鄕) 신풍리(新豊里)에서 대대로 마을의 호걸로 살아왔다. 아버지 마
공(馬公)은 본성이 강직하고 사람을 사랑하여 주기를 즐겨, 행여라도
남이 시급한 때 도와 주지 못할가봐 늘 염려하였다. 어머니 정씨(鄭

---

*20 馬氏. 명나라 태조 고황제(高皇帝) 주 원장(朱元璋)의 황후 마씨를 가리킴.
*21 太保. 삼공의 하나.

氏)는 황후가 어렸을 때 일찍 죽어서, 아버지에게는 그전에 정원(定遠) 사람인 곽자흥(郭子興)과 죽자 사자 하는 친구*²² 사이였으므로 황후를 그 집에 부탁하고 아버지가 죽으니, 곽자흥이 황후를 친딸같이 길렀다.

황후는 어려서부터 얌전하고 조용하며 단정하고 한결같으며, 효성스럽고 공경스러우며 인자하고 슬기롭기가 사람의 생각을 초월할 지경이었다. 그런데다가 시(詩)와 서(書)를 더욱 즐기더니, 비녀를 꽂으면서부터는 태조 고황제의 빈(嬪)이 되었는데, 정성과 공경에 감동하여 안팎이 다 칭찬하였다.

혹심하게 흉년든 해를 만났는데, 황후가 상감을 따라 군중(軍中)에 계실 때, 자기의 배고픔은 참고 누룽지와 포육(脯肉)을 품었다가 상감께 바치어 양식이 그치지 않게 하시었다. 급하고 어려운 때에 아낙네의 도리를 조심하여 따르더니, 상감께서 늘 기록한 글월이 있으면 곧 황후에게 명하여 보관하게 하시고 다급할 때 가져오라 하면, 황후가 바로 주머니에서 내어 바치어 조금도 헛갈리지 않았다.

상감이 향을 피우고 하늘에 빌기를

"바라옵건대 천명(天命)에 맡기오니, 천하의 백성을 수고롭게 마옵소서."

하시거늘, 황후가 상감께 사뢰기를 다음과 같이 하였다.

"이제 호걸(豪傑)이 모두 다투어 비록 천명으로 돌아갈 곳을 알지 못하나, 제 생각으로는 사람을 죽이지 아니함으로 근본을 삼아, 엎어진 사람을 일으키며 위급한 사람을 구제하여 그들 마음을 모을 것 같으면, 사람의 마음 가는 곳이 곧 천명이 있는 곳이니, 저 죽이

---

*22 刎頸之友. 친구를 위해서라면 목을 베어도 아깝지 않을 정도로 친함. 염파(廉頗)와 인상여(藺相如)의 우정에서 비롯된 말.

며 노략*23질을 하여 사람의 마음을 잃음은 하늘이 미워하시는 바이라, 비록 그 몸이나마 보존하기 어렵습니다."

상감께서 말씀하시기를

"그대의 말이 내 뜻에 가장 드오."

하시고 이튿날 비를 맞으며 돌아가시어 황후께 이르기를

"어제 그대의 말을 들으니 마음속에 오고가서 잊을 수 없었소이다. 한 군사가 군령을 어기고 계집을 데리고 있거늘, 고문하니 속이지 못하여 사실을 그대로 밝히되 '노략하였습니다.' 하므로 내 말하기를 '오늘날 병마를 써서 싸움은(질서의) 어지러움〔紊亂〕을 금지함이니, 만일에 남의 계집을 과부 만들고 남의 자식을 고아로 만든다면, 바로 질서를 문란케 하는 짓이다. 당장에 버리지 아니하면, 내 반드시 너를 죽이겠다.' 하였더니, 군사가 감동하여 바로 버리니, 그대의 말 덕분이라."

하였다.

황후 사뢰기를

"마음 쓰심이 그와 같으시니 어찌 사람의 마음이 모여들지 아니할까 걱정하시리이까."

하더라.

황후는 처음에 자식이 없어서 상감 형님의 아들 문정(文正)과 맏누님의 아들 이문충(李文忠)과 목영(沐英) 등 두어 명을 기르시되, 사랑하기를 내가 낳은 자식 같이 하였으며, 뒤에 태자(太子)와 여러 왕(諸王)을 낳으시고도 그들에 대한 사랑을 그치지 않았다.

상감이 군사를 거느리고 강을 건너실 제 황후 또한 장사(將士)의 처첩을 거느리고 대평(大平) 땅으로 뒤따라 오셨는데, 건강(建康)에 이르러 머물게 되었을 때는, 오(吳)나라와 한(漢)나라의 국경이 이어

---

*23 虜掠. '노'는 사람 잡는 것이고 '략'은 때리고 빼앗음.

져 있어서 싸움하지 않는 날이 없었으므로, 친히 시녀(侍女)를 거느리시고 옷과 신을 다시 기우시어 군사들을 도와 주시는 일로 밤중까지 눈붙이지 않았다. 때때로 상감의 계략을 보좌하여 일마다 상황에 맞게 하곤 하였다.

홍무 원년(洪武元年) 정월에 상감께서 즉위하시어 황후로 책봉하면서 신하들에게 다음과 같이 말씀하였다.

"옛날 한나라 광무 황제가 풍이*24를 위로하기를, '매우 급박할 때 무루정*25의 콩죽과 호타하의 보리밥을 준 간절한 뜻을 오래 갚지 못하였도다' 하시어 임금과 신하와의 사이에 처음과 끝을 보전했다. 내 생각하니, 황후가 포의*26로 일어나 달고 쓴맛을 같이 하며, 일찍이 나를 따라 군중(軍中)에 있을 때, 시급한 때 자기 배고픔을 참고 누룽지를 품어 나에게 주었으니, 콩죽과 보리밥에 비기건대 그 어렵기가 더욱 심하였다.

옛날 당 태종(唐太宗)의 장손황후(長係皇后)는 은태자(隱太子)에게 혐의와 원한을 받게 되어, 위로 효도를 다하며 모든 비(妃)들을 조심하여 섬겨 질투와 혐의를 없게 하니, 내 자주 곽씨*27의 의심함을 받을 때도 내 뜻에 따라 하고 걱정하지 않았다. 장사(將士)들이 옷과 쓸 것을 주면 황후가 먼저 곽씨에게 바치어 그 뜻을 위로하여 기쁘게 하며, 나를 해치고자 함에 이르러서는 문득 임시변통으로 마침내 환난을 면하니, 거의 또 장손왕후 경우보다 더 어려운 형편이었다.

---

*24 馮異. 후한 부성(父城) 사람, 왕망을 위해 한나라에 대항하다가 나중 후한 광무제의 주부가 됨. 무루정에선 콩죽을, 남궁에서는 보리밥을 드려 광무제가 호타하(滹沱河)를 건너게 됨.
*25 蕪蔞亭. 정자 이름.
*26 布衣. 벼슬도 지위도 없는 사람.
*27 郭氏. 황후를 키운 곽자흥을 가리킴.

내 혹시 옷이나 쓸 것으로 말미암아 조그마한 허물을 성낼 것 같으면, 나를 위하여 말하기를 '상감께서는 옛날 가난하고 미천하던 때를 잊으셨습니까?' 하시어서 내 또 놀라곤 했다.

집안의 어진 아내가 오히려 나라의 어진 재상과 같으니 어찌 차마 잊으리오."

하시고, 조회를 마친 뒤에 그 내용을 황후께 말하니, 황후 말씀은 다음과 같았다.

"제가 듣건대 부부는 서로 보전함은 쉽고 임금과 신하는 서로 보전하기는 어렵다 하오니, 폐하께서 이미 빈천했던 시절의 저를 잊지 아니하시니, 원하옵건대 여러 신하와 백성들의 가난했던 때도 잊지 마소서. 또 제가 어디 장손 황후의 어지심과 같겠습니까. 바라옵건대, 폐하께서 요순(堯舜)을 본받으셨으면 하올 뿐입니다."

황후는 이미 궁중에 정위(正位)에 오르시어, 더욱 스스로 부지런히 힘쓰시며 궁첩(宮妾)을 살피시어 아낙네의 일을 다스렸으며, 일찍 일어나고 밤늦게야 잠자리에 들어 게으르게 하지 않으셨다. 상감께는 어진 사람을 가까이하며 학문에 힘쓰기를 권하며, 일에 따라 조심스럽게 간했다. 또 옛 글월을 강론하여 육궁*²⁸을 일깨워 깨우치는 데 부지런히 하여 게을리하지 않았다.

하루는 여사*²⁹인 청강*³⁰ 범유인*³¹ 등을 불러모아 놓고 물었다.

"당(唐)으로부터 내려오면서, 어느 황후가 가장 어질며, 가법(家法)은 어느 대(代)가 가장 바른고?"

이에 대답하기를

---

*28 六宮. 후비(后妃)가 거처하는 궁전. 정침(正寢)이 하나, 연침(燕寢)이 다섯.
*29 女史. 글 아는 여자로서 황후의 예도와 안녁 정사(政事)를 주관하는 벼슬.
*30 清江. 땅 이름.
*31 范孺人. '범'은 성씨이고 '유인'은 대부의 부인을 이름.

"오직 조송*32 여러 황후들에 어진 이가 많으며, 가법(家法)이 가장 바릅니다."

그러자 황후는 여사(女史)에게 명하여 가법과 어진 행적을 적게 하였다. 그리고 늘 외우게 하여 들으시고, 이르기를

"한갓 나를 위한 오늘날의 법이 될 뿐 아니라, 자손과 제왕과 후비가 모두 반드시 살펴보리니, 이 가히 만세의 법이 되리로다."

하였다. 더러 이르기를

"송조(宋朝)는 인후(仁厚)함에 지나칩니다."

하니, 황후가 이르시기를,

"인후함이 지나친 것은 오히려 각박함보다 낫지 않은가? 내 자손이 진실로 능히 인후로 근본을 삼는다면, 삼대(三代)에 이르기 어렵지 아니하니라. 인후함이 비록 지나치다 하여 어찌 사람의 나라에 해로움이 있으리오."

하였다.

상감께서 예전에 황후에게 이르기를

"임금은 온갖 책임의 모임이니, 한 백성이 제 자리를 얻지 못하여도 임금의 책임이라."

하시거늘, 황후가 바로 일어나 절하며 사뢰기를,

"제가 듣건대, 옛사람이 이르기를 한 백성이 제 자리를 얻지 못함이 나의 죄라 하며, 한 백성이 굶주리거든 이르기를 내가 굶주리게 하였다 하고, 한 백성이 추워하거든 이르기를 내 춥게 하였다 하더니, 이제 폐하의 말씀이 곧 옛사람의 마음이로소이다. 상감 마음(聖心)에 부디 삼가기를 다하시어 불쌍한 백성에게 은혜를 더하시면 온 천하가 그 복을 입사오며, 저 또한 곁들여 영화로움이 있으리이다."

하였다.

---

*32 趙宋. 조(趙)는 송나라 황제의 성(姓).

그리고 또 예전에 상감이 편안하신 때를 보아 조용히 상감께 사뢰기를,

"임금님이 비록 밝고 거룩한 바탕을 타고나셨으나 능히 혼자서 천하를 다스리지는 못하십니다. 때문에, 반드시 어진 사람을 가리어 나라 다스리기를 의논하여야 합니다. 그러나 세대가 더욱 내려갈수록 재주를 온전히 지닌 이가 없으니, 폐하가 인재를 쓰기에 본래 능하여 각각 그 길고 짧음(長短)을 따라 쓰시기를 바랍니다만 더욱 중요한 것은 적은 허물을 용서하시어 그 사람을 보전하셔야 합니다."

하니, 상감이 기뻐하시어 좋다고 하셨다.

하루는 원(元)나라의 부고(府庫)를 얻어 보화(寶貨)를 서울로 옮겨온다는 소문을 듣고 상감께 물었다.

"원나라 부고에서 무엇을 얻으셨습니까?"

상감 이르시기를

"보화일 뿐입니다."

황후 말씀이

"원씨(元氏)가 이 보화를 지니다가 어찌 지키지 못하고 잃었나이까? 재물이 보배가 아니옵니다. 제왕이 저마다 다른 보배가 있사옵나이다."

하니 상감께서

"황후의 뜻을 내 알겠나이다. 오직 어진 사람 얻음으로 보배 삼으라 하시는구려."

황후는 바로 절하고 말씀하시기를

"참으로 성인의 말씀 같사옵니다. 제가 늘 보니, 사람의 집에 살림이 넉넉해지면 교만이 생기고 팔자가 늘어지면 안일을 밝히게 되옵니다. 집과 나라가 같지 아니하나 그 이치는 다르지 아니하니, 사람의 본능적인 마음을 반드시 가장 경계해야 할 것입니다.

제가 폐하와 가난을 함께하고 살다가 이제 부귀에 이르니, 교만하며 방자함이 생기고, 위태로움과 멸망이 싹틀까 늘 두렵습니다.

이런 까닭으로 세상에 전하기를, '잔재주는 나라를 망치는 도끼요 주옥(珠玉)은 마음을 방탕케 하는 짐독*33이라 하니, 옳도다, 이 말씀이여! 오직 어진 신하를 얻어 아침 저녁으로 네 마음을 열어 내 마음을 적시어 다오.'*34라 하여 천하를 모두 보호함이 곧 가장 큰 보배이며 만세에 이름나게 함이 곧 큰 보배이니, 어찌 한갓 재물에 있겠습니까?"

하니, 상감께서

"좋도다!"

하였다.

예전에 건청궁(乾淸宮)에서 황제를 뫼시고 앉아 계시다가 이야기가 가난하던 때의 일에 미쳤더니, 상감께서 이르시기를

"내 그대와 함께 어려움을 겪고 신고를 모두 겪었소. 오늘날 집안을 덕으로 감화하여 나라가 되었음은, 얻고자 하는 마음이 없었던지라 위로는 천지(天地)의 덕과 조상의 은혜를 느꺼워하거니와, 그러나 역시 그대가 안에서 도운 공이라."

하니, 황후 사뢰기를

"폐하께서 백성을 구하려고 한번 먹은 마음이 황천(皇天)에까지 사무치시어 천명이 돌보시고 조상이 도우신 덕이지, 제가 무슨 힘이 있었겠습니까? 오직 원하옵기는, 폐하가 어렵던 시절을 잊지 마시옵고, 편안한 날에 경계하옵소서. 저 또한 어려운 시절에 서로 따르던 것을 잊지 아니하여 늘 조심하오리다. 그러면 천지와 조상이 오늘날에 도울 뿐 아니라 장차 자손 무궁한 복이 되리이다."

---

*33 酖毒. 짐조(鴆鳥)라는 새 깃을 담근 술의 독기로 사람을 능히 죽게 함.
*34 고종(高宗)이 부열(傅悅)에게 이른 말.

하더라.

상감의 모든 진지상을 황후가 반드시 손수 살펴보았으므로 나인이 청하여 사뢰기를

"궁 안에 사람이 많으니, 귀하신 몸으로 수고롭게 마시옵소서."

황후가 이르시되,

"내 진실로 궁 안에 사람 있는 줄을 알거니와, 오직 '아낙네가 남편 섬기기는 조심하지 않을 수 없으며, 음식 올리기는 깨끗지 않아서는 안 되는데, 어쩌다가 지극하지 못함이 있어 너희들이 벌을 받게 되면 내 마음이 어찌 편안하리오. 내가 이렇게 함은 한편으로는 위(상감)를 공경하여 소홀히 여기지 아니함이요, 한편으로는 너희를 잘 지켜 죄를 면케 하려 함이니, 어찌 사람이 없다 해서 그러겠는가?"

하시니, 나인들이 듣잡고 다 감동하여 기뻐하였다.

황후가 서한(西漢)의 두 태후(竇太后)가 황로*35를 즐겼다는 여사(女史)의 강론을 들으시고, 돌아보며 물으시기를

"황로(黃老)는 어떠한고?"

여사(女史) 대답하옵기를

"맑고 깨끗하여 무위*36로 으뜸을 삼으니, 인(仁)을 그치며 의(義)를 버려 백성이 효도하며 인자함에 돌아가게 하는 것이옵니다."

황후가 이르기를

"그렇지 않다. 효도하며 인자함이 곧 인의(仁義)의 일이거니, 어찌 인의를 그쳐 효도하며 인자하리오. 인의는 다스림의 으뜸이거늘, 그치며 버리라 이르니 이는 이치가 아니로다."

하였다.

---

*35 黃老, 황제(黃帝)와 노자(老子)를 가리킴.
*36 無爲, 자연만 따를 뿐 인위가 없음.

황후가 《소학(小學)》을 외우게 시키시고 마음을 기울여 들으시었다. 이윽고 황제께 청해 말씀하셨다.

"《소학》은 말씀이 알아듣기 쉽고, 일이 행하기 쉽습니다. 인도*³⁷에 갖추지 아니함이 없어 진실로 성인의 가르치신 법이니, 어찌 빛나게 드러내지 아니하십니까?"

상감께서 이르시되

"옳소이다. 내 이미 친왕*³⁸과 부마*³⁹와 대학생들로 하여금 강론하며 읽게 하였소."

하였다.

황후는 전에 원세조(元世祖)의 황후가 낡은 활줄을 삶아서 다시 썼다는 일을 들으셨다. 그래서 명하여 가져다가 삶아, 그것으로 베를 짜서 이불을 만들어서 외로운 늙은이에게 주었다. 또 옷과 치마를 마르시고 남은 가윗밥*⁴⁰을 이어 수건과 요를 만들고 이르시기를

"몸이 부귀에 있을 때 반드시 천지를 위하여 물건을 아껴야만 하니, 하늘이 내신 물건을 우습게 여겨 함부로 버리는 것을 옛사람은 깊이 경계했다."

하였다.

베짜는 사람이 실을 나을 때 버리는 묵정이*⁴¹가 있으면 또 이어서 짜게 하여 여러 왕비와 공주에게 주시면서 이르시되

"부귀(富貴) 속에 나서 자라서는 모름지기 누에치고 뽕기르기가 쉽지 않음을 알아야 한다. 비록 이 묵정이는 버릴 것이지만 민간에 있

---

*37 人道. 사람 살아가는 도리.
*38 親王. 황제 형제와 황자(皇子).
*39 駙馬. 부마도위(駙馬都尉)벼슬 이름. 나라 사위는 부마 도위가 되므로 여기서는 나라 사위를 이름.
*40 가위질하고 남은 부스러기 헝겊.
*41 묵이, 오래 되어 낡은 것.

어서는 오히려 얻기 어려우니, 그러므로 짜서 너희에게 보이는 것이니 알고 있지 않으면 안 되느니라."

하시었다.

늘 빤 옷을 입으시고, 사치롭고 좋은 것을 즐기지 아니하시며, 이불이 비록 낡아도 차마 갈지를 못하시어 어떤 이가 물었다.

"천하에 지극한 귀와 지극한 부를 누리시면서 어찌 이를 아끼십니까?"

황후가 이르시기를

"내 들으니 옛날 후비(后妃)들은 다 부자이면서 모두 검박하며 귀하면서도 부지런함으로 글월에서 칭찬받는다 하니, 사치스런 마음은 쉽게 나고, 높은 자리에 있음은 어려울 것이다. 잊지 못할 것이 부지런과 검박이요, 믿지 못할 것이 부귀니, 부지런하고 검박한 마음이 한번(게으름과 사치로) 옮기면 화복(禍福)의 응징이 메아리로 이르듯 하니, 늘 생각함이 이에 미치고, 자연히 함부로 여길 마음을 품지 못할 따름이로다."

나인(內人. 宮人)에게 허물이 있어 상감께서 화내시거늘, 황후 또한 화를 내시며, 곁에서 모시고 있는 사람들에게 명하여 궁정사*42에 잡아넣어 거기에 맡겨 죄를 의논하라 하시었다. 상감께서 화를 풀고서 황후께 물으시기를

"그대가 친히 그릇되다 하여 벌주지 아니하고 궁정사에 맡김은 어째서인가?"

황후가 사뢰기를

"제가 든건대, 상벌이 공번되어야 족히 남을 항복시킬 수 있다 하옵니다. 그러기 때문에 기쁨으로 상을 더하지 아니하며 화로써 형벌을 더하지 아니하니, 기쁘며 노한 사이에 상벌을 행하면 반드시 기

---

*42 宮正司, 궁중일을 관리하던 부서.

〈다듬이질〉 베를 감은 굵은 홍두깨에 마른 빨래를 감아 판판해지도록 다듬이질을 하는 모녀. 1920.

울어 지나침이 있어 사람이 그 사정*⁴³을 의논하려니와, 궁정사에 맡기면 반드시 잘못의 가볍고 무거움을 짐작할 것입니다. 천하를 다스리는 사람이 또 어찌 능히 사람마다 몸소 상벌을 주겠습니까? 유사(有司)가 의논할 따름입니다."

　상감께서 이르시되

　"그대도 덩달아 성냄은 어째서인고?"

　황후가 사뢰기를

　"폐하께서 화내신 때를 당하여 문득 친히 벌을 주시면 한갓 나인

---

*43 私情. 사사로운 감정.

이 지나치게 무거운 책망을 얻을 뿐 아니라, 폐하께서 또 중화*⁴⁴한 마음을 상하실 것이니, 그러므로 제가 화냄은 폐하의 노여움을 풀려고 한 것입니다."

하였으므로 상감이 기뻐하셨다.

황후가 시부모를 미처 섬기지 못함을 슬퍼하였다. 그래서 상감이 그리워 슬퍼하심을 보시고 또 같이 눈물을 흘렸으며, 아침 저녁으로 휘적*⁴⁵을 입고 상감을 따르시어 봉선전(奉先殿)에 절하셨다. 그리고 늘 제삿날이 되면 손수 제수를 만드셔서 정성과 공경을 힘써 하시고, 비빈(妃嬪) 이하를 대접하시되 은혜를 품으시며, 은총을 입어 자식이 있는 사람에게는 대접을 더 후히 하시었다.

여러 왕비와 공주에게 이르시기를

"공(功) 없이 복받음은 하늘이 시틋하게 여기는 터이니, 내 너희들과 금실로 수놓은 비단옷을 입으며 음식을 좋게 하고 날이 저물도록 하는 일 없으니, 반드시 아낙네의 일을 부지런히 하여 하늘에(은총에) 보답하여야 하느니라."

하시며, 태자와 여러 왕을 비록 몹시 두터이 사랑하시나 힘써 학문에 힘쓰도록 자세히 이르시며 정성으로 하시더니, 전에 다음과 같이 말씀하시었다.

"너희 아버님이 만국에 높이 임하시어 몸으로 태평을 이룩하심은 학문으로 얻으신 것이니, 너희 아들들은 반드시 계승할 것을 생각하여, 너를 낳아 주신 조상을 욕되게 하지 말아야 하느니라."

또 이르시기를

"내가 여사(女史)의 말을 들으니 등우(鄧禹)가 장군이 되어서 제멋대로 사람을 죽이지 않은 까닭으로 그 딸이 황후가 되었다 한다. 우

---

*44 中和. 치우치지 않고 고요하고 화한 마음.
*45 褘翟. 황후가 선왕의 제사때 입는 옷.

리 가문이 대대로 충후(忠厚)하며 우리 아버님께 이르러서 비록 등우와 같은 공은 없으시나, 평생에 의(義)를 시급(時急)히 하시어 내가 오늘날 황후되옴이 우연치 아니하니라. 너희들은 뒷날 백성과 사직을 맡아야 하니 더욱 모름지기 충후(忠厚)를 많이 하여야 자손이 길 것이다. 조금이라도 저 잘난 줄만 믿고 덕에 힘쓰지 아니하고, 우연히 잘 되는 일도 있다 하고 여기지 말아야만 하느니라. 너희는 조금도 잊지 말아야 한다."

여러 왕자들이 더러 옷과 기구(器具) 따위를 서로 밝히면 황후가 이르시되

"당요(唐堯)와 우순(虞舜)이 띠(茅)로 지붕을 잇고 흙으로 섬(階)을 만드셨으며, 하우(夏禹)와 문왕(文王)은 거친 옷과 낮은 옷(겸손한 차림)을 입으셨다. 너희 아버지는 더 검박하여 더욱 사치하거나 좋은 것을 시틋하게 여기시고, 밤낮으로 걱정하며 부지런하시어 천하를 다스리시니, 너희는 공도 없으면서 비단옷 입고 좋은 음식 먹으면서도 오히려 옷과 기구를 더 가지려 하니, 어찌 뜻과 기상이 아버지와 다르기가 이와 같은가? 반드시 스승을 친히 하고 벗을 사귀어, 성현(聖賢)의 학문을 강론하여 마음을 트이고 밝게 하여야 자연히 이런 마음과 버릇이 없어지리라."

하였다.

황후가 인자로운 마음으로 아랫사람을 대접하여 친척과 공신의 집에 다 기쁜 마음을 얻지 않음이 없으며, 명부*⁴⁶가 들어와 뵈오면 존귀한 체 임하시지 않으시고 맞이하여 대접하기를 마치 집안사람 같이 하셨다.

큰물이나 가뭄과 흉년이 든 해를 만나면 수라*⁴⁷를 올릴 제 보리

---

*46 命婦. 대부의 아내.
*47 임금님 진지.

밥과 들나물을 마련했는가 물으시었다. 상감께서 주린 백성 먹일 일들을 말씀하시자, 황후가 이르시기를

"제가 든건대, 큰물과 가뭄이 어느 때고 없을 때가 없다고 하오니, 주린 백성 먹일 대책을 미리 마련하여 대비함만 같지 못합니다. 마침내 불행히도 아홉 해 동안 큰물과 일곱 해나 가뭄이 든다면 장차 어떤 방법으로 주린 백성을 먹여 구하시렵니까?"

하시매, 상감께서는 깊이 옳게 여기셨다.

전에 상감을 위해 아뢰기를

"은혜를 베풂에는 널리 두루 펴고자 하나, 차등이 있으니, 여러 사람에게 나날이 주기는 진실로 어렵습니다. 백관(百官)의 집이 서울에 있는 이들은 고향의 멀고 가까움이 같지 않으며, 그 집안의 가난함과 넉넉함이 또한 다릅니다. 봉록*⁴⁸에는 한정이 있으니 어쩌다 주지 아니하면 가난이 반드시 심할 것이고 더위와 비와 몹시 추운 때를 만나면 안타까운 한숨이 나올까 걱정되옵니다."

상감께서 그 뜻에 감동하시어, 사람을 보내어 형편을 물어 주시곤 하였다.

근신*⁴⁹과 모든 공사(公事)를 여쭙는 관원이 조회를 마치고 전정*⁵⁰에서 모이어 밥을 먹거늘, 황후가 내관*⁵¹에게 그 음식을 가져 오게 하여 친히 맛보시니 맛이 사나워 좋지 아니하거늘, 상감께 여쭈시되

"조정(朝廷)이 하늘의 녹(祿)으로써 천하의 어진 사람을 기르는 것이므로, 그러기에 자기 스스로에 대한 봉양을 박하게 하고자 하시

---

*48 俸祿. 공무원의 봉급.
*49 近臣. 임금을 가까이 모신 신하.
*50 殿庭. 대궐의 뜰.
*51 內官, 내시 또는 여관.

고 어진 이를 대접하기는 넉넉히 하고자 하십니다. 그런데 이제 음식을 맡은 사람이 그 아랫사람을 가르치지 못하여, 오직 상감께 올리는 것만이 달며 맛있고, 여러 신하들의 음식은 다 그 제 맛을 얻지 못하였으니, 어찌 폐하께서 어진 이를 대접하시는 뜻입니까?"

하자, 상감께서 이르시기를

"음식에 대한 일은 내가 마음을 쓰지 않아 여러 신하들이 다 달고 맛난 것을 먹으리라 여기었더니, 어찌 맡은 사람이 제 마음대로 후박*⁵²을 달리할 줄을 생각하였으리오. 여러 신하들이 말하고자 하여도, 또 입 밖으로 내기를 어렵게 여기었을 것을 알겠도다. 이 일이 비록 아주 적으나 그 관계됨이 크니, 황후가 오늘날 말씀하지 아니하셨더라면 내 어찌 이러함을 알았으리오."

하시고 빨리 광록경*⁵³인 서홍조(徐興祖)들을 부르시어 아주 잘못되었다 하시니, 그들이 다 부끄럽게 여겨 사죄하였다.

상감께서 언젠가 대학(大學)에 거동하시어 선사(先師) 공자(孔子)를 제사지내고 돌아오시거늘, 황후가 듣잡고 물으시기를

"대학생이 얼마나 되옵니까?"

상감께서 이르시기를

"수천 명이옵니다."

또 물으시기를

"다 집이 있습디까?"

이르시기를

"거의 다 있습니다."

황후가 사뢰기를

---

*52 厚薄. 여기서는 맛있고 없음.
*53 光祿卿·光祿寺卿. 궁중에서 음식을 맡아 다스리는 벼슬 이름. 광록시경 1인, 소경 2인이 술과 음식을 맡아 봄.

"천하를 잘 다스릴 사람은 어진 인재를 으뜸으로 삼습니다. 이제 인재가 많으니, 매우 기쁩니다. 다만 생원(生員)은 대학에서 먹고 마시되 처자는 우러러 고할 데 없으니, 저 생원이 어찌 마음에 걸린 데가 없겠습니까?"

상감께서 바로 명하시어, 다달이 양식을 주어 그 집 살림을 넉넉하게 하도록 통상적인 법을 삼으셨다.

예전에 상감께 사뢰기를

"일의 옳고 그름은 임금 마음의 그릇됨과 바름에 근원하고, 천하가 편안하고 위태로움은 백성의 마음이 서럽고 즐거워함에 있습니다."

또 사뢰기를

"법을 자주 고치면 반드시 폐단이 생기고, 법 자체가 폐단이 있으면 간사(姦邪)가 생기고, 백성을 자주 어지럽히면 반드시 곤궁해지고, 백성이 곤궁해지면 난리가 납니다."

상감께서는 왕후가 하는 말들을 모두 여사(女史)에게 명하여 쓰라고 하셨다.

황후가 병이 드셨거늘 상감께서 잠자기와 음식 드시기를 편안히 못 하시어 여러 신하에게 말씀하시자, 여러 신하들이

"산천(山川)에 기도하고 이름난 의사를 두루 구하시옵소서."

청하거늘, 황후가 들으시고 상감께 사뢰기를

"제가 평생에 병이 없더니 이제 하루 아침에 병듦이 이와 같으매, 내 일어나지 못할까 여기옵나이다. 죽고 사는 것은 명이 있으니, 빌고 의원이 온들 어찌 보탬이 되리이까."

하였다. 병이 위독해지자 상감께서 물으시기를

"그대가 죽은 뒤 부탁할 일이 있나이까?"

황후가 사뢰기를

"폐하께서 저와 더불어 벼슬 하나 없는 몸으로 일어나시어, 오늘날에 폐하께서 만백성의 임금이 되시고 제가 또한 만백성의 어미가 되었으니, 높고 영화롭기 지극한데 더 무엇을 말씀하오리까? 오직 천지(天地)와 조상을 고맙게 여겨, 아무런 벼슬도 없던 시절을 잊지 마실 것 그것뿐입니다."

상감께서 다시 물으시니, 황후가 사뢰시되

"폐하께서 반드시 어진 이를 구하시며, 간(諫)하는 말을 들으시며, 정사(政事)를 밝게 하시어 태평성대를 이루시며, 모든 아들을 가르치시어 덕(德)에 나아가며 업(業)을 닦게 하셔야 합니다."

상감께서 이르시기를

"내 벌써 알았소이다. 그러나 늙은 몸이 어찌 내 마음같이 하겠소?"

황후가 또 아뢰시기를

"죽거나 사는 것은 하늘의 명이니, 원컨대 폐하께서 나중 끝마치심을 처음같이 하시어 자손이 다 어질며, 벼슬한 이와 백성들이 저마다 제 자리를 얻게 하신다면, 제가 비록 죽더라도 산 것과 같을 것입니다."

하시고, 그만 돌아가셨다.

나이 쉰하나이시니 홍무(供武) 임술(壬戌·서기 1382)년 팔월 병술(丙戌) 날이다.

상감께서 슬피 우시고, 죽을 때까지 다시 황후를 세우지 않으시었다. 상감께서 전에 조회를 마치시거늘 내관(內官)과 여사(女史)가 서로 나아와 이 말씀*54을 여쭙기 마지 아니하자, 상감께서 슬퍼하시어 반기지 않으시며

"황후가 살았더라면 내 어찌 이런 어지러운 말을 들었으리오."

*54 황후 다시 세울 일.

하셨다.

　황후가 살아 있었을 때는 내정*⁵⁵으로 상감을 애쓰시게 아니하여, 상감께서는 조용하며 몹시 편안하시던 까닭으로, 더욱 서러워함을 견디지 못하시었다.

　大明太祖孝慈昭憲至仁文德承天順聖高皇后馬氏, 其先自宋太保默, 家于宿州閔子鄕新豊里, 世豪里中. 父馬公, 性剛直, 愛人喜施, 睭人之急, 如將不及. 母鄭氏, 早卒, 后幼. 父素與定遠人郭子興爲刎頸之交, 遂以后託其家. 父卒, 子興育后, 同己女. 后自少, 貞靜端一, 孝敬慈惠. 聰明出人意表, 尤好詩書. 旣笄, 嬪于太祖高皇帝. 誠敬感孚, 內外咸譽之. 値歲大歉, 后從帝在軍. 嘗自忍飢, 懷糗餌脯脩, 供帝未嘗乏絶. 造次顚沛, 恪遵婦道. 帝每有識記書札, 輒命后藏之. 倉卒取視, 后卽於囊中, 出而進之, 未嘗脫誤. 帝焚香祝天, 願天命早有所付, 毋苦天下生民. 后謂帝曰: 方今豪傑並爭, 雖未知天命所歸. 以妾觀之, 惟以不殺人爲本. 顚者扶之, 危者救之, 收集人心. 人心所歸卽天命所在. 彼縱殺掠, 以失人心. 天之所惡, 雖其身亦難保也. 帝曰: 爾言深合我意. 明日冒雨歸, 語后曰: 昨聞爾言, 往來方寸閒, 不能忘. 有一卒違令, 忽與婦人俱, 詰之, 不能隱, 吐實云: 掠得之. 我告之曰: 今日用兵, 所以禁亂. 若寡人之妻, 孤人之子, 適以生亂. 不卽舍之, 吾必戮爾. 此卒感悟, 遂卽舍之. 由爾之言也. 后曰: 用心如此, 何憂人心之不歸乎. 后初, 未有子, 撫育帝兄子文正, 姊子李文忠, 及沐英等數人, 愛如己出. 後太子諸王生, 恩無替焉. 帝帥師渡江, 后亦率諸將士妻妾, 纖至太平. 及居建康時, 吳漢接境, 戰無虛日. 親率妾媵, 完緝衣鞵, 助給將士, 夜分不寐. 時時左右帝規畫, 動合事機. 洪武元年春正月, 帝卽位, 冊爲皇后, 因謂侍臣曰: 昔漢光武, 勞馮異曰: 倉卒蕪蔞亭豆粥·滹沱河麥飯, 厚意久不報. 君臣之間, 始終保全. 朕念皇后, 起布衣, 同甘苦, 嘗從朕在軍. 倉卒自忍飢餓, 懷糗餌食朕. 比之豆粥麥飯, 其困尤甚. 昔唐太宗長孫皇后, 當隱太子構隙之際, 內能盡孝, 謹承諸妃, 消釋嫌猜. 朕數爲郭氏所疑, 朕徑情不恤. 將士或以服用爲獻, 后先獻郭氏, 慰悅其意. 及欲危朕, 后輒爲繡縫, 卒免於患. 殆又難於長孫皇后者. 朕或因服御, 詰怒小過, 輒謂朕曰: 主忘昔日之貧賤耶. 朕復惕然. 家之良妻, 猶國之良相, 豈忍忘之. 罷朝因以語后, 后曰: 妾聞夫婦相保易, 君臣相保難. 陛下旣不忘妾於貧賤, 願無忘群臣百姓於艱難. 且妾安敢比長孫皇后賢. 但願陛下以堯舜爲法耳. 后旣正位中宮, 益自勤勵. 督宮妾, 治女工, 夙興夜寐, 無時豫怠. 勸帝親賢務學, 隨事幾諫. 講求古訓, 諭告六宮, 孜孜不倦. 一日, 集女史清江范孺人等, 問曰: 自漢唐以來, 何后最賢. 家法何代最正. 對曰: 惟趙宋諸后多賢, 家法最正. 后於是命女史, 錄其家法賢行, 每令誦而聽之, 曰: 不徒爲吾今日法, 子孫·帝王·后妃·皆當省覽. 此可以爲萬世法也. 或曰: 宋朝, 過於仁厚. 后曰: 過於仁厚, 不猶愈於刻薄乎. 吾子孫, 苟能以仁厚爲本, 至於三代不難矣. 仁厚雖過, 何害於人之國哉. 帝嘗謂后曰: 君者, 百責所萃. 一夫不得其所, 君之責也. 后即起拜曰: 妾聞, 古人有云: 一夫失所, 時予之辜. 一民饑, 曰: 我饑之. 一民寒, 曰: 我寒之. 今陛下之言, 即古人之心. 致謹於聖心, 加惠於窮民, 天下受其福, 妾亦與有榮焉. 又嘗從容告帝, 曰: 人主雖有明聖之資, 不能獨理天下. 必擇賢以圖治. 然世代愈降, 人無全材. 陛下於人材, 固能各隨其短長而用之. 然尤宜赦小過, 以全其人. 帝喜, 稱善. 一日聞得元府庫, 輸其貨寶至京師. 問帝曰: 得元府庫何物. 帝曰: 寶貨耳. 后曰: 元氏有此寶, 何以不能守而失之. 盖貨財非可寶, 抑帝王自有寶也. 帝曰: 皇后之意, 朕知之矣. 但謂以得賢爲寶耳. 后即拜謝曰: 誠如聖言. 妾每見人家, 產業厚則驕至, 時命順則逸生. 家國不同, 其理無二. 人之常情, 所當深戒. 妾與陛下同處窮約, 今富貴至此, 恒恐驕縱生於奢侈, 危亡起於忽微. 故世傳, 技巧爲喪國斧斤, 珠玉爲蕩心鴆毒. 誠哉是言. 但得覽才, 朝夕啓沃, 共保天下, 即大寶也. 顯名萬世, 即大寶也. 而豈在於物乎. 帝曰: 善. 嘗侍坐乾清宮, 語及窮約時事. 帝曰: 吾與爾跋涉艱難, 備嘗辛苦. 今日化家爲國, 無心所得. 上感天地之德, 祖宗之恩. 然亦爾內助之功也. 后曰: 陛下一念救民之心, 格于皇天, 天命眷之, 祖宗祐之. 妾何力之有. 但願陛下, 不忘於窮約之時, 而警戒於治安之日. 妾亦不忘相從於患難, 而謹飭於朝夕. 則天地祖宗, 非惟庇祐於今日, 將爲子孫無窮之福耳. 帝凡御膳, 后必躬自省視. 宮人請曰: 宮中人眾, 無煩聖體. 后曰: 吾固知宮中有人, 但婦之事夫, 不可不謹. 膳羞上進, 不可不蠲潔. 脫有不至, 汝輩受責, 吾心豈安. 吾所以爲此者, 一以敬上而不敢忽. 一以保汝輩, 免於責也. 豈爲無人耶. 宮人聞之, 莫不感悅. 后聞女史論西漢竇太后好黃老, 顧而問曰: 黃老何如. 女史答曰: 清淨無爲爲本. 若絕仁棄義, 民復孝慈, 是也. 后曰: 不然. 孝慈即仁義事也. 詎有絕仁義而爲孝慈哉. 仁義乃爲治之本, 乃曰絕之棄之, 非理也. 后令誦小學書, 注意聽之. 旣而, 奏曰: 小學書, 言易曉, 事易行. 於人道, 無所不備. 眞聖人之敎法, 盖表章之. 帝曰: 然, 吾已令親王·駙馬·大學生·咸講讀之矣. 后嘗聞元世祖后, 煮故弓紋事. 亦命取練之, 織爲衾裯, 以惠孤老. 每製衣裳餘帛, 緝爲巾裮. 曰: 身處富貴, 當爲天地借物. 暴殄天物, 古人深戒也. 織工治絲, 有荒類棄遺者, 亦俾緝而織之. 以賜諸王妃·公主, 謂曰: 生長富貴, 當知蠶桑之不易. 此雖荒類棄遺, 在民間猶爲難得. 故織以示汝, 不可不知也. 平居服澣濯之衣, 不喜侈麗. 衾裯雖弊, 不忍易. 有言於后曰: 享天下至貴至富, 何庸惜此. 后曰: 吾聞古之后妃皆以富而能儉, 貴而能勤, 見稱於載籍. 蓋奢侈之心易萌, 崇高之位難處. 不可忘者勤儉, 不可恃者富貴也. 勤儉之心一移, 禍福之應響至. 每念及此, 自不敢有忽易之心耳. 宮人有過, 帝怒之. 后亦怒, 命左右, 執付宮正司議罪. 帝怒解, 問后曰: 爾不自責罰, 付之宮正司, 何也. 后曰: 妾聞賞罰惟公, 足以服人. 故不以喜而加賞, 不以怒而加刑. 喜怒之際, 而行賞罰, 必有偏重, 人議其私. 付之宮正司, 則當斟酌其輕重矣. 治天下者, 亦豈能人人自賞罰哉. 有司者論之耳. 帝曰: 爾亦怒之, 何也. 后曰: 當陛下怒時, 遽自罰之, 非惟宮人得重責, 陛下亦損中和之氣. 故妾之怒者, 所以解陛下之怒也. 帝喜. 后以不逮事舅姑爲恨. 見帝追慕悲傷, 亦爲之流涕. 晨夕褘翟從帝, 拜謁奉先殿. 每當祭, 躬治膳羞, 務盡誠敬. 接妃嬪以下有恩. 被寵顧有子者, 待之加厚. 語諸王妃 · 公主曰: 無功受福, 造物所惡. 吾與若屬, 被金繡美飲食, 終日無所爲, 當勤女工, 以報造物者. 太子 · 諸王, 雖愛之甚篤, 勉令務學, 諄切懇至. 嘗曰: 汝父尊臨萬國, 身致大平, 亦由學以聚之. 爾小子當思繼繼繩繩, 以不辱所生. 又曰: 吾聞女史言: 鄧禹爲將, 不妄殺人故, 其女爲后. 吾家世忠厚, 至吾父, 雖無禹之功, 然平生急於義. 今日爲后, 非偶然也. 汝輩異日有人民社稷之寄, 尤必積累忠厚, 乃可長世. 切不可自恃而不務德, 謂事有偶然也. 汝切識之. 諸王或以衣服 · 器皿相尙者, 后曰: 唐堯虞舜, 茅茨土階. 夏禹文王, 惡衣卑服. 汝父儉朴, 尤惡奢麗, 日夜憂勤, 以治天下. 汝輩無功, 錦衣玉食, 猶欲以服御相加. 何志氣不同如是乎. 惟當親師取友, 講論聖賢之學, 開明心志, 自無此氣習也. 后慈以接下, 親戚勳舊之家, 無不得其懽心. 命婦入朝, 不以尊貴臨之, 延接如家人禮. 遇水旱歲凶, 進食必開設麥飯野蔬. 帝因告以賑恤之事, 后曰: 妾聞, 水旱無時無之. 賑恤之有方, 不如畜積之先備. 卒不幸, 有九年之水, 七年之旱, 將何法以賑之. 帝深以爲然. 嘗爲帝言: 施恩欲溥徧, 然亦有等差. 衆庶日給, 固有艱難. 百官家在京者, 其鄉里遠近不同.
家貧富亦異, 而俸入有限. 慮或不給, 艱難必甚, 遇暑雨祁寒, 輒形
於嗟嘆. 帝感其意, 每遣存問, 周給之. 近臣及諸奏事官朝罷, 會食
庭中. 后命中官取其飲食, 親嘗之, 滋味凉薄不旨, 奏帝曰: 朝廷用
天祿, 以養天下之賢. 故自奉欲其薄, 養賢欲其豐. 今之典大烹者,
不能輯其下人, 惟奉上者甘旨, 群臣飲食皆不得其味, 豈陛下養賢
之意乎. 上曰: 飲食之事, 朕不經心, 將謂群臣皆得甘旨, 豈意所司
自分厚薄. 想群臣欲言, 又難於啓齒. 事雖甚微, 所係亦大. 皇后今
日不言, 朕豈知其如此. 亟召光祿卿徐興祖等, 切責之. 興祖等皆慚
服. 帝嘗臨大學, 祀先師孔子, 還. 后問曰: 大學生幾何, 帝曰: 數千.
又問: 悉有家乎. 曰: 亦多有之. 后曰: 善理天下者, 以賢才爲本. 今人
才衆多, 深足爲喜. 但生員廩食於大學, 而妻子無所仰給. 彼寧無所
累於心乎. 帝即命月賜糧給其家, 以爲常. 嘗謂帝曰: 事幾得失, 本君
心之邪正. 天下安危, 係民情之苦樂. 又曰: 法屢更, 必弊, 法弊則姦
生. 民數擾, 必困, 民困則亂生. 帝皆命女史書之. 后得疾, 帝寢食不
安, 以語群臣. 群臣請禱祀山川, 徧求名醫. 后聞, 謂帝曰: 妾平生無
疾. 今一旦得疾如此. 自度不能起. 死生有命, 禱祀求醫, 何益之有.
及疾亟, 帝問曰: 爾有身後之屬乎. 后曰: 陛下與妾起布衣, 今日陛
下爲億兆主, 妾爲億兆母, 尊榮至矣, 尚何言. 惟感天地祖宗, 無忘布
衣而已. 帝復問之. 后曰: 陛下當求賢納諫, 明政教, 以致雍熙. 教育
諸子, 使進德修業. 帝曰: 吾已知之, 但老身何以爲懷. 后復曰: 死生
命也, 願陛下愼終如始, 使子孫皆賢, 臣民得所. 妾雖死如生也. 遂
崩. 年五十一. 洪武壬戌八月丙戌也. 帝慟哭, 終身不復立后. 帝嘗
罷朝, 內臣女史更進, 奏事不已. 帝悽然不懌曰: 皇后在, 吾豈有此
煩聒哉. 后在時, 內政一不以煩帝, 帝從容甚適, 故不勝哀悼焉.

숙류녀*56는 제(齊)나라 동곽(東郭) 땅의 뽕따는 아가씨로서, 민왕(閔王)의 황후이다. 목에 큰 혹이 있는 까닭으로 이름을 숙류라 하였다.

처음에 민왕(閔王)이 거동하여 동곽 땅에 가시니, 백성이 다 구경하되 이 큰혹부리아가씨만은 뽕따기를 여전히 하거늘, 왕이 괴상하게 여기시어 불러서 물으시기를

"내 거동함에 수레와 말이 몹시 많기에 아이·어른 없이 백성들이 다 일을 팽개치고 와서 구경하는데, 너는 길가에서 뽕을 따되 한 번도 돌아보지 아니함은 어째서인가?"

하니, 여쭙기를

"제가 부모의 명령을 받들어 뽕을 따되, 대왕을 바라보라는 말씀은 듣지 아니하였나이다."

왕이 이르시기를

"야릇한 아가씨로구나. 아깝구나(큰 혹이 있음이여)!"

숙류녀가 사뢰기를

"저의 맡은 바는 맡기면 두 마음을 아니 먹으며 주면 잊지 아니하옴이니, 속마음이 어떤가 할 뿐이언정 큰 혹이 무엇이 상관있겠습니까?"

왕이 매우 기뻐 이르기를

"어진 아가씨로다."

하고는 뒷수레에 명하시어

"태워라."

하시니, 큰혹부리아가씨가 사뢰기를

"부모가 안에 계신데, 부모의 명령을 듣지도 않고 대왕을 따른다면 대왕 덕분에 제가 중매도 없이 시집간 여자가 되겠으니, 대왕께서

*56 宿瘤女. 큰혹부리아가씨란 뜻.

는 이런 여자를 무엇에 쓰시겠습니까?"

　왕이 크게 부끄럽게 여겨 이르시기를

"내 잘못 하였노라."

하니, 또 사뢰기를

"곧은 여자는 한 가지라도 예도(禮度)에 벗어나면, 비록 죽더라도 따르지 않는 법입니다."

　그제야 왕이 그녀를 보내시고, 사람을 시켜 돈 일백 일*57을 더하여 주고서 맞아오게 하니, 부모가 놀라고 두려워 목욕시키고 머리 감겨 옷을 더 입히려 하였더니, 아가씨가 말하기를

"그렇게 하여 왕을 뵈오면 모양이 다르며, 옷을 갈아입으면 알아보지 못하시리니, 바라옵건대 그렇게 해서라면 저는 죽어도 가지 아니하겠습니다."

　그래서 그 전과 같이 하고 심부름 온 사람을 따라갔다.

　민왕이 돌아가 모든 부인들을 보고 말하기를,

"오늘 내가 놀이를 나갔다가 한 거룩한 아가씨를 얻었는데 이제 올 테니, 너희들은 내어쫓으리라."

　모든 부인들이 다 이상하게 여겨 옷을 잘 차리고 서서 그녀가 오기를 기다리고 있었다. 그러자 큰혹부리아가씨가 그 부인들을 보고 놀라거늘, 궁중에 있는 모든 부인이 다 입을 가리고 낄낄 웃어 왕을 모신 사람들이 체모를 잃고 웃느라 스스로 그치지를 못하거늘, 왕은 몹시 부끄럽게 여기어 이르시되

"웃지 말라. 꾸미지 아니했을 따름이라. 꾸미며 안 꾸밈이 진실로 그 차이는 십 보와 백 보의 차이니라."

　그러자 혹부리아가씨가 이르기를

"꾸밈과 안 꾸밈은 서로 차이나는 것이 천(千)과 만(萬)이라 하여

─────────────

*57 鎰. 1일은 스물넉 량.

도 오히려 족히 표현하지 못하리니, 어찌 다만 열과 백과의 차이일 뿐이겠습니까?"

왕이 이르시기를

"무슨 말인고?"

하시니, 그녀가 여쭙기를

"사람의 본성은 서로 가깝지만, 습관들이는 것은 서로 차이가 멉니다. 옛날 요·순(堯·舜)과 걸·주(桀·紂)는 다 똑같은 천자(天子)였습니다. 요와 순은 몸소 인의(仁義)로 자신을 꾸미시어, 비록 천자가 되신 뒤에도 검박함을 편안케 여기시어, 지붕을 띠로 이으시고도 끝을 가지런히 다듬지 않으시며, 가람나무 서까래를 깎지 아니하시고, 후궁(後宮)의 옷은 두 가지 빛을 못 입게 하시니, 이제 수천 년에 이르도록 다 어질다 하옵나이다.

걸과 주는 몸소 인의로 자신을 꾸미지 아니하고 오히려 자질구레한 꾸밈을 배워 익혀, 높은 누대와 깊은 연못을 만들며, 후궁은 깁과 고운 명주를 밟고 다니며, 주옥(珠玉)을 가지고 놀게 하고도 마음에 만족스럽게 여기지 않았기 때문에 몸이 죽고 나라가 망하여 천하에 웃음거리가 되었으니, 천여 년이 지난 지금도 천하가 악하다 하니, 이로 보건대 꾸미고 아니 꾸밈이 서로 차이가 천과 만과라도 오히려 넉넉히 표현치 못할 것이니, 어찌 다만 열과 백뿐이겠습니까?"

그제야 모든 부인들이 다 몹시 부끄럽게 여겼다. 민왕이 큰혹부리 아가씨에게 몹시 감동되어 황후로 삼고, 법령을 내시어 집을 나직히 하시며, 연못을 메우시고, 반찬을 더시며, 음악을 줄이게 하고, 후궁이 두 빛 옷을 못 입게 하시니, 한 해 만에 교화가 이웃나라에까지 퍼지어 제후들이 와서 조회를 바쳤으며, 이에 삼진*58을 치고 진(奏)·

---

*58 三晉. 진나라를 셋으로 나누어 위(魏)·조(趙)와 한(韓)나라를 만들었기 때문에 삼진이라 이름.

초(楚)를 겁내게 하시어, 한 번에 황제의 이름을 세우시니, 민왕이 이에 이르심은 큰혹부리아가씨의 공이시다.

큰혹부리아가씨가 죽은 뒤에 연(燕)나라가 제(齊)나라를 쳐 민왕이 도망하시니, 신하에게 죽임[弑害]을 당하였다.

군자가 이르기를 큰혹부리아가씨가 통달(通達)하시고 예(禮)가 있으니, 모시(毛詩)에 이르기를

"성(盛)한 쑥이여 　　　　　菁菁者莪

저 두덩 가운데 있도다 　在彼中阿

이미 군자를 보니 　　　　既見君子

즐겁고도 위의 있도다 　樂且有儀"

하니, 이를 말함이로다.

宿瘤女者, 齊東郭採桑之女, 閔王之后也. 項有大瘤, 故號曰宿瘤. 初, 閔王出遊, 至東郭. 百姓盡觀, 宿瘤採桑如故. 王恠之. 召問曰: 寡人出遊, 車騎甚衆, 百姓無少長, 皆棄事來觀. 汝採桑道傍, 曾不一視, 何也. 對曰: 妾受父母教, 採桑. 不受教觀大王. 王曰: 此奇女也. 惜哉, 宿瘤. 女曰: 婢妾之職, 展之不二, 予之不忘. 中心謂何, 宿瘤何傷. 王大悅之, 曰: 此賢女也. 命後乘載之. 女曰: 賴大王之力, 父母在內, 使妾不受父母之教而隨大王, 是奔女也. 大王又安用之. 王大慙曰: 寡人失之. 又曰: 貞女一禮不備, 雖死不從. 於是, 王遣歸. 使使者, 加金百鎰, 往聘迎之. 父母驚惶, 欲洗沐加衣裳. 女曰: 如是見王則變容更服, 不見識也. 請死不往. 於是, 如故隨使者. 閔王歸, 見諸夫人告曰: 今日出遊, 得一聖女. 今至, 斥汝屬矣. 諸夫人皆怪之, 盛服而衛, 遲其至也. 宿瘤駭. 宮中諸夫人, 皆掩口而笑. 左右失貌, 不能自止. 王大慙曰: 且無笑, 不飾耳. 夫飾與不飾, 固相去十百也. 女曰: 夫飾, 相去千萬, 尚不足言. 何獨十百也. 王曰: 何以言之.

對曰: 性相近也, 習相遠也. 昔者, 堯舜桀紂俱天子也. 堯舜, 自飾以
仁義. 雖爲天子, 安於節儉. 茅茨不剪, 采椽不斲, 後宮衣不重采, 食
不重味. 至今數千歲, 天下歸善焉. 桀紂, 不自飾以仁義. 習爲苛文,
造爲高臺深池. 後宮蹈綺縠, 弄珠玉, 意非有饜時也. 身死國亡, 爲
天下笑. 至今千餘歲, 天下歸惡焉. 由是觀之. 飾與不飾, 相去千萬,
尚不足言. 何獨十百也. 於是, 諸夫人皆大慙. 閔王大感瘤女, 以爲
后. 出令, 卑宮室, 塡池澤, 損膳, 減樂, 後宮不得重采. 期月之間, 化
行鄰國, 諸侯朝之. 侵三晋, 懼秦楚, 一立帝號. 閔王至於此也, 宿瘤
女有力焉. 及女死之後, 燕遂屠齊, 閔王逃亡, 而弒死於外. 君子謂
宿瘤女通而有禮. 詩云: 菁菁者莪, 在彼中阿. 旣見君子, 樂且有儀.
此之謂也.

한(漢)나라 포선(鮑宣)의 아내 환씨(桓氏)의 자*[59]는 소군(少君)이었
다. 포선이 일찍이 소군의 아버지에게 글을 배웠는데, 환씨의 아비는
그가 청렴하고 괴로움을 견디어 냄을 기이하게 여겼기 때문에 딸을
그와 결혼시켰다.

혼수(婚需)와 재물(財物)이 매우 많았는데, 포선이 기뻐하지 아니
하며 아내에게 이르기를

"소군은 넉넉한 집안에서 태어나 아름답게 꾸미는 것을 몸에 익혔
거늘, 나는 정말 가난하고 벼슬도 못하여 예의에 당치 못하오."

아내가 이르기를

"제 아버님께서 당신이 덕을 닦으며 깜냥을 지키기 때문에 천한
저로 하여금(수건과 빗을 받들어) 당신을 모시게 하셨으니, 이미 군
자를 뫼신 이상 저는 다만 명령을 따르겠나이다."

포선이 웃으며 이르기를

---

*59 字. 자는 덕을 표하는 이름.

"능히 이와 같다면 이는 내 뜻이라."
하거늘, 아내를 따라온 사람과 옷이며 장식품들을 다 돌려 보내고, 다시 짧은 베치마를 입고 포선과 같이 작은 수레를 끌고 고향에 가서 시어머니에게 절을 마치고, 항아리를 들고 나가 물을 길어 아내의 도를 닦으니, 고을과 나라에서 모두들 칭찬하였다.

漢鮑宣妻桓氏, 字少君. 宣嘗就少君父學. 父奇其淸苦, 故以女妻之. 裝送資賄甚盛, 宣不悅, 謂妻曰: 少君生富驕, 習美飾. 而吾實貧賤, 不敢當禮. 妻曰: 大人以先生脩德守約, 故使賤妾侍巾櫛. 旣奉承君子, 唯命是從. 宣咲曰: 能如是, 是吾志也. 妻乃悉歸侍御服飾, 更著短布裳. 與宣共挽鹿車, 歸鄕里. 拜姑禮畢, 提甕出汲, 脩行婦道, 鄕邦稱之.

내훈 권 제3

제5, 어머니의 본보기
제6, 서로 화목하게 지냄
제7, 청렴함과 검소함

제5, 어머니의 본보기
모의장母儀章

〈내칙(內則)〉에 이르기를,

자식을 낳으면 유모 등을 집안의 여러 여자와 마땅한 사람 중에서 선택하되, 반드시 마음씨가 너그럽고 조용하며 인자하고 은혜로우며 온화하고 어질며 온순·공손하고 조심하며, 말이 적은 사람을 구하여 자식이 본받게 해야 한다.

자식이 능히 밥을 먹게 되면 가르치기를 오른손으로 먹게 하며, 능히 말을 하거든 남자는 "네"*1하고, 여자는 "네에"*2 하고 공손하게 대답하는 것을 가르치며, 남자의 띠는 가죽이고 여자의 띠는 실띠인 것을 알게 한다.

여섯 살이면, 숫자와 동서남북 방위 이름을 가르쳐야 한다. 일곱 살이면 남자와 여자가 같은 자리에 앉지 말며, 밥을 같이 먹지 말아야 한다. 여덟 살이거든 문 밖을 들고 날 때나 자리에 앉아 음식을 먹을 때 반드시 어른의 뒤에 하여 비로소 양보하는 법을 가르쳐야 한다. 여자는 열 살이거든 밖에 나가지 아니하며, 스승의 가르침을 순하게 들어 따라 하며, 삼과 모시를 잡고, 실과 고치를 만지며[治] 베짜며 다회(띠)를 짜 아낙네의 일을 배워 옷을 지어야 한다. 제사를 지내는 것을 보고, 술과 수정과와 대그릇·나무그릇과 김치와 젓갈을

---

*1 유(唯). 네 하고 이내 공손히 응답함.
*2 유(兪). 네 하되 응답함이 조용함이다.

들여놓으며, 예로써 제사 받드는 것을 도와야 한다.

열다섯이거든 비녀를 꽂으며, 스물이거든 혼인을 해야 하나, 무슨 연고가 있으면 스물셋에 혼인해야 한다. 예를 갖추어〔聘〕 혼인하면 정식으로 아내가 되고, 중매 없이 바람나면〔奔〕 작은 마누라가 된다.

內則曰: 凡生子, 擇於諸母與可者, 必求其寬裕慈惠, 溫良恭敬, 愼而寡言者, 使爲子師. 子能食食, 敎以右手. 能言, 男唯女俞. 男鞶革, 女鞶絲. 六年, 敎之數與方名. 七年, 男女不同席, 不共食. 八年, 出入門戶, 及卽席飮食, 必後長者, 始敎之讓. 十年, 不出, 姆敎婉娩聽從. 執麻枲, 治絲繭, 織紝組紃, 學女事以共衣服. 觀於祭祀, 納酒漿籩豆菹醯, 禮相助奠. 十有五年而笄, 二十而嫁, 有故, 二十三年而嫁. 聘則爲妻, 奔則爲妾.

사마온공(司馬溫公)이 이르기를

"여자가 여섯 살이 되면 처음으로 여자가 하는 일의 작은 것을 배우고 일곱 살에는 《효경(孝經)》과 《논어(論語)》를 외우고, 아홉 살에 《논어》와 《효경》과 《여계(女戒)》 따위의 글월을 새겨 강론하여 대충 큰 뜻을 알게 하여야 하니, 요즘 사람이 혹시 여자에게 노래와 시(詩)를 짓게 하며, 세상의 속된 음악에 손대기를 가르치는데, 자못 마땅한 일이 아니다."

司馬溫公曰: 女子六歲, 始習女工之小者. 七歲, 誦孝經論語. 九歲, 講解論語孝經及女戒之類, 略曉大意. 今人或敎女子以作歌詩, 執俗樂, 殊非所宜也.

"아들과 며느리가 공경하지 아니하며 효도하지 않더라도 서둘러

〈사임당 신씨부인도〉 이용우. 1938. 이화여자대학교박물관

미워하지 말고, 우선 가르쳐 보아라. 가르치지 못할 지경이 된 후에
야 성내고, 성내지도 못할 지경이 된 뒤에야 매로 쳐야만 하니, 자주
매로 쳐도 내내 고치지 아니하거든 아들을 내어쫓고 며느리도 내어
쫓아야 한다. 그러나 또 그 허물을 명백히 말하지는 말아야 한다.”

凡子婦未敬未孝, 不可遽有憎疾. 姑敎之, 若不可敎, 然後怒之. 若
不可怒, 然後笞之. 屢笞而終不改, 子放婦出. 然亦不明言其犯禮也.

《방씨여교(方氏女敎)》에 이르기를,
자식을 기르되 수고하며 부지런히 하여 성공하기를 바람은, 먼저 조상을 이으며 가문(家門)을 이으며, 죽은 이를 장사 지내며 산 이를 이바지하여, 그 맡은 바가 지극히 중하고 맡은 일이 쉽지 아니해서이니, 어쩌다 가르치지 아니한다면, 어떻게 타락하는 것을 피할 수 있겠는가.

넉넉한 사람이 금(金)을 산같이 쌓았다가 하루 아침에 패망하는 것은 마치 손바닥 뒤집는 것과 같음을 내가 보았으며, 또 이름난 사람도 공덕이 빛나다가 하루 아침에 무너져 남의 비웃음을 산 것을 보았다. 부모가 처음 경영할 때는 낮이며 밤이며 겨를이 없이 하여 자식을 위한 까닭으로 생각이 깊었으며 그 생각〔分別〕함이 오래더니, 어찌 오늘날에 생각이 이에 이를 줄을 알았으리오. 황천(黃泉)에서 안다면 두 눈물이 물이 되리라. 이것은 다른 탓이 아니라 사랑함에 근원한 것이다. 사랑함만 있고 가르침이 없으면 자라서 곧 어질지 못하니, 제 뜻만 받아 주지 말고, 조금만 방종하거든 즉시 조심케 하며, 저의 못됨을 두둔하지 말아, 한번 그런 짓을 저지르더라도 반드시 때려야 한다.

아이의 허물 있음은 다 어미의 탓이니, 그 허물을 그대로 길러 자라게 되면 비록 뉘우치더라도 그때 가서는 이미 늦으니라, 자식의 어리석고 못난 것은 진실로 어미에게 달렸으니, 어미여! 어미여! 조금이라도 그 허물을 눈감고 모르는 척하지 말아야 한다.

方氏女敎云: 育子辛勤, 欲望其成, 嗣先續門, 送死養生. 其任至重, 負荷不易, 若非敎之, 寧免隕墜. 我見富人, 積金如山, 一且敗之, 若反掌閒. 又見名流, 功德晃耀, 一旦壞之, 貽人訕誚. 厥初經營, 晝夜弗遑, 凡爲子故, 謀深慮長, 豈知今日, 遽至於此. 黃泉有知, 雙淚傾水. 此盖無他, 愛爲之根. 有愛無敎, 長遂不仁. 毋徇其意, 稍縱輒束. 毋護其惡, 一起輒撲. 嬰孩有過, 皆母養之. 養之至成, 雖悔已遲.

子之不肖, 實係於母. 母哉母哉, 敢辭厥咎.

주(周)나라 태임(太任)은 문왕(文王)의 어머님이시며, 지(摯)나라 임씨(任氏)의 가운데 따님이다. 왕계(王季)가 왕비(王妃)로 삼으시니, 태임(太任)은 본성이 단정하시며 한결같으며 성실하시며 엄하시어 오직 덕(德)을 행하시었다. 임신을 하게 되자 눈으로는 궂은 짓(모습)을 보지 아니하시며, 귀로는 음란한 소리를 듣지 아니하시며, 입에 오만한 말씀을 내지 아니하시고 문왕을 낳으시니, 총명하시며 통달(通達)하시어, 태임(太任)이 가르치시되 한 가지를 가르치시면 백 가지 일을 아시니, 군자가 이르기를 '태임이 능히 배에서 가르치[태교. 胎敎]셨다.' 하였다.

옛날에는 아낙네가 임신을 하면 눕되 비뚤게 눕지 않으며, 앉되 모퉁이에 앉지 않으며, 서되 한 발을 치우치게 하지 않으며, 비위를 상할 만한 것을 먹지 아니하며, 벤 것이 반듯하지 않으면 먹지 아니하며, 깐 자리가 바르지 않아도 앉지 않으며, 눈에 잡된 모습을 보지 아니하며, 귀에 음란한 소리를 듣지 아니하며, 밤이면 소경을 시켜 모시(毛詩)를 외우게 하며 바른 일을 이르게 하였는데, 이같이 하면 낳은 자식이 생김새가 단정하여 재주와 덕(德)이 반드시 남보다 뛰어났다.

이러기 때문에 자식을 가졌을 때 반드시 마음에 전해지는 바를 조심해야만 한다. 어진 일에 감동되면 어질고, 모진 일에 마음이 움직이면 그릇된 자식을 낳게 된다. 사람이 태어날 때 만물과 같음이 다 그 어미가 만물에 감응된 까닭으로 얼굴과 목소리가 같아지는 것이니, 문왕의 어머님은 가히 어미와 같아짐을 알았다고 할 만하다.

周太任者, 文王之母, 摯任氏中女也, 王季娶爲妃. 太任之性, 端一
誠莊, 惟德之行. 及其有娠, 目不視惡色, 耳不聽淫聲, 口不出教言,
生文王而明聖, 太任教之以一而識百. 君子謂太任爲能胎教. 古者,
婦人妊子, 寢不側, 坐不邊, 立不蹕, 不食邪味. 割不正不食. 席不正
不坐. 目不視邪色, 耳不聽淫聲, 夜則令瞽誦詩道正事. 如此則生子,
形容端正, 才德必過人矣. 故妊之時, 必愼所感. 感於善則善, 感於
惡則惡. 人生而肖萬物者, 皆其母感於物, 故形音肖之. 文王母可謂
知肖化矣.

주(周)나라 태사(太姒)는 무왕(武王)의 어머님이시며, 하우(夏禹)의
후예 신사씨(莘姒氏)의 따님이셨다.

인자하시고 도(道)가 밝으시어 문왕(文王)이 아름답게 여기시어 몸
소 위수(渭水)에 가서 맞으실 때, 배를 이어 다리를 만드시었다. 대궐
에 들어오심에 이르러서는 태사가 태강(太姜)과 태임(太任)께 사랑을
받으시며, 아침 저녁으로 부지런히 힘쓰시어 며느리의 도〔婦道〕를 다
하시었다.

태사의 이름이 '문모(文母)'이시니, 문왕(文王)은 밖을 다스리시고
문모는 안을 다스리셨다. 태사가 열 아들을 낳으시니 맏아들은 백
읍(伯邑) 고(考)요, 다음은 무왕(武王) 발(發)이요, 그 다음은 주공(周
公) 단(旦)이요, 다음은 관숙(管叔) 선(鮮)이요, 다음은 채숙(蔡叔) 도
(度)요, 다음은 조숙(曹叔) 진탁(振鐸)이요, 다음은 곽숙(霍叔) 무(武)
요, 다음은 성숙(成叔) 처(處)요, 다음은 강숙(康叔) 봉(封)이요, 다음
은 담계(聃季) 재(載)니, 태사가 열 아들을 가르치시기를 어린 때로
부터 자람에 이르도록 조금도 그릇되고 치우친 일을 보이지 않으시
었다.

周太姒者, 武王之母, 禹後有莘姒氏之女. 仁而明道, 文王嘉之, 親迎于渭, 造舟爲梁. 及入, 太姒恩媚太姜·太任, 旦夕勤勞, 以進婦道. 太姒號曰文母. 文王治外, 文母治內. 太姒生十男. 長, 伯邑考. 次, 武王發. 次, 周公旦. 次, 管叔鮮. 次, 蔡叔度. 次, 曹叔振鐸. 次, 霍叔武. 次, 成叔處. 次, 康叔封. 次, 聃季載. 太姒敎誨十子, 自少及長, 未嘗見邪僻之事.

맹가*³의 어머님이 그 집이 무덤에 가까워서, 맹자가 어렸을 적에 놀음놀이(장난)를 무덤 사이의 일을 하여, 발을 구르고 땅을 치며 통곡하고 달구질하여 파묻는 시늉을 하시므로, 맹자 어머니가 이르시기를
"여기는 아들을 기를 만한 곳이 아니로구나."
하시고 그곳에서 옮겨 저잣거리에 가 집을 잡으시고 살았다. 그랬더니 그 놀음놀이가 시장에서 물건을 흥정하고 파는 시늉을 하시매, 맹자 어머니가 이르시기를
"여기도 아들을 기를 만한 곳이 아니로구나."
하시고 곧 옮겨 학교 근처에 가 집을 정하시거늘, 이번에는 그 놀음놀이가 제기(祭器)를 벌이고 절하고 사양하며 나아가고 물러나시매, 맹자 어머니 이르시기를
"여기야말로 정말 아들을 기를 만한 곳이로구나."
하시고, 그곳에서 계속 사시었다.
맹자가 어렸을 적에 물으시기를
"동녘 집에서 돼지를 잡음은 무엇하려 함입니까?"
하니, 어머니가 이르시되
"너를 먹이려고 한다."

---

*3 孟軻. 맹자. 가(軻)는 맹자의 이름.

하고는, 뉘우치고 다시 이르시기를

"옛날에는 아기를 가져서도 가르침(胎敎)이 있었거늘, 이제 알고 있는데도 속이면 이는 미덥지 못함을 가르치는 것이라."

하시고, 돼지고기를 사다가 먹이셨다. 그 아들이 다 자라 학문에 나아가 마침내 큰 선비가 되시었다.

　孟軻之母, 其舍近墓. 孟子之少也, 嬉戲爲墓間之事, 踊躍築埋. 孟母曰: 此非所以居子也. 乃去, 舍市. 其嬉戲, 爲賈衒. 孟母曰: 此非所以居子也. 乃徙, 舍學宮之旁. 其嬉戲, 乃設俎豆, 揖壤進退. 孟母曰: 此眞可以居子矣. 遂居之. 孟子幼時, 問東家殺猪何爲. 母曰: 欲啖汝. 旣而悔曰: 吾聞古有胎敎. 今適有知而欺之, 是敎之不信. 乃買猪肉以食之. 旣長就學, 逐成大儒.

　여형공*4의 이름은 희철(希哲)이요 자(字)는 원명(原明)으로서, 신국(申國) 정헌공(正獻公)의 맏아들이다. 정헌공이 집안에서 대범하고 진중하며 말이 없어서 일을 가지고 마음에 두지 아니하며, 신국 부인(申國夫人)의 본성이 엄하고 법도가 있어서 비록 공을 사랑하면서도 공을 가르치기를 일마다 모두 법도를 따라 행하게 하였다. 겨우 열 살이 되었을 무렵, 심한 추위와 더위와 비가 내리는 중에도 부모를 뫼시고 서 있기를 해가 다 가도록 하되, 앉으라 말하지 아니하면 잠시도 앉지 아니하였다.

　날마다 반드시 갓 쓰고 띠 두르고서야 어른을 뵈오며, 비록 몹시 더웁더라도 부모와 어른의 곁에 있을 때는 두건(頭巾)과 버선과 행전*5을 벗지 아니하여 옷입기를 조심하였다.

---

*4 呂蒙公. 송나라 사람.
*5 行纏. 바지나 고의를 입을 때, 정강이에 꿰어 무릎 아래에 매는 것.

거리를 걷거나 나가고 들어갈 때도 차 파는 데〔다방〕와 술 파는 데에 들어가지 아니하며, 저자〔市場〕와 동네의 말과, 정(鄭)나라·위(衛)나라의 음악을 잠시라도 귀에 스치게도 하지 않으며, 바르지 않은 글과 예의 아닌 모습은 잠깐도 보려고 아니하더라.

정헌공이 영주(穎州)의 통판*6이었을 때 구양공*7이 마침 지주사*8이어서, 초 선생(焦先生) 천지*9 백강(伯强)이 문충공*10의 댁에 손님〔客〕이 되어 갔는데, 그 인품이 엄하며 질기고 꿋꿋하며 방정(方正)하기 때문에 정헌공이 불러 맞아다가 여러 아들을 가르치게 하였다.

여러 학생들이 조금이라도 허물이 있으면, 초 선생은 단정히 앉아 불러 서로 마주앉아서는 하루 해가 다 가고 저녁이 다하도록 말을 아니하였다. 여러 학생들이 겁이 나서 항복한 뒤에야 선생은 다소 말씀과 낯빛을 눅이시었다.

그때 공(公)의 나이가 겨우 열댓 살이었는데, 안으로는 정헌공과 신국 부인의 교훈이 이렇듯이 엄하고 밖으로는 초 선생(焦先生)의 교화와 지도가 이렇듯 도타웠기 때문에, 공의 덕행과 재능이 이루어져 뭇사람과 크게 달랐다. 공이 전에 이르기를, 인생에서는 안으로 어진 아비와 형이 없고, 밖으로 엄한 스승과 벗이 없으면 능히 성공할 사람이 적다 하였다.

呂榮公名希哲, 字原明, 中國正獻公之長子. 正獻公居家, 簡重寡

---

*6 通判. 송나라 때의 벼슬 이름. 한 주의 정사를 감독하는 벼슬.

*7 歐陽公. 송나라 때 사람으로 이름은 수(修). 학문이 깊고 시문을 잘해 당송 팔대가의 한 사람으로 꼽힘.

*8 知州事. 주의 지사 벼슬.

*9 千之. 구양 수의 문하로 성은 초, 자는 백강(伯强). 성품이 강직하고 방정했음.

*10 文忠公. 구양 수의 시호.

默, 不以事物經心. 而申國夫人性嚴有法, 雖甚愛公, 然教公事事循
蹈規矩. 甫十歲, 祁寒暑雨, 侍立終日, 不命之坐, 不敢坐也. 日必冠
帶, 以見長者. 平居, 雖甚熱, 在父母長者之側, 不得去巾襪縛袴, 衣
服唯謹. 行步出入, 無得入茶肆酒肆. 市井里巷之語, 鄭衛之音, 未
嘗一經於耳. 不正之書, 非禮之色, 未嘗一接於目. 正獻公通判潁州,
歐陽公適知州事, 焦先生千之伯強, 客文忠公所, 嚴毅方正. 正獻公
招延之, 使教諸子. 諸生小有過差, 先生端坐, 召與相對, 終日竟夕,
不與之語. 諸生恐懼畏伏, 先生方略降辭色. 時, 公方十餘歲, 內則
正獻公與申國夫人教訓, 如此之嚴, 外則焦先生化導, 如此之篤. 故
公德器成就, 大異眾人. 公嘗言: 人生內無賢父兄, 外無嚴師友, 而
能有成者, 少矣.

제(齊)나라 의로운 계모는 제(齊)나라에 살았던 두 아들의 어머니
였다. 선왕(宣王) 시절에 어떤 사람이 길에서 싸우다 죽었다. 두 아들
이 그 곁에 서 있는데, 아전이 묻자 형이 이르기를

"내가 죽였소."

했다. 아우가 이르기를

"형이 아니라 바로 내가 죽였소."

하여, 한 해가 다 되도록 판결이 나지 않아 왕에게 여쭈니, 왕이 이
르기를

"그 어미에게 물어 보렴. 능히 자식의 어질고 모짐을 알 것이니, 그
죽이고 살리고 싶은 바를 들어 보라."

하였다. 그 어미가 울다 여쭙기를

"작은 애를 죽이십시오."

하니, 또 묻기를

"대개 막내는 사람이 귀여워하는 바이어늘, 이제 죽이려 함은 무

〈초충도(草蟲圖)〉수박과 들쥐 신사임당(8폭 병풍). 조선 전기

슨 까닭인가?"

그 어미가 여쭙기를

"막내는 제 자식이고 맏이는 전처의 소생이니, 그 아비가 병들어 죽어 갈 때에 저에게 부탁하기를 '잘 길러 보라.' 하거늘, 제가 '네.' 하였습니다. 이제 이미 남의 부탁을 받고, 남에게 승낙하고 어찌 가히 남의 부탁을 저버려 그 승낙을 미덥지 않게 하겠습니까?

또 형을 죽이고 아우를 살린다면 이는 내가 낳은 아들만 사랑함으로써 공번된 의(義)를 버림이요, 언약을 배반하며 신의를 저버리는 것이니, 이는 죽은 남편을 속이는 것입니다. 언약을 기약대로 못하며, 이미 승낙한 일을 분명히 아니하면 어찌 세상에서 살겠습니까? 아들의 처지가 비록 서럽지만, 유독 자신의 행적이라고 하니 자신의 그 행적을 어찌하겠습니까?"

하고 울어 옷깃이 젖거늘, 왕은 그 의(義)를 아름답게 여기며 그 행적을 높이 여기시어 다 용서해 주고, 그 어미를 높이어 의로운 어미(義母)라 하시었다.

齊義繼母者, 齊二子之母也. 當宣王時, 有人鬪死於道者, 二子立其傍, 吏問之, 兄曰: 我殺之. 弟曰: 非兄也, 乃我殺之. 期年, 不能決, 言之於王. 王曰: 試問其母, 能知子善惡, 聽其所欲殺活者. 其母泣而對曰: 殺少者. 又問: 夫少子者, 人之所愛也. 今欲殺之, 何也. 其母對曰: 少者, 妾之子也. 長者, 前妻之子也. 其父疾且死之時, 屬之於妾曰: 善養視之. 妾曰: 諾. 今旣受人之託, 許人以諾, 豈可忘人之託, 而不信其諾邪. 且殺兄活弟, 是以私愛廢公義也. 背言忘信, 是欺死者也. 夫言不約束, 已諾不分, 何以居於世哉. 子雖痛乎, 獨謂行何. 泣下沾襟. 王美其義, 高其行, 皆赦. 而尊其母, 號曰義母.

위(魏)나라 망씨(芒氏)의 자모*11는 위나라 맹양씨(孟陽氏)의 딸로서 망묘(芒卯)의 후처(後妻)였는데, 세 아들을 두었다. 전처의 아들이 다섯이 있으되 다 새어미를 사랑치 아니하였다. 그래도 자모(慈母)는 대접을 각별히 하건만 여전히 사랑하지 아니하였다. 자모는 자기의 세 아들에게는 전처의 아들과 같은 옷이며 음식을 못하게 하였

---

*11 慈母. 착한 어머니.

는 데도 오히려 사랑하지 아니하였다.

그때 전처의 가운데아들이 위왕(魏王)의 법을 어기어 사형(死刑)의 언도를 받았거늘, 자모는 걱정하며 슬퍼하여 허리띠 한 자가 줄었는 데도 숨가쁘게 다니며 그 죄를 구하려 들었다. 남들이 자모(慈母)에게 이르기를

"아들은 어미를 사랑치 아니함이 지극히 심하거늘, 무엇 때문에 부지런히 애쓰며 걱정하여 두려워하는 것인가?"

하였다.

자모가 이르기를

"어쩌다 내 친자식이 비록 나를 사랑치 아니하여도 오히려 그 화를 두려워하여 그 해를 없게 해야 하거늘, 특히 배다른 자식에게 아니하면 어찌 여느 어미와 다르리오.

제 아비가 그들의 어미가 없음으로 나를 계모로 삼았고 계모는 친어미 같으니, 남의 어미가 되어서 능히 그 자식을 사랑치 아니하면 가히 자*¹²라 이를 것인가? 친자식을 친애하고, 배다른 자식을 편벽되이 대한다면 가히 의(義)라 이를 것인가? 자애롭지 아니하고 의리 없으면 어떻게 세상에 떳떳하겠는가?

저희가 비록 사랑치 아니하나 나는 어찌 가히 의리를 잊겠습니까?"

하고 곧 진정(陳情)하니, 위나라 안리왕(安釐王)이 들으시고 그 의를 높이 여겨 이르시기를

"자모(慈母)가 이와 같으니 그 아들을 용서하지 않을 수 있겠는가?"

하시며 그 아들을 용서하시고, 그 집을 복호*¹³하시거늘, 이로부터

---

*12 慈. 사랑하다.
*13 復戶. 세금 면제.

다섯 아들이 자모를 친히 하며 화합하여 어울림이 하나 같거늘, 자모 예의로써 여덟 아들을 가르쳐 다 위나라에 대부(大夫) 경사(卿士)되어 저마다 예의로 성공하게 되었다.

魏芒慈母者, 魏孟陽氏之女, 芒卯之後妻也. 有三子, 前妻之子有五人, 皆不愛. 慈母遇之甚異, 猶不愛. 慈母乃令三子, 不得與前妻子齊衣服飲食, 猶不愛. 於是, 前妻中子犯魏王令, 當死. 慈母憂戚悲哀, 帶圍減尺, 朝夕勤勞, 以救其罪. 人有謂慈母曰: 人不愛母至甚也, 何爲勤勞憂懼如此. 慈母曰: 如妾親子, 雖不愛妾, 猶懼其禍而除其害. 獨於假子而不爲, 何以異於凡母. 其父爲其孤也, 而使妾爲其繼母. 繼母者, 如母也. 爲人母而不能愛其子, 可謂慈乎. 親其親而偏其假, 可謂義乎. 不慈且無義, 何以立於世. 彼雖不愛, 妾安可以忘義乎. 遂訟之. 魏安釐王聞之, 高其義曰: 慈母如此, 可不赦其子乎. 乃赦其子, 復其家. 自此, 五子親附慈母, 雍雍若一. 慈母以禮義之漸, 率導八子, 咸爲魏大夫卿士, 各成於禮義.

제(齊)나라 정승 전직자(田稷子)가 아랫사람의 돈 일백 일(鎰)을 받아 어미에게 드리니, 어미가 이르기를

"아들이 정승 된 지 삼 년이로되 녹*14이 이처럼 많지 못하였는데, 어찌 사대부(士大夫)에게 준 것이겠는가? 어디서 이것을 얻었는가?"
하니, 여쭙기를

"진실로 아랫사람에게 받았습니다."
어머니가 말씀하기를

"내 들으니, 선비란 몸을 닦으며 몸가짐을 깨끗이 하여 구차하게 얻지 아니하며, 진정을 다하여 거짓일을 아니하며 의(義) 아닌 일을

---

*14 祿. 봉급.

마음에 생각지 아니하며, 도리에 어긋난 이(利)를 집안에 들이지 아니해야 한다. 이제 임금이 벼슬을 만드시어 너를 대접하시며 넉넉한 녹을 너에게 주시거니, 반드시 힘을 다하며 네 능력을 극진히 하여 충성되고 곧으며, 신의가 있어 속이지 아니하며, 청렴하며 깨끗하며 공정(公正)함으로써 임금의 은혜에 보답해야만 할 터이다. 그런데 이제 네가 이를 어겼으니, 남의 신하되어 충성스럽고 곧지 아니함은 바로 사람의 자식이 되어 효도를 아니함이다. 의(義) 아닌 재보(財寶)는 내 것이 아니며, 효도를 아니하는 아들은 내 아들이 아니니, 이 놈 일어나 나가거라."

하거늘, 전직자는 부끄럽게 여겨 그 돈을 도로 보내고 선왕(宣王)께 자기 죄를 사뢰고

"죽여 주소서."

청하니, 왕이 그 어미의 의를 특별히 칭찬하시며 전직자의 죄를 용서하시어 도로 재상을 삼으시고, 나랏돈(公金)으로 그 어미에게 상 주시었다.

齊相田稷子, 受下吏之貨金百鎰, 以遺其母. 母曰: 子爲相三年矣. 祿, 未嘗多若此也. 豈脩士大夫之費哉. 安所得此. 對曰: 誠受之于下. 其母曰: 吾聞, 士脩身潔行, 不爲苟得. 竭情盡實, 不爲詐偽. 非義之事, 不計於心. 非理之利, 不入於家. 今君設官以待子, 厚祿以奉子. 當以盡力竭能, 忠信不欺, 廉潔公正, 報其君也. 今子反是. 夫爲人臣不忠, 是爲人子不孝也. 不義之財, 非吾有也. 不孝之子, 非吾子也. 子起. 田稷子慙而出, 反其金, 自歸罪於宣王, 請就誅焉. 王大賞其母之義, 遂舍稷子之罪, 復其相位. 而以公金賜母.

당(唐)나라 최현위(崔玄暐)의 어머니 노씨(盧氏)가 전에 현위를 경

계하여 말하기를

"내 사촌형인 둔전낭중*15 신현어(辛玄馭)를 만났는데, 이르기를

'자식이 벼슬아치 노릇을 하는 데 대하여 남이 와서 말하기를, '가난하여 못살더라' 하면 이는 좋은 소식이거니와, 어쩌다가 '재물이 많으며 옷과 말이 화려하더라' 들려주면 이는 궂은 소식이라.'

하였다. 나는 그것을 틀림없는 이론이라 여긴다.

요즈음 보니, 친가(親家)나 성(姓)이 다른 친척 중에 벼슬아치 노릇하는 이가 재물을 갖다가 부모에게 바쳤는데, 그 부모는 오직 기뻐하고 내내 그것이 어디서 났느냐고 묻지 아니하였다 한다. 그것이 반드시 녹봉에서 남은 것이라면 참 좋은 일이거니와, 어쩌다 그릇된 일로 얻은 것이라면 도둑과 무엇이 다르겠는가?

비록 큰 허물이 없다 한들 혼자 속으로 마음에 부끄럽지 아니하겠는가?"

하니, 현위가 경계를 잘 받들어 청렴하고 조심함으로 칭찬을 받게 되었다.

唐崔玄暐母盧氏, 嘗戒玄暐曰: 吾見姨兄屯田郎中辛玄馭曰: 兒子從官者, 有人來云: 貧乏不能存. 此是好消息. 若問貲貨充足, 衣馬輕肥. 此惡消息. 吾常以爲確論. 比見親表中仕宦者, 將錢物上其父母, 父母但知喜悅, 竟不問此物從何來. 必是祿俸餘資, 誠亦善事. 如其非理所得, 此與盜賊何別. 縱無大咎, 獨不內愧於心. 玄暐遵奉教戒, 以淸謹見稱.

이천*16 선생의 어머님 후 부인(候夫人)은 인자하고 마음이 너그럽

---

*15 屯田郎中. 둔전과 관전을 맡아보던 벼슬 이름.
*16 伊川. 송나라 때의 학자 정이(程頤).

고 후덕하여, 여러 첩의 자식들을 덮두들기며 귀여워하되 내가 낳은 자식과 달리하지 않았다. 아재비[叔]와 어린 아주미[幼姑]를 부인이 간수하되 내 자식과 똑같이 하며, 집안을 다스림이 법도가 있어서 엄하게 아니하여도 제대로 다스려지며, 종들을 때리기를 즐기지 아니하고 어린 종들을 자식같이 하며, 자식들이 혹시 꾸짖으면 반드시 경계하여 이르기를

"귀천(貴賤)이 비록 다르지만 사람은 모두 한 가지니, 네 이만한 때에 능히 이 일을 하였느냐 못 하였느냐?"

하였다.

선공*17이 화내시면 반드시 당신(남편)을 위하여 눅이어 두시되, 다만 자식들이 허물이 있으면 그치지 아니하여 늘 이르기를

"자식의 잘못된 바는, 어미가 그 허물을 가리워 아비가 알지 못하는 탓이다."

하곤 하였다.

부인의 아들 여섯 가운데 산 이가 둘이니, 그 사랑하며 귀여워함이 가히 지극하다 말할 만해도, 가르치는 일에는 조금도 게을리하지 아니하였다.

겨우 두어 살에 거닐다가 혹시 넘어지면 집안사람이 달려가 안아들어 놀라 울까봐 두려워하는데, 부인이 꾸짖기를

"네가 가만가만 살살 다니면 어찌 넘어지겠느냐?"

하였다.

음식을 먹을 때는 늘 앉은 자리 곁에 두고서, 밥먹을 때 국에 간을 맞추면 꾸짖어 말리며, 이르기를

"어려서 하고 싶은 것을 마음대로 맞추려고 하면 자라서는 어떠하겠느냐?"

---

*17 先公. 돌아가신 아버지, 여기서는 이천 선생의 아버지.

하였다.

비록 부리는 사람이라도 모진 말로 꾸짖지 못하게 하였기 때문에,
이*18 형제가 평생에 음식이나 옷을 가리지 아니하며 모진 말로 남
을 꾸짖지 못함은, 본성이 그런 것이 아니라 어머니에게 그렇게 가르
침을 받았기 때문이다.

남과 다투어 성을 내면, 비록 옳아도 옳다고 두둔하지 아니하고,
이르기를

"자기를 굽힐 줄 모름을 걱정할지언정 이기지 못함을 걱정치 마
라."

하였다.

좀 자라나서는 어진 스승과 벗을 따라 노닐게 하고, 비록 가난하
나 손님을 청하고자 하면 기꺼이 먹을 것을 마련하여 대접하였다.

伊川先生母侯夫人, 仁恕寬厚. 撫愛諸庶, 不異己出. 從叔幼姑,
夫人存視, 常均己子. 治家有法, 不嚴而整. 不喜笞朴奴婢, 視小藏
獲如兒女. 諸子或加呵責, 必戒之曰: 貴賤雖殊, 人則一也. 汝如是
大時, 能爲此事否. 先公凡有所怒, 必爲之寬解. 唯諸兒有過則不掩
也. 常曰: 子之所以不肖者, 由母蔽其過, 而父不知也. 夫人男子六
人, 所存惟二, 其愛慈可謂至矣. 然於敎之之道, 不少假也. 纔數歲,
行而或踣, 家人走前扶抱, 恐其驚啼. 夫人未嘗不呵責曰: 汝若安
徐, 寧至踣乎. 飲食, 常置之坐側, 常食絮羹, 卽叱止之, 曰: 幼求稱
欲, 長當何如. 雖使令輩, 不得以惡言罵之. 故, 頤兄弟平生, 於飲食
衣服, 無所擇, 不能惡言罵人. 非性然也, 敎之使然也. 與人爭忿, 雖
直不右, 曰: 患其不能屈, 不患其不能伸. 及稍長, 使從善師友游, 雖
居貧, 或欲延客, 則喜而爲之具.

---

*18 頤. 정이, 이천 선생 이름.

이의자*19는 주애(珠崖) 땅 원님의 후처(後妻)와 전처(前妻)의 딸이니, 딸의 이름은 초*20요, 나이는 열세 살이었다. 주애(珠崖) 땅에는 구슬이 흔해서 계모가 큰 구슬을 꿰어 팔에 매었었는데, 그 원님이 죽어 장사를 지내게 되었다.

법(法)에 구슬을 가지고 관*21에 들어가는 사람은 사형이었기에, 계모가 팔에 매었던 구슬을 버렸더니, 나이 아홉 살 된 아들이 그것을 곱게 여겨 몰래 주워다가 어미 거울집에 넣어두었는데, 모두들 모르고 있었다.

장사 지내러 가느라 관에 이르렀다. 관후*22와 아전이 뒤져서 구슬 열 개를 계모의 거울집에서 찾아내고는, 다음과 같이 말하는 것이었다.

"슬프다. 이 법을 어겼으니 어찌할 방법이 없으니, 누가 벌을 받겠는가?"

딸이 곁에 있다가, 혹시나 어미가 잊고 거울집에 넣은 것은 아닌가 하여 두려워하며 말하기를

"제가 반드시 벌 받겠습니다."

아전이 이르기를

"그렇게 함이 좋겠소?"

하니, 여쭙기를

"아버지가 불행히 돌아가셨기에 부인이 팔에 매었던 것을 끌러서 버리셨는데, 내 마음에 아깝게 여겨 몰래 주워다가 부인의 거울집에 넣었으니 부인은 알지 못하십니다."

_____

*19 二義者. 의로운 두 사람.
*20 初. 갓난이란 뜻.
*21 關. 검문소.
*22 關候. 검문하는 사람.

하였다.

계모가 듣고 빨리 가 초(初)에게 물으니, 초가 말하기를

"부인이 버리신 구슬을 내가 도로 주워 부인의 거울집에 넣었으니, 내가 반드시 벌 받겠습니다."

하자, 어미 생각에 또 초(初)가 정말 그랬으리라 하여 불쌍히 여겨 아전에게 말하기를

"바라건대, 어린아이 짓을 고문하지 마소서. 아이는 정말로 모르니, 이 구슬은 내 팔에 매었던 것인데 남편이 죽음에 내가 끌러 거울집에 넣고는 장사 지내기 바빠 길은 멀고 어린아이를 데리고 오느라 문득 잊었으니, 내가 반드시 벌 받겠습니다."

하니, 초(初)가 한사코 말하기를

"정말 내가 하였습니다."

하였다. 계모가 또 이르기를

"딸이 오직 사양할 뿐이지, 실로 내가 넣었습니다."

하고 울어 그치지 못했다. 이에 딸이 또 이르기를

"부인은 나의 어버이 없음을 가엾이 여기시어 굳이 나를 살리고자 하실 뿐이지, 정말 모르십니다."

하고 초도 울어 눈물이 턱을 타고 흘러내렸다. 그러자 장사 지내는 것을 배웅할 사람들도 다 울어 서러워하거늘, 곁에 있는 사람이 코가 시큰해져서 눈물을 흘리지 아니한 이가 없었다. 아전은 붓을 잡아 다짐*²³을 쓰되 한 자도 쓰지 못하고, 관후가 저물도록 울어 판결하지 못하며 이르기를

"어미와 딸과 의(義) 있음이 이와 같으니 내 차라리 벌받을지언정 차마 글을 쓰지 못하리로다. 또 서로 사양하니 누가 옳은지를 어찌 알 것인가."

---

*23 관청에서 받던 공서(供書).

하고 구슬을 버리고 보내니, 그들이 간 후에야 아들이 저 혼자 감춘 것을 알았다.

二義者, 珠崖令之後妻及前妻之女也. 女名初, 年十三. 珠崖多珠, 繼母連大珠, 以爲繁臂. 及令死, 當送喪. 法, 內珠入於關者死. 繼母棄其繁臂珠. 其子男, 年九歲. 好而取之, 置之母鏡匳中, 皆莫之知. 遂奉喪歸, 至海關. 關侯士吏搜索, 得珠十枚於繼母鏡匳中. 吏曰: 嘻. 此値法, 無可奈何. 誰當坐. 女初在左右, 顧心恐母忘置鏡匳中. 乃曰: 初當坐之. 吏曰: 其狀如何. 對曰: 君不幸, 夫人解繁臂棄之. 初心惜之, 取而置夫人鏡匳中. 夫人不知也. 繼母聞之, 遽疾行問初, 初曰: 夫人所棄珠, 初復取之置夫人匳中. 初當坐之. 母意亦以初爲實然, 憐之, 乃因謂吏曰: 願且待, 幸無劾兒. 兒誠不知也. 此珠, 妾之繁臂也. 君不幸, 妾解去之而置匳中. 迫奉喪, 道遠, 與弱小俱, 忽然忘之. 妾當坐之. 初固曰: 實初取之. 繼母又曰: 兒但讓耳. 實妾取之. 因涕泣不能自禁. 女亦曰: 夫人哀初之孤, 欲強活孤耳. 夫人實不知也. 又因哭泣, 泣下交頤. 送葬者, 盡哭哀慟, 傍人莫不爲酸鼻揮涕. 關吏執筆書劾, 不能就一字. 關侯, 垂泣終日, 不能決. 乃曰: 母子有義如此, 吾寧坐之, 不忍加文. 且又相讓, 安知孰是. 遂棄珠而遣之. 旣去後, 乃知男獨取之也.

제6, 서로 화목하게 지냄
돈목장敦睦章

《여교(女敎)》에 이르기를

맏며느리(姒)와 작은며느리(娣)는 형제와 같으니 정이 두터워야 하고 남처럼 여겨서는 안 된다.

더러 어진 이를 만나면 감동하여 사랑하여 힘써 어진 일을 같이 하여 더불어 늙기를 기약하기도 하고, 더러 모질고 사나운 사람을 만나면 망녕된 생각만 서로 더하게 되고, 오직 자기의 잘못만을 알아야 하니, 어느 겨를에 남을 구제하겠는가?

두 억셈이 함께 싸우면 반드시 하나가 꺾이게 되니, 대응하기를 부드럽게 해야 자기의 어짊을 완전히 할 수 있다. 그러므로 내 오직 온순 공손하게 행동하고 성내어 오만하게 구는 것을 그럴 만하게 여기며, 내가 오직 먼저 베풀고 그 갚음을 구하지 말아야 하니, 조그마한 이(利) 끝을 다투어 지극히 가까운 사이를 어긋나게는 하지 말아야 한다. 지극히 가까운 사이는 얻기 어려우니 이(利)를 어찌 족히 이르리오.

목숨이 짧을지 길지를 미리 거슬러 헤아릴 수 없으니, 힘으로 빼앗아 둔들 뒤에 누가 이을 줄 알리오? 두루 모여 백 년이 잠깐 사이에 지나가나니, 장점(長點)을 다투고 단점(短點)을 겨루어 본들 무엇을 하겠는가?

女教云: 唯姒娣如弟共昆, 情義之篤, 難侔他人. 或逢淑賢, 感慕與起, 竭力爲善, 期與之齒. 或遇兇頑, 妄意相加, 但知自責, 遑恤乎他. 兩剛共鬪, 必有一折, 應之以柔, 庶全其缺. 我唯執恭, 任其狠傲 我唯先施, 不責其報. 毋競小利, 以乖至親. 至親難得, 利何足云. 或夭或壽, 不可逆計. 力奪而有, 後知誰繼. 共聚百年, 頃刻卽過. 爭長競短, 欲如之何.

증자(曾子)가 말씀하시기를
"친척이 좋아하지 않거든 잠깐이라도 밖의 사람과 사귀지 말며, 가까운 이와 친하지 못하였거든 잠깐이라도 먼 곳 사람을 구하지 말며, 작은 일을 살피지 못하였거든 잠깐이라도 큰 일을 말하지 말아야 한다.

그러므로 사람의 삶이 백 년 동안에 병도 있고 늙을 때 어릴 때도 있으니, 군자는 가히 다시 못할 것을 생각하여 먼저 행하는 것이다. 친척이 이미 죽고 없으면 비록 효도하고자 한들 누구에게 효도하며, 나이가 이미 늙고 나면 비록 우애하고자 한들 누구와 우애를 나눌 것인가. 이런 고로 효도하고자 하여도 못 미침이 있으며, 우애롭고자 하여도 뜻밖에 못 할 때가 있다 함은 이를 두고 한 말일 것이다!"

曾子曰: 親戚不說, 不敢外交. 近者不親, 不敢求遠. 小者不審, 不敢言大. 故, 人之生也, 百歲之中, 有疾病焉, 有老幼焉. 故, 君子思其不可復者而先施焉. 親戚旣沒, 雖欲孝, 誰爲孝. 年旣耆艾, 雖欲悌, 誰爲悌. 故, 孝有不及, 悌有不時. 其此之謂歟

유개*1 중도(仲塗)가 말하기를

"아버님이 집안을 다스리시되 효도하며 또 엄하게 하시더니, 초하루와 보름에 아우와 며느리들이 대청 아래서 절을 한 뒤 곧 손을 위로 들고 얼굴을 숙여 우리 아버님 훈계를 들었는데, 아버님의 말씀은 다음과 같았다.

'사람들 집에 형제 우애가 없지 않은 이 없건만은, 모두 다 며느리 얻어 집안에 들어옴으로 나날이 다른 성(姓)이 서로 모여 장단점을 다투고 서로 헐뜯음이 나날이 들려 자기 몫의 살림만을 유달리 생각하게 된다. 마침내 배반하고 거슬림에 이르러, 한데 살지 않고 네 집 내 집을 갈라 분가(分家)하여 미워하기를 도둑이나 원수같이 하니, 이는 다 너희 부인들이 저지른 일이니라.

남자 속〔마음〕이 굳어 몇 사람이나 능히 아내의 말에 혹하지 아니하겠는가? 내가 본 것이 많은데 너희들은 어찌 이런 일이 있겠는가?' 하셨으므로 모두들 물러나와 두려워서 조금도 불효한 일을 입 밖에 내지 아니하니, 우리들은 이에 힘입어(이 덕에) 능히 집을 온전하게 잘 보존할 수 있었노라."

柳開仲塗曰: 皇考治家, 孝且嚴. 旦望, 弟婦等拜堂下畢. 即上手伍面聽我皇考訓誠. 曰: 人家兄弟無不義者. 盡因娶婦入門, 異姓相聚, 爭長競短, 漸漬日聞, 偏愛私藏, 以致背戾, 分門割戶, 患若賊讎, 皆汝婦人所作. 男子剛腸者幾人, 能不爲婦人言所惑. 吾見多矣. 若等寧有是耶. 退則惴惴, 不敢出一語爲不孝事. 開輩抵此賴之, 得全其家云.

사마온공(司馬溫公)은 그 형 백강(伯康)과 우애가 두터우며, 백강

---

*1 柳開. 송나라 때의 문인·학자로 자는 중도.

〈다림질〉 혜원 신윤복. 조선 후기

의 나이가 여든이 되니 공(公)이 받들기를 아버님같이 하고, 안보(安
保)하기를 어린아이 보살피듯 하여, 늘 밥먹고 조금 있다가 묻기를
　"시장하지 않으세요?"
하고, 날씨가 좀 차면 곧 그 등을 만지면서 말하기를
　"옷이 얇지 않으세요?"
하더라.

　司馬溫公, 與其兄伯康友愛尤篤. 伯康年將八十. 公奉之如嚴父,
保之如嬰兒. 每食少頃, 則問曰: 得無饑乎. 天少冷, 則附其背曰: 衣
得無薄乎.

　당(唐)나라 영공(英公) 이적(李勣)은 귀하기 이를 데 없는 복야*²가

_____
＊2 상서좌복야(尙書左僕射)라는 벼슬을 받았음.

되었으되, 그 누이가 앓으면 반드시 그를 위해 몸소 죽을 쑤는데 그만 불이 수염에 붙었다. 누이가 이르기를

"종이 많은데 어찌 스스로 수고하느냐 이러하느냐?"

이적은 다음과 같이 말했다.

"어찌 사람이 없다하겠습니까? 돌이켜보건대, 이제 누이도 나이 들어 늙고 저 또한 늙었으니, 비록 자주 누이를 위하여 죽을 쑤고자 한들 또 가히 그럴 수 있겠습니까?"

하였다.

　唐英公李勣, 貴爲僕射. 其姉病, 必親爲然火煮粥. 火焚其鬚. 姉曰: 僕妾多矣. 何爲自苦如此. 勣曰: 豈爲無人耶. 顧今姉年老, 勣亦老, 雖欲數爲姉煮粥, 復可得乎.

　진(晉)나라 함녕*³에 큰 전염병이 돌아서 유곤*⁴의 두 형이 다 죽고 둘째형 비(毗) 또한 위독하여 전염병의 기세가 바야흐로 기승을 부렸으므로, 부모와 여러 아우들이 다 피하여 밖으로 나갔다. 그러나 곤(袞)은 혼자 남아 있어 밖으로 나가지 아니하였다. 여러 부모 형제들이 곤에게 나가기를 강요하자, 이에 말하기를

"곤은 본성이 병을 두려워하지 아니하옵니다."

하고는, 자기 몸소 형을 붙들고 밤낮으로 잠자지 아니하며 그 사이에 또 겉관(槨)을 어루만지며 슬피 울었다. 이렇게 하기를 여남은 열흘*⁵에 병세(病勢)가 이미 헐해지거늘 집안사람이 돌아오니, 비의 병이 많이 나아졌으며, 곤도 또 병이 옮지 않았다. 어른들이 다 이르기를

---

*3 咸寧. 서기 275~279.
*4 庾袞. 진나라 때의 학자로 근검하고 학문이 깊었으며 효행이 지극했음.
*5 한 백여 일.

"다르구나, 이 아들은! 남이 능히 지키지 못할 바를 지키고, 남이 능히 행하지 못할 바를 행하였으니, 날씨 추운 뒤에야 소나무와 잣나무가 뒤에 지는 줄 아는 법이니, 비로소 전염병도 감염되지 않음을 비로소 알겠도다."

하였다.

晋咸寧中, 大疫. 庚袞二兄俱亡, 次兄毗復危殆, 癘氣方熾, 父母諸弟皆出次于外. 袞獨留不去, 諸父兄強之. 乃曰: 袞性不畏病. 逐親自扶持, 晝夜不眠, 其閒復撫柩, 哀臨不輟. 如此十有餘旬. 疫勢旣歇. 家人乃反. 毗病得差, 袞亦無恙. 父老咸曰: 異哉此子, 守人所不能守, 行人所不能行. 歲寒然後知松栢之後凋, 始知疫癘之不能相染也.

수(隋)나라 이부상서*6 우홍(牛弘)의 아우 필(弼)이 술을 즐기며 주정을 하더니, 하루는 술에 취하여 홍의 수레를 끄는 소를 쏘아 죽였다. 홍이 집에 돌아오자 그 아내가 그를 맞으면서 이르기를

"서방님이 소를 쏘아 죽였습니다."

홍이 듣고는 황당히 여겨, 묻는 바도 없이 바로 대답하기를

"포(脯)를 뜨구려."

하고는 자리를 잡고 앉자, 그 아내가 또 말하기를

"서방님이 소를 쏘아 죽였으니 정말 얄궂은 일입니다."

하거늘, 홍이 이르기를

"벌써 알고 있소."

하고는 얼굴빛도 변하지 않은 채로 글 읽기를 멈추지 않았다.

---

*6 吏部尙書. 지금의 내무부 장관격.

隋吏部尚書牛弘, 弟弼, 好酒而酗. 嘗醉, 射殺弘駕車牛. 弘還宅. 其妻迎謂弘曰: 叔射殺牛. 弘聞, 無所怪問, 直答曰: 作脯. 坐定, 其妻又曰: 叔射殺牛, 大是異事. 弘曰: 已知. 顏色自若, 讀不輟.

범 문정공*[7]이 참지정사(參知政事) 노릇을 할 때에 여러 자식에게 고하기를,

"내 가난한 때 네 어미와 내 어버이를 봉양할 제, 네 어미가 친히 음식을 만들었으나 내 어버이 맛있는 음식을 전에 넉넉히 잡숫지 못하였는데, 이제 많은 녹(祿)을 받아 그것으로 어버이를 봉양코자 하나 어버이가 계시지 아니하며, 네 어미 또한 세상을 떠나고 없으니, 내가 가장 한스럽게 여기는 바이니라. 어찌 너희들만 부귀락(富貴樂)을 누리게 할 것인가?

우리 오(吳) 땅 안에 친척이 매우 많으며 내게는 본래 가까운 이와 먼 이가 있지만, 내 조상이 보신다면 다 똑같은 자손이다. 본래 가까운 이와 먼 이가 따로 없으니 진실로 조상의 마음에 가까운 이와 먼 이가 없을진댄, 주리며 추위하는 이를 내 어찌 가엾게 여기지 않으리오."

하였다.

(* 그는 의전(義田)을 두어 일가 친척들을 돌보아 주는 것을 좋아했다.)

范文正公, 爲參知政事時, 告諸子曰: 吾貧時, 與汝母養吾親. 汝母躬執爨, 而吾親甘旨, 未嘗充也. 今而得厚祿, 欲以養親, 親不在矣. 汝母亦已早世, 吾所最恨者. 忍令若曹享富貴之樂也. 吾吳中宗族甚衆, 於吾固有親疎. 然吾祖宗視之則均是子孫, 固無親疎也. 苟

*7 范文正公. 송나라 때 사람으로 이름은 중엄(仲俺), 문정은 시호.

祖宗之意無親踈, 則飢寒者吾安得不恤也.

　노(魯)나라의 의고자*8는 노나라 시골에 살던 부인이다. 제(齊)나라가 노나라를 쳐 성 밖에까지 이르니, 한 부인이 한 아이는 안고 한 아이는 손 잡고 가다가 군대가 쫓아오자, 안고 있던 아이는 버리고 손 잡았던 아이를 안고 산으로 달아나는 것이었다. 버려진 어린 아이가 어미를 따라가며 마구 울거늘 부인은 돌아보지 아니하고 가기에, 제나라 장군이 잡아다가 물으니 대답하기를

"안고 있던 아이는 내 오라비의 자식이요 버린 것은 내 자식이니, 군대가 뒤쫓아 옴을 보고 제 힘이 능히 아이 둘을 간수할 수 없으므로, 내 자식을 버렸습니다."
하니, 제나라 장군이 이르기를

"자식은 어미에게 가깝고 사랑함이 마음에 지극한 것인데, 이제 그 아이를 버리고 도리어 오라비의 자식을 안음은 무슨 까닭인가?"
하니, 부인이 이르기를

"내 자식은 사사로운 아람치 사랑이고 오라비의 자식은 공번된 의(義)인데, 공번된 의를 저버리고 사사로운 사랑을 위해 오라비 자식을 버리고 내 자식만 간수한다면 행여 죽음을 면한다 한들, 어찌 의롭다 하겠습니까? 이런 까닭으로 제 자식을 버리고 의를 행하려는 것입니다. 의가 없이는 세상에 떳떳이 설 수가 없습니다."
　이에 제나라 장군은 군마(軍馬)를 그치고 주둔하여 사람을 제나라 임금께 보내어 진언하고 돌아갔다. 노나라 임금은 이 말을 들으시고 깁(비단) 일백 필을 주시고, 이름을 의고자(義姑姊)라 하였다. 공정하며 성신하여 의를 행하기를 결연히 하니, 그 의(義) 크도다. 비록 한 아낙네라도 나라가 오히려 덕을 입었거늘, 하물며 예의로 나

---

*8 義姑姊. 외로운 큰고모(姑姊). 아버지의 누이.

라를 다스린다면 어떠하겠는가.

魯義姑姊者, 魯野之婦人也. 齊攻魯至郊, 見一婦人, 抱一兒, 攜一
兒行. 軍且及之. 棄其所抱, 抱其所攜, 而走於山. 兒隨而啼. 婦人遂
行不顧. 齊將執而問之, 對曰: 所抱者, 妾兄之子也. 所棄者, 妾之子
也. 見軍之至, 力不能兩護, 故棄吾之子. 齊將曰: 子之於母, 其親愛
也痛甚於心. 今釋之, 而反抱兄之子, 何也. 婦人曰: 己之子, 私愛也.
兄之子, 公義也. 夫背公義而嚮私愛, 亡兄子而存妾子, 幸而得免,
獨謂義何. 故忍棄子而行義. 不能無義而立於世. 於是, 齊將按兵而
止. 使人言於齊君而還. 魯君聞之. 賜束帛百端, 號曰: 義姑姊. 公正
誠信, 果於行義. 夫義, 其大矣哉. 雖在匹婦, 國猶賴之. 況以禮義治
國乎.

제7, 청렴함과 검소함
염검장廉儉章

공자(孔子)가 이르시기를

"어질구나 회*¹여!

한 그릇의 밥과 한 표주박 냉수로 끼니를 해결하며 더러운 마을에 사는 것을 남들은 그 시름을 견디어 내지 못할 것이지만, 회(回)는 그 즐거움을 바꾸지 아니하나니 어질구나 안회(顔回)여!"

公子曰: 賢哉. 回也. 一筆食, 一瓢飮, 在陋巷. 人不堪其憂. 回也. 不改其樂. 賢哉. 回也.

호 문정공*²이 이르기를

"사람은 반드시 일체 세상의 맛을 담담한 것이라 여겨야 좋으니, 반드시 부귀상*³을 지닐 필요가 없다. 맹자(孟子)가 이르시기를 '높이 두어 인*⁴짜리 집과, 열 자 넓이로 벌린 밥상과, 작은마누라(妻) 수백 명을 거느리는 것을, 나는 뜻을 이룬 뒤에라도 바라지 않겠다' 하시었으니, 배우는 사람은 반드시 먼저 이러한 일들을 덜어 버리고

＊1 回, 안연(顔淵)의 이름. 공자의 제자 중에서 가장 어질었으나 32세에 요절했음.
＊2 胡文定公. 송나라 때 사람으로 이름은 안국(安國), 문정은 시호. 태학 박사 벼슬을 지냈음.
＊3 富貴相. 부귀할 모양.
＊4 仞. 여덟 자.

늘 제가 힘써 마음을 흥기시켜야만 곧 타락함에 이르지 아니하리라.

늘 생각하되, 제갈공명(諸葛孔明)이 한(漢)나라 말엽에 남양(南陽)에서 몸소 밭을 갈면서, 이름이나 영달하기를 구하지 아니하였더니, 뒤에 비록 유선주*5가 초빙해서 예로써 부름에 응하였으나, 산이며 강을 도맡아 쪼개어 천하를 셋으로 나누어, 몸은 장군과 재상의 소임에 있으면서 손에 귀중한 병마(兵馬)를 잡았으니, 또 무엇을 구하여 못 얻으며, 무엇을 하고자 하여 못 이루리오마는, 후주*6를 뫼시어 이르기를

'성도(成都)에 뽕나무 팔백 그루와 거친 밭 열다섯 이랑이 있으니, 자손의 옷과 밥이 자연히 넉넉하옵니다. 내 몸이 밖에 있어 따로이 장만한 것 없고, 특별히 살림을 걱정하여 조금도 늘리지 아니하오니, 만일 죽는 날에 광에 남은 쌀이 있거나 창고에 남은 재물이 있거나 하여 그로써 폐하를 저버리지는 아니하오리다.'
하더니, 죽음에 이르러 과연 그 말과 같았으니, 이와 같은 부류의 사람은 정말로 가히 대장부라 불러야만 한다."
하였다.

胡文定公曰: 人, 須是一切世味淡薄方好. 不要有富貴相. 孟子謂: 堂高數仞, 食前方丈, 侍妾數百人, 我得志, 不爲. 學者須先除去此等, 常自激昂, 便不到得墜墮. 常愛諸葛孔明, 當漢末, 躬耕南陽, 不求聞達. 後來雖應劉先主於聘, 宰割山河, 三分天下. 身都將相, 手握重兵. 亦何求不得, 何欲不遂. 乃與後主言: 成都有桑八百株, 薄田十五頃. 子孫衣食, 自有餘饒. 臣身在外, 別無調度. 不別治生, 以長尺寸. 若死之日, 不使廩有餘粟, 庫有餘財, 以負陛下. 及卒,

---

*5 劉先主. 촉한(蜀漢)을 세운 유비(劉備)를 말함.
*6 後主. 유비의 아들 유선(劉禪).

《단원풍속화첩》논갈이　김홍도. 조선 후기

果如其言. 如此輩人, 眞可謂大丈夫矣.

　양진*⁷이 추천한 형주(荊州)의 무재*⁸ 왕밀(王密)이 창읍(昌邑)의

---

*7 楊震. 후한 때의 대학자로 성격이 강직하고 불의를 보면 참지 못했음.
*8 茂才. 원래 수재(秀才)를 일컬으나 황제인 유수(劉秀)의 이름을 휘하여 무재라 함.

원(군수)이 되어 절하고 양진을 뵈올 때, 금 열 근을 품고 와서 양진에게 주니, 양진이 말했다.

"친구인 나는 그대의 인품을 알아 추천했는데, 그대는 친구인 나를 알지 못하니 어째서인가?"

왕밀의 말이

"어스름 밤이라 알 사람이 없습니다."

양진의 말이

"하늘이 아시고 귀신이 알고 내가 알고 그대가 아니, 어찌 앎이 없다 이르리오?"

하니, 밀이 부끄럽게 여겨 돌아갔다.

楊震所擧荊州茂才王密, 爲昌邑命, 謁見. 懷金十斤, 以遺震. 震曰: 故人知君, 君不知故人, 何也. 密曰: 莫夜, 無知者. 震曰: 天知, 神知, 我知, 子知, 何謂無知. 密愧而去.

온공(溫公)이 이르시기를

"나의 집은 본래 가난한 집안이었다. 대대로 청백(淸白)함으로써 서로 이어 오니, 내 본성이 화려함을 즐기지 아니하여 젖먹던 아이 때부터 어른께서 금은(金銀)과 화려하고 좋은 옷을 더 입혀 주면 곧 부끄럽게 여겨 내버리었다. 나이 스물에 과거(科擧)에 한 자리를 더럽히어*9 문희연*10 잔치에 홀로 꽃을 꽂지 아니하니 같이 과거를 본 친구가 말하기를

'임금이 내려주신 것〔어사화(御賜花)〕이라 어겨서는 안 될 것이네.'

함에, 어사화 한 송이를 꽂았노라.

---

*9 합격하였다는 뜻.
*10 聞喜宴. 진사(進士)에 합격하면 나라에서 베풀어 주던 잔치.

평생동안 옷은 추위를 가릴 만큼만 입고 음식은 배를 채울 만큼만 먹되, 또 조금이라도 더럽거나 해진 옷을 입어 풍속을 속여 이름을 드러내지 아니하고, 오직 내 본성을 따를 뿐이로다."

溫公曰: 吾家本寒族, 世以淸白相承. 吾性不喜華靡, 自爲乳兒時, 長者加以金銀華美之服, 輒羞赧, 棄去之. 年二十, 忝科名. 聞喜宴, 獨不載花. 同年曰: 君賜, 不可違也. 乃簪一花. 平生, 衣取蔽寒, 食取充腹. 亦不敢服垢弊, 以矯俗干名. 但順吾性而已.

"선공*11이 군목판관*12이 되었기 때문에 손님이 오면 술을 대접하지 않은 적이 없었다. 그러나 술상을 차리었으나 세 차례나 다섯 차례, 혹은 일곱 차례를 넘기지는 않았다.

술은 저자에서 사오고 실과는 배·밤·대추·감만 놓으며 안주는 포(脯)·젓갈·나물국만 하고 그릇은 사기(沙器)와 옻칠한 그릇을 쓰셨는데, 당시의 사대부(士大夫)가 다 그러하였기 때문에 사람들이 서로 그르다 아니하였다. 모임은 잦았으나 예를 정성껏 갖추었고 음식은 별것 아니지만 정이 두터웠다.

그러나 요즘 사대부의 집은, 집에서 담근 술이 아니거나, 과실은 먼 데서 온 귀한 것이 아니거나, 음식이 여러 가지가 아니고 그릇이 상에 가득하지 아니하면 손님이나 벗을 모으지 않는다. 늘 두어 날을 계획하고 이런저런 것들을 모은 뒤에야 글월(초대장)을 내니, 진실로 혹시 그렇게 아니하면 사람들이 다투어 그르다 하여 더럽고 안달맞다(인색하다)고 하기 때문에, 세속을 따라 사치하여 화려하게 하지 않는 이가 드무니 슬프다. 풍속의 퇴폐함이 이와 같으니, 벼슬에

＊11 先公. 돌아가신 아버지란 뜻으로, 여기서는 사마온공의 아버지.
＊12 群牧判官. 지방관의 속관.

있는 이들이 비록 금하지는 못할망정 조장해서야 되겠는가."
하였다.

先公爲群牧判官. 客至, 未嘗不置酒. 或三行, 或五行, 不過七行.
酒沽於市, 果止梨栗棗柿, 肴止於脯醢菜羹, 器用甆漆. 當時士大夫
皆然, 人不相非也. 會數而禮勤, 物薄而情厚. 近日士大夫家, 酒非
內法, 果非遠方珍異, 食非多品, 器皿非滿案, 不敢會賓友. 常數日
營聚, 然後敢發書. 苟或不然, 人爭非之, 以爲鄙吝. 故不隨俗奢靡
者鮮矣. 嗟乎. 風俗頹弊如是. 居位者雖不能禁, 忍助之乎.

장문절공*13이 재상이 되었지만 자기 먹고 살기는 하양(河陽) 땅
에서 장서기*14 노릇할 때와 같았다. 가까이 지내는 사람이 더러 타
이르기를

"이제 공(公)이 녹(祿)을 받음이 적지 아니한데, 자기 먹고 지내기
가 이와 같으시니 비록 스스로 진실로 청백하며 검소하다고 여겨도
남들은 공손*15이 베이불을 덮던*16 흉내를 낸다는 비웃음이 제법
있으니, 공은 좀 일반 대중의 풍속을 따름이 마땅하겠습니다."
하자, 공이 탄식하여 다음과 같이 말하였다.

"오늘날 녹봉으로 비록 온 집안이 다 비단옷 입고 좋은 음식을 먹
은들 어찌 그것을 못 할까 걱정하겠는가. 그러나 돌이켜보건대, 사람
의 보통 마음가짐은 검박하다가 사치로 옮기기는 쉬우나 사치하다
가 검박해지기는 어려운 법이오. 내 오늘날 받는 녹봉이 어찌 늘 있

*13 張文節公. 송나라 때의 학자. 이름은 지백(知白).
*14 掌書記. 옛날 기실참군(記室參軍) 같은 기록을 맡는 벼슬.
*15 公孫. 한 무제 때 정승.
*16 전한 시대 재상 공손홍이 하도 검소하여 재상이 되어도 베이불을 덮었다는 고사가
   있음.

겠으며, 내 몸이 어찌 늘 살아 있으리오. 하루아침에 오늘날과 달라지면 집안 식구들이 사치에 오래도록 익숙해져서 검박해지지 못하여 반드시 제자리를 잡지 못할 것이니, 어찌 내가 벼슬자리에 있거나 벼슬자리에 없거나, 살아 있거나 몸이 죽어 없어지거나 간에 한결 같음만 같겠는가."

張文節公爲相, 自奉如河陽掌書記時. 所親或規之曰: 今公受俸不少, 而自奉若此. 雖自信淸約, 外人頗有公孫布被之譏. 公宜少從衆. 公歎曰: 吾今日之俸, 雖擧家錦衣玉食, 何患不能. 顧人之常情, 由儉入奢易, 由奢入儉難. 吾今日之俸豈能常有. 身豈能常存. 一旦異於今日. 家人習奢已久, 不能頓儉, 必至失所. 豈若吾居位去位, 身存身亡, 如一日乎.

포 효숙공*¹⁷이 경윤*¹⁸이었을 때, 한 백성이 제 발로 와서 이르기를
"백금(白金) 백 량(百兩)을 나에게 맡긴 사람이 죽었기에 그 아들에게 돌려주니 받지 아니합니다. 바라옵건대, 그 아들을 불러서 이 백금 백 량을 주십시오."
경윤(京尹)이 그 아들을 부르니, 사양하기를
"죽은 아비는 결코 백금을 남에게 맡기지 아니하였습니다."
하고 두 사람이 서로 사양하기를 오래 하더니, 여형공*¹⁹이 듣고 이르기를
"세상에 '좋은 사람은 없다(無好人)'는 석 자를 즐겨 말하는 사람은 가히 저를 해친다고 말할 수 있다. 옛사람이 이르기를 '사람이 저

*17 包孝肅公. 송나라 때 사람으로 이름은 증(拯).
*18 京尹. 서울 시장.
*19 呂滎公. 송나라 때 사람으로 이름은 희철(希哲), 자는 원명(源明).

마다 가히 요순(堯舜)이 되리라' 하니 자기를 미루어 보아 아는 것이
다."
하였다.

包孝肅公, 尹京時, 民有自言: 以白金百兩寄我者死矣. 予其子,
不肯受. 願召其子予之. 尹召其子. 辭曰: 亡父未嘗以白金委人也.
兩人相讓久之. 呂榮公聞之, 曰: 世人喜言無好人三字者, 可謂自賊
者矣. 古人言: 人皆可以爲堯舜. 盖觀於己而知之.

이 문정공*[20]이 살 집을 봉구(封丘)문 밖에 짓는데, 청사(廳舍) 앞
이 좁아서 겨우 말(馬)을 돌릴 수 있을 정도였다. 어떤 사람이 너무
좁다고 한즉, 공이 웃으며 말하기를
"사는 집이란 반드시 자손에게 전하는 것이다. 이것이 재상의 청사
(廳舍)가 된다면야 진실로 좁거니와, 대축(大祝)이나 봉례랑(奉禮郎)
의 청사가 된다면 너무 넓은 것이다."
하였다.

李文靖公, 治居第於封丘門外. 廳事前僅容旋馬. 或言其太隘. 公
笑曰: 居第當傳子孫. 此爲宰輔廳事, 誠隘. 爲太祝奉禮廳事, 則已
寬矣.

문중자*[21]의 옷은 검소하되 깨끗하고 쓸데없는 꾸밈이 없었다. 비
단이나 수놓은 비단을 집에 들이지 아니하여

---

*20 李文靖公. 송나라 때 사람으로 이름은 항(沆), 문정은 시호. 관직에서 물러나서는 세속
   과 인연을 끊고 띠집에서 검소하게 살았음.
*21 文中子: 청나라 때 사람 왕통(王通).

"군자는 누른빛과 흰빛이 아니거든 입지 아니한다. 그러나 아낙네에게는 푸른빛과 옥색이 있다."
하였다.

文中子之服, 儉以絜, 無長物焉. 綺羅錦綉, 不入于室. 曰: 君子非
黃白不御. 婦人則有靑碧.

초(楚)나라의 접여*²²는 밭갈아서 먹고 살았다.
하루는 그 아내가 저자에서 돌아와 이르기를
"당신이 젊어서 의(義)를 행하더니, 어찌 늙었다고 이를 버리려 한답니까? 문 밖에 수레 자국이 왜 저렇게 깊습니까?"
접여가 말하기를
"임금이 나의 불초함을 알지 못하시어, 나로 하여금 회남(淮南) 땅을 다스리게 하려고 사람을 보내시어 금과 말을 가져와 내 뜻을 묻고 계시오."
그 아내가 물었다.
"아니, 그럼 허락하셨단 말씀입니까?"
이에 접여 이르기를
"부귀는 사람마다 원하는 바인데, 어찌 나의 허락함을 싫어하는가?"
아내가 하는 말이
"어진 사람은 예가 아니면 움직이지 아니하므로 가난 때문에 절개를 바꾸지 아니하며, 천하다 해서 행적을 바꾸지 아니하나니, 내 당신을 섬겨 몸소 밭갈아 음식하고 손수 길쌈하여 옷지어, 밥이 배부

---

*22 接輿. 초나라 사람의 이름이니, 짐짓 미친 양하고 벼슬아치 노릇을 아니하기 때문에 그 시절 사람이 초광 접여(楚狂接輿)라 불렀음.

르며 옷이 따뜻하며, 의(義)에 의지하여 행동함에 그 즐거움이 또한 족한데, 만약 남의 많은 녹(祿)을 받으며, 남의 튼튼한 수레와 좋은 말을 타고, 남의 살찌고 좋은 고기를 먹고서 장차 그 값을 제대로 못했을 때의 벌을 어떻게 기다리겠소?"

접여 대답하기를

"그렇다면 내 허락지 아니하겠소."

아내가 말하기를

"임금이 시키시는 데 따르지 아니함이 충(忠)이 아니요, 따르다가 어김이 의(義) 아니니, 떠나감만 못하오."

하여, 남편은 가마솥〔釜〕과 시루를 지고, 아내는 길쌈할 베틀을 이고, 성(姓)과 이름을 바꾸어 옮겨, 그들이 간 곳을 알지 못하였다.

楚狂接輿, 耕以爲食. 妻從市來曰: 先生少而爲義, 豈將老而遣之哉. 門外車跡, 何其深也. 接輿曰: 王不知吾不肖也, 欲使我治淮南. 遣使者持金駟來聘. 其妻曰: 得無許之乎. 接輿曰: 夫富貴者, 人之欲也. 子何惡我, 許之矣. 妻曰: 義士非禮不動, 不爲貧而易操, 不爲賤而改行. 妾事先生, 躬耕以爲食, 親績以爲衣, 食飽衣暖, 據義而動, 其樂亦自足矣. 若受人重祿, 乘人堅良, 食人肥鮮, 而將何以待之. 接輿曰: 吾不許也. 妻曰: 君使不從, 非忠也. 從之又違, 非義也, 不如去之. 夫負釜甑, 妻戴紝器, 變姓易名而徙. 莫知所之.

《내훈》을 펴내며

황공하옵게도 우리 인수왕대비전하(仁粹王大妃殿下)께서는 세조
대왕(世祖大王) 잠저(潛邸)*¹에 계시면서 양쪽 궁(宮)의 일을 받들게
되었으나, 대비전하께서는 낮이나 밤이나 부지런하시었다.

급기야 빈(嬪)으로 책봉되시었으며, 빈이 되신 다음에도 더욱 며느
리의 도리를 몹시 조심스럽게 행하시었다. 몸소 어찬(御饌)*²을 보살
피셨고 늘 주위를 떠나지 않으셨다.

그리하여 세조대왕께서는 항상 효부라 칭찬하셨으며, '효부(孝婦)'
라는 인장까지 만들어 하사하심으로써 그 효를 드러내시었다.

대비전하께서는 타고나신 성품이 엄격하고 바르셔서 왕손들을 양
육하는 데에 있어 조그마한 허물이나 잘못이 있어도, 가리어 비호해
주는 법이 거의 없이 즉시 정색을 하여 훈계하고 신칙하였으므로,
양쪽 궁에서 우스갯이름을 지어 '폭빈(暴嬪)'*³이라 놀리기도 하였다.

세조대왕께서는 주상전(主上殿)*⁴을 부를 때 '아자(我子—내 아들)'
라 하셨고, 대왕대비께서는 월산대군(月山大君)*⁵을 부를 때 '오자(吾

---

*1 임금이 아직 즉위하지 않았을 때 살던 집.
*2 임금에게 올리는 음식상 차림.
*3 세조(世祖)가 그의 며느리인 인수왕대비(仁粹王大妃) 한(韓)씨의 성격이 엄격하였으므
　로, '난폭한 왕비'라는 뜻으로 사랑스럽게 부르던 우스갯별명이다.
*4 세조의 장자이며 수빈(粹嬪) 한(韓)씨의 남편인 장(暲)을 가리킨다. 장은 당시 세자로 있
　었으나 왕위에 오르기 전에 죽었으므로 추존하여 덕종(德宗)이라 하였다.
*5 인수왕대비의 아들. 성종(成宗)의 형. 휘(諱)는 정(婷), 자는 자미(子美), 호는 풍월정(風月
　亭). 문장이 뛰어났다. 시호(諡號)는 효문(孝文)이다.

子—내 아들, 우리 아들)'라 하시면서 위안하시었다. 엄격한 교육이 이와 같으셨으니, 오늘에 이르러서는 더 할 말이 있겠는가.

윗분의 기쁨을 받들어 드리고 오랜 안락한 생활의 틈틈이 여자들의 무지함을 염려하여 부지런히 훈계하고 가르치셨다.

그러나 《열녀(烈女)》《여교(女敎)》《명감(明鑑)》《소학(小學)》 등의 글은 책의 권수가 넓고 번잡하여 처음 배우는 이들에게는 힘이 들었다. 그래서 친히 슬기롭게 잘라내고 중요한 것들을 한데 모아서 모두 일곱 장으로 완성하여 이름을 《내훈(內訓)》이라 하셨다.

계속하여 한글로 옮겨 쉽게 깨우칠 수 있도록 하셨으므로, 비록 우매한 사람일지라도 한번 살펴보면 내용을 분명하게 알 수 있어서 익히고 외우기에 편하게 하시었다.

내가 가만히 살펴보았더니, 역대의 어진 왕비들 중에는 시부모를 부지런히 잘 섬기며 어질고 효성스런 덕을 극진하게 하고 자식을 엄격하게 잘 가르쳐서 나라와 가문을 경사스럽게 한 사람들이 많았다. 그러나 몸소 훈서(訓書)를 지어서 후세에 전해 주는 이는 드물었다.

이 책의 지음이 어찌 인수전하의 옥엽(玉葉)*6만을 가르치기 위한 것이겠는가. 민간의 우매한 부인들에 이르기까지 여자들이 일하는 틈틈이 아침 저녁으로 익히고 외어서 마음에 맛을 음미한다면, 차차 집안을 다스리는 법을 알게 될 것이다.

그러므로 그것이 풍속의 교화에 어찌 적은 도움만 되겠는가.

아아, 참으로 지극하신 분이다.

성화(成化) 을미(乙未) 첫 겨울, 십오일. 상의(尚儀) 신(臣) 조씨(曹氏)는 공경스럽게 발문을 올린다.

---

*6 천자나 임금의 일족(一族)을 가리킨다.

독서　국립미술박물관

　恭惟我仁粹王大妃殿下, 自在世祖大王潛邸, 承事兩宮, 晝夜靡懈. 及冊爲嬪, 尤謹婦道. 躬執御饌, 不離左右. 世祖大王常稱孝婦, 造賜孝婦圖書, 以顯孝焉. 天資嚴正, 所育王孫等, 少有過失, 略不掩護, 卽正色誡飭. 兩宮戲名暴嬪. 世祖大王稱我主上殿曰我子. 大王大妃稱月山大君曰吾子, 以慰焉. 嚴敎如此, 以至今日, 可勝言哉. 承歡長樂之餘, 患女婦之無知, 孜孜訓誨. 然烈女女敎明鑑小學等書, 卷帙浩繁, 初學病焉. 親自睿斷, 撮其切要. 惣成七章. 名曰內訓. 繼以諺譯, 使之易曉. 雖至愚騃, 一覽瞭然, 以便習誦. 臣竊觀, 歷代賢妃, 勤事舅姑, 以盡仁孝之德, 嚴於敎子, 以成國家之慶者多. 而

躬撰訓書, 垂誡者鮮矣. 是書之作, 奚啻仁粹殿下之敎玉葉耶. 以至
閭巷愚婦, 女工之暇, 朝習暮誦, 於心玩味, 則漸知克家之道. 其於
風化豈小補云. 嗚呼至哉.

　成化乙未孟冬十有五日, 尙儀 曹氏 敬跋

《내훈》을 옮겨 풀어쓰고 나서

정양완鄭良婉

  '내훈(內訓)'이란 아낙네의 몸가짐과 마음가짐을 가르치기 위한 지침서다.

  《내훈》이란 책은 소혜 왕후[*1]가 《소학(小學)》《열녀(烈女)》《여교(女教)》《명감(明鑑)》 등에서 여성 교육에 가장 요긴하다고 여긴 대목들을 가리어 〈언행장(言行章)〉 제1, 〈효친장(孝親章)〉 제2, 〈혼례장(昏禮章)〉 제3, 〈부부장(夫婦章)〉 제4, 〈모의장(母儀章)〉 제5, 〈돈목장(敦睦章)〉 제6, 〈염검장(廉儉章)〉 제7의 7장으로 나누고, 앞에 자신의 서문을 얹고 뒤에는 상의(尙儀) 조씨(曹氏)의 발문(跋文)을 붙여 국역(國譯)하여 3권으로 분권(分卷)하여 엮은 규범서(閨範書)다.

  서문에 '성화 을미 맹동 유일(成化乙未孟冬有日)'이라 씌어 있고 조씨(曹氏)의 발문에도 '성화 을미 맹동 십유오일(成化乙未孟冬十有五日)'이라는 날짜가 붙어 있어서, 정확한 간행 연대는 알 수 없지만, 적어도 초간(初刊)의 연대는 이 어름이 아니었을까 짐작케 한다. 그래서 '성화 을미'는 바로 성종 6년이므로, 1475년을 《내훈》의 초간 연도로 보고 있다고 여겨진다.

---

*1 昭惠王后. 세종(世宗) 19년(1437)∼연산군(燕山君)10년(1504). 성종(成宗)의 모후(母后)요 덕종(德宗)의 비(妃)이며, 좌의정 청주 한(韓)씨 확(確)의 딸로서, 세조 1년(1455) 수빈(粹嬪)에 책봉되고 성종 2년(1471) 인수대비(仁粹大妃)로 진봉(進封)되었으며, 연산군 10년에는 다시 소혜(昭惠)로 개봉(改封)되었음.

《내훈》의 이본(異本)으로는 광해군(光海君) 2년(1611) 판본과 효종(孝宗) 7년(1656) 판본 및 《어제내훈(御製內訓)》이라는 이름으로 영조(英祖) 12년(1736)에 간행된 판본이 있는데, 이 영조본에는 소혜 왕후의 서문 뒤에 영조의 어제 내훈 소지(御製內訓小識)가 붙어 있고, 발문 또한 국역(國譯)되어 있다.

이제, 번역을 위해 저본(底本)으로 삼은 《내훈》에 대하여 한 마디 하고자 한다. 을해자(乙亥字) 활자본인 이 《내훈》의 책크기(본문에는 광곽(匡郭)이 나 있음)는 33cm×20.6cm이고 사주 쌍변(四周雙邊) 9행에 매행마다 17자, 주(注)는 쌍행(雙行), 판심(版心)에는 상하 화문(花紋) 어미(魚尾) 흑구(黑口)가 있는데, 토(吐)만 단 한문 부분은 1면에 9행, 국역 부분은 8행으로 되어 있는 것이 특징이다.

이 책에는 "만력(萬曆) 원년(元年) 십이월(十二月) 일(日) 내사(內賜) 성균관(成均館) 전적(典籍) 심충겸(沈忠謙) 내훈(內訓) 일건(一件) 명(命) 제사(除謝) 은(恩) 좌승지(左承旨) 신(臣) 정(鄭) 화압[花押(惟一)]"이라는 내사기(內賜記)가 적혀 있어('어본(御本)' '선사지기(宣賜之記)'라는 주인(朱印)도 있음), 이 책은 바로 성균관 전적 심충겸*2에게 내린 책임을 알 수 있다. '만력 원년'이란 선조 6년(1573)이니, 심충겸은 선조 5년에 친시(親試) 문과(文科)에 장원하였으므로 바로 그 이듬해가 된다.

본래 3권으로 분권(分卷)되었던 《내훈》이 이 판본에서는 제2권이 상·하로 분책(分册)되어 3권 4책으로 나뉘어, 각각 '인(仁)' '의(義)' '예(禮)' '지(智)'의 넷으로 나뉘어 있으니 그 내용은 다음과 같다.

---

*2 인종(仁宗)1(1545)~선조(宣祖) 27(1594). 명종(明宗)의 비(妃)인 인순 왕후(仁順王后)의 동생으로, 임진란 때 병조 참판으로 선조를 평양까지 호종(扈從)하였고 이항복(李恒福)과 함께 의주(義州) 파천(播遷)을 역설했으며, 선조 27년에는 병조 판서에 이름.

'인(仁)'		내훈 서	1~9장
		내훈 목록	1장
	1권	언행장 제1	1~38장
		효친장 제2	39~73장
		혼례장 제3	73~87장
'의(義)'	2권(상)	부부장 제4	1~59장
'예(禮)'	2권(하)	부부장 제4	1~76장
'지(智)'	4권	모의장 제5	1~39장반
		돈목장 제6	39~54장
		염검장 제7	54~70장
		발	1~2장

　이상에서 소혜 왕후가 가장 중점을 둔 부분은 '부부장'임을 알 수 있으니, 그것은 '모의장'(39장)보다도 3배 이상이 넘는 분량으로도 알 수 있거니와, '인' '의' '예' '지'로 나누면서도 2권을 상·하로 양분한 자취에서도 2권이 원본에서는 단권(單卷)이었을 것을 시사하는 동시에, 이는 당시 교서관(校書館) 제조(提調)로 이 책의 간행에 관여한 유희효(柳希孝 1513~577)의 《미암일기초(眉巖日記草)》에 나오는 제2권의 분책(分冊)이 이와 들어맞으므로,[3] 성화(成化) 을미(乙未 성종 6년 1475)가 초간(初刊)의 연대에 가깝다면, 이 책의 간행 연도는 아마도 내사기(內賜記)가 적힌 만력 원년, 즉 선조 6년(1573)이 아닌가 여겨진다. 그것은 서(序)·발(跋)의 연대만으로는 후대(後代)에 복간되는 책의 간행 연도를 짐작키 어렵고, 후대에도 전대(前代)의 서·발을 그대로 덧싣는 예가 있기 때문이다. 《어제내훈(御製內訓)》의 경우에도 서문이 그대로 실리고 그 다음에 '어제 내훈 소지'가 실려 있고, 뒤에는

---

[3] 《국어학 자료 선집》Ⅱ. p.318 〈내훈 해제〉 참조, 국어학회편 일조각. 1973판.

상의(尙儀) 조씨(曹氏)의 발문도 그대로 싣고, 그것을 국역하여 덧붙여 여전히 '성화 을미 맹동 시월 십유오일'이 실려 있음이 그 한 예다.

내사기(內賜記)의 연대를 바로 간행 연대로 보자는 또 하나의 이유는, 100년 전에 찍은 책을 100년이나 묵혔다가 하사했을 리도 없을 것이기 때문이다. 비록 '지(智)' 권3 〈모의장〉 이의자조(二義者條)에 불〈폴(臂)이라든지 또는 마른〈마는〉마는 등의 변이가 있기는 하나, △, ㅇ, 방점 등이 그대로 유지되어 있어서, 성화 을미 초간본을 만력 원년에 복간한 것이 아닌가 여겨진다.

《내훈》을 엮게 된 소혜 왕후의 저작 의도는 바로 자신의 서문에 실려 있으니, 다음과 같다.[4]

대저 사람의 태어남이 하늘과 땅의 신령한 기운을 타고 나며, 오상(五常)의 덕(德)을 품었으므로, 이치로 보아 옥석(玉石)의 구별이 없으련만 난초와 쑥의 차이가 있음을 무슨 까닭인가?

그는 옥과 자갈, 난초와 쑥의 차이는 바로 "몸을 닦을 도(道)를 다함과 다하지 못함에 있다"고 보았던 것이다.

그러기에 태사(太姒)와 번희(樊姬)를 가장 올바른 현처(賢妻)의 예로, 포사(褒姒)와 여희(驪姬)·비연(飛燕)을 악처(惡妻)의 예로 들어,

치란(治亂) 흥망(興亡)이 남자의 현·불현(賢不賢)에 달렸으나, 또한 아내의 어질며 사나움에 달렸는지라 가르치지 않을 수 없다.

하고, 호연(浩然)한 세계에 마음을 노닐며 여러 오묘한 데에 뜻을 둔

---

[4] 역자의 졸역에 따름.

남자야 어찌 자기의 가르침을 기다리겠는가마는,

  계집은 그렇지 않아 한갖 길쌈의 거칠고 고움만을 달갑게 여기
  고 덕행(德行)의 높음을 알지 못하니 이는 나의 날로 애달파하는 일
  이라.

하여, 여공(女工)이나 달갑게 여기고 덕행의 높음은 아랑곳하지 않는
무지(無知)한 아낙네에 대한 교육의 필요성을 역설한 터이다. 아무리
청통(淸通)하게 타고났더라도, 후천적으로 성인(聖人)의 가르침을 배
우지 못하고 하루 아침에 귀히 되면 잔나비를 갓 고깔 씌워 담에 낯
대고 세움과 같다고도 하였다. 그렇다고 성인의 가르침이 어려운 바
도 아님을 밝히었다. 그리고 직접적인 목적은 다음에 밝혀진다. 즉,

  요순(堯舜)은 천하에 큰 성인이셨건만 단주(丹朱)와 상균(商均) 같
  은 아들이 있었으니, 엄한 아버지가 부지런히 가르치는 앞에서도 오
  히려 어질지 못한 자식이 있거든, 하물며 나는 홀어미[*5]라 능히 옥
  같은 며느리를 보겠는가?

이렇기 때문에 "《소학(小學)》《열녀(烈女)》《여교(女敎)》《명감(明鑑)》
에서 중요한 마디만을 가리어 7장을 만들어 너희에게 준다." 하였다.
  소혜 왕후는 세조(世祖) 잠저시(潛邸時)에서부터 이미 그를 모셔
효부의 도서(圖書)까지 받은 효부였으며, 19세에 혼자 된 뒤로도 성
종 14년(1483)까지는 시어머니인 정희 왕후(貞熹王后)를 모셨고, 연산
군 10년에 그가 죽기까지 무릇 4대를 섬기고 기른, 너무도 엄격하여

_____

*5 덕종은 세조 1년(1455)에 왕세자로 책봉되었으나 즉위 전에 요절하였으므로 소혜 왕후
  또한 수빈(粹嬪)으로 책봉되자 이내 과부가 되었음.

폭빈(暴嬪)이란 별명까지 붙은 왕비였다.

홀어미의 자식이라는 남의 손가락질을 받지 않게 하기 위하여 그가 낳은 성종, 월산 대군(月山大君) 및 명숙 공주(明淑公主)를 한결같이 엄히 가르쳐 길렀거니와, 조선 왕조의 숨은 기틀이 되어, 여러 왕과 세자를 뒤에서 알뜰히 내조해야 할 비빈(妃嬪)의 교육을 위하여, 7장에 나눈 대목들에 각각 두드러진 역사상의 본보기 거울이 될 인물들의 고사(故事) 예를 낱낱이 들어 그들의 교육에 힘썼던 것이다.

비록 비빈의 교육에 주목적을 둔 책이지만, 상의(尙儀) 조씨(曹氏)의 발(跋)에서의 말과도 같이 이 내용은 천하의 여성에게 두루 귀감이 될 것이므로, 해를 거듭하여 거듭거듭 중간(重刊)하여 여성 교육의 지침으로 삼아, 현존하는 우리나라 모든 규범류(閨範類)의 본보기가 되고 있음은 두말할 나위가 없다.

규범류 중에는 우암(尤庵) 송시열(宋時烈) 선생의 《계녀서(戒女書)》와 같이 아버지가 딸을 위해 짓거나 시아버지가 며느리를 위해 짓는 경우도 있지만 이 《내훈》은 시어머니가 며느리를 위해, 혹은 어머니가 딸을 위해서 지은, 여성의 견지에서 여성을 가르치고 다잡는 가장 알뜰한 규범이며, 특히 국역을 붙여 알기 쉽게 한 점 또한 높이 평가되어야 하리라 생각한다.

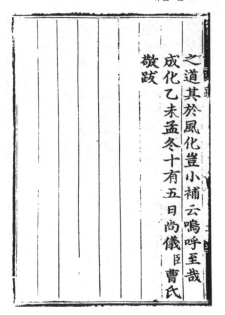

※소혜왕후의《내훈》은 본디 성종 6년(1475)경에 초간되었으
나 지금까지 확인된 초간본은 전해지지 않고, 다만 선조 6
년(1573) 이전에 중간된 것으로 보이는 일본 名古屋 蓬左文
庫 소장본이 가장 오래된 판본으로 전해지는데, 이 책에 실
린 원본은 바로 蓬左文庫 소장본을 축소한 것임을 밝힌다.

내훈 목록 1–2

敦睦章第六
廉儉章第七

內訓目錄 終

내훈 권1 1–1

內訓卷第一

言行章第一

李氏女戒예曰ᄒᆞ되藏心이爲情이오出口ㅣ爲
語ㅣ니言語者ᄂᆞᆫ榮辱之樞機며親疎之大節
也ㅣ니亦能離堅合異ᄒᆞ며結怨興讎ᄒᆞᄂᆞ니大者
則覆國亡家ᄒᆞ고小者도猶六親ᄋᆞᆯ離閒ᄒᆞᄂᆞ니
是以로賢女ㅣ謹口ᄂᆞᆫ恐招恥謗이니或在尊
前거나或居閑處에未嘗觸應答之語ᄒᆞ며發諂
諛之言ᄒᆞ며不出無稽之詞ᄒᆞ며不爲調戲之事

내훈 권1 1–2

ᄒᆞ며不涉穢濁ᄒᆞ며不處嫌疑니라
李리氏씨女녀戒계예닐오ᄃᆡ ᄆᆞᅀᆞ매 ᄀᆞ
초아슈미情졍이오이베내요미마리니
마ᄅᆞᆫ榮영華화와辱욕괏지두릿조가기
며親친과疎소왓큰ᄆᆞᄃᆡ니또能능히구
든거슬여희에ᄒᆞ며다ᄅᆞᆫ거슬몯게ᄒᆞ며
怨원望망ᄋᆞᆯ지ᅀᅳ며寃원讎쓩ᄅᆞᆯ니ᄅᆞ왇
ᄂᆞ니크닌나라ᄒᆞᆯ배며지블亡망ᄒᆞ고져

내훈 권1 2–1

그니도오히려六륙親친을여희에ᄒᆞᄂᆞ니
니六륙親친은아비와어미와兄형과아ᅀᆞ와겨집과子ᄌᆞ息식괘라이럴
ᄊᆡ賢현女녀ㅣ입삼가오ᄆᆞᆫ붓그러옴과
할아ᄆᆞᆯ브ᄅᆞᆯ가저호미니시혹尊존前젼
에잇거나시혹寂쪅靜쪙ᄒᆞᆫᄃᆡ이쇼매잢
간도對됭答답ᄒᆞᆫ논마ᄅᆞᆯ犯뻠觸쵹ᄒᆞ며
아ᄃᆞᆼᄃᆞ왼말내디아니ᄒᆞ며相샹考콩아
니ᄒᆞᆫ말내디아니ᄒᆞ며노ᄅᆞᆺ샛일ᄒᆞ디아

니ᄒᆞ며 더러운 이레 버므디 아니ᄒᆞ며 嫌험疑ᅌᅱ예 잇디 아니ᄒᆞᄂᆞ니라

曲禮예 曰ᄀᆞᆯ오ᄃᆡ 共食애 不飽ᄒᆞ며 共飯애 不澤手ᄒᆞ며 母摶飯ᄒᆞ며 母放飯ᄒᆞ며 母流歠ᄒᆞ며 母咤食ᄒᆞ며 母齧骨ᄒᆞ며 母反魚肉ᄒᆞ며 母投與狗骨ᄒᆞ며 母固獲ᄒᆞ며 母揚飯ᄒᆞ며 母刺齒ᄒᆞ며 母嚺醢ᄒᆞ며 母絮羹ᄒᆞ니 客이 絮羹ᄒᆞ야든 主人이 辭不能烹ᄒᆞ고 客이 嚺醢어든 主人이

辭以窶ᄒᆞ며 濡肉을 齒決ᄒᆞ고 乾肉을 不齒決ᄒᆞ며 母嘬炙이니라

曲곡禮례옛 닐오ᄃᆡ 모다 밥 머글 제 손 ᄲᅮ쎄디 말며 밥을 무디디 말며 바볼 뎟ᄭᅵᆺ뎌 먹디 말며 飮음啜쳠 그지 업시 마시디 말며 ᄲᅣ볼뎟ᄭᅵᆺ소리 나게 말며 ᄲᅧ를 너흐디 말며 고기ᄅᆞᆯ 도로 그르세 노티 말며 ᄲᅧ를 가희게 더뎌 주디

말며 구틔여 어더머구려 말며 밥 훔디 말며 기장 바볼 머구ᄃᆡ 져로 말며 糞을 沙상鉢ᄲᅡᆯ애 리롤 후려 먹디 말며 糞을 沙상鉢ᄲᅡᆯ에 셔 고텨 마초디 말며 닛삿ᄲᅡ리 디 말며 국 마시디 마롤 디니 손이 糞을 沙상鉢ᄲᅡᆯ 애 셔 고텨 마초거든 主즁人신이 잘 글 히디 몯호ᄆᆞᆯ 辭ᄊᆞᆼᄒᆞ고 손이 젓국을 마시거든 主즁人신이 가난호ᄆᆞ로 辭ᄊᆞᆼ

緣연ᄒᆞ며 저즌 고기란 니로 버히고 ᄆᆞᄅᆞᆫ 고기란 니로 버히디 말며 炙젹을 훈ᄢᅴ 모 도 먹디 마롤 디니라

○男남女녀ᅵ 不雜坐ᄒᆞ며 不同椸枷ᄒᆞ며 不同巾櫛ᄒᆞ며 不親授ᄒᆞ며 嫂수ᅵ 不通問ᄒᆞ며 諸母로 不漱裳ᄒᆞ며 外言이 不入於梱ᄒᆞ며 內言이 不出於梱ᄒᆞ며 女子ᅵ 許嫁엔 纓ᄒᆞ야 非有大故ᅵ어든 不入其門ᄒᆞ며 姑姉妹와 女子子ᅵ 已嫁而反ᄒᆞ야든

내훈 권1 4-2

兄弟弗與同席而坐ᄒᆞ며弗與同器而食이니라
남진과겨집괘섯거앉디말며옷거리를ᄒᆞᆫᄃᆡ말며手슈巾긘과빗과를ᄒᆞᆫᄃᆡ말며親친히심기디말며嫂ᅀᅩᇢ와叔슉괘무루믈서르말며嫂ᅀᅩᇢᄂᆞᆫ兄형의겨지비오叔슉은남진의兄형弟뗑라아비고마롤아랫옷샐이디말며밧긧말ᄉᆞ미門몬안해드리디말오안햇말ᄉᆞ미門몬밧긔내디마롤디니라겨지비婚혼

내훈 권1 5-1

姻힌ᄒᆞ얫거든큰緣원故공ㅣ잇디아니커든그門몬의드디말며아ᄌᆞ미와몬누의와아ᄋᆞ누의와ᄯᆞᆯ왜ᄒᆞ마婚혼姻힌ᄒᆞ야도라왯거든兄형弟뗑ᄒᆞᆫ돗긔앉디말며ᄒᆞᆫ그르세먹디마롤디니라

○登城不指ᄒᆞ며城上不呼ᄒᆞ며將適舍ᄒᆞᆯ시求毋固ᄒᆞ며將上堂ᄒᆞᆯ시聲必揚ᄒᆞ며戶外예有二屨ㅣ어든言聞則入ᄒᆞ고言不聞則不入ᄒᆞ며將入戶ᄒᆞᆯ시

내훈 권1 5-2

視必下ᄒᆞ며入戶ᄒᆞᆯ시奉扃ᄒᆞ며視瞻을毋回ᄒᆞ며戶開어든亦開ᄒᆞ고戶闔이어든亦闔호ᄃᆡ有後入者ㅣ어든闔而勿遂니라毋踐屨ᄒᆞ며毋踖席ᄒᆞ며摳衣趨隅ᄒᆞ야必愼唯諾이니라
城썽의올아ᄀᆞᄅᆞ치디말며城썽우희브르디말며쟝ᄎᆞᄂᆞᄆᆡ지븨갈제求꿍호ᄆᆞᆯ구티여말며쟝ᄎᆞ堂땅ᄋᆡ오ᄅᆞᆯ제소리ᄅᆞᆯ모로매펴며문밧긔두시니잇거든말ᄉᆞ

내훈 권1 6-1

미들이거든들오말ᄉᆞ미들이디아니커든드디말며쟝ᄎᆞ이페들제보ᄆᆞᆯ모로매ᄂᆞᄌᆞ기ᄒᆞ며이페들제걸쇠ᄅᆞᆯ바ᄃᆞ며보ᄆᆞᆯ두르디말며이피여렛거든ᄯᅩ열오이피다댓거든ᄯᅩ다도ᄃᆡ後ᅘᅮᇢ에들리잇거든다도ᄆᆞᆯ다ᄒᆞ디마롤디니라ᄂᆞᄆᆡ시놀ᄫᆞᆯ바말며ᄂᆞᄆᆡ돗긔ᄃᆞ딜디말며오ᄉᆞᆯ들오모ᄒᆞ로ᄃᆞ라가모로매맛골모ᄆᆞᆯ조심

내훈 권1 6-2

홀디니라

○凡視를 上於面則敖ᄒᆞ고 下於帶則憂ᄒᆞ고 傾
則姦ᄒᆞᄂᆞ니라

믈읫 보물ᄂᆞ치오ᄅᆞ면 傲慢ᄒᆞ고

고기ᄋᆞᆯ면 邪쌍ᄒᆞ니라

○毋不敬ᄒᆞ며 儼若思ᄒᆞ며 安定辭ᄒᆞ면 安民哉ᅟᅵᆫ뎌

敖不可長ᄒᆞ며 欲不可從ᄒᆞ며 志不可滿ᄒᆞ며 樂不

내훈 권1 7-1

可極이니 賢者ᄂᆞᆫ 狎而敬之ᄒᆞ며 畏而愛之ᄒᆞᄂᆞ며

愛而知其惡ᄒᆞ며 憎而知其善ᄒᆞ며 積而能散ᄒᆞ며

安安而能遷ᄒᆞᄂᆞ니라 臨財ᄒᆞ야 毋苟得ᄒᆞ며 臨難ᄒᆞ야

毋苟免ᄒᆞ며 狠毋求勝ᄒᆞ며 分毋求多ᄒᆞ며 疑事를

毋質ᄒᆞ야 直而勿有ᄒᆞ라ᄂᆞ니

恭敬 아니호ᄆᆞᆯ 아니호리라

빅姓셩을 便뼌安ᄒᆞ케ᄒᆞ리더 傲慢ᄋᆞᆯ

내훈 권1 7-2

은어루길오미 몯ᄒᆞ리며 私승欲욕은어

루ᄂᆞ쇼하ᄒᆞ미 몯ᄒᆞ리며 ᄠᅳ든어루ᄀᆞ

ᄃᆞ기 몯ᄒᆞ리며 즐거오ᄆᆞᆯ 장ᄒᆞ미

恭敬ᄒᆞ며 저즈ᄃᆞᆺᄉᆞ며 말ᄉᆞ믈ᄀᆞ안

이롤알며믜 요ᄃᆞ기어딘이롤알며사

두디能히호며 便뼌安ᄒᆞᆫ ᄃᆞ

安ᄒᆞ히너교ᄃᆡ能히오ᄂᆞ니라 財ᄍᆡ寶

내훈 권1 8-1

롤디러셔구틔여어두려말며어즈러

윤이롤디러셔구틔여免면호려말며ᄃᆞ

토매이긔요ᄆᆞᆯ求ᄭᅮ티말며ᄂᆞᆫ호매가

죠ᄆᆞᆯ求ᄭᅮ티말며疑심心을ᄃᆞ왼이롤마

기오ᄃᆡ마라ᄋᆞᆯᄒᆞ야도두믈마ᄅᆞᆯ디니라

少儀예 日로侍坐於君子則先飯而後已ᄒᆞ며

毋放飯ᄒᆞ며 毋流歠ᄒᆞ며 小飯而亟之ᄒᆞ며 數嚼ᄒᆞ야

毋爲口容ᄒᆞ라ᄂᆞ니

少^쇼儀^읭예 닐오디 君^군子^{ᄌᆞ} ᄭᅵ아ᄅᆞᆷ더
뫼셔 밥머글저기어든 몬져 먹고 後^후에
말며 바ᄇᆞᆯ졌긋 써 먹디 말며 그지업시 마
시디 말며 혀 기 머거 ᄲᆞᆯ리 숨씨며 ᄌᆞ조 시
버 입 노릇ᄒᆞ디 마ᄅᆞᆯ디니라
○不窺密ᄒᆞ며 不旁狎ᄒᆞ며 不道舊故며 ᄌᆞ戲色
母^뭉抜來ᄒᆞ며 母報往ᄒᆞ며 母漬神ᄒᆞ며 母備枉ᄒᆞ며
母^뭉測未至ᄒᆞ며 母訾衣服成器며 母身質言語

그슥훈이롤엿보디 말며 겨 틧 사ᄅᆞ미 게
억쌔훈양말며 녜아ᄂᆞᆫ사ᄅᆞ미 왼이롤니
ᄅᆞ디말며 노릇ᄃᆞ왼顔^안色^{ᄉᆡᆨ} 말며 時^씽
急급히오디말며 時^씽急급히 가디말며
思^{ᄉᆞ}神^씬을 輕^켱慢^만히말며 그르혼이
롤좃드듸여 말며 아니 왯ᄂᆞ니롤헤아리
디 말며 ᄂᆞ믹衣옷과일언그르ᄉᆞᆯ나 ᄆᆞ라디 말

며 제 모ᄆᆞ로 말ᄉᆞ믈 마기오디 마ᄅᆞᆯ디니라
○執虛되ᄒᆞ며 如執盈ᄒᆞ며 入虛호디 如有人이라 ᄒᆞ니
븬거슬자보디ᄃᆞ긋호거자 봄곤히ᄒᆞ며
븬듸드로디사ᄅᆞ미 솜곤히 홀디니라
論語에 曰^왈호디 君이 賜食이어든 必正席先嘗之
賜生이어든 必畜之ᄒᆞᆫ다
○君이 賜腥이어든 必熟而薦之ᄒᆞ며 君이
論^론語^엉에 닐오디 님금이 바볼 주어시

ᄯᅩ모로 매 ᄃᆞᆺ골 正^정히 ᄒᆞ고 몬져 맛보 시
며 님금이 놀고기를 주어시ᄃᆞᆫ 모로
겨 薦^전ᄒᆞ시며 님금이 산 거슬 주어 시ᄃᆞᆫ
모로 매 치더시다
○侍食於君^심ᄒᆞ샤 君祭^정커시 先飯^시ᄒᆞ더
님금씌뫼셔 밥머그실저긔 님금이 祭^정
ᄒᆞ거시든 몬져 좌ᄐᆞ시다
曲禮예 曰^왈호디 賜果於君前^{시어든} 其有核者^란

10-2

懷其核라이니

曲콕禮롕예ᄂᆞᆯ오ᄃᆡ果광實씷을님금앒

픠셔주어시ᄃᆞᆫ그ᄌᆞᅀᅮ잇ᄂᆞᆫ거스란그ᄌᆞ

ᄉᆞ롤품몰디니라

○御食어於君신호ᄃᆡ君이賜餘ᄉᆡ어시ᄃᆞᆫ器之溉者란

不寫ᄒᆞ고其餘란皆寫ᅵ라

님금ᄭᅴ뫼셔밥머글제님금이나ᄆᆞᆫ거슬

주어시ᄃᆞᆫ그르싀시슬거스란손ᄃᆡ마오

11-1

그나ᄆᆞᆫ거스란다소ᄃᆞᆯ디니라

禮롕記긩예曰ᄃᆞ君이賜車馬시ᄃᆞᆫ乘以拜賜ᄒᆞ며

衣服시ᄃᆞᆫ服以拜賜ᄒᆞ며君이未有命시ᄃᆞᆫ弗

敢即乘服也ᅵ라

禮롕記긩예ᄂᆞᆯ오ᄃᆡ님금이술위와ᄆᆞᆯ와

주어시ᄃᆞᆫ타가주샤ᄆᆞᆯ저ᄉᆞ오며오시어

든니버주샤ᄆᆞᆯ저ᄉᆞ오며님금이命명이

잇디아니커시ᄃᆞᆫ잢간도즉자히ᄐᆞ며닙

11-2

ᄃᆡ마롤디니라

樂악記긩예曰ᄒᆞᄃᆡ君子ᄂᆞᆫ姦聲亂色을不留聰明

ᄒᆞ며淫樂慝禮ᄅᆞᆯ不接心術ᄒᆞ며惰慢邪辟之氣

ᄅᆞᆯ不設於身體ᄒᆞ야使耳目鼻口心知百體로

皆由順正ᄒᆞ야以行其義라ᄒᆞ니

樂악記긩예ᄂᆞᆯ오ᄃᆡ君군子ᄌᆞᄂᆞᆫ姦간邪쌰

흔소리와어즈러운비출귀누네머믈

우디아니ᄒᆞ며淫음亂란ᄒᆞᆫ音흠樂악과

12-1

邪쌰慝특ᄒᆞᆫ禮롕ᄆᆞᄉᆞ매브티디아니ᄒᆞ며게으르며기우튼ᄀᆞ

ᄅᆞᆷᄒᆞᆫ邪쌰辟벽ᄒᆞᆫ긔운을모매두디아니ᄒᆞ야귀와눈과고콰

입과ᄆᆞᅀᆞᆷ과智딩慧ᅗᅨ와온가짓體롕

로다順ᄒᆞ며正졍호ᄆᆞᆯ브터ᄡᅥ그義

ᅌᅴ롤行ᄒᆡᆼᄒᆞ게ᄒᆞᆯ디니라

范빰魯롱公貢質질이戒從子詩曰ᄒᆞᄃᆡ戒爾이勿多言ᄒᆞ

라ᄒᆞ노니多言은衆兩忌라ᄒᆞ니苟不愼樞機면炎尼

라닉

에 從쭝此ᄎᆞ始싱ᄒᆞᄂᆞ닛 是非毁譽聞애 適足爲身累

范뻠魯룽公공質짏이아ᄌᆞ아돌ᄅᆞᆯ 警경戒갱
ᄒᆞᆯ디호 詩싱예닐오ᄃᆡ네의말하디아니호
면炎ᅟ炎害ᄒᆡᆼ라ᄂᆞᆫ왼尼ᅟᅵᆨ읙이이
눈배니라 具진實씷로지도릿조각을삼
가디아니ᄒᆞᄂᆞ니말하ᄆᆞᆫ한사름의ᄢᅵ
롤브터비릇ᄂᆞ니외니올ᄒᆞ니ᄒᆞ며ᄒᆞᆯ아

머기리ᄂᆞᆫᄉᆞᆷ에足죡히모ᄆᆡᆺᄢᅵ드올만
ᄒᆞᄂᆞ니라

女敎애云운호ᄃᆡ女有四行ᄒᆞ니一曰婦德이二曰
婦言이오三曰婦容이오四曰婦功이라婦德은不
必才明絶異也ㅣ오婦言은不必辯口利辭也ㅣ오
婦容은不必顔色美麗也ㅣ오婦功은不必
工巧過人也ㅣ라清閑貞靜ᄒᆞ야守節整齊ᄒᆞ며行
已有恥ᄒᆞ며動靜有法이是謂婦德이라擇辭而

이說야ᄒᆞ야不道惡語ᄒᆞ며時然後에言ᄒᆞ야不厭於人
이是謂婦言이라盥浣塵穢ᄒᆞ야服飾이鮮潔ᄒᆞ며
紡績에不好戲笑ᄒᆞ며身不垢辱이是謂婦容이라專心
沐浴以時ᄒᆞ야潔齊酒食ᄒᆞ야以奉賓客이是謂婦功이라
可른者也ㅣ니然이나爲之甚易ᄒᆞ니唯在存心耳
라 古人이有言ᄒᆞ니此之謂也ㅣ라
女녕敎ᇢ애닐오ᄃᆡᄀᆞ져지ᄇᆞ네힝뎌기잇
仁이至矣나라ㅣ 仁遠乎哉아我欲仁이면斯

ᄂᆞ니ᄒᆞ나ᄒᆞᆫ겨지ᄇᆞ德득이오둘ᄒᆞᆫ겨지
ᄇᆞ마리오세ᄒᆞᆫ겨지ᄇᆞ양지오네ᄒᆞᆫ겨지
ᄇᆞ功공이라ᄀᆞ겨지ᄇᆞ德득은구틔여지조
와聰총明명이ᄀᆞ장달오미아니오겨지
ᄇᆞ마ᄅᆞᆫ구틔여이비골히나며말ᄉᆞ미ᄂᆞᆯ
ᄋᆡ오미아니오겨지ᄇᆞ야ᇰᄌᆞᄂᆞᆫ구틔여顔
안色ᄉᆡᆨ이됴ᄒᆞ며고오미아니오겨지ᄇᆞ
功공ᄋᆞᆫ구틔여工巧ᇢ호미사ᄅᆞᆷ에게

내훈 권1 14-2

너무미아니라조ᄒᆞ며ᄌᆞᆨ조ᄒᆞ며正
졍ᄒᆞ며安한靜졍ᄒᆞ야節졍介갱롤자바
整졍齊졩ᄒᆞ며ᄆᆞᆷ行ᄒᆡᆼᄒᆞ야요매븟그러우
믈두머ᄆᆞ움과ᄀᆞ마니이ᄉᆞ매法법이요
미이닐온겨지ᄇᆡ德득이라말ᄊᆞ믈골히
야닐어모딘마롤니르디아니ᄒᆞ며시졀
人後ᇢ에ᄉᆞ닐어사ᄅᆞᆷ미게아쳐브디아
니호미이닐온겨지ᄇᆡ마리라더러운거

내훈 권1 15-1

슬시서옷과ᄡᅮ뮤미조ᄒᆞ며沐목浴욕을
시졀로ᄒᆞ야모물더럽게아니호미이닐
온겨지ᄇᆡ양지라질삼애ᄆᆞᅀᆞᆷ믈專젼一
힘히ᄒᆞ야노릇과우ᅀᆞᆷ믈즐기디아니ᄒᆞ
며술와밥과롤조히ᄒᆞ야손ᄋᆞᆯ이바도미
이닐온겨지ᄇᆡ功공이라이네겨지ᄇᆡ
큰德득이니업수미몯ᄒᆞ리니그러나ᄒᆞ
요미甚씸히쉬우니오직ᄆᆞᅀᆞᆷ두매이실

내훈 권1 15-2

ᄯᆞ르미라녯사ᄅᆞ미닐오디仁ᅀᅵᆫ이며녀
내仁ᅀᅵᆫ을코져ᄒᆞ면仁ᅀᅵᆫ이니를리라ᄒᆞ
니이롤니르니라
劉륳忠듕定뎡公공이見견溫온公공야ᄒᆞ問문盡진心심行ᄒᆡᆼ已이之지要
可가以以終즁身신行ᄒᆡᆼ之지者쟝ᄂᆞᆫ公공이曰ᄀᆞᆯ샤ᄃᆡ其끵誠쎵乎
劉륳公공이問문行ᄒᆡᆼ之지何하先션고公공이曰ᄀᆞᆯ샤ᄃᆡ自ᄌᆞ不
妄망語어로始시라劉륳公공이初총甚씸易이之지ᄒᆞ더니及급退퇴
而ᅀᅵᆼ自ᄌᆞ檃은括괄日ᅀᅵᆯ之지兩ᄅᆞᆼ行ᄒᆡᆼ과與영凡뻠所소言언ᄒᆞ니自相ᄉᆞᆼ製

내훈 권1 16-1

肘듛矛뮹盾쓘者쟝ㅣ多당矣의니러力력行ᄒᆡᆼ七칧年년而ᅀᅵᆼ後ᅘᅮᇢ애成ᅅᅵᆼ야ᄒᆞ
自ᄌᆞ此ᄎᆞ로言언行ᄒᆡᆼ이一一致딩라表표裏리相ᄉᆞᆼ應ᄒᆞ니遇옹事ᄉᆞ坦탄
然ᅀᅧᆫ야ᄒᆞ常쌍有ᅌᅮᇢ餘영裕유ᄒᆞ더라
劉륳忠듕定뎡公공이溫온公공을보ᅀᆞ
와ᄆᆞᅀᆞ몰다ᄒᆞ야모매行ᄒᆡᆼᄒᆞᆯ이롤몯ᄌᆞ온
ㅣ어루모미뭇ᄃᆞ록行ᄒᆡᆼᄒᆞᆯ이롤몯ᄌᆞ온
大땡公공이니ᄅᆞ샤ᄃᆡ그誠쎵實씷호ᄃᆡᄆᆞ숫거
劉륳公공이ᄆᆞ른ᄌᆞ오ᄃᆡ行ᄒᆡᆼᄒᆞ디ᄆᆞ숫거

내훈 권1 16-2 (우상)

슬믈져 ᄒᆞ리잇고 公(공)이 니ᄅᆞ샤ᄃᆡ 거즛
말아 네 호ᄆᆞ로 브터 비르슬디니라 劉(류)
公(공)이 처서믜 甚(씸)히 수이너기더니 믈
러 나 날로 行(ᄒᆡᆼ)ᄒᆞ야 보니 남ᄇᆞ
룰 槩(괄)은 括(괄)이오 ᄆᆡᆯ 肘(듀) 肩(견)
호디 하더니 스스로 서르 ᄆᆡᆯ 肘(듀)肩(견)
라고 ᄒᆞᆯ 肩 肘 맛나 ᄉᆞ면 兵(병) 잡개오 肩
호디 하더니

내훈 권1 17-1 (좌상)

야 ᄉᆞᆼ녜 有(유) 餘(영)ᄒᆞ더라
劉(류)寬(관)이 雖(슈)居(거)倉(창)卒(졷)ᄒᆞ야 未嘗疾言遽色(미샹질언거ᄉᆡᆨ)ᄒᆞ니더
夫人(부ᅀᅵᆫ)이 欲試寬令恚(욕시관령에)ᄒᆞ야 伺當朝會(ᄉᆞ당됴회)ᄒᆞ야 裝嚴已(장엄이)
託(탁)늘이어 使侍婢(ᄉᆞ시비)로 奉肉糞(봉ᅀᅲᆨ분)ᄒᆞ야 飜汚朝服(번오됴복)고 婢(비)

과 안쾌 서르 應(응)ᄒᆞ니 이 ᄅᆞᆯ맛나시면 밧
러 일로 브터 言(언)과 行(ᄒᆡᆼ)이 ᄒᆞᆫᄀᆞᆯ온 後(후)에 이
르니라 ᄒᆞ더니 힘ᄡᅥ 行(ᄒᆡᆼ)ᄒᆞᆯ디니라 호ᄃᆞᆯ온ᄒᆞ야 밧
오려커든 防防(방방)ᄒᆞ니 牙(몽)ᄆᆞ로 사ᄅᆞᆯ 傷(샹)ᄒᆞ
ᄡᅥ은 防防(방방)ᄒᆞ니 牙(몽)ᄆᆞ로 골 시라 나ᅀᅵ 어

내훈 권1 17-2 (우하)

遽收之(거슈지)ᄒᆞᄂᆞ니 寬(관)이 神色(신ᄉᆡᆨ)이 不異(불이)ᄒᆞ야 乃徐言曰(내셔언왈)
糞爛汝手乎(분란여슈호)아 其性度(기셩도)ᅵ如此(여ᄎᆞ)ᄒᆞ더라
劉(류)寬(관)이 비록 倉卒(창졷)애 이셔도
急(급)히 ᄒᆞ야 곰 怒(노)호ᄆᆞᆯ 여워 裝嚴(장엄)
으로 히여 곰 恚(에)ᄒᆞ고져 ᄒᆞ야 朝會(됴회)예 當(당)호ᄆᆞᆯ
急遽(급거)히 아니 ᄒᆞ더니 夫人(부ᅀᅵᆫ)이 寬(관)
ᄒᆞ야 마ᄆᆞ로 비록 倉卒(창졷)ᄋᆡ 이셔도 試驗(시험)코져
ᄒᆞ야 됴會(회)예 當(당)ᄒᆞᄆᆞᆯ 여워 裝嚴(장엄)
ᄒᆞ야 마ᄆᆞ로 ᄎᆞᆺ거늘 侍婢(시비)로 고깃糞(분)

내훈 권1 18-1 (좌하)

을 바다 朝服(됴복)애 드위텨 더러이고
婢(비) 時(시) 急(급)히 거 도ᄃᆞ니 寬(관)이 神
色(ᄉᆡᆨ)이 다ᄅᆞ디 아니ᄒᆞ야 安(안) 徐(셔)히 닐
오ᄃᆡ 糞(분)애 네 소ᄂᆡ 데어녀 ᄒᆞ니 그 性(셩)
度(또)ᅵ 이곧더라
孔子(공ᄌᆞ)ᅵ 曰(왈)ᄒᆞ샤 言忠信(언튱신)ᄒᆞ고 行篤敬(ᄒᆡᆼ독경)ᄒᆞ면 雖蠻貊(슈만ᄆᆡᆨ)
之邦(지방)이라도 行矣(ᄒᆡᆼ의)와어니 言不忠信(언불튱신)ᄒᆞ고 行不篤敬(ᄒᆡᆼ불독경)
ᄒᆞ면 雖州里(슈쥬리)ᄂᆞᆫ 行乎哉(ᄒᆡᆼ호ᄌᆡ)아

내훈 권1 18-2

孔콩子ㅈ·ㅣ 니ㄹ샤ㄷㆎ 말ㅅ·미 忠듕心심
ㄷㆍ외며 有ㅇ·ㅣᆫ信신ㅎ·고 ㅎ·며 恭
ㅎ·며 恭공敬경 信신ㅎ·면 비록 蠻만狄
ㅎ·라도 蠻뫼ᄂᆞᆫ南남北븍녁 되라오 貊뫼
와 말ㅅ·몬 忠듕信신ㅎ·야 니ㅎ·고 ㅎ·면 비록 ㄱ
도타이ㅎ·며 恭공敬경 아니ㅎ·면 비록
올ㅁ슬ㅎㆎᄃᆞᆯ 돋ㄴㅣ리여
論語에 曰ㄷㆎ 孔子ㅣ 於鄕黨애 恂恂如也ㅣ

내훈 권1 19-1

似不能言者ㅣ라 其在宗廟朝廷ㅎ·얀 便便
言ㄷㆍ샤 唯謹爾ㅣ라시 朝애 與下大夫와 言
ㄷㆍ샤 偘偘如也ㅣ며 與上大夫로 言ㄷㆍ샤 闇闇
如也ㅣ시다라
論語에 닐오ㄷㆎ 孔子ㅣ 鄕黨
야 能히 말ㅅ·몬 ㅎㄴ닷ㅎ시다ㅣ시다 宗
廟ㅣ며 朝廷ㄸㅇ에 ㅣ겨샤ㄴ 便편便

내훈 권1 19-2

히 말ㅅ·ㅁ ㅎ·샤ㄷㆎ 오직 삼가더시다 朝廷
ㄸㅇ에 下ㅎㆎ 大땡夫붕 ㄷ·려 니ㄹ샤ㄷㆎ 剛강
直띡히 ㅎ시며 上ㅎㆎ 大땡夫붕 ㄷ·려 니ㄹ
샤ㄷㆎ 和ㆅ悅ㅎ히 ㅎ·더시다
冠義예 曰ㄷㆎ 凡人之所以爲人者ㄴ 禮義也ㅣ
니 禮義之始ㄴ 在於正容體ㅎ·며 齊顔色ㅎ·며 順
辭令ㅣ니 容體正ㅎ·며 顔色이 齊ㅎ·며 辭令이 順而
後에 禮義備ㅣ라ㅎ·리 以正君臣ㅎ·며 親父子ㅎ·며 和

내훈 권1 20-1

長幼ㅣ니 君臣이 正ㅎ·며 父子ㅣ 親ㅎ·며 長幼ㅣ 和
而後에 禮義立이라ㅎ·리
冠관義ㅇ예 닐오ㄷㆎ 믈읫 사ㄹ·미 ㅅᆞ룸 ᄡᅥ 사ㄹ·ㅁ
ㄷㆍ외옛ㄴㄴ 바ㄴ 禮롕와 義ㅇ왜니 禮롕義ㅇ
ㄱ 즈기ㅎ·며 말ㅅ·몬 正졍히ㅎ·며 ㄴㅊ 비ㄱ즉
ㄱㅈ기ㅎ·며 말ㅅ·ㅁ 順쓘히 ㅎㄴ니ㄴ 모
미 正졍後ㅎ·며 ㄴㅊ치 ㄱ즉ㅎ·며 말ㅅ·미 順
ㅎ·며 後ㅇ에사 禮롕와 義ㅇ왜 ㄱ즈리라

내훈 권[1] 20-2

孟ᄆᆡᆼ子ᄌᆞㅣ 골ᄋᆞ샤ᄃᆡ 人ㅿ之징有ᅌᅮᇢ道ᄯᅩᇢ也양ㅣ

逸居而無敎ᄒᆞ면 則ᄌᆞᆨ近於禽獸ᄒᆞ릴ᄉᆡ 聖人이 有

리라

ᄒᆞ며 和ᅘᅪᆼᄒᆞᆷ 後ᅘᅮᇢᄒᆞᆯ에ᅀᅡ 禮롕와 義읭왜 셔

ᄒᆞ야 아비와아ᄃᆞᆯ왜 親친ᄒᆞ며 얼우ᄂᆞ과아

和ᅘᅪᆼᄒᆞ욜디니 님금과臣씬ㅣ 下ᅘᅡᆼ와 正

아ᄃᆞᆯ와롤 親친히ᄒᆞ며 얼우ᄂᆞ과아ᄒᆡ 와롤

벼슬님금臣씬 ᄃᆞᆯ 下ᅘᅡᆼ롤 正졍히ᄒᆞ며 아비와

내훈 권[1] 21-1

憂之ᄒᆞ샤 使契爲司徒ᄒᆞ야 敎以人倫ᄒᆞ시니 父子

ㅣ 有親ᄒᆞ며 君臣이 有義ᄒᆞ며 夫婦ㅣ 有別ᄒᆞ며 長

幼ㅣ 有序ᄒᆞ며 朋友ㅣ 有信이라 ᄒᆞ니

孟ᄆᆡᆼ子ᄌᆞㅣ 니ᄅᆞ샤ᄃᆡ 사ᄅᆞ미 道ᄯᅩᇢ理링

이시나 비브르게 먹고 더운옷 니버 便뼌

安한히 살오 ᄀᆞᄅᆞ쵸미 업스면 禽씨獸ᄝ에

에갓가오릴ᄉᆡ 聖셩人ᅀᅵᆫ이 시름를두샤

契셔를 ᄒᆞ여 司ᄉᆞ徒똥ㅣ로 사마 ᄂᆞ며 숤일똥

내훈 권[1] 21-2

라 ᄒᆞ며 ᄀᆞᄅᆞ쵸ᄃᆡ 人ㅿ倫륜을 ᄡᅥ ᄒᆞ게ᄒᆞ시

니 아비와아ᄃᆞᆯ왜 親친ᄒᆞ며 님금

과臣씬 下ᅘᅡᆼ왜 義읭ㅣ 이시며 남진과겨집

괘곰히요미 이시며 얼운과아ᄒᆡ 와ᄂᆞᆫ次ᄎᆞ

第똉이시며 버디 信신이이 쇼미니라

濂렴溪켕周즁先션生ᅀᅵᆼ이 골ᄋᆞ샤ᄃᆡ 仲由ᄂᆞᆫ 喜聞過ᄒᆞ야

名이 無窮焉ᄒᆞ더니 今人은 有過ᄒᆞᆫㅣ어

規미호 如護疾而忌醫야ᄒᆞ 寧滅其身而無悟也

내훈 권[1] 22-1

니ᄒᆞ 噫라

濂렴溪켕周즁先션生ᅀᅵᆼ이니ᄅᆞ샤ᄃᆡ 仲

由ᄝᆞᆼᄂᆞᆫ 허믈 드로믈 깃거 됴ᄒᆞᆫ일훔미

ㄴᄆᆡ 規킝諫간호ᄆᆞᆯ깃거 아니ᄒᆞᄆᆡ 規킝

그지업더니 이젯 사ᄅᆞ미 허믈 잇거든

ᄂᆞ믈 規킝諫간호ᄆᆞᆯ 깃거 아니ᄒᆞᄆᆡ 規킝

니ᄉᆞᆷᄑᆞ다

여ᄎᆞ히 그 모ᄆᆞᆯ 주겨 ᄯᅩ아디 몯호ᄆᆡ ᄀᆞᆺ

康節邵先生이 戒子孫曰 上品之人은 不教而善고 中品之人은 教而後善고 下品之人은 教亦不善이니 不教而善이 非聖而何ㅣ며 教而後善이 亦非賢而何ㅣ오 教亦不善이면 非愚而何ㅣ리오 是知善也者는 吉之謂也오 不善也者는 凶之謂也니 吉也者는 目不觀非禮之色며 耳不聽非禮之聲며 口不道非禮之言며 足不踐非禮之地며 人非善不交고 物非義不取며 親賢如就芝蘭

避惡호되 如畏蛇蠍호리니 或曰不謂之吉人이리오 動止陰險며 好利飾非고 貪淫樂禍며 謗訕良善며 犯刑憲고 疾隱身滅性며 大則覆宗絶嗣고 小則隕身滅性고 如飲食야 則吾不信也라 謂之凶人이라 傳에 有之니 曰 吉人은 爲善호되 惟日不足이어든 凶人은 爲不善호되 亦惟日不足이니라 汝等은 欲爲吉人乎아 欲爲凶人乎아

康節邵先生이 子孫을 警戒야 닐오디 上品엣 사은 치디 아니야도 善고 中品엣 사은 치 後에 善고 下品엣 사은 치도 善티 몯니 치디 아니야도 善호미 聖人 아니고 므스기리오 치 後에 善호미 賢人 아니며 므스기리오

치도 善티 몯호미 어린 사 아니오 이럴시 善호미 올 이라 혼거시오 善티 몯호미 凶 이라 혼거시 凶 이라 善닌 도라 吉이라 혼거슨 누네 非禮옛 비츨 보디 아니며 귀예 非禮옛 소리 듣디 아니며 이베 非禮옛 마 니디 아니며 바래 非禮옛 해 볼오디 아니며 사

動뚱이그윽고險험호며利링룰즐기
며윈이로수미고貪탐호고滔음亂란호
고災징禍뽕룰즐기며어딘사람몰미요
딩寃훤讎쓩룰티호고罪쬥룰犯뺌호딩
飮음食씩雜짭호티호야저그면모몰배여
성을업게호고크면宗죵族쪽을업더리
와다繼곙嗣쏭룰긋게호느니或혹이닐
요지凶흉호사람미라호디아니호야도

르미善션이아니어든사괴디아니호고
物물이義읭아니어든取츙티아니호고
賢현호닐親친히호딩靈령芝징蘭
란草
야나나샤곰그티호고모딩닐避삐호딩
빙얌쇠야기저홈그티호고모딩닐避삐호딩
오딩吉긿호사람미라호딩아니호야도이닐
나는信신티아니호리라호딩아니호야도
슴말수미說궗호고行행止징擧

必楷正며容貌룰必端莊며衣冠울必肅整
야며步履룰必安詳며居處룰必正靜며作事
룰必謀始며出言을必顧行며常德을必固
持며然諾을必重應며見善고如己出며見
惡고如己病니라凡此十四者로我皆未深省
야書此當座隅야朝夕에視爲警라노
張댱思스叔슉의앉논오을호녀긧銘명에
닐오딩

나는信신티아니호리라傳뎐에잇느니
닐오딩吉긿호사람미善션을호딩날을
不붏足죡히너겨호거든凶흉不붏足죡히너
不붏善션을호딩날이라호사람미
도외옷호녀凶흉호사람미도외옷호녀
겨호느다호니너희돌호호사람미
張댱思스叔슉의座좌右우銘명에
凡行을必篤敬며飮食을必愼節며
凡語룰必忠信며

26-2

忠듕信신히ᄒᆞ며ᄆᆞᅀᆞᆷ읫ᅙᆡᆼ덕을모ᄅᆞ매도
타오며조심ᄒᆞ야ᄒᆞ며飮ᅙᆞᆷ食씩ᄒᆞ몰모
로매삼가ᄆᆞ딕롤두어ᄒᆞ며字ᄍᆞᆼㅅ그슬
모로매고ᄅᆞ고正정ᄒᆞ며容ᅌᅭᆼ貌ᄆᆞᆯ모
모로매端단正정ᄒᆞ고식ᄒᆞ며오시
며곳가롤모로매식식ᄒᆞ고整ᅙᅥᆼ히
ᄒᆞ며거름거르며볼뜨디요ᄆᆞᆯ모로매正
녹ᄌᆞᆫ기ᄒᆞ며사ᄂᆞᆫᄯᆞ홀모로매正정히

27-1

ᄒᆞ고寂쩍靜ᄍᆋᆼ히ᄒᆞ며일지오ᄆᆞᆯ모로매
始싱作작애혜아려ᄒᆞ며말ᄉᆞᆷ내요ᄆᆞᆯ모
로매ᄒᆡᆼ덕을도라보아ᄒᆞ며뎐뎐ᄒᆞᆫ德득
을모로매구디자부며그라오녀ᄒᆞ몰모
로매ᄆᆞ거이맛골ᄆᆞ며善쎤을보고내모
매셔나논가ᄀᆞ티ᄒᆞ며惡ᅙᆞᆨ을보고모맷
病ᄈᆑᆼᄀᆞ티홀디니ᄆᆞᆯ이열네가짓이룰
내다기피차리디몯ᄒᆞ야ᄊᆞ앗ᄂᆞᆫ모ᄒᆞᆯ當

27-2

ᄃᆞᆼ케ᄒᆞ야아줌나조히보아警ᄀᆠᆼ戒갱ᄒᆞ
노라
呂正獻公이自少쇼로講學ᄒᆞ더即以治心養性
으로爲本이니ᄒᆞ며寡嗜慾ᄒᆞ며薄滋味ᄒᆞ며
色ᄉᆡᆨ에無窘步ᄒᆞ며無惰容ᄒᆞ며凡嬉笑俚近之語
룰未嘗出諸口ᄒᆞ며於世利紛華聲伎遊宴로
以至於博奕奇玩히淡然無所好ᄒᆞ더라
呂령正정獻헌公공이져ᄆᆞ셔브터學ᄒᆞᆨ

28-1

올講강習씹ᄒᆞ딕ᄆᆞᅀᆞᄆᆞᆯ다ᄉᆞ리며性ᄉᆞᆼ
을養ᅌᅣᆼᄒᆞᄆᆞ로根ᄀᆞᆫ源ᅌᅯᆫ을삼더니즐겨
ᄒᆞᄆᆞᆯ져기ᄒᆞ며滋ᄍᆞᆼ味밍룰열이ᄒᆞ며ᄲᆞ
룬말ᄉᆞᆷ과急급遽껑ᄒᆞᆫ비치업스며ᄲᆞ룬
거르미업스며게으른양ᄌᆞ왼말ᄉᆞ몰
노ᄅᆞᆺ우숨과더러우며샹두외ᄂᆞᆫ
졌간도이베내디아니ᄒᆞ며世솅間ᄀᆞᆫ앳
利링와어즈러운빗난것과소리와지조

내훈 권[1] 28-2

와노ᄂᆞ로博박奕역奇끵玩완ᄋᆡ니르
리 博박은 쌍륙이오 奕역은 바독이오 奇끵玩완은 그림 트렛 지좌라 淡:땀
然연히 淡땀은 열울시라 즐기논배업더라
伊川先生의 母侯夫人이 七八歲時예 誦古
詩曰호ᄃᆡ 女子ㅣ 不夜出ᄒᆞᄂᆞ니 夜出秉明燭이라
ᄒᆞ고 自是로 日暮則不復出房閤ᄒᆞ더니 旣長ᄒᆞ야
好文호ᄃᆡ 而不爲辭章ᄒᆞ며 見世之婦女ㅣ 以文
章筆札로 傳於人者ᄒᆞ고 則深以爲非ᄒᆞ더라

내훈 권[1] 29-1

伊잉川쳔先션生ᄉᆡᆼ이 어마님侯흫夫붕
人신이 나히 닐굽 여듧 빈 시졀에 녯 그레
닐오ᄃᆡ 겨지비 바ᄆᆡ 나디 아니ᄒᆞᄂᆞ니 바
ᄆᆡ 날뎬 ᄇᆞᆯᄀᆞᆫ 燭쵹 올 자ᄇᆞ라 호ᄆᆞᆯ 외오고
일로브터 나리 졈글어든 ᄂᆞ외 방이 나디
아니ᄒᆞ더니 ᄒᆞ마 ᄌᆞ라 글월ᄅᆞᆯ 즐겨 호ᄃᆡ
글치소ᄆᆞᆯ 아니ᄒᆞ며 그 시졀 겨지비 글지
ᅀᅵ와 글수ᄆᆞ로 ᄂᆞ미게 보내ᄂᆞᆫ 닐 보고 ᄀᆞ

내훈 권[1] 29-2

장외오너겨ᄒᆞ더라
李氏女戒예 曰호ᄃᆡ 貧者ᄂᆞᆫ 安其貧ᄒᆞ고 富者ᄂᆞᆫ
戒其富ㅣ니 貧不自安者ᄂᆞᆫ 恥貧而廣求ᄒᆞᄂᆞ니
求旣不得ᄒᆞ면 怨由玆生ᄒᆞ야 室家ㅣ 相輕ᄒᆞ야 恩
易情薄ᄒᆞ리라 富而不戒ᄒᆞ면 則夸勝之心이 生
ᄒᆞ리니 凌慢之容이 旣彰ᄒᆞ면 和柔之色이 安在
ᄒᆞ리오 棄和柔之色ᄒᆞ고 作嬌小之容ᄒᆞ면 是爲輕薄
之婦人이니라

내훈 권[1] 30-1

李:링氏:씽女:녕戒갱예 닐오ᄃᆡ 가난ᄒᆞ닌
가난호ᄆᆞᆯ 便뼌安한히 너기고 가ᅀᆞ며닌
가ᅀᆞ며로ᄆᆞᆯ 警:경戒갱홀 디니 간난코제
便뼌安한히 너기디 아니ᄒᆞ린 가난ᄋᆞᆯ 붓
그려 너비 求궁ᄒᆞᄂᆞ니 求궁ᄒᆞ다가 얻디
몯ᄒᆞ면 怨:원이 이ᄅᆞᆯ브터 나 夫붕妻쳉 서
르 므던히 너겨 恩ᄒᆞᆫ이 밧고며 情쪙이 淡
:땀薄박ᄒᆞ리라 가ᅀᆞ멸오 警:경戒갱 아니

며柳玭이嘗著書호야戒其子弟曰
辱先喪家는其失이尤大者ㅣ五니宜深
거지비니라
고아롯다온양죄지스면이輕薄박호
며부드러운顔色이어딘이시료溫和
히너기논양지호마나딩면溫和
호면쟈랑호며더온무수미나리니므던

誌之호대其一은自求安逸호고靡甘澹泊호야苟
利於己든不恤人言호노라호시其二는不知儒術
며不悅古道호며慢前經而不恥호며論當世而
解頤야며身旣寡知호고惡人有學호며其三은
勝己者를厭之호며佞己者를悅之호며唯樂戲
談호고莫思古道호며閒人之善고嫉人之
之惡고揚之야며浸漬頗僻야銷刻德義호니其四는崇
簪裾는徒在호고廝養과何殊ㅣ리오
好優游며耽嗜麴蘖야며以衒杯로爲高致호고

以勤事로爲俗流ㅣ노니智之易荒이라覺已難
悔라호니其五는急於名宦야며匿近權要야며一資
半級을雖或得之도라도衆怒群猜야며鮮有存者ㅣ
라호니余見名門右族나호莫不由祖先의忠孝
勤儉야고以覆墜之호고莫不由子孫의頑率奢
傲야며以覆墜之호노니成立之難은如升天호고
覆墜之易는如燎毛호노니言之痛心이라爾宜刻
骨라이니

柳玭이아래글위를밍ㄱ라그子
弟룰警戒야호야닐오디일후믈후
야브리며모몰炎害호며先人신
을辱히며ㄷ지를배논그허므리못크니
다ㅅ시니기피記知호디여어다그
나호제便安호몰求호야고澹泊
올드미너기디아니호야가쁜소햇믈

（右上・32-2）
매娶ㅎ거든ㄴ·민마를分별아니
홀시라그둘흔션븨의術을아디몯ㅎ
며녯道뚱롤귓디아니ㅎ야前쪈聖셩人
當당世솅옛이롤議의論론ㅎ며ㅌ골글희
여제모미ㅎ마아논이리적고ㄴ·민비홈
이소몰아쳘시라그세혼제모매ㄴ·ㅎ·
아쳔고제모매誇텸ㅎ릴귓고그며오직노

（左上・33-1）
르샛말ㅎ요물즐기고녯道뚱理링ㅅ랑
ㅎ물아니ㅎ야사ㄹ·민善쎤을듣고미며
사ㄹ·민惡학을듣고베퍼기우러邪썅僻뼉
펴흔이레조마져德득義읭룰노기며
사겨브리ㄴ·니冠관服뽁이비록이신들
종과므스기다리오그네혼쇽졀업시
노뇨믈즐기며수우믈맛드러盞잔므로
므로노쭌이롤삼고일브즈런니ㅎ므로

（右下・33-2）
世솅俗쇽이무를삼ㄴ·니비ㅎ시수비거
츠라아라도ㅎ마뉘으初총미어려오니라
그다ㅅ소名명利링그우실에時씽急급
ㅎㄴ·나半빤두리롤비록시혹得득資징
히ㅎ야有융勢솅ㅎ딕갓가이ㅎ야ㅎㅎ
도衆즁人신이怒농ㅎ며믈사ㄹ·민미며
두리아太태ㄴ·니라내일홈난家강門몬과노
쭌宗종族쪽올보니몯졋祖종上썅이忠

（左下・34-1）
룡心심ㅎ며孝흫道뚱ㅎ며브즈런ㅎ며
儉껌朴박호모로브터이러셔디아니ㅎ
아니ㅎ고子중孫손의모딜며麁총率숧
ㅎ며奢상侈칭ㅎ며傲옿慢만호모로브
터업더디디아니ㅎ야ㄴ·니이러셔
미어려우믄하놀해올옴곤고업더듀미
쉬우믄터리ㅅ롬곤ㅎ니ㄹ·건댄모ㅅ
미알ㅍ니너희ㅆ에刻큭ㅎ미맛당ㅎ니

漢昭烈이 將終ᄒ실씨 勅後主曰ᄒ샤 勿以惡
小而爲之ᄒ며 勿以善小而不爲ᄒ라
漢한昭쯍烈렳이 쟝太업스실제後쯓主
ᄅᆞᆯ 勅ᄒ야 니ᄅᆞ샤디 모ᄃᆞᆫ이리젹다호모로
호모로ᄒ디말며 죠ᄒᆫ이리젹다호모로
마디말라
范忠宣公이 戒子弟ᄒ야 曰 人雖至愚도

責人則明고 雖有聰明도
爾曹ᄂᆞᆫ 但以責人之心로 責己ᄒ고 恕己之
心로 恕人ᄒ면 不患不到聖賢地位也ᅵ리라
范뻠忠듕宣션公공이 子弟똉ᄃᆞ려
戒ᄀᆡᆼ ᄒ야ᄂᆞᆯ오ᄃᆡ사ᄅᆞ미비록至極
어리여도ᄂᆞᆷ외다ᄒ모란보기至고비록
聰총明명ᄒ야도제몸졈보모란어즐ᄒ
ᄂᆞ니너희무른오직샹녜ᄂᆞᆷ외다ᄒᄂᆞᆫ무

수모로제몸을외다ᄒ고제몸졉ᄂᆞᆫ무ᄉ
ᄆᆞ로ᄂᆞᆷ외져브고聖賢人地位
예니ᄅᆞ디몯홀갓分별이업스리라
孔戡이 於爲義예 若嗜慾야 不顧前後고 於
利與祿앤 則畏避退怯ᄒ야 如懦夫然ᄒ더
孔콩戡감이 이義ᅌᅱᆼ예호디요매즐기ᄂᆞᆫ일ᄀᆞ티
ᄒ야앏뒤흘도라보디아니ᄒ고利링와
爵쟉祿록애란져허避삥ᄒ야믈러두류

馬援의 兄子嚴敦이 並喜議議ᄒ야 而通輕俠
客ᄒ더니 援이 在交趾야 還書誡之曰ᄒ호디 吾欲
汝曹ᅵ 聞人過失이어든 如聞父母之名ᄒ야 耳可
得聞명이언졍口不可得言也ᅵ라 好議論人의
長短ᄒ며 妄是非正法이 此ᅵ 吾所大惡也ᅵ니
寧죵死ᅵ언졍不願聞子孫의有此行也ᅵ라 龍
伯高ᄂᆫ 敦厚周愼야 口無擇言며 謙約節儉

廉公有威니호며 吾ㅣ愛之重之호야 願汝曹
효之호라노 杜季良은 豪俠好義호야 憂人之憂
며樂人之樂호야 清濁애 無所失이오 父喪之
客이 數郡이 畢至호니 吾ㅣ愛之重之란마ᄂᆞᆫ 不致
願汝曹의 效也호라노
猶爲謹敕之士ㅣ니 所謂刻鵠不成이라도 不得이라도 尙
類鶩者也ㅣ라 不得이라도 陷爲天下
輕薄子니 所謂畫虎不成이면 反類
薄子니 所謂畫虎不成이면 反類狗者也ㅣ라
라

馬援이 兄의 아ᄃᆞᆯ 嚴과 敦과
다 議弄홀 議論을 즐겨 輕薄
백호야 말잘ᄒᆞ논 손올 사괴더니 援이
交趾예 이셔 글월 돌아 보내야 警
戒호야 닐오디 나는 너희 무리 사ᄅᆞ미
허므를 드로ᄃᆡ 父母ㅅ 일홈 드론ᄃᆞᆺ
호야 귀예 어루 시러 드를ᄯᅵ언뎡 이베
어루 시러 니르디 몯과딕여 호노라 사ᄅᆞ미

淸廉호며 公反번호며 威嚴엄
이잇ᄂᆞ니 내 ᄃᆞᆺ수며 重듕히 너겨 너희 무
리 본바 도몰願원호노라 杜季良은
은 豪華ᄒᆞᆯ루 외오 말잘호고 義의맛
드러 사ᄅᆞ미 시ᄅᆞ믈 시름ᄒᆞ며 사ᄅᆞ미 즐
교몰 즐겨 몯ᄀᆞ며 호리요 매 일홈ᄇᆡ업서
아비 거상애 소니오 두서 고올히다니
ᄅᆞ니 내 ᄃᆞᆺ수며 重듕히 너기간마ᄂᆞ너희

어딜며 사오나오 몰 즐겨 議論ᄒᆞ며
妄망量량으로 正졍히 法법을 외니올호
니 호미 이 내이 키 아쳐논 배니 출히 주글
ᄯᆞ니언뎡子ᄌᆞ孫손의 이런ᄒᆡᆼ뎍 잇다 듣
로 몰願원티 아니ᄒᆞ노라 龍룡伯백高
ᄂᆞᆫ 도타오며 曲곡 盡진ᄒᆞ며 조심ᄒᆞ야 이
베 골히욜 마리 업스며 謙겸讓ᄉᆞᆼ호며
儉검約략호며 무듸이시며 朴박ᄒᆞ며

내훈 권1 38-2

무리본바 도물願원티아니호노라伯
高론本본바다가得득디몬호야도히
려조심호논士ᄉᆞᆼㅣ 드외디몬호야도히
히곤다호미라李ㄹᅵᆼ 良량을본바다가得득
득디몬호면째디여天텬下행애輕경薄
박혼아히드외리니닐온밧범을그리다
가일우디몬호면도ᄅᆞ혀가히곤다호미라

내훈 권1 39-1

孝親章第二

文王之爲世子애 朝於王季되샤 日三시니다
難初鳴而衣服샤 至於寢門外야 問內竪之
御者야 曰 今日安否ㅣ何如오 內竪
曰 安시니다 文王이乃喜시니다 及日中야 又
至야 亦如之며 及莫야 又至야 亦如之더
다시 其有不安節이어든 則內竪ㅣ以告文
王이 文王이色憂샤 行不能正履시더 王季復
膳然後애 亦復初시다 食上애 必在視寒暖

내훈 권1 39-2

之節이며 食下커시 問兩膳
시 食下커시 問兩膳고 命膳宰曰
末有原라 應曰 諾다이 然後애 退더라
文王이世子드외야 거실제
室人門몬 朝ᄃᆢᆼ호샤 드르샤 內竪
더시니드기쳐섭을어든옷니브샤 內竪
室人門몬 朝호샤 內竪
려무러니른샤 下臣

내훈 권1 40-1

오安한否ㅣ엇더호시뇨 內竪
ㅣ닐오디便뼌安한호시이다커든文
王왕이깃거호더시다 낤가온디文쏘
니르르샤쏘쏘이곤히호시며나조히쳐
쏘니르르샤쏘쏘이곤히호시더시다便뼌安
한티아니호신무디잇거시든內竪
ㅣ뻐文文王왕씌告곡호야돈文文王
이顔안色식을시름호샤녀샤디能능히

내훈 권1 40-2

正정히 드듸요 몰론ᄒᆞ더시니 王왕季굉
ㅣ水슁ㅣ刺랑ᄅᆞᆯ네긔티ᄒᆞ신後휭에사ᄶᆞ
처섬ᄀᆞ티ᄒᆞ더시다 水슁ㅣ刺랑셔실제모
로매시그며더운므ᇰ디ᄅᆞᆯ솔펴보시며水슁
고섭니ᄅᆞᆯ命명ᄒᆞ야니ᄅᆞ샤ᄃᆡ다시말라
對됭答답ᄒᆞ야닐오ᄃᆡ그리호리이다그
리ᄒᆞᆫ後휭에사ᄅᆞ러오더시다

내훈 권1 41-1

○文문王왕이有疾ᄒᆞ시든武王이不說冠帶而養
시더文王이一飯ᄒᆞ시든亦一飯ᄒᆞ시며文王
再飯ᄒᆞ시든亦再飯ᄒᆞ더시다
文문王왕이病뼈ᇰ이잇거시든武뭉王
왕이곳갈씌룰밧디아니ᄒᆞ야養야ᇰᄒᆞ습더
시니文문王왕이ᄒᆞᆫ번반좌ᄒᆞ야시든文
ᄒᆞᆫ번반좌ᄒᆞ시며文문王왕이두번반좌
야시ᄃᆞᆫᄯᅩ두번반좌ᄒᆞ더시다

내훈 권1 41-2

孔콰ᇰ子ᄌᆞㅣ골ᄋᆞ샤ᄃᆡ武뭉王왕周公고ᇰ은其達孝矣乎신
더夫孝者ᄂᆞᆫ善繼人之志ᄒᆞ며善述人之事者
也ㅣ니踐其位ᄒᆞ야行其禮ᄒᆞ며奏其樂ᄒᆞ며敬其
所尊ᄒᆞ며愛其所親ᄒᆞ며事死ᄒᆞ디如事生ᄒᆞ며事亡
ᄒᆞ디如事存이孝之至也ㅣ라
孔콰ᇰ子ᄌᆞㅣ니ᄅᆞ샤ᄃᆡ武뭉王왕周즁公
고ᇰ은그ᄉᆞᄆᆞᆺ孝효ᄒᆞᆫ道도ㅣ신뎌孝효道도
ㅣ라ᄒᆞᆫ거슨사ᄅᆞᆷ의ᄠᅳ들이대니ᄅᆞ며

내훈 권1 42-1

사ᄅᆞᆷ의이룰이대ᄒᆡ요미니라그位윙룰
볼오며그禮롕룰行행ᄒᆞ며그音흠樂악
을奏좁ᄒᆞ며그ᄭᅩ올아이ᄒᆞ시던바룰恭고ᇰ敬겨ᇰ
ᄒᆞ며그ᄭᅩ올아이ᄒᆞ시던바룰ᄃᆞᆺ수
주그며닐엄교ᄃᆡ사니셤ᄭᅵ기티ᄒᆞ며섬ᄭᅵ기
닐엄교ᄃᆡ잇ᄂᆞ니셤ᄭᅵ기티ᄒᆞ며孝효ᄒᆞ시니孝효
道도의至지極끅ᄒᆞ샤미라
孟子ㅣ日ᄅᆞ야曾子ㅣ養曾晳ᄒᆞ야必有酒

게ᄒᆞ더시니쟝太ᄆᆞ를저긔모로매주샬바
ᄅᆞᆯ請쳥ᄒᆞ며有ᄋᆞᇢ餘영ᄅᆞᆯ몬거시ᄃᆞᆫ모로
매솔오ᄃᆡ잇ᄂᆞ이다ᄒᆞ더시다曾증皙셕
이쥭거ᄂᆞᆯ曾증子ᄌᆞᆼᄅᆞᆯ養양
호ᄃᆡ모로매술고기롤잇게ᄒᆞ더니쟝太ᄎᆞᆼ
ᄆᆞ를저긔줄바ᄅᆞᆯ請쳥티아니ᄒᆞ며有ᄋᆞᇢ
餘영ᄅᆞᆯ몬거시ᄃᆞᆫ솔오ᄃᆡ업스이다ᄒᆞ니
쟝太ᄎᆞᆼ써다시나소려ᄂᆞᆯ이ᄂᆞᆫ닐온밧입

肉시ᄒᆞ니더將ᄒᆞᆯ써徹쳐ᄒᆞ를必請所與
ᄅᆞᆯ問有餘ᄒᆞ시ᄂᆞ이다曾
日이ᄒᆞ샤有ᄃᆡ시다曾元원에養
子ᄃᆞ더必有酒肉ᄒᆞ니 將徹써써不請所與ᄒᆞ며 問
有餘ᄒᆞ시ᄃᆞᆫ 日ᄃᆞ더亡矣라나나 此
ᄂᆞᆫ兩謂養口體者也ᄒᆞ니若曾子則可謂養志
也ᄒᆞ니事親이若曾子者ᄂᆞᆫ可也ᄒᆞ니라
孟밍子ᄌᆞᆼ|니ᄅᆞ샤ᄃᆡ曾증子ᄌᆞᆼ|曾증
텹셕을養양ᄒᆞ샤ᄃᆡ모로매술고기룰잇

曾증子ᄌᆞᆼ|니ᄅᆞ샤ᄃᆡ孝ᄒᆞᇢ道ᄯᅭᆼ子ᄌᆞᆼ
息식의늘그시니養양호문그ᄆᆞᄉᆞ몰즐
기시게ᄒᆞ며그ᄠᅳᆮ들그릇디아니케ᄒᆞ며
그귀와눈과롤즐거우시게ᄒᆞ며그자시
며겨샤몰便뼌安ᄒ한히ᄒᆞ시게ᄒᆞ며그飮ᅙᅳᆷ
食씩으로써忠듀ᇰ厚ᄒᆢᇢ히養양홀디니이
런젼太로ᄎᆞ父뿡母ᄆᆞᇢ|ᄉᆞ랑ᄒᆞ시ᄂᆞᆫ바ᄅᆞᆯ
ᄯᅩᄉᆞ랑ᄒᆞ며父뿡母ᄆᆞᇢ|恭공敬겨ᇰᄒᆞ시

과몸과롤養양호미니曾증子ᄌᆞᆼ곧ᄒᆞᆫ
어루ᄡᅳ들養양ᄒᆞᄂᆞ다닐올디니어버시
셤교미曾증子ᄌᆞᆼ곧ᄒᆞ닌可캉ᄒᆞ니라
曾子|曰호ᄃᆡ샤孝子之養老也ᄂᆞᆫ樂其心ᄒᆞ며
不違其志ᄒᆞ며樂其耳目ᄒᆞ며以其
飮食으로忠養之ᄒᆞ니是故로父母之所愛를亦
愛之ᄒᆞ며父母之所敬을亦敬之ᄒᆞ니至於犬馬
도야盡然ᄒᆞ니어든而況於人乎녀ᄯᅡ

논바를 또 恭(공)敬(경)홀디니 가히 무리게
니르러도 다 그리홀디어니 호몰며 사르
미쓰녀
孔(공)子ㅣ 골오샤 父母ㅣ 生之(딩)호신 시 續莫大焉
며 君親(친)이 臨之(딩)호시니 厚莫重焉(언)이라 호
不愛其親(친)호고 而愛他人者ᄅᆞᆯ 謂之悖德(덕)이며 是故로 不
敬其親(친)코 而敬他人者ᄅᆞᆯ 謂之悖禮(례)라 니
孔(공)子ㅣ 니르샤디 父(뿡)母(뭉)ㅣ 나ᄒ

시니니스샤미이만크니 업스며 君(군)親(친)
이 디르시니 두터오미 이에서 重(듕)ᄒ
니 업스니라 이런젼太로 그어버시를 恭
디아니코 다른사름 ᄃᆞᆺ을 닐오디 거슬
디아니코 다른사름 ᄃᆞᆺᄋᆞ어버시룰 恭
뜬德(덕)이라 ᄒᆞ며 그어버시를 恭敬(경)
아니코 다른사름 恭(공)敬(경)ᄒᆞ릴 닐오디
거슬뜬禮(례)라 ᄒᆞᄂᆞ니라
○孝子之事親(은) 居則致其敬(경)ᄒᆞ며 養則致其

樂호며 病則致其愛ᄒᆞ며 喪則致其哀ᄒᆞ며 祭則致
其嚴호미 五者ㅣ 備矣然後에ᅀᅡ 能事親이니 事
親者ᄂᆞᆫ 居上而不驕ᄒᆞ며 爲下不亂ᄒᆞ며 在醜不爭
이오 居上而驕則亡ᄒᆞ고 爲下而亂則刑ᄒᆞ고 在醜
而爭則兵이니 此三者ᄅᆞᆯ 不除면 雖日用三
牲之養이라도 猶爲不孝也ㅣ니라
孝(횸)道(똘)ㅣ실ᄉᆡ 孝子(ᅙᆞ)息(식)의 어버시셤교미
居(경)ᄒᆞᆯ저긴 恭(공)敬(경)을 ᄀᆞ장ᄒᆞ며

養(양)호ᅀᅩ모란 즐거우샤ᄆᆞᆯ ᄀᆞ장ᄒᆞ며
病(뼝)ᄒᆞ신저그란 시르믈 ᄀᆞ장ᄒᆞ며 祭(졍)
호모란 슬호모란 ᄀᆞ장ᄒᆞ며
식호ᄆᆞᆯ ᄀᆞ장홀디니 다ᄉᆞ이리고 ᄌᆞᆫ後(훟)
에ᅀᅡ 能(능)히어버시룰 셤기ᄂᆞ니라 어버
ᄉᆞ셤길ᄉᆞᄅᆞ미 우희라도 驕(만)慢(만)티
말며 아래ᄃᆡ외야 도어ᄌᆞᆸ디 말며 모든
ᄃᆡ이셔도 ᄃᆞ토디마ᄅᆞᆯ디니 우희사라셔

畏ᅙᆞ야ᄒᆞᆯ惟恐一毫나稍違其意라ᄒᆞ니舅姑之尊ᅵ
其高ᅵ猶天니ᄒᆞ니必敬必恭야ᄒᆞᆯ毋倚已賢오이며
有答罳ᄃᆞ라悅豫而受ᄒᆞ야ᄒᆞᆯ此實我愛니言敢出
口아ᄒᆞᆯ彼東隣婦ᅵ曾不施之오必於我親에
乃爾教之니出言自解ᄒᆞ면即同悖逆이라어든但當
曲從ᄒᆞ야孝敬을益力이니或有指使ᅵ어든安則
命即行니雖甚勞勤나ᄒᆞᆯ豈敢自寧오이며衣不解帶
致養야ᄒᆞᆯ唯恐其餤고ᄒᆞᆯ病則致憂야ᄒᆞᆯ身教而從
라ᄒᆞ고後人이ᄒᆞᆯ則傚ᄒᆞ야亦如汝爲니리

驕ᄀᆜᇢ慢만ᄒᆞ면敗배亡망ᄒᆞ고아래ᄃᆞ외
야셔어즈러오면刑ᅘᅧᆼ罰뻟ᄒᆞ고도ᄃᆞᆫᄃᆡ
이셔ᄃᆞ토면놀잠개로ᄒᆞᄂᆡ니이세홀ᄃᆡ
디아니ᄒᆞ면비록날로三삼牲ᄉᆡᆼ奉뽕養양
ᄋᆞᆯᄡᅥ도（三삼牲ᄉᆡᆼ은쇼와양과돋괘라）오히려不붕
孝ᄒᆢᆼᅵ니라
女녕教애云ᅌᆑᆫᄒᆞᄃᆡ舅궁姑공ᅵ娶婦는在能孝之ᄂᆡ苟
不能孝ᄒᆞ면娶汝何爲오리오爲之婦者ᅵ夙夜祗

로매恭공敬경ᄒᆞ며모로매溫혼恭공ᄒᆞ
야제몸어디론가맛디말오다가티며
구지저도ᄃᆞ짓거바ᄃᆞ라이眞진實씷로날
ᄉᆞ랑호미니말ᄉᆞ몯잢간이나이베내야
리어더라東동녁으로ᄂᆞ리게일즉펴디
아니ᄒᆞ고모로매내親친ᄒᆞ니게이러ᄐᆞ
시ᄀᆞᄅᆞ치ᄂᆞ니마롤내야ᄑᆞ로ᄒᆞ려ᄒᆞ면곤
거슬ᄈᆞᆷ과곤혼디라오직반ᄃᆞ기곡진히

니에愼之戒之ᄃᆞᆯ어
女녕教ᄀᆞᆯ애닐오ᄃᆡ舅ᄀᆜᇢ姑공ᅵ며ᄂᆞ리
어두문能ᄂᆞᆼ히孝ᅘᅭᇢ道ᄯᅹᇢ호매잇ᄂᆞ니眞진
實씷로能ᄂᆞᆼ히孝ᅘᅭᇢ道ᄯᅹᇢᄒᆞᆯ아니ᄒᆞ면너
ᄅᆞᆯ어더므合ᄒᆞᆯ료며저허오직외리ᄃᆞ외리일져므
리恭공敬경ᄒᆞ며며저허오직ᄒᆞ터럭매나
져기그쁘데어긜가저흘디니라舅ᄀᆜᇢ姑공
의尊존호미그노포미하ᄂᆞᆯ곤ᄒᆞ니모

원본 331

49-1

쳐든줒ᄂᆞ니 조심ᄒᆞ며 조심홀디어다
內則에 日호ᄃᆡ 在父母舅姑之所애 有命之
든 應唯敬對ᄒᆞ며 進退周旋에 慎齊ᄒᆞ야 升降出
入에 揖遊ᄒᆞ며 不敢噦噫嚔咳欠伸跛倚睇視
ᄒᆞ며 不敢唾洟ᄒᆞ며 寒不敢襲ᄒᆞ며 癢不敢搔ᄒᆞ며 不
有敬事ㅣ어든 不敢袒裼ᄒᆞ며 不涉ᄒᆞ든 不振
ᄒᆞ며 褻衣衾은 不見裏ᄒᆞᆯ디니라 父母唾洟ᄅᆞᆯ 不見ᄒᆞ며 冠
帶垢ㅣ어든 和灰請漱ᄒᆞ며 衣裳이 垢ㅣ어든 和
灰ᄒᆞ야 請澣ᄒᆞ며 衣裳이 綻裂ㅣ어든 紉箴ᄒᆞ야 請補

48-2

조차 孝道와 恭敬을 더욱 힘뿔
디니라 시혹 브료미 잇거든 命을 듣고
즉재 行ᄒᆞᆯ디니 비록 ᄀᆞ장 갓ᄀᆞ나 엇뎨 便
ᄭᅥᆷ가 저코 病ᄒᆞ니 安ᄒᆞᆫ
安 커시ᄃᆞᆫ 孝養ᄋᆞᆯ 올닐위여 그 비골
옷과 씨와ᄅᆞᆯ밧디 말라 後 ㅅ사ᄅᆞ미
ᄒᆞᆯ가 저코 病ᄒᆞ리오
바다 ᄡᅩ네 흠곤히 ᄒᆞ리니 몸으로 ᄀᆞᆯ 法

50-1

용ᄒᆞ며 기지게ᄒᆞ며 ᄒ녁 발이 쳐ㄷ듸며
지혀며 빗기 보ᄆᆞᆯ말며 조널이 춤바ᄐ며
고ᄑ디말며 치위 도조널이 던닙디말며
ᄫ라와도조널이 긁디말며 고마온이리
잇디아니커든조널이메왯디말며를건
나디아니커든거두ㄷ디말며더러온옷
과니블와를안ᄒᆞ보디말며父ㅣᇢ母ᄝ人
춤과고콰롤보디말며곳갈와ᄧᅴᆼ왜ᄠᅵ론

49-2

綴ᄒᆞ리 少事長ᄒᆞ며 賤事貴롤물호
內則에 日오ᄃᆡ 父ᄝ母ᄝ舅ᄀᆞᇢ姑ᄀᆞᆼ
ㅅ고대이셔命이잇거시ᄃᆞᆫ맛곧마우
룸내수와恭敬ᄒᆞ야對ᄃᆡᆼ答답ᄒᆞ슈
오며나수며므르며두려디돌며모것거
도로매삼가조심ᄒᆞ며오ᄅᆞ며ᄂᆞ리며나
며드로매구브며펴며조널이ᄠᅳ림ᄒᆞ며
한숨디ᄒᆞ며ᄌᆞ치욤ᄒᆞ며기춤ᄒᆞ며하외

거든짓믈골아시소믈請쳥ᄒᆞ며옷과치
마와뼈믄거든짓믈골아샌로믈請쳥ᄒᆞ
며옷과치마와싸디거든믈골아샌바놀애쇠소아
김누뷰믈請쳥홀디니져므니얼운셤기
며놀아오니貴귕ᄒᆞ니셤교믈다이롤조
졸디니라
○子婦ㅣ孝者ᄂᆞᆫ父母舅姑之命을勿
逆勿怠ᄒᆞ니若飮食之ᄃᆞᆫ아시雖不耆나必嘗而

待ᄃᆡᆼ加之衣服시이든雖求나이欲나必服而待ᄒᆞ며
加之事ㅣ人代之已어시雖不欲나이姑與之
而姑使之而後에사復之라호리
아ᄃᆞᆯ와며느리왜孝ᅙᅭᆼ道ᄯᅩᇢᄒᆞ리와恭
敬ᄀᆡᆼᄒᆞ리ᄂᆞᆫ父뿡母ᄆᆞᇢ舅귷姑공ㅅ命ᄆᆢᆼ
을거스디말며게으르디마룰디니ᄒᆞ다
가飮ᅙᅳᆷ食씩을머그라커시든비록즐기
디아니ᄒᆞ나모로매맛보아기ᄃᆞ리며오

솔주거시든비록닙곳디아니ᄒᆞ나모로
매니버기ᄃᆞ리며이롤시기고사롬ᄋᆞ로
나롤골어시든비록코져아니ᄒᆞ나아직
주고ᄯᅩ브리後ᅘᅮᇢ에사다시ᄒᆞ리라
曲禮예曰ᅙᅥᆯ父뿡母ᄆᆞᇢㅣ有疾시어든冠者ㅣ不櫛
ᄒᆞ며行不翔ᄒᆞ며言不惰ᄒᆞ며琴瑟을不御ᄒᆞ며食肉
을不至變味ᄒᆞ며飮酒ᄅᆞᆯ不至變貌ᄒᆞ며笑不至
矧ᄒᆞ며怒不至詈ᄂᆞ니疾止어시든復故ㅣᄂᆞ니라

曲콕禮롕예닐오ᄃᆡ父뿡母ᄆᆞᇢㅣ病뼝이
잇거시든冠관ᄒᆞᆫ이머리빗디아니ᄒᆞ며
녀되봄뇌디아니ᄒᆞ며말ᄉᆞ믈게을이아
니ᄒᆞ며고비화롤노디아니ᄒᆞ며고기롤
머고ᄃᆡ맛가시요매니르디말며우술믈
몰양조가시요매니르디말며우수믈닛
의요매니르디말며怒농호ᄆᆞᆯ구지주매
니르디마롤디니病뼝이됴커시든녜예

며느리왜緣故ㅣ업거든겨틔나디
말며親히藥을ᄑᆞ러맛보아받ᄌᆞᆸ고
아ᄃᆞᆯ와며느리왜ᄂᆞᆺ비ᄎᆞᆯ흐디말며노ᄅᆞᆺ
ᄒᆞ야웃디말며이바디ᄒᆞ야노디말며녀
늣이룰부ᄅᆞ리고전혀醫員請ᄒᆞ야
方文相考ᄒᆞ며藥지ᅀᅩ모로
힘ᄡᅳᆯ디니病이됴ᄏᆞ거든처ᅀᅥᆷᄀᆞ티ᄒᆞᆯ디
니라

司馬溫公이日父母舅姑ㅣ有疾이어든子
婦ㅣ無故ㅣ어든不離側ㅎ야親調嘗藥餌而供
之고子婦ㅣ色不滿容ㅎ며不戲笑ㅎ며不宴遊
며含置餘事ㅎ고專以迎醫檢方合藥로爲務
니疾已든復初ㅣ니라
司馬溫公이닐오ᄃᆡ父母
와舅姑ㅣ病ㅎ야잇거시ᄃᆞ나아ᄃᆞᆯ와

伯兪ㅣ허믈잇거늘그어미티대우
더니그어미닐오ᄃᆡ다ᄅᆞᆫ나래텨든아ᄃᆡ
리잢간도우디아니터니이제우루믄엇
뎨오對答ᄒᆞ오ᄃᆡ兪ㅣ罪ᄅᆞᆯ어더
든티샤미샹녜알ᄑᆞ더니이제어마님히
미能히알ᄑᆞ게몯ᄒᆞ실ᄉᆡ이런ᄃᆞ로우
노이다이런젼ᄎᆞ로닐오ᄃᆡ父母ㅣ
怒ᄒᆞ거시든ᄠᅳ데짓디아니ᄒᆞ며顔

伯兪ㅣ有過ㅣ어늘其母ㅣ笞之대泣ㅎ더其
母ㅣ日他日에笞ㅣ어든子ㅣ未嘗泣이라
今泣은何也오對日兪ㅣ得罪예笞常痛
이러니今에母之力이不能使痛이실ᄉᆡ泣
호라故로日父母ㅣ怒之어시든不作於意
ᄒᆞ며不見於色야深受其罪ᄒᆞ야使可哀憐이上
也ㅣ오其次也ㅣ라父母ㅣ怒之어시든不作於
色이其次也ㅣ라父母ㅣ怒之어시든作於
色ㅎ며見於色이下也ㅣ라

色식 애나토디아니호야 기피 그 罪죄를
愛ᅙ 호야 어루 어엿비 너게 호미 上썅이라
父뽕母뭉ㅣ 怒농호거시든 뜨데 짓디
니호며 顏안色식애 나토디 아니호미 버
그니라 父뽕母뭉ㅣ 怒농호거시든 뜨데
지스며 顏안色식애 나토미ㅣ 호거시든
內뇡則즉에 닐오디 父뽕母뭉ㅣ 有婢子若庶子庶孫을
甚愛之든어시니
雖父母ㅣ 没호샤 没身敬之호야

不衰호리라
子는愛一人焉이어
執事를 母敢視父母兩愛야호 雖父母ㅣ 没
子ㅣ 有二妻를 父母눈 愛一人焉 由衣服飲食과 由
도 不衰호리라
內뇡則즉에 닐오디 父뽕
나호다가 믈 子孫손
ㅣ 종이어 息식이어 나믈 子
ㅣ 엄스샤도 미 업ᄃ록 恭敬호야

衰쇵티 마로리라 아드려 두고 마롤 父뽕
母뭉눈 호시 사르몰 스랑호시고 아드론 호
사르몰 스랑호시고 아드론 衣ᅙᅵᆼ服뽁飲食씩 브
터며 일 잡주음 브터 호몰 父뽕母뭉ㅣ 스
랑호시눈 바로 좃간 도곰 와 마라 비록 父뽕
母뭉ㅣ 엄스샤도 미 업ᄃ록 衰쇵티 마로리라
○子ㅣ 甚宜其妻라도 父母ㅣ 不説이어든 出고
子ㅣ 不宜其妻라도 父母ㅣ 曰호샤 是샤 善事

我시든커 子ㅣ 行夫婦之禮焉야호 没身不衰
호리라
아드리 그 겨지블 甚썸히 맛당히 너겨도
父뽕母뭉ㅣ 깃디 아니커시든 내티고 아
드리 그 겨지블 맛당히 아니 너겨도 父
母뭉ㅣ 니르샤디 이 사나를 이대 셤기ᄂ
다 호거시든 아드리 夫붕婦뿡禮롕를 行행
호야 모미 업ᄃ록 衰쇵티 마로리라

○舅ㅣ沒則姑ㅣ老ㅣ니 冢婦ㅣ兩祭祀賓
客을每事를必請於姑ㅎ고 介婦는請於冢婦ㅣ
니 舅姑ㅣ使冢婦ㅣ어든 毋怠ㅎ며 不友無禮於
介婦ㅣ라니 舅姑ㅣ若使介婦ㅣ어든 毋敢敵耦
於冢婦야ㅎ야 不敢並行ㅎ며 不敢並命ㅎ며 不敢並
坐ㅣ니 凡婦ㅣ不命適私室이어든 不敢退ㅣ라니
婦ㅣ將有事ㅣ어든 大小를必請於舅姑ㅣ라 니
시아비업스면시어미미늘ᄂ니몬며느리

祭祀와손을接待호ᄃᆞ 트렛일을돌홈모
로매서어밋긔請ᄒᆞ고버근며느리ᄂᆞ
몬며느리ᄅᆡ게請홀디니라식아비시어
미몬며느리ᄅᆞᆯ브리거시든게으르디말
며겨집도도버근며느리ᄅᆡ게無禮히마
롤디니라몬며느리ᄅᆞᆯ舅姑ㅣᄒᆞ다가버근며느
리ᄅᆞᆯ브리거시든몬며느리ᄅᆡ게갓ᄀᆞᆯ와녀디말
ㅈᆞ가름디마라갓ᄀᆞ란도곧와녀디말며갓ᄀᆞ란

○父母ㅣ雖沒이나 將爲善ㅎ야시ᅀᅡ
思貽父母羞辱이라ᄒᆞ야
名야ㅣ必果ㅣ며 將爲不善
에思貽父母슈라ᄒᆞ야 名
ㅣ니라

도곧와命ㅎ디말며갓ᄀᆞ란도곧와앗디
마롤디니라믈읫며느리아ᄅᆞᆷ지비命
ㅎ야가라ㅎ디아니커시든믈러
오디마롤디니라며느리쟝ᄎᆞ이ᅟᅵᆯ잇거
든굴근이리며혀근이를모로매舅姑
공ᄭᅴ請홀디니라

必不果ㅣ니
父母ㅣ비록업스나쟝ᄎᆞ善
홀저긔父母ㅣ모로매果
ᄅᆞᆼㅎ야모로매果斷히ᄒᆞ며쟝ᄎᆞ不
善을ㅎ욜저긔父母꾀붓그러우
믈辱ᄃᆞ욀일곧ᄒᆞ가ᄉᆞ랑ᄒᆞ야모로매
果斷히마롤디니라

伊川先生이曰ᄒᆞ샤ᄃᆡ人이無父母든어ᄂᆞ生日

…에當당倍悲痛이니更安忍置酒張樂야ᄒᆞ以爲樂오리若具慶者ᄂᆞᆫ可矣라

伊형川현先션生ᅵ이ᄅᆞ샤ᄃᆡ사ᄅᆞ미 父ᄲᅮ母ᄆᆞᇢᅵ업거든난나래반ᄃᆞ기倍ᄇᆡ히슬허ᄒᆞ야ᄲᅥ즐교믈ᄒᆞ러오ᄒᆞ다가吉

慶경ㄱ不닌可캉ᄒᆞ니라

樂락ㄱ不닌可캉ᄒᆞ니라

禮례記긩예曰왏닐온事ᄾᆞ親친호ᄃᆡ有隱이며而無犯뻠며ᄒᆞ며左右就

養양無方며服勤至死며致喪三年이니事

君군有犯而無隱며左右就養디有方며服

勤至死며方喪三年이라니事師ᄃᆡ無犯無隱

養디無方며服勤至死며服勤至死며心喪三

年이어니

禮례記긩예ᄂᆞᆯ오ᄃᆡ어버시ᄅᆞᆯ셤교ᄃᆡ隱은ㄱ諫간ᄒᆞᆯ

호미잇고犯호미업스며左장右ᅙᅮᆼ로나ᅀᅡ가養

양호ᄃᆡ一힗定뗑ᄒᆞ고디업스며이ᄅᆞᆯ브

즈러니ᄒᆞ야주고매니르리ᄒᆞ며ᄀᆞ장홀

거상을三삼年년을홀디니라님금을셤

교ᄃᆡ犯뻠호ᄃᆡ이잇고隱ᄒᆞᆫ이업스며左장右

로나ᅀᅡ가養양호ᄃᆡ이잇고隱ᄒᆞᆫ이업스며左

두며일호믈브즈러니ᄒᆞ야주고매니르

리ᄒᆞ며ᄀᆞ티홀거상을三삼年년을홀디

니라스승을셤교ᄃᆡ犯뻠호ᄃᆡ이업도업스며隱ᄒᆞᆫ

司馬溫公이曰ᄒᆞᄉᆞ샤父母之喪애中門外예

一힗定뗑ᄒᆞ고디업스며일호믈브즈러

니ᄒᆞ야주고매니르리ᄒᆞ며ᄆᆞᆺ맷거상

을三삼年년을홀디니라

擇撲陋之室야ᄒᆞ爲丈夫次고ᄒᆞ斬衰며寢苫

며枕塊며不脫經帶며不與人坐焉이니婦

人은次於中門之內別室고ᄒᆞ撒去帷帳衾褥

華麗之物이니 男子ㅣ 無故ㅣ어든 不入中門
ᄒᆞ며 婦人이 不得輒至 男子ㅣ 喪次ㅣ라 니 晉人 陳
壽ㅣ 遭父喪ᄒᆞ야 有疾이어ᄂᆞᆯ 使婢 丸藥ᄒᆞᆫ대 客
이 往見之ᄒᆞ고 鄕黨이 以爲貶議ᄒᆞ니 坐是沈滯
아ᄒᆞᆫ 坎坷終身ᄒᆞ야 嫌疑之際옌 不可不愼이니라
司馬溫公이니 父母
ㅅ 거상애中 門ᄋᆞᆯ 밧긔儉쳠ᄒᆞ야
더러운지ᄅᆞᆯᄀᆞᆯᄒᆡ야 男人ᄋᆞᆫ이 거상ᄒᆞᆯ

싸ᄒᆞᆯ밍굴오 斬衰ᄒᆞ며
시온라오 거적에자ᄆᆞ며 무적ᄲᅦᆞ며 經帶
롤밧디아니ᄒᆞ며
라 사름과다못잇디마롤디니라 婦人
신은中 門 안別室에잇고
이며니ᄅᆞᆯ쇼히빗난거슬거더아ᄉᆞᆯ디니
라男人이 이緣故ㅣ업거든中
門의 ᄃᆞ디아니ᄒᆞ며 婦人이男

子ㅣ 거상ᄒᆞᆫ 누ᄡᅡ해 곧니ᄅᆞ디마롤디
니라晉 人陳 壽ㅣ아비거상을맛
나病이 잇거늘겨집죵을ᄒᆞ야藥을
부비이더니소니가보고鄕黨이ᄲᅦ
외다혼議論을ᄒᆞ니라이다ᄉᆞ로沈
滯ᄒᆞᆫ들
ᄒᆞ리라

○ 古者애 父母之喪앤 旣殯고 食粥ᄒᆞ며 齊衰
疏食水飮고 不食菜果ᄒᆞ며 父母之喪앤 旣
虞卒哭고 疏食水飮고 不食菜果ᄒᆞ며 期而
祥而 禫고 禫而 飮醴酒ᄒᆞᆫᄃᆡ더 大祥애 食醢醬ᄒᆞ며 期而小
月而 禫고 始飮酒者ㅣ 先飮醴酒ᄒᆞ며 始飮酒者ᄂᆞᆫ 先
飮醴酒고 始食肉者ㅣ 先食乾肉ᄒᆞ더 古人
居喪애 無敢公然食肉飮酒者ㅣ라ᄒᆞ더 漢昌
邑王이 奔昭帝之喪애 居道上ᄒᆞ야 不素食ᄒᆞ더
니霍光이 數其罪而廢之라ᄒᆞ니 晉阮籍이 負

才放誕ᄒᆞᆫ들
居喪無禮ᄒᆞᆯᄂᆞᆯ何曾이
面質籍於文
帝坐ᄒᆞ야셔曰ᄒᆞ되卿ᄋᆞᆫ敗俗之人이라不可長也ㅣ라
因言於帝ᄒᆞ야曰ᄒᆞ되公이方以孝로治天下ㅣ라
盧陵王義眞이居武帝憂ᄒᆞ야使左右로
肉珍羞ᄒᆞ야於齋內예別立廚帳ᄒᆞ고炙車螯ᄒᆞ야會長史
劉湛이入ᄒᆞ야셔因命膹酒ᄒᆞ고炙車螯ᄒᆞᆯᄉᆡ湛이正
色曰公ㅣ라當今에不宜有此設이라ᄒᆞ더니義眞

曰ᄃᆞ되旦이甚寒ᄒᆞ니長史ᄂᆞᆫ事同一家ㅣ니堂
不爲異라ᄒᆞ놋다酒ㅣ至湛이起曰ᄃᆞ되既不能
以禮로自處ᄒᆞ고又不能以禮로處人ᄒᆞ다隋
令煬帝爲太子ᄒᆞ야居文獻皇后喪ᄒᆞ야셔每朝애
以進二溢米ᄒᆞ고而私令外로取肥肉脯鮓
置竹筒中ᄒᆞ야以蠟로閉口ᄒᆞ고衣袱로裹而納
之ᄒᆞ더라湖南楚王馬希聲이葬其父武穆王
令日애猶食難臛ᄒᆞ니其官屬潘起ㅣ譏之曰
之ᄒᆞᆯ뿐아니라阮籍이居喪ᄒᆞ야셔食蒸豚ᄒᆞ더니何代

無賢ᄒᆞ며然則五代之時예居喪食肉者
ㅣ로ᄃᆡ人이猶以爲異事ᄒᆞ니是流俗之弊其來甚
近也ㅣ니로ᄃᆡ今之士大夫ㅣ居喪ᄒᆞ야셔食肉飲
酒ㅣ無異平日ᄒᆞ며又相從宴集ᄒᆞ야靦然無愧ᄒᆞᆯᄉᆡ
飲도亦無異ᄒᆞ니人亦恬不爲怪ᄒᆞ니禮俗之壞ᄒᆞ며或習以爲常
야ᄒᆞᆯᄉᆡ親賓則齎酒饌ᄒᆞ야相與飲啜ᄒᆞ야醉飽連日ᄒᆞ며
亦自備酒饌ᄒᆞ야則齎酒饌ᄒᆞ야
及葬도ᄒᆞ야亦如之ᄒᆞᄂᆞ니甚者ᄂᆞᆫ初喪애作樂

以娛尸ᄒᆞ며及殯葬則以樂로導輀車而
號泣隨之ᄒᆞ며亦有乘喪ᄒᆞ야卽嫁娶者ᄒᆞᆫ다噫라
習俗之難變과愚夫之難曉ㅣ乃至此乎여
凡居父母之喪者ᄂᆞᆫ大祥之前에皆未可飲
酒食肉이니若有疾ᄒᆞ야ᄒᆞᆫᄃᆞᆫ須食飲이라도
亦當復初ᄒᆞ라必若素食이不能下咽ᄒᆞ야
而羸憊야ᄒᆞ야恐成疾者ᄂᆞᆫ可以肉汁及脯醢
或肉少許로助其滋味언뎡不可恣食珍羞盛
饌ᄒᆞ며及與人燕樂이니是則雖被衰麻ᄒᆞ나其實

내훈 권1 64-2

은 不行喪也ㅣ니라 唯五十以上애 血氣旣衰
必資酒肉야 扶養者는 則不必然爾라니 其
不復論이라노
네父母ㅣ 거상애 호마 殯빙고며
머그며 齊衰쳥최 예 블근밥 먹고 믈 마시고 菜칭
疏소와 果광 實씷와롤 머거 디 아니ᄒᆞ며 父

내훈 권1 65-1

母뭉ㅅ 거상앤 호마 虞웅祭졩ᄒᆞ며 卒
哭곡祭졩고 블근밥 머그며 믈 마시ᄃᆡ
菜칭疏소와 果광 實씷와롤 머그며 디 아니
며 돌ᄉᆡ 小쇼祥썅 ᄒᆞ고 菜칭 疏소와
光實와롤 머그ᄃᆡ 쏘 돌ᄉᆡ 大땡祥썅 ᄒᆞ
實씷와롤 머그며 ᄠᅩ돌 걸어 禫땀
醋총와 醬쟝과롤 머그며 돌 걸어 禫땀祭졩
祭졩ᄒᆞ고 禫땀祭졩 코 둔수를 먹더니 쳐
섬 술 머그리 몬져 ᄃᆞᆫ수를 먹고 쳐셤 고기

내훈 권1 65-2

머그리 몬져 ᄆᆞᄅᆞᆫ고기롤 먹더니 넷사ᄅᆞᆷ
미 거상애 잣간도 公궁然션히 고기 머그
며 술 머그리 업더라 漢한ㅅ 昌챵邑읍王왕
이 昭쭐帝뎅ㅅ 거상을 가니 블제 길헤
이셔 소밥 올 아니 먹더니 晉진ㅅ 阮원籍쎡
罪쬥롤 혜여 慶켱ᄒᆞ니라 晉진ㅅ 阮원籍쎡
이 지조 믄고 새워 거상호미 禮롕 업
거늘 何ᄒᆞᆼ曾증이 文문帝뎅ㅅ 坐쫭애셔

내훈 권1 66-1

阮원籍쎡이롤 面면當당ᄒᆞ야 구지저늘
오딕 그듸ᄂᆞᆫ 風봉俗쏙을 ᄒᆞ야 ᄇᆞ리ᄂᆞᆫ 사
ᄅᆞ미라 어루 길어 두미 몬ᄒᆞ리라 ᄒᆞ고 因힌
ᄒᆞ야 帝뎅ᄢᅴ 솔와 닐오ᄃᆡ 公공이 보야
로 孝ᄒᆞᆯ道ᄠᅩᆼᄅᆞ로 天텬下ᄧᅡ를 다ᄉᆞ샤
딕 阮원籍쎡의 큰 거상으로 公공 坐쫭애
셔 술 머그며 고기 머고믈 許형시ᄂᆞ니
四승畜영 예 내 조ᄎᆞ샤 方방 畜영ㅅ

야命명ᄒᆞ디숨더이고生ᄉ虾
라훈대湛담이正졍色ᄉᆡᆨᄒᆞ야닐오ᄃᆡ
공이이제롤當당ᄒᆞ야이런法법律률
ᄅᆞᆯ이쇼미맛당티몯ᄒᆞ이다義읭眞진이
닐오ᄃᆡ아太태史ᄉᆞ히치우니달이너기디아니캐
눈이리혼집구ᄐᆞ니달이너기디아니러
고부라노라수리니르거놀湛담이니러
닐오ᄃᆡᄒᆞ마能능히禮령로써스ᄉᆞ로處쳐

라내ᄋᆞᆫ면셔에써
훌니롯나라ᄒᆞ여華夏하롤더러요
미엄게ᄒᆞ샤사맛당ᄒᆞ니이다
이武武뎅帝뎅宋숭盧룽陵룽王왕義읭眞진옛
사ᄅᆞᆷ믈히여몯고기며몯고기며貴귕ᄒᆞ마초
차바ᄂᆞᆯ사아齋室실안해各각別별히
廚뜡帳댱을세옛더니
아長댱史ᄉᆞ劉륳湛담이들어놀因힌ᄒᆞ

聲셩이그아바님武武武王왕葬장호
나래오히려듁湯탕을먹더니그官관屬쑉
쏙籍쪽이起킝謤궈롱弄롱ᄒᆞ야닐오ᄃᆡ阮원
니代땡예賢現人신이업거뇨ᄒᆞ니그러
면五옹代ᄂᆞᆫᄉ시졀에唐땅晉진漢한梁량
周쥬 │ 거상ᄒᆞ야셔고기머그리롤사ᄅᆞ미
오히려다ᄅᆞᆫ일만너기니놀러온風봉俗쑉

청斷딴틴티몯ᄒᆞ고ᄯᅩ能능히禮령로써ᄂᆞᆫ
몰處쳐틴몯ᄒᆞ矢다隋쒕煬양帝뎅太태
子ᄌᆞᆼ둔왼야실제文문獻헌皇ᄒᆡᆼ后ᅘᅮ人신
거상ᄒᆞ야버셔고아ᄃᆞᆷ도이빗글히어솔진고
바티게ᄒᆞ고아ᄃᆞᆷ도이빗글히어솔진고
기와보쇽과젓과롤가져다가대룽ᄊᆡ온
디너코뮬로이晉막고옷보ᄒᆞ로ᄢᅵ라여
드리더라湖흫南남楚쵸王왕馬망希힁

상애欵렴殯삔티몬ᄒᆞ야셔도아ᄉᆞᆺ맷소
니술와차바ᄂᆞᆯ가져다가慰휭勞롱ᄒᆞ거
든主즁人ᅀᅵᆫ이쏘제술차반准쥰備삥ᄒᆞ
야서르다ᄆᆞᆺ혀醉쮱ᄒᆞ야비블오몰날닛
우ᄒᆞ며葬장홇제미처도쏘이리호매니
르ᄂᆞ니라甚:씸ᄒᆞᆫ사ᄅᆞ몬첫거상애
樂락ᄒᆞ야ᄡᅥ주그믈즐기게ᄒᆞ며殯삔葬흠
장홇제미처ᄂᆞᆫ音ᅙᆞᆷ樂악ᄋᆞ로輀ᅀᅵᆼ車겅

쪽의弊뼝그오미甚씸히갓갑도다이젯
士ᄉᆞᆼ大땡夫붕ㅣ거상ᄒᆞ야셔고기며그
며술머고미샹녯나래셔달오미업스며
쏘서르조차가이바디會ᅘᅬᆼ集찝ᄒᆞ며
써이붓그림업거든놈도쏘아ᄆᆞ라토아
니ᄒᆞ야달이녀기디아니ᄒᆞ야禮롕옛風
봉俗쪽의허로몰니겨샹녜ᄅᆞ이너기ᄂᆞ
니슬프다더러운미햇사ᄅᆞ미시혹첫거

道뙇이됴커든쏘모로매처서메도라
갈디니라반ᄃᆞ기ᄒᆞ다가素송車챠바ᄂᆞᆯ能
ᄂᆞᆼ히모기ᄂᆞ리오디몬ᄒᆞ야오라아시드
러病뼝이일가져프닌어루고깃신汁즙과
脯봉肉ᅀᅲᆨ과젓과시혹고기아니ᄒᆞ니로
써그滋ᄌᆞᆼ味밍롤도올디언뎡賣ᄆᆡᆼᄒᆞᆫ사
ᄒᆞ噉땀과盛쎵히차바ᄂᆞᆯ졋긋ᄒᆞ머그며飲ᅙᆞᆷ
톰과다ᄆᆞᆺ이바디ᄒᆞ며즐겨호미可캉티

롤輀ᅀᅵᆼ車겅술위라ᄂᆞᆫ引힌導ᄯᅮᆼᄒᆞ고우러미조
ᄎᆞ며쏘거상올ᄒᆞ야셔곧嫁강娶츙ᄒᆞ리
잇ᄂᆞ니슬프다니근風봉俗쪽의고료미
어려움과어린사ᄅᆞ미알의욤어려우미
이러호매니를셔믈읫父뽕母뭉ㅅ거상
ᄒᆞ린大땡祥썅前쪈에다어루고기며그
며술머고미몬ᄒᆞ다가病뼝이이
셔잢간모로매고기며그술머골디라

顏丁이善居喪ᄒᆞ니더
而弗得ᄒᆞ야旣殯ᄂᆞᆫ
ᄒᆡ葬ᄂᆞᆫ慨然如不及
顏ᅙᅡᆫ丁뎡이거샹ᄋᆞᆯ이대ᄒᆞ더니쳐엄주
고매皇ᅘᅪᆼ皇ᅘᅪᆼᄒᆞ야한ᄐᆡ몬ᄒᆞ얀디라便ᅋᅭᆫ安
어두딕몬언ᄂᆞᆫᄃᆞᆺᄒᆞ며마殯빈ᄒᆞ야ᄂᆞᆫ
ᄲᅡᆼᄲᅡᆼᄲᅡᆼᄒᆞ야ᄇᆞ리ᄃᆞ아니...

論론ᄋᆞ아니ᄒᆞ노라
而弗得ᄒᆞ며旣殯애始死애皇皇焉如有求
ᄒᆞᆯᄲᅡᆼᄒᆞ야ᄂᆞᆫ望망焉如有從而弗及

아니ᄒᆞ니이ᄂᆞᆫ비록거상오ᄉᆞᆯ니브나그
實ᅟᅵᆯ쎤은거상ᄋᆞᆯᄒᆞ디아니칸디니라오직
ᄡᅵᆯ以ᅟᅵᆼ上ᄴᅡᆼ애血ᅘᅯᇙ氣킝ᄒᆞ야더위
모로매술고기를貧ᅙᆡᆫᅟᅵᆼ賴ᄅᆡᆼᄒᆞ야더위자
바養ᅟᅣᆼᄒᆞ린ᄋᆞ리모로매그리홀디아니니라
그거샹ᄒᆞ야셔音ᅙᅳᆷ樂악ᄅᆞ리드르며嫁강娶
라ᄒᆡ正ᄌᆞ졍ᄒᆞᆫ法법이이실ᄊᆞ이에다시議

甚加矜賞ᄒᆞ야ᄂᆞᆫ爲營塚壙ᄒᆞ니
海ᅘᆡ虞ᅌᅮ令ᅛ령何ᅘᅡᆼ子ᄍᆞ平ᅗᅵᆼ이어ᄂᆞᆫ
상애그우시롤브리고슬허ᄒᆞ몰禮ᅙᅨᆼ예
너모ᄒᆞ야민샹봄뇌야ᄋᆞ로매다주겟다

不進塩菜ᄒᆞ더兩居屋이敗ᄒᆞ야ᄂᆞᆫ不蔽風日
늘이어兄子伯與이欲爲葺理ᄒᆞ더ᄂᆞᆫ子平이不
ᄂᆞ이屋何宜覆오이리蔡與宗이爲會稽太守
ᄒᆞ肯日我ᄂᆞᆫ情事ᄅᆞᆯ未申라ᄒᆞ야天地一罪人耳

차가디몬ᄆᆞᆺᄂᆞᆫᄃᆞᆺᄒᆞ며ᄒᆞ마葬쟝ᄒᆞ야ᄂᆞᆫ
慨ᄀᆡᆼ然연ᄒᆞ야ᄂᆞᆫ慨慨ᄒᆞᄂᆞᆫ래ᄃᆞᆺᄆᆞᆺᆺ
海ᅘᆡ虞令何子平이母喪애去官ᄒᆞ고
土ᅵ饌荒ᄒᆞ고繼以師旅ᄒᆞ야
몬밋ᄂᆞᆫᄃᆞᆺᄒᆞ야기ᄃᆞ리더라
ᄆᆡᆼ每哭踊애頓絕方蘇ᄒᆞ더라屬大明末애哀毀踰禮
ᄒᆞᄃᆞ라오ᄆᆞᆯ
晝夜號哭디녈常如袒括之日ᄒᆞ야冬不衣
絮ᄒᆞ고夏不就清涼ᄒᆞ며一日以米數合ᄋᆞ로爲粥

디아니ᄒᆞ더라 사ᄂᆞᆫ지 비ᄒᆞ야 드디여 브롬
과 ᄒᆡ로ᄆᆞᄀᆞ리오 디 몯ᄒᆞ거늘 兄형의 아ᄃᆞᆯ
伯ᄇᆡᆨ興ᄒᆡᆼ이 爲윙ᄒᆞ야 修ᄉᆠ理링코져ᄒᆞ
더니 子ᄌᆞ平ᄈᆒᆼ이 즐기디 아니ᄒᆞ야 닐오
디 나ᄂᆞᆫ ᄲᆞ듸이롤 펴디 몯ᄒᆞ얏논디라 天텬
地띵예 혼ᄉᆞᆯ미 어니 지
블엇데니요 미 맛당ᄒᆞ리오
宗이會ᄒᆡᇢ替톙太탱守ᄊᆔᆼㅣ ᄃᆡ외야 蔡쳉興ᄒᆡᆼ宗

가시더라 마초아 大땡明명ㅅ末맗애東동
土통ㅣ가난ᄒᆞ고 軍군旅령ㅣ서실ㅅ
지며 바미며 블러 우로딕 샹녜祖
날ㄱ티ᄒᆞ야 머리
라겨스레 소음둔오 ᄉᆞᆲ녜더 아니ᄒᆞ고 녀
르메셔 눌ᄒᆞᆫ딕 가디 아니ᄒᆞ며 ᄒᆞᄅᆞ 볼두
호ᄇᆞ로ᄡᅥ 쥭을 밍ᄀᆞᆯ오 소곰과 ᄂᆞ믈ᄒᆞ로며

於廟ᄒᆞ니ᄂᆞ 所以 敬愼重正昏禮也ㅣ
라
昏혼義읭ᄂᆞᆫ 예닐오딕 昏혼姻ᄒᆡᆫ 禮롕ᄂᆞᆫ
太탱姓셩의 됴ᄒᆞ물 뫼화 우흐론 宗종廟
ᄅᆞᆯ 셤기고 아래론 後ᄒᆞᆳ世솅ᄅᆞᆯ 닛게 ᄒᆞ
ᄂᆞᆫ디론 故ㅣ重듕히 ᄒᆞᄂᆞ니
이런드로 昏혼姻ᄒᆡᆫ禮롕예 納납采ᄎᆡᆼ와
드려 골히ᄂᆞᆫ 그려기 問문名 명과
納납吉 와 納납

히더 옥 어엿비 너기며 과ᄒᆞ야 爲윙ᄒᆞ야
무더 믈을 우ᄂᆞ니라

昏禮章第三 혼례장제삼

昏혼義읭예 ᄀᆞ로ᄃᆡ 昏혼禮롕者쟝ᄂᆞᆫ 將合二姓之好ᄒᆞ야 上
以事宗廟고 而下以繼後世也ㅣ니 故로 君子
ㅣ重之ᄒᆞᄂᆞ니 是以로 昏혼禮예 納采와 問名
納吉와 納徵과 請期ᄅᆞᆯ 皆主人이 筵几於廟
而拜迎於門外ᄒᆞ야 入ᄒᆞ야 揖讓而升ᄒᆞ야 聽命
고ᄒᆞ

○敬경愼신重듕正졍而ᅀᅵ後후에 親친之지也야ᄂᆞᆫ 禮례之지大땡體톄니
而ᅀᅵ成셩男남女녀之지別벼ᇙᄒᆞ야 而ᅀᅵ立립夫부婦뿌之지義의也야ㅣ라
男남女녀ᅵ有유別벼ᇙ而ᅀᅵ後후애 夫부婦뿌ᅵ有유義의ᄒᆞ고 夫부婦뿌ᅵ
有유義의而ᅀᅵ後후에 父부子ᄌᆞᅵ有유親친ᄒᆞ고 父부子ᄌᆞᅵ有유親친而ᅀᅵ
后후애 君군臣씬이有유正졍ᄒᆞᄂᆞ니 故고로曰ᄫᅡᇙ昏혼禮례者쟝ᄂᆞᆫ
禮례之지本본也야ㅣ라
恭공敬경ᄒᆞ며삼가며 重듕히ᄒᆞᄂᆞ니 禮례의大땡體톄

納납徵딩과 請청期끵호믈
主쥬人신이廟묘ᇢ
코ᇢ堂땅애도ᄉᆞᆯ며几궤노
러揖ᅙᅵᆸᄒᆞ야올아廟묘ᇢ
命몋을恭공敬경ᄒᆞ며삼가며重듕히ᄒᆞ며
正졍히호미라

源원이라
禮례記긩예 曰ᄫᅡᇙ夫부昏혼禮례ᄂᆞᆫ 萬먼世솅之지始싱也야ㅣ니 取츙於ᅙᅥ
異잉姓셩은 所소以ᅵ附뿡遠원厚ᅙᅮᇢ別벼ᇙ也야ㅣ니라 幣뼁必비ᇙ誠쎵ᄒᆞ며 辭ᄊᆞ
無뭉不부腆뎐ᄒᆞ야 告고之지以ᅵ直띡信신ᄒᆞᄂᆞ니 信신은事ᄊᆞ人ᅀᅵᆫ也야ㅣ며
信신은婦뿡德득也야ㅣ니 一ᅙᅵᇙ與영之지齊쪵면 終쥬ᇰ身신不부改ᄀᆡᆼᄒᆞᄂᆞ니
니 故고로 婦뿡人ᅀᅵᆫ이 夫부死ᄉᆞ도 不부嫁강ᄒᆞᄂᆞ니라 男남子ᄌᆞᅵ親친迎ᅌᅵᇰ야
男남先션於ᅙᅥ女녀ᄂᆞᆫ 剛강柔ᅀᅲᇢ之지義의也야ㅣ니 天텬先션乎ᅙᅩ地띵ᄒᆞ며 君군
先션乎ᅙᅩ臣씬이 其끵義의一ᅙᅵᇙ也야ㅣ라 執집摯징야ᄒᆞ야 以ᅵ相샤ᇰ見견은 敬경

니 남진겨집고ᇙ히요ᄆᆞᆯ일워 夫부婦뿡
의 義의ᄅᆞᆯ세요미라 남진ᄃᆞᆯ콰겨집괘고ᇙᄒᆞ
요미이신後후에ᅀᅡ夫부婦뿡ᅵ 義의이시며
고夫부婦뿡ᅵ 義의이신後후에ᅀᅡ아비와아ᄃᆞᆯ
왜親친ᄒᆞ요미이신後후에ᅀᅡ남금과臣씬
왜親친ᄒᆞ요ᄆᆞᆯ왜正졍히ᄒᆞᄂᆞ니그런ᄃᆞ
로닐오ᄃᆡ昏혼姻힌禮례ᄂᆞᆫ禮례의根ㄹ

章별也ㅣ니 男女ㅣ有別然後에 父子ㅣ親
父子ㅣ親然後에 義生ᄒᆞ며 義生然後에 禮
作ᄒᆞ며 禮作然後에 萬物이安ᄒᆞᄂᆞ니 無別無義
ᄂᆞᆫ 禽獸之道也ㅣ라
禮롕記긩예 닐오ᄃᆡ 昏혼姻ᅙᅵᆫᄒᆞᆫ 禮롕
ᄂᆞᆫ 萬먼世솅의 비르소미니 다ᄅᆞᆫ 姓셩에
取츙ᄒᆞ요ᄆᆞᆫ 뻐 머리ᄒᆞ며 곧히
요ᄆᆞᆯ 두터이ᄒᆞ논 배니라 幣뼁로 모로매

精졍誠쎵도이ᄒᆞ며 말ᄉᆞᆷ을 두터이 아니
ᄒᆞᆷ이시ᄒᆞ야 告곡ᄒᆞ되 直띡과 信신과로
뻐ᄒᆞᄂᆞ니 信신은 사ᄅᆞᆷ으로셔 미기며 信신은
겨지ᄇᆡ德득이니라 ᄒᆞᆫ번 다ᄆᆞᆺ고 ᄌᆞ기ᄒᆞ
면 모미 못ᄃᆞ록 가시디 아니ᄒᆞᄂᆞ니 이런
ᄃᆞ로 남지니 주거도 외ᄃᆞᆫ디 아니ᄒᆞᄂᆞ니라
男남子ᄌᆞㅣ親친히 마자 남지니 겨지ᄇᆡ
게 몬져 홈믄 剛강과 柔ᅌᅲ왓 ᄠᆞ디니 ᄒᆞᄂᆞᆯ

히 ᄡᅡᄒᆞ며롯 몬져ᄒᆞ며 님금이 臣씬下ᅘᅡ롯
몬져 호미 그 ᄡᅳ디 ᄒᆞᆫ가지라 摯징룰 자바
려ᄒᆞ기ᄂᆞᆫ 그 뻐 서르 보논ᄃᆞᆫ 恭공敬경ᄒᆞ야
有ᅌᅮᆯ別볋ᄒᆞᄆᆞᆯ 밀기개니라 男남女녕ㅣ
곧히요미 이신後ᅘᅮᆼ에ᅀᅡ 아비와 아ᄃᆞᆯ왜
親친ᄒᆞ며 아비와 아ᄃᆞᆯ왜 親친ᄒᆞᆫ後ᅘᅮᆼ에
ᅀᅡ 義ᅌᅴᆼᄒᆞ며 義ᅌᅴᆼᄒᆞᆫ後ᅘᅮᆼ에ᅀᅡ 禮롕ᄃᆞ외
며 禮롕ᄃᆞ왼後ᅘᅮᆼ에ᅀᅡ 萬먼物믏이 便뻔

安한ᄒᆞᄂᆞ니 곧히요미 업스며 義ᅌᅴᆼ 업소ᄆᆞᆫ
禽끔獸ᄉᆛᆼ의 道ᄠᅩᇢㅣ라
王吉이 上뺭疏송曰웛 夫붕婦ᄂᆞᆫ 人倫大땡綱강
니ᅌᅵᆼ 天夀
之萌也ㅣ라 世俗이 嫁갱娶츙太탱蚤좋ᄒᆞ야 未知爲人父
母之道而有子ᄒᆞᄂᆞ니 是以로 教化ㅣ不明而
民多夭ᅙᅭ라ᄒᆞ니
王왕吉낗이 이 글위를 進진上뺭ᄒᆞᅀᆞ와 닐
오ᄃᆡ 夫붕婦ᄬᅮᆼᄂᆞᆫ 人신倫륜의 큰 綱강領

내훈 권1 78-2

령이니 短댠命명ᄒᆞ며 長댱壽쓩홀 萌밍芽ᅌᅡ ᅵ라 世솅俗쑉이 嫁가娶츙홀 제 일ᄒᆞ야 사ᄅᆞᆷ의 父뿡母ᄆᆞ ᅵ 외욘 道똘ᄅᆞᆯ 아디 몯ᄒᆞ야셔 子ᄌᆞ息식이 잇ᄂᆞ니 이런 ᄃᆞ로 敎ᇢ化황 ᅵ 복디 몯ᄒᆞ며 百ᄇᆡᆨ姓셩이 해 일 죽ᄂᆞ니니라

文中듕子ᄌᆞ ᅵ 曰왏 婚ᅙᆞᆫ娶而論財ᄂᆞᆫ 夷虜之道也 ᅵ오 君군子ᄌᆞ ᅵ 不入其鄕ᄒᆞᄂᆞ라 古者애 男女之族

내훈 권1 79-1

이 各각擇ᄯᅥᆨ德득ᄒᆞ야언 不以財로 爲禮ᄒᆞ더

文문中듕子ᄌᆞ ᅵ 닐오ᄃᆡ 婚혼娶츙홀 제 쳔량 議ᅌᅴ論론ᄒᆞ모ᄆᆞᆫ 되다 대의 道똘 ᅵ니 君군子ᄌᆞ ᅵ 그 ᄀᆞ올ᄒᆡ 드디 아니ᄒᆞᄂᆞ니 녜 남진겨집의 아ᅀᆞ미 各각各각 德득을 ᄀᆞᆯᄒᆡᆼ겨 ᄂᆞ언뎡 쳔량ᄋᆞ로ᄡᅥ 禮롕ᄅᆞᆯ 삼디 아니ᄒᆞ더니라

○ 早婚少聘ᄋᆞᆫ 敎人以偸 ᅵ오 妻勝無數ᄂᆞᆫ 敎

내훈 권1 79-2

人以亂이니 且貴賤이 有等ᄒᆞ니 一夫一婦ᄂᆞᆫ 庶人之職也ᅵ라

일 婚혼姻힌ᄒᆞ며 져어셔 媒ᄆᆡᆼ聘핑ᄒᆞ모(媒ᄆᆡᆼ이라) 이로ᄡᅥᄒᆞ논디오 고마ᄅᆞᆯ 數숭업시ᄒᆞ모로 ᄡᅥ 輕켱薄ᄈᆞᆨᄒᆞᆫ 사ᄅᆞᆷᄆᆞᆯ ᄀᆞᄅᆞ쵸디어ᅀᅳ러 오 몯ᄡᅥᄒᆞᆫ디니 ᄯᅩ貴귕ᄒᆞ니와 賤쪈ᄒᆞ니와 差창等ᄃᆡᆼ이 잇ᄂᆞ니 ᄒᆞᆫ 남진겨지ᄇᆞᆫ 庶셩人신의

내훈 권1 80-1

셕시라

司馬溫公이 曰 凡議婚姻호ᄃᆡ 當先察其婿與婦之性行과 及家法호리니 苟賢矣면 今雖貧賤ᄒᆞ나 安知異時예 不富貴乎ᅵ며 苟爲不肖면 今雖富盛ᄒᆞ나 安知異時예 不貧賤乎ᅵ며 婦者ᄂᆞᆫ 家之所由盛衰也ᅵ니 苟慕其一時之富貴而娶之ᄒᆞ면 彼挾其富貴ᄒᆞ야 鮮有不輕其夫而傲其舅姑ᄒᆞ야 養成驕妬之性ᄒᆞ면 異日爲患이 庸有極乎

가난코 놀아온 들다ᄅᆞᆫ 시졀에 富ᄬ貴ᆼ
ᄐᆞ야니 ᄒᆞᆰ돌엇데 알리오 眞진實ᄊᆞᆯ로 不
肖숄ᄒᆞ면이 제비록 富ᄬ貴ᆼᄒᆞ돌다
ᄅᆞᆫ시졀에 貧뻰賤쪈ᄐᆞ야니ᄒᆞᆰ돌엇데알
리오 며ᄂᆞ리라 혼거슨 지비盛ᄊᆉ커나ᄒᆞᆫ
리오 며ᄂᆞ리라 혼거슨 지비盛커나ᄒᆞ다가 一ᅵᆯ時씽
싱커나ᄒᆞ매 브튼배니 ᄒᆞ다가 一ᅵᆯ時
옛富ᄬ貴ᆼ 룰과ᄒᆞ야娶츙ᄒᆞ면데그 富
貴ᆼ룰ᄢᅥ셔그남진올ᄆᆞ던ᄒᆡ너기며

오리
借使因婦財야ᄒ...以致富ᄒ며
依婦勢者ᄂ 能無愧乎아 以
司馬溫公이 닐오ᄃᆡ 물읫婚
姻힌을 議ᅙᅴᆼ論론ᄒᆞ욤애 ᄆᆞᆫ져 그 사
회와 며ᄂᆞ리의 性셩식과 ᄒᆡᆼ뎍과 그 집
법이엇던고ᄒᆞ야 솔피고 苟ᆼ且챠ᆞ히그
가ᄉᆞᆯ며 벼슬 노ᄑᆞᆫ이롤 과ᄒᆞ디마롤디
니라 사회 眞진實ᄊᆞᆯ로어딜면이 제비록

그식아비식어믜게 傲ᇢ慢만ᄐᆞ야니ᄒᆞ
리져그니 驕교ᇢ慢만ᄒᆞ며 새음ᄒᆞᄂᆞᆫ性셩
식을 養ᅀᅣᆼᄒᆞ야 일우면다ᄅᆞ나래分분別
며ᄂᆞ리쳔량을 因힌ᄒᆞ야ᄡᅥ가ᄉᆞ며로몰
닐위며 며ᄂᆞ리有우ᇢ勢솅ᄒᆞᆫ도로브터貴귕
호몰取츙ᄒᆞᆫ돌眞진實ᄊᆞᆯ로신丈ᄠᅣᆼ夫붕의
ᄠᆞ든과 그우과ᄒᆞᆫᄒᆞ나ᄂᆞ사ᄅᆞᆫ민댄能능히붓

그러오미업스리여
安定胡先生이 닐오ᄃᆡ 嫁女ᄂᆞᆫ必須勝吾家者
니 勝吾家則女之事人이 必欽必戒ᄒᆞ리라娶
婦ᄂᆞᆫ必須不若吾家者니 不若吾家則婦之
事舅姑ᅵ 必執婦道ᄒᆞ리라
安定胡先生이 닐오ᄃᆡ ᄯᆞᆯ
얼요ᄃᆡ모로매내지비셔는한디ᄒᆞ리
내지비ᄂᆞᆫ신리 사ᄅᆞᆷ셤교미반ᄃᆞ기

82-2

恭敬ᄒᆞ며 반ᄃᆞ시 조심ᄒᆞ리라ᄒᆞ느
리롤어두디 모로매 내집만곤 디몯ᄒᆞ
롤호리니 내집만곤 디몯ᄒᆞ면 ᄒᆞ며 느리 도
舅姑ᄅᆞᆯ 셤교미 반ᄃᆞ시 ᄒᆞ며 느리道리
ᄅᆞᆯ자ᄇᆞ리라

士昏禮에 曰호ᄃᆡ 父ㅣ 醮子호고 命之曰호ᄃᆡ
爾相야 承我宗事ᄒᆞᆫᄃᆞᆯ 勗帥야 以敬先妣之嗣
고 若則有常이라ᄒᆞ야ᄃᆞᆫ 子ㅣ 曰호ᄃᆡ 諾다이
惟恐弗堪

83-1

니와어 不敢忘命이호다리 父ㅣ 送女홀命之曰호ᄃᆡ
戒之敬之야ᄒᆞ야 夙夜無違命라ᄒᆞ고 母ㅣ施衿結悅
고 曰호ᄃᆡ 勉之敬之야ᄒᆞ야 夙夜無違宮事라ᄒᆞ고 庶母
及門内야 施鞶고 申之以父母之命ᄒᆞ고 命
之曰호ᄃᆡ 敬恭聽宗爾父母之言야ᄒᆞ야 夙夜無愆
고라 視諸衿鞶니라

士昏禮ᄅᆞᆯ 예닐오ᄃᆡ 아비아ᄃᆞᆯ 命ᄒᆞ야
이 혼제술어 바ᄃᆞᆯ시교ᄃᆡ 혼인 命ᄒᆞ야

83-2

닐오ᄃᆡ 가 너도올 사ᄅᆞᆷ마자 우리宗
廟ㅅ이롤 닛ᄃᆞᆯ 소ᄃᆡ 힘ᄡᅥ 드려 先
니 슬이롤 先妣ᅙᆡ 으ᄃᆞᆯ 녀는 桐ᄉᆞ戠
ᄒᆞ고 네 뎐ᄒᆞ던호몰두라 아ᄃᆞ리 닐오ᄃᆡ 그
리호리이다 오직 몯이룔가 저카니 와었
간도 命을 닛디아니호리아다아비ᄯᅩ
ᄅᆞᆯ보내제 命ᄒᆞ야 닐오ᄃᆡ 조심ᄒᆞ며 恭
敬ᄒᆞ야 일져 므리ᄒᆞ야 命을고

84-1

디 말라 어미 ᄯᅴ미오 手중巾근미오닐오
ᄃᆡ 힘ᄡᅳ며 恭敬ᄒᆞ야 일져 므리ᄒᆞ야
집이로그릇 디 말라 모리어미 ᄒᆞ야 집門 몬안해 미
처 ᄂᆞᆺ치이고 父母人命을 다시
ᄒᆞ고 命ᄒᆞ야 닐오ᄃᆡ네父母人말
수몰 恭敬ᄒᆞ야 들조와 尊히ᄒᆞ야
일져 므리ᄒᆞ야 허므리 업스라 ᄒᆞ고 ᄯᅴ와
ᄂᆞᆺ과ᄅᆞᆯ 보라 ᄒᆞᄂᆞ니라

내훈 권① 84-2

孔子ㅣ 曰하샤ᄃᆡ 婦人은 伏於人也ㅣ니 是故로
無專制之義고 有三從之道ㅣ니 在家앤 從
父고 適人하야 從夫하고 夫死커든 從子야 無所
敢自遂也ㅣ니 敎令을 不出閨門하며 事無擅爲하며 可驗而後에 言하며
食之內하며 不百里而犇喪이니 是故로 女ᄂᆞᆫ 不出閨門하며 事在饋
獨成하며 知而後에 動하며 夜行以火ㅣ니 所以正婦德也ㅣ니
之內하며 不… 及日予閨門
畫不遊庭하며 夜行以火ㅣ니 所以正婦德也ㅣ니
라 女ㅣ 有五不取ㅣ니 逆家子를 不取하며 亂家

내훈 권① 85-1

子ㅣ 不取하며 世有刑人이어든 不取하며 世有惡
疾이어든 不取하며 喪父長子를 不取ㅣ니 婦ㅣ
有七去니 不順父母ㅣ 去며 無子ㅣ 去며 滛
去며 妬ㅣ 去며 有惡疾이 去며 多言이 去며
竊盜ㅣ 去ㅣ니 有三不去ㅣ니
所歸不去ㅣ며 與更三年喪이어든 不去ㅣ며 前
貧賤後富貴어든 不去ㅣ니 凡此는 聖人이
所以順男女之際하며 重婚姻之始也ㅣ니라
孔子ㅣ 닐ᄅᆞ샤ᄃᆡ 婦人ᄋᆞᆫ사ᄅᆞ

내훈 권① 85-2

미게굿브ᄂᆞᆫ거시니 이런젼ᄎᆞ로오ᄋᆞ로
制뎡斷돤ᄒᆞᄂᆞᆫ뜨디업고 세곳ᄂᆞᆫ道똥理
링잇ᄂᆞ니 지비이셔ᄂᆞᆫ아비롤좃고사ᄅᆞ
미게가ᄂᆞᆫ남진을좃고 남진죽거든아ᄃᆞ
롤조차ᄃᆞᆯ간도졀로일오ᄂᆞᆫ배업스니라
ᄒᆞ며이리밥이반ᄂᆞᆫᄉᆞᆷ애내디아니ᄒᆞ
며ᄀᆞᄅᆞ치ᄂᆞᆫ令령을閨궹門몬에내디아니ᄒᆞ
니라이런젼ᄎᆞ로ᄒᆞ겨지븐閨궹門몬안해

내훈 권① 86-1

셔나롤져믈오고 百ᄇᆡᆨ里링ᄲᅡ해거상니
브라가몯아니ᄒᆞ며이롤쥬변으로호ᄆᆞ
업스며行ᄒᆡᆼ을ᄒᆞ오사일우미업스며모
다안後ᅘᅮᆼ에사무며어루본죽ᄒᆞ後ᅘᅮᆼ에
싸나ᄅᆞ며나져뿔혜ᄂᆞ니디아니ᄒᆞ며바
미녀더보ᄫᅡᄒᆞᆯ디니뻐겨짐이다ᄉᆞ取츙아ᄃᆞᆯ
正졍ᄒᆞᆫᄂᆞᆫ배니라겨짐의德득을
니호미잇ᄂᆞ니거슬뿐짓아ᄃᆞᆯ롤取츙티

말며어즈러온짓아도ᄅᆞᆯ取ᄒᆞ야말며뉘
마다罪ᅙᅱᆼ잇ᄂᆞᆫ사ᄅᆞᆷ여잇거든取ᄒᆞ야말
며뉘마다모딘病ᅗᅵᆼᆼ잇거든取ᄒᆞ야말며
아비일흔몬아도ᄅᆞᆯ取ᄒᆞ야마롤디니라
거지비ᄂᆞᆲ내뉴며잇ᄂᆞ니父ᄲᅮᇰ母ᄆᆞᆲ씨
順쓘티아니커든내티며ᄲᆡ용거든내
티며모딘病ᅗᅵᆼᆼ잇거든내티며말ᄉᆞᆷ하거

든내티며ᄀᆞ문ᄒᆞᆫ盗또ᇢ賊ᄶᆡᆨ거든내티
니라세ᄆᆞᆫ내뉴미잇ᄂᆞ니取ᄒᆞ혼배잇
고ᄀᆞᆯ배엄ᄭᅥ든내티디말며더브러三삼
年년거상ᄋᆞᆯ디내여든내티디말며몬져
貧삔賤쩐ᄒᆞ고後ᅘᅮᇢ에富ᄫᅮᇢ貴귕커든내
티디마롤디니라ᄆᆞᄅᆞᆯ읫이ᄂᆞᆫ聖셔ᇰ人신이
ᄡᅥ男남女녕ᄉᆞᆺᄉᆡ룰順쓘케ᄒᆞ시며婚
혼姻ᅙᅵᆫ人ᅀᅵᆫ始ᄉᆡᇰ作작ᄋᆞᆯ重뚸ᇢ히ᄒᆞᄂᆞᆫ배시

니라

內訓卷第一

内訓卷第二上

夫婦章第四

女教애 云호디 妻雖云齊나 夫乃婦天이라 禮當
敬事호디 如其父焉이니 早躬下意호야 母安尊大
오 唯知順從이오 不敢違背니 聽其教戒호디 如
聞聖經호며 寶其身體호디 若珠與璧호야 戰兢自
守호야 敢曰縱肆아 已尚不有니어 何物을 敢
恃오리오 夫苟有過ㅣ어든 委曲諫之호디 陳說利害
야 和容婉辭니 夫若盛怒ㅣ어든 悅則復諫

雖被箠鞭이라도 安敢怨恨이리오 夫職은 當尊
而妻는 為甲라 或毆或詈乃分之宜니 我
焉敢答며 我焉敢怒오리 藉以偕老ㅣ니 匪一
日故ㅣ니 纖毫之事를 必當稟聞이니 豈敢自
專이오리 專則非人이라이니 夫家有失을 勿告父
母니 徒貽親憂ㅣ라 若是紛紜이면 馬牛不如
라 死生以之니 告亦何補오리 嫁既曰歸니
家之興을 專在於婦ㅣ니 何以致斯오 又在
乎敬이니라

女녕教굥 애닐오디겨 지비비록호가지
라니르나남진은 겨지비하놀히라禮롕
로반드기恭공敬경호야 셤교디아비
티홀디니모롤낫가이호며뜨들낫기
ㅎ야거즛尊존코큰양말며오직順쓘從
쫑호믈알오 잢간도거슬떠마롤디니
룻치며警경戒갱호물드로디聖셩人신
ㅅ글드롬디티ㅎ며모몰보비로이너교

怨편望 야 며애와티리오남지니两ㅎ
任심은반드기尊존고겨지분ㅅ가온
디라시혹티며시혹구지조미分분에맛
당호미니내어듸쉰잢간이나對됭荅답
ㅎ며내어듸쉰잢간이나怒농ㅎ리오브
터혼삐늘골디라ㅎ릇젼치아니니라터
럭만이롤모로매알외율디니엇데잢간
이나제쥬변ㅎ리오쥬변ㅎ면사ㄹ미아

디구슬ㄱ티ㅎ야저허守슝홀디니잢간
이나모숨노하펴아려몸도오히려잇디
아니커니므스글미드리오남지니眞진
호디利링害행늴어ㄴ出츓溫온和뽷
實씷로허므리잇거든委윙曲콕히諫간
히ㅎ며말ㅅ몰順쓘ㅎ야커든니남진이ㅎ
다가ㄱ장怒농ㅎ야커든다시諫간
관ㅎ야비록튜뮬니버도엇데잢간이나

니니라남진의집허므를父뿡母뭏씌
ㄹ디마롤디니혼갓어버싀시르믈기티
논디라니른돌므스기보태리오남진어
러ㅎ마도라간주그며사룸ㅁ로뻐홀디
니남겨진어믠루믈도라가제집사ᄃᆞᆯ신
가어즈러이ㅎ면ㅁ소만도곤디몬ㅎ니
라지블ㄴ니ㄹ완고져홀딘댄닐오디和뽷
흠과順쓘흠과니므스ㄱ로뻐이에닐위

료佐恭공敬경 호매잇느니라
○夫婦之道ᄂᆞᆫ 參配陰陽 며 通達神明 니 信
天地之弘義며 人倫之大節也 라 是以禮
貴男女之際 고 詩著關雎之義 니 由斯言之
댄 不可不重也 라 夫不賢則無以御婦 고 婦
不賢則無以事夫 며 夫不御婦則威儀廢
壞 고 婦不事夫則義理墮闕 니 方斯二
者 댄 其用이 一也 라 察今之君子 딘혼 徒知妻
婦之不可不御와 威儀之不可不整 故로

[4-2]

訓其男ᄒ야도 檢以書傳ᄒ고 殊不知夫主之不可
不事와 禮義之不可不存也ㅣ어ᄂᆞᆯ 但教男而不
教女ᄒᆞᄂᆞ니 亦蔽於彼此之數乎ㅣ뎌 禮예 八歲
예 始教之書ᄒ고 十五而志於學矣ᄂᆞ니 獨不可
依此ᄒ야 以爲則哉아

夫봉 婦뿡의 道똫ᄂᆞᆫ 陰흠과 陽양이마
ᄌᆞ면 神씬 明명에 ᄉᆞᄆᆞᆺ니 眞진 實씷로
하ᄂᆞᆯ과ᄯᅡᆺ 콘 義ᅌᅴ며 人신 倫륜의 큰모

[5-1]

ᄃᆞ라 이런ᄃᆞ로 禮롕예 男남 女녕 人ᅀᅵᆫ ᄉᆞᅀᅵ
ᄅᆞᆯ 貴귕히 너기고 毛뭏 詩싱 예 關관 雎졍
人ᅀᅵᆫ 義ᅌᅴᆼ로 나ᄐᆞ니 關관 雎졍ᄂᆞᆫ 毛뭏 詩싱 關관 雎졍
ᄭᅮᆷ슬 ᄒᆞ미 和ᅘᅪᆼ 후ᄒᆞ며 나ᄇᆞ뼈 미 소리ᄒᆞᆶᄉ야 글월 定뗭 關관 雎졍 篇편 人ᅀᅵᆫ 關관 雎졍
ᄯᅵᄂ 글우ᄃᆞᄃᆞ 聖셩 德득 이 이쇼 ᄆᆞ이셔 사니고라
듕 文문 王왕ᄋᆞ 后ᅘᅮᇢ妃 의 德득이 ᄯᅡ미 ᄧᅦ 그ᄇᆞᆫ시며
聖셩 女녕 ᅀᅵᆷ 셩 ᅀᅵᆯ 中듕 듕 ᄒᆞᆫ 들 ᄒᆞᆷ에
ᅀᅩ실 이제 ᄢᆞᄅᆞᆯ 詩싱ㄹ 關관 雎졍 ㄹ 디ᅀᅵ 길며 오뎌 셔르 德득 和ᅘᅪᆼ 樂락

[5-2]

儀ᅌᅴᆼ 法법을 바ᄅᆞᆺ히 ᄃᆞᆫ이ᄉᆞᆨ히 ᄒᆞ시라 겨시며
고 法법을 바ᄅᆞᆺ히 ᄃᆞᆫ이 식식히 ᄒᆞ시라 겨시며
남지ᄂᆞᆯ 셤기디 몬ᄒᆞ며 威ᅙᅱᆼ 儀ᅌᅴᆼ ㅣ ᄒᆞ야디고 威ᅙᅱᆼ
ᄂᆞ리디 몬ᄒᆞ면 威ᅙᅱᆼ 儀ᅌᅴᆼ ㅣ ᄒᆞ야디고 威ᅙᅱᆼ
거느리라 남지니 어디디 몬ᄒᆞ면 남지놀 셤
거느리라 남지니 어디디 몬ᄒᆞ면 남지놀 셤
몬ᄒᆞ리라 남지니 어디디 몬ᄒᆞ면 남지ᄂᆞᆯ
브터 니ᄅᆞᆫ댄 重뜡 히 너기디 아니ᄒᆞ면
平뼝 안 安ᅙᅡᆫ 靜쪙 호ᄃᆞ 恭공 敬경ᄒᆞ니미
락히 시다며 恭공 敬경ᄒᆞ샤 미
큰락히 시다며 恭공 敬경ᄒᆞ니 ᄲᆖ 시뎡 오ᄂᆞ로

[6-1]

기디 몬ᄒᆞ면 義ᅌᅴᆼ 理링를어 디리니이두
이롤가 졸비건댄그ᄲᅮ미ᄒᆞ 가지라 이젯
君군 子ᄌᆞᆼ롤본딘ᄒᆞᆺ져지ᄇᆞᆯ거느리
아니 호미 외욤과 威ᅙᅱᆼ 儀ᅌᅴᆼ 整쪙 齊쪵 아
니 호미 외주ᄅᆞᆯ알ᄉᆞ아ᄃᆞ롤ㄱ ᄅᆞ쳐 글월
로 모ᄆᆞᆯ가지게ᄒᆞ고 남지ᄂᆞᆯ 셤기디아니
호미 외욤과 禮롕 義ᅌᅴᆼ 롤두디 아니 호미
외주로ㄹ쟝아디 몬ᄒᆞ야ᄒᆞ깃아ᄃᆞ로ㄹㄱ

男如狼이라 猶恐其尪이오 生女如鼠ㅣ라 猶
恐其虎ㅣ니라 然則修身은 莫若敬ᄒᆞ고 避強
莫若順ᄒᆞ니 故로 曰敬順之道ᄂᆞᆫ 婦人之大
禮也ㅣ라 夫敬은 非他ㅣ라 持久之謂也ㅣ오 夫順
은 非他ㅣ라 寬裕之謂也ㅣ니 持久者ᄂᆞᆫ 知止足
也ㅣ오 寬裕者ᄂᆞᆫ 尙恭下也ㅣ라 夫婦之好ㅣ 終
身不離ᄒᆞ야 房室에 周旋ᄒᆞ야 遂生媟黷ᄒᆞᄂᆞ니
媟黷이 既生ᄒᆞ면 語言이 過矣며 語言이 既過ᄒᆞ면
縱恣ㅣ 必作ᄒᆞ며 縱恣ㅣ 既作ᄒᆞ면 則侮夫之心

ᄅᆞ치고 ᄊᆞᆫᄅᆞᆯ ᄀᆞ르치디 아니ᄒᆞᄂᆞ니 ᄠᅩᄃᆞ
와 이왯 혜아료매 ᄀᆞ밀며 禮(롕)예 드러
서레비르서 그를 ᄀᆞ치고 열다ᄉᆞᆺ새 學(ᄒᆞᆨ)
ᄶᆡ애 ᄲᅮᆮ 뒷ᄂᆞ니 호오샤 이ᄅᆞᆯ 브터 法(법)삼
디아니 호미 可(캉)ᄒᆞ리여
○陰陽이 殊性고 男女ㅣ異行ᄒᆞ니 陽은 以剛
爲德고 陰은 以柔爲用ᄒᆞ며 男은 以強爲貴고
女ᄂᆞᆫ 以弱爲美ᄒᆞᄂᆞ니 故로 鄙諺에 有云生

陰(흠)陽(양)이 性(셩)이 다ᄅᆞ고 男(남)女(녕)ㅣ
ᄒᆡᆼ뎌기 다ᄅᆞ니 陽(양)은 剛(강)ᄋᆞ로ᄡᅥ 德(득)
을삼고 陰(흠)은 부드러오ᄆᆞ로ᄡᅥ
ᄡᅥ 用(용)을사ᄆᆞ며 男(남)ᄂᆞᆫ 剛(강)홈ᄋᆞ로ᄡᅥ
ᄒᆞ몰올삼고 겨지븐 弱(약)호ᄆᆞ로ᄡᅥ 貴(귀)
다오ᄆᆞᆯ삼ᄂᆞ니 이럴ᄉᆡ 世(솅)俗(쑉)애 ᄂᆡᆯ오
ᄃᆡ야 두루ᄆᆞᆯ일히 곤ᄒᆞ니ᄅᆞᆯ나하도 ᄆᆞ히려
질약호가 저코 ᄊᆞᄂᆞᄅᆞᆯ쥐ᄀᆞᆮᄒᆞ니ᄅᆞᆯ나하도

生矣ᄂᆞ니 此ㅣ 由於不知止足者也ㅣ라 夫事有
曲直ᄒᆞ며 言有是非ᄒᆞ니 直者ᄂᆞᆫ 不能不爭이오 曲
者ᄂᆞᆫ 不能不訟이니 訟爭을 既施ᄒᆞ면 則有忿怒
之事矣ᄂᆞ니 此ㅣ 由於不尙恭下者也ㅣ라 侮夫
不節ᄒᆞ면 譴呵ㅣ 從之ᄒᆞ고 忿怒ㅣ 不止ᄒᆞ면 楚撻이
從之ᄒᆞᄂᆞ니 夫爲夫婦者ㅣ 義以和親ᄒᆞ고 恩以
好合이어ᄂᆞᆯ 楚撻이 既行ᄒᆞ면 何義之有ㅣ며 譴呵ㅣ
既宣ᄒᆞ면 何恩之有ㅣ오 恩義俱廢ᄒᆞ면 夫婦ㅣ
離矣라ᄂᆞ니

ㅣ는溫혼恭공ㅎ야ㄴ즉ㅎ호몰崇쓩尚샹
ㅎㄴ니라夫붕婦뿡의도ㅣ히너교미도미
못ㄷ록여희다아니ㅎ야방안해周즇旋쎤
ㅎ야횟돌시라은므던히너교미너ㄴ
니므던히너교미ㅎㄴ나나면말ㅅ미너ㄴ
며말ㅅ미ㅎ마너므면방쌔호미ㅎ마반ㄷ기
니ㄹ와ㄷ며방쌔호미ㅎ마니ㄹ와ㄷ면
남진므던히너ㄹ만슈미나ㄴ니이마롬

오히려범곤ㅎ가저타ㅎ니그러면몸닷
고미恭공만ㅎ니업고세욤避삥호
미順쓩홈만ㅎ니업스니그럴식닐오디
敬경과順쓩은道똘ㅇ눈婦뿡人신의큰禮롕
라敬경은녀ㄴ아니라오래가져쥬몰
니ㄹ고順쓩은녀ㄴ아니라오래가졧ㄴ빈마롬
녹ㅈ녹ㅎ호몰니ㄹ니오래가졧ㄴ빈마롬
과足죡ㅎ호몰알오어위크며ㅈ녹ㅈ녹ㅎ

○夫붕有再娶之義ㅎ고婦無二適之文
ㅣ다여희ㄴ니라
남진ㄴ다시娶홈ㅅ義잉이시며겨집은
이이시리오恩ㆍ義잉다업스면夫붕婦뿡
시어늘채마조미ㅎ마行ㅎㆍ면므合義잉
親친ㅎ고恩ㆍ으로和ㆍ合ㆍㅎㄴ거
채마조미조ㅎㄴ니夫붕婦뿡ㅣ義잉로和ㆍ
지주미좃고怒롱룔마디아니ㅎ면

과足죡ㅎ호몰아디몬다시라이曲콕
ㅎ며直띡ㅎ호미이시며말ㅅ미올ㅎ며외
요미잇ㄴ니直띡ㅎ니ㄴㄷ토디아니ㅎ몰
몯ㅎ고曲콕ㅎ닌發벓明명티아니ㅎ몰
몯ㅎㄴ니發벓明명과ㄷ토ㅣ몯ㅎ마
면怒롱ㆍ호ㄴ이리잇ㄴ니ㆍ이溫혼恭공
ㅎ야ㄴ즉ㅎ호몰崇쓩尚샹아니ㅎ면구
라남진므던히너교몰짐쟉아니ㅎㄴ면

내훈 권[2](상) 10-2

曰ᄒᆞᄃᆡ 夫者ᄂᆞᆫ 天也ㅣ니 天固不可逃ㅣ오 夫固不
可離也ㅣ라 行違神祇ᄒᆞ면 天則罰之ᄒᆞ시고 禮義有
愆ᄒᆞ면 夫則薄之ᄒᆞ리니 故로 女憲에 曰ᄒᆞᄃᆡ 得意
一人이면 是謂永畢이오 失意一人이면 是謂永訖
이라ᄒᆞ니 由斯言之컨댄 不可不求其心이니 然이나 所
求者ㅣ 亦非謂佞媚苟親也ㅣ라 固莫若專心
正色ᄒᆞ야 禮義俱潔ᄒᆞ야 耳無塗聽ᄒᆞ며 目無邪視
ᄒᆞ며 出無冶容ᄒᆞ며 入無廢飾ᄒᆞ며 無聚會群輩ᄒᆞ며
無看視門戶ㅣ니 此則謂專心正色矣라 若夫

내훈 권[2](상) 11-1

動靜이 輕脫ᄒᆞ며 視聽이 陝輸ᄒᆞ며 入則亂髮壞
形ᄒᆞ고 出則窈窕作態ᄒᆞ며 說所不當道ᄒᆞ며 觀所
不當視ᄒᆞᆯᄊᆡ 此謂不能專心正色矣라
남진은다시娶츙ᄒᆞ논義읭잇고겨지븐
두번가ᄂᆞᆫ글월리업스니이럴ᄊᆡ닐오ᄃᆡ
남진은하ᄂᆞᆯ히니하ᄂᆞᆯᄒᆞᆫ本본來릥逃똫
亡망몯ᄒᆞᆯ거시오남진은本본來릥여희
디몯ᄒᆞᆯ거시라힝뎌기神씬明명ᄢᅴ어긔

내훈 권2(상) 11-2

면하ᄂᆞᆯ히罰뻘ᄒᆞ시고禮롕義읭허므리
이시면남지니ᄆᆡ야히ᄒᆞ리니그럴ᄊᆡ女
녕憲헌에닐오ᄃᆡ 女녕憲헌은겨집警경戒갱ᄒᆞᆫ글월리라 ᄒᆞᆫ
사ᄅᆞ미게ᄠᅳ들得득ᄒᆞ면이닐온永ᄋᆑᆼ히
ᄆᆞ초미오ᄒᆞᆫ사ᄅᆞ미게ᄠᅳ들일ᄒᆞ면이닐
온永ᄋᆑᆼ히ᄆᆞ초미라ᄒᆞ니이롤브터니ᄅᆞ
건댄그ᄆᆞᅀᆞᄆᆞᆯ求꿓티아니호미몯ᄒᆞ리
니그러나求꿓ᄒᆞ논배阿항黨당ᄒᆞ며아

내훈 권[2](상) 12-1

ᄅᆞᆺ다온양ᄒᆞ야苟궁且챵히親친ᄒᆞ요ᄆᆞᆯ
닐온디아니라ᄆᆞᅀᆞᄆᆞᆯ올오며顔안色식
을正졍히ᄒᆞ야禮롕義읭예다ᄆᆡ이여긔
예더러온이롤듣디말며누네보ᄆᆞᆯ邪쌍
히말며나양ᄌᆞ롤고이말며드러ᄡᅮ묘ᄆᆞᆯ
廢벵티말며무를뫼호디말며이페엿오
디마롬곤ᄒᆞ니업스니닐온ᄆᆞᅀᆞᄆᆞᆯ올오
며顔안色식을正졍히ᄒᆞ요미라ᄒᆞ다가

○夫得意一人이면 是謂求畢오 失意一人이면
是謂求訖ᄒᆞ니라 欲人이 定志專心之言也
라

動뚱ᄒᆞ며 靜쪙호미 가ᄇᆡ야오며 보ᄆᆞ며 드
로미 一ᇙ定ᄄᆡᇰ티 아니ᄒᆞ며 들면 머리허
트며 ᄌᆞ골업시ᄒᆞ고 나면 괴이ᄒᆞ야 ᄌᆞᆨ롤
지ᄉᆞ며 니르디 몯ᄒᆞᆯ바롤 니르며 보디 몯
홀바롤 볼시이 닐온 ᄆᆞᇫ물 올오ᄆᆞ며 顔안
色ᄉᆡᆨ을 正졍히 몯ᄒᆞ요미라

舅姑之心을 當可失哉오리 物이 有以恩로
自離者면 亦有以義로니 夫雖云此
愛나 舅姑之心을 奈何오 固莫尚於曲從
矣리니 然則舅姑之心을 不爾而是면 固宜從令
이라 姑云不爾어도 猶宜順命니 勿得違戾是非
爭分曲直이면 此則所謂曲從矣라 故로 女憲
에 曰호ᄃᆡ 婦如影響면 焉不可賞ᄒᆞ리오 求
ᄒᆞ사ᄅᆞ미게 ᄡᅳᄃᆞᆯ 得득ᄒᆞ면 이 닐온 求

히 ᄆᆞᄎᆞ미오 ᄒᆞᆫ 사ᄅᆞ미게 ᄡᅳᄃᆞᆯ 일ᄒᆞ면 이
닐온 求혈히 ᄆᆞᄎᆞ미라 ᄒᆞ니 사ᄅᆞ미 ᄡᅳᄃᆞᆯ
一定ᄒᆞ며 히 ᄆᆞᄎᆞ물 올오과뎌 ᄒᆞ논 마
리라 舅姑의 ᄆᆞᄎᆞ물 얻디 후미 맛
당ᄒᆞ리오 物의 恩惠로 제 헐리 잇ᄂᆞᆫ니
리이시며 義로 제 혈리ᄂᆞ니 남
진이 비록 ᄉᆞ랑ᄒᆞ나 舅姑ㅣ 외다 ᄒᆞ
면 이 닐온 義로 제 허로미라 그러면 舅

姑의 ᄆᆞᄎᆞ물 엇뎨료 曲盡히
조ᄎᆞ매 더으니 업스니라 ᄉᆞ어미 닐오ᄃᆡ
너롤 외오 아니 너겨 올타 ᄒᆞ면 본ᄃᆡ 令
을 조초미 올코 싀어미 닐오ᄃᆡ 너를 외
라 ᄒᆞᆫ야도 오히려 命을 順호미 올ᄒᆞ
니 올ᄒᆞ며 외요매 거슬뼈 고ᄇᆞ며 直
ᄯ호몰 ᄃᆞ토아 分揀티 마롤디니 이
닐온 曲盡히 조ᄎᆞ미라 그럴시 女

太寬야 以至懈弛라니 至於婢勝야 當推以仁
니 汝女를 汝愛ᄒᆞᄂᆞᆫ 彼獨非人가 以已取譬
면 衆事를 可見니 有人心者ㅣ 能不興念가
軫其飢寒며 均其勞逸야 甚不得已사어 始加
詞詰라이니 他事ᄂᆞᆫ 或易와커니 爲婦ㅣ 最難ᄒᆞ니
爲婦ㅣ 最難나ᄒᆞ 可不勉旃가
方氏 女敎를 애 닐오디 온가짓일
나미 해겨지블ᄂᆞᆫ니ᄒᆞ마 모디 러새옴

憲에 닐오디 며느리그리메와 뫼사리
곤ᄒᆞ면 엇뎨 아ᄅᆞᆷ답디 아니ᄒᆞ리오ᄒᆞ니
라
方氏女敎애 云호ᄃᆡ 百事之生이 多自婦人ᄂᆞ
니 旣悍而妬ᄒᆞ고 復毒而嗔ᄒᆞᄆᆞᆫ 大則破家ᄒᆞ고 小
則亡己니 나리 舉目而觀댄 此ㅣ 滔滔皆是라ᄒᆞ니 唯
寬與慈와 及無偏頗ㅣ니 家懷니 家當
自和ᄒᆞ리라 視其緩急ᄒᆞ야 操縱을 合理며 又母

예마ᄎᆞᄒᆞ며 ᄠᅥ너 모아 위여 게을오매
니르디마롤디니라 죠ᄒᆞ이며 고마의게 니
류러 모로매仁 으로 미ᄅᆞᆯ디니네 ᄯᅩᆫ롤네
ᄉᆞ랑ᄒᆞᄂᆞ니뎌 ᄂᆞᆷ 오사사ᄅᆞ마니가 모
모로 가조비면 한 이롤어루 보니사ᄅᆞ
ᄆᆞ나소디ᄂᆞᆫ 비치면한 이롤어루 완디아니ᄒᆞ
편비 골ᄒᆞ며 치우믈 어엿비너기며 ᄀᆞ장不得
며 便安ᄒᆞᆫ ᄒᆞ올골오ᄒᆞ야 ᄀᆞ장不得

ᄒᆞ고 ᄯᅩ 有毒ᄒᆞᆨ야 嗔親心ᄒᆞ면 크
면지블ᄒᆞ야 ᄇᆞ리고 져그면 모믈배리
니 누늘 드러 보건댄 滔滔ᄒᆞ니 다그
ᄒᆞ니라 오직 어위쿰과 慈悲 와 偏頗
업수미ᄂᆞᆫ 一定ᄒᆞᆯ사오 有德
리라ᄂᆞ 지비 당다이절로和ᄒᆞ며 퍼ᄆᆞᆯ理

16–2

득巳ᅵ커ᄉᆞ비르서구지주믈더올디니
라녀ᄂᆞ이론시혹쉽거니와겨지비못어
려우니겨지비못어러우니어름쁘디
아니ᄒᆞ야려
顏氏家訓에 曰호ᄃᆡ 婦ᄂᆞᆫ 主中饋라 唯事酒食
衣服之禮耳니 國에 不可使預政이며 家애 不
可使幹蠱ᄂᆡ 如有聰明才智야ᄒᆞ며 識達古今ᄒᆞ야라
正當輔佐君子야ᄒᆞ야 勸其不足이언뎡 必無牝

17–1

雞晨鳴야ᄒᆞ야 以致禍也ᅵ라ᄂᆞ니
顏안氏씽家강訓훈에 닐오ᄃᆡ 겨지븐
온디이셔 飮흠啖땀올ᄀᆞᆷ아ᄂᆞᆫ디라ᄋᆞ
직수리며바비며 衣ᄒᆡᆼ服뽁브튼 禮롕룰
일사ᄆᆞᆯ쑬ᄂᆞ니언뎡 나라해어루여 政졍
事ᄊᆞᆼ 參참預영호ᄆᆞᆯ몯ᄒᆞ리니 ᄒᆞᆫ다가 聰총
루히여일맛됴미몯ᄒᆞ리며집비어
明명ᄒᆞ며지조와 智딩慧ᅘᅨᆼ왜이셔넷이

17–2

리며이젯이롤ᄉᆞ뭇알리라도 正졍히반
ᄃᆞ기 君군子ᄌᆞ롤도와 不붕足죡ᄒᆞ오ᄃᆡ
ᄅᆞᆯ 勸권호ᄆᆞᆯ쑬ᄂᆞ니언뎡 모로매암ᄐᆞᆯ기아ᄐᆞ
미우러ᄡᅥ 炎ᅟᅵᆷ禍ᅘᅪᆼ롤닐위요미업서ᅀᅡ
ᄒᆞ리라
程太中夫人侯氏ᅵ 事舅姑애 以孝謹으로 稱
ᄒᆞ리라
與太中로 相待如賓客ᄒᆞ더니 太中이 賴其
內助야ᄒᆞ야 禮敬이 尤至더든 而夫人이 謙順自牧

18–1

야ᄒᆞ야 雖小事ᅵ라 未嘗專야ᄒᆞ야 必禀而後에 行ᄒᆞ더
라 夫人者ᄂᆞᆫ 二程先生之母也ᅵ라
程뎡太탱中듕의 夫붕人ᅀᅵᆫ 侯ᅘᅮᇦ氏씽ᅵ
舅귷姑공롤셤교ᄃᆡ 孝ᄒᆢᆼ道ᄯᅩᇢ며 侯ᅘᅮᇦ氏씽ᅵ
오ᄆᆞ로일콜ᄋᆞᆷ이며 太탱中듕과로서르待
ᄅᆞᆯ接졉호ᄆᆞᆯ손ᄀᆞ티ᄒᆞ더니 太탱中듕이
안해셔도오ᄆᆞᆯᄂᆡ버禮롕敬경이더욱至
징極끅ᄒᆞ거든 夫붕人ᅀᅵᆫ이 謙켬順쓘ᄋᆞ로

19-1

榮陽公이 處身이 如此ᄒᆞᆯ시 每歎范內
翰야 以爲不可及이러라ᄒᆞ
呂령榮워ᇰ公공이 夫붕人신이신 仙션源원이
아리 닐오ᄃᆡ 侍講ᄋᆞ로 夫붕人신婦이
ᄃᆡ외야 ᄒᆞᆫ대 사로미여 순ᄒᆞᆯ도
로 도ᄂᆞᆯ근 저기 업스며 ᄒᆞᆷ처믄 제브터ᄂᆞᆯ
구메니르리 비록 잘못 우ᄒᆞ리라도 잢간도
노릇ᄒᆞ야 우숨 아니ᄒᆞ라ᄒᆞ니 榮워ᇰ陽

18-2

모몯가져 비록 져근 이리라도 잢간도 自
專쪈 티 아니ᄒᆞ야 모로매 솔온 後ᅘᅮᇢ에
ᄮ行ᅘᆡᇰᄒᆞ더라 夫붕人신은 二ᅀᅵᆼ程떠ᇰ先션
先션生ᄉᆡᇰᄋᆡ 어마님이라 二ᅀᅵᆼ은 明며ᇰ道ᄯᅩᇢ
生ᄉᆡᇰᄋᆡ 어마님이라 明며ᇰ道ᄯᅩᇢ通투ᇰ先션
婦뿡야 相샤ᇰ處츈 六뉵十씹年년에 未未嘗썅一ᅵᆶ日
呂령榮워ᇰ公공夫붕人신仙션源원이 嘗썅言언호ᄃᆡ 與侍講ᄋᆞ로 爲夫
自少ᄉᅛ至지老로ᇢ히 雖社席쎡之지上쌰ᇰ之上이라도 未未嘗썅戲횡笑

20-1

與賢者로 語호ᄃᆡ 不知飢倦也ㅣ라ᄒᆞᆫ대 姬曰
王之所謂賢者ᄂᆞᆫ 何也오ᄒᆞᆫ대 虞丘子
也ㅣ라 姬掩口而笑ᄒᆞ야ᄂᆞᆯ 王曰 姬之所笑
何也오ᄒᆞ야ᄂᆞᆯ 對曰 虞丘子ㅣ 賢則賢矣와
未忠也ㅣ니ᄒᆡᆫ대 王曰 何謂也오 對曰
妾이 執巾櫛 十一年이니 遣人之鄭衛ᄒᆞ야 求
美人야 進於王ᄒᆞᄂᆞ니 今에 賢於妾者ㅣ 二人이오
同列者ㅣ 七人이니 妾은 豈不欲擅王之寵愛
哉마릿고 妾은 聞堂上兼女ᄂᆞᆫ 所以觀人能

19-2

公공이 몸 가죠미 이 ᄀᆞᆮᄒᆞᆯ호ᄃᆡ 민샤ᇰ范범內뇡
翰ᄒᆞᆫ을 范범內뇡翰ᄒᆞᆫ은 姓셔ᇰ이오 일후ᄆᆞᆫ 미라ᄂᆡᇰ 讚잔歎탄
樊姬ᄂᆞᆫ 楚莊王之夫人也ㅣ니라 莊王이 即位
好狩獵이어늘 樊姬ㅣ 諫ᄒᆞ야시ᄂᆞᆯ
不食禽獸之肉ᄒᆞ대 王이 改過ᄒᆞ야 勤於政事
ᄒᆞ시니 王이 嘗聽朝罷晏ᄒᆞ야시늘 姬下殿迎日
何罷晏也고 ᄒᆡᆫ대 王曰
何罷晏也오 ᄒᆞ야시ᄂᆞᆯ 得無飢倦乎가 王曰

내훈 권2(상) 20-2

也ㅣ라ᄒᆞ니 妾이 不能以私로 蔽公ᄒᆞ야 欲王ᄋᆞ로 多
見ᄒᆞ야 知人能也ᄒᆞᅌᅥ다 今에 虞丘子ㅣ 相楚ㅣ
十餘年이니 所薦이 非子弟면 則族昆弟오 未
聞進賢退不肖ᄒᆞ니 是는 蔽君而塞賢路ㅣ니 知
賢不進이면 是는 不忠이오 不知其賢이면 是는 不
知也ㅣ니 妾之所笑ㅣ 不亦可乎잇가 王이 悅
ᄒᆞ샤 明日에 以姬言ᄋᆞ로 告虞丘子ᄒᆞ신대 丘子ㅣ
避席ᄒᆞ야 不知所對ᄒᆞ니라 於是에 避舍ᄒᆞ고 使人
ᄋᆞ로 迎孫叔敖而進之ᄒᆞ야ᄂᆞᆯ 王이 以爲令尹ᄒᆞ샤

내훈 권2(상) 21-1

治楚三年에 而莊王이 以覇ᄒᆞ시니 楚史ㅣ 書
曰ᄒᆞᄃᆡ 莊王之覇는 樊姬之力也ㅣ라ᄒᆞ니라
樊뻔姬긩는 楚총莊장王왕 夫붕人ᅀᅵᆫ
이시니라 莊장王왕이 卽즉位윙ᄒᆞ샤 山산
行ᅘᆡᆼ ᄋᆞᆯ 즐기거시ᄂᆞᆯ 樊뻔姬긩ㅣ 諫간
ᄒᆞ시니 마디 아니커시ᄂᆞᆯ 즘ᄉᆡᆼᄋᆡ 고기ᄅᆞᆯ
먹디 아니ᄒᆞ신대 王왕이 改ᄀᆡᆼ過광ᄒᆞ샤
政졍事ᄊᆞᆼ ᄅᆞᆯ 브즈러니ᄒᆞ시니라 王왕이

내훈 권2(상) 21-2

朝ᄯᅧᇢ會ᅘᅫᆼ 마자 늣거ᅀᅡ 罷빵ᄒᆞ야시ᄂᆞᆯ 姬
긩ㅣ 殿뗜에 ᄂᆞ려 마자 ᄉᆞᆯ오샤ᄃᆡ 엇디 늣
거ᅀᅡ 罷빵ᄒᆞ시니잇고 아니 ᄇᆡ골ᄑᆞ며 ᄀᆞᆺ
ᄇᆞ니잇가 王왕이 니ᄅᆞ샤ᄃᆡ 賢현者쟝와
말ᄒᆞᆫ디라 ᄇᆡ골ᄑᆞ며 ᄀᆞᆺᄇᆞᆫ주를 아디 몯호
이다 姬긩 ᄉᆞᆯ오샤ᄃᆡ 王왕이 賢현者쟝ㅣ
라 니ᄅᆞ시ᄂᆞ닌 엇더니잇고 니ᄅᆞ샤ᄃᆡ 虞
웅丘쿵子쭝ㅣ니이다 姬긩이 블ᄀᆞ리와

내훈 권2(상) 22-1

우ᅀᅳ신대 王왕이 니ᄅᆞ샤ᄃᆡ 姬긩ᄋᆡ 우ᅀᅮ
ᄆᆞᆫ 엇뎨잇고 ᄉᆞᆯ오샤ᄃᆡ 虞웅丘쿵子쭝ㅣ
어디로미ᅀᅡ 어딜어니와 忠듕貞뎡ᄃᆞ외
디 몯ᄒᆞ니이다 王왕이 니ᄅᆞ샤ᄃᆡ 엇뎨니
ᄅᆞ시ᄂᆞ뇨 對됭答답ᄒᆞ샤ᄃᆡ 내 슈건과 비
ᄉᆞᆯ잡ᄉᆞ오미 열ᄒᆞᆫ ᄒᆡ니 사ᄅᆞᄆᆞᆯ 鄭뎡國귁
衛윙國귁에 보내야 고ᄋᆞᆫ사ᄅᆞᄆᆞᆯ 求꿍ᄒᆞ
야 王왕ᄭᅴ 받ᄌᆞ오니 이제 내게셔 어디니

두사ᄅᆞ미오날와 ᄀᆞᆮ오니 닐구비니 妻쳡
은 엇뎨 王왕끠 得득 寵통ᄒᆞ요ᄆᆞᆯ ᄒᆞ오ᅀᅡ
코뎌 아니ᄒᆞ리잇고 마ᄂᆞᆫ 妻쳡은 ᄃᆞ로니
지븨 겨지블 어러 호ᄃᆞ ᄆᆞᆫ 사ᄅᆞ미 能ᄂᆞᆼᄋᆞᆯ
보ᄂᆞ다 호니 妻쳡이 아롬ᄋᆞ로 뻐 公공 反
보ᅀᅡ 사ᄅᆞ미 能ᄂᆞᆼ을 아ᄅᆞ시과뎌 호이다
이제 虞ᅌᅮ丘ᇢ子ᄌᆞᆼㅣ 楚총로도 오미여

라 ᄆᆞᆫ히니 擧겅薦젼 혼 배 子ᄌᆞᆼ弟똉 옷 아
니면 아ᅀᆞ맷 兄혱弟똉 오 어디 닐 나소고
不붏肖숗ᄒᆞᆫ 닐 오 어디 닐 나 이ᄂᆞᆫ
님그ᄆᆞᆯ ᄀᆞ리와 어딘 사ᄅᆞᆷ 길호ᄆᆞᆯ 막ᄂᆞᆫ디
니 어디 닐 오나소디 아니ᄒᆞ면 이ᄂᆞᆫ 忠
이 아니오 그 어디 니롤 아디 몯ᄒᆞ면 이
ᄂᆞᆫ 智딩 아니니 妻쳡의 우ᅀᅮ미 올티 아니
ᄒᆞ니잇가 王왕이 깃그ᄉᆞ이 ᄃᆞᆺ나래 姬깅

의 말로 虞ᅌᅮ丘ᇢ子ᄌᆞᆼㅣ 더브러 ᄂᆞᆯ신대
丘ᇢ子ᄌᆞᆼㅣ 天텬下ᅘᅡᆼ 對됭答답호ᄃᆡ
바ᄅᆞ아 디몯ᄒᆞ니라 그제 집을 避삥ᄒᆞ고
사ᄅᆞᆷ ᄇᆞ려 孫손叔슉敖ᅀᅭᆷ로 ᄆᆞ자 나소아
놀 王왕이 샤 이슈尹윤올 사ᄆᆞ샤ᄋᆞᆫ
楚총 다ᄉᆞ린 三삼年년에 莊장王왕
이 霸방主즁ᄒᆞ시니 楚총ㅅ 史ᄉᆞᆼ官관
이 ᄡᅥ 닐오ᄃᆡ 莊장王왕의 霸방主즁ㅣ

요 ᄆᆞᆫ 樊뻔姬깅ㅣ라 ᄒᆞ니라
昭쬴姬깅者쟝ᄂᆞᆫ 越왏王왕句궁踐쎤之징女녕오 楚총昭쬴王왕之징姬깅
也야ㅣ니라 昭쬴王왕이 燕ᅙᅥᆫ遊ᅌᅮ시니라 蔡ᄎᆡᆼ姬깅
姬깅衆즁右ᅌᅮᇢ시어 王왕이 親친乘씽駟ᄊᆞᆼ以ᅵᆼ馳띵逐뙁고시
遂ᄊᆔᆼ登등附뿡社쌰之징臺떵ᄒᆞ야 以ᅵᆼ望망雲운夢뭉之징圃항ᄒᆞ야 觀관士ᄊᆞᆼ大
夫붕ㅣ逐띡姬깅고 시 既긩驩ᅘᅪᆫᄒᆞ야 乃냉顧공二ᅀᅵᆼ姬깅曰ᅌᅯᇙ호ᄃᆡ 吾ᅌᅮᄋᆡ 願원
與영子ᄌᆞᆼ로 生ᄉᆡᆼ若ᅀᅣᆨ此ᄎᆞᆼ이고 死ᄉᆞᆼ又ᅌᅮᇢ若ᅀᅣᆨ此ᄎᆞᆼ라노 蔡ᄎᆡᆼ姬깅曰ᅌᅯᇙ호ᄃᆡ
昔셕에 敝폥邑힙宰ᄌᆡᆼ君군이 固ᄀᆞᆼ以ᅵᆼ其끵黎롕民민之징役역로 事ᄊᆞ君군

能法吾先君샤 將改斯樂而勤於政也ㅣ니
다다 今則不然고시 而要婢子以死ㄴ시니시
可得乎가 且君王이 以束帛乘馬로 取婢
子於敝邑시니놀어 寡君이 受之太廟也ㅣ니
約死니니시 妾은 聞之諸姑호니 婦人이 以死
彰君之善며 益君之寵오니 不敢聞其苟從其
欲也로소니 妾은 不敢聞命이어니와다 猶親璧於
是예 王이 寤샤 敬越姬之言디샤 而猶親璧於
蔡姬也ㅣ시다러니 居二十五年에 王이 救陳시
다가

王之馬足ㅣ라 故로 以婢子之身으로 爲苞苴玩
好ㅣ시놀 今乃比於妃嬪니시 固願生俱樂
死同時이러니다노라 王이 顧謂史書之라호 蔡姬許
曰호 吾ㅣ樂則樂矣와니 然나니 不可火也이시니 越姬對曰
從샤야死矣로다 復謂越姬샤 書之라호 蔡姬許
君莊王이遊樂샤 卒霸天下니시 妾이 以君王
其不可得乎아 越姬對曰 生若此고死若此ㅣ니 吾先
而能改샤

爲君王死니 而況於妾乎아 請願先驅狐狸
於地下이다노라 王曰디샤 昔之遊樂에 吾ㅣ戲
耳나라 若將必死면 是彰孤之不德也ㅣ라越
姬曰 昔日에 妾은 雖口不言나心已許
之矣로다 妾은 聞信者는 不負其心며 義者는
不虛設其事호니라 妾은 爲死王之義오 不死
王之好也ㅣ다니고 遂自殺니라 王이 病甚샤
讓位於三弟대신고 三弟不聽다더니 王이 薨於軍
中시놀 蔡姬竟不能死라니 王의 弟子閭ㅣ

二姬從시니러니 王이 病在軍中시러어 有赤雲이
夾日야놀 如飛鳥ㅣ어놀 王이 問周史대 史ㅣ
曰디 是害王身이어시니놀 可以移於將相이어다니
王矣로다 大哉라 昔日之遊는 猶股肱也ㅣ니 今移禍
敢許니라 及君王이 復於禮샨 國人이 皆將
王曰 庸爲去是身乎아 是로 妾이 願從
焉면이 是害王身니어든 不聽시놀 越姬曰
將相이어놀 聞之고 將請以身으로 禱於神이어다니

與子西와 子期로 謀曰 母信者ᅵ 其子
必仁이라 乃伏師閣壁고 迎越姬之子熊章
아 立니 是爲惠王니 然後애 罷兵야 歸葬昭
王라니

昭越姬 越ㅅ昭姬 눈 越王
ㅅ리오 楚ㅅ人昭 王ㅅ姬시니라
昭王이 노니더시니 蔡姬 눈 올흔녀긔 잇더시
녀긔잇고 越姬 눈 올흔녀긔잇시

昭王이 親히 駟馬롤 타 돌여 뽀
太시고 附社臺예 오릇샤 雲夢
을 보라 士圓 롤부라 大夫와 날보시고 즐가
라미 夫人이 大夫 붕의 뜻 닐
샤 두姬 롤도라보와 나릇샤 두즐우
녀蔡姬 姬 롤 對答 수오
되 王이 나릇샤디 즐거우
이다王이니릇샤되내願원 둔그듸
와사라셔이긔티고주거도소이긔티

고 져 노라 蔡姬 솔 오 듸네 敕
邑 옛님그미 敬姬는 사
니을 指 야 百姓의 올니나
君王의 모로 바롤 섬긴 전太로 婢子
의모로바롤 섬玩 정玩 好롤사마
시놀이 제妃嬪 에가 비시니니眞
實로 顧 둔사라셔 嗚즐기고주

구믈흰圖고져 노이다王이 史
官도라보샤 쓰라 蔡姬
구려 夫다 越姬 날조차주
신대越姬 롤對答 되 브러니르
미사 즐겁거니와 그러나오라디몬니
이다王이니릇샤되내願원둔그듸
와사라셔이긔티고주거도이긔티
고져 노니그룰어루得디몬리여

越越姬 對ᄃᆡᆼ答답 ᄒᆞ샤ᄃᆡ 네 우리 先션
君군 莊쟝王왕이 濁ᄋᆞᆷ을 樂락ᄒᆞ샤 三삼年
년을 政졍事ᄊᆞᆼ 듣디 아니ᄒᆞ더시니 무 太
매 能능히 고티샤 天텬下하ᇢ애 霸방主즁
ㅣ 도외시니 ᄎᆞ妾쳡이 君군王왕이 우리 先
션君군을 能능히 政졍事ᄊᆞᆼ 로ᄇᆞ즈러니ᄒᆞ
거우믈 고티샤 쟝太이즐
시리라ᄒᆞ다니 이제 그러티아니ᄒᆞ시고

婢ᄈᆡᆼ子ᄌᆞ 와 주구ᄆᆞ로 期긩約햐ᄒᆞ시ᄂᆞ
니 어루그리 ᄒᆞ리잇가 쏘 君군王왕이 幣뼝
帛ᄇᆡᆨ과 네ᄆᆞᆯ로 婢ᄈᆡᆼ子ᄌᆞ롤 敬경邑읍
에 取ᄎᆔ커시ᄂᆞᆯ을 指징ᄒᆞ야니라 越웛國귁이라 우
리ᄂᆞ니ᄆᆞ大땡朝ᄄᆎ로 애가 受쓩命ᄆᆡᆼ ᄒᆞ샤
디주구믈 期긩約햐 디아니 ᄒᆞ시니 婦뿡人신이
온모ᄃᆞᆫ아즈미孫손디 도로니 님금의어디록샤ᄆᆞᆯ나토며
주구ᄆᆞ로ᄢᆡ님금의어디록샤ᄆᆞᆯ나토며

님금의 得득 寵통을 더으고 苟굴且챵히
그스기 주구ᄆᆞᆯ 조ᄎᆞᄆᆞ로 榮ᅌᅯᆼ華ᅘᅪᆼ 三삼
다 ᄃᆞᆰ디아니ᄒᆞ니 妾쳡은 命ᄆᆡᆼ을 듣ᄌᆞᆸ디
몯ᄒᆞ리로소이다 그제 王왕이 ᄭᆡᄃᆞ라 越웛
姬긩마롤 恭공敬경ᄒᆞ샤ᄃᆡ 蔡ᄎᆡᆼ姬긩
롤손ᄌᆡ 親친히 ᄭᅮ랑ᄒᆞ더시다스ᄆᆞᆯ다ᄉᆞᆺ
힛자히 王왕이 陳띤을 救굴ᄒᆞ실제陳띤나
마릿월후 두姬긩 조차가더니니라王왕이病뼝
라

ᄒᆞ야軍군中듕에겨시거ᄂᆞᆯ블근구루미
히롤ᄢᅦ ᄂᆞᆫ새 곤거ᄂᆞᆯ王왕이周즁史ᄉᆞᆼ
의게무르신대ㅅ周즁史ᄉᆞᆫ史ᄉᆞᆼ周즁史ᄉᆞᆼ
ㅣ라ㅣ라ᄂᆞᆯ오ᄃᆡ이노王왕人ᄉᆞᆷ매有ᅌᅮᆼ害ᄒᆡᆼᄒᆞ
니그러나어루將쟝軍군과宰ᄌᆡᆼ相샹ᄋᆡ게
올모리이다將쟝軍군宰ᄌᆡᆼ相샹이듣고
쟝太제ᄆᆞ모ᄆᆞ로鬼귕神씬ᄭᅴ게비러지하
다請쳥ᄒᆞ거ᄂᆞᆯ王왕이니ᄅᆞ샤ᄃᆡ將쟝軍

내훈 권2(상) 30-2

군과 率쟁相샹과는 내 거긔 허튀와 불과
곤ᄒᆞ니 이제 災징禍ᅘ와롤 ᄀᆞᆷ기면 엇뎨 이
모매 업스리오 ᄒᆞ시고 듣디 아니ᄒᆞ야시
ᄂᆞᆯ 越욇姬긩 니ᄅᆞ샤ᄃᆡ 크실셔 君군王왕
ㅅ 德득이여 일로ᄡᅥ 妾첩이 ᄯᅩ 王왕 올죠ᄯᅩ
오려 願원ᄒᆞ노이다 녯날 노리ᄂᆞᆫ 涵음ᄒᆞ
이라이럴시 許형티 아니ᄒᆞ다니 君군
樂락이 ᄒᆡᆺ禮롕예도라 가샤매 미처ᄂᆞᆫ 나

내훈 권2(상) 31-1

랏 사ᄅᆞ미다 쟝 太君군王왕을爲윙ᄒᆞ야
주구려 ᄒᆞ리니 ᄒᆞ몰며 妾첩이 쓰녀 請쳥
혼딘 여수와 솔길 사아래가 몬져 모로려
願원ᄒᆞ노이다 王왕이 니ᄅᆞ샤ᄃᆡ 네 놀며
즐겨 ᄒᆞ졘 내 弄롱談땀ᄒᆞ다니 ᄒᆞ다 가반
ᄃᆡ 기주구 ᄒᆞ면 이ᄂᆞᆫ 내의 사오나온 德득을
나ᄯᅩ 간디니라 越욇姬긩 솔오ᄃᆡ 녜 妾첩
이 비록 이 베니ᄅᆞ디 아니ᄒᆞ나 모수매ᄒᆞ

내훈 권2(상) 31-2

마 許형ᄒᆞ이다 妾첩은 드로니 信신ᄒᆞ사
ᄅᆞᆷ은 그 ᄆᆞ수물 지여 ᄇᆞ리디 아니ᄒᆞ며 義읭
ᄂᆞᆫ다ᄒᆞ니 ᄅᆞ사ᄅᆞᆷ은 그 이룰虛헝히 ᄒᆞ디아니ᄒᆞ
왕ㅅ 즐교매 죽디 아니ᄒᆞ노이다 ᄒᆞ고 王왕
개 주구 시니라 王왕이 病뼝이 甚씸ᄒᆞ샤
位윙룰 세앙ᅌᅴ게辭쌍讓샹ᄒᆞ신대 세앙
이 듣디 아니ᄒᆞ니라 王왕이 軍군中듕에

내훈 권2(상) 32-1

셔 죽거시ᄂᆞᆯ 蔡챙姬긩 ᄆᆞ太매能ᄂᆞᆼ히 죽
디 몯ᄒᆞ니라 王왕의 아ᄉᆞ子중 闔령ᅵ子중
西셩와 子중 期끵와로 議읭論론ᄒᆞ야
닐오ᄃᆡ 어미 信신ᄒᆞ사ᄅᆞ미 그 아ᄃᆞᆯ 반
ᄃᆡ 기 仁신ᄒᆞ리라 ᄒᆞ고 軍군士쌍룰 고초
고 陣띤ㅅ門몬을 닫고 越욇姬긩 아ᄃᆞᆯ 熊
ᄬ章쟝을 마자 세니 이 惠ᅘ王왕이니 그
ᄅᆞ這後ᅘ에사 軍군士쌍룰 罷뻥ᄒᆞ야도

라와 昭ᄋᆞ로 王왕이 ᄃᆞ외시니라

後漢明德馬皇后ᄂᆞᆫ 伏波將軍援之少女也ㅣ시니
少喪父ᄒᆞᅀᆞᆸ고 母兄容卿의 敏慧ᄒᆞ더니 早夭
時예 年이 十歲어시ᄂᆞᆯ 幹理家事ᄒᆞ시며 勅制僮御ᄒᆞ샤
內外諸家ㅣ
后ㅣ 嘗久疾ᄒᆞᄂᆞ니 後에 聞之ᄒᆞ고 咸歎異焉ᄒᆞ더라 初에 諸者ㅣ
莫知者ㅣ러니 大夫人이 今筭之ᄒᆞ대
后ㅣ 曰 此女ㅣ 雖有患狀이나 而當大貴ᄒᆞ리니

兆不可言也ㅣ로다 後에 又呼相者使占諸
女見后大驚曰 我必爲此女야 稱臣리라 得力
時년年이 十三이니라 奉承陰后며 傍接同列
禮則이 修備며신대 上下ㅣ安之니라 遂見
寵異샤 常居後堂시니 人이 明帝即位샤 以后로
爲貴人니라 時예 后ㅣ前母姊女賈氏亦以
選入야 生蕭宗대 帝以后ㅣ無子로 命令養

之고 謂曰 人이 未必當自生子니 但
患愛養이 不至耳라니라 於是예 盡心撫育
勞悴ㅣ過於所生니 后ㅣ蕭宗도 亦孝性이
導篤며 恩性이 天至샤 母子慈愛샤 始
終無纖介之間니라 后ㅣ常以皇嗣ㅣ未廣
로 每懷憂歎샤 薦達左右야 若恐不及샤
後宮이 有進見者ㅣ어든 每加慰納며 若
寵引秦立長秋宮ᄒᆞ거든 帝未有許言이니라
司ㅣ

太后ㅣ曰 馬貴人이 德冠後宮니 即其
人也ㅣ시니 遂立爲皇后시니라 先是예 夢有
小飛虫이 無數赴著身고 又入皮膚中야 而
復飛出라니 既正位宮闈샤 愈自謙肅샤
身長이 七尺二寸이시고 方口美髮이러시다
易며 好讀春秋楚辭고 尤善周官과 董
仲舒書諸姬主ㅣ 常衣大練고 裙不加緣며
朔望애 諸姬主ㅣ朝請샤 望見后布의 疎麤
고 反以爲綺穀다야 就視고 乃笑대 后ㅣ

辭曰ᄒᆞ샤ᄃᆡ此繒이特宜染色故로用之耳라ᄒᆞ라
六宮이莫不歎息ᄒᆞ더라帝ㅣ嘗幸苑囿離宮
이어시ᄂᆞᆯ后ㅣ輒以風邪露霧로爲戒ᄒᆞ샤辭意款
備ᄒᆞ야多見詳擇ᄒᆞ시다더니帝幸濯龍中ᄒᆞ샤並召諸
才人ᄋᆞᆯ니ᄒᆞ시니帝笑曰ᄒᆞ샤ᄃᆡ是家ㅣ志不好樂ᄒᆞᄂᆞ니請呼
皇后ㅣ十五年에帝按地圖ᄒᆞ샤將封皇
雖來ᄒᆞ시나無歡ᄒᆞᄂᆞ니라是以로遊娛之事애希嘗從焉ᄒᆞ시더니后ㅣ見而言曰ᄒᆞ샤ᄃᆡ
子ㅣ

諸子ㅣ裁食數縣이어ᄂᆞᆯ於制예不已儉乎아ᄒᆞᆫ
帝曰ᄒᆞ샤ᄃᆡ我子ᄂᆞᆫ宜與先帝子로等乎아
오歲給二千萬이足矣라ᄒᆞ더시니時예楚獄이連年
不斷ᄒᆞ야囚相證引ᄒᆞ야坐繫者ㅣ甚衆이어ᄂᆞᆯ后ㅣ
慮其多濫ᄒᆞ샤乘間ᄒᆞ야言及ᄒᆞ샤ᄂᆞᆯ帝感
悟之ᄒᆞ샤夜起彷徨ᄒᆞ샤爲思所納ᄒᆞ샤卒多有所
降宥ᄒᆞ니라時예諸將奏事와及公卿較議難
平者ᄅᆞᆯ帝數以試后ㅣ시더니后ㅣ輒分解趣理
ᄒᆞ샤各得其情ᄒᆞ시더니每於傳執之際예輒言及

政事ᄒᆞ샤多所毗補ᄒᆞ고시나而未嘗以家私로干
欲ᄒᆞ시며寵敬日隆ᄒᆞ샤始終無衰ᄒᆞ니라及帝崩
ᄒᆞ야ᄂᆞᆯ肅宗이即位ᄒᆞ샤尊后曰皇太后ㅣ라ᄒᆞ다
諸貴人이當從居南宮이어ᄂᆞᆯ太后ㅣ感析別
之懷ᄒᆞ샤各賜王赤綬ᄒᆞ고加安車駟馬와白
越三千端과雜帛二千匹와黃金十斤ᄒᆞ시다
自撰顯宗起居注ᄒᆞᆯᄉᆡ削去兄防의參醫藥
事ᄒᆞᆫ대帝請曰ᄒᆞ야黃門舅ㅣ朝夕供養이
且一年이니既無褒異ᄒᆞ시고又不錄勤勞ᄒᆞ샤

無乃過乎ㅣ잇가太后ㅣ曰ᄒᆞ샤ᄃᆡ吾ㅣ不欲令
後世로聞先帝의數親後宮之家故로不著
也ㅣ라ᄒᆞ니라建初元年에欲封爵諸舅ㅣ어ᄂᆞᆯ太后
ㅣ不聽ᄒᆞ다明年夏애太旱ᄒᆞᆯᄉᆡ言事者ㅣ
以爲不封外戚之故ㅣ라ᄒᆞ야有司ㅣ因此言事者ㅣ
上奏ᄒᆞ야宜依舊典이어ᄂᆞᆯ太后ㅣ詔曰ᄒᆞ샤ᄃᆡ
凡言事者ㅣ皆欲媚朕ᄒᆞ야以要福耳니昔에
王氏五侯ㅣ同日俱封ᄒᆞ니其時예黃霧ㅣ
四塞ᄒᆞ고不聞澍雨之應ᄒᆞ며又田蚡과竇嬰이

36-2

寵貴橫恣야 傾覆之禍ㅣ 爲世所傳니 故로
先帝ㅣ 防愼舅氏샤 不令在樞機之位고 諸
子之封을 裁令半楚淮陽諸國샤 常謂我子ㅣ
不當與先帝子로 等이니라 今에 有司ㅣ
奈何欲以馬氏로 比陰氏乎오 吾ㅣ 爲天下
母而身服大練食不求甘며 左右ㅣ
着帛布고 無香薰之飾者는 欲身率下也ㅣ라 但
以爲外親이 見之면 當傷心自勅이니 笑라
言太后ㅣ 素好儉니 前過濯龍門上

37-1

見外家의 問起居者ㅣ호 車如流水며 馬如游
龍며 倉頭ㅣ 衣綠褠ㅣ 領袖ㅣ 正白 顧
視御者딘 不及이 遠矣라 故로 不加譴怒고
但絶歲用而已ㅣ는 冀以默愧其心이어늘 而猶
懈怠야 無憂國忘家之慮니라 知臣이 莫若君
況親屬乎아 吾ㅣ 豈可上負先帝之旨며
下虧先人之德야 重襲西京의 敗亡之禍哉아
重請曰 漢興에 舅氏之封侯는 猶皇子
固不許대 帝省詔 悲歎야 復

37-2

之爲王也니 太后ㅣ 誠存謙虛나 奈何令
臣으로 獨不加恩三舅乎고 且衛尉는 年尊
兩校尉는 有大病니 如令不諱면 使臣으로
長抱刻骨之恨니이다 宜及吉時라 不可稽留니
后之兄니 報曰 吾ㅣ 反覆念之야 思令
兩善니 豈徒欲獲謙讓之名而使帝로
不外施之嫌哉 吾ㅣ 欲封王皇
后ㅣ 承相條侯ㅣ 言
無軍功과 非劉氏어든 不侯ㅣ니라 今에 馬氏無

38-1

功於國니호 豈得與陰郭中興之后로 等耶리
오 嘗觀富貴之家니 祿位重疊이 猶再實之
木이 其根이 必傷이니라 且人所以願封侯者는
欲上奉祭祀고 下求溫飽耳니 今에 祭祀則
受四方之珍고 衣食則蒙御府餘資니 斯
豈不足야 而必當得一縣乎ㅣ리오 計之
熟矣니 勿有疑也ㅣ라 夫至孝之行은 安親
爲上니 今에 數遭變異야 穀價ㅣ 數倍憂
惶晝夜야 不安坐卧ㅣ니 而欲先營外封야

減削ᄒᆞ니其外親이有謙素義行者ㅣ어든輒
假借溫言ᄒᆞ야賞以財位ᄒᆞ고如有纎介ᄒᆞᆫ則
先見嚴恪之色然後에加譴ᄒᆞ며其美車服
不軌法度者란便絶屬籍ᄒᆞ야遣歸田里ᄒᆞ더시니
다시廣平과鉅鹿과樂成王과車騎朴素ᄒᆞ야無
金銀之飾이어늘帝以白太后ᄒᆞ신대太后ㅣ即
賜錢各五百萬ᄒᆞ시니於是예內外從化ᄒᆞ야被
服이如一ᄒᆞ니諸家ㅣ惶恐ᄒᆞ야倍於求平時ᄒᆞ더라
乃置織室ᄒᆞ야蠶於濯龍中ᄒᆞ야數往觀視

違慈母之拳拳乎오吾ㅣ素剛急ᄒᆞ야有胷中
氣ᄒᆞ라不可不順也ㅣ니若陰陽이調和ᄒᆞ며邊
境이淸靜然後에行子之志ㅣ라吾ᄂᆞᆫ但當含
飴弄孫ᄒᆞ고不能復關政矣라로리時예新平主
家御者ㅣ失火ᄒᆞ야延及北閤後殿ᄒᆞ니
以爲己過ᄒᆞ샤起居를不歡ᄒᆞ시며時예當謁
原陵ᄒᆞ시러니自引守備不愼ᄒᆞ야憨見陵園
遂不行ᄒᆞ시니라初애大夫人葬ᄒᆞ애起墳이
高ᄒᆞ늘太后ㅣ以爲言ᄒᆞ신대兄廖等이即
時예

降損ᄒᆞ야居不求安ᄒᆞ며食不念飽ᄒᆞ야冀乘此道
ᄒᆞ야不負先帝ᄒᆞ며ᄭᅥ以化導兄弟ᄒᆞ야共同斯志
ᄒᆞ야欲令瞑目之日에無所復恨니라何意老
志를復不從哉리오萬年之日앤長恨矣다로라
等이不得已ᄒᆞ야受封爵ᄒᆞ고而退位歸第焉ᄒᆞ니라
라太后ㅣ其年에寢疾ᄒᆞ샤不信巫祝小醫
數勅絶禱祀ᄒᆞ더시니至六月ᄒᆞ야崩ᄒᆞ시니在位二
十三年이오年이四十餘ㅣ러라
後漢ㅅ人明德ㅅ馬皇后ㅣ라

샤ᄒᆞ니以爲娛樂ᄒᆞ더며嘗與帝로旦夕에言道政
事ᄒᆞ며及敎授諸小王論語經書ᄒᆞ며述敍
平生ᄒᆞ야雍和終日이러라四年에天下ㅣ豐稔
方ㅣ垂ᄒᆞ야爲列侯ㅣ어늘並辭讓ᄒᆞ야願就關內侯과
光이爲列侯ㅣ어늘帝遂封三舅廖와防과
太后ㅣ聞之曰된知人情性이莫能齊也ㅣ니吾ㅣ少壯時
方은知人情性이어니와莫能齊也ㅣ니今雖已老나
但慕竹帛ᄒᆞ야志不顧命ᄒᆞ노니
而復戒之在得이라故로日夜애惕厲ᄒᆞ야思自

비·아·디·몬ᄒ·더·니後·에·든·고·다嗟창嘆탄ᄒ·야奇긩異잉ᄒ·너·겨ᄒ·더·라后ᅟᅵᆼ
아·래·오·래病뼝ᄒ·얫·거·시·늘大땡夫붕人신
신·이·ᄌᆞᆷ卜·복·ᄒᆞ·신·대卜·복·ᄒᆞᆯ·사·ᄅᆞ·
미널·오·디·이·션·리·록病뼝·이·이·시·나·반·
드·기·ᄀ·쟝貴·귕ᄒᆞ·리·니兆·뜧·롤·니·ᄅᆞ·디·몬
ᄒᆞ·리·로·다北·뷕·녯·마·ᄅᆞᆷ·에·後·ᅟᅳᇢ·에相·샹
보·리·롤·블·러·도·ᄃ·ᄉ·롤·ᄌᆞᆷ卜·복·ᄒᆞᆫ·대后ᅟᅵᆼ

伏뵉波방將쟝軍군援완인아·기·ᄡᅳ·리·시
니·라·伏뵉波방將쟝軍군은벼·스·리·라·
호·시·고·몬·오·라·비容·이·양·노·ᄒᆞ·더
니·ᄅᆞ·죽·거·늘·어·마·님蘭린夫붕人신·이·ᄉᆞ·
허病뼝·어·더·ᄒ·慌황惚흏·ᄒ·거·늘后ᅟᅵᆼ·그
ᄲᅡ·나·히·열·히·러·리·시·니·업·이·롤·ᄀ·ᅀᅮᆷ·아·라·ᄒ
샤·죵·ᄃᆞᆯ·흘·ᄀ·걸·ᄒ·시·니·안·팟·기·든·조·와·호
몰·이·리·얼·운·과·곤·더·시·니·처·어·믹·모·ᄃᆞ·지

법法·이·닷ᄀ·시·며·ᄀ·조·신·대上·썅下·ᅘᅡᆼ·ᅵ便뼌
安한·히·너·기·더·니·得·득寵·통·ᄒ·야·샹·녜
後·ᅟᅳᇢ堂땅·애·겨·시·더·니·明명帝·뎽即·즉位·윙
ᄒ·샤后ᅟᅵᆼ·롤貴·귕人신·을·사·ᄆ·시·니·라·
그ᅄᅦᆼ后ᅟᅵᆼ人·신前쪈母·뭉人·신兄형·의·ᄯᆞᆯ賈·강
氏·씽·ᄯᆞᆯ·히·야·드·러·蕭숗宗·종·을·나·ᄉᆞᆫ·
대大·땡蕭숗宗·종·은明명帝·뎽人·아·ᄃᆞᆯ·帝·뎽后ᅟᅵᆼ
ᅟᅵᆼ子·ᄌᆞᆼ息·식·업·다·ᄒ·샤·ᄆᆞ·로命·명ᄒ·야

롤·보·ᅀᆞᆸ·고·ᄀ·쟝·놀·라·닐·오·디·내·반·드·기
이女·녕·롤·爲·읭ᄒ·야臣·씬下·ᅘᅡᆼ·ᅵᆯ·콜
이·리·로·다·그·러·나貴·귕ᄒᆞ·야·도·子·ᄌᆞᆼ息·식·
이·져·그·리·니·누·민子·ᄌᆞᆼ息·식·을·기·르·면·
니·부·미·나·ᄒ·니·예·더·으·리·라·ᄒ·더·니·ᄶᅡ·나·히
야太·탱子·ᄌᆞᆼ宮·궁·의·드·르·시·니·ᄶᅡ·나·히
열·히·러·리·시·니·陰·흠皇·ᅘᅪᆼ后ᅟᅵᆼ·롤·셤·기·시·
며同·똥列·렳·올·對·됭接·접·ᄒ·샤·디·禮·롕法·법

愛ᅙᆡᆼᄒᆞ샤쳐섬과내죵과져고맛ᄉᆞ도
업스시니라后ᅘᅮᇢᅵᆼ샹녜皇ᅘᅪᆼ帝ᄃᆡᆼᄉᆞ子ᄌᆞ
息식이녑디몬다ᄒᆞ샤무로샹녜시르
믈머그샤左쟝右ᅌᅮᇢᄅᆞᆯ擧ᅌᅥᆼ薦젼ᄒᆞ샤ᄃᆡ
몬미ᅀᆞ드시ᄒᆞ샤後ᅘᅮᇢ宮궁이나ᅀᆞ뵈ᅀᆞ
오니잇거든샹녜慰ᅙᆔᆼ勞ᄅᆞᆷ로더ᄒᆞ시며
萬먼一ᅙᅵᇙ에ᄌᆞ조보시니어든더노피
ᄃᆞ욀接ᄌᆞᆸᄒᆞ더시다求꾸ᇢ平ᅙᆞᆼ三삼年년春

기르라ᄒᆞ시고니ᄅᆞ샤ᄃᆡ사ᄅᆞ미반ᄃᆞ기
제아ᄃᆞᆯ로나하ᄒᆞᆯᄃᆡ아니니오직어엿
비너겨길우미至ᄌᆞᆼ極ᄭᅳᆨ디몬호몰分분
別별ᄒᆞᆯᄯᆞᄅᆞ미라后ᅘᅮᇢᅵᆼ그제ᄆᆞᅀᆞᆷ쟝
어르몰아기ᄅᆞ샤受쑤ᇢ苦콩ᄅᆞᆯ이ᄒᆞ샤미
나호니예더ᄒᆞ더시니蕭숗宗ᄌᆢᆼ도ᄯᅩ孝
흉性ᄉᆡᆼ이두터우시며恩ᅙᆞᆫ性ᄉᆡᆼ이天텬
然ᅀᅧᆫ히至ᄌᆞᆼ極ᄭᅳᆨᄒᆞ샤母뭉子ᄌᆞ의慈ᄍᆞ

나니라ᄒᆞ마宮궁中듀ᇰ에位ᅌᅱᆼᄅᆞᆯ正져ᇰᄒᆞ
샤더욱조개謙켬讓샤ᇰᄒᆞ시며조심ᄒᆞ더
시다ᄭᅥᆨ기리ᄭᅳᆸ자두치시고이比방
正져ᇰᄒᆞ시고마리됴ᄒᆞ시고能ᄂᆞᆼ히易역
을외오시며春츈秋추ᇢ와楚총辭ᄊᆞ와
즐겨닐그시며더욱周주ᇢ官관과董도ᇰ仲
舒셔ᇰ人ᅀᅵᆫ書셔ᇰᄅᆞᆯ잘ᄒᆞ더시다
楚총辭ᄊᆞ와周주ᇢ官관일후미오董도ᇰ仲
仲듀ᇰ舒셔ᇰ人ᅀᅵᆫ書셔ᇰ은董도ᇰ仲듀ᇰ舒셔ᇰ의

츈에有ᅌᅮᇢ司ᄉᆞᆼ令려ᇰᅵᆼ長댜ᇰ秋추ᇢ宮궁셰요ᄆᆞᆯ
연조와노ᄒᆞ니라
디아니ᄒᆞ얏더시니皇ᅘᅪᆼ太탱后ᅘᅮᇢᅵᆼ
ᄅᆞ샤ᄃᆡ馬마ᇰ貴귕人ᅀᅵᆫ이德득이後ᅘᅮᇢ宮궁
에ᄉᆞ爲웡頭뜨ᇢᄒᆞ니곧극외시니라ᄒᆞ야
시노셔샤皇ᅘᅪᆼ后ᅘᅮᇢᅵᆼ둗외시니라일록
몬져ᄉᆞ메혀근ᄂᆞᆫ벌에數숭업시모매
브르고ᄯᅩ갓과솔콰ᄉᆞ예드러도ᄅᆞᄂᆞ

밍그라론 샹녜 굴근기블 니브시고 치마애
변즈로 도르디아니ᄒᆞ더시니 朔솩望
애 모든 公공主즁ㅣ 뵈ᅀᆞ올제 后ᅘᅮᆼ이오
시얼믜 오굴구믈보라고 도른 綺킝穀
ᄒᆡ 이라너기다가 ᄒᆞ마 졸ᄲᆞ라ᄒᆞ실ᄃᆡ
숩고 우슨 대后ᅘᅮᆼ이 니른샤ᄃᆡ 이기비ᄅᆞᆯ
드로매 特특別볋히마 ᄒᆞ오나ᅀᅡ보
六륙宮궁이아니 嗟창嘆탄ᄒᆞ리엄더니

六륙宮궁은 ᄒᆞ나흔 皇ᅘᅪᆼ后ᅘᅮᆼ
라고 다ᄉᆞᆺ 宮궁은 夫붕人ᅀᅵᆫ
이오 롯아래잇ᄯᅡ시
라 帝뎽일즉 苑훤囿ᅌᅮᇢ
ᄒᆡ 離링宮궁에 行ᅘᆡᆼ
ᄒᆞ거시든 后ᅘᅮᆼㅣ 곧브룸과邪썅氣킝
와이슬와안개로뻐 警경誡갱ᄒᆞ야말
솜ᄡᅴ 精졍誠쎵드외시며 ᄀᆞ즈샤
ᄒᆡ 샤ᄆᆞᆯ보더시나帝뎽ㅣ瞿꿍龍룡中듀ᇰ
에 行ᅘᆡᆼ幸ᅘᆡᆼᄒᆞ샤

才ᄍᆡᆼ人ᅀᅵᆫ을 다브르시니 才ᄍᆡᆼ人ᅀᅵᆫ은 스後
라 下ᅘᅡᆼ邪ᄍᆃ王왕巳ᅌᅵᆼ下ᅘᅡᆼ
더니 帝뎽와밍명皇ᅘᅪᆼ后ᅘᅮᆼᄅᆞᆯ
브르쇼셔 請쳥ᄒᆞᆫ대 帝뎽 우ᅀᅥ니ᄅᆞ샤ᄃᆡ
이 家강ㅣ 즐슨오ᄒᆞᆯ 后ᅘᅮᆼᄅᆞᆯ
기다아니ᄒᆞ시니 이런ᄃᆞ로ᄲᆞ디
니 ᄒᆞ리라ᄒᆞ시니 비록오시나즐겨아
래조초샤미드므더시다 十씹五ᅌᅩᆼ年년

에 帝뎽ㅣ 地띵圖뚜ᇢ롤보샤 쟝太太皇ᅘᅪᆼ子ᄌᆞ
ᄃᆞ로 封봉ᄒᆞ려ᄒᆞ샤ᄃᆞ다 諸졍國귁에半
반만ᄒᆞ려ᄒᆞ더시니 后ᅘᅮᆼㅣ 보시고ᄉᆞᆯ오ᄃᆡ
샤ᄃᆡ 모ᄃᆞᆫ아ᄃᆞ리부톤두셔 縣ᅘᆑᆼ만머구
미 法법에아니너무져그니잇가帝뎽니
ᄅᆞ샤ᄃᆡ내아ᄃᆞᆯ엇뎨先션帝뎽ㅅ아ᄃᆞᆯ
와ᄀᆞᆯ오리오ᄒᆞᆫ히예二ᅀᅵᆼ千쳔萬먼을
주미足죡ᄒᆞ니라그ᄤᅦ楚총ㅅ獄옥이여

공公경卿의議읭論론이 一힗定뗭어려
운이롤帝뎽ㅅ조后혿씌묻조오거든各각各각
애그情쪙實씷을得득더시다샹네와各각
와실저긔곧말ᄉᆞ미政졍事ᄊᆞᆼ애미ᄎᆞ샤
돕ᄉᆞ오머ᄒᆞ시고政졍간도지빗아톰으로
求끃請쳥아니ᄒᆞᆯᄉᆡ得득寵통ᄒᆞ시며
恭공敬경ᄒᆞ샤미날로더오샤처엄므로

러ᄒᆡ롤ᄆᆞᆺ디몯ᄒᆞ야楚총ㅅ獄옥은楚총ㅅ
미한가分분別별히ᄒᆞ더니后흏ㅣ그르호
매슬허ᄒᆞ신대帝뎽ㅣ感감動똥ᄒᆞ샤
미니러坊빵徨빵ᄒᆞ샤坊빵徨빵ᄋᆞᆫ조
온마롤ᄉᆞ랑ᄒᆞ샤ᄆᆞ太태ᄂᆞᄒᆞ샤몰만히
ᄒᆞ시니라그삐諸졍將쟝의원샵ᄂᆞᆯ일와
틴사ᄅᆞ미甚씸히ᄒᆞ더니后흏ㅣ그르ᄒᆞ호
주뻔커놀져라라罪쮕囚쓩ㅣ서르마ᄎᆞ쀠혀가

自ᄣᆞ越웛三삼千쳔匹픦와白ᄣᆞ越웛ᄋᆞᆫ
雜짭帛ᄲᆡᆨ二ᅀᅵᆼ千쳔匹픦와黃뺭金금
斤근을더주시다ᄌᆞ개顯현宗종ㅅ起킝
居겅注쥬ᄅᆞᆯ撰짠集찝호샤ᄃᆡ集찝注쥬ᄂᆞᆫ
록눈이實씷錄롷몬오라ᄇᆡ防빵의醫힁藥약ᄋᆞᆯ請쳥
ᄎᆞᆷ預영ᄒᆞᆫ이롤앗거시ᄂᆞᆯ帝뎽ㅣ請쳥
참衆즁ᄒᆞ여슬오샤ᄃᆡ黃뺭門문아자비
ᄒᆞ여슬오샤ᄃᆡ黃뺭門문아자비
라스리朝둉夕쎡에供공養양ᄒᆞ슈오미ᄒᆞᆫ

내죵내衰쇵호미업스시니라帝뎽업거
시ᄂᆞᆯ肅슉宗종이卽즉位윙ᄒᆞ샤后흏롤
尊존ᄒᆞ샤皇뽱太탱后흏ㅣ라ᄒᆞ시다諸졍
貴귕人신이南남宮궁에올마가거ᄂᆞᆯ
帝뎽ㅣ俊쭌宮궁에올마가희ᄂᆞ
諸졍貴귕人신은ᄇᆞᆯ기ᄂᆞᆫ太탱后흏
롤드들感감ᄒᆞ샤各각各각王왕赤쳑綬쓩
롤주시고赤쳑은불그니라ᄒᆞ시고安한車쳐
駉ㅿᆞᆼ馬망와駉ㅿᆞᆼ馬망ᄂᆞᆫ安한車쳐ᄂᆞᆫ술위라

내훈 권2(상) 48-2

히니ᄒᆞ마褒봉賞:샹아니ᄒᆞ시고ᄯᅩ功공
勞롱ᄅᆞᆯ記긩錄·록디아니ᄒᆞ샤미아니너
므니ᄋᆡᆺ가太탱后:ᅘᅮᆼㅣ니ᄅᆞ샤ᄃᆡ내後:ᅘᅮᆼ
世솅로先션帝뎽의後:ᅘᅮᆼ宮궁의지블ᄌᆞ
조親친히ᄒᆞ샤ᄆᆞᆯ듣디아니콰뎌ᄒᆞ논젼
ᄎᆞ로ᄉᆞ디아니ᄒᆞ노라建권初총元원年
년에모ᄃᆞᆫ아자비ᄅᆞᆯ封봉爵쟉호려커ᄂᆞᆯ
太탱后:ᅘᅮᆼㅣ듣디아니ᄒᆞ시다이듬ᄒᆡᆺ녀

내훈 권2(상) 49-1

ᄅᆞ미ᄀᆡ장ᄀᆞ믈어ᄂᆞᆯ이ᄅᆞᆯ니ᄅᆞᆯ사ᄅᆞ미닐
오ᄃᆡ外·욍戚·쳑을封봉티아니ᄒᆞᆫ젼ᄎᆞ라
ᄒᆞ더니 外욍戚쳑은 어믜녁아ᅀᆞ미라 有:웋司ᄉᆞᆼㅣ이ᄅᆞᆯ
因힌ᄒᆞ야엳ᄌᆞ오ᄃᆡ녯法법을조ᄎᆞ샤미
맛당ᄒᆞ시도소이다太탱后ᅘᅮᆼㅣ詔즇書
셩ᄒᆞ야니ᄅᆞ샤ᄃᆡ믈읫일니ᄅᆞᆯ사ᄅᆞ미다
내게괴여福복을求꿓코져홀ᄯᆞᄅᆞ미니
라녜王왕氏씽五옹侯ᅘᅮᆼㅣ 王왕氏씽五옹侯ᅘᅮᆼᄂᆞᆫ成

내훈 권2(상) 49-2

씽帝뎽ㅅ時씽예太탱后ᅘᅮᆼㅅ오라비다ᄉᆞᆺ술封봉ᄒᆞ야ᄂᆞᆯ닐오ᄃᆡ五옹侯ᅘᅮᆼㅣ라
ᄒᆞ더니라 ᄒᆞᄅᆞ다封봉ᄒᆞ야ᄂᆞᆯ그ᄢᅴ누런안개
四ᄉᆞᆼ方방애ᄀᆞ독ᄒᆞ고비오ᄂᆞᆫ應ᅙᅳᆼ을듣디
몯ᄒᆞ며ᄯᅩ田뗜蚡뿐과竇뚷嬰형괘 田뗜蚡뿐
은景경帝뎽ㅅ皇황后ᅘᅮᆼㅅ오라비오竇뚷嬰형은文문帝뎽ㅅ皇황后ᅘᅮᆼㅅ四ᄉᆞᆼ
ᄎᆞᆫ오라비아ᄃᆞ리라 尊존貴귕ᄒᆞ야아니환ᄒᆞ야
傾켱覆퓩ᄒᆞᆫ災징禍ᅘᅪᆼㅣ 傾켱은기울시오覆퓩은업더
딜시라 世솅예傳뚠호미ᄃᆞ외니이럴ᄉᆡ先

내훈 권2(상) 50-1

션帝뎽ㅣ舅꿓氏씽ᄅᆞᆯ마가삼가샤조ᄎᆞ
ᄅᆞ왼벼스레잇게아니ᄒᆞ시고모ᄃᆞᆫ아ᄃᆞᆯ
封봉호ᄆᆞᆯ楚총와淮ᅘᅫᆼ陽양괏나라해ᄇᆞ
ᄅᆞᆫ半반만케ᄒᆞ샤 楚총와淮ᅘᅫᆼ陽양과ᄂᆞᆫ光광武뭉ㅅ아ᄃᆞᆯ封봉
ᄒᆞ온나라히라 아래니ᄅᆞ샤ᄃᆡ내아ᄃᆞᄅᆞᆫ先션帝
뎽ㅅ아ᄃᆞᆯ와로골오미몯ᄒᆞ리라ᄒᆞ시니
이제有웋司ᄉᆞᆼㅣ엇뎨馬망氏씽로陰흠
氏씽ᄅᆡ가ᄌᆞᆯ보려ᄒᆞᄂᆞ뇨내天텬下ᅘᅡᆼ옛

51-1 (상단 왼쪽)

즐기ᄂᆞ니라ᄒᆞᄂᆞ다알ᄑᆡ濯(짝)龍(룡)門(문)
을디나갈제外(ᅌᅬ)家(강)의安(한)否(부ᇢ)를
사ᄅᆞᆷ몰보니술위ᄂᆞᆫ호르ᄂᆞᆫ믈ᄀᆞᆮᄒᆞ며ᄆᆞᆯ
ᄅᆞᆫ혜ᄂᆞᆫ龍(룡)ᄀᆞᆮᄒᆞ며倉(창)頭(두ᇢ)ㅣ
ᄑᆞ른橫(ᅘᆡᇰ)를닙고깃과ᄉᆞ매
正(져ᇰ)히히어놀侍(씨ᇰ)衛(위ᇰ)ᄒ닐도라본된
몸미추미머더라그럴ᄉᆡ외다ᄒᆞ야怒(농)
몯아니ᄒᆞ고오직歲(셰ᇰ)예ᄣᅵ거슬그칠ᄯᆞᆫ

50-2 (상단 오른쪽)

어미두외여셔모매굴근깁니브며飮(음)
食(씩)에도흔거슬求(끃)티아니ᄒᆞ며左(자ᇰ)
右(ᅘᆞᇰ)엣사ᄅᆞ미오직깁과뵈롤닙고香(햐ᇰ)
薰(훈)엣수유ㅣ업수믄나ᄂᆞᆫ香(햐ᇰ)내모
무로아래롤거느리고져호미라너교제
親(친)이보면반ᄃᆞ기모ᇦ매슬허제
警(겨ᇰ)誡(갱)ᄒᆞ리라ᄒᆞ다니오직우서닐오
外(ᅌᅬ)親(친)이보면반ᄃᆞ기...
ᄃᆞ太(태)后(ᅘᅮᇢ)ㅣ本(본)來(ᄛᆡᇰ)儉(껌)朴(박)ᄒᆞ몰

52-1 (하단 왼쪽)

ᄠᅴ어許(헝)ᄒᆞᆯᄠᆞ니ᄒᆞ신대帝(뎨ᇰ)ㅣ詔(죠ᇢ)書(셩)
ᄒᆞ야솔보시고슬허噗(타ᇰ)嘆(탄)ᄒᆞ샤ᄯᅩ다시
請(쳐ᇰ)ᄒᆞ야솔오샤ᄃᆡ漢(한)이니르와다나
매舅(꾸ᇢ)氏(씨ᇰ)의封(보ᇰ)侯(ᅘᅮᇢ)호ᄆᆞᆫ皇(ᅘᅪᇰ)子(ᄌᆞᆼ)
王(와ᇰ)ᄃᆞ외욤과ᄀᆞᆮᄒᆞ니太(태)后(ᅘᅮᇢ)ㅣ眞(진)
實(씷)로謙(켬)讓(샤ᇰ)ᄒᆞᆯ두시나엇뎨날로오
오ᅀᅡ셰아자비거긔恩(ᄒᆞᆫ)惠(ᅘᅨᇢ)롤더으디
아니케ᄒᆞ시ᄂᆞᆫ니잇고衛(위ᇰ)尉(위ᇰ)ᄂᆞᆫ나

51-2 (하단 오른쪽)

ᄅᆞᆷ호ᄆᆞ먼그모ᇦ매좀좀ᄒᆞ야붓그리과뎌
ᄇᆞ라거늘손지게을어나라分(분)別(별)ᄒᆞ
고집니줄혜미업스니ᄂᆞᆫ臣(씬)下(ᅘᅡᇢ)아로미
님금곤ᄒᆞ니업스니ᄒᆞ물며아ᄉᆞ미ᄯᆞ녀
내엇뎨우호로先(션)帝(뎨ᇰ)ㅅ뜯들지여ᄇᆞ
리고아래로先(션)人(ᅀᅵᆫ)의德(득)을ᄒᆞ야ᄇᆞ
려다시西(셰ᇰ)京(겨ᇰ)의前(쪈)漢(한)이리前(쪈)敗(배ᇰ)
亡(마ᇰ)ᄒᆞᆫ災(지ᇰ)禍(ᅘᅪᇢ)롤조ᄎᆞ리오ᄒᆞ시고

내훈 권2(상) 52-2

히놉고 校尉ㅣ큰病병이잇ㄴ니
의부과光리광과 尉尉ㅣ兩량校校앳
太태后ㅣ몬 와 두물 기리머 거시리니 吉
큰 혼애 와 됴물 기리머 거시리니 吉
이다 太태后ㅣ 對됭答답호야 닐오
ᄃᆡ내 두 위힐위 ㅅ랑ᄒᆞ야 됴케 호몰
ㅅ랑ᄒᆞ노니 엇뎨 흔 갓 謙겸讓샹ᄒᆞᆯ ᄯᆞᆯ일

내훈 권2(상) 53-1

후믈 원고져 ᄒᆞ야 帝뎨로 外횡 施싱 티아
니 혼嫌혐疑읭로 가지게ᄒᆞ리오 外횡施施
ᄂᆞᆫ 文문母皇皇후ㅅ 皇皇后后 문뎡帝ㅅ
皇황后ㅣ 몬오라비 封봉호려 커
왕皇황后ㅣ實實太태后ㅣ王
實實척둘 恩은惠혜로 시니라
늘實둉太태后 文문母母ㅣ景경帝ㅅ皇皇后
늘實둉太太王왕皇후ㅅ 皇皇
皇황后ㅣ 丞씽相샹條뚜侯ㅣ 늘오ᄃᆡ 高
祖종期긩約학 올맛ᄃᆞ니 侯ㅣ늘오ᄃᆡ高
夫쪈漢한ㅅ周쥬리亞향 軍군功공업스니와

내훈 권2(상) 53-2

劉륭氏씽아니어든 諸졍侯ㅣ로 封봉티
말라 ᄒᆞ니 이제 馬망氏씽 나라해功공이
업스니 엇뎨 陰흠氏씽 郭곽氏씽中등
흥ᄒᆞᆫ 신后룩 와 곧오리오아래富붕貴귕興
요미다시여름연남기그불휘ᄃᆡ기傷
상흠곤ᄒᆞ며 쏘사리미 封봉侯록ㅣ願원ᄒᆞ
호ᄂᆞᆫ우호론祭뎨祀씽롤ᄒᆞ고아래

내훈 권2(상) 54-1

론더우며 비블우믈 求끃호ᄯᆞᆫ르미니이
제祭뎨祀씽ᄂᆞᆫ四ᄉᆞ方방앳貴귕ᄒᆞ거슬
반고衣휭食씩 御엉府붕앳나믄거슬
닙ᄂᆞ니이엇뎨 不붚足쪽ᄒᆞ야구틔여ᄒᆞ
ᄀᆞ올호 가죠미맛당ᄒᆞ리오내혜유ㅣ니
기호니 疑읭心심말라至징極끅ᄒᆞᆫ孝흏
道둏앳行ᆼ은親친올便뼌安한호미爲
원頭뚷ᄒᆞ니이제ᄌᆞ조炎졍變변을맛나

穀곡食씩 ᄀᆞᆷ시두어倍뻥ᄅᆞ시밤나지分
분別볋ᄒᆞ야안ᄌᆞ며누우믈便뼌安한히
몯거늘外욍戚쳑封봉호ᄆᆞᆯ몯져호려ᄒᆞ
야慈ᄍᆞᆼ母뭏의拳꿘拳꿘올거스로려ᄒᆞ
ᄂᆞ뇨 拳꿘拳꿘은分분別볋홀사라 내本본來ᄅᆡᆼ剛강ᄒᆞ
고ᄲᆞᆯ라가ᄉᆞ매ᄀᆡ운이잇ᄂᆞᆫ디라順쓘티
아니호미몯ᄒᆞ리라ᄒᆞ다가陰흠陽양이
調뚷和황ᄒᆞ며邊변境경이ᄌᆞ녹ᄌᆞ녹ᄒᆞᆫ

後ᅘᅮᇢ에ᅀᅡ그뒷ᄠᅳ들行ᅘᆡᆼᄒᆞ라나ᄂᆞᆫ오직
여ᅀᆞᆯ머구머孫손子ᄌᆞᆼ롤놀이고다시政
졍事ᄉᆞᆼ롤參참預영티아니호리라그ᄢᅦ
新신平뼝公공主쥬ㅅ집사ᄅᆞ미브롤내
야北븍閣각後ᅘᅮᇢ殿뗜에미처놀太탱后
ᅘᅮᇢㅣ내罪쬥라ᄒᆞ샤起킝居겅롤즐기디
아니ᄒᆞ샤그ᄢᅦ原원陵릉을뵈ᅀᆞ오려ᄒᆞ
더시니ᄌᆞ개간슈호ᄆᆞᆯ조심몯호라ᄒᆞ야

陵릉室싫에뵈ᅀᆞ오ᄆᆞᆯ븟그례라ᄒᆞ시고
아니가시니라처어믜大땡夫붕人신送
송葬장애墳뿐墓몽ᄆᆡᆼᄀᆞ로미져기놉거
ᄂᆞᆯ太탱后ᅘᅮᇢㅣ니ᄅᆞ샤ᄃᆡ몯오라비廖릏
ᄃᆞ히即즉時씽예더러갓ᄀᆞ니라그外욍
親친이謙켬讓샹ᄒᆞ며儉껌朴퐉ᄒᆞ야어
딘힝뎍ᄒᆞ리잇거든곧溫온和황ᄒᆞᆫ말ᄉᆞ
ᄆᆞ로빌이샤쳔량과벼슬로賞샹給급ᄒᆞ

시고ᄒᆞ다가져고맛허믈리잇거든몬져
ᄉᆡᆨᄉᆡᆨᄒᆞᆫ양ᄌᆞ롤뵈신後ᅘᅮᇢ에ᅀᅡ외다ᄒᆞ시
며그술위와옷과롤됴히ᄒᆞ야法법을조ᄎᆞ
디아니ᄒᆞᄂᆞ니란곧屬쑉籍쩍에그쳐本
본鄕향애보내더시다 屬쑉籍쩍은族쪽親친일홈브튼글
와리라 廣광平뼝과鉅겅鹿록과欒락成썽
王왕괘 廣광平뼝王왕과鉅겅鹿록王왕과欒락成썽王왕과논다明명帝
뎽ㅅ아ᄃᆞ리라 술위와ᄆᆞᆯ왜儉껌朴퐉ᄒᆞ야金금

銀은 ᄋᆞ로 수 뮤 미 업거늘 帝뎅ㅣ 太탱后ᅘᅮᆯ
ᄢᅴ ᄉᆞᆯ오신대 太탱后ᅘᅮᆯㅣ 즉재 돈올 各각
과 各각 五ᅌᅩᆼ 百ᄇᆡᆨ 萬먼 ᄋᆞᆯ 주시뉘이에 內
외化황ㅣ 롤 조ᄎᆞ 시 부미 ᄒᆞ양곤 ᄒᆞᆫ 織직
室싷ᄋᆞᆯ 두샤 平뼝 民민 外ᅌᅬ 織직 室싷ᄋᆞᆯ
니모 ᄃᆞᆫ지 비 두리 유미 求꾸평 시절에
셔 더으더라 織직 室싷 中듕에 누에 치이시고
지ᄲᆞ라ᄂᆞᆫ 濯ᄣᅡᆨ 龍룡 中듕에
조조가 보샤 즐겨 ᄒᆞ더시다 샹녜 帝뎅와

關관 內ᄂᆡᆼ 侯ᅘᅮᆼ ᄅᆞᆯ ᄒᆞ야 지이다 ᄒᆞ야 ᄂᆞᆯ
ᄇᆞ내 스ᅌᅵᆼ 侯ᅘᅮᆼ ᄂᆞᆫ 太탱 后ᅘᅮᆼㅣ 드르시고 니ᄅᆞ샤미
샤 ᄃᆡ 聖셩人신 이구 ᄅᆞᆫ 쵸몬 ᄇᆞᆼ 그 ᄅᆞ샤미
各각 各각 法법이이 쇼문사ᄅᆞᆫ 民민 情쪙性셩
셩이 能ᄂᆞᆼ히ㄱ 즉디 몯 ᄒᆞ몯 아ᄅᆞ시니 내
져머 壯ᄌᆡᆼᄒᆞᆯ 시졀엔 오직 竹듁 帛ᄇᆡᆨ 을ᄉᆞ
랑 ᄒᆞ고 뎨 데 命 명 을 도라보디 아니 타니 이제 비

朝뚕 夕쎡에 政졍事ᄊᆞᆼᄅᆞᆯ 니ᄅᆞ시며 모
ᄃᆞᆫ 져믄 王황ᄋᆞᆯㄱ ᄅᆞ치시며 經경 書셩ᄅᆞᆯ
議힁 論론 ᄒᆞ시며 平뼝 生ᄉᆡᆼᄋᆞᆯ 니ᄅᆞ샤
日싷 雍홍 雍홍 ᄒᆞ더시다 和ᅘᅪ 和ᅘᅩᆫ
ᄅᆞ시四ᄉᆞ 年년에 天텬下ᅘᅡᆼㅣ 가ᄉᆞ멸오 四ᄉᆞ
方방ㅅ그미 無뭉事ᄊᆞᆼ커늘 帝뎽세아
자 비 廖ᄅᆠᆼ롤 두외오신대 다 辭ᄊᆞᆼ 讓ᅀᅣᆼ ᄒᆞ야
정 侯ᅘᅮᆼᄅᆞᆯ 두외오신대 다 辭ᄊᆞᆼ 讓ᅀᅣᆼ ᄒᆞ야

록 늘그나 坐쫭 警ᄀᆜᆼ 誠쎵 호미 어 두매 잇ᄂᆞᆫ
디라 이런뎐 太로 日ᄉᆜᆯ夜양 애 조심 ᄒᆞ야
내 ᄂᆞᄯ기 ᄒᆞ며 더로 몯 ᄉᆞ랑 ᄒᆞ야 이쇼매
便뼌 安한 호ᄆᆞᆯ 求꾸 티 아니 ᄒᆞ며 머 구매
비블우를 ᄉᆞ랑티 아니 ᄒᆞ며 이 道ᄯᅭᆼᄅᆞᆯ가
져 先션 帝뎽 롤 지 여 부 리디 아니 ᄒᆞ며 兄
弟뗑 ᄅᆞᆯ ᄀ ᄅᆞ 쳐이 ᄲᅳ들곤게 ᄒᆞ야 ᄂᆞᆫ ㄱ
몰 나래 ᄂᆞ 외 야 뉘으 추미 업게코져 ᄒᆞ다

스믈세히시고나히마ᅀᆞᆫ나ᄆᆞ니러시다

內訓卷第二上

니엇뎨늘그늬匹들다시졎디아니호몰
너기리오萬·먼年·년後·에기리뉘으츠
리로다廖룡돌히不·不得·득已·잉ᄒᆞ야封
·봉醫·업醫業·을ᄒᆞ고벼슬말오지비도라
가니라太·탱后:ᅙᅮᆯ그히예오래病·뼝ᄒᆞ
샤무당과醫힁貧·삔·을信·신티아니ᄒᆞ샤
祈꾕禱:돟ᄆᆞᆯ라조조勅·틱ᄒᆞ더시니六·륙
月·웛에니르러주그시니位·윙예여겨샤미

內訓卷第二下

後漢和熹鄧皇后는 太傅禹之孫也ㅣ시니라 父
訓은 護羌校尉오 母는 陰氏니 光烈皇后ㅅ
從弟女也ㅣ라 后ㅣ 年五歲예 太傅夫人이
愛之ᄒᆞ야 自爲剪髮ᄒᆞ더니 夫人이 年高目冥ᄒᆞ야
誤傷后額ᄒᆞᆫ대 忍痛不言ᄒᆞ시어 左右ㅣ 怪而問
之대 后ㅣ 曰 非不痛也ㅣ마ᄂᆞᆫ 大夫人이
哀憐ᄒᆞ야 爲斷髮ᄒᆞ실ᄉᆡ 難傷老人意故로 忍之
耳로니 六歲예 能史書ᄒᆞ시고 十二예 通詩論語

內訓 禮

諸兄이 每讀經傳ᄒᆞ야ᄃᆞᆫ이어든 輒下意難問ᄒᆞ샤
志在典籍ᄒᆞ시고 不問居家之事ᄒᆞ더시니 母ㅣ 常
非之ᄒᆞ야 曰 汝ㅣ 不習女工ᄒᆞ야 以供衣服ᄒᆞ고 乃
更務學ᄒᆞᄂᆞ니 寧當擧博士耶아 后ㅣ 重違母言ᄒᆞ야
晝修婦業ᄒᆞ시고 暮誦經典ᄒᆞ더시니 家人이
日諸生이라 ᄒᆞ더라 父ㅣ 異之ᄒᆞ야 事無大小히
輒與詳議ᄒᆞ더라 ᄒᆞ니라 求元四年에 當以選入ᄒᆞ시니라
會訓이 卒ᄒᆞᅥ늘 后ㅣ 晝夜애 號泣ᄒᆞ시어 終三年이러시니
録不食蓝菜ᄒᆞ샤 憔悴毀容ᄒᆞ시어 親人이 不識ᄒᆞ더라

之ᄒᆞ더라 后ㅣ 嘗夢捫天ᄒᆞ니 蕩蕩正靑ᄒᆞ고 若
有鍾乳狀이어ᄂᆞᆯ 乃仰漱飮之ᄒᆞ고 以訊諸占
夢애 ᄒᆞᆫ대 言堯ㅣ 夢애攀天而上ᄒᆞ시고 湯
夢及天而咶之ᄒᆞ니 斯皆聖王之前占이라
吉不可言이다 ᄒᆞ며 又相者ㅣ 見后ᄒᆞ고 驚曰
此ᄂᆞᆫ 成湯之法也ㅣ라ᄒᆞ야ᄂᆞᆯ 家人이 竊喜而不敢
宣이라ᄒᆞ니라 后ㅣ 叔父陔言ᄒᆞ되 嘗聞活千人者ᄂᆞᆫ
子孫이 有封이라ᄒᆞ니 兄訓이 爲謁者라 使修石
日河야 歲活數千人ᄒᆞ니 天道ㅣ 可信인댄 家必

蒙福호리라 初애 太傅ㅣ 嘆曰호ㅣ 吾ㅣ 將百萬
之衆호야 未嘗妄殺一人호니 其後世예 必有興
者ㅣ라 호리러니 后ㅣ 長이 七尺二寸이오 姿顏이 姝麗
宮애 入호샤 絶異於衆호니 左右ㅣ 皆驚호더라 八年冬
애 入披庭호샤 動有法度ㅣ러시니 時年이 十六이러니 帝
恭蕭小心호샤 接撫同列호샤 承事陰后ㅣ더시니 常克己以下之
夜戰兢호며 雖宮人隸役이라도 皆假恩借호신대 和帝

深嘉愛焉이러시니 及后ㅣ 有疾이어시늘 特令后ㅣ의 母
와 兄弟로 入侍醫藥호샤 不限日數호시니 后ㅣ
言於帝曰호샤 宮禁이 至重이어늘 而使外舍
火在內省호야 上令陛下로 有幸私之謗호며
下使賤妾으로 獲不知足之議호리니 上下ㅣ 交損이라
榮이어늘 誠不願也호노이다 帝曰人이 皆以數入으로 爲
難及也ㅣ라로 每有讌會예 諸姬貴人이 競自
修整호야 簪珥光采호며 桂裳을 鮮明호이어 而后

ㅣ 獨著素粧服이 無飾이러시니 其衣ㅣ 有與陰
后로 同色者ㅣ어든 卽時解易호시며 若並時進
見이어시든 則不敢正坐立호며 行則僂身自
甲호며 帝每有問호시면 常逡巡後對호샤 不
敢先陰后言호더시니 帝每見호시고 勞心曲體
호샤 歎曰호ㅣ 修德之勞ㅣ 乃如是乎아
后ㅣ 漸疎호ㅣ늘 帝知后ㅣ의 勞心曲體之不
時예 帝數失皇子ㅣ시놀 后ㅣ 憂繼嗣의 不廣
恒垂涕歎息호샤 數選進才人호야 以博帝意

시더니 陰后ㅣ 見后ㅣ의 德稱이 日盛호고 不知所
爲호야 遂造祝詛호야 欲以爲害ㅣ라 帝嘗寢病
危甚이어시놀 陰后ㅣ 密言曰我ㅣ 得意면 不令
鄧氏로 復有遺類라호리 后ㅣ 聞고 乃對左
右야 流涕言曰 我ㅣ 竭誠盡心以事
皇后ㅣ샤더 竟不爲所祐호니 而當獲罪於天호라
婦人이 雖無從死之義나 然이나 周公이 身請
武王之命호며 越姬心誓必死之分호니 上以報
帝之恩호며 中以解宗族之禍ㅣ며 下不令陰氏

니ᄒᆞ乃可當之라니至冬애立爲皇后대신辭讓
者ㅣ三然後에即位ᄒᆞ샤手書表謝ᄒᆞ야深陳德
薄야ᄒᆞ不足以充小君之選이다ᄒᆞ다라是時예方
國貢獻을競求珍麗之物이러니自后ㅣ即位ᄒᆞ샤
로恐令禁絕고ᄒᆞ시더歲時예但供紙墨而已러라
帝每欲官爵鄧氏어시ᄂᆞᆯ后ㅣ輒哀請謙讓故
로兄隲이終帝世도록不過虎賁中郎將이라
元興元年에帝崩커시ᄂᆞᆯ長子平原王이有疾
고히而諸皇子ㅣ夭殁이前後十數ㅣ러니後生者ㅣ有疾

有人瀲之譏호시리고라即欲飮藥이어ᄂᆞᆯ宮人
趙玉者ㅣ固禁之야因詐言호ᄃᆡ屬有使來ㅣ니
上疾이已愈다ᄒᆞ야소ᄅᆡ后ㅣ信以爲然ᄒᆞ시니乃
止ᄒᆞ시니明日에帝果瘳ᄒᆞ시니라后ㅣ十四年夏애陰
自閉絕ᄒᆞ시니더會有司ㅣ奏建長秋宮ᄒᆞ야ᄂᆞᆯ帝曰
后ㅣ以巫蠱事로廢ᄒᆞ얏거시ᄂᆞᆯ后ㅣ念稱疾篤ᄒᆞ야深
后ㅣ之尊로與朕同體ᄒᆞ야承宗廟ᄒᆞ며母
天下ᄒᆞ니ᄂᆞ豈易哉ㅣ오리鄧貴人이德冠後庭

成以巫蠱事ᄒᆞᄂᆞ·야遂下掖庭ᄒᆞ야考訊ᄒᆞ시니辭
服라ᄒᆞ니乃親閱宮人ᄒᆞ샤觀察顔色ᄒᆞ시니御者ㅣ共枉吉
遭大憂야ᄒᆞ法禁이未設이니宮中이亡大珠
步搖環珮ᄒᆞ니라又賜馮貴人王赤綬고ᄒᆞ시며
端又賜馮貴人各一具ᄒᆞ시니是時예新
黃金三十斤과雜帛三千匹와白越四千
一篋太后ㅣ念欲考問ᄃᆡ야ᄒᆞ시必有不辜ㅣ라

輒隱秘야ᄒᆞ養於人間ᄒᆞ니더殤帝生이始百
日시이니라后ㅣ乃迎立之ᄒᆞ시니尊爲皇太
后ㅣ并歸園ᄒᆞ니이라太后ㅣ臨朝ᄒᆞ시니라和帝葬後애宮人
后ㅣ與貴人으로託配後庭ᄒᆞ야共歡等列이오十
有孤心㷀㷀ᄒᆞ야靡所瞻仰이라이先帝早棄天下ᄒᆞ시니
憶念이發中ᄒᆞ다이로今當以舊典으로分歸外園ᄒᆞ니
慘結增歎ᄒᆞ니호燕燕之詩ᄂᆞᆫ曷能喩焉이오리其

證증이 明白ᄇᆡᆨᄒᆞ니더 太탱后ᅘᅮᆯ 以先帝졔左쟝右ᅌᅮᆯ로 待之

有ᅌᅮᆯ恩ᄒᆞᆫ이라 平日에 尙無惡言니ᄒᆞ더 今반反若此ᄎᆞ

ㄴ不合人情셩이라ᄒᆞ시고 更自呼見샤 實覈ᄒᆡᆨ니ᄒᆞ시 以爲聖셩明ᄆᆛᆼ이라ᄒᆞ니

果郭御者의 所솽爲ᅌᅱᆯ어 莫不歎服야ᄒᆞ 以爲聖셩明이라ᄒᆞ니

後ᅘᆕᆼ漢한ㅅ 和ᅘᅪᆼ熹횡鄧뜽皇ᅘᅪᆼ后ᅘᅮᆼᄂᆞᆫ

太탱傅ᄫᅮᆼ禹ᅌᅮᆼ의 孫손子ᄌ ㅣ시니라太탱

아바님訓훈은 護ᅘᅩᆼ羌校굘校굘

尉ᅙᆔᆼ오護ᅘᅩᆼ羌校굘ㅅ벼슬리라 尉ᅙᆔᆼ 어마님은 陰흠

氏씽니光광烈렳皇ᅘᅪᆼ后ᅘᅮᆼㅅ人ᅀᅵᆫ四ᄉᆞᆼ寸촌太탱

傅ᄫᅮᆼ人ᅀᅵᆫ夫붕人ᅀᅵᆫ夫붕人ᅀᅵᆫ이ᄉᆞ랑ᄒᆞ야손소마리

앙이ᄣᅵ리라ᄒᆞᄋᆞᆯ나히다ᄉᆞᆺ서레太탱

롤갓더니后ᅘᅮᆼㅅ니마ᄒᆞᆯ헐오ᄃᆡ알ᄑᆞᄆᆞᆯ太탱

위그르后ᅘᅮᆼㅣ마ᄒᆞᆯ오ᄃᆡ알ᄑᆞᄆᆞᆯ太탱

ᄆᆞᅀᆞ니ᄅᆞ디아니ᄒᆞ거시ᄂᆞᆯ左쟝右ᅌᅮᆯ엣

사ᄅᆞ미恠괭異ᅌᅵᆼ히너겨ᄆᆞᆫᄌᆞ온대后ᅘᅮᆼ

ㅣ니ᄅᆞ샤ᄃᆡ알ᄑᆞ디아니혼ᄃᆞ리아니언

마ᄂᆞᆫ大땡夫붕人ᅀᅵᆫ이어엿비너겨마리

롤갓ㄱ슬신ᄂᆞᆯ그시닛ᄠᅳᆮ구ᄎᆔᆷ어려

운젼太탱로含ᄒᆞᆷ노라여숫서레史ᄉᆞᆼ書셩

잘ᄒᆞ시고 論론과 史ᄉᆞᆼ書셩란라열둘헤詩싱와論론

語ᅌᅥᆼ론通통ᄒᆞ더시니모둔오라비상녜

글닐글저기어든곧ᄠᅳᆮ들ᄂᆞᆮ조기ᄒᆞ샤무

ᄅᆞ샤ᄠᅳᆮ들와래두시고生ᄉᆡᆼ計겡사릿

이롤몬디아니커시ᄂᆞᆯ어마니미샹녜외

오너겨니ᄅᆞ샤ᄃᆡ녜겨지븨이롤니겨衣ᅙᆡᆼ

服ᄈᆡᆨ을ᄒᆞ디아니코다시곰學ᅘᅡᆨ을힘

ᄡᅥᄒᆞ니반ᄃᆞ기博박士ᄊᆞᆼㅣᄃᆞ욀다博박

重뜡히ᄒᆞ너기샤나지어든겨지븨이롤유몯

ㄱ시고바ᄆᆡ어든글와ᄅᆞᆯ외오신대집사

ᄅᆞ미일후를션ᄇᆡ라ᄒᆞ더니아바님訓훈

지시니蕩땅蕩땅ᄒᆞ야正졍히펴러ᄒᆞ고
蕩땅蕩땅ᄋᆞᆫ넙은양ᄌᆞ라鍾죵乳ᅀᅮᇰᄂᆞᆫ藥약이라
잇거늘약을후려샏라좌시
고곰占졈ᄒᆞ니사ᄅᆞᆷ드려무르신대솔오
뒤堯ᅀᅭᇢㅣ수메하ᄂᆞᆯ해미쳐할ᄒᆞ자바오르시고湯
이수메하ᄂᆞᆯ해미쳐할ᄒᆞ시니이다聖
셩王와ㅣ人알핏占졈이라吉긿空콩虛니르
디몯ᄒᆞ리로소이다相샤ᇰᄫᅩᆯᄉᆞᄅᆞ미后

이奇긩異잉히너겨이롤크니져그니업
시곤더브러議읭論론ᄒᆞ더시다求끃元원
원四ᄉᆞ年년에반ᄃᆞ기곱히여들리러시
니마ᄎᆞ아訓훈이죽거시ᄂᆞᆯ三삼年년이ᄆᆞᆾ后ᅘᅮᇢㅣ畫ᅙᅪᇰ
夜양애우르시고三삼年년이ᄆᆞᆾᄃᆞ록親친
곰과菜칭蔬송 와롤좌시다아니ᄒᆞ샤여
위여녯양ᄌᆞᆯ엄거시ᄂᆞᆯ親친ᄒᆞᆫ사ᄅᆞ미아
디몯ᄒᆞ더라后ᅘᅮᇢㅣ아리수메하ᄂᆞᆯ호ᄆᆞᆫ

人신을사ᄅᆞ니天텬道ᄃᆞᇢㅣ어루믿블딘
댄지비반ᄃᆞ기福복을니브리라쳐서미
太탱傳뜬禹ᅌᅮᇢㅣ嗟嘆탄ᄒᆞ야닐오ᄃᆡ
내百빅萬먼衆즁을거느려졌간도ᄒᆞ야
룸도간대로주기디아니호니後ᅘᅮᇢ人子
孫손이반ᄃᆞ기니르와다나리이시리
라ᄒᆞ니라七칧年년에后ᅘᅮᇢㅣᄯᅩ모ᄃᆞᆫ집
子ᄌᆞ息식과ᄒᆞᆷ끠ᄀᆞᆯᄒᆞ야宮ᄀᆔᇰ의드르시

ᄅᆞᆯ보ᅀᆞᆸ고놀라솔오ᄃᆡ이ᄂᆞᆫ成쎠ᇰ湯탕
人法법이로다ᄒᆞ야놀지빗사ᄅᆞ미그스
后ᅘᅮᇢㅣ人신아ᄌᆞ비陵ᄂᆞᆯ오ᄃᆡ아래ᄒᆞ니라
기깃거호ᄃᆡ졌간도니ᄅᆞ디아니ᄒᆞ니라
千쳔人신올사ᄅᆞᆫ子ᄌᆞ孫손이封보ᇰ侯ᅘᅮᇢ
ㅣ드외여서調뚀ᇢ者쟝ㅣ장ᄂᆞᆫ石쎡曰ᅙᅯᇙ河ᅘᅡᇰ
ᄒᆞ리잇다ᄒᆞ니兄ᅘᅴᇰ訓훈이調뚀ᇢ者쟝ᄒᆞᆯ
ᄅᆞᆯ닷가ᄂᆞᆫ五ᅌᅩᆼ百빅日ᅀᅵᇙ後ᅘᅮᇢ河ᅘᅡᇰ數숭千쳔

니 后ᅘᅮᇰㅣ 킈 닐굽 자 두 치시고 양ᄌᆡ 고와
모ᄃᆞᆫ 中듕에 ᄀᆞ장 다ᄅᆞ더시니 左장右ᅌᅮᆼ
ㅣ 다 놀라더라 八밣年년ㅅ 겨ᅀᅳ레 掖역
庭뗭에 드르샤 掖역庭뗭은 기픈 ᄇᆞᆯ히니 大땡闕궗을 니ᄅᆞ니라
貴귕人ᅀᅵᆫ이 ᄃᆞ외시니 그ᄢᅴ 나히 열여스
시러시니 溫ᅙᅩᆫ恭공ᄒᆞ시며 싁싁ᄒᆞ시며
조심ᄒᆞ샤 일마다 法법度똥ㅣ 겨샤 陰ᅙᅳᆷ
后ᅘᅮᇰ를 셤기샤ᄃᆡ 일져므리 저호시며 조

심ᄒᆞ시며 同똥列렳을 對됭接졉ᄒᆞ샤ᄃᆡ
샹녜 모ᄆᆞᆯ 이긔여 ᄂᆞᄌᆞ기 ᄒᆞ시며 비록 宮
궁人ᅀᅵᆫ 隷례役ᅌᅯᆨ이라도 隷례役ᅌᅯᆨ은 賤쪈人ᅀᅵᆫ이라
다 恩ᅙᅳᆫ惠ᅘᅰᆼ를 더으신대 和ᅘᅪᆼ帝뎽 기피
아ᄅᆞᆷ다이 너겨 委ᅙᅱᆼ曲콕히 ᄒᆞ더시니 后
ᅘᅮᇰㅣ 病뼝ᄒᆞ샤ᄆᆞᆯ미 처 特뜩別볋히 后ᅘᅮᇰ
의 어마님과 兄ᅘᅧᆼ弟뗑로 드러 醫ᅙᅵᆼ藥약
올 뫼ᅀᆞ와 數숭를 限ᅘᅠᆫ티 아니케 ᄒᆞ야

시놀 后ᅘᅮᇰㅣ 帝뎽ᄭᅴ ᄉᆞᆯ오샤ᄃᆡ 宮궁禁금
이 至징極끅 重뜡커늘 밧긧 지브로 오래
안해 이셔 우ᄒᆞ론 陛뼹下ᅘᅡᆼ로 아ᄅᆞᆷ더어
엿비너기시논 긔롱잇고 아래론 賤쪈ᄒᆞᆫ
날로 足족올 아디 몯ᄒᆞᄂᆞᆫ 誹빙謗팡올 어
더 上썅下ᅘᅡᆼㅣ 서르 損손호몰 眞진實씷
로 願원티 아니ᄒᆞ노이다 帝뎽 니ᄅᆞ샤ᄃᆡ
사ᄅᆞ미 다 ᄌᆞ조 드로ᄆᆞ로 榮ᅌᅧᆼ寵통히 너

기거늘 貴귕人ᅀᅵᆫ 은 도ᄅᆞ혀 시르믈 사마
ᄀᆞ장 ᄂᆞᄌᆞ기 ᄒᆞ니 眞진實씷로 미추미 어
렵도다 샹녜 이바디예 모ᄃᆞᆫ 姬긩와 貴귕
人ᅀᅵᆫ이 난겻 빗어 簪잠珥ᅀᅵᆼ롤 빗내ᄒᆞ며
簪잠은 빈혀오 珥ᅀᅵᆼ는 玉옥으로 밍ᄀᆞ론 귀예 드리ᄂᆞᆫ 거시라 衣ᅙᅴᆼ服뽁
을 빗내ᄒᆞ거늘 后ᅘᅮᇰㅣ ᄒᆞ오ᅀᅡ 빗나디 아
니ᄒᆞᆫ 거슬 니브샤 오시 ᄭᅮ뮤미 업스시며
그 오시 陰ᅙᅳᆷ后ᅘᅮᇰ와 비치 곧ᄒᆞ니 잇거든

즉재바사ᄀᆞᄅᆞ시며ᄒᆞᆫᄢᅴ뵈ᅀᆞ올저기어
시든바ᄅᆞᆯ안ᄌᆞ며골와셔디아니ᄒᆞ시며
行ᅘᆡᇰᄒᆞᆯ저긘모ᄆᆞᆯ구펴ᄂᆞᆺ가이ᄒᆞ시며帝
뎽미샹무르샤미겨시거든샹녜머므러
後ᅘᅮᇢ에對됭答답ᄒᆞ샤陰음后ᅘᅮᇢᄢᅴ몯져
니ᄅᆞ디아니ᄒᆞ더시니帝뎽ㅣ后ᅘᅮᇢ의勞
롱心심ᄒᆞ시며모ᄆᆞᆯ구피샤몰아ᄅᆞ시고
嗟창歎탄ᄒᆞ야니ᄅᆞ샤ᄃᆡ德득을닷ᄂᆞᆫ곳

부미이러ᄒᆞᆫ녀後ᅘᅮᇢ에陰음后ᅘᅮᇢㅣ漸쪔
漸쪔疎송커ᄂᆞᆯ샹녜뫼ᅀᆞ올제當당ᄒᆞ샤
곧病뼝탈ᄒᆞ샤마다시다그ᄢᅴ帝뎽ᄌᆞ조
皇ᅘᅪᇰ子ᄌᆞᇰᄅᆞᆯ일허시ᄂᆞᆯ后ᅘᅮᇢㅣ子ᄌᆞᇰ息식
이넙디몯ᄒᆞᆯ가分분別ᄇᆢᇙᄒᆞ샤미샹눉믈
디며한숨디호샤ᄌᆞ조才ᄍᆡᆼ人신올ᄀᆞᆯᄒᆡ
야進진上ᄊᆢᇰᄒᆞ샤帝뎽ㅅᄠᅳ들너피더시
니陰음后ᅘᅮᇢㅣ后ᅘᅮᇢ의有ᅌᅮᇢ德득ᄒᆞᆫ소리

날로盛쎵호ᄆᆞᆯ보고ᄒᆞ올이ᄅᆞᆯ아디몯ᄒᆞ
야祝쥭詛종ᄒᆞ야害ᅘᆡᆼ호려ᄒᆞ더라帝뎽
흠아리病뼝ᄒᆞ샤甚씸히바ᄃᆞ랍더시니陰
后ᅘᅮᇢㅣᄀᆞ마니닐오ᄃᆡ내ᄠᅳ들得득ᄒᆞ
면鄧뜽氏씽로ᄂᆞ외여기튼類륑잇디아
니케호리라后ᅘᅮᇢㅣᄠᅳ르시고左장右ᅌᅮᇢ
ᄅᆞᆯ對됭ᄒᆞ야눉믈흘려니ᄅᆞ샤ᄃᆡ내精졍
誠쎵을ᄀᆞ장ᄒᆞ며ᄆᆞᅀᆞᄆᆞᆯ다ᄒᆞ야皇ᅘᅪᇰ后

ᅘᅮᇢᄅᆞᆯ셤교ᄃᆡᄆᆞᄎᆞ매도오미도외디몯호
니반ᄃᆞ기하ᄂᆞᆳ긔罪쬥ᄅᆞᆯ得득ᄒᆞ리로다
婦뿡人신이비록조차죽논義ᅌᅴᆼ업스나
그러나周쥼公공이모ᄆᆞ로武뭉王왕ㅅ
命명을請쳥ᄒᆞ시며越ᅌᅯᇙ姬긩ᄆᆞᅀᆞ매반
ᄃᆞ기주글分분을盟명誓쎙ᄒᆞ니우호로
帝뎽ㅅ恩ᅙᅳᆫ올갑ᄉᆞ오며가온ᄃᆡ로아ᅀᆞ
ᄆᆡ災징禍ᅘᅪᆼᄅᆞᆯ벗기며아래로陰음氏씽

마ᄅᆞ시ᄂᆞ니 이 ᄐᆞᆲ나래 帝뎽 ㅣ 果광然션
ᄒᆞ시니라 十씹四ᄉᆞ年년 녀르메 陰흠后ᅘᅮᇢ
ㅣ 표믈 盎ᅙᅡᆼ人ᅀᅵᆫ이 로廬량ᄒᆞ야 시 后ᅘᅮᇢ ㅣ
(小字) 盎ᅙᅡᆼ은 무ᄃᆞ믈 ᄇᆞ려 뭉이오 廬량ᄂᆞᆫ 블빈 神씬이라
바다ᄉᆞ린 물음ᄒᆞᆯ씨라 ㅣ
請쳥ᄒᆞ야 敎ᄀᆛㆁ호ᄃᆞ가 得득디 몯ᄒᆞ시니
帝뎽 ㅣ 곧 브르지ᅘᅧᇰ ᄒᆞ신대 后ᅘᅮᇢ ㅣ 더욱
病ᅙᅥᇰ되요라 ᄒᆞ샤 기피 尺쳑개고 ㅊ와 그치
더시니마 ᄎᆞ아 有ᅌᅮᇢ司ᄉᆞ ㅣ 長땼秋츄宮

로人신 豕씽人護ᅙᅮᇢ ㅣ 弄롱이잇디아니케
호리라 ᄒᆞ시고 皇황后ᅘᅮᇢ ㅣ 前쪈漢한ㅅ威윙
(小字) 夫붕人ᅀᅵᆫ은 皇황后ᅘᅮᇢ 앏 녜ㅅ 벼슬일후ㅣᄅ니
ᄃᆡ려 터고 말솜 ᄒᆞᆯ 제 즉 재藥약을 머 구려
니라 ᄒ시고 皇황帝뎽人病ᅙᅥᇰ이 ᄒᆞ마 ᄎᆞ아 사ᄅᆞ미오
말이ᄉᆞ와 소겨 ᄉᆞᆯ오ᄃᆡ ᄆᆞ ᄎᆞ아 사ᄅᆞ미도소
ᄒᆞ거시 ᄂᆞ宮궁人ᅀᅵᆫ 趙뚕玉옥이 구틔여
皇황帝뎽人病ᅙᅥᇰ을 머 구려
이다 ᄒᆞ야 ᄂᆞ后ᅘᅮᇢ ㅣ 미드샤 ᄒᆞ녀기샤

롤벼 슬ᄒᆞᆯ요려 커시ᄃᆞᆫ 后ᅘᅮᇢ ㅣ 곧 셜이비
더니 后ᅘᅮᇢ ㅣ 卽즉 位윙 ᄅᆞᆯ 브터다 禁금止징
(小字) 징케ᄒᆞ시고 歲셍時씽예오직죠히와먹
小송夫붕人ᅀᅵᆫ은 남금 妾쳡이라 ㅣᄢᅵᆫ四ᄉᆞ方방나랏貢공
호샤 매매우미足죡디몯호이다ᄒᆞ시다
恩ᅙᅩᆫᄒᆞ샤기피德득이저거 小송君군곧
獻헌옷난것貴귕코됴ᄒᆞᆫ거슬求꿀ᄒᆞ
공ㆁ 帝뎽 ㅣ 곧 미샹鄧뜽氏씽

宮궁셰요믈연ᄌᆞ온大땡帝뎽니ᄅ샤되皇황
后ᅘᅮᇢ尊존호미날와體톙곧ᄒᆞ야宗ᄌᆞᇰ廟ᄆᆛᇢ
룰셤기며天텬下ᅘᅡᇰ앳어미ᄃᆞᄅᆡ外ᅌᅬㅣ ᄂᆞ
엇데쉬우리오오직尊ᄌᆞᆫ貴귕人ᅀᅵᆫ이德득
이後ᅘᅮᇢ宮궁에爲윙頭뚤ᄒᆞ니어루當당
ᄒᆞ리라ᄒᆞ겨스래니ᄅᆞ러셰여皇황后ᅘᅮᇢ
사모신대辭ᄊᆞ讓ᅀᅣᇰ을세번ᄒᆞ신後ᅘᅮᇢ에
ᄉᆞ卽즉位윙ᄒᆞ샤表뵿룰손소ᄉᆞ샤謝ᅀᅣ

내훈 권2(하) 17-1

帝 나샤 미ᄎᆞᆺ百日이러시니后ㅣ
마자다가셰시다 后ㄹ
皇太后ㅣ롤삼ᅀᆞᆸ고太后ㅣ朝
會예마즈시니라 和帝ㅣ葬ᄒᆞᅀᆞ
온後에宮人이다園의가더니
太后ㅣ周馮貴人ᄋᆞᆯ策
올주샤 니ᄅᆞ샤ᄃᆡ貴人ᄋᆞᆯ
貴人ᄅᆞᆯ ᄇᆡᄒᆞᆫ後宮에브터ᄉᆞᆯᄫᆞᆫ

내훈 권2(하) 16-2

수와辭讓호신전太로몬오라비隨
이帝ㅅ시졀이무초디虎ㅣ貢中
둥郎將애셔넘디몬ᄒᆞ니라
버스랑리라ㅣㄴ元興元年에帝
업거시ᄂᆞᆯ長子平原王이病
잇고여러皇子ㅣ즐어주구미前
젠後에에열호로혜리러니後
롤곰금초아民聞간애기르더니殤

내훈 권2(하) 18-1　　　　　　　　　　　　　　　　　내훈 권2(하) 17-2

내훈 권2(하) 18-1

가졸비리오 燕
息업ᄌᆞ새公夫
이ᄃᆞ업롤스자시내ᄉᆞ
물더주니겨눌랑딩시儳는웡후
허에ᄆᆞᆯ莊姜이으보라며
왕靑蓋車와王皇后ㅣ
논ᄉᆞᆯ위라 貴人ᄋᆞᆯ王
各네필와ᄂᆞᆫ참문 黃金三

내훈 권2(하) 17-2

曲콕히ᄒᆞᆫ디이쇼미여라문히러니福
올得득디몬ᄒᆞ야ᄂᆞᆫ先帝뎽일天下
롤브리시니ᄒᆞ야온삿무ᄉᆞ미
ᄒᆞ야셔ᄇᆞ틀ᄅᆞᆫ손양ᄌᆞᅀᅡ이올워롤고디
업순디라나지여바미여기리ᄉᆞ랑ᄒᆞ야
셜우미무ᅀᆞ매나ᄉᆞ다이제반ᄃᆞ기넷위
법으로여희여後園에가릴ᄉᆞᆯ셜위
ᄒᆞᆫ숨호니燕燕詩ㅅ넷데能히

太后ㅣ 뎌 주고 겨ᄒ샤 ᄃᆡ반ᄃᆞ기 罪쬥
업스니 이실가 너기샤 親친히 宮궁人신
올샤 顔안色ᄉᆡᆨ 올 보와 솔피시니 即즉
時씽예 自쭝 服뽁ᄒ니라 坐쫭 和ᅘᅪᆼ 帝뎽ㅣ
幸ᅘᆡᆼ히 너기시던 사름 吉긿 成쎵 을 盞잔ㅅ일
사른미 모다 吉긿 成쎵 을 盞잔ㅅ일
로 하라 놀 庭뗭에 누리와 져 주시니
말ᄉᆞᆷ과 ᄠᅳᆮ 믜 明명 自삑 ᄒ더니 太탱 后흫

삼 十씹斤근과 雜짭帛삑 三삼 千천匹
와 白삑越웛 四숭 千천匹 올 주라 ᄒ시
고 坐馮뼝貫궁 人신 千천匹 왕
시고 머리옛 步뽕 搖욜올 王왕 赤쳑 綬쓯 주
ᄒ샤 各각 호불옴더 와 環환 珮뼝 올
을맛나 法법이셔디 몬ᄒ얫더니 宮궁
등이 굴근 구슬호 箱샹子중 롤 일혼 대太

大明太祖孝慈昭憲至仁文德承天順聖高
皇后馬氏는 其先이 自宋太保默으로 家子宿
州閟子鄕新豊里야 世豪里中ᄒ니 父馬公
이 性이 剛直고 愛人喜施야 賙人之急ᄒ더니 如
將不及ᄒ러 母鄭氏早卒커늘 后ㅣ一切시니라 父
素與定遠人郭子興으로 爲刎頸之交ㅣ니
遂以后로 託其家고 父ㅣ自少로 卒ᄒ니 子興이育后
同己女라ᄒ시 后ㅣ自少로 貞靜端一며
孝敬慈惠며 聰明이 出人意表ᄒ샤 尤好詩

휭ㅣ 先션 帝뎽 人신 左장 右융 로 對됭接접
을 有융 恩흔 히 ᄒ실 저기라 도 平뼝 日싍
에 오히려 모딘 마리 업더니 이제 도롯혀
미이곤 ᄒ니 人신ᅀᅵᆫ 情쪙에 맛디 아니타ᄒ
시고 다시 ᄌᆞ개 블러 보샤 顳뿽 實씷 ᄒ시
니 果광 然션 ᄒ야 降뼝 伏뽁 아니 ᄒ리어놀
嗟창 嘆탄 ᄒ야 니루샤ᄃᆡ 聖셩 明명 이샷다 ᄒᆞ오ᄃᆡ라

내훈 권2(하) 20-2

書ㅣ니다 旣笄ᄒᆞ샤 嬪于太祖高皇帝ᄒᆞ샤 誠敬ᄒᆞ야
感孚ᄒᆞ야 內外咸譽之ᄒᆞ더라 値歲大歉ᄒᆞ야 后ㅣ
感帝在軍ᄒᆞ샤 嘗自忍飢ᄒᆞ야
從帝ᄒᆞ샤 未嘗乏ᄒᆞ며
供帝ᄒᆞ야 每有識記書札ᄒᆞᄃᆞᆯ
道之ᄒᆞ더니 倉卒取食ᄒᆞ야
進之ᄒᆞ샤 未嘗脫誤ᄒᆞ시더니 帝焚香祝天
天命이어ᄂᆞᆯ 帝ㅣ 造次顛沛예 恪遵婦
天命이어ᄂᆞᆯ 后ㅣ 卽於囊中에 藏之ᄒᆞ야 出而
道ᄒᆞ더니 謂帝曰 方今에 豪傑이 並爭
后ㅣ 謂帝曰

내훈 권2(하) 21-1

雖未知天命所歸나 以妾觀之댄 惟以不
人으로 爲本ᄒᆞ야 顧者ᄅᆞᆯ 扶之ᄒᆞ며 危者ᄅᆞᆯ 殺之
收集人心ᄒᆞ면 人心所歸卽天命所在니 彼
殺掠ᄒᆞ야 以失人心ᄒᆞ면 天之所惡ㅣ라 雖其身
亦難保也ㅣ니ᄒᆞ다 帝曰 爾言이 深合我意
ᄒᆞ고다 明日에 月兩歸ᄒᆞ샤 語后曰 昨聞
爾言ᄒᆞ니 往來方寸間ᄒᆞ야 不能忘다 有卒
이 違今ᄒᆞ야 忍與婦人로 俱ㅣ호 我ㅣ 詰之曰
隱야ᄒᆞᆫ 吐實云ᄒᆞ되 掠得之ㅣ라ᄒᆞᆯ 我ㅣ 告之曰

내훈 권2(하) 21-2

今日用兵은 所以禁亂이니 若寠人之妻ᄒᆞ며 孤
人之子면 適以生亂이니 不卽舍之면 吾必戮
爾호리라ᄒᆞ다 此卒이 感悟遂卽舍之ᄒᆞ니 由爾
之言也ㅣ라 后ㅣ 曰 用心이 如此ᄒᆞ시니 何
憂人心之不歸乎잇고 后ㅣ 初에 未有子ᄒᆞ샤
撫育帝ㅅ 兄子文正과 及姊子李文忠과
英等數人ᄒᆞ시며 愛如已出ᄒᆞ며 慈子李文忠과
爾言이 是도ᄒᆞ야 恩無替焉ᄒᆞ시더라 後에 太子諸
人之子면 后ㅣ 帝師師渡江
王이 生도ᄒᆞ야 亦率諸將士ᄒᆞᆫ 妻妾ᄒᆞ야 繼至太平
ᄒᆞ시ᄂᆞ라

내훈 권2(하) 22-1

及居建康ᄒᆞ샤 時에 吳漢이 接境ᄒᆞ야 戰無虛
日이니 親率妻勝ᄒᆞ야 完絹衣鞍ᄒᆞ샤 助給將士
ᄒᆞ며 夜分不寐ᄒᆞ며 時時예 左右帝規畵ᄒᆞ야 動
合事機ᄒᆞ시더라 洪武元年春正月에 帝卽位ᄒᆞ샤
冊爲皇后ᄒᆞ시고 因謂侍臣曰 昔에 漢光
武ㅣ 勞馮異曰 倉卒에 蕪蔞亭豆粥과
渽沱河麥飯厚意ㅣ 久不報ㅣ라ᄒᆞ니 君臣之間
이 始終保全ᄒᆞ니 朕。 念皇后ㅣ 起布衣ᄒᆞ야
甘苦ᄅᆞᆯ 嘗從朕在軍ᄒᆞ야 倉卒애 自忍飢餓ᄒᆞ고

懷糗餌야食朕니比之豆粥麥飯앤其困이
尤甚ᄒᆞ니昔에唐太宗ㅅ長孫皇后ᅵ當隱
太子構隙之際야內能盡孝ᄒᆞ며謹承諸妃야
消釋嫌猜ᄒᆞ더니朕이數爲郭氏의所疑야
徑情不恤니라將士或以服用로殆又欲
危朕이어늘后ᅵ先獻郭氏ᄒᆞ야慰悅其意ᄒᆞ며及欲
危朕ᄒᆞᆫ者란后ᅵ輒爲繃縫야卒免於患ᄒᆞ며
長孫皇后ᅵ
過든后ᅵ輒謂朕曰主ᅵ忘昔日之貧賤耶

朕復悵然ᄒᆞ노라家之良妻ᅵ猶國之良
相이니豈忍忘之시리오ᄒᆞ고罷朝애以語后신대
后ᅵ曰妾은聞夫婦相保ᄂᆞᆫ易고君
臣相保ᄂᆞᆫ難이니라陛下ᅵ旣不忘妾於貧賤ᄒᆞ샤
安敢比長孫皇后의賢이시리오ᄒᆞᆫ대但願陛下ᅵ以
堯舜로爲法耳쇼셔旣正位中宮ᄒᆞ샤益
自勤勵ᄒᆞ야督宮妾ᄒᆞ야治女工ᄒᆞ시고凤興夜寐ᄒᆞ샤
無時豫急며勸帝親賢務學ᄒᆞ시며隨事幾

諫ᄒᆞ며講求古訓ᄒᆞ야諭告六宮ᄒᆞ샤孜孜不
倦시더니一日에集女史淸江范孺人等ᄒᆞ샤問
曰何代最正고對曰后ᅵ於是예命女史ᄒᆞ샤
錄其家法ᄒᆞ야行ᄒᆞ더니每令誦而聽之ᄒᆞ고或曰
家法이自漢唐以來로何后ᅵ最賢며家法
不徒爲吾今日法라子孫帝王后妃
當省覽니此ᅵ可以爲萬世法也ᅵ니라后ᅵ
더니宋朝ᅵ過於仁厚ᄒᆞ니라后ᅵ曰過於

仁厚ᅵ不猶愈於刻薄乎아吾子孫이苟能
以仁厚로爲本면至於三代不難矣리라仁厚
ᅵ難過나者ᄂᆞᆫ何害於人之國哉오帝嘗謂后曰
妾君者ᄂᆞᆫ百責所萃니一夫ᅵ不得其所
ᄒᆞ야도君之責也ᅵ시니라古人이有云호ᄃᆡ一夫ᅵ
民之辜ᅵ라ᄒᆞ며一民이饑ᄒᆞ거든曰我ᅵ即起拜曰
之辜ᅵ며寒之ᄒᆞ며曰我ᅵ寒之ᄒᆞ니라今陛下之言이
即古人之心이이다致謹於聖心ᄒᆞ샤加惠於

25-1

此寶ㅣ 何以不能守而失之오 蓋貨財ㅣ非
可寶ㅣ라 抑帝王이 自有寶也ㅣ니 帝曰더샤
皇后之意를 朕이 知之矣와 但謂以得賢
爲寶耳라 后ㅣ卽拜謝曰 誠如聖言이로다
ᄒᆞ니이다 妾이 每見人家ㅣ 産業이 厚則驕至
ᄂᆞᆫ 時命이 順則逸生ᄒᆞᄂᆞ니 家國이 不同ᄒᆞ나 其理
ᄂᆞᆫ 無二니 兩當深戒라 今에 富貴至此며
與陛下로 同處窮約가
恒恐驕縱이 生於奢侈ᄒᆞ며 危亡이 起於忽微

24-2

窮民면노 天下ㅣ受其福며 妾亦與有榮馬호리
ㅣ又嘗從容告帝曰 人主ㅣ難有明
聖之資나 然이나 世代愈降天下ㅣ不能獨理天下ㅣ니 必擇賢以圖治
於人材예 固能各隨其短長而用之ᄂ니 人主ㅣ
善다니 尤宜赦小過以全其人이니 陛下ㅣ
ㅣ一日애 聞得元府庫야 輸其貨寶ㅣ
至京師ㅣ어늘 帝曰 寶貨耳라 后ㅣ曰 元氏有

26-1

念救民之心이 格于皇天ᄒᆞ샤 天命이 眷之
며 妾이 何力之有잇고
願陛下ㅣ 不忘於窮約之時ᄒᆞ며 警戒於治
安之日ᄒᆞ쇼셔 妾亦不忘相從於患難야而謹
飭於朝夕이호리라 則天地祖宗之福耳니
今日라이 將爲子孫無窮之福耳니 帝凡御
膳을 后ㅣ必躬自省視ᄒᆞ시더니 宮人이 請曰 吾
宮中人衆ᄒᆞ니 無煩聖體쇼셔 后ㅣ曰 吾
ㅣ固知宮中에 有人이나와 但婦之事夫ᄂᆞᆫ 不

25-2

賢하다노 故로 世傳技巧ㅣ 爲喪國斧斤이오珠
王이 爲蕩心鴆毒이라ᄒᆞ니 誠哉라 是言이여 但得
賢才야 朝夕啓沃야 共保天下ㅣ 即大寶也ㅣ니
時事시고라 帝曰 今日애 吾與爾로 跋涉艱難
顯名萬世야 即大寶也ㅣ니 而宣力於物乎
備嘗辛苦니 今日애 化家爲國은 無心所得
上感天地之德과 祖宗之恩이니
爾의 內助之功也ㅣ라 后ㅣ曰 陛下ㅣ

之샤 織爲衾裯ᄒᆞ야 以惠孤老ᄒᆞ며 每製衣裳
聞元世祖后의 菜故弓絃事ᄒᆞ고 亦命取練
駙馬와 大學生으로 咸講讀之矣러니
行ᄒᆞ라 於人道애 無所不備ᄒᆞ니 帝曰然다ᄒᆞᆯ 吾已令王
旣而오 奏曰ᄒᆞᄃᆡ 小學書ᄂᆞᆫ 言易曉고 事易
爲治之本이어ᄂᆞᆯ 乃曰絕之棄之ᄒᆞ오 仁義ᄂᆞᆫ 乃
也니 詎有絕仁義而爲孝慈哉아

이다 后ㅣ 曰ᄒᆞ샤ᄃᆡ
로 爲本이니 若絕仁棄義ᄒᆞ면 民復孝慈ᄂᆞᆫ 是也ㅣ라 不然다 孝慈
디 黃老ᄂᆞᆫ 何如ᄒᆞᆯ고 女史ㅣ 答曰ᄒᆞᄃᆡ 淸淨無爲
論西漢寶太后ㅣ 好黃老ㅣ라ᄒᆞ더시ᄂᆞᆯ 后ㅣ 顧而問曰ᄒᆞ샤
人이 聞之ᄒᆞ고 莫不感悅ᄒᆞ더라 后ㅣ 嘗聞女史ㅣ
汝革야 免於責也ᄒᆞ니 詎爲無人耶오이오 一以保
以爲此者ᄂᆞᆫ 一以敬上而不敢忽오이오 一以
不至야 汝革受責ᄒᆞ면 吾心이 豈安이리오 吾所
可不謹며 膳羞上進은 不可不蠲潔이니 脫有

恐解ᄒᆞ야 問后曰ᄒᆞᄃᆡ 爾不自責罰ᄒᆞ고 付之宮
恐샤 命左右ᄒᆞ야 執付宮正司ᄒᆞ야 議罪ᄒᆞ신대 帝
心耳라 宮人이 有過야ᄂᆞᆯ 帝恐之어시ᄂᆞᆯ 后ㅣ 亦
之位難處라 不可忘者ㅣ 勤儉이오 不可恃者ㅣ
이 富貴也ㅣ니 勤儉之心이 一移면 禍福之應
響至ᄂᆞ니 每念及此ᄒᆞ야 自不敢有忽易之
見稱於載籍ᄒᆞ니 蓋奢侈之心은 易萌ᄒᆞ고 崇高
聞古之后妃皆以富而能儉ᄒᆞ며 貴而能勤ᄒᆞ야
貴至富ᄒᆞ니 何庸惜此ᄒᆞ리고 后ㅣ 曰ᄒᆞ샤ᄃᆡ 吾

弊나 不忍易니다
服澣濯之衣ᄒᆞ고 不喜侈麗ᄒᆞ시니 雖
織以示汝니라
雖荒纇棄遺나 在民間앤 猶爲難得故로 雖
俾績而織之ᄒᆞ샤 以賜諸王妃와 公主ᄒᆞ시니 此
也라 織工이 治絲ᄒᆞᆯ 有荒纇棄遺者ᄂᆞᆫ 亦
當爲天地惜物이니 暴殄天物은 古人의 深戒
고 시 餘帛을 緝爲巾褥曰ᄒᆞ샤ᄃᆡ 身處富貴

내훈 권2(하) 28-2

正司ᄂᆞᆫ 何也오 后ㅣ 曰ᄒᆞ샤ᄃᆡ 妾ᄋᆞᆫ 聞賞罰이
惟公이라 足以服人이니라 故로 不以喜而加
賞ᄒᆞ며 不以怒而加刑ᄒᆞᄂᆞ니 喜怒之際에
罰ᄒᆞ면 則當斟酌其輕重矣리라 有司者ㅣ論
司ㅣ면 則當斟酌其輕重ᄒᆞ야 議其私ㅣ니와 付之宮正
亦豈能人人을 自賞罰哉리잇고 有司者ㅣ論
之耳ㅣ오 帝曰ᄒᆞ샤ᄃᆡ 當陛下怒時야 遽自罰
宮人이오 得重貴라이 陛下ㅣ 亦損中和之氣

내훈 권2(하) 29-1

故로 妾之怒者ᄂᆞᆫ 兩以解陛下之怒也ㅣ니
니라 帝喜다ᄒᆞ시니 后ㅣ 以不逮事舅姑로 爲恨
다이라 帝喜다ᄒᆞ시니 后ㅣ 以不逮事舅姑로 爲恨
見帝의 追慕悲傷ᄒᆞ고 亦爲之流涕ᄒᆞ더시니 晨
夕에 楎翟로 從帝ᄒᆞ야 拜謁奉先殿ᄒᆞ며 每當
祭ᄒᆞ야 躬治膳羞ᄒᆞ야 務盡誠敬ᄒᆞ더시니 接妃嬪以
下ᄒᆞ야 恩ᄒᆞ며 被寵顧有子者란 待之加厚ᄒᆞ더시니
物의 兩惡ᄂᆞ니 吾與若屬로 被金繡ᄒᆞ며 羹飮食
다시 語諸王妃와 公主曰ᄒᆞ샤ᄃᆡ 無功受禒ᄋᆞᆫ 造
物의 兩惡ᄂᆞ니 吾與若屬로 被金繡ᄒᆞ며 羹飮食
고ᄒᆞ며 終日無所爲ᄒᆞ니 當勤女工ᄒᆞ야 以報造物者ᄂᆞᆫ

내훈 권2(하) 29-2

시며ᄒᆞ야 太子와 諸王을 雖愛之甚篤ᄒᆞ나 시ᄒᆞ야 勉
今務學ᄒᆞ샤 諄切懇至ᄒᆞ시더니 嘗曰ᄒᆞ샤ᄃᆡ 汝父ㅣ
尊臨萬國ᄒᆞ샤 身致太平ᄒᆞ시니 亦由學以聚之
爾小子ᄂᆞᆫ 當思繼繼繩繩ᄒᆞ야 以不辱而生ᄒᆞᄂᆞ니
라 又曰ᄒᆞᄃᆡ 身致大平은 吾力이라 言ᄒᆞ나 鄧禹之爲將
家世忠厚ᄒᆞ며 至吾父야 雖無禹之功ᄒᆞ나 然乎
生애 急殺人故로 今日爲后ㅣ 非偶然也ㅣ라
不妄殺人故로 今日爲后ㅣ 非偶然也ㅣ라
汝革ᄂᆞ 異日에 有人民社稷之寄ᄒᆞ니 尤必積

내훈 권2(하) 30-1

累忠厚ᄒᆞ라 乃可長世니 切不可自恃而不
務德ᄒᆞ고 以謂事有偶然也ㅣ니 汝ㅣ 切識之ᄒᆞ라 諸
王이 或以衣服器皿로 相尙者ㅣ어ᄃᆞᆯ 后ㅣ曰
惡衣甲服ᄂᆞᆫ 唐堯虞舜이 茅茨土階ᄒᆞ며 夏禹文王
이ᄒᆞ샤 汝父ㅣ 俭朴ᄒᆞ샤 尤惡奢麗ᄒᆞ시니
王이ᄒᆞ샤 汝父ㅣ 俭朴ᄒᆞ샤 尤惡奢麗ᄒᆞ시니
錦衣玉食고ᄒᆞ고 猶欲以服御로 相加ᄒᆞᄂᆞ냐 何
志氣不同이니 如是乎오 惟當親師取友ᄒᆞ야 講
惡衣甲服ᄂᆞᆫ 以治天下ㅣ시니 汝革無功ᄒᆞ고ᄂᆞ
論聖賢之學ᄒᆞ야 開明心志ᄒᆞ라 自無此氣習也ㅣ라

亦有等差ᄒᆞ니라 衆庶ᄂᆞᆫ 日給이 固有艱難ᄒᆞ니와
百官家在京者ᄂᆞᆫ 其鄕里遠近이 不同ᄒᆞ며 應或不給
貧富ㅣ 亦異ᄒᆞᆯᄉᆡ 有限ᄒᆞ니 周給之ᄂᆞᆫ
艱難이 必甚ᄒᆞ야 過暑雨祁寒애 輒形於嗟ᄒᆞᄂᆞᆫ디라
嘆ᄒᆞ나 帝感其意ᄒᆞ샤 每遣存問ᄒᆞ시며 會食庭中ᄒᆞ더라
近臣이 亦異ᄒᆞ며 朝罷ᄒᆞ고 親嘗之ᄒᆞ며
后ㅣ命中官ᄒᆞ야 取其飮食ᄒᆞ야 朝廷이 用天
滋味凉薄不旨ᄒᆞ거든 奏帝曰 故로 自奉은 欲其
祿야以養天下之賢ᄒᆞᄂᆞ니 故로

라히 后ㅣ 慈以接下ᄒᆞ시며 親戚勳舊之家ᄅᆞᆯ無
不得其懽心ᄒᆞ시며 命婦ㅣ入朝ᄒᆞ든 不以尊
貴로臨之ᄒᆞ시고 延接ᄒᆞᄆᆞᆯ如家人禮ᄒᆞ시며 遇水旱
歲囚ᄒᆞᆫ 進食ᄒᆞ샤매 必聞設麥飯野蔬ᄒᆞ시며
告以賑恤之事ᄒᆞ시니 帝因深以爲
旱이無時ᄒᆞ야 卒不幸야 有九年之水와七年
積之先備ᄒᆞ면 將何法以賑ᄒᆞ리잇고 帝深以爲
之旱ᄒᆞᆯᄉᆡ 審爲帝言딘ᄒᆞ샤 施恩은欲溥徧나이
然다ᄒᆞ시다

니 帝嘗臨大學ᄒᆞ샤 祀先師孔子ᄒᆞ시고 還ᄒᆞ샤
后ㅣ問曰 大學生이 幾何오ᄒᆞ고 帝曰
동ᄒᆞ라 놀라ᄒᆞ야
足爲喜로소니 但生貧야今에人才衆多ᄒᆞ야 而妻
子눈無所仰給ᄒᆞ니 彼寧無所累於心乎아
帝即命月賜糧ᄒᆞ야 給其家ᄒᆞ니 以爲常ᄒᆞ시니라
謂帝曰 數千이라ᄒᆞ니 又問디ᄒᆞ샤 悉有家乎ㅣ
亦多有之ᄒᆞ니라ᄒᆞ니 后ㅣ曰 에다ᄒᆞ샤 善理天下者ᄂᆞᆫ
子以賢才로 本ᄂᆞ니 今에人才衆多ᄒᆞ고而深
帝即命月賜糧야得失은 本君心之邪正ᄒᆞ고

薄오이 養賢은 欲其豐니이 今之典大烹者ㅣ 不
能輯其下人야오 惟奉上者ㅣ 甘旨ᄅᆞᆯ群臣飮
食이皆不得其味니 豈陛下의養賢之意乎오
將謂群臣想群臣이皆得甘旨之事ᄂᆞᆫ 朕이不經心야
厚薄이甚微나 兩係亦大니 皇后ㅣ今日에不
事雖甚微나 想群臣想ᄒᆞ야 欲言又難於啓齒自分다로
言이朕이上曰 朕아 깃ᄉᆞ리도 興祖等이皆慚
徐興祖等ᄒᆞ야 切責之ᄒᆞ니 興祖等이皆慚服

[32-2]

天下安危ᄂᆞᆫ 係民情之苦樂ᄒ니이다 又曰ᄒ샤ᄃᆡ 法을 屢更ᄒ면 必弊ᄒ고 弊ᄒ면 姦生ᄒ고 民擾ᄒ면 必困ᄒ니 民困則亂生ᄒᄂᆞ니 帝皆命女史ᄒ야 書之ᄒ더시다 后ㅣ 得疾이어시ᄂᆞᆯ 帝寢食不安ᄒ야 群臣이 請禱祀山川ᄒ며 徧求名醫ᄒ더니 后ㅣ 聞고 謂帝曰ᄒᆞᄃᆡ 死生이 有命이어니 禱祀求醫ㅣ 何益之有ᅌ이ᄒ고 平生애 無疾ᄒ더니 今一旦애 有命ᄒ야 得疾如此ᄒ시ᄂᆞᆯ 自度不能起ᄒ리니 及疾亟ᄒ샤 帝問ᄒᆞᆫ대 帝曰ᄒ더시니

[33-1]

身後之屬乎아 后ㅣ 曰ᄒ샤ᄃᆡ 陛下ㅣ 與妾로 起布衣ᄒ샤 今日에 陛下ㅣ 爲億兆主ᄒ시니 爲億兆母ᄒ시니 今日에 陛下ㅣ 爲億兆主ᄒ시고 妾이 爲億兆母ᄒ니 尙何言이잇고리 帝復問之ᄒᆞᆫ대 后ㅣ 曰ᄒ샤ᄃᆡ 願陛下ㅣ 尙何言이잇고리 帝復問之ᄒᆞᆫ대 惟願天地祖宗야 無忘布衣而已라니 帝復問之ᄒᆞᆫ대 問之ᄒᆞᆫ대 后ㅣ 曰ᄒ샤ᄃᆡ 陛下ㅣ 當求賢納諫ᄒ샤 致雍熙ᄒ며 敎育諸子ᄒ샤 使進德修業이니ᅌ이다 帝ㅣ 曰ᄒ샤ᄃᆡ 吾已知之와라 但使身ᄋᆞ로 何以爲懷오 后ㅣ 復曰ᄒ샤ᄃᆡ 死生은 命也ㅣ니 願陛下ㅣ 愼終如始ᄒ샤 使子孫이 皆老身이 何以爲懷오 后ㅣ 復曰ᄒ샤ᄃᆡ 死生은

[33-2]

賢臣民을 得ᄒ야 兩全ᄒ며 雖死나 如生也ㅣ니ᅌ이다 遂崩ᄒ시니 年이 五十一이러시니 洪武 壬戌八月丙戌也ㅣ라 帝慟哭ᄒ샤 不復立后ᄒ시니라 帝嘗罷朝ᄒ실ᄉᆡ 內臣과 女史ㅣ 在ᄒ야ᄂᆞᆯ 帝ㅣ 悽然不懌曰ᄒ샤ᄃᆡ 后ㅣ 在時ᄒ야 進奏事ㅣ 不已ᄒ야ᄂᆞᆯ 帝ㅣ 從容甚適故로 內政을 一不以煩帝ᄒ더시니 后ㅣ 在時ᄒ야 不勝哀悼焉ᄒ시더라 大明太祖ㅣ 八孝慈昭憲

[34-1]

至仁文德承天順聖高皇后馬氏ᄂᆞᆫ 宿州人閔子鄕人이시니 父ㅣ 宋人太保默이오 其先은 有新豐里ᄒ더니 아ᄇᆞ님 馬公이 性이 豪傑直ᄒ더니 이러니아바님 馬公이 性이 剛直ᄒ야 喜任俠ᄒ며 輕財重義ᄒ야 주믈즐겨ᄒ샤 미時ᅅ 急ᄒᆞᆫ 저글도오

ᄃᆡ몯미처ᄒᆞᄃᆞ시ᄒᆞ더라어마님鄭뗭氏
씽일죽거시늘后ᅘᆖᇢ ㅣ졈더시니아바님
이아ᄅᆡ定뗭遠원人ᅀᅵᆫ사ᄅᆞᆷ郭곽子ᄌᆞᆼ興흥
과로刎문頸경ᄒᆞᄂᆞᆫ버디러니 刎문頸경은모ᄀᆞᆯ버
힐시니ᄉᆞ외사괴야비록모ᄀᆞᆯ버혀도앗기디아니ᄒᆞᆯ니ᄅᆞ니라 后ᅘᆖᇢ로
그지븨付붕屬쑉ᄒᆞ고아바님이죽거시
ᄂᆞᆯ子ᄌᆞᆼ興흥이后ᅘᆖᇢ를기ᄅᆞᄉᆞ오ᄃᆡ제ᄯᆞᆯ
ᄀᆞ티ᄒᆞ더라后ᅘᆖᇢ ㅣ져머셔브터貞뎡靜

쪙ᄒᆞ시며端돤正졍ᄒᆞ시며專쥰一ᅙᅵᇙᄒᆞ
시며孝ᅘᆞᇢ道ᄯᅡᇢᄒᆞ시며恭공敬경ᄒᆞ시며
慈ᄍᆞᆼ惠ᅘᅰᆼᄒᆞ시며聰총明명이사ᄅᆞ미ᄠᅳᆮ
밧긔나샤詩싱와書셩와ᄅᆞᆯ더옥즐기더
시니ᄒᆞ마笄겡ᄒᆞ샤太탱祖종高공皇ᅘᅪᇰ
帝뎽ᄢᅴ嬪삔이ᄃᆞ외샤誠쎵敬경이感감
動똥ᄒᆞ샤안팟기다기리ᅀᆞᆸ더라ᄒᆡᆨᄀᆞ장
가난ᄒᆞᆫ저글맛나后ᅘᆖᇢ ㅣ帝뎽ᄢᅴ조ᄌᆞ와

軍군中듕에겨샤일즉ᄌᆞ개ᄇᆡ골포몰太
ᄆᆞ시고乾간飯뻔과脯봉肉슉을푸므샤
帝뎽ᄢᅴ받ᄌᆞ오샤긋디아니케ᄒᆞ시며急
긥遽껑ᄒᆞ며어려운시졀에婦뿡道ᄯᅡᇢ를
조심ᄒᆞ야조차ᄒᆞ더시니帝뎽샹녜記깅
錄록ᄒᆞᆫ글워리어든곧后ᅘᆖᇢ를命명ᄒᆞ샤
ᄀᆞ초라ᄒᆞ시고밧븐제가져오라ᄒᆞ야보
시거든后ᅘᆖᇢ ㅣ즉재ᄂᆞᄆᆞ채내야받ᄌᆞ오

샤잢간도그르아니터시다帝뎽 ㅣ香향
픠우시고하ᄂᆞᆯᄢᅴ비로샤ᄃᆡ願원ᄒᆞᆫᄃᆞᆫ天
텬命명이ᄲᅥᆯ리맛디샤미겨샤天텬下ᅘᅡᆼ
앳生싱民민을受쓯苦콩케마ᄅᆞ쇼셔ᄒᆞ
야시ᄂᆞᆯ后ᅘᆖᇢ ㅣ帝뎽ᄢᅴᄉᆞᆯ오샤ᄃᆡ이제豪
ᅘᅩᇢ傑껋이모다ᄃᆞ토와비록天텬命명에
갈고ᄃᆞᆯ아ᄃᆡ몯ᄒᆞ나妻쳡으로보건댄사
ᄅᆞᆷ주기디아니호ᄆᆞ로根근本본올사마

고이ᄅᆞᆷ나래비마자도라가샤后ᄒᆃ씌솔
오샤ᄃᆡ어제그딋마ᄅᆞᆯ드로니ᄆᆞ슈매來
링往왕ᄒᆞ야닛디몯ᄒᆞ리로쇠다ᄒᆞ고軍군
士쌍ㅣ軍군令령을그르처恩ᅙᆫ然션히
겨지블드럿거늘져주니굼이디몯ᄒᆞ야
情쪙實씷을내여닐오ᄃᆡ房롱掠략ᄒᆞ야
어두라호ᄉᆡ내告곻ᄒᆞ야닐오ᄃᆡ오ᄂᆞᆳ날
兵병馬망ㅣ뿌몯亂롼을業금호미니萬먼

업더디ᄂᆞ닐니ᄅᆞ와ᄃᆞ며바ᄃᆞ라오닐救
궁ᄒᆞ야사ᄅᆞ미ᄆᆞ슴몰뫼ᄒᆞ면사ᄅᆞ미ᄆᆞ
숨가ᄂᆞ뇨ᄃᆞᄀᆞᆮ天텬命명잇ᄂᆞᆫ고ᄃᆞ니데
주기며房롱掠략ᄒᆞ야 호몰ᄭᅡ장ᄒᆞ야 사ᄅᆞᆷᄅᆞᆼᄌᆞ
노ᄒᆡ아쳐ᄇᆞ시ᄂᆞᆫ고ᄃᆞ라비록ᄀᆞ모미나
坐안安한保봉호미어려우니이다帝뎽니
ᄅᆞᄉᆖ되그딋마리내ᄡᅦ데ᄀᆞ장맛다ᄒᆞ시

ᄆᆞᆯ分분別뼗ᄒᆞ리잇고后ᄒᆃㅣ처서미子
息식이업스샤帝뎽ㅅ兄형님아ᄃᆞᆯ李링文문
正졍과몬누의님아ᄃᆞᆯ李링文문忠듛
과沐목英형과두서사ᄅᆞᆷ몰기ᄅᆞ샤ᄃᆞᆺ
랑호ᄆᆞᆯ내나호니ᄀᆞ티ᄒᆞ더시니後ᅘᆃ에
太탱子ᄌᆞ와諸졍王왕이나샤도恩ᅙᆫ을
그치디아니ᄒᆞ더시다帝뎽ㅣ軍군士쌍
롤거ᄂᆞ리샤江강을건나실제后ᄒᆃㅣ坐

一힗에사ᄅᆞ미겨지블害ᅘᆡ케ᄒᆞ며ᄂᆞᆷ
시니엇데사ᄅᆞ미ᄆᆞ숨몌모다가디아니호
라后ᄒᆃㅣᄉᆞ샤오샤ᄃᆡᄆᆞ숨뼈호미이곤ᄒᆞ
롤주교교리라호니이軍군士쌍ㅣ感감動똥
ᄒᆞ야아라즉재ᄇᆞ리니그딋마리다시
時씽예ᄇᆞ리디아니ᄒᆞ면내반ᄃᆞ기너
즉時씽예ᄇᆞ리디아니ᄒᆞ면내반ᄃᆞ기너
시ᄂᆞᆫᄃᆞᆯ息식을孤공케ᄒᆞ면
진라업슬사ᄅᆞ미子ᄌᆞ息식을孤공케ᄒᆞ면

보리밥을 無뭉 葦륑 亭뼝人ᅀᅵᆫ 豆뜡粥쥭과 湾홍 泥땅 河 人ᅀᅵᆫ

漢한人ᅀᅵᆫ光광武뭉ᅵ 馮뽕異잉ᄅᆞᆯ 慰휭勞 고困ᄒᆞ야니르샤딕 時씽急급호젣 無뭉葦옛

즉位윙ᄒᆞ샤皇帝后ᅘᆕᆯ 冊칙封봉ᄒᆞ시니

武뭉元원年년春츈正정月월에帝뎽即

오샤일마다조가개맛게ᄒᆞ더시다洪ᅘᆯ

한將쟝士씽ᄉᆡ妻쳉妾쳡을거느리샤大땡

平뼝에버거오시니라大땡平뼝은建

권康캉애사ᄅᆞᆷ漢한이안ᄆᆞ락두

漢한괘地띵境경이니어

사ᄒᆞᆷ아니혼날업더니親친히侍씽女녕將쟝

롤거ᄂᆞ리샤옷과신과룰고텨기우샤將쟝

士씽ᄅᆞᆯ도와주샤ᄫᅡᆼ이ᄃᆞ록자더라

니ᄒᆞ시며時씽예帝뎽ㅅ쇠ᄅᆞᆯ도

니豆뜡粥쥭과보리밥애가즐비건댄그

困콘호미더옥甚씸ᄒᆞ니라녜唐땅太탱

宗종人ᅀᅵᆫ長땽孫손皇ᅘᆏᆼ后ᅘᆕᆼᅵ 隱흔太탱

子중ᅵ嫌쎰恨ᄒᆞᆫ지ᅀᅥ신저글當당ᄒᆞ야

안ᄒᆞ로能ᄂᆡᇰ히孝ᅘᅭᇢ道뜡ᄅᆞᆯ다ᄒᆞ며모ᄃᆞᆫ

妃핑ᄅᆞᆯ조심ᄒᆞ야셤겨猜청嫌쎰올업게

ᄒᆞ니내ㅅ조郭곽氏씽이疑읭心심호미

ᄃᆞ외야내뜯ᄃᆞᆯ바ᄅᆞᄒᆞ고分분別볋아니

일후미니光광武뭉ᅵ王왕郞랑과사ᄒᆞᆷ

실후미져긔馮뽕異잉豆뜡粥쥭과보리

바불받ᄌᆞᆸ라

委휭曲콕ᄒᆞᆫ뜯ᄃᆞᆯ오래갑디몯

皇ᅘᆏᆼ后ᅘᆕᆼᅵ布봉衣ᅙᅴᆼ로니러나돌며뿌

섬과모太탱묠保봉全쪈ᄒᆞ니내念념ᄒᆞ니

호라ᄒᆞ샤님금과臣씬下ᅘᅡᆼ왓ᄉᆞ시예쳐

몰ᄒᆞᄃᆡᄒᆞ시며일즉나ᄅᆞᆯ조차軍군中듀ᇰ

에겨샤時씽急급호젣ᄌᆞ개비골풀픈ᄃᆞᆯ太탱

ᄆᆞ시고乾간飯뻔올푸머나ᄅᆞᆯ이바ᄃᆞ시

든곤 나를 爲윙호야 니르샤ᄃᆡ 主즁上쌍
이녯 가난호고 微밍賤쪈호젹 글니ᄌᆞ신
가호야 시ᄃᆞ내 ᄯᅩ놀라호노라 쟝빗어딘
겨지비 오히려 나라 혯어딘 宰ᄌᆡ 相샹과
곤ᄒᆞ니 엇뎨 太탱后ㅸㅣ ᄌᆞ리오호시고 朝ᄯᅭ
會ᅘᅬᆼ를 罷빵호야因힌호야 后ㅹ
신대 后ㅹㅣ 슬ᄒᆞ샤ᄃᆡ 妾쳡 읻ᄃᆞ로니 夫뿡
婦뿡ㅣ 서르 保뽕全쪈 호ᄆᆞᆫ ᄅᆞᆸ고 君군

호다니 將쟝士ㅣ 衣힁服뽁과 쓸거슬
주어든 后ㅹㅣ 몬져 郭곽氏씽 씌반ᄌᆞ와
그 ᄯᅳ들 慰윙勞롱 호야 깃기시며 나를 害
빵코져 호야ᄃᆞ란 后ㅹㅣ 믄득 繮밍縫
뽕 호야 縑겸縫 뵈시니라ᅌᅵᆫ
어려우니라 내 시혹 衣힁服뽁
免면호니 거싀 ᄯᅩ 長땽
ㅁ 太탱매患퐌難난호
과쓸거슬
因힌 호야 죠고맛 허믈를 怒농 호야 거

니호샤ᄃᆡ 옥ᄌᆞ개 브즈러니 힘ᄡᅥ샤 宮궁
妾쳡 올᳁며 考콯察찷 호샤 겨지비 이롤다ᄉᆞ
리샤 일ᄅ니르시고 밤들어듣자샤게으르
디아니 호시며 帝뎽 씌賢현 親친히
호시며 學ᅘᅡᆨ 힘ᄡᅥ샤ᄆᆞᆯ 勸퀀 호시며 이롤
조차고마니 諫간 호시며 녯글와 롤講강러
論론 호샤 六륙宮궁에 알외샤ᄃᆡ 브즈러
니 호샤ᄀᆞᆯ으 디아니 호더시다ᅙᅵᆯ 日

臣씬이 서르 保뽕全쪈 호ᄆᆞ어 렵다호니
陛뼁下ㅹㅣ 貧삔賤쪈에 닛
디아니 호시니 願원ᄃᆞᆫ 群꾼臣씬 百ᄇᆡᆨ
姓셩을 가난애 닛디마ᄅᆞ쇼셔 쏘 妾쳡과
어ᄂᆞ 長땽孫손 皇ㅹ后ㅹ의 어디르삼과
곤ᄒᆞ리잇고 오직 願원ᄃᆞᆫ 陛뼁下ㅹㅣ
堯ᅭ舜슌올 法법바ᄃᆞ시과뎌호쓰ᄅᆞᆷ
로이다后ㅹㅣ 호마 宮궁中듕에 正졍位

ㅣ 이에 女녕史ᄉᆞᆼ로命명ᄒᆞ샤 家강法법
과 어딘行ᅘᆡᆼ뎍을 記긩錄록ᄒᆡ야 샹녜오

여드르셔 고니르샤ᄃᆡ 호ᄀᆞᆺ내의 오㪅녹法법
법이 ᄃᆞ욀ᄲᅥᆫ아니라 子ᄌᆞ孫손帝뎽王왕

后ᅘᅮᆼ妃핑ᄅᆞᆯᄭᅡ반ᄃᆞ기 솔펴보리니 이여루

萬먼世솅ᄭᅦᆺ法법이ᄃᆞ외리로다 或ᄒᆡᆨ이

을오ᄃᆡ 宋송朝뚕 ㅣ 仁신厚ᅘᅮᆼ에ᄂᆡ므니

라ᄒᆞ대 后ᅘᅮᆼ ㅣ 니르샤ᄃᆡ 仁신厚ᅘᅮᆼ에너

실에 女녕史ᄉᆞᆼ 淸쳥江강范뻠孺ᅀᅲ人ᅀᅵᆫ
도ᄒᆞᄆᆞᆯ뫼호샤 女녕史ᄉᆞᆼᄂᆞᆫ글아던겨지비

니르겨 道ᄯᅭᆼᄅᆞᆯ외비

宋송人ᅀᅵᆫ諸졍答답호ᄃᆡ오ᄃᆡ오직趙ᄠᅭᆼ

무르샤ᄃᆡ漢한唐땅브터오므로어ᄂᆞ代땡后ᅘᅮᆼ

ᅟᅵᆷᄂᆞᆫ宋송성이라淸쳥

ㅣ믓어딜며家강法법은어ᄂᆞ代땡趙ᄠᅭᆼ

正졍ᄒᆞᆫ法법이믓正졍ᄒᆞ니家강法법

이다 聖셩心심심에 삼가모ᄃᆞᆯ우샤셜운百

下행ㅅ말ᄉᆞ미곤녯사ᄅᆞ미모ᄉᆞ미로쇠

커든닐오ᄃᆡ내쳡게호라ᄒᆞ니이졋陛뼁

주으리게호라ᄒᆞ고百빅姓셩이치워

며 婚힁百빅姓셩이주으리거든닐오ᄃᆡ내

夫붕妻칭妾졈은ᄃᆞ로니넷사ᄅᆞ미닐오ᄃᆡ一

샤ᄃᆡ妻칭妾졈은ᄃᆞ로니넷사ᄅᆞ미닐오ᄃᆡ一

ᄒᆞ야시놀后ᅘᅮᆼ ㅣ 즉재니러절ᄒᆞ샤솔오

무ᄆᆡ아니刻븍薄빡호ᄆᆡ더으녀내子ᄌᆞ孫손이眞진實씷로能늉히仁신厚ᅘᅮᆼ로

根근本본을사무면三삼代땡예가미어

럅디아니ᄒᆞ니라仁신厚ᅘᅮᆼ ㅣ비록너므

나엇뎨사ᄅᆞᆷ미나라해有ᅌᅮᆼ害ᅘᆡᆼᄒᆞ료帝뎽

아래后ᅘᅮᆼ에모도미니一힗夫붕兩량

兩량룰得득디몯ᄒᆞ야도님금의責ᄎᆡᆨ이라

백姓셩의게恩ᅙᅳᆫ惠ᅘᅨ를더으시면天텬
下ᅘᅡᆼㅣ그福복을닙ᄉᆞ오며妾쳡도參참
預ᅇᅨ호야榮ᅌᅯᆼ華ᅘᅪ롤요미이시리
이다ᄯᅩ아래從쭁容ᅌᅭᆼ히ᄌᆞᄅᆞᆯ
便ᅋᅵᆫ安ᅙᅡᆫᄒᆞ신ᄉᆞ이라보아ᄉᆞᆯ오샤
ᄆᆞᆯ오샤ᄆᆞᆯᄅᆞ니라帝뎽ᄭᅴ솔오샤ᄃᆡ
人ᅀᅵᆫ主즁ᄂᆞᆫ비록明명聖셩ᄒᆞ오샤ᄃᆡ
짐이겨시나能ᄂᆞᆼ히ᄒᆞ오ᄉᆞ天텬下ᅘᅡᆼ롤
다ᄉᆞ리디몯ᄒᆞᄂᆞᆫ디라반ᄃᆞ기어딘ᄉᆞᄅᆞ

몰ᄀᆞᆯ히야다ᄉᆞ료몰議의論론ᄒᆞᄂᆞ니그
러나世셍代뎅ᄃᆡ더욱ᄂᆞ리여사ᄅᆞᆷ이고
진죄업스니陛삥下ᅘᅡᆼㅣ人ᅀᅵᆫ才ᄍᆡ예本
본來링能ᄂᆞᆼ히各각各각그더르며기로
몰조차ᄡᅵᆺᄂᆞ니그러나더욱근ᄒᆞ므로
를赦샤ᅙᅡ샤그ᄉᆞ룸몰保ᄇᆞᆨ全쪈ᄒᆞ시니
이다帝뎽ᄭᅵᆺ구샤ᄃᆡ一ᅙᅵᇙ日ᅀᅵᇙ
심에元ᅯᆫ人ᅀᅵᆫ府ᄫᅮᆼ庫콩롤得득ᄒᆞ야寶ᄇᆞᇢ

貨황롤옮겨셔올오몰드르시고고
문조오샤ᄃᆡ元ᅯᆫ人ᅀᅵᆫ府ᄫᅮᆼ庫콩애므스글
어드시니잇고帝뎽니ᄅᆞ샤ᄃᆡ寶ᄇᆞᇢ貨황
ㅅᄯᆞᄅᆞ미라后ᅘᅮᇢㅣ솔오샤ᄃᆡ元ᅯᆫ氏씽
이寶ᄇᆞᇢ롤두되엇데가지디몯ᄒᆞ일고
니잇고貨황財찡寶ᄇᆞᇢㅣ아니라ᄯᅩ
帝뎽니ᄅᆞ샤ᄃᆡ皇ᅘᅪᆼ后ᅘᅮᇢ人ᅀᅵᆫ뜨들내왈와
王ᅌᅪᆼ이各각別뼖호寶ᄇᆞᇢㅣ잇ᄂᆞ니이다

이다오직어딘사ᄅᆞᆷ어두ᄆᆞ로寶ᄇᆞᇢ사ᄆᆞ
라니ᄅᆞ시노다后ᅘᅮᇢㅣ즉재拜ᄇᆡᆼ謝쌰ᄒᆞ
샤솔오샤ᄃᆡ妾쳡이샹네보니사ᄅᆞ미지비生
시이다妾쳡이샹네보니사ᄅᆞ미지비生ᄉᆡᆼ
계ᄃᆡ두터우면驕ᄀᆢ慢만이며를오
이뾰ᄒᆞ면便ᅋᅵᆫ安ᅙᅡᆫ호미나ᄂᆞ니집과
나라쾌곤디아니ᄒᆞ나그理링난다ᅀᅵᆯᄅᆞ디
아니ᄒᆞ니사ᄅᆞ미샹녯쁘디반ᄃᆞ기고장

ᄒᆞ니 食씩 毒똑에 스처 며그면 사ᄅᆞ미 주ᄀᆞ니
朝둉夕쎡에 啓켕沃ᅙᅩᆨᄒᆞ야 오직 賢현才ᅑᆡ로 더
올타이마리여 오직 賢현才ᅑᆡ로 더
라시니 天텬下행ᄅᆞᆯ모다 安한保ᇢ호미 곧
大땡寶ᇢ | 며 萬먼世솅예 일훔 나귀ᄒᆞ
요미 곧 大땡寶ᇢ | 니 엇뎨 物뭃에 이시
리잇고 帝뎽 니ᄅᆞ샤ᄃᆡ 善쎤타 아래 乾껀

警경戒갱ᄅᆞᆯ 흘디니이다 妾쳡이 陛뼁下행
와 가난애 ᄒᆞ되 사ᄋᆞᆸ다가 이제 富붕貴귕
예 니르니 驕ᇢ慢만ᄒᆞ며 放방縱죵호미
奢샹侈칭며 이 忽훓微밍호미
이런 젼ᄎᆞ로 世솅예 傳뙨호ᄃᆡ 工공巧ᇢ
ᄒᆞᆫ 노ᄅᆞᆺ시 나라ᄒᆞᆯ 배ᄂᆞᆫ도 최오 珠즁玉옥
이 므슷 몰 放방蕩땅히ᄂᆞᆫ 敗.ᅙᅵ라

솔오 샤ᄃᆡ 陛뼁下행ㅅ ᄒᆞᆫ 번 念념호산 百빅
姓셩敎ᇢ룰 호려ᄒᆞ신 ᄆᆞ슴이 皇황天텬
命명이 도라 보시며 祖종宗종이 도ᄋᆞ시니 妾쳡은 므
ᅀᅵ리잇고 오직 顧굉ᄒᆞ숩온ᄃᆞᆫ 陛뼁下행
| 어려운 시졀을 닛디마ᄅᆞ샤 便뼌安한
ᄒᆞ나래 警경戒갱ᄒᆞ쇼셔 妾쳡이 坒患뽠
難난애 서르죳ᄌᆞ오몰 닛디아니ᄒᆞ야 朝

淸쳥宮궁의 ᄆᆡ수 와 안자 겨샤 ᄆᆞ리가난
ᄒᆞ시 졌이 레미 쳣더시니 帝뎽 니ᄅᆞ샤ᄃᆡ
내 그되와 로 가난ᄒᆞᆫ 딩 녀 受쓩苦콩ᄒᆞ
고초 디내 요니 오ᄂᆞᆯ 나래 지 不븏化ᅘᅪᆼᄒᆞ야
나라 두외 요ᄆᆞᆫ 得득홀 므슴 이 업슌디라
우ᄒᆞᆫ 天텬地띵 人ᅀᅵᆫ德득과 祖종宗종人ᅀᅵᆫ
恩ᅙᅳᆫ惠ᅘᅨᆼ로 感감 動똥ᄒᆞ 노니 그러나 坒
그 믜의 안ᄒᆞᆫ로 도온 功공 이라 后ᅘᅮᇢ |

夕쎡에 조심ᄒᆞ리이다 天텬地띵祖종
宗종이 今금日ᅀᅵᇙ에 도올쑤 니 아니라 쟝
太태子ᄌᆞ孫손無뭉窮꿍ᄒᆞ야 福복이 드외리
이다 帝뎽 人ᅀᅵᆫ을 잇어 御ᅌᅥᆼ膳쎤을 后ᅘᅮᇢ人ᅀᅵᆫ이 반
ᄃᆡ기 親친히 슬퍼 보더시니 宮궁中듕에 사ᄅᆞ미 하
請치ᇰᄒᆞ야 솔오ᄃᆡ 宮궁中듕에 사ᄅᆞᆷ이
니 聖숴ᇰ體톙 잇비 마ᄅᆞ쇼셔 后ᅘᅮᇢ一니ᄅ
샤ᄃᆡ 내 眞진實씷로 宮궁中듕에 사ᄅᆞᆷ잇

ᄂᆞ주ᄅᆞᆯ 얼아니와 오직 婦뿡人ᅀᅵᆫ의 남편
祖종교문삼가디 아니ᄒᆞ리며 차반
셰수오믈 조티 아니ᄒᆞ며 몬ᄒᆞ리니ᄒᆞ다
가 玉곡極끅 도몬ᄒᆞ매에서 너희 罪쬥를
니ᄅᆞ면 내 므슴 미엇뎨 便뼌安한ᄒᆞ리오
내이리 호문 너고 便뼌安한ᄒᆞ야ᄒᆞ려고
야 므더니 너기디 아니ᄒᆞ면 오ᄒᆞ려고
너희ᄅᆞᆯ 安한保뽕ᄒᆞ야 罪쬥 免면케ᄒᆞ

미니 엇뎨 사ᄅᆞᆷ업소믈 爲윙ᄒᆞ리오ᄒᆞ시
니 宮궁人ᅀᅵᆫ이 듣ᄌᆞᆸ고 다 感감動똥ᄒᆞ야
깃人ᄉᆞ와ᄒᆞ더라 后ᅘᅮᇢ一女녕史ᄉᆞᆼ의 西셩
漢한人ᅀᅵᆫ實씷똥太탱后ᅘᅮᇢ의 黃ᅘᅪᇰ老ᄅᆞᇢ을교
몰議읭論론 커ᄂᆞ드르시고 老ᄅᆞᇢ者쟝老ᄅᆞᇢ
엇더ᄒᆞ뇨女녕史ᄉᆞᆼ一對됭答답ᄒᆞᅀᆞ온
ᄃᆡ淸쳐ᇰ淨쪄ᇰᄒᆞ야ᄒᆞᅀᆞᆷ업수므로옷믈

사ᄆᆞ니仁ᅀᅵᆫ을 그 치며 義읭ᄅᆞᆯ 보ᄅᆞ려 百빅
姓ᄉᆞ이 孝ᅘᅭᇢ道또ᇢᄒᆞ며 仁ᅀᅵᆫ慈ᄍᆞᆼᄒᆞ매도
라 가게ᄒᆞ며니이다 孝ᅘᅭᇢ道또ᇢ一니ᄅᆞ샤ᄃᆡ그
러티 아니ᄒᆞ다 孝ᅘᅭᇢ道또ᇢ一니며 仁ᅀᅵᆫ慈ᄍᆞᆼ
호미 곧 仁ᅀᅵᆫ義읭옛이리니 엇뎨 仁ᅀᅵᆫ
ᅌᅱ롤 그쳐 孝ᅘᅭᇢ道또ᇢᄒᆞ며 仁ᅀᅵᆫ慈ᄍᆞᆼᄒᆞ
오仁ᅀᅵᆫ義읭ᄂᆞᆫ다ᄉᆞ료맷옷드미어ᄂᆞᆯ
오ᄃᆡ그 치며 父뿡리라ᄒᆞ니理링아니로다

내훈 권2(하) 50-2

后ㅣ 小쇼學학書셔ᇰ룰 외오이시고 믈을 고초아 드르시니 이윽고 연ᄌᆞ오샤ᄃᆡ 小쇼學학書셔ᇰ이 ᄂᆞᆫ 말ᄉᆞ미 수이 알오이 리쉬이 行ᄒᆡᆼᄒᆞᆯ디라 人ᅀᅵᆫ 道ᄃᆞᆲ애 ᄭᅳ디아 니호미 업스니 眞진實씷 人ᅀᅵᆫ 聖셔ᇰ人ᅀᅵᆫ의 ᄀᆞᆯ치샨 法법이로소니 엇뎨 나토아내 디 아니ᄒᆞ리잇고 帝뎽니ᄅᆞ샤ᄃᆡ 올ᄒᆞ다 내 ᄒᆞᅇᅣ 親친王와ᇰ과 駙뽕馬망와 大빵學학

내훈 권2(하) 51-1

ᄅᆡ 生ᄉᆡᆼ과로 다 講강論론ᄒᆞ며 뇌게 ᄒᆞ엿다 后ᅘᅮᆼㅣ 아래 元월世솅祖조ㅅ 后ᅘᅮᆼ의 놀 근 歆시올ᄂᆞᆯ 가시던이 롤드로셔고 命명ᄒᆞ야 가져다가 니기이샤 ᄲᅧ니 블ᄆᆡᆼᄀᆞ ᄅᆞᆫ 외ᄅᆞ외며 늘그니롤 주시며 샹녜 옷 과 치마 무릇시고 나 모ᄅᆡ 裁쪵 剪젼 올니어 手ᅙᅮᆸ巾근과 쇼ᄒᆞᆯ ᄆᆡᆼᄀᆞ라 니ᄅᆞ샤ᄃᆡ 모미 富ᄫᅮᆼ貴귕예 이션반ᄃᆞ기 天텬地띵롤 爲윙

내훈 권2(하) 51-2

황 ᄒᆞᅇᅣ 物뭃을 앗ᄭᅩᆯ디니 하 ᅀᅵᆺ 物뭃을 믈 던ᄒᆡ녀겨 ᄒᆞ야 ᄇᆞ료믄 녯사ᄅᆞ미 기픈 警경 戒갱라 뵈ᄲᅡ사ᄅᆞ미 시롤다 수릴제 이 리ᄂᆞᆫ 무기잇거든 ᄯᅩᆺ 여ᄲᅵ이샤 諸졍王와ᇰ 妃핑와 公고ᇰ主즁ㅣ 와ᄅᆞ주시고니ᄅᆞ샤 ᄃᆡ 富ᄫᅮᆼ貴귕예 나기런모로매 쌈 곗 상 이십디아니호ᄆᆞᆯ디니 이비록무기 ᄇᆡ릴거시나民민間간애 이션오히려어

내훈 권2(하) 52-1

두 미 어려우니 그럴ᄉᆡ ᄲᅧ여너 롤뵈노니 아디 몬호미 몬ᄒᆞ리라 ᄒᆞ더시다 샹녜 샌 론 오 솔니브시고 奢샹侈칭ᄒᆞ며 쑈 ᄒᆞ거 슬즐 기디아니ᄒᆞ시며 브리비록 허나 ᄀᆞ로 몬 쇼디몬더시니 后ᅘᅮᆼㅣ 쁴 솔오리이 쇼디 天텬下ᅘᅡᆼ애 至징極끅ᄒᆞᆫ 富ᄫᅮᆼ와로 호貴귕와 至징 極끅호ᄒᆞ라 누리시ᄂᆞ니 엇뎨이 롤 앗기시ᄂᆞ니잇고 后ᅘᅮᆼㅣ 니ᄅᆞ샤ᄃᆡ 내

52-2

드로니 넷 后ᅘᅮᇢ 妃삥 다 富붕ᄒ고 能능히
儉껌朴박ᄒ며 貴귕ᄒ고 能능히 브즈런
호ᄆᆞ로 글와 래일콜이다 ᄒ니 奢샹侈칭
호ᄆᆞᆫ슈미이나고 奴노ᄯᅚᆫ位윙이 쇼미어
려운디라 닛디 몯ᄒᆯ거시 富붕貴귕니 勤끈儉껌이오
맏디 몯홀거시 勤끈儉껌이
ᄆᆞᆺ미 ᄒᆞᆫ번을 ᄆᆞ면 禍뽕福복
뫼ᄉᆞ리니 르ᄃᆞᆺᄒᆞᄂ니 每ᄆᆡᆼ每ᄆᆡᆼ에 念념

53-1

호미 이에 밋고 自ᄍᆞᆼ然쎤히므던히 너ᄀᆞᆯ
ᄆᆞ슈몰두디 몯홀ᄉᆞᆫᄃᆞ미로라 宮궁人신 ᄀᆞᆯ
이 허므리 이셔 帝뎽ᅵ 怒농ᄒᆞ샤 귀시던 后ᅘᅮᇢ
一ᅙᅵᇙ坐쫭怒농ᄒᆞ샤 左쫭右ᅌᅮᇢ
宮궁正졍司ᄉᆞᆼ애 자바맛뎌
正졍司ᄉᆞᆼ 罪쬉ᄅᆞᆯ 論론ᄒᆞ라 ᄒᆞ더시니
ᅀᅮᆷ안마ᄉᆞ라ᄉᆞ랴 論론命뼝ᄒᆞ샤
帝뎽ᅵ 怒농ᄅᆞᆯ 프르샤 后ᅘᅮᇢ 외다 ᄒᆞ야 罪쬉 주디아
샤ᄃᆞᆨ 그듸 親친히 외다 ᄒᆞ야 罪쬉 주디아

53-2

니코 宮궁正졍司ᄉᆞᆼ애 맛뎌 묻ᄌᆞᆫ댓ᄃᆡᆨ고
后ᅘᅮᇢᅵ ᄉᆞᆯ오샤ᄃᆡ 委ᅙᅱ 인ᄃᆞ로니 賞샹罰ᄈᆞᇙ
이 公궁ᄒᆞᆫ反ᄫᅥᆫᄒᆞ야ᅀᅡ 足죡히 ᄉᆞᄅᆞᆷ믈 降ᅘᅡᆼ
으리니 ᄒᆞᄂ다 ᄒᆞ니 그럴시 깃부ᄆᆞ로 賞샹
으디아니ᄒᆞ며 怒농ᄅᆞᆯ 刑ᅘᅧᆼ올더
賞샹罰ᄈᆞᇙ을 行ᅘᆡᇰᄒᆞ면 반ᄃᆞ기 기우로 重
賞샹호미 이셔 ᄉᆞ리미 私ᄉᆞᆼ情쪙을 議ᅌᅴ

54-1

論론ᄒᆞ려니와 宮궁正졍司ᄉᆞᆼ애 맛디면
반ᄃᆞ기 輕켱重듕을 對됭酌쟉ᄒᆞ리이다
天텬下ᅘᅡᆼ다스리리 ᄯᅩ엇뎨 能능히 ᄉᆞᄅᆞᆷ
마다 親친히 賞샹罰ᄈᆞᇙ ᄒᆞ리잇고 司ᄉᆞᆼ
ᅵ 議ᅌᅴ호ᄃᆞᆫ 엇데 잇고 帝뎽
ᄅᆞ샤ᄃᆞᆨ 그듸 ᄯᅩ怒농호몬 엇뎨 잇고 后ᅘᅮᇢ
一ᅙᅵᇙ솔오샤ᄃᆡ 陛뼁下ᅘᅡᆼ怒농
當당ᄒᆞ야ᄃᆞᆫ득 親친히 罪쬉 주시면 ᄒᆞ갓

厚히ᄒ더시다諸졍王왕妃
子ᄌᆞᆼ息식잇ᄂᆞ사ᄅᆞ모란對됭接졉을더
샤ᄃᆡ恩ᄒᆞᆫ惠뛍롤두시며得득寵통ᄒᆞ야
시며妃빙嬪빈ᄭᅴ下행ᄅᆞᆯ敬경ᄒᆞᆷ비ᄒᆞ
히차바ᄂᆞᆯ밍ᄀᆞᄅᆞ샤誠썽을ᄒᆞ야親친
調뚱ᄒᆞ시며민샹祭졩ᄅᆞᆯ當당ᄒᆞ야
브시祭ᄒᆞᆯ제라니奉뽕先션殿면에拜뱅
ᄠᅥ오로帝뎽룰太太샤后ᅘᆕᆯ翟떡殿면에拜뱅

와公공

將쟝軍군ᄃᆞ외야ᅂ셔간대로사ᄅᆞᆷ주기ᄃᆡ
내女녕史ᄉᆞᆼ의마ᄅᆞᆯᄃᆞ로니鄧뜽禹웅ᅵ
바ᄅᆞᆯ厚쓩히ᄃᆞ마ᄅᆞᆯᄃᆞ니라
ᄡᅳᆼ子ᄌᆞᆼᄂᆞᆫ반ᄃᆞ기니수믈ᄉᆞ랑ᄒᆞ야나혼
ᄯᅩ學ᅘᅡᆨ文문ᄒᆞ야ᄆᆡ호ᄆᆞᆯ브테시니녀小
히디려겨샤모매太탱平뼝올닐위샤ᄆᆞ
니ᄅᆞᆯ샤ᄃᆡ녜아바니미萬먼國귁에尊존
니ᄅᆞ시며精졍誠썽으로ᄒᆞᄃᆞ시니아래

시나힘ᄡᅥ學ᅘᅡᆨ올힘ᄡᅥ오샤子ᄌᆞᆼ細솅히
황올비록ᄉᆞ랑ᄒᆞ샤ᄆᆞᆯ甚씸히두터여ᄒᆞ
가ᄉᆞ올디라ᄒᆞ시며太탱子ᄌᆞᆼ와諸졍王
ᄃᆞ기겨지비이룰브즈러니ᄒᆞ야하ᄂᆞᆯ반
히ᄒᆞ고나리져ᄆᆞᄃᆞ록ᄒᆞᄂᆞ일이업스니반
과로金금繡슣룰니브며飮ᅙᆷ食씩을됴
ᄡᅥ호미ᄒᆞ놀히아쳔눈고디니내녀희ᄃᆞᆯ
主즁ᄃᆞ려니ᄅᆞ샤ᄃᆡ功공업시福복을受쓩

아니혼젼太토로그쓰리皇황后ᅘᅮᆯㅣ도외
다ᄒᆞᄂᆞ니우리家강門몬이世솅世솅로
忠듕厚ᅘᅮᆯ롤ᄒᆞ며우리아바님씨니르러비
록登등厚ᅘᅮᆯ禹웅의功공이업스시나그러나
平뼝生ᄉᆡᆼᄋᆡ義읭롤時씽急급히ᄒᆞ더시
니오ᄂᆞᆯ날皇ᅘᅪᆼ后ᅘᅮᆯ셸然ᅀᅧᆫ
티아니ᄒᆞ니나라녀니히돈ᄒᆞ다ᄅᆞᆫ나래百빅
姓셩과社쌰稷즉을맛도미이시ᄂᆞ니더욱

모로매忠듕厚ᅘᅮᆯ롤만히ᄒᆞ야ᄡᅡ子ᄌᆞ孫손
이길이니졌간도제뫼ㅅᄀᆞ德득을힘쓰
디아니ᄒᆞ고이리然ᅀᅧᆫᄒᆞ니라녀기
디마롤디니네졌간도닛디말라諸졍王왕
이시혹衣ᅙᆡ服뽁과器킁具꿍와로
崇쓩尙썅ᄒᆞ거든后ᅘᅮᇢㅣ니ᄅᆞ샤ᄃᆡ唐땅
堯ᅀᅭ와虞웅舜슌괘새로니시고ᄒᆞᆷ셤
ᄒᆞ시며夏ᅘᅡᆼ禹웅와文문王왕괘사오나

며버들사괴야聖솅賢ᅘᅧᆫ人ᅀᅵᆫ學ᄒᆞᆨ을講강
論론ᄒᆞ야ᄆᆞᅀᆞᆷ을開캥明명케ᄒᆞ야ᅀᅡ自ᄍᆞ
然ᅀᅧᆫ히이氣킝習씹이업스리라后ᅘᅮᇢ
ㅣ慈ᄍᆞ로아래롤對됭接졉ᄒᆞ샤아ᄉᆞᆷ과
功공臣씬ㅅ지블다긋븐ᄆᆞᅀᆞᆷ을得득디
아니ᄒᆞ며업스시며命명婦뿡ㅣᄃᆞ러뵈
ᅀᅳᆸ거든尊존貴귕로對됭接졉아니ᄒᆞ샤
對됭接졉을샹넷家강人ᅀᅵᆫ禮롕ㄱ티ᄒᆞ

온옷과놋가온오솔니브시니네아바니
미儉껌朴박ᄒᆞᅀᅡ더욱奢샹侈칭ᄒᆞ며뇨
ᄒᆞ며슬아쳐르시고日ᅀᅵᆯ夜양애分분別
ᄒᆞ며브즈런ᄒᆞ샤天텬下ᅘᅡ수ㅣ
시니너희功공업수뒤錦금衣ᅙᆡ玉옥食씩
ᄅᆞ더우려ᄒᆞᄂᆞ니엇뎨ᄀᆞ운디아니
ᄒᆞ미이곤ᄒᆞ뇨반ᄃᆞ기손슈ᅀᅳᆯ親친히ᄒᆞ

더시다 家강人신은 샹녯집 水슝旱한과
가난ᄒᆞ히롤 맛나샤 食씍을 進진上썅ᄒᆞ
실제 반ᄃᆞ기 보리밥과 묏ᄂᆞ물 ᄒᆞᄅᆞ조쳐ᄒᆞ
라 ᄒᆞ야 더시니 帝뎽ᅵ 因힌ᄒᆞ야 賑진恤슓
ᄉᆞ이롤 니ᄅᆞ거시ᄂᆞᆯ 后ᅙᅵᆯ ᄉᆞᆯᄫᆞ샤ᄃᆡ 妾
쳡은 드로니 水슝旱한이 슈미 儲뎡蓄튝
ᄒᆞ니 賑진恤슓호 法법이 이슈미 절업다
올 몬져 預영備삥 홈곤디 몯ᄒᆞ니 ᄆᆞᆺ매

不붏宰ᄌᆡᆼ홀아 喜힝믈와 닐굽 힁ᄆᆞ
리 이시면 쟝太탱어ᄂᆡ 法법으로 賑진恤슓
ᄒᆞ시리잇고 ᄒᆞ신대 帝뎽ᅵ 기피 올히 너기
시다 아래 帝뎽 룰 爲윙ᄒᆞ야 ᄉᆞᆯᄫᆞ샤ᄃᆡ
惠ᅘᅰᆼ 룰 펴 모ᄃᆞᆫ너비 다 코져 ᄒᆞ나그러나
差창ᅵ 잇ᄂᆞ니 한사ᄅᆞᆷ 모ᄅᆞᆯ로 주미 眞진
實씷로 어렵거니와 百뵉官관의 지비
셔 올잇ᄂᆞ니그니 本본鄕향이 遠원近끈이

호가지 아니며 집가난ᄒᆞ며 가ᅀᆞ며로미
ᄯᅩ달오ᄃᆡ 祿록俸뽕은 限한이 잇ᄂᆞ니ᄒᆞ
다가 주디 아니ᄒᆞ면 가난이 반ᄃᆞ기 甚씸
ᄒᆞ야 더 욀비와 ᄀᆞ장 치오 몯맛난 嗟차嘆탄
이나 타날가 녀기 노이다 帝뎽 그 ᄠᅳᆮ들
感감動똥ᄒᆞ샤 민샹사ᄅᆞᆷ ᄇᆞ려 무르샤
더시다 近끈臣씬과 모든公공事ᄉᆞ연듶
ᄂᆞᆫ 官관貟원이 朝듛會ᅘᅬᆼᄅᆞᆯ 罷빵ᄒᆞ고 殿

庭뗭에 모다밥먹거ᄂᆞᆯ 后ᅙᅮᆯ 内눼官
관을 命명ᄒᆞ샤 飮흠食씍을 가져다가 親친
히맛보시니 마시사오나와 됴티아니
커ᄂᆞᆯ 帝뎽ᄭᅴ 엳ᄌᆞ오샤ᄃᆡ 朝듛廷뗭이하
왼 祿록을 써 天텬下ᅘᅡᆼ奉뽕養양ᄒᆞᄃᆞᆫᄉᆞᄅᆞᆷ
養양ᄒᆞᄂᆞ니 그럴ᄉᆡᆨ 갯奉뽕養양ᄋᆞᆯ薄빡
히코져ᄒᆞ시고 賢ᅘᅧᆫ올 養양호ᄆᆞᆯ豐퐁히
코져ᄒᆞ시니 이제飮흠食씍ᄀᆞ슴안사ᄅᆞᆷ

내훈 권[2](하) 60-2

미그아랫사ᄅᆞᆷ올ᄀᆞᄅᆞ치디몯ᄒᆞ야오직
進진上쌰ᇰᄒᆞᄂᆞᆫ거시ᄃᆞᆯ며맛나고群꾼臣
씬의飮ᅙᅳᆷ食씩이다그마ᄉᆞᆯ得득디몯ᄒᆞ
니엇뎨陛뼹下ᅘᅡᆼ의養ᅌᅣᇰ賢ᅘᅧᆫᄒᆞ시ᄂᆞᆫᄠᅳ
디리잇고上쌰ᇰ이니ᄅᆞ샤ᄃᆡ飮ᅙᅳᆷ食씩엣
이ᄅᆞᆫ내ᄆᆞᅀᆞ매디내디아니ᄒᆞ야쟝太群
꾼臣씬이다ᄃᆞᆯ며맛난거슬먹ᄂᆞ니라너
기다니엇뎨ᄀᆞᇫ안사ᄅᆞ미제厚ᅘᅮᇢ薄빡

내훈 권[2](하) 61-1

올달이ᄒᆞᆯᄃᆞᆯ너기리오群꾼臣씬이니ᄅᆞ
고져ᄒᆞ고ᄯᅩ이베내요ᄆᆞᆯ어려어너기던
ᄃᆞᆯ알리로다이리비록甚씸히져그나關
관係곙호미ᄯᅩ크니皇ᅘᅪᇰ后ᅘᅮᇢㅣ오ᄂᆞᆳ날
니ᄅᆞ디아니ᄒᆞ시면내엇뎨이러호ᄆᆞᆯ알
리오ᄒᆞ시고ᄡᅳᆯ리光광祿록卿켱徐쎵與
ᅘᅩᆼ祖종ᄃᆞᆯᄒᆞᆯ브르샤ᄀᆞ장외다ᄒᆞ시니光광
祿록卿켱은벼슬일후미라 與ᅘᅩᆼ祖종ᄃᆞᆯ히다븟그려

내훈 권2(하) 61-2

降ᅘᅣᇰ伏뽁ᄒᆞ니라帝뎽아래大땡學ᅘᅡᆨ애
行ᅘᆡᇰ幸ᅘᆡᇰᄒᆞ샤先션師ᄉᆞ孔콩子ᄌᆞ를祭
졩ᄒᆞ시고도라오나시ᄂᆞᆯ后ᅘᅮᇢㅣ묻ᄌᆞ와
니ᄅᆞ샤ᄃᆡ大땡學ᅘᅡᆨ生ᄉᆡᆼ이언매나ᄒᆞ니
잇고帝뎽니ᄅᆞ샤ᄃᆡ數ᄉᆞᆼ千쳔잉다ᄯᅩ무
르샤ᄃᆡ다지비잇ᄂᆞ니잇가니ᄅᆞ샤ᄃᆡᄯᅩ
해잇ᄂᆞ니이다后ᅘᅮᇢㅣᄉᆞᆯ오샤ᄃᆡ天텬下
ᅘᅡᆼ롤善쎤히다ᄉᆞ릴사ᄅᆞ믄賢ᅘᅧᆫ才찡로

내훈 권[2](하) 62-1

옷듬삼ᄂᆞ니이제人신才찡하니ᄀᆞ장깃
브도소이다오직生ᄉᆡᆼ員원이大땡學ᅘᅡᆨ
애셔飮ᅙᅳᆷ食씩ᄒᆞ고妻쳉子ᄌᆞᆼᄂᆞᆫ올워러
사ᄅᆞᆯᄃᆡ업ᄉᆞ니뎌엇뎨ᄆᆞᅀᆞ매ᄆᆡ요미업
스리잇가帝뎽즉재命명ᄒᆞ샤ᄃᆞᆯ마다粮
량食씩주어그지블유여케호ᄆᆞᆯ뎐뎐ᄒᆞᆫ
法법을사ᄆᆞ시다아래帝뎽ᄭᅴᄉᆞᆯ오샤ᄃᆡ
이리올ᄒᆞ며외요ᄆᆞᆫ님금ᄆᆞᅀᆞ매邪썅ᄒᆞ

며正정호매根근源원호고天텬下·
便편安한호며바·도라오면百·姓셩·
무슴民민셜위호며즐겨호매잇느니·
쏘솔오샤·法법·을·조·고티면반·기
弊폥잇느니法법곳弊폥·이시면邪샹
쌍·나고百·姓셩·을·조·어즈리면반·
亂란·이나느니·이다帝·다女녕史·룰

命명호샤스라호시다后·ㅣ病·호얏
거시·늘帝·제자샴과飲·食·을便편
安한히·몯호샤群군臣쯴·드·려니른신대
群군臣쯴·의山산川쳔·에빌며일홈난醫
···을두루求구호야·지이다請·
·쉽거·늘后·ㅣ드르시고帝·씌·술오샤·
·뒤妻첩·이平평生싱·애病·이업다니·이
제호릇·아太·미病·호·어·두미·이곤·홀·시내

니·디·몯호가너·기노·이다·주·그며·사·로·미
命명·이잇느니빌며醫·貧뼌·어·든들오
·데有··益·호·리잇고病·이되·샤·매·미
처帝·무·러니른샤·디그·딕身신後·엣
付··屬·호·리잇가后·ㅣ
오샤·디陛·下··妻첩·과로布·衣·
·로·니·러나·샤·오·놋나래陛·下··
兆··主··ㅣ·드외·시·고
億·兆·빅姓·니·라 百·

妻첩·이億·兆··母··ㅣ·드외·요·니尊존
·호며榮··華··ㅣ至·징極·호·니·더·므·슷
·을感·動·호·야布·衣·로··브·스·디마·리
실·쏜·드·미·니·이·다帝·다시므·르신대后·
·ㅣ솔·오·샤·디諫·간·올·드·르·시·며政정
·호·닐·求·호·시·며大·평·을·닐·위시·며
事··룰롤··기·호·샤大··平평··을·닐·위·시·며

모든아ᄃᆞᆯ를ᄀᆞᆯ치샤德득에나ᅀᅡ가며
業·업·을닷게ᄒᆞ샴디니이다帝·뎅니ᄅᆞ샤
ᄃᆡ내ᄒᆞ마알·와이다오직늘근모미엇뎨
므슴다히ᄒᆞ리잇고后:ᅘᅮᇰㅣ쏘ᅀᆞᆯ오샤ᄃᆡ
주그머사ᄅᆞ문命·명이니願·원ᄒᆞᄂᆞᆫ陛·뼁
下:ᅘᅡᇰㅣ내죵삼가샤·ᄆᆞᆯ처ᅀᅥᆷㄱ티ᄒᆞ샤子
:ᄌᆢ孫손이다어딜며이비록주그나사·라
ㅣ캐ᄒᆞ시면妾·쳡이·니民민이得·득ᄒᆞᆯ리

미곤ᄒᆞ니이다ᄒᆞ시고업스시니나히쉰
ᄒᆞ나히러시니洪ᅘᅩᇰ武:뭉壬ᅀᅵᆷ成·ᅇᅧ라帝·뎅셜이우르
八·밣月·웛丙·병成·ᅇᅧ이라帝·뎅셜이우르
시고終즁身신ㅅᄃᆞ록다시니皇ᅘᅪᇰ后:ᅘᅮᇰ룰셰
디아니ᄒᆞ시니라內·뇡帝·뎅아래朝듀會·ᅘᅬᇰ롤
罷·뼁ᄒᆞ샤ᄂᆞᆫ官관과女:녕史:ᄉᆞᆼ왜서
르나·ᄉᆞ이롤여든오·ᄆᆞᆯ마·디아니ᄒᆞ샤니ᄅᆞ샤ᄃᆡ皇·뼁
·뎅을·ᄒᆞ샤긋디아니ᄒᆞ샤니ᄅᆞ샤ᄃᆡ皇·뼁

后:ᅘᅮᇰㅣ겨시면:내엇뎨이런어즈러우믈
드리리오ᄒᆞ시다后:ᅘᅮᇰㅣ겨신저ㄱ內·뇡
政·져을ᄒᆞ나토帝·뎅ㅅᄭᅴ시디아니ᄒᆞ
샤帝·뎅ㅅ녹ᄌᆞᄂᆞᆨᄌᆞᄂᆞᆨᄒᆞ샤甚:씸히便뼌安한
ᄒᆞ시던전ᄎᆞᆼ太·탕셜위호믈이그디몯ᄒᆞ시
니라

宿·슉瘤류音음女:녕者:쟝ᄂᆞᆫ齊쪠ㅅ東동郭·궉採:채桑상之징女:녕니시閔민
王·왕之징后:ᅘᅮᇰ也:양ㅣ니라項:ᅘᅣᇰ有:ᅌᅮ大·땡瘤류故·공로號·ᅘᅩᇰ曰·ᅌᅯᆯ宿·슉瘤류ㅣ라

初총閔민王왕이出·츓遊융샤至·징東동郭·궉
이라盡:진觀·관宿·슉瘤류ㅣ採:채桑상을如셔故·공ㅣ어ᄂᆞᆯ王·왕이惟
之징召:ᄋᆢᆼ問·문曰·ᅌᅯᆯ寡:과人ᅀᅵᆫ이出·츓遊융에車챵騎끵甚:씸衆·즁
ᄒᆞᆯ百·빅姓·셩이無뭉少:ᄋᆢᆼ長:댱히皆갱棄·킝事·ᄊᆞᆼ來링觀·관ᄂᆞᆯ어
이며受·ᄊᆢᆼ桑상道:ᄯᅭᆼ傍빵曾·ᅙᆞ不·블一·ᅙᅵᇙ視·싱何하也:양對·됭曰·ᅌᅯᆯ汝:셔
王·왕曰·ᅌᅯᆯ此:ᄎᆞ一·ᅙᅵᇙ奇긩女:녕也:양採:채桑상오ᄃᆡ不·블受·ᄊᆢᆼ宿·슉瘤류ㅣ何하
婢·뻬妾·쳡之징職·직은屬·쑉之징不·블二·ᅀᅵᆼㅣ며라惜·셕哉징予:여之징不·블듀
心심謂·윙何하ㅣ언宿·슉瘤류ㅣ何하傷샹잇고리王·왕이大·땡悅·ᅌᅯᆯ之

死不往이라 ᄒᆞ리러라 於是예 如故ᄒᆞ야 隨使者ㅣ러니 閔
王이 歸ᄒᆞ샤 見諸夫人ᄒᆞ샤 告曰호ᄃᆡ 今日에 出
遊ᄒᆞ야 得一聖女호니 今至ᄒᆞ리니 斤汝屬矣라 ᄒᆞ리
諸夫人이 皆怪之ᄒᆞ야 盛服而衛ᄒᆞ야 遲其至也ㅣ러니
ᄒᆞᆫ 宿瘤ㅣ 駭대 宮中諸夫人이 皆掩口而
笑ᄒᆞ며 左右ㅣ 失貌ᄒᆞ야 不能自止어ᄂᆞᆯ 王이 大慚
曰호ᄃᆡ 此ㅣ 無飾耳라 夫飾與不飾은 相去
ㅣ 千萬이라ᄒᆞ야도 尚不足言이니 女ㅣ 曰호ᄃᆡ 何獨十百也ㅣᅌᅵᆺ고

日딘호샤ㅣ 此ㅣ 賢女也ㅣ라 命後乘載之 女
ㅣ 曰호ᄃᆡ 賴大王之力ᄒᆞ야 父母ㅣ 在內ᄒᆞ거ᄂᆞᆯ 使妾
고ᄃᆞᆫ에 雖死ㅣ나 不從이니ᅌᅵ다 於是예 王이 遣使ᄒᆞ샤
裏人이 失之호ᄃᆡ 又曰호ᄃᆡ 貞女ㅣ 一禮不備
로ᄋᆞ 不受父母之敎而隨大王ᄒᆞ면 是ᄂᆞᆫ 奔女也ㅣ
니 大王은 又安用之리잇고 ᄒᆞᆫ대 王이 大慚
母ㅣ 驚惶ᄒᆞ야 欲洗沐加衣裳이러니 女ㅣ
如是見王則變容更服ᄒᆞ면 不見識也ㅣ라 ᄒᆞ고
使使者ㅣ 加金百鎰ᄒᆞ야 往聘迎之ᄒᆞ니 父

女ㅣ 有力焉이라 及女死之後에 燕이 遂屠
楚ᄒᆞ며 一立帝號ᄒᆞ니 閔王이 至於此也ᄂᆞᆫ 宿瘤
化行鄰國야 諸侯ㅣ 一朝之어ᄂᆞᆯ 侵三晉ᄒᆞ며 懼秦
減樂ᄒᆞ며 損膳ᄒᆞ며 후宮이 蹈綺縠며 弄珠玉야 意非有
今에 甲宮後宮이 不得重采ᄒᆞ니 期月之間애
慚라 ᄒᆞ니 閔王이 大感瘤女ᄒᆞ샤 以爲后ᄒᆞ신대
니 何獨十百也ㅣ리잇고 於是예 諸夫人이 皆出
千餘歲예 天下ㅣ 歸惡焉ᄒᆞᄂᆞ니 由是로 觀之
飾與不飾이 相去ㅣ 千萬이라ᄒᆞ야도 尚不足言

王이 曰何以言之오 對曰호ᄃᆡ 性相近也ㅣ나 習相
遠也ㅣ니 昔者애 堯舜桀紂ᄂᆞᆫ 俱天子也ㅣ라 安於節
儉ᄒᆞ야 茅茨를 不剪ᄒᆞ며 采椽을 不斲ᄒᆞ며
舜은 自飾以仁義ᄒᆞ샤 雖爲天子ㅣ라도 安於節
今數千歲예 天下ㅣ 歸善焉ᄒᆞᄂᆞ니
不自飾以仁義ᄒᆞ고 習爲苛文ᄒᆞ며 造爲高臺深
池ᄒᆞ며 後宮이 蹈綺縠며 弄珠玉야 意非有
饜時也ㅣ라 身死國亡ᄒᆞ야 爲天下笑ᄒᆞ니 至今

齊 閔王이 逃亡ᄒᆞ샤 而弑死於外ᄒᆞ시니라 君子
ㅣ謂宿瘤女ㅣ 通而有禮ᄒᆞ니 詩云ᄒᆞ되 菁菁
者義여 在彼中阿ㅣ로다 既見君子ᄒᆞ니 樂且有
儀라ᄒᆞ니 此之謂也ㅣ로다
宿숙瘤륭女녕ᄂᆞᆫ 齊쪵人 東동郭곽앳 ᄲᅩᆼ
ᄠᆞᄂᆞᆫ 겨지비니 東동郭곽은 잣 일후미라 閔민王왕ㅅ
后ᅘᆞᆼㅣ시니라 모기 큰 혹 잇ᄂᆞᆫ 젼ᄎᆞ로 일
후믈 닐오ᄃᆡ 宿숙瘤륭ㅣ라 ᄒᆞ더라 宿숙은 오

래오 瘤ᄂᆞᆫ 혹이라 처ᅀᅥ믜 閔민王왕이 내노라ᄒᆞ샤
東동郭곽애 가시니 百ᄇᆡᆨ姓셩이 다 보ᄃᆡ
宿숙瘤륭ㅣ ᄲᅩᆼ ᄠᅩ믈 네 ᄀᆞ티 ᄒᆞ거늘 王왕
이 恠괭異잉히 너기샤 블러 무러 니ᄅᆞ샤
ᄃᆡ 내 내노리ᄒᆞ매 車겅騎끵ㅣ 甚씸히 할
ᄊᆡ 百ᄇᆡᆨ姓셩이 아히 얼운 업시 다 이를 ᄇᆞ
리고 와 보거늘 네 길ᄀᆞᅀᆡ셔 ᄲᅩᆼ을 ᄠᅳ디 ᄒᆞᆫ
번도 보디 아니ᄒᆞ믄 엇뎨오 對됭答답ᄒᆞ

ᅀᆞ오ᄃᆡ 妾쳡이 父뿌母뭏의 敎ᄀᆞᇢ授쓯를
드러 ᄲᅩᆼ을 ᄠᆞ고 大땡王왕을 보ᅀᆞ오라 ᄒᆞ논
敎ᄀᆞᇢ授쓯를 듣디 아니ᄒᆞ이다 王왕이 니
ᄅᆞ샤ᄃᆡ 이 奇끵異잉ᄒᆞᆫ 겨지비로다 앗가
올셔 宿숙瘤륭 여女녕ㅣ ᄉᆞᆯ오ᄃᆡ 婢삥妾
쳡의 所송任심은 付붕屬쑉ᄒᆞ면 두ᄆᆞᅀᆞᆷ
아니ᄒᆞ며 주면 닛디 아니ᄒᆞ미니 안ᄆᆞᅀᆞᆷ
미 엇던고 ᄒᆞᆯ ᄲᅮᆫ니언뎡 宿숙瘤륭ㅣ ᄆᆞᄉᆞ

기 害ᅘᆡᆼᄒᆞ리잇고 王왕이 ᄀᆞ장 깃거 니ᄅᆞ
샤ᄃᆡ 이 賢현女녕ㅣ로다 뒤헷 술위를 命
명ᄒᆞ샤 시르라 ᄒᆞ신대 女녕ㅣ ᄉᆞᆯ오ᄃᆡ 大
땡王왕ㅅ 히믈 니버 父뿌母뭏ㅣ 안해 잇
ᄂᆞ니 妾쳡으로 父뿌母뭏의 敎ᄀᆞᇢ授쓯를
듣디 아니ᄒᆞ고 大땡王왕을 조ᄌᆞ오면 이
ᄂᆞᆫ 奔분女녕ㅣ니 奔분女녕ᄂᆞᆫ 中듕媒 업시 제 갈 시라 大
땡王왕은 ᄯᅩ 므스게 ᄡᅳ시리잇고 王왕이

양자 다르며 오시 구른 디라 아라보디를
ᄒ시리니 請·청ᄒ든 주거도 가디 아니ᄒ야
리라 그 저녜 ᄀ티 ᄒ야 使·ᄉᆞ者·쟝 조차 가
니라 閔민王왕이 도라가 모ᄃᆞᆫ 夫붕人신ᄃᆞᆯ
을 보아 告·곰ᄒ야 니르샤ᄃᆡ 오늘 내 노리
ᄒ야 ᄒᆞᆫ 聖·셩女:녕ᄅᆞᆯ 어더 두니 이제 오ᄂᆞ니
너 히 블내 봇ᄎ리라 모ᄃᆞᆫ 夫붕人신여다
忄괭異·잉 ᄒ야 너겨 오ᄉᆞᆯ 빗어 뫼·ᄉᆞ와 셔 오

ᄀᆞ장 붓그려ᄒ니ᄅᆞ샤ᄃᆡ 내 그르호라 ᄯᅩ ᄉᆞᆯ
오ᄃᆡ 貞·뎡女:녕 ᅵ ᄒᆞᆫ禮:롕·慶·콍ᄯ ᅵ 나 깃디
아니ᄒ귀 든 비록 주그나 좃디 아니ᄒᆞᆫ니
이다 그 제 王왕이 보내시고 사름 브려 金·금
금 ᅵ 휭百·ᄇᆡᆨ鎰·ᅀᅵᆯ을 더 ᄒ야
가 보내여 마치신 大·땡父:뿡 母:뭉 ᅵ 놀라 두
려 싯 붓겨 오ᄉᆞᆯ 더니 표·려 ᄒ더니 女:녕 ᅵ
닐오ᄃᆡ 이러 ᄐᆞᆺ시 ᄒ야 王왕을 뵈ᄉᆞᆸ오면

도 오히려 足·죡 히 니르니 다 몯 ᄒᆞᆱ니 엇뎨
다 몬 열콰 一·힣百·ᄇᆡᆨ 官·괄 ᅳᆫ ᄃᆞᆯ머리 잇고 ᄒᆞᆯ
ᅌᅫᆼ이 니르샤ᄃᆡ 엇뎨 니ᄅᆞᆺ뇨 對·됭 答·답
ᄒ슉 오ᄃᆡ 性·셩 여 서르 갓가 나 뵈 호ᄆᆞ
로서 머ᄂᆞ니 네 堯·욯 舜·슌과 桀·ᄀᆞᆯ 紂·ᄯᅮᆼ
ᄂᆞᆫ 다 天텬子·ᄌᆞ ᅵ라 堯·욯 舜·슌과 ᄂᆞ란ᄌᆞ
내仁신義·읭로 수미 샤비록 天텬子·ᄌᆞ ᅵ
ᄃᆞ외야 거샤도 儉:껌 朴·박 호물 便·뼌 安한

몰기 들오 더니 宿·슉瘤·룡 ᅵ 놀란 대宮·ᄀᆞᆼ
中·듕 옛 모ᄃᆞᆫ 夫붕人신이다 이 블고 리오
고 우 서 左·장 右:ᅀᅮᆼ ᅵ 양 조 롭 믈 허 能·ᄂᆞᆼ 히
제그 치디 몯 거 놀 王왕이 ᄀᆞ장 붓그려ᄒ니
릇 샤ᄃᆡ 옷 디 몯 말라 수미 디 아니 ᄒᆞᆫ ᄅᆞᆺ미
라 수미 며 아니 수미 유매 眞진實·씷 로서르
머 로미 열콰 一·힣百·ᄇᆡᆨ과 라 女:녕 ᅵ 솔 오
ᄃᆡ 수묘문 서르 버로 미 千천 과 萬·먼 과 라

모ᄉᆞᆯᄆᆡᆼ골며後ᅘᅮᆸ宮궁이詩싱殼붱을보니
오며珠즁玉옥을늘여쓰데足죡히너길
시졀이엄순디라모미주그며나라히쇼
망ᄒ야天텬下ᅘᅡ애옹유미ᄃᆞ외니ᄯᅩ졍
수금千쳔餘영歲솅예天텬下ᅘᅡㅣ모디
다ᄒᄂ니일로보건댄수미아니수묘
미서르머로미아니르ᄃᆡ믈ᄒ리ᄂ엇뎌다ᄆᆞᆫ열
뎌足히니르디믈ᄒ리니엇뎌다ᄆᆞᆫ열

히너기샤지블뿌로니시고긔리디하니
ᄒ시며采쳉稼퉌을갓디아니ᄒ사며
아니ᄒ시며後ᅘᅮᆸ宮궁이오솔두비슬
시니ᄯᅩ졍水금數승예天텬下ᅘᅡ
ㅣ다어디다ᄒᄂ니이다䉤와紵뙁
와ᄂ자내仁신義읭ᄒ니이다ᄒ고
호근수뮤믈비화ᄒ며노푼臺띵와기픈

朝ᄠᅭᆼ會ᅘᅬᆼ하ᄒ거ᄂ늘三삼晉진을侵침勞ᄅᆞ
ᄒ시며三삼晉진은晉진國귁을세혜
이밍골신三삼晉진이라秦찐楚총
ᄒᆞ번에皇ᅘᅪᆼ帝뎅人ᅀᅵᆫ을셰시니
王왕이이에니르샤ᄆᆞᆫ宿슉瘤륭女녕ㅣ
有ᅌᅮᆯ功공ᄒ시니라女녕ㅣ주근後ᅘᅮᆸ
燕ᅙᅥᆫ이燕ᅙᅧᆫ은나齊쪵를더노閔민王왕에
이逃뚱亡망ᄒ야밧긔가秋싱ᄒ야주ᄀ

괘一ᅙᅵᆯ百ᄇᆡᆨ곳쑤니리윗고그제모든夫
봉人ᅀᅵᆫ이다ᄀ장붓그리ᄂ니라閔민王왕
이宿슉瘤륭女녕롤ᄀ장感감動뚱ᄒ샤
后ᅘᅮᇢ롤사ᄆᆞ시고出츓令령ᄒ샤
시며音ᄒᆞᆷ樂악을더르시며後ᅘᅮᆸ宮궁이
즈기ᄒ시며모솔메오시며차반을더르
두비슬몯게ᄒ시니훈ᄒᆞᆫ後ᅘᅮᆸ教굡化황ㅣ
ㅣ이웃나라해퍼디여諸졍侯ᅘᅮᇢㅣ와

내훈 권2(하) 74-2

시니라 님금 주ㅅ길 씨라 君군子ㅣ닐
오디 宿슉瘤룡女녕의 詩싱ㅣ 通통達땋ㅎ시고
禮롕 잇ㄴ니 毛몽詩싱예 닐오디 菁졍菁졍
者쟝莪앙ㅣ오 菁졍菁졍 盛쎵ㅎ시 君군子ㅣ를 보니
더싸 온디 잇도다 ㅎ마 君군子ㅣ 德득 두
樂락ㅎ고 또 威횡儀읭 잇다 ㅎ니 이를 니
ㄹ도다

漢한鮑뽈宣션의 妻桓氏字는 少君이러러 宣이 嘗就

내훈 권2(하) 75-1

少君父ㅣ야ㅎ니 學ㅎ니 더 父ㅣ 奇其淸苦야ㅎ야 故로以
女로 妻聲去之ㅎ니라 裝送資賄甚盛ㅎ더 宣이
不悅야ㅎ야 而 謂妻曰大혼 少君은 生富驕ㅎ야 習美飾
ㅎ니 而吾는實貧賤이니 不敢當禮혼뎌 노妻曰
大人이 以先生이 脩德守約故로 使賤妻로
로으로 侍巾櫛ㅎ니 旣奉承君子ㅎ호니 唯命을 是
從이호리다 宣이 咲曰 能如是면 是곰 志也ㅣ라
ㅎ야 妻乃悉歸侍御服飾고ㅎ고 更聲去著 短布裳ㅎ야고
與宣로 共挽鹿車야ㅎ야 歸鄕里ㅎ야 拜姑禮畢고ㅎ고

내훈 권2(하) 75-2

提甕出汲야ㅎ야 脩行婦道ㅎ니 鄕邦이 稱之
ㅎ더라 漢한鮑뽈宣션의 妻桓뽠氏씽人字ㅈ
ㄴ小쇼君군이러라 宣이 일홈은 일후미 表
ㅎ니 이아리 小쇼君군의 아비 게나 사가비
ㅎ더니 아비 淸쳥廉렴ㅎ고 苦콩로외요
물 奇긩異읭히 너겨 그럴시 쏠로 얼이
라 연쟝과 쳔량이 구장盛쎵ㅎ더니 宣션
이 깃디 아니ㅎ야 妻쳉ᄃ려 닐오디 小쇼

내훈 권2(하) 76-1

君군은 가수멸며 驕嬌慢만ᄒᆞᆫ 디 나교혼
뮤묘믈 비햇거ᄂᆞᆯ 나ᄂᆞᆫ 眞진實씷로 貧삔
賤쪤ㅎ야 禮롕를 當당티몯ㅎ노라 妻쳉
닐오ᄃᆡ 大땡人신의 先션ᄉᆡᆼ이 ᄎᆞᆫ소
生ᄉᆡᆼ온 鮑뽕宣션의 아비를 니ᄅᆞ고 先션
ㄱ 머가난혼가져이 쇼모로賤쪤妾쳡으
로 手ᄐᆞᆯ中듕근과 비슬믈게 ㅎ시니 ㅎ마
君군子ᄌᆞᆯ 뫼ᅀᆞ오란ᄃᆡ 오직 命ᄆᆐᆼ을조

초·ᄅᆡ·이·다宣션·이·우·서닐·오·ᄃᆡ能능·히·이
·곤ᄒᆞ·면·이·내ᄡᅳ·디·라ᄒᆞ·야ᄂᆞᆷ妻셍조ᄎᆞ·사
롬·과服뽁飾·식·을:다·보내·오·다·시뎌·른·뵈
치·마ᄆᆡ·여宣션·과·술·위ᄀᆞᇫ·어ᄆᆞᅀᆞᆯ·ᄒᆡ·가·싀
·어미·게·절ᄆᆞᆺ·고·도ᄀᆞᆯ·자·바·나·가·믈·기·러·겨
지·븨道:뜽·ᄅᆞᆯ닷·ᄀᆞ·니ᄀᆞ·올·콰·나·라·쾌·일ᄏᆞᆮ
·더라

內訓卷第二下

內訓卷第三

母儀章第五

內則에曰호 凡生子야 擇於諸母와與可者
必求其寬裕慈惠溫良恭敬愼而寡言者
手며 能言이어든 使爲子師 리라 子ㅣ 能食든 敎以右
手며 能言이어든 男唯女兪며 男鞶은革이오 女
鞶은絲ㅣ니든 六年이어든 敎之數與方名 니 八
七年이어든 男女ㅣ 不同席 며 不共食 라니 八
年이어든 出入門戶와 及即席飲食에 必後長

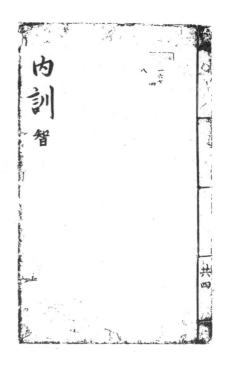

者야 始敎之讓 이니 十年이어든 不出 며 姆敎
婉娩聽從 며 執麻枲 治絲繭 며 織紝組
紃 며 學女事야 以共衣服 며 觀於祭祀 며
納酒漿籩豆菹醢 며 禮相助奠 이니 十有五
年而笄 며 二十而嫁니 有故든이어 二十三年
而嫁라니 聘則爲妻오 奔則爲妾 라니
內則즉 에 닐오 오 凡 子ㅣ
息 나 하여러어미와 맛당 호 사로 몰 골

히요 모로매어위크고즈느죽 며
慈悲옛 恩惠로외며 溫和호고조심 며
삼가며말솜 며 溫恭 고 조심 며
식의스승을 사모리라子息이 能
히바볼먹거든 올 소 로 써
며能히말 며거든 남진이 唯 오로 며
고 唯 미들시라

내훈 권[3] 2-2

남진의 씨는가치오겨지비
씨는시리니라여스시어든 혬과 方방兩
ㅅ일후믈ㄱ로 홀디니 혬과
남진겨지비흔곳ㄱ얏디아니ᄒᆞ며바볼
어우러먹디아니ᄒᆞ며드롬과긋기나사가
門몬人이페나며드로매우닐後후에ᄒᆞ야
食쎡호매모로매열우누飲
비르서辭讓ᄉᆞᆼ을ㄱ르홀디니라열히

내훈 권[3] 3-1

어든밧긔나디아니ᄒᆞ며스승의ㄱ로쵸
몰보디라이드러조츠며삼과모시롤자
ㅂ며실와고티롤다ᄉᆞ리며뵈ᄧᆞ며多당
繪횡다ᄒᆞ겨지비이롤비화衣횡服뽁올
밍ㄱ롤디니라祭졩祀ᄉᆞ롤보아술와漿
水슁와대그릇과나모그릇과沉띰菜
와젓과ᄃᆞ려노ᄒᆞ며禮롕로祭졩奠뎐
을도올디니라열다ᄉᆞᆺ시어든빈혀고ᄍᆞ

내훈 권[3] 3-2

며스믈히어든婚혼姻힌홀디니緣먼故
ㅣ잇거든스믈세헤婚혼姻힌홀디니
라聘펭ᄒᆞ면妻쳉두외오奔분ᄒᆞ면妾쳡
이ᄃᆞ외ᄂᆞ니라女녕子ᄌᆞㅣ六륙歲셍예
司ᄉᆞ馬망溫온公공이曰ᄝᅳᆯ女녕子ᄌᆞㅣ
之징小숗者쟝ㅣ七歲셍예誦쑣孝횰經경論론語
解ᄒᆡᆼ論론語語孝횰經경及끕女녕戒갱之類
人ᅀᅵᆫ或획敎女녕子ᄌᆞ以作곽歌가詩싱執

내훈 권[3] 4-1

非非兩宜也ㅣ라니
司ᄉᆞ馬망溫온公공이닐오ᄃᆡ겨지비여
스세비르서겨지비이릐져근거슬빈혀
고닐구버孝횰經경과論론語語롤외오
고아호背論론語語와孝횰經경과女녕戒갱
戒갱틀렛글와외올사겨講강論론ᄒᆞ야
간큰뻐들알외욜디니이젓사ᄅᆞ미시혹
겨집을놀애와詩싱롤지ᄉᆞ며世솅俗쑉

앳音흠 樂락자보몰ㄱ룰 치ᄂ니 ᄌ모맛
당티 아니ᄒ니라
○凡子婦ㅣ 未敬未孝ㅣ어든 오이 不可遽有憎疾
姑教之ᄃᆡ 若不可教然後에ᅀᅡ 怒之오 若不
可怒然後에 笞之니 屢笞而終不改어든 子放
婦出ᄒ니나 然나이며 亦不明言其犯禮也ㅣ니
믈읫 아ᄃᆞ와 며ᄂ리과 ᄀᆞᆯ이미여말오아
孝흉道똥ㅣ 아니커든

직ㄱㄹ敎ᅭ티ㄱㄹ 치디몯ᄒᅘ린後흫에ᅀᅡ
怒농고 怒농롤몯ᄒᆞ린後흫에ᅀᅡ 톨디
니ᄌ조류ᄃᆡ내종내고티아니커든아
ᄃᆞ롤내티며 며ᄂ리릴내퇼디니 그러나ᄯᅩ
그허므를明명ᄒᆞ히 닐ᄃ마롤디니
라
方氏女教에 云딘호 育子辛勤야 欲望其成은
嗣先續門며 送死養生야 其任이 至重고 賁

荷ㅣ 不易니 若非教之면 寧免隕墜오리 我見
富人 積金如山호다 一旦에 敗之若反掌間며
之야 又見名流ㅣ 功德이 晃耀가커ᄒ다 一旦애 壞
며야 凡爲子故로 黃泉에 有知댄 雙淚傾水ㅣ어
遽至於此오리 盖無他ㅣ라 愛爲之根니 慈ㅣ 不知今日에 豈知
此ㅣ 蓋無他ㅣ라 母徇其意야 有愛無教면
長遂不仁니 母徇其意야 有愛無教면
ᄭᅵ여 母護其惡ᄒ야 一起에 輒撲라니

子之不肖ㅣ 實係於母니 母哉母哉敢辭歟
ㅣ 皆母養之니 養之至成면 雖悔나 已遲라니
啓 안
方氏 女교教 애닐오디 子息
을길오디 愛곡苦콩ᄒ며 브즈러니ᄒ야
일와더ᄇ라 문젓祖종上上을니ᅀᅳ며
家강門몬을 니ᅀᅳ며 주그늘보내며 사닐
이바다그兩兩任삼이 至極곡이 重뜡

ᄒᆞ고맛돈이리쉬뼈아니ᄒᆞ나다가고
른치디아니ᄒᆞ면엇뎨뼈러듀믈免면ᄒᆞ
리오가ᄉᆞ면사르미金금을뫼ᄀᆞ티사햇
다가ᄒᆞ롯아太미비요ᄃᆡ손ᄲᅡ당두위혈
ᄉᆞ시ᄀᆞ토몰내보며ᄯᅩ일훔난사르미功
德덕이빗나다가ᄒᆞ롯아太미허러사
른미비우수믈두거놀보노니그처섬일
올제나져밤여겨를업시ᄒᆞ야子ᄌᆞ息식일

을爲원ᄒᆞ전太ᄐᆡ로ᄡᅴ기프며分분別뼐이
기더니엇뎨오놋나래믄이에니를들
알리오黃ᅘᅪᇰ泉쪈에아로미이ᄉᆞᆯ띤댄黃ᅘᅪᇰ
퓬泉소ᄲᅳᆯ거갯ᄂᆞᆫ기두ᄡᅥ므리므리두외
리라이녀느다시아니라ᄉᆞ라ᄒᆞ요모로
根근源원흔디니라곧어디디몬ᄒᆞᄂᆞ니제
根근미업스면ᄌᆞ라곧ᄒᆞᄂᆞ니
ᄲᅳ들조씨마라져기펴디거ᄃᆞᆫ믄득조심

케ᄒᆞ며졔惡악ᄋᆞᆯ올ᄃᆞᆸ던ᄃᆡ마라ᄒᆞᆫ번니르
와도매믄득ᄹ믈디니라아허믈이쇼미
다어믜길오미니길어ᄌᆞ라매니를면비
록뉘으ᄎᆞ나ᄒᆞ마ᄂᆞ즈니라子ᄌᆞ息식의
不블肖쇼ᄒᆞᆷ眞진實씰의
ᄂᆞ니어미어미여줓간이나그믜를
辭ᄉᆞ讓ᇰ샹ᄒᆞ다
周太任者ᄂᆞᆫ文王之母니시挈任氏中女也

시다러王季娶爲妃니ᄒᆞ시니太任之性이端一誠
莊샤ᇰ惟德之行이러시니러及其有娠샨ᄋᆞ로目不視惡
色ᄉᆡᆨᄒᆞ며耳不聽淫聲ᄒᆞ며口不出敖言ᄒᆞ더시니
生文王而明聖이어시ᄂᆞᆯ太任이敎之以一而識百
ᄒᆞ니시君子ㅣ謂太任이爲能胎教니라古
者ᄂᆞᆫ婦人이妊子아야寢不側ᄒᆞ며坐不邊ᄒᆞ며立
不蹕ᄒᆞ며不坐ᄒᆞ며目不視邪色ᄒᆞ며耳不聽淫聲ᄒᆞ며
正ᄃᆞᆯ不坐ᄒᆞ며目不視邪色ᄒᆞ며割不正ᄃᆞᆫ不食ᄒᆞ며席不
夜則令瞽誦詩ᄒᆞ며道正事ᄒᆞ더如此ᄒᆞ면則生

내훈 권③ 8-2

子ㅣ形容이端正ᄒᆞ야才德이必過人矣리라故로

妊之時예必愼所感ᄒᆞᄂᆞ니感於善則은善ᄒᆞ고

感於惡則은惡ᄒᆞᄂᆞ니人生而肖萬物者ㅣ皆

其母ㅣ感於物故로形音이肖之ᄒᆞᄂᆞ니文王母

ᄂᆞᆫ可謂知肖化矣다로

周주ᇢ人太ㅌㅐᆼ任ㅅᅵᆷ은文문王왕ㅅ어마님

이시니摯징國귁ㅅ人任ㅅᅵᆷㅅ가온딧

ᄯᆞ리러시다王왕季ᄀᆔᆼ娶ᄎᆔᆼᄒᆞ샤妃핑子

내훈 권③ 9-1

롷사ᄆᆞ시니太ㅌㅐᆼ任ㅅᅵᆷㅅ人性ᅀᅧᆼ이端돤

正졍ᄒᆞ시며專쿼ᇙ一ᄒᆞᇙᄒᆞ시며誠쎵

ᄒᆞ시며식ᄒᆞ샤오직德득을行ᄒᆡᆼᄒᆞ더

시니그비샤매미ᄎᆞ산누네구즌비ᄉᆞᆯ보

디아니ᄒᆞ시며귀예濫람亂롼ᄒᆞ소리를

디아니ᄒᆞ시며이베게으런말ᄊᆞ

들디아니ᄒᆞ시니이ᄫᆞᆯ敎ᄒᆞ慢만ᄒᆞᆯᄉ

몯내디아니ᄒᆞ더시니聰총明ᄆᆡᆼᄒᆞ시며通통達ᄠᅡᇙᄒᆞ샤

시니聰총明ᄆᆡᆼᄒᆞ시며通통達ᄠᅡᇙᄒᆞ샤太

내훈 권③ 9-2

ㅌㅐᆼ任ㅅᅵᆷ이ᄀᆞᄅᆞ치샤ᄃᆡ호이로ᄡᅥᄒᆞ야시

ᄃᆞᆫ이로아ᄅᆞ시니君군子ᄌᆞᆼᅵ닐오ᄃᆡ

太ㅌㅐᆼ任ㅅᅵᆷ이能ᄂᆡᇰ히비예ᄀᆞᄅᆞ치시다

ᄒᆞ니라녜겨지비子ᄌᆞᆼ息식을비예야셔자ᅀᆞ

기우로아니ᄒᆞ시며안조ᄃᆡ그ᅀᅢ아니ᄒᆞ시며

셔딘바ᄅᆞᆯ이쳐아니ᄒᆞ시며

ᄆᆞᆯ솔먹디아니ᄒᆞ시며버효미正졍티아니

커든먹디아니ᄒᆞ시며돗기正졍티아니ᄒᆞ니

커든먹디아니ᄒᆞ며눗기正졍티아니ᄒᆞ커

내훈 권③ 10-1

든앉디아니ᄒᆞ시며누네邪쎵曲콕ᄒᆞ비ᄎᆞᆯ

보디아니ᄒᆞ시며귀예濫람亂롼ᄒᆞ소리를

들디아니ᄒᆞ시며바미어든쇼경으로毛마ᇢ

詩싱ᄅᆞᆯ외오며正졍ᄒᆞ이ᄅᆞᆯ니ᄅᆞ게ᄒᆞ더

니이고ᄒᆞ면나혼子ᄌᆞᆼ息식이形ᅘᅧᆼ容ᅇᅭᆼ

이端돤正졍ᄒᆞ야ᄌᆞ조와德득이이반ᄃᆞ기

느미게셔더으리라이럴ᄉᆞ子ᄌᆞᆼ息식비

여슬제반ᄃᆞ기感감홀바ᄅᆞᆯ조심홀디니

迎于渭(ᅇᅧᆼ우윙)ᄒᆞ실ᄉᆡ 造舟爲梁(쪼즁ᄋᆔ량)ᄒᆞ시니라 及入(끕ᅀᅵᆸ)ᄒᆞ샤 太姒(태ᄉᆞ)ㅣ
思媚太姜太任(ᄉᆞ미태강태ᅀᅵᆷ)ᄒᆞ샤 旦夕(단쎠)애 勤勞以進(끈롱ᅀᅵ진)ᄒᆞ샤
婦道(뿡똥)ᄒᆞ시니라 太姒(태ᄉᆞ)ᄅᆞᆯ 號曰文母(ᅘᅭ왏문물)ㅣ시니 文王(문왕)은 治
外(띵ᅌᅬ)ᄒᆞ시고 文母(문물)ᄂᆞᆫ 治內(띵뇡)ᄒᆞ시더라 太姒(태ᄉᆞ)ㅣ 生十男(ᄉᆡᆼ씹남)ᄒᆞ시니
長(댱)은 伯邑考(ᄇᆡᆨᅙᅳᆸ콯)오 次(ᄎᆞ)ᄂᆞᆫ 武王發(무왕벓)이오 次(ᄎᆞ)ᄂᆞᆫ 周公(쥬공)
旦(단)이오 次(ᄎᆞ)ᄂᆞᆫ 管叔鮮(관슉션)이오 次(ᄎᆞ)ᄂᆞᆫ 蔡叔度(챙슉똥)오 次(ᄎᆞ)ᄂᆞᆫ
叔振鐸(슉진딱)이오 次(ᄎᆞ)ᄂᆞᆫ 霍叔武(확슉무)ㅣ오 次(ᄎᆞ)ᄂᆞᆫ 成叔處(ᄊᆡᆼ슉쳐)오 次(ᄎᆞ)ᄂᆞᆫ 曹
叔振鐸(슉진딱)이오 次(ᄎᆞ)ᄂᆞᆫ 康叔封(강슉봉)이오 次(ᄎᆞ)ᄂᆞᆫ 聃季載(담곙ᄌᆡ)니 太姒(태ᄉᆞ)ㅣ 敎誨十(교ᄒᆡ씹)
子(ᄌᆞ)ᄒᆞ샤 自少及長(ᄌᆞ쇼끕댱)히 未嘗見邪僻之事(미썅견쌰벽지ᄊᆞ)ᄒᆞ시더라

咸(함)은 ᄆᆞᅀᆞᆷ이니 善(션)에 感(감)ᄒᆞ면 善(션)ᄒᆞ고 惡(악)
학 애感(감)ᄒᆞᄂᆞ니 사ᄅᆞᆷ나매 萬物(먼믈)
물 토미 다 그어미 ᄆᆞᄃᆞᆫ물(物)에感(감)ᄒᆞ젼ᄎᆞ 太
님은 그 티ᄃᆞ외 요물 어루 아ᄅᆞ시ᄂᆞ다닐
로 얼굴와 소리 왜 곧ᄂᆞ니 文王(문왕)이 禹後有莘姒氏(우ᅘᅮᆨᅌᅲ신ᄉᆞᄊᆞ)
周太姒者(쥬태ᄉᆞ쟈)ᄂᆞᆫ 武王(무왕)ㅅ 어마님이시니
之女(지녀)니라 仁而明道(ᅀᅵᆫᅀᅵᆼ도)ᄒᆞ시더니 文王(문왕)이 嘉之(가지)ᄒᆞ샤 親(친)
얼디로다

道(똥)애 나ᅀᆞ시니라 太姒(태ᄉᆞ)ㅣ 일후미
文母(문물)ㅣ시니 文王(문왕)ᄋᆞᆫ 밧ᄀᆞᆯ 다ᄉᆞ
리시고 文母(문물)ᄂᆞᆫ 안홀 다ᄉᆞ리시니라
太姒(태ᄉᆞ)ㅣ 열아ᄃᆞᆯ나ᄒᆞ시니 ᄆᆞ디 伯
邑考(ᅙᅳᆸ콯)ㅣ오 버거 周公(쥬공)旦(단)이오 버거 管(관)叔
叔(슉)鮮(션)이오 버거 蔡(챙)叔(슉)慶(똥)이오 버거
오버거 周公(쥬공)旦(단)이오 버거 蔡(챙)叔(슉)
鮮(션)이오 버거 霍(확)叔(슉)
曹(쫑)叔(슉)振(진)鐸(딱)이오 버거 霍(확)叔(슉)

周(쥬)人太姒(ᅀᅵᆫ태ᄉᆞ)ᄂᆞᆫ 武王(무왕)ㅅ 어마니
미시니 禹後有(우ᅘᅮᆨ유)華姒氏(ᅘᅪᄉᆞᄊᆞ)의
ᄯᆞ리시니라 仁(ᅀᅵᆫ)ᄒᆞ시고 道(도)ᄅᆞᆯ 밋
더시니 文王(문왕)이 아ᄅᆞᆷ다이너기샤 親(친)
히 渭水(윙쉬)예 가마ᄌᆞ실ᄊᆡ빅ᇰ그ᄅᆞ
ᄃᆞ리롤ᄆᆡᇰᄀᆞᄅᆞ시니라드르샤매ᄎᆞᆫ
太姒(태ᄉᆞ)ㅣ 太姜(태강)과 太任(태ᅀᅵᆷ)
미샤아ᅙᆞ나 죠히 勤勞(끈롱)ᄒᆞ샤 婦(뿡)

買·매猪·뎡肉·슉아·호 以·食·지·니시 既·긔長·댱就·쯓學·햑야 遂·쒱成·쎵大·땡
適·뎍有知而欺之면 是·씽教·교之不信·신이에 敎·교之不信·신이·오 乃·내
東家殺猪어·늘 孟母ㅣ欲·욕啖·땀汝·니여 吾聞·문古有胎敎ㅣ니 今·에
居子矣라호·리라호·야시·놀 遂居·之호·시니라 孟子ㅣ一二·時·예問호·딕何·為·오
揖讓·샹進退·퇴대·신 孟母ㅣ曰·딕 此ㅣ眞·진可·쾅以
舍·샤學·햑宮之旁·방이어·늘 孟子ㅣ其嬉戲룰 乃設祖豆호·고徙
去·캉舍市어·늘 其嬉戲룰 爲賈·골術·쒏대·신 孟母

武·뭉ㅣ오·버건成·쎵叔·숙處·청ㅣ오버
康·캉叔·숙封·봉이오·버건聃·탐季·켕載·짱
ㅣ니太·탱妊·심·이·오·드·롤·그·릇치·샤·딕僻·벽
져·믄제·브·터조·라매·미처·잢간·도邪·썅
孟·ᄒᆡᆼ이몰·디·아·니호·더시·다
孟軻之母ㅣ其舍ㅣ近墓ㅣ어·늘
嬉戲룰爲墓間之事호·야 踊躍築埋·대·신孟
母ㅣ曰·딕 此ㅣ非·所以居子也ㅣ라호·야乃

비·셔돈주·교·문므·슴호·려ㅎ·노·뇨어마·님
孟·밍子·쯍ㅣ아·햇·쎄무·르샤·딕東·동녁지·
살·올·디라ㅎ·시고因·힌ㅎ·야사·ᄅᆞ시·니·라
ㅣ니·ᄅᆞ샤·딕이眞·진·로어·루써아·돌
讓·샹ㅎ·며나·ᅀᆞ며므·르신대孟·밍母·뭉
學·햑宮·궁祭·졩器·킝버·리고揖·ᄒᆞᆸㅎ·야辭·ᄊᆞ
롯노·리룰ㅎ·겨·틔가·지·블ㅎ·야시·놀노
마·學·햑宮·궁겨·틔가·지·블ㅎ·야시·놀노
샤·딕이·뻐아·돌·살·올배·아·니·라ㅎ·시·고·올

儒·ᅀᅲ닁·니시·라
孟·밍軻·캉ㅅ어마·님이그·지·비무·더메·갓
갓·갓더·니孟·밍子·중ㅣ져·머겨·실제노·릇노
리룰무·덤서·리옛이·롤ㅎ·야봄·뇌야·달·고
질·ㅎ·야묻·논양·ㅎ·신대孟·밍母·뭉ㅣ
샤·딕이·뻐아·돌·살·올배·아·니·라ㅎ·시·고·가
져·제가·지·블ㅎ·야시·놀그·노릇·노리·룰ㅎ
쳥·ㅎ·야포·로물·ㅎ·신대孟·밍

내훈 권③ 14-2

呂滎公의 名은 希哲이오 字ᄂᆞᆫ 原明이니라 申國

이니르샤ᄃᆡ 너를머교려ᄒᆞᄂᆞ니라그리

코뉘으쳐니ᄅᆞ샤ᄃᆡ나ᄂᆞ드로니녜ᄂᆞ니

여셔도ᄀᆞᄅᆞ쵸미잇거늘놀이제외야ᄒᆞ로

아로미ᄆᆞ로ᄀᆞᄅᆞ치ᄂᆞᆫ디라ᄒᆞ시고도틱

아니ᄒᆞ모ᄅᆞ사아뼈머기시니ᄒᆞ有信신ᄐᆡ

고기롤사아ᄡᅥ머기시ᄂᆞᆫ디라ᄒᆞ시고도틱

호매나사가ᄆᆞ太매큰션빅ᄃᆡ외시니라

내훈 권③ 15-1

正獻公之長子ㅣ라 正獻公이 居家ᄒᆞ샤 簡重

寡默ᄒᆞ야 不以事物로 經心ᄒᆞ며 而申國夫人이

性이 嚴ᄒᆞ야 有法ᄒᆞ야 雖甚愛公ᄒᆞ나 然이나 教公ᄒᆞ샤ᄃᆡ

事事를 循蹈規矩ᄒᆞ더니 甫十歲라 祁寒暑雨

ᄒᆞ야도 侍立終日ᄒᆞ야 以命之坐ㅣ어ᄃᆞᆫ 不敢坐也ㅣ러라

日必冠帶ᄒᆞ야 以見長者ᄒᆞ며 雖甚熱

에 在父母長者之側ᄒᆞ야 不得去巾襪縛袴ᄒᆞ며

나ᄒᆡ 衣服을 唯謹ᄒᆞ며 行步出入에 無得入茶肆

酒肆ᄒᆞ며 市井里巷之語와 鄭衛之音을 未嘗

내훈 권③ 15-2

一經於耳ᄒᆞ며 不正之書와 非禮之色을 未嘗

一接於目이라 正獻公이 通判潁州ㅣ어 歐

陽公이 適知州事니라 焦先生千之伯强이 歐

客文忠公所ㅣ니 嚴毅方正ᄒᆞᆯ 正獻公이 招

延之ᄒᆞ샤 使教諸子ᄒᆞ니 諸生이 小有過差ㅣ든

先生이 端坐ᄒᆞ샤 召與相對ᄒᆞ야 終日竟夕ᄒᆞᄃᆞ록

不與之語ᄒᆞᄂᆞ니 諸生이 恐懼畏伏사아

이方略降辭色ᄒᆞ더니 時예公이 方十餘歲러先生

內則正獻公과 與申國夫人教訓이 如此ᄒᆞ

之篤故로

내훈 권③ 16-1

嚴고 外則焦先生化導ㅣ 如此之篤故

公이 德器成就ᄒᆞ야 大異衆人ᄒᆞ니 公이 嘗言

能有成者ㅣ 少矣ㅣ라ᄒᆞ니라

人生애 內無賢父兄ᄒᆞ고 外無嚴師友ᄒᆞ야 而

呂滎公의 일후믄 希哲이오

字ᄂᆞᆫ 原明이러니 申國

獻公의 모ᄃᆞ라ᄃᆞ리러라 正獻

公이 이지비ᄉᆞ로ᄃᆡ간ᄐᆞ라오며 므거우며

호더라 날마다 반ᄃᆞ기 冠관帶댕 ᄒᆞ야 뼈
얼우늘뵈며 샹녜사ᄅᆞ매 비록 甚씸히
우나父뿡母뭏와 얼운의 겨틔이셔 頭뚷
巾건과 보션과 힝뎐을 밧디아니ᄒᆞ야 옷
니부믈 조심ᄒᆞ며 行행步뽕 애 나며 드로
매 차ퟴᄂᆞᆫ 뒤와 푸ᄂᆞᆫ 뒤 드디아니ᄒᆞ며
져재와 ᄆᆞ술햇말ᄉᆞᆷ 과 郞랑國귁衛윙國
귁人音름 樂악을 잣간도 ᄒᆞ적도 귀예 디

寃광獄옥 ᄒᆞ야일로써 ᄆᆞᅀᆞ매 디내더아
니ᄒᆞ며 申신國귁 夫부人신 이性셩이식
식ᄒᆞ야 法법度똥ㅣ이셔 비록 甚씸히
公공을 ᄉᆞ랑ᄒᆞ나 그러나 公공이 行행
일일마다 法법度똥를 조차 行행케ᄒᆞ더
니 ᄌᆞ 열셜머 거셔 甚씸히 治티워 와더위와
비예뫼ᅀᆞ와셔 쇼몰나롤못 두록 ᄒᆞ더 안
ᄌᆞ라니ᄅᆞ다아니커든 잣간도 앋ᄃᆞ아니

러마자 諸졍子ᄌᆞ ᄅᆞᆯ 치게ᄒᆞ더니 諸
生싱이 졔그나허 므리잇거든 先션生
싱이端단正정히안자블러 두려서ᄅᆞ對
뒹ᄒᆞ야 나리 ᄆᆞᄎᆞ며 나조히못두록 드려
말아니ᄒᆞ더니 諸졍生싱이 져기 降뼝伏
ᄲᅳᆨᄒᆞ야샤 先션生싱이 져기말ᄉᆞᆷ과ᄎᆞ비
츌ᄂᆞᆫ 즈기ᄒᆞ더라그제公공이 ㄱ줄열나믄
셔리러니 안ᄒᆞ론 正정獻헌公공과 神신

내 디아니ᄒᆞ며 正정 티아니혼 글월와 禮
롕 아니빈 빋 出츓잣간도 ᄒᆞ적도 누네브티디
아니ᄒᆞ더라 正정獻헌公공 이頼ᄋᆋ州즁
入入通통判판 이어늘 歐홍陽양公공 이마
초아 知딩州즁 事ᄉᆞ ㅣ러니 先션生
ᄉᆞ千쳔之징 伯ᄇᆡᆨ強꺙이文문忠듕公공
이고 대손ᄃᆞ 외얏더니 식ᄒᆞ며 질드구
드며 方방正정 ᄒᆞ샤正정獻헌公공이블

내훈 권③ 18-2

國국 夫붕人신의 敎교訓훈이 이러ᄐᆞ시
식식ᄒᆞ고 밧ᄀᆞ론 焦쵸 先션生ᄉᆡᆼ化황導똠
ㅣ 이러ᄐᆞ시 도 타올 시이러ᄐᆞ로 公공
이德득 그르시이러ᄐᆞ기 衆ᄌᆈᆼ人신의게 다
리니라 公ᄀᆞᆼ이 아래ᄂᆞᆯ오ᄃᆡ 人신生ᄉᆡᆼ애
안해어딘아비와 兄형이업고 밧ᄀᆞ로
ᄒᆞᆫ스승과버디업스면 能ᄂᆞᆼ히일사ᄅᆞᆷ미
져그니라ᄒᆞ더라

내훈 권③ 19-1

齊졔義의繼계母모者쟝ᄂᆞᆫ 齊졔二ᅀᅵ子ᄌᆞ之지母모也야ㅣ니
時씨예 有ᅌᅮ人신이 鬪闘死ᄉᆞ於어道똠者쟝ㅣ어ᄂᆞᆯ 當당宣왕王
傍빵ᄒᆞ야앳 吏리問문之지ᄒᆞᄂᆞᆯ 兄들死ᄉᆞ曰ᅌᅯᇙ 我ᅌᅡ 殺ᄉᆞᆯ之지라호ᄃᆡ
非비兄형也야ㅣ라 我ᅌᅡㅣ 殺ᄉᆞᆯ之지라호ᄃᆡ 期期年년ᄂᆞᆫ不붏能ᄂᆞᆼ決
子ᄌᆞ의 言ᅌᅥᆫ之지 於어 王왕대ᄒᆞᆫ샤 聽텽其끵所송欲욕殺ᄉᆞᆯ活ᅘᅪᇙ者쟝ᄒᆞ라
泣읍而ᅀᅵ對됭曰ᅌᅯᇙ 少ᄋᆢᇢ者쟝ᄂᆞᆫ 夫붕少ᄋᆢᇢ子ᄌᆞ者쟝ㅣ
人ᅀᅵᆫ之지所송愛ᄋᆡᆼ也야ㅣ어늘 今금欲욕殺ᄉᆞᆯ之지ᄂᆞᆫ 何하也야ㅣ오 長댱者쟝ᄂᆞᆫ 前쪈
母모ㅣ 對됭曰ᅌᅯᇙ 少ᄋᆢᇢ者쟝ᄂᆞᆫ 妻쳐之지子ᄌᆞ也야ㅣ오

내훈 권③ 19-2

妻쳐之지子ᄌᆞ也야ㅣ니 其끵父붕ㅣ 疾질且챵死ᄉᆞ之지時씨예 屬쇽之지於어
妾쳡曰ᅌᅯᇙ 善쎤養ᅌᅣᆼ視시之지ᄒᆞ라ᄒᆞ놀 今금에
旣끵受쑈ᇢ人ᅀᅵᆫ之지託탁ᄒᆞ야 許헝人ᅀᅵᆫ以ᅌᅵ諾낙ᄒᆞ니
死ᄉᆞ者쟝也야ㅣ니 夫붕言ᅌᅥᆫ不붏信신ᄒᆞ고
以ᅌᅵ私ᄉᆞ愛ᄋᆡᆼ로 廢폥公ᄀᆞᆼ義의也야ㅣ오
以ᅌᅵ居거於어世셰哉ᄌᆡ리오 子ᄌᆞㅣ 雖슈痛통乎ᅘᅩ나 獨똑謂ᅌᅱ行ᅘᅢᆼ
何하오ᄒᆞ고 泣읍下행沾뎜襟금ᄒᆞ대 王왕이 美ᄆᆡᆼ其끵義의ᄒᆞ며 高고其끵行ᅘᅢᆼ
何하ㅣ오 皆ᄀᆡ赦샤ᄒᆞ고 而ᅀᅵ尊존其끵母모ᄒᆞ야 號ᅘᅩᇢ曰ᅌᅯᇙ義의母모ㅣ라
시니라ᄒᆞ니라

내훈 권③ 20-1

齊졔人ᅀᅵᆫ義의繼계母모ᄂᆞᆫ 齊졔國귁人ᅀᅵᆫ
義의子ᄌᆞ의어미러니 宣션王왕시졀읫 當당
ㅎ야사ᄅᆞᆷ미길헤사화주그니잇거ᄂᆞᆯ
二ᅀᅵ子ᄌᆞㅣ ᄀᆞ새셋다가 吏링 무러 눌
오ᄃᆡ 兄형이닐오ᄃᆡ내주교라ᄒᆞ고 라ᅀᅡᆺ이닐
오ᄃᆡ 兄형이아니라 내주교라ᄒᆞ야
ᄐᆞ몬ᄒᆞ야 王왕ᄭᅴ슬오온대王왕이니ᄅᆞᆯ
샤ᄃᆡ제어미ᄃᆞ려무ᄅᆞ라能ᄂᆞᆼ히子ᄌᆞ息식

어보라ᄒᆞ야 놀 내닐오ᄃᆡ그리호리라호
니 이제사ᄅᆞᆷ이付붕屬쑉을맛다사ᄅᆞᆷ이
게그리호려許헝ᄒᆞ고엇뎨사ᄅᆞᆷ이付붕
屬쑉을니저그리호려호몰뿐비아니ᄒᆞ
리잇고쏜兄형주기고앗ᄋᆞᆯ사ᄅᆞᆷ이ᄂᆞᆫ
아룸뎌ᄉᆞ랑ᄒᆞ요ᄆᆞ로公공反뽠ᄒᆞ며信신
롤부료미오말ᄉᆞ몰背빙叛뽠ᄒᆞ며信신
올니즈면이ᄂᆞ주그닐소기ᄂᆞ디니마롤

식의善쎤惡학을아ᄂᆞ니제주기고져ᄒᆞ
머사ᄅᆞ고져호ᄃᆡ호몰드르라그어미올오對
됭答답호ᄃᆡ져므ᄂᆞᆯ주기쇼셔쏘무로되
져믄子ᄌᆞ息식은사ᄅᆞᆷ수랑ᄒᆞᄂᆞᆫ배어
늘이제주기고져호문엇뎨오그어미
됭答답호ᄃᆡ져ᄆᆞ닌내아ᄃᆞᆯ이오무ᄃᆞᆫ前젼
쪈妻쳉의아ᄃᆞ리니제아비病뼝ᄒᆞ야주
글제내게付붕屬쑉ᄒᆞ야닐오ᄃᆡ이대길

魏웡芒망慈ᄍᆞ母ᄆᆞᆯ者쟝ᄂᆞᆫ 魏孟陽氏之女니 芒卯之後
妻쳉也니러有三子니ᄒᆞ더 前妻之子ᅵ有五人
ᄃᆡ皆不愛ᄒᆞ야놀慈ᄍᆞ母ᅵ遇之甚異더호야猶不愛ᄒᆞ야놀
慈ᄍᆞ母ᅵ乃ᅀᅵᆷ三子로不得與前妻子로齊衣
服飲食ᄒᆞᄃᆡ猶不愛ᄒᆞ야ᄂᆞᆯ於是에前妻中子ᅵ犯
魏王令야ᄒᆞᆫ當死ᅵ어늘慈ᄍᆞ母ᅵ憂慼悲哀ᄒᆞ야
圍減尺야ᄒᆞ朝夕에勤勞야ᄒᆞᆯ以救其罪어늘人有
謂慈ᄍᆞ母曰ᄃᆡ호人不愛ᄒᆞ어늘何爲
勤勞憂懼ᅵ如此오ᄒᆞᄂᆞ慈ᄍᆞ母ᅵ曰ᄃᆡ호如妻親子

期긩約ᅙᅣᆨ다이몬ᄒᆞ며ᄒᆞ마그리호마혼
이리分분明명히아니ᄒᆞ면엇뎨世솅間간
애이시리잇고아ᄃᆞ리비록셜우나ᄒᆞ
오사횡덕에엇더ᄒᆞ니잇고ᄒᆞ고우러옷
기지저즌대王왕이그義ᅌᅴ롤아롬다이
너기며그횡더글노피너기샤다赦ᅘᅡᆼ
시고그어미롤을후믈義ᅌᅴ母뫃
ᅵ라ᄒᆞ시니라

一雖不愛妾도이라 猶懼其禍而除其害온 獨
於假子而不爲면 何以異於凡母오리 其父
者ᄂ 爲其孤也야 而使妾으로 爲其繼母ᄒ니 繼母
謂慈乎아 親其親而偏其假ᄒ야 不能愛其子ㅣ면 可
不慈且無義ᄒ니 何以立於世오리니 彼雖不愛ᄒ나
妾이 安可以忘義乎ㅣ리오 遂訟之대ᄒ야 慈母ㅣ如
魏王이 聞之ᄒ고ᄉ야 高其義曰ᄒ더니 慈母ㅣ如
此니ᄒ니 可不赦其子乎아 乃赦其子ᄒ고 復其

家시놀야 自此로 五子ㅣ 親附慈母야ᄒ야 雍雍若
一늘커 慈母ㅣ 以禮義之漸으로 率導八子야ᄒ야 咸
爲魏大夫卿士야ᄒ야 各成於禮義ᄒ니라
魏芒망人ᄉ 卯의後 妻혜
陽양氏씽 人ᄉ니라ᄉ 芒망 卯묑國귁ᄉ 八孟
妻혜ㅣ러니 세아ᄃ롤뒷더니 前젼妻혜
의아ᄃ리 다ᄉᄉ이ᄉ소ᄃ다ᄉ랑티아니
커늘慈ᄍ 母ㅣ 對됭接졉을甚씸히各

각別별히ᄒ호ᄃᄅ소지ᄉ랑티아니커늘慈
母ㅣ세아ᄃ롤로前졘妻혜의아ᄃ롤와
衣服밥 飮食씩을ᄀᄒ티몯게ᄒ더ᄉ
지ᄉᄅ랑티아니터니그제前졘妻혜가
온뒷아ᄃ리魏윙王왕人法법을犯뻠ᄒ
야주구메當당ᄒ야ᄇ늘허ᄡᅵ혼자히주러
別별에ᄀᆺ비돈녀ᄀᆫ罪쬉룰敎귱ᄒ는사

르미慈ᄍ 母ㅣᄃ려늘오ᄃ사ᄅ미어미
ᄉ랑티아니호미至징極끅히甚씸커늘엇
데브즈러니긋ᄀᆷ며分분別별ᄒ야두려
가내親친혼子ᄌ息식이비록나ᄅᆞᆯᄉ랑
티아니ᄒ야도오히려그禍ᇢᄅᆞᆯ저허그
害ᅘᅢᆼ룰업게ᄒᄃ린ᄃᆞᆫ獨똑禍ᇢ子ᄌ息
석의게아니ᄒ면엇뎨상넷어믜게셔다

니ᄒᆞ나ᄂᆞᆫ엇뎨어루義읭ᄅᆞᆯ니ᄌᆞ리오
ᄒᆞ고곧발괄ᄒᆞᆯ대魏윙人安한王왕이샤
이드르시고그義읭ᄅᆞᆯ노피너겨니르샤
되慈ᄍᆞ母뭉ㅣ이곧ᄒᆞ니그아ᄃᆞᆯ敎샹
타아나호미可캉히리여ᄒᆞ시고그아ᄃᆞᆯ
ᄅᆞᆯ敎샹ᄒᆞ시고그지ᄫᅳᆯ復뿡戶ᅘᅩ야시
신히ᄒᆞ야和ᅘᅪ同똥호미ᄒᆞ나곤거ᄂᆞᆯ慈

리오제아비어미업소물爲윙ᄒᆞ야ᄂᆞᆯ
로繼곙母뭉ᄅᆞᆯ사ᄆᆞ니繼곙母뭉ᄂᆞᆫ親친
호어미ㄱᄐᆞ니ᄂᆞᆷ어미ᄃᆞ외야서能능
히그子ᄌᆞ息식을ᄉᆞ랑ᄐᆞ아니ᄒᆞ면어루
고다ᄒᆞᆷᄋᆞ란기우로親친ᄒᆞ면어루
慈ᄍᆞ母뭉ㅣ라니ᄅᆞ리여慈ᄍᆞ면어루義읭
리리여慈ᄍᆞ아니ᄒᆞ며義읭ᄒᆞ라니
써世솅聞문간애셔리오데비록ᄉᆞ랑ᄐᆞ아

며竭情盡實ᄒᆞ야不爲詐僞ᄒᆞ야非義之事ᄅᆞᆯ不
計於心ᄒᆞ며非理之利ᄅᆞᆯ不入於家ᄒᆞ니不
設官ᄒᆞ야以待子ᄒᆞ시며厚祿으로以奉子ᄒᆞ시ᄂᆞᆫ
以盡力竭能ᄒᆞ야忠信不欺ᄒᆞ며廉潔公正ᄒᆞ야報
其君也ㅣᄂᆞᆯ今子ㅣ反是ᄂᆞ니夫人臣不
忠이是爲人子不孝也ㅣ라不義之財ᄂᆞᆫ非吾有
也ㅣ며不孝之子ᄂᆞᆫ非吾子也ㅣ니子ㅣ起ᄒᆞ야라
宣王야ᄒᆞ야請就誅焉ᄒᆞ야ᄂᆞᆯ王이大賞其母之義

ᄍᆞ母뭉ㅣ禮렝義읭로써여듧아ᄃᆞᆯᄀ
ᄅᆞ쳐다魏윙大땡夫붕卿경士ᄉᆞㅣᄃ
외야ᄂᆞ各각禮렝義읭예이니라
齊相田稷子ㅣ受下吏之貨金百鎰ᄒᆞ야以遺
其母ᄒᆞᆫ대母ㅣ曰子ㅣ爲相三年矣로ᄃᆡ祿이
未嘗多若此也ㅣ니ᄃ豈修士大夫之費哉오리
安兩得此오對曰誠受之于下ᄒᆞ다其母
ㅣ曰吾聞士ᄂᆞᆫ修身潔行ᄒᆞ야不爲苟得

샤ᇰ遂쑝舍稯子之罪아ᄒᆞ야 復其相位ᄒᆞ고 시 而以公
金롱賜母ᄒᆞ니라시
齊ᄱᅨ人宰져ᇰ相샤ᇰ田뎐稯즉子ᄌᆞᅵ아ᄒᆞ랫
사ᄅᆞᆷ民金금一ᅙᅵᆳ百ᄇᆡᆨ鎰ᅀᅵᇙ올바다어미
롤준대어미닐오ᄃᆡ아ᄃᆞᆯ리宰져ᇰ相샤ᇰ드
외언디三삼年년이로ᄃᆡ祿록이이ᄀᆡ티
하디몬더니엇뎨士ᄊᆞᆼ大땡夫부의쥰거
시리오어미ᄯᅵ가이로머든다對됭答답호

디眞진實씷로아랫사ᄅᆞᆷ이게바도이다
어미닐오ᄃᆡ나ᄂᆞᆫ드로니士ᄊᆞᆼᅵ모몰닷
ᄀᆞ며횡뎌글조히ᄒᆞ야苟구且챠히어두
몰아니ᄒᆞ며情쪄ᇰ을다ᄒᆞ며實씷을다ᄒᆞ
야거즛알야ᄂᆡᄒᆞ야義ᅌᅴ아닌이롤므슴
매혜디아니ᄒᆞ며理링아닌利링롤지븨
드리디아니ᄒᆞᆯ디니이제님금이官관올
밍ᄀᆞ르샤너를對됭接졉ᄒᆞ시며厚ᅘᅮᇢ

祿록으로너를주시ᄂᆞ니반ᄃᆞ기ᄆᆞᆯ다
ᄒᆞ며能느ᇰ을ᄀᆞ자ᇰᄒᆞ야忠듀ᇰ貞뎌ᇰ有
호ᇰ信신ᄒᆞ야소기숨디아니ᄒᆞ며淸쳐ᇰ廉
렴ᄒᆞ며조ᄒᆞ며公고ᇰ正져ᇰᄒᆞ요모로님금
을갑ᄉᆞ올디어늘이제네이롤드위혀ᄂᆞ
니ᄂᆡ民민臣씬下ᅘᅡᇰᅵ드외야忠듀ᇰ貞뎌ᇰ아
니호미이사ᄅᆞᆷ子ᄌᆞᅵ息식드외야孝효
道또ᇢ아니ᄒᆞ미라義ᅌᅴ아닌財ᄍᆡᆼ寶보ᇢ

내ᄃᆞᆯ것아니며孝효道또ᇢ아니ᄒᆞᄂᆞᆫ아ᄃᆞᆯ
리내아ᄃᆞᆯ아니니아ᄃᆞ리니러가라ᄒᆞ야
놀田뎐稯즉子ᄌᆞᅵ붓그려나가그金금
도로보내오宣션王와ᄭᅴ제罪ᄍᆔᆼ롤솔와
죽거지이다請쳐ᇰᄒᆞ야놀王와이ᄀᆞ어미
義ᅌᅴ롤ᄀᆞ자ᇰ과ᄒᆞ샤稯즉子ᄌᆞ이罪ᄍᆔᆼ롤
赦샤ᇰᄒᆞ샤宰져ᇰ相샤ᇰ을도로사ᄆᆞ시고그
윗金금으로어미롤주시니라

賊으로何別오아리
縱無大咎ㅣᆯᄉᆡ獨不內愧於心
가호니玄暐遵奉敎戒ᄒᆞ야以淸謹로見稱ᄒᆞ니라
唐ᇰ땅人ᅀᅵᆫ崔쵱玄暐ᇂ웽의어미盧롱氏쎵ㅣ
아래玄暐ᇂ웽를警경戒갱ᄒᆞ야닐오ᄃᆡ
내四ᄉᆞ寸촌兄형屯띤田뗜郎랑中듀ᇰ辛
신玄暐ᇂ웽驛역을보니屯띤田뗜郎랑中듀ᇰ辛
닐오ᄃᆡ子ᄌᆞ息식이그위실ᄒᆞᆯ사ᄅᆞ미
와ᄂᆡᆯ오ᄃᆡ가난ᄒᆞ야몬사라ᄒᆞ더라ᄒᆞ면

誠亦善事니와如其非理所得댄이此ㅣ與盜
不問此物은從何來오니와如其非理
物야上其父母ᄂᆞᆫ從何來오니
確論호ᄆᆞᄅᆞ라此ᄂᆞᆫ惡消息이니라吾ㅣ常以爲
輕肥면此ㅣ比見親表中에仕官者ㅣ將錢
是好消息이어若聞賞貨不能存ᄒᆞ면以衣馬ㅣ
姨兄屯田郎中辛玄馭曰兒子從官者ㅣ
唐崔玄暐의어미盧氏嘗戒玄暐曰吾見

伊川先生의母侯夫人ᄋᆞᆫ仁恕寬厚ᄒᆞ야撫愛
ᄒᆞ警경戒갱롤바다淸쳐ᇰ白ᄤᆞ글며조심
호ᄆᆞ로일ᄃᆞᆯ미니라
매붓그럽디아니ᄒᆞ니여ᄒᆞᆫ玄暐ᇂ웽ㅣ
록큰허므리업슨돌로아안ᄒᆞ로ᄆᆞᅀᆞ
거신댄盜똥賊쪽과로엇뎨다ᄅᆞ리오비
이됴호ᄆᆞ리어니와ᄯᅡ가외ᄅᆞᆯ로어든
기이祿록애셔나몬거신댄眞진實씷로

이됴호ᄆᆞ유므어니와ᄒᆞ다가쳔량이만ᄒᆞ
며옷과ᄆᆞᆯ왜됴ᄒᆞ요ᄃᆞᆯ이면이ᄂᆞᆫ구즌유
무라ᄒᆞ더니내샹녜구든議읭論론이라
ᄒᆞ노라요ᄉᆞᆷ예보니親친表뵤中듀ᇰ에
親친ᄒᆞᆫ同똥姓셰ᇰ이오表뵤는異잉姓셰ᇰ이라그위실ᄒᆞ리쳔량
을가져다가父뿡母믕ㅣ오직깃거ᄒᆞ고내죠ᇰ내이거슨어
母믕ㅣ오직깃거ᄒᆞ고내죵내이거슨어
드러셔오뇨ᄒᆞ야몬더아니ᄒᆞ누니바ᄃᆞ

내훈 권③ 30-2

諸庶ㅣ 不異己出이니더라 從叔幼姑ᄅᆞᆯ 夫人
이 存視호ᄃᆡ 常均己子ᄒᆞ며 治家ㅣ 有法ᄒᆞ야 不嚴
ᄒᆞ야 而整ᄒᆞ며 不喜笞朴奴婢ᄒᆞ야 視小臧獲호ᄃᆡ 如兒
女ㅣ며 諸子ㅣ 或加呵責거든 必戒之曰 汝ㅣ
雖殊나 人則一也ㅣ니 汝ㅣ 如是大時예 所存이
能為此事ᄒᆞ야 否아 先公이 凡有所怒ㅣ어든 必
為之寬解호ᄃᆡ 唯諸兒ㅣ 有過ㅣ어든 則不掩也ᄒᆞ야 常
曰 諸子之所以不肖者ᄂᆞᆫ 由母ㅣ 敝其過而
父不知也ㅣ니라

내훈 권③ 31-1

惟二니 其愛慈ㅣ 可謂至矣언마ᄂᆞᆫ 然於教之
之道애 不少假也ㅣ라 纔數歲예 行而或踣
ᄂᆞᆫ家人이 走前扶抱ᄒᆞ야 恐其驚啼ᄒᆞ늘 夫
人이 未甞不呵責曰 汝ㅣ 若安徐ㅣ면 寧至
踣乎ㅣ리오 어 飲食을 常置之坐側ᄒᆞ니더라 常食
絮之ᄒᆞᆫᄃᆡ 即叱止之曰 幼求稱欲
長上이 當何如오 雖使令輩平生
罵之故로 頤盈之兄弟平生
애 無所擇ᄒᆞ며 不能惡言罵人ᄋᆞᆫ 非性이 然也ㅣ라

내훈 권③ 31-2

라 教之使然也ㅣ라 與人爭忿이어ᄃᆞᆫ 雖直도
不右曰 患其不能屈이언뎡 不患其不能伸
이라ᄒᆞ며 及稍長ᄒᆞ야 使從善師友游ᄒᆞ며 雖居貧
이나 或欲延客이어든 則喜而為之具ㅣ러라
伊川先生ㅅ ... 慈샤 人이 仁ᄒᆞᆫ 侯夫人
이 ... 子ᄅᆞᆯ 롤 어엿비너기교ᄃᆡ 내나ᄒᆞ니와
아니ᄒᆞ더니 아자비와 져믄아ᄌᆞ미ᄅᆞᆯ 와ᄅᆞᆯ

내훈 권③ 32-1

夫봉人ᅀᅵᆫ이 이 간ᄉᆞ호ᄃᆡ 내子ᄌᆞᆼ息식과
奴婢를 가지로ᄒᆞ며 지블 다ᄉᆞ료미 法법이이셔
싁싁 아니ᄒᆞ야도 整齊ᄍᆏᆼᄒᆞ며 奴農
婢를 티ᄒᆞ물 즐겨 아니ᄒᆞ야 져근 奴農婢
롤보ᄃᆡ 子ᄌᆞᆼ息식ᄀᆞ티ᄒᆞ며 子ᄌᆞᆼ息식ᄃᆞᆯ
히시 혹 구짓거든 반ᄃᆞ기 警경戒갱ᄒᆞ야
오ᄃᆡ 貴귕賤쪈이 비록 다ᄅᆞ나 사ᄅᆞᆷ은
이만큰 시뎔에 能ᄂᆡᆼ히 이
호가지니라

교미어루쬭 極·끅 다니르·리언마ᄂᆞᆫ그
러나그르차ᄂᆞᆫ道ᄯᅳᆯ애져고마도ᄂᆞ추디
아니ᄒᆞ더라긋두서레ᄃᆞ니다가시혹
엄더디거ᄒᆞᆫ지빗사ᄅᆞ미ᄃᆞ라가아ᄂᆞᆯ
라울가두려ᄒᆞ거ᄂᆞᆯ夫붕人ᅀᅵᆫ이구지저
닐오ᄃᆡ네날호야돈니면엇뎨업더디리
오ᄒᆞ더라飲·ᅙᅳᆷ食·씩을샹녜안져겨ᄐᆡ두
더니밥머글제菜·ᄎᆡᆼ을고ᄅᆞ거노ᅀᆞᆯ구지저

롤ᄒᆞ던다ᄆᆞᆫᄒᆞ던다先션公공이怒·노ᄒᆞ
샤미잇거든人ᅀᅵᆫ아바님을솔오니라현반ᄃᆞ
기鴒·윙ᄒᆞ야누겨프로ᄃᆡ오직子ᄌᆞ息·식
돌·ᄒᆞ허믈잇거든굼이디아니ᄒᆞ야샹녜
닐오ᄃᆡ子ᄌᆞ息·식의不·붏肖·ᅀᅲᆸ호ᄆᆞᆫ바ᄂᆞᆫ어
미그허믈를그리와아비아디몯ᄒᆞ논다
시라ᄒᆞ더니라夫붕人ᅀᅵᆫ의아ᄃᆞᆯ여스세
사랫ᄂᆞ니ᄆᆞᆯ하니그ᄉᆞ랑ᄒᆞ며어엿비

二義·ᅌᅴ者·쟝ᄂᆞᆫ珠崔令之後妻와
及前妻之女也ㅣ라女名은初
ㅣ라年이十三이러라珠崖多珠
든갓거머글거슬ᄆᆡᆼ고더라
ᄒᆞ며비록가난ᄒᆞ나소ᄂᆞᆯ請·ᄎᆞᆼ코져ᄒᆞ거
조라매미쳐어딘스승버ᄃᆞᆯ조차ᄂᆞ니게
그더몯호믈分·분別·붨말라ᄒᆞ더라언졍이
ᄃᆞᆼᄎᆞᆨ디몯호믈分·분別·붨홀디언졍이
커든비록올ᄒᆞ야도올타아니ᄒᆞ야닐오

발여닐오ᄃᆡ허져머셔코겨져호믈마ᄎᆞ호려
ᄒᆞ면ᄌᆞ라ᄂᆞᆫ엇뎨홀다비록브리ᄂᆞᆫ사ᄅᆞᆷ
미라도모딘말로구짓디몯게홀시顧·읭
兄형弟·똉ㅣ平뼝生ᅀᅵᆼ애頤·읭ᄂᆞᆫ伊ᅙᅵᆼ께
飮·ᅙᅳᆷ食·씩衣·ᅙᅵᆼ服·뽁애골히디아니先션生ᅀᅵᆼ의
ᄒᆞ며모딘말ᄉᆞ모로사ᄅᆞᆷ구짓디몯호ᄆᆞᆫ
미·라후ᄒᆞᆫ주리아니라그ᄅᆞᆯ쵸미그
性·셩이그러혼주리아니라그ᄅᆞᆯ쵸미그
러케홀시니라사ᄅᆞᆷ과ᄃᆞ토아怒·노ᄒᆞ야

狀이 如何오 對曰 君이 不幸야ᄒᆞᆯ 夫人이 解繫臂棄之어ᄂᆞᆯ
繼母ㅣ 心惜之야ᄒᆞ야 取而置夫人鏡奩中ᄒ니 初ㅣ 不知也ㅣ다ᄒᆞᆯ
遂疾行問初ᄒᆞᆫ대 初ㅣ 曰 夫人所棄珠를 初ㅣ 復取之야
置夫人奩中ᄒ니 初ㅣ 不知也ㅣ다ᄒᆞ니
母意에 亦以初로 爲實然야ᄒᆞ야 憐之야ᄒᆞᆫ
乃因謂吏曰 願且待ᄒ야 幸無劾兒니라
兒ㅣ 誠不知也ㅣ니 此珠ᄂᆞᆫ 妾之繫臂也ㅣ라
君이 不幸야ᄂᆞᆯ 妾이 解去之而置奩中耳니 妾

늘어 繼母ㅣ 連大珠호ᄃᆞᆯ 以爲繫臂ᄒ더니 及今
死야ᄒᆞᆯ 當送喪호리라
法에 珠ㅣ 入於關者ㅣ 死ㅣ러라
繼母ㅣ 棄其繫臂珠호고 其子男이 年이
九歲ㅣ러니 好聲而取之야 置之母鏡奩中ᄒ야ᄂᆞᆯ 皆莫之知러라
遂奉喪歸ᄒ야 至海關ᄒᆞᆫ대 關候士
吏搜索之야ᄒᆞᆯ 得珠十枚於繼母鏡奩中ᄒᆞᆫ대
吏曰嘻라 此ㅣ 値法ᄒ니 無可奈何ㅣ라 誰當坐
初ㅣ 在左右다가 顧心恐母ㅣ 忘置鏡
奩中이러니 乃曰 初ㅣ 當坐之ᄒ다ᄒᆞ니 吏曰其

子ㅣ 有義如此ㅣ니 吾寧坐之언뎡 不忍加戈로이
다 且又相讓니ᄒᆞ니 安知孰是리오ᄒ고 遂棄珠而
遣之니ᄒᆞ니 既去後애 乃知男이 獨取珠而
遣之러라
二義ᇰ는 珠崖ᇰ앳 人貟원의 後妻
와 前妻옛 ᄯᆞᆯ와러니 신리일후믄 珠崖ᇰ예
初ᄒᆞᆫ 오나히 열세히러니 珠崖ᇰ예
구스리 흔커ᄂᆞᆯ 繼母ㅣ 큰 구스를 ᄡᅢ
여ᄡᅳᆷᄒ 미옛더니 그 貟원이 주거 送葬

喪야ᄒᆞ고 道遠고ᄒᆞ야 與弱小俱호ᄂᆞᆯ노ᄒᆞ야 忽然忘之
妾當坐之호리라ᄒ야ᄂᆞᆯ 初ㅣ 固曰 實初ㅣ 取
繼母ㅣ 又曰 兒ㅣ 但讓耳언뎡 實妾이 取之
之호ᄃᆞᆯ 夫人이 哀初之孤야ᄒᆞ야 欲強活
實不知也ㅣ다ᄒ야ᄂᆞᆯ 欲強活耳언뎡 女ㅣ 亦
夫人이 哀初之孤야ᄒᆞ야 又因哭泣야ᄒᆞ야 泣下
頤예ᄂᆞᆯ 送葬者ㅣ 盡哭哀慟야ᄒᆞ야 傍人이 莫不爲
酸鼻揮涕며ᄒᆞ며 關吏執筆書劾호ᄃ 不能就一字ᄒ고
關候ㅣ 垂泣야ᄒᆞ야 終日야ᄒᆞ야 不能決야ᄒᆞ야 乃
母

吏링닐오디슬프다이法법을犯뻠ᄒ니
無뭉可캉奈냉何ᅘᅡᆼㅣ로소니뉘받ᄃᆞ기
니브료ᄯᆞ리겨퇴잇다가어미낫고거우
룻지비녀혼가ᄒ야두리여닐오디내반
ᄃᆞ기니부리이다吏링닐오디그리호미
엇뎨오對됭答답호디아비不불幸ᅘᆡᆼ커
시놀夫붕人ᅀᅵᆫ이ᄯᅩᆯ히민얫다가글어브
러시놀내ᄆᆞ슷매앗가ᄂᆞ녀겨아서웟봉

장을當당ᄒ야얫더니法법에구스를關관
애드린사ᄅᆞ미죽더니考ᄏᆡ行ᄒᆡᆼ事ᄉᆞᆫ
라繼겡母뭉ㅣᄯᆞᆯ히옛던구스를브린
대아ᄃᆞ리나ᄒ야호비러니죠히너겨아
ᄉᆞ어믜거우룻지비녀허놀다몰랫더니
送송葬장ᄒ야가關관애니른大闊관候
夢몽와衝앙前쪈괘드위여負관候
슬열나奮繼겡ㅅ거우룻지비어더

져주디마ᄅᆞ쇼셔아히眞진實씷로모ᄅᆞ
니이구스를내ᄯᅩᆯ히민얫던거시러니남
지니죽거시놀내글어거우룻지비녀코
送송葬장ᄒ야이밧바길멀오져믄아히ᄃᆞ려
오노라ᄒ야忽흟然ᅀᅧᆫ히조니내반ᄃᆞ려
기니부리이다初총ㅣ繼겡母뭉ㅣᄯᅩ닐오디
ᄯᅵ리오직辭씅讓샹호ᄆᆞ니언뎡實씷로

ㅅ거우룻지비녀ᄒ니夫붕人ᅀᅵᆫ은
아디몯ᄒ시니이다繼겡母뭉ㅣ들고
리가初총ᄃᆞ려무른대初총ㅣ닐오디夫
붕人ᅀᅵᆫ이ᄇᆞ리샨구스를내도로아셔夫
니부리이다어믜ᄡᅥᄯᅩ初총吏링實씷로
그리ᄒ니라ᄒ야어엿비너겨아빗ᄃᆞ려
닐오디願원ᄒᆞᆫ든져기기들워아힛슬

내훈 권3 38-2

내녀호이다ᄒᆞ고우러能ᄂᆞᆼ히제그치디
몯거놀ᄊᆞ리ᄊᆞ놀오ᄃᆡ夫봉人신이내의
어버ᅀᅵ업ᄉᆞᆯ어엿비너기샤구틔여나
롤사ᄅᆞᆯ고져ᄒᆞ실ᄊᆡ니언ᄃᆡᆼ夫봉人신이
實씷로모ᄅᆞ시니이다ᄒᆞ고ᄯᅩ우러녀ᄆᆞ
리드ᄀᆞ애호렛거놀送송葬장호ᄉᆞᆯ미다
우러셜워ᄒᆞ거놀겨튓사ᄅᆞ미고호싁여
ᄒᆞ먹녿ᄋᆞ믈숫다아니ᄒᆞ리업ᄉᆞ며官관

내훈 권3 39-1

吏링ᄇᆞ들자바다딤슈디ᄒᆞᆫ字ᄍᆞ도일우
디몯ᄒᆞ며闕쾷候ᅘᅮᇢᅵ져므ᄃᆞ록우러決
티몯ᄒᆞ야놀오더어미와ᄯᆞᆯ왜義ᅌᅴ이
쇼미이ᄀᆞᆫᄒᆞ니내出하리로다ᄯᅩ서르辭ᄊᆞ讓
ᄎᆞ마글스디몯ᄒᆞ리로다ᄯᅩ셔르니언ᄃᆡᆼ
샹ᄒᆞᄂᆞ니뉘올ᄒᆞ니돗엇뎨알료ᄒᆞ고구ᄉ
ᄅᆞᆯ브리고보내니간後ᅘᅮᇢ에ᄉᆞ아ᄃᆞ리ᄒᆞ
오ᄊᆞ곰춘줄아니라

내훈 권3 39-2

敦睦章第六

女녕敎ᄂᆞᆫ애云이로ᄃᆡ唯姒ᄊᆞ與娣ᄄᆡᆼ如共昆니ᄒᆞ니情義의之
篤독이難난伴슷他人이라이니或逢淑賢ᄒᆞᆫ感慕興起
意ᅵ相加ᅵ어든但知自責ᄒᆞ고違忤乎他ᅵ리오야兩
剛강이共鬪ᄒᆞ면必有一折ᄒᆞᄂᆞ니應之以柔ᄒᆞ야我唯
庶全其缺ᄒᆞ니不責其報ᄒᆞ며母覺小利야以乘至親
先施오不責其報ᄒᆞ며難得니이니利何足云오이리或天或
至親이難得니이니利何足云오이리或天或

내훈 권3 40-1

壽ᄅᆞᆯ不可逆計니力奪而有ᄒᆞᆯ後知誰繼오리
共聚百年이頃刻애即過ᄒᆞᄂᆞ니爭長覺短야ᄒᆞ
欲如之何오

女녕敎ᄭᅭ애닐오ᄃᆡ姒ᄊᆞ와娣ᄄᆡᆼ와ᄂᆞᆫ兄형弟ᄜᅨᆼ기ᄐᆞ니ᄠᅳ도
타오미다ᄅᆞᆫ사ᄅᆞᆷ곤호미어려우니라시
혹어드닐ᄆᆞᆺ난感감을動뚱ᄒᆞ야ᄉᆞ랑ᄒᆞ야
니ᄅᆞ와다힘ᄡᅥ善쎤을ᄒᆞ야더브러ᄂᆞᆯ구

기며 내 오직 몬져 ᄒᆞ고 그가 ᄆᆞᆯ티
마ᄅᆞᆯ디니 죠고맛 어글워도 求 구
올어긔에 마ᄅᆞᆯ디어다 至 징 親 친 이어
두미어려우니 利 링 롤 엇 ᄯᅦ데 足 죡 히니ᄅᆞ
리오 短 短 단 命 명 ᄒᆞ며 長 댱 壽 쓩 ᄒᆞ 몰거ᄉᆞ
리혜디 몬ᄒᆞ리니 히므로 아ᄉᆞ 둘히ᄉᆞ
에 뉘읏 울디라 ᄒᆞ리오 두루 뫼 화 百 박 年 년 물도
이 아니 한 수ᄉᆡ예 디나ᄂᆞ니 기루 물도

믈 期 긩 約 약 ᄒᆞ고 시혹 頑 황완
黨 頑 頑 완은 모딜마라 妄 망 量 량 옛 ᄠᅳᆮ
로 서르 더으거든 오직 제 외요ᄆᆞᆯ디
니어ᄂᆞ 수ᄉᆡ예ᄂᆞ 몯거ᄂᆞ리리오 두구든
거시 호 ᄡᅦ 사호면 몰로 매 ᄒᆞ나 것ᄉᆡ
맛 곧 모 듸 부드러우므로 매 ᄒᆞ야 사거ᄂᆞ
제이 저 듀믈 올오리니 내 오직 모ᄃᆞᆫ
호ᄆᆞᆯ 잡고 恐 ᄒᆞ야 업시울 ᄠᅳ던히녀

다시 몬 홀들ᄉᆞ랑ᄒᆞ야 몬져 行 ᄒᆞᄂᆞ니
아히 잇ᄂᆞ니 이런ᄃᆞ로 君 군 子 ᄌᆡ 눈어루
미사로 미온 힛 가온ᄃᆡ 病 뼝 이 시며 늘근
크닐니ᄅᆞ 디마 ᄃᆞ리니 라이런ᄃᆞ로 사ᄅᆞ
말며 혀 그닐 슬피 디 몬 ᄒᆞ얏거든 잢간 도
親 친 티 몬 ᄒᆞ얏거든 잢간 도 먼갓가 오닐
커든 잢간도 밧긔 사괴디 말며 갓가오닐
曾 증 子 ᄌᆡ 니ᄅᆞ샤ᄃᆡ 아ᄉᆞ 미깃디 아니

時 때 라 ᄒᆞ니 其 此 之 謂 歟 ᄂᆞ니라
旣 몰 沒 이면 雖 欲 孝 ᄒᆞ나 誰 爲 孝 오리라 故 로 孝 有 不 及 ᄒᆞ며 悌 有 不
欲 悌 ᄒᆞ나 誰 爲 悌 리오 故 로 孝 有 不
之 中 에 有 疾 病 馬 ᄒᆞ며 有 老 幼 馬 ᄒᆞᄂᆞ니 故 로 君 子 雖
審 ᄒᆞᄂᆞ니 思 其 不 可 復 이 야 ᄒᆞ며 而 先 施 馬 ᄒᆞᄂᆞ니 親 戚
近 者 ᄂᆞᆫ 雖 不 親 戚 이어 不 敢 求 遠 ᄒᆞ며 小 者 ᄅᆞᆯ 不
曾 子 ᄌᆡ 曰 ᄃᆡ 며 親 戚 을 不 說 이어 不 敢 外 交
머 덜오 몰도 토 아 므 스글 ᄒᆞ오려 ᄒᆞ료

시혀더 旦望애 弟婦等이 拜堂下畢ᄒᆞ고 即上手
伍面ᄒᆞ야 聽我皇考訓誡ᄒᆞ더ᅌᅵ다 曰 人家 兄
弟無不義者마언 盡因娶婦入門ᄒᆞ야 異姓
相聚야 爭長競短ᄒᆞ야 漸漬日聞ᄒᆞ야 偏愛私藏
ᄒᆞ야 以致背戾야 分門割戶ᄒᆞ야 患若賊讎ᄒᆞᄂᆞ니
皆汝婦人의 所作이니 男子剛腸者幾人이
能不爲婦人言의 所惑이리오 吾見이 多矣로니 若
等은 寧有是耶아시니도 退則懍懍야 不敢
出一語도 爲不孝事ᄒᆞ니 開輩ᄂᆞᆫ 抵此頼之
야

句川卷三 四十三

親ᄒᆞᆫ 戚척이 이ᄒᆞ마 업스면 비록 孝ᄒᆈ道ᄯᅩᆼᄅᆞᆯ
코져 혼ᄃᆞᆯ 누를 爲ᅌᅱ야 孝ᄒᆈ道ᄯᅩᆼᄅᆞᆯ ᄒᆞ며
나ᄒᆞᄒᆞ마 늘그면 비록 아ᄒᆞ ᄅᆞᆯ 외로오져 혼ᄃᆞᆯ
돌누를 爲ᅌᅱ야 아ᄒᆞ ᄅᆞᆯ 외로오 이런ᄃᆞ
로 孝ᄒᆈ道ᄯᅩᆼᄅᆞᆯ 몬미 츄미 이시며 아ᄒᆞ ᄅᆞ
외요미 시졀 아니로 미잇다 ᄒᆞ미 이룰닐
오닌더

柳륳開ᄀᆡᆼ仲塗ᄯᅩᆼㅣ 曰 皇ᅘᅪᆼ考ᄏᆃ ㅣ 治家ᄒᆞ샤 孝且嚴

몬에 드로몰 因힌ᄒᆞ야 다ᄅᆞᆫ 姓셩이셔로
모다 기로몰ᄃᆞᆫ토 며뎔오 모ᄃᆞ토아고 만
ᄒᆞᄒᆞ리날로들 여아民싱生이우
로ᄉᆞ랑ᄒᆞ야 빼背빙叛빤ᄒᆞ야겨 ᅀᅮ쥬머
니르러 門몬을 ᄂᆞᆫ호며이플 배혀미 요믈
盜ᄯᅩᆼ賊ᄍᆞᆨ宽쳔讎쓩ᄀᆞ티ᄒᆞᄂᆞ니라 男남子ᄌᆞᆼㅣ
婦ᄬᅮᇢ人ᅀᅵᆫ의 져즈ᄂᆞᆫ 배니라 男남子ᄌᆞᆼㅣ
애구드니 몟사ᄅᆞᆷ미 能능히 婦ᄬᅮᇢ人ᅀᅵᆫ의

句川卷三

得金其家云ᄒᆞ소라
柳륳開ᄀᆡᆼ仲듕塗ᄯᅩᆼㅣ 닐오ᄃᆡ 아바님이
지블다 ᄉᆞ리샤ᄃᆡ 孝ᄒᆈ道ᄯᅩᆼ ᄒᆞ며 ᄯᅩ싁싁
기ᄒᆞ더시니 초ᄅᆞ 孝ᄒᆈ道ᄯᅩᆼ ᄒᆞ며 ᄯᅩ싁싁
리돌히 堂ᄯᅡᆼ 아래 졀못고 곤손ᄃᆞᆯ오 녯수
겨우리 아바ᄂᆞᆫ 訓誡ᄀᆡᆼ ᄅᆞᆯ듣ᄌᆞᆸ더니
ᄅᆞ샤ᄃᆡ 사ᄅᆞᆷ 미지빗 兄휳弟똉ㅣ 義ᅌᅴᆼᄅᆞᆸ
디아니ᄒᆞ니 업건마른 다ᄆᆡ ᄂᆞ리어더니 門

마리 感혹홀배아니ᄃᆞ외ᄂᆞ뇨내보미하
니너희ᄃᆞᆯ혼ᄒᆞ어뒷던이런주리이시리오
ᄒᆞ야시ᄃᆞᆫ믈러와두리여ᄌᆞᆫ간도ᄒᆞᆫ말도
不블孝ᄒᆞᆼ앳이롤내디아니ᄒᆞ니우리무
ᄅᆞᆫ이다ᄉᆞ로힘니버시러지블올오소라
司馬溫公이與其兄伯康ᄋᆞ로友愛尤篤ᄒᆞ더니
伯康이年將八十이어늘公이奉之호ᄃᆡ如嚴父
ᄒᆞ고保之호ᄃᆡ如嬰兒ᄒᆞ야每食少頃이어든則問曰

호ᄃᆡ得無饑乎아ᄒᆞ며天이少冷이어든則拊其背
曰호ᄃᆡ衣得無薄乎아ᄒᆞ더라
司ᄉᆞ馬:마溫혼公공이그兄형伯ᄇᆡᆨ康캉
과로ᄉᆞ랑호ᄆᆞᆯ더옥도타이ᄒᆞ더니伯ᄇᆡᆨ
康캉이나히쟝ᄎᆞ여드니어놀公공이위
와도ᄃᆡ아바님ᄀᆞ티ᄒᆞ고安한保:봉호ᄃᆡ
져믄아ᄒᆡᄀᆞ티ᄒᆞ야ᄆᆡ샹밥먹고져고맛
ᄉᆞ시어든곧무러닐오ᄃᆡ아니ᄇᆡ골ᄑᆞ니

여ᄒᆞ며하ᄂᆞᆯ히져기ᄎᆞ거든곧그등을ᄆᆞᆫ
져닐오ᄃᆡ오시아니열우니여ᄒᆞ더라
唐英公李勣이貴爲僕射호ᄃᆡ其姊ㅣ病이어든
必親爲然火ᄒᆞ야煮粥ᄒᆞ더니火焚其鬚ᄒᆞ야ᄂᆞᆯ姊
ㅣ曰호ᄃᆡ僕妾이多矣니何爲自苦ㅣ如此오
勣이曰호ᄃᆡ豈爲無人耶ㅣ리오顧今에姊ㅣ年
老ᄒᆞ고勣이亦老ᄒᆞ니雖欲數爲姊煮粥인ᄃᆞᆯ復可
得乎아

唐땅英형公공李:링勣젹이貴귕호미僕
뽁射:양ㅣᄃᆞ외야쇼ᄃᆡ(僕뽁射양ᄂᆞᆫ벼슬일후미라)그
누위病뼝커든반ᄃᆞ기親친히爲윙ᄒᆞ야
블일어粥쥭수더니브리그입거우제븓
거ᄂᆞᆯ누위닐오ᄃᆡ종이하니엇데스싀로
受:쓯苦:콩호미이러ᄒᆞ뇨勣젹이닐오ᄃᆡ
엇데사ᄅᆞᆷ업다ᄒᆞ리오보건댄이제누위
나히늙고勣젹이ᄯᅩ늘고니비록ᄌᆞ조누

위롤 爲·호·야 粥쥭·을수·고져·호돌쑤·어
루得·득·호·러

晉진咸함寧녕中듕·에 大疫·이·니더 庚경袞곤·이 二兄·이 俱亡
次兄毗復危殆 癘氣方熾·호늘 父母諸弟
皆出次于外·호늘 袞·이 獨留不去·니더 諸父
强之·호·대 曰·로 袞·이 性不畏病·이며 其聞·애 復撫柩 疫勢·이 既
親自扶持·호·야 晝夜不眠·호·며
哀臨不輟·호·며
歇·늘 家人·이 乃反·호·야 毗病·이 得差·호·며 袞亦無

慈也ㅣ로다
染也ㅣ로다
知松柏之後凋·니 始知疫癘之不能相
兩不能守·며 行人兩不能行·니 歲寒然後
慈·라니 父老ㅣ 咸曰 太·호 異哉·라 此子ㅣ여이守人

晉진咸함寧녕中듕·에 큰疫역과疾찔·호더
袞곤·이다죽고버근兄형
뇌庚용袞곤·의두兄형
보야·호·로盛·셩·홀·시父毗뻥母뭉와모든

이다밧·그나갯거놀袞곤·이·호·오·사이·셔
나가디아니·호·더니모든父뻥兄형돌히
구틴대닐오·디袞곤·인性셩·이病뻥·을저
티아니·호·노이다·호·고곤親친·히스싀로
잡드러낫과바민즈오디아니·호·며그스
싀예坐坐·호·야을믄져슬피우루믈그치
아니·호·더·니이리·호·미여라믄열·호·레病뻥
勢셩·호·마歇헣커·눌집사룸미도라오

毗뻥·의病뻥·이시러됴·호·며袞곤·이도坐
病뻥·이업스니·라父뻥老롤ㅣ다닐오디
다룰셔이아드라여사룸民能·히守
티몬홀바롤守·호·며사룸民能·히
에사슬와잣과後·에디논돌아니·호·며疫
癘·의能·히서르뎌디아니·호·논돌
비르서알리로다

隋吏部尙書牛弘의 弟弼이 好酒而酗니러니 嘗醉야 射殺弘의 駕車牛다 弘이 還宅커늘 其妻迎謂弘曰叔이 射殺牛다 弘이 聞고 無所恠問야 直答曰作脯라호 又曰叔이 射殺牛니 大是異事야라 其弘이

隋ㅅ吏部尙書牛弘의 아

醉얫거든

弘의 술위예 멘쇼룰 소아주
기다 弘이 지비도라오나 놀그
지비 마조 弘더브러닐오 야
자비 쇼룰소아주기이다 弘이
듣고 황당히너겨 묻
논배업서 곧 對호 脯肉지
스라안조미 一定커 놀그겨지비쏘
닐오아자비 쇼룰소아주기니키恠
오디아자비쇼룰소아주기니키恠
異혼이리라야놀弘이닐오딕

於吾애 固有親疎마 언然吾祖宗이 視之則均是子孫이라 固無親疎也니 苟祖宗之意에 無親疎則飢寒者를 吾ㅣ安得不恤也ㅣ리오 范文正公이 參知政事 호야 닐오딕 제여러子息돌히게告

와로내어버시를 養호딕 제네어미親히
히차반밍그로딕 내어버싯돈차바놀아

마 알와라 고 노 비치 自然히 야글 닐구믈그치디아니더라 范文正公이 爲參知政事時예 告諸子曰 吾ㅣ貧時예 與汝母로 養吾親니 汝母ㅣ躬執爨 더호 而吾親所甘旨 未嘗充也ㅣ러 今而得厚祿야 欲以養親나 親不在矣며 汝母ㅣ亦已早世니 吾所最恨者라 忍令若曹로 享富貴之樂也아 吾吳中에 宗族이 甚衆니

[내훈 권③ 50-2]

리充충足죡게몬ᄒᆞ더니이제厚ᅘᅮᆼ祿
록을어더ᄲᅥ어버ᄉᆡ를養양코져ᄒᆞ나어
버ᄉᆡ잇디아니ᄒᆞ시며네어미도ᄯᅩ불셔
업스니내ᄆᆞ애와텨ᄒᆞᄂᆞᆫ배니라太탕
희믈로富붕貴귕樂락을누리게ᄒᆞ려내
인吳용中듕에아ᄉᆞ미甚씸히하니내게
ᄉᆞ本본來링親친ᄒᆞ니疎송ᄒᆞ니잇거마
ᄅᆞᆫ그러나내祖종宗종

[내훈 권③ 51-1]

이子ᄌᆞ孫손이라本본來링親친ᄒᆞ니疎
송ᄒᆞ니업스니眞진實씷로祖종宗종ᄭᅴ
親친ᄒᆞ니업슬딘댄주라며
치워ᄒᆞᄂᆞᆫ닐내어드리시러어엇비너기
디아니ᄒᆞ리오

魯義姑姊者ᄂᆞᆫ魯野之婦人也ㅣ라齊攻魯
至郊ᄒᆞ야見一婦人이抱一兒ᄒᆞ고攜一兒行
ᄒᆞ다가軍且及之어ᄂᆞᆯ棄其所抱ᄒᆞ고抱其所攜而走

[내훈 권③ 51-2]

於山ᄋᆡᄂᆞᆯ兒ㅣ隨而啼ᅘᅥᄂᆞᆯ婦人이遂行不顧
ᄒᆞ야齊將이執而問之ᄒᆞᄃᆡ對曰
兄之子也ㅣ오所棄者ᄂᆞᆫ妾之子也ㅣ니見軍之
至ᄒᆞ고力不能兩護故로棄吾之子호ᅡ이다齊將이
曰子之於母애其親愛ᄂᆞᆫ痛甚於心
今애釋之ᄒᆞ고而反抱兄之子ᄂᆞᆫ何也오
婦人이曰己之子ᄂᆞᆫ私愛也ㅣ오兄之子ᄂᆞᆫ
公義也ㅣ니夫背公義而鄕私愛ᄒᆞ야亡兄子而
存妾子ᄒᆞᆯ幸而得免이라도獨謂義예何故오

[내훈 권③ 52-1]

忍棄子而行義ᄒᆞ고不能無義而立於世라ᄒᆞ이다
於是예齊將이按兵而止ᄒᆞ야使人言於齊君
而還ᄒᆞᆫ대魯君이聞之ᄒᆞ시고賜束帛百端ᄒᆞ시다
號曰義姑姊ㅣ시니라公正誠信ᄒᆞ야果於行義
ᄒᆞ니
頼之ᄒᆞᆫ온其大矣哉ᄃᆡ雖在匹婦ᄒᆞ야도國猶
魯ᄂᆞᆫ人義ᅵ姑姊ᄂᆞᆫ魯人義ᅵ라ᄒᆞᆯᄉᆡ恰야以禮義로治國乎ㅣ여
婦ᄝᅮᆼ人ᅀᅵᆫ이러니齊쳉ㅣ魯롱ᄋᆞᆯ텨城쎵

밧긔 니르러 혼 婦뿡人신이 혼아 히란 안
고 혼아 히란자 바가 다가 軍군이 미 처오
거놀 그아 노니란 부리고자 뱃더니 롤아
나뫼 호로 돈거놀 아히 조차 가며 올어 놀
婦뿡人신이 도라 보디 아니코 가거 놀 齊쪵
쪵人 將쟝軍군이 자바다가 무른대 對됭
荅답 호디 아 노닌내 兄혁의 子즁息식이
오 부료 닌내 子즁 息식이 이니 軍군의 오몰

보고 히미 能능히 둘흘 간수 티 몯호 모로
내子즁 息식을 브료이다 齊쪵人 將쟝
軍군이 닐오 디 子즁 息식이 어미게 親친코
ᄉ랑 호요미 무ᅀᅮ매 至징極끅 호거 시어
늘이제 브리고 도ᄅᆞ혀 兄혁의 子즁息식
을 아 노모 엇뎨오 婦뿡人신이 닐오 디내
子즁息식은 아ᇝᄉ랑이오 兄혁의 子즁
息식은 은 公공反뻔 義읭니 公공反뻔 혼

義읭란 背빙叛빤 호고 아롬 ᄉ랑을 饗향
호며 兄혁의 子즁息식으란 일코 내子
즁息식을 두어 힝혀 免면 호몰 得득 호들 호
오사 義읭예 엇더 호뇨 이런 전ᄎᆞ로 ᄎᆞᄆ
子즁息식을 브려 義읭롤 行혱 호고 義읭
업시 世솅間간애셔 ᄆᆞᆯ몯호 노이다 그제
齊쪵人 將쟝軍군이 兵병馬망롤 그치 눌
러이셔 사ᄅᆞᆷ 몯 齊쪵人 님금씌 브려 솔와

도라간 대魯롱ᄉ 님금이 드르시고 깁一
百ᄇᆡᆨ匹픨을 주시고 일후믈 義읭姑공
ᅵ라 호니라 義읭ᄂᆞᆫ 그 큰 비 ᄒᆞᆫ 行혱 호몰 決결
ᄒᆞ며 姉ᄌᆞᆼᅵ라 호시니 公공正졍 호며 誠쎵信신
ᄒᆞ야 義읭ᅵ 行혱 호몰
니 義읭ᅵᄂᆞᆫ 그 큰뎌 비록 호ᄂᆞᆷ 겨지 비라도나
라 히 오히려 德득을 닙곤 호몰 며 禮롕義읭
로 나라 호 다 수료 미ᄊᆞᄂᆈ

康캉倹 章第七

孔子ㅣ 曰호샤ᄃᆡ 賢ᄒᆞᆯ딘뎌 回也여 一簞食와 一
瓢飮ᄋᆞ로 在陋巷ᄋᆞᆯ 人不堪其憂ㅣ어ᄂᆞᆯ 回也ㅣ
不改其樂ᄒᆞᄂᆞ니 賢哉라 回也여

孔콩子ᄌᆞㅣ ᄀᆞᆯᄋᆞ샤ᄃᆡ 賢현ᄒᆞᆫ뎌 回ᅙᅬᆼ여

空ᄇᆞᆫ고 누ᇙ 박ᄉᆞᆺ ᅀᆡᆼ로더러운
모ᄉᆞᆯ 히샤로ᄆᆞᆯ사ᄅᆞ미 그 시르믈 겨ᄂᆡ디 아니ᄒᆞᄂᆞ

몬거 누ᇢ ᄒᆞᆯ밥과ᄒᆞᆫ박 냉 ᅀᆡᆼ로더러운
모ᄉᆞᆯ히 그 낙ᆞᆯ ᄀᆞ티 아니ᄒᆞ니

니 賢현ᄒᆞᆯ뎌 回ᅙᅬᆼ여

胡文定公이 曰호ᄃᆡ 人은 須是一切世味를 淡
薄ᄉᆞᆫ히라 方好ㅣ니 不要有富貴相이니 孟子
ㅣ 謂ᄒᆞ샤ᄃᆡ 堂高數仞과 食前方丈과 侍妾數百
人을 我ㅣ 得志라도 不爲라ᄒᆞ시니 學者ᄂᆞᆫ 須先除
去此等ᄒᆞ야 常自激昻ᄒᆞ야 便不到得墜墮ᄒᆞ리
라 此等은 孔明이 當漢末야 躬耕南陽야
不求聞達ᄒᆞ니 後來예 雖應劉先主之聘ᄒᆞ나
宰割山河야 三分天下야 身都將相야 手握
重兵ᄒᆞ야도 亦何求不得며 何欲不遂ㅣ리오

胡ᅘᅩᆼ文문定뎡公공이 ᄀᆞᆯ오ᄃᆡ 사ᄅᆞ미 모ᄅᆞᆷ즉

乃與後主로 言호ᄃᆡ 成都애 有桑八百株와 薄
田十五頃니 子孫衣食이 自有餘饒ᄒᆞ다니 臣
身在外야 別無調度야 不別治生ᄒᆞ야 以長尺
寸니 노 若死之日에 不使廩有餘粟며 庫有
餘財야 以負陛下ㅣ라ᄒᆞ더니 及卒야 果如其言
ᄒᆞ니 如此輩人은 眞可謂大丈夫矣로다

胡ᅘᅩᆼ文문定뎡公공은 이ᄂᆞᆯ오 ᄃᆞ사ᄃᆞ문모
로매 一ᅙᅵᇙ切쳉世솅間간앳 마ᄉᆞᆯ淡땀薄

相ᅀᅵ잇ᄂᆞ니 모로매 富貴相이 잇디 마롤디니 孟
相샹ᄋᆞᆯ두 미로ᄒᆞ리라 孟ᄆᆡᆼ子ᄌᆞㅣ니ᄅᆞ
샤ᄃᆡ 집노ᄑᆞᆫ두어仞ᅀᅵᆫ과 밥을
피ᄅᆞ며잣ᄂᆞᆫ녀버 룡과 드려 엿논고매 數숭
百ᄇᆡᆨ사ᄅᆞᆷ을 내 ᄠᅳ들일워 도ᄒᆞᆫ디아니호
리라ᄒᆞ시니 비호사ᄅᆞᆷ은 모로매 몬져이
트렛이ᄅᆞᆯ더러부리고 샹녜제힘ᄡᅥ 모ᄋᆞᆷ
니ᄅᆞ와다ᄉᆞᆫ ᄠᅥ러디ᄆᆡ니ᄅᆞ디아니ᄒᆞ

리라 샹녜 수랑호디 諸졍葛갈孔콩明명
이 漢한ㅅ 내 죵을 當당南남陽양애
손소 받가라 소리 나수 므 초믈 求꿍
호야 南남陽양애 니호더니 後:훟에 비록 劉륳先션主즁ㅅ
聘펭禮롕롤 맛골모나 聘펭禮롕·는 幣·뼁·로·시·라 보내야 禮롕·롤 무·라
天텬下:하롤 세혀·눈 호아 모미 將쟝軍군
宰:ᄌᆡ相샹所:송任ᅀᅵᆷ에 이셔 소·내 重:듕호

共병馬망롤 자·뱃거니 ·쓰므스·글 求꿍호
야 ·몯 得득·호며 ·므·스·글·오·고·져 ·호야·몯·일
우리 오마·ᄃᆞᆫ 後:훟 主즁·ᄋᆞᆯ·셔·닐·오·ᄃᆞᆡ 成쎵
都동·매·ᄋᆡᆼ·나모 八·밣百·ᄇᆡᆨ株둥·와·사·오·나
온 ·반:열·다·숫이·러·마 잇·ᄂᆞ·니 子:ᄌᆞ孫손·이
옷·바·비·제 有:ᅌᅮᆯ餘영·ᄒᆞ·니·이·다·내·모·미·빗
긔·이·셔 別·ᄇᆞᆯ·히·쟝망·호·것 업·서 各·각別·ᄇᆞᆯ·히
生싱計·곙分분別·ᄇᆞᆯ·ᄒᆞ·야 尺·쳑寸·촌 맛·것

도기·르드·아·니·ᄒᆞ·노·니·ᄒᆞ·다·가·주·글·나·래
廩:름에·나·ᄆᆞᆫ·ᄡᆞ·리·이·시·며 庫·콩·애·나·ᄆᆞᆫ·쳔
량이 이·셔·뼈 陸·뮹下:하롤·지·습·디·아·니·ᄒᆞ
리라·ᄒᆞ·니 주·구·메·미·처 果·광然션·그·말
ᄀᆞ·토·니·이·그토·무·렛·사·ᄅᆞ·미 眞진實·씷·로
어·루 大·땡丈:땽夫붕ㅣ·라·닐·올·디·로·다
楊양震·진·의 兩:량擧荊쳥州즇ㅅ茂·믛才찡王왕密·밓
을 謁·ᅙᅡᆯ見·션호·야 懷:ᅘᅬ金금 十·씹斤근·을·써·以
遺震·진:대·ᄒᆞ·더·니 震·진·이·닐·오·ᄃᆡ 爲웡昌챵邑·즙令령

故·공人ᅀᅵᆫ·은 知딩君군·이 不·붏知딩故·공人ᅀᅵᆫ·은 何·여也:양오
이·닐·오·ᄃᆡ 暮:모夜:양·라 無뭉知딩者:쟝ㅣ·라·호·니 震·진·이·닐·오·ᄃᆡ 天텬知딩
神씬知딩我:ᅌᅡ知딩子:ᄌᆞ知딩·니·뉘 何·여謂·윙無뭉知딩·ᄒᆞ·리·오 密·밓
去·컹·라호·니
楊양震·진·의 茂·믛才찡王왕密·밓·이 昌챵邑·즙令령·이
茂:믛才찡拜·ᄇᆡᆼ謁·ᅙᅡᆯ·ᄒᆞ·야·뵐·제 金금·열·斤근
드외·야·

時(시)로 長者(댱쟈)ㅣ 加以金銀華美之服(가이금은화미지복)이어든
赧(난)야 棄去之(기거지)ᄒᆞ더니 年(년)이 二十(이십)이라 忝科名(텸과명)ᄒᆞ야
喜宴(희연)에 獨不戴花(독불ᄃᆡ화)ᄒᆞ야 同年(동년)이 曰(ᄀᆞᆯ오)ᄃᆡ 君賜(군ᄉᆞ)ㅣ라 不
可違也(불가위야)ㅣ라 乃簪一花(ᄂᆡ잠일화)ᄒᆞ라 平生(평ᄉᆡᆼ)애 衣取敝寒(의ᄎᆔᄐᆡᄒᆞᆫ)
食取充腹(식ᄎᆔ튱복)ᄒᆞ고 亦不敢服垢弊(역불감복구폐)ᄒᆞ야 以矯俗干
名(이교쇽간명)오라 但順吾性而已(단슌오셩이이)라
温公(온공)이 드ᄉᆡ 내ᄌᆞ 디른ᄒᆞᆫ 무리라 世(셰)예 清白(쳥ᄇᆡᆨ)호
가난ᄒᆞᆫ 무리라 世(셰)예 清白(쳥ᄇᆡᆨ)호

温公(온공)이 曰(ᄀᆞᆯᄋᆞ)샤ᄃᆡ 密(밇)이 닐오ᄃᆡ 이 ᄇᆞᆺ그려 가ᄂᆞ니라
吾家(오가)ᄂᆞᆫ 本寒族(본한족)이라 世以清白(셰이쳥ᄇᆡᆨ)
相承(샹ᅀᅵᆫ)ᄒᆞᄂᆞ니 吾性(오셩)이 不喜華靡(부희화미)ᄒᆞ야 自為乳兒(ᄌᆞ위ᅀᆞ)

公人(공ᅀᅵᆫ)은 그 디ᄅᆞᆯ 알어 놀그 디ᄂᆞᆫ 故(공)로
신 올아디몬 호믄 엇데오 密(밇)이 닐오ᄃᆡ
어스름밤이라 알 리 업스니이다 震(진)이
닐오ᄃᆡ 하ᄂᆞᆯ히 아ᄅᆞ시고 鬼(귕)神(씬)이 알오나
알오 그ᄃᆡ 알어니 엇뎨 아로미 업다 니른
리오ᄒᆞ니 密(밇)이 ᄇᆞᆺ그려 가ᄂᆞ니라

니호니 同(똥)年(년)이 닐오ᄃᆡ 님금 주샨 거
시라 그르츄미 몯ᄒᆞ리라 ᄒᆞ야 ᄒᆞᆫ 고졸 고
ᄉᆞ라그르츄미 몯ᄒᆞ리라 ᄒᆞᆫ 고졸 고
喜(힝)入(ᅀᅵᆸ)이 바디예 ᄒᆞ오ᅀᅡ 고 졸 주 산거
니나ᄒᆞ스믈 히라 科名(과명)을 더러 여 聞
수로ᄡᅥ 더으거든 곧 ᄇᆞᆺ그려 아ᅀᆞ ᄇᆞ리다
터 얼운 사ᄅᆞ미 金(금)銀(은)과 빗난 됴ᄒᆞᆫ오
룰 츨 기디아니ᄒᆞ야 졋 머글 아ᄒᆡ 시 졀브
무로ᄡᅥ 서르 닛ᄂᆞᆫ 니 내性(셩)이 華(ᅘᅪ)靡(밍)

내훈 권3 60-1
내훈 권3 60-1

조라 平生(뼝ᄉᆡᆼ)애 오ᄉᆞ란 ᄒᆡ위ᄀᆞ릴만ᄂᆡ
飲(흠)食(씩)으란 비 블만 머고ᄃᆡ 坐(쫭)갇
도더러오며 야딘 오ᄉᆞᆯ니 버 俗(쑉)을 소
겨 일후믈 求(꿈)티아니ᄒᆞ오 직내性(셩)
을順(쓘)홀ᄯᆞ르미로라
○先公(션공)이 為群牧判官(위군목판관)이라 客至(ᄒᆡᆨ지)ᄃᆞᆯ 未嘗不置
酒(쥬)호ᄃᆡ 或三行(혹삼ᄒᆡᆼ)며 或五行(혹오ᄒᆡᆼ)며 不過七行(불과칠ᄒᆡᆼ)ᄒᆞ더 酒沽(쥬고)
於市(어시)ᄒᆞ고 果止梨栗棗柿(과지리률조시)고 肴止於脯醢菜羹(효지어포ᄒᆡᄎᆡᆼ)

器用簿漆ᄒᆞ니러 當時士大夫ㅣ皆然人
不相非也야 會數而禮勤ᄒᆞ고 物簿而情厚던
近日士大夫家ᄂᆞᆫ 酒非內法이며 果非遠方
珍異ᄒᆞ며 食非多品이며 器皿이非滿案이어든
敢會賓友ᄒᆞᆯ 常數日營聚然後에ᅀᅡ 敢發書ᄒᆞᄂᆞ니
苟或不然이면 人爭非之ᄒᆞ야 以爲鄙吝客이라
故로 不隨俗奢靡者ㅣ鮮矣니 嗟乎라 風俗이
頹弊如是ᄒᆞ니 雖不能禁이나 忍
助之
乎아

先公이 群牧判官이 드외
야실제 소니오나ᄃᆞᆫ 수를排置ᄒᆞ디아니
ᄒᆞᄂᆞ니 혹三行ᄒᆞ며 시혹五
行ᄒᆞ며 닐ᄀᆡ어ᄂᆞᆯ 미디아니ᄒᆞᆫ
大衆ᄒᆞᆫ 와ᄭᅡᆷ만ᄒᆞ고 안쥬란 비와밤과
디술란 져재사고 果實란
과졋과ᄂᆞᆯ 몰국만ᄒᆞ고 그르스란沙器
와漆홈거슬 ᄡᅳ더시니 當時옛

士大夫ㅣ 다그러ᄒᆞᆯᄉᆞ 사ᄅᆞ미서
르외다아니ᄒᆞ야 모도미ᄶᅩ디 禮롤
브즈러니ᄒᆞ며 物이薄ᄒᆞ디 情이
두텁더니 이젯士大夫ᄋᆡ 지븐수
리앗ᄂᆞᆫ法뻐비아니며 果實이먼딧
아니ᄒᆞ며 飮食이 가지아니ᄒᆞᆫ
든손과 버들모도ᄒᆞ디아니ᄒᆞ야

나롤일위모도온 後에 ᄉᆞ글위롤내ᄂᆞ
니여 ᄆᆞᆺ 시혹그리아니ᄒᆞ면 사ᄅᆞ미ᄃᆞ토
와 외다ᄒᆞ야 더러우며 앗기ᄂᆞ다ᄒᆞᆯᄉᆞ그
런ᄃᆞ로 風俗올조차 奢侈ᄒᆞ며
華麗ᄒᆞᄆᆞᆯ 아니ᄒᆞ야 듀미이곤ᄒᆞ니 位예
俗의 믈어ᄒᆞ야 듀미이곤ᄒᆞ니 位예
잇ᄂᆞ니 비록能히禁티몯ᄒᆞ나 太마
도ᄋᆞ리여

張文節公이 爲相ᄒ야 自奉이 如河陽掌書記

時니 所親或이 規之曰 今公이 受俸이
不少ᄒ되 而自奉이 若此ᄒ니 難自信清約이라ᄒ나
外人이 頗有公孫이 布被之譏ᄒ나 公이
宜少從衆이어다 公이 歎曰 吾今日之俸이
雖擧家錦衣玉食인ᄃᆞᆯ 何患不能이리오마ᄂᆞᆫ 顧人
之常情이 由儉入奢ᄂᆞᆫ 易ᄒ고 由奢入儉ᄋᆞᆫ 難
ᄒ니 吾今日之俸이 豈能常有리며 身이 豈能常
存오리 一旦애 異於今日ᄒ면 家人이 習奢

已久야ᄒ니 不能頓儉야ᄒ야 必至失所ᄒᆞ리니 豈若吾
居位去位身存身亡애 如一日乎ㅣ리오
張文節公이 宰相이ᄃᆞ외이 自奉養호ᄆᆡ 河陽
掌書記ᄒᆞᆯㅅᅵ절ᄀᆞᆮ티ᄒ더니 親
논밧사ᄅᆞᆷᅵ 規諫ᄒ야 닐오ᄃᆡ 제
公이 祿俸토미 적디 아니ᄒᄂᆞᆯ ㅅᅵ
ㅅᅵ 奉養호ᄆᆡ 이 ᄀᆞᆮ티 ᄒ시니 비록 ㅅᅵ

眞實로 淸白ᄒ며 儉約ᄒ
야도 밧사ᄅᆞᆷ이 公孫이 뵈니블둡던
議ᄒ리 이 ᄌᆞ모 이시니 公이 져기 衆
을 조ᄎᆞ미 맛당ᄒ니이다 公이 歎
야닐오ᄃᆡ 내 오ᄂᆞᆯ날 祿俸이 비록
지비 다 錦衣玉食인ᄃᆞᆯ 엇디
잘 몯홀 갓 分別이리오마ᄅᆞᆫ 도라보
건댄 사ᄅᆞᆷ의 샹녜ᄡᅳ디 儉ᄒ다가 奢

奢侈호매 드로ᄆᆞᆫ 쉽고 奢侈호ᄆᆞ로브
터 儉ᄒ야 朴ᄒ애 드로ᄆᆞᆫ 어려우니 내 오ᄂᆞᆯ
날 祿俸이 엇뎨 能히 던던더디 이시
며 모미 엇뎨 能히 던던더디 이시
ᄅᆞ아 ᄒᆞᆯ매오ᄂᆞᆯ나래 다ᄅᆞ면 집사ᄅᆞᆷ이 奢
侈호ᄆᆞᆯ 니기호미 오라 能히 믄득 儉
朴ᄒ야 몯ᄒ야 반ᄃᆞ기 失所호매
니를리니 엇뎨 내의 位예 이시며 位

예업스며 모미 이시며 모미 업소매 ᄒᆞᆺ
날ᄭᅵ 둠ᄭᅵ 특ᄒᆞ리오
包孝肅公이 尹京時예 民有自言ᄒᆞ야 以白金
百兩으로 寄我者ᅵ 死矣어ᄂᆞᆯ 予其子ᅵ오 召其子
ᄒᆞ니 願召其子ᅵ라 未嘗以白金으로 予之ᄒᆞ샤ᄃᆡ
辭曰 亡父ᅵ 未嘗以白金으로 委人也ᅵ니ᅌᅵ다고라
兩人이 相讓火之ᄒᆞ더니 呂榮公이 聞之ᄒᆞ고 曰
兩人은 喜言無好人 三字者ᄂᆞᆫ 謂自賊

者ᅵ로 古人이 言호ᄃᆡ 人皆可以爲堯舜이니라
蓋觀於己而知之ᄒᆞ다로
包ᄂᆞᆫ 孝肅公ᄋᆞᆯ이
졀에 民민이 이제와 닐오ᄃᆡ 白金금 一一ᄒᆞᆯ
百二兩ᄋᆞ로 나ᄆᆞᆯ 맛뎌 내 그에 맛딘사ᄅᆞᆷ미 죽
거ᄂᆞᆯ 그 아ᄃᆞᆯ 주리니 ᄣᅡ아니ᄒᆞᆯᄂᆞᆫ 願願ᄋᆞᆫ 尹윤이 그
아ᄃᆞᆯ 브르니 마ᄀᆞ라 닐오ᄃᆡ 주근 아비 敢감

간도 自白金금ᄋᆞ로 사ᄅᆞᆷ 몰 맛디디 아
니ᄒᆞᆫ니이다 ᄒᆞ고 두 사ᄅᆞᆷ미 서르 辭讓샹
ᄒᆞ야 오라더니 呂령 榮영公공이 듣고
닐오ᄃᆡ 世생人신이 이됴ᄒᆞᆫ 사ᄅᆞᆷ 업다 ᄒᆞ는
字ᄍᆞᆼ를 즐겨니ᄅᆞᆫ 사ᄅᆞᆷ믄 어ᄅᆞ저ᄃᆞᆯ로 다 뱃사ᄅᆞᆷ 닐
쪽 害ᄒᆡᆼᄒᆞ논다 닐올디로다 ᄯᅡ 뱃사ᄅᆞᆷ 닐
오디 사ᄅᆞᆷ미 다 어루 堯용 舜순이 ᄃᆞᄫᆡ
리라ᄒᆞ니 모매 보아아 도다

李文靖公이 治居第於封丘門外ᄒᆞᅇᅵ 廳事前
에 僅容旋馬ᄒᆞ리러니 或이 言其太隘ᄒᆞᆫ대 公이 笑
曰ᄒᆞ호ᄃᆡ 居第ᄂᆞᆫ 當傳子孫이니 此ᅵ 爲宰輔廳事
댄 則已寬矣리니 誠監와거니 爲太祝奉禮廳事
댄 라니ᄃᆡᆫ신 李링文문靖졍公공이 이살지블 封봉丘
시 門몬 밧긔 지소ᄃᆡ 廳텅 알피 아야오ᄃᆡ
ᄀᆞᆺ 물ᄃᆞᆯ만ᄒᆞ더니 或ᄒᆞᆨ이 너무 좁다 니ᄅᆞᆫ

大공이우서늘오ᄃᆡ사ᄂᆞᆫ지븐반ᄃᆞ기
子ᄌᆞ孫손이게傳뎐ᄒᆞᄂᆞ니이宰ᄌᆡ輔·봉
의廳텽이ᄯᅩ외린댄眞진實·씷로좀거니
와大·땡祝·쥭奉·뽕禮·롕의廳텽이ᄯᅩ외린
댄ᄒᆞ마어위니라
文中子之服은儉以絜ᄒᆞ고無長物焉ᄒᆞ며
羅錦綺ᄅᆞᆯ不入于室ᄒᆞ야曰·되君子ᄂᆞᆫ非黃白
든이어不御니婦人則有靑碧
라

文문中듕子ᄌᆞ의오ᄉᆞᆫ儉:검朴·박ᄒᆞ더죠
케ᄒᆞ고나ᄆᆞᆫ거시업더니綺·킝羅랑錦·금
綉·슣ᄅᆞᆯ지·븨드리디아니ᄒᆞ야ᄂᆞᆯ오ᄃᆡ君
君子ᄂᆞᆫ누른빗과흰빗과아니어든닙
디아니ᄒᆞᄂᆞ니커지ᄇᆞᆫ靑쳥碧·벽이잇ᄂᆞ
니라
楚狂接輿ᅵ耕以爲食ᄒᆞ더妻從市來曰
先生이少而爲義ᄒᆞ니엇디豈將老而遺之哉오리

門外車跡이何其深也오고잇接輿ᅵ曰·되王
애不知吾ᅵ不肖也ᄒᆞ로欲使我로治淮南ᄒᆞ야
遣使者ᄒᆞ야持金駟來聘ᄒᆞᄂᆞ다시其妻曰·되得
無許乎ᅵ아接輿ᅵ曰·되夫富貴者ᄂᆞᆫ人妻
之所欲也ᅵ니子ᅵ何惡·聲去我ᄅᆞᆯ許之矣오妻
曰·되義士ᄂᆞᆫ非禮ᄃᆞᆫ不·動·聲去不·爲賤而
易操ᄒᆞ며躬耕以爲食ᄒᆞ며親績以爲衣야ᄒᆞ야事
며ᄒᆞ야據義而動ᄒᆞ며其樂·이亦自足矣니若受人

興영이楚춍ᄭ國·귁人ᅀᅵᆫ이러니미·일후ㅣᄂᆞ니
좃·ᄌᆞ미치·양ᄒᆞ고그우ᅀᅵᆯ사나ᄒᆞᆯ짓·젇ᄒᆞ거늘
楚춍狂광接·졉輿영이ᄲᅡᆫ가라먹더니
姓易名而徙ᄒᆞ니莫知所之ᄒᆞ니라妻
君使不從이非忠也오從之又違非義也ᄒᆞ니
不如去之야ᄒᆞᄂᆞᆯ夫負釜甑ᄒᆞ고妻戴絍器야ᄒᆞ야
待之오接輿ᅵ曰·되吾不許也ᄒᆞ리妻曰·되
重祿며ᄒᆞ며乘人堅良ᄒᆞ며食人肥鮮ᄒᆞ고而將何以

오딕富붕貴귕ᄂᆞᆫ사ᄅᆞ미코져ᄒᆞᄂᆞᆫ거시
니그ᄃᆡ엇뎨내의許ᄒᆞᆫ호ᄆᆞᆯ아쳔ᄂᆞ뇨妻쳉
닐오딕어딘사ᄅᆞᆷ禮롕아니어든무
디아니ᄒᆞᆯ시가난ᄒᆞᆯ爲윙ᄒᆞ야節졉介갱
ᄅᆞᆯ改갱易역ᄒᆞ디아니ᄒᆞ며賤쪈호ᄆᆞᆯ爲윙
ᄒᆞ야힝덕을고티디아니ᄒᆞᄂᆞ내先션
生ᄉᆡᆼ을셤겨親친히ᄒᆞ야옷ᄒᆞ야밥이비브르며
親친히질삼ᄒᆞ야

오딕先션生ᄉᆡᆼ이 先션生ᄉᆡᆼ은接졉져머
義의를ᄒᆞ더니엇뎨늘거브리리오 門
몬밧긧술윗자최엇뎨기프니잇고接접
興영이 닐오딕님그미내의許ᄒᆞᆫ不붏肖숖ᄅᆞᆯ
아디몯ᄒᆞ샤날로淮행南남을다ᄉᆞ리게
호려ᄒᆞ샤 淮행南남은사룸보내샤金금
과믈와가져와무르시ᄂᆞ다그妻쳉닐오
딕아니許ᄒᆞ시니잇가接졉興영닐

內訓卷第三

라
일후믈고텨올ᄆᆞ니간고ᄒᆞ야디몯ᄒᆞ니
지고겨지븐질삼ᄒᆞ그슬이여姓셩과
디몯ᄒᆞ니라ᄒᆞ야 보ᄂᆞᆷ진ᄯᅩ가마왜술을

七十

오시더우며義의ᄂᆞᆯ브더무유미그즐거
우미쏘足죡ᄒᆞ니ᄒᆞ다가사ᄅᆞ미重뜡ᄒᆞᆫ
祿록을바ᄃᆞ며사ᄅᆞ미솔지며묘ᄒᆞᆫ
믈록특ᄒᆞ며사ᄅᆞ미구든술위와됴ᄒᆞᆫ
고쟝太엇뎨기드리리오接졉興영닐
오딕내許ᄒᆞᆫ티아니ᄒᆞ리라妻쳉닐오딕
님금브려시ᄃᆞᆫ즛디아니ᄒᆞ면忠듕이아
니오즛고쏘마로미義의아니니나감곤
니

원본 207

恭惟我
仁粹王大妃殿下自在
世祖大王潛邸承事
兩宮晝夜靡懈及冊爲
嬪尤謹婦道躬執
御饌不離左右
世祖大王常稱孝婦造賜孝婦圖書以顯孝
焉
天資嚴正所育

王孫等少有過失略不掩護即正色誡飭
兩宮戲名暴
世祖大王稱我
主上殿下曰我子
大王大妃稱月山大君曰吾子以慰焉嚴敎
如此以至今日可勝言哉承歡然烈女
長樂之餘患女婦之無知故敎誨初女
女敎明鑑小學等書卷秩活繁初學病

焉
親自膚斷撮其切要總成七章名曰內訓
以諺譯使之易曉雖至愚騃一覽瞭然
以便習誦臣竊觀歷代賢妃勤事舅姑
以盡仁孝之德嚴於敎子以成國家之
慶者多而躬撰訓書垂誠者鮮矣是書
之作豈穵
仁粹殿下之敎王葉耶以至閭巷愚婦女工
之暇朝習暮誦於心玩味則漸知克家

심티아니ᄒᆞ야리여

國內訓序

數숑ㅣ조모하쉬이아디몬ᄒᆞ릴ᄉᆡ이네
글웘中듕에어루조ᄉᆞ룬마ᄅᆞᆯ取츙ᄒᆞ
야ᄂᆡᆯ굽章쟝을ᄆᆡᇰᄀᆞ라너희ᄃᆞ녀홀ᄯᅡ
슬프다ᄒᆞ도매ᄀᆞ르쵸미다이에잇ᄂᆞ니
ᄒᆞᆫ번그道ᄯᅩᆼᄅᆞᆯ일ᄒᆞ면비록뉘으츠ᄃᆞ러
루미ᄎᆞ리여너희ᄃᆞ히므슥매사기며ᄡᅥ
에刻킉ᄒᆞ야날로聖솅人ᅀᅵᆫ에期끵約약
ᄒᆞ라ᄇᆞᆯ고거우뤼ᄆᆞᆯᄀᆞᆷ며ᄆᆞᆯᄀᆞ니어루ᄌᆞ

內訓目錄
一卷
言行章第一
孝親章第二
昏禮章第三
二卷
夫婦章第四上下
三卷
母儀章第五

내훈 서 6-2

겨제是·씽非·빙ㅣ롤골히야어루모몰가지
리어니어닉내의ㄱ르쵸·몰기드린後·흏
에사行·혱·ㅎ리오겨지·븐그러·틴아니·ㅎ
야·흫갓질삼의·굴그·머ㄱ·누로·몰돌히오
기고德·득行·혱·의노·포·몰아·디몯·ㅎ·누니
이내의날로애와·티·논이리라·쏘사룸미
비록本·본來·링淸·셩通·통·ㅎ·야·도聖·셩人
신ㄱ르치샤·몰보·디몯·ㅎ고·ㅎ·룻아太·틴민

내훈 서 7-1

믄득貴·귕히·드외면이·누나·불곳갈·시이
머담애·눗도라션·디라眞·진實·씷로世·솅
예셔머사룸미게·몺습·ㅎ·미어려·우니聖
셩人·신ㄱ르치샤·미어·루千·쳔金·금으로
도값·디몯·다·닐얼·디로·다·또이리어려·우
머쉬오·미잇·누니孟·밍子·중ㅣ니르샤·디
큰·뫼ㅎ쎠北·븍·녁바·롤건너·몰사룸·드
닐오·디내잘·몯·ㅎ·리로·다·ㅎ·면이·누眞·진

내훈 서 7-2

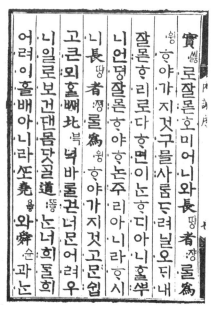

實·씷로잘·몯·ㅎ·미어니와長·땽者·쟝·롤爲·윙
·ㅎ·야가지·것구·믈사룸·드려닐오·디내
잘·몯·ㅎ·리로·다·ㅎ·면이·눈·드려·디아니·ㅎ·쎠
·니·언·뎡잘·몯·ㅎ·리로·다·ㅎ·야·논·주리아·니·ㅎ·시
·니長·땽者·쟝爲·윙·롤·ㅎ·야·ㅎ·논·주리아·니·ㅎ·시
고큰·뫼ㅎ쎠北·븍·녁바·롤건너·몯어려·우
·니일로보건댄·몯·닷골道·똫·눈너희·희
어려·이·홀·배아·니라·쏘堯·욜와舜·슌과·눈

내훈 서 8-1

天·텬下·행앳큰聖·셩人·신이샤·디아·두·리
丹·단朱·즁와商·샹均·균·괘이시·니·식·식·ㅎ
아바니미브·즈·러·니ㄱ르치시·논알·퓌도
오·히려어·디·몯·ㅎ·온子·중·息·식·이잇곤·ㅎ
몰·며나·논·ㅎ·올어·미라能·능·히·玉·옥·곤·ㅎ
므·슷맷며·느·리·롤보아·리여이·럴·시小·숗
學·혹烈·렳女·녕女·녕教·굘明·명鑑·감이至
징極·끅·졀當·당·ㅎ·며·쏘明·명自·삥·호·디卷·권

내훈 서 4-2

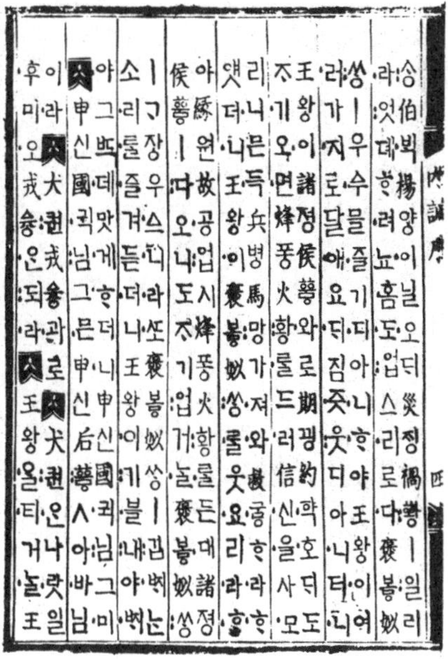

내훈 서 5-1

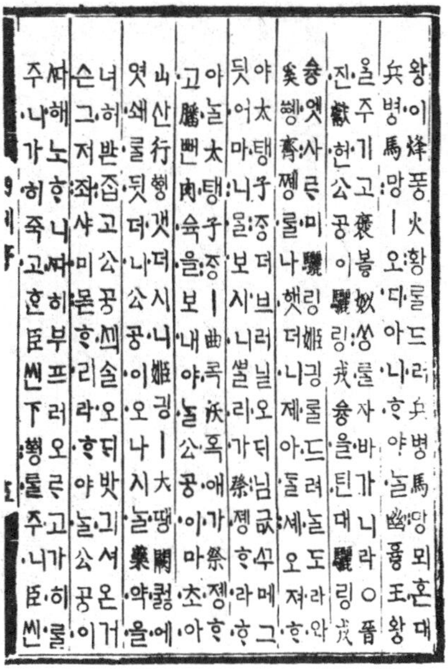

내훈 서 5-2

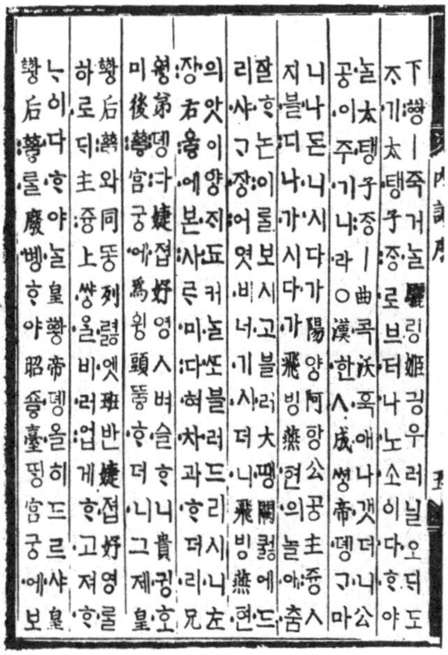

내훈 서 6-1

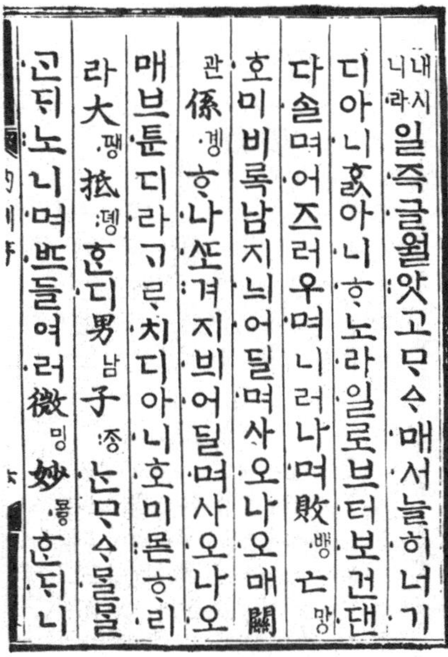

내훈 서 2–2

이至切且明호딕 而卷秩이頗多ᄒ야未易可曉
ㅣ라 兹取四書之中에可要之言을ᄒ야著爲七章
ᄒ야以鞲汝等ᄒ노니嗚呼ㅣ라一身之敎ㅣ盡在
於斯ᄒ니一失其道면雖悔나可追아汝等은
銘神刻骨ᄒ야日期於聖ᄒ라明鑑이昭昭ᄒ니可
不戒歟아
成化乙未孟冬有日
大땡凡뻠...ᄒ디사ᄅ미나미하ᄂ랏靈
ᄒ긔운을得며다...德득을머구

내훈 서 3–1

머…다ᄉ던…
친호니던시며…오셔…
이…소信신미…라
업수디蘭란草…와붉의…달옴이쇼문엇
뎌오몸닷골道…롤다ᄒ며다ᄒ니몬호
매잇ᄂ니周쯓文문王왕人教化황
太탱姒ᄉ이보ㄹ가샤매더욱넙고楚楚
장王왕霸방主…ᄃ외요미

내훈 서 3–2

시라頭똥ᄒ호樊뻔姬깅의히머해잇ᄂ니님금
섬기ᄉ오며남진섬교미뉘예셔더으리
오내글넑다가妲妲己깅의우숨과褒褒
嫐ᄂ의榮寵룡과驪링姬깅의우룸과
飛빙燕연의ᄒ리예니르러蘇송氏ᄊ有
티有ᄋ움蘇송氏ᄊ라…妲妲己깅그
…아嫐ᄂ業…

내훈 서 4–1

宜아돌伯王왕
曰뵉康강ᄒ니嫐ᄂ王왕
…ᄒ야炮嫐姬
…進嫐姒ㅣ
申신刑형에
嫐姒ㅣ后薨太탱
太탱后石셕
…幽王왕
…宜宜幽
宜王왕

내훈 서 1-1

天地之靈며 舍五常之德 야
而有蘭艾之異 는 何則 고
盡與未盡矣니 周文之化
딕 而 楚莊之霸ㅣ 多在於
事君事夫ㅣ 歎勝於此오ㅣ余
樊姬之力니
一 讀書而至於妲己之咲와 褒姒之寵과
姬之泣과 飛燕之讒야 未嘗不履書寒心
라 由此觀之댄 治亂興亡이 雖關夫主之明

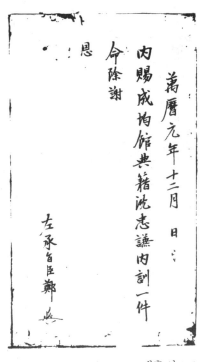

萬曆元年十二月　日
內賜成均館典籍沈忠謙內訓一件
命除謝
恩
左承旨臣鄭 [署]

내훈 서 1-2

間 亦繫婦人之臧否라 不可不教ㅣ니 大
抵 男子는 游心於浩然 며 玩志乎銀妙 야
自別是非 야 可以持已 니어 何待我教而後에
行也오 女子는 不然 야 徒甘紡績之粗細
고 不知德行之迫雲 니 是 余之日恨也ㅣ라
且人이 雖素清通 야 不見聖學 고 面墙而
立之於世 면 則是沐猴而冠 며 而一旦
遠貴 면 語之於人 이라 可謂
千金不償矣 라 且事有難易 니 孟子ㅣ曰 야

내훈 서 2-1

挾太山 야 以超北海 를 語人曰 야 我ㅣ不
能이면 是는 誠不能也니어 爲長者야 折枝
를 語人曰 야 我ㅣ不能 이라 爲長者 는 不爲也언
뎡 非不能也시니라 爲長者야 折枝는 易 고
之道는 非若等의 挾太山超北海之難也니
聖이샤 而子有丹朱商均 니라 堯舜 은
前에 尚有不淑之子ㅣ況余ㅣ寡母라 能見
王心之婦耶아 是以로 小學烈女女教明鑑

內訓

仁

정인보(鄭寅普) 소전(小傳)

정양완(鄭良婉)

아버지 담원선생(薝園先生)의 자취를 더듬어

첫머리에

저의 아버지 담원선생은 1893년〔계사(癸巳)〕 음 5월 초엿새에 북단재〔鐘峴 : 지금의 명동〕 뾰족집〔聖堂〕 터 외가〔외조부 서헌순(徐憲淳)〕에서 태어났다. 〈자모사(慈母思)〉(시조) 23에 '북단재 뾰족집이 전의 우리 외가라고' 있다. 그때 생할머니(1854~1918. 6. 21.)는 마흔, 생할아버지(1856~1926)는 서른여덟, 양할머니는 마흔여덟이었다. 아기는 쌀포대기에 싸인 채 바로 맏동서인 양할머니께 바쳐졌고, 젖엄마 강씨가 길렀다고 한다. 양할머니에 대한 아버지의 정이 갈릴세라 염려한 생할머니의 배려에서 나온 조치였다.

담원(薝園)이라는 호는 와신상담(臥薪嘗膽)의 쓸개 담(膽)에서 육달월(月)변을 빼고 위에 슬쩍 초두(艹)변을 얹은 치자꽃 담(薝)자라, 우리를 총칼로 어르고 짓밟고 강탈한 일본에 대한 피맺힌 원한과 앙갚음을 잊지 않으려는 결의가 담겨져 있다. 그래서 담원문록(薝園文錄)에 실린 내용을 짐작케 한다.

태어난 이듬이듬해가 갑오경장(1895), 열한 살 때(1903) 양근(楊根)으로 낙향, 열세 살 때(1905) 을사늑약, 열여덟 때가 경술국치(1910) 등으로 국운이 내리막길로만 곤두박질치는 시기를 아버지는 기구하게 사셨다. 그러나 서러워만 하고 원망만 할 겨를도 없었다.

화산처럼 속에서 치밀어 오르는 울분으로 망명을 결의하고, 서행(西行 : 중국행)으로 그 방법을 모색하느라 몇 해가 지났다. 제 힘이 있어야만 진정한 독립을 쟁취할 수 있음을 뼈저리게 깨닫고 아버지는 귀국하였을 것이다.

귀국 후 아버지는 1915년 중앙고보를 위시하여 1922년 연희전문, 이화여전, 세브란스, 혜화전문 등 강단(講壇)에서, 신문·잡지 논단(論壇)에서, 그리고 여러 강연회에서 조국 광복을 위한 정열을 불태웠고, 1938년 일본어로만 강의가 허용되자 그만 연희전문을 떠나게 된다.

1938년 연희전문을 그만둔 뒤 1940년 창동(倉洞)으로, 1945년 3월 익산(益山)으로 떠돌면서도 더욱 연구에 힘썼고, 1945년 8·15 후에도 연구는 그칠 줄 몰랐다. 관(官)을 떠난 뒤 1949년 8월부터 6·25 전쟁으로 1950년 7월 31일 한양의원(朴啓陽 선생 병원)에서 납북되기 전까지 혼신의 정력을 쏟아 쓰고자 했던 글들을 남겼다.

아버지의 글들은 다음 책들에 담겨져 있다.

1946년 9월 20일	《조선사연구》上·下 서울신문사
	'五千年間 조선의 얼'이라는 제목으로
	1935년 1월 1일~12월 31일(158회)
	1936년 1월 7일~8월 28일(282회)
	동아일보에 연재한 것을 엮은 것
1948년 2월	《담원시조(薝園時調)》을유문화사
	(백낙준 박사께서 모아 두셨던 것)
1955년 8월 20일	《담원국학산고》부산 문교사 장준하
1967년 11월 1일	《담원문록(薝園文錄)》영인본(影印本) 연세대출판부
1972년 7월 31일	《양명학연론》문고판 삼성문화재단 간행(刊行)
	1981년 중간(重刊)
1973년 10월 30일	《담원시조》문고판 을유문화사

1974년 재판(再版)

1983년 6월　　《담원 정인보 전집》 전6권 연세대 출판부

2006년 4월 20일　《舊園文錄》上·中·下 번역본

　　　　　　　　정인보 지음, 정양완 옮김 태학사

아버지의 스승님

① **학산장**(學山丈, 1855. 9. 28.~1935. 11. 30.)

집안 형님인 학산장 정인표(學山丈 鄭寅杓) 선생은 1904년, 벌써 조국을 등지고 일신의 영화를 찾아 알랑거리는 친일파들의 꼴이 역겨워 충청감사를 마다하고 진천 두타산(鎭川 頭陀山) 기슭 흙집에서 30년을 묻혀 살면서 학문과 내수(內修)에만 전념한 분이다. 특히 시와 주역에 조예가 깊었으며 심대윤(沈大允)의 제자였다. 심대윤이 돌아간 뒤에는 집안 어른 송오 정기하(松塢 鄭基夏, 鄭允容의 아우 老容의 둘째 아들) 옹에게 글을 배우게 되었다. 그는 자하(紫霞)의 스승인 월암(月巖) 이윤려(李閏呂)를 해동고표(海東高表)로 우러른 분이기도 하다. 아버지는 천자문(千字文)을 떼자 학산장 아래에서 배우게 된다. 회동집 큰댁〔동곡장 정인승(東谷丈 鄭寅昇) 댁〕 사랑에서였다. 학산장은 진천으로 낙향하셨으나 1년의 반 이상은 동곡장 댁에 머물곤 하셨다. 아버지가 열한 살(1903년)에 양근(楊根)으로 낙향하자 편지로 '고현(古賢)같이 되도록 힘쓰라'고 격려하셨다. 할아버지는 학산장의 학문도 학문이려니와 그의 인품의 향기를 아들인 아버지가 배우도록 하고 싶었던 모양이다. 1907년 진천으로 아버지가 낙향하자 다시 글을 배우게 된다. 학산장의 《춘경대집(春耕臺集)》 상권 97~99쪽에 보면 「족제경시인보(族弟景施寅普) 재사영리(才思穎異) 문우장지(汶友獎之) 이시(以詩) 여역화기운(余亦和其韻) 서증(書贈)」이라는 시

에서 '내 아우 경시는 나이 열여섯(1908년)에 시상이 샘솟듯 하여 꽃다운 이름 퍼졌어라(오제경시년십육(吾弟景施年十六) 문사천용방예류(文思泉湧芳譽流)' 하였고, 또 같은 책 99쪽 끝에는 '큰 그릇 큰 업적 이루려면 그 길이 있느니(치유술(致有術) 물요속성요만수(勿要速成要晚收)]'라고 귀띔하고 있다. 고개를 쳐들고 준마같이 치닫는 아우를 타이르는 대목이다. 윗글에서 문우(汶友)란 바로 문원장 홍승헌(汶園丈 洪承憲) 선생을 말한다. 홍양호(洪良浩)의 5세손(五世孫)으로, 망명하여 1914년 8월 16일 안동현 원보산(安東縣 元寶山)에서 돌아가 뼈가 되어 고국으로 돌아오신 분이다. 문원장의 따님이 경재장 이건승(耕齋丈 李建昇)의 며느님[李錫夏의 부인]이며, 문원장의 손녀따님이 우리 작은댁 큰 새언니[鄭寧謨의 부인]이며, 학산장의 증손녀 정완영(鄭婉泳)이 문원장의 손자며느리[洪福憙의 부인]가 되었다. 하곡(霞谷)의 손녀사위들이 신대우(申大羽), 이영익(李令翊), 이광명(李匡明) 등이었던, 학통(學統)을 혈통으로도 잇는 강화학파(江華學派)의 내림을 볼 수 있다.

② **경재장**(耕齋丈, 1858. 11. 28.~1924. 2. 18.)

경술(1910)년 8월 29일(음력 7월 25일) 나라가 망하자, 9월 24일 가묘(家廟)에 하직을 사뢰고 망명길에 오른 경재장 이건승(李建昇)은 1924년 2월 18일 안동현(安東縣) 접리촌(接梨村)에서 숨져 뼈가 되어 고국으로 돌아온다. 할아버지는 물론 아버지의 작은 외숙[서병수(徐丙壽) 1858~1906. 9. 27]과도 가까웠던 경재장은 아버지를 특별히 귀여워하셨다. 망명한 뒤 이역만리에서 벼농사 짓고 약을 팔며 연명하면서도 고국에 있는 제자(아버지)에게 열흘이 멀다고 편지로 공부하는 과정을 묻고, 보고 받으면서 기뻐한 분이었다.

경재장의 망명기록인 《해경당수초(海耕堂收草)》(필사본)의 〈경재

거사자지(耕齋居士自志))(戊戌 1918)에 의하면 "을사(乙巳 1905)에 참
판 정원하[1925년 7월 4일, 정하곡(鄭霞谷)의 5세손, 심양(潘陽) 북쪽
철영에서 숨져 뼈가 되어 돌아옴]와 죽기로 다짐하였으나 죽지를 못
하였다. ……재산을 기울여 학교를 세워 교육하는 일을 제 구실이라
여겼다. 내 어찌 정위(精衛)새가 바다를 메우려 듦과 같이 이룩하지
못할 부질없는 짓임을 모르리오마는, 그런대로 내 마음을 다할 뿐이
라."《담원문록 발문》, 국역 《舊園文錄 下》, 532~533쪽) 하였다. 병오(丙
午 1906)년에 세운 학교가 바로 계명의숙(啓明義塾)이었다.

　같은 《해경당수초》에 〈정경시인보시기묘문(박군묘표)(鄭景施寅普示
其墓文(朴君墓表)) 심왕인작론문십절기증(甚往因作論文十絶寄贈)》이
라는 제목 아래에 7언 절구 10수로 문장론을 강의하였다. 그 51장에
는 〈회경시(懷景施)〉라 하여 장자(莊子)를 읽는다는 제자인 아버지에
게, 평등상(平等相)으로 보면 다 좋은 벗이니 술을 파는 애건 목동
이건 같이 사귀라 하고 있다.
　58장에는 〈경시유호남(景施游湖南) 귀시기기행시(歸示其紀行詩) 우
이기소조기지(又以其小照寄之)》라 하여 아버지 사진을 반기면서 당
신은 사진이 없어 보내지 못함을 슬퍼하였다.
　아버지의 〈제경재이장문(祭耕齋李丈文)》(병인(丙寅 1926)년 대상(大
祥) 때)에는 다음과 같은 대목이 눈에 뜨인다.

　……
　끔찍한 기별 갑자기 오자　　　　　　凶報忽至
　놀라 땅에 쓰러져 울부짖으니　　　　驚號頓地
　온 몸이 무너지는 듯　　　　　　　　擧體如壞
　듣자니 위독하실 때　　　　　　　　聞公彌留

못내 나를 그리시며	思余不置
뇌이고 또 뇌이기 마지 않으시고	絮語不了
때때로 내 자(字(경시 景施))를 부르시더라고.	時呼余字
대개 사람이란 자기를 알아주는 이라면	凡人知己
한마디 말도 영영 못 잊는다는데	片言千古
더구나 내 깊은 속 비춰주시고	況照其深
본보기 끼쳐주심에리오……	貽之規矩
오직 공과 나만은	惟公與我
가슴속 생각 유독 들어맞아서	胸懷獨契
나는 실로 공을 스승으로 여기고	我實師公
공은 실로 날 사랑하셨으니	公實我愛
어찌 골육을 따질 것인가?	何論骨肉
바로 목숨인양 여기셨거늘.	性命是視

서른다섯이나 손위라 아버지뻘인데도 너무 사랑하여 망년지우(忘年之友)라고 애지중지하셨다.

어린 중에도 도장을 새겨 주십사 하여 도장을 새겨 주며 큰 사람 되리라 알아주었다는 구절을 윤석오(尹錫五) 선생의 《근대인물(近代人物) 100인선(人選)》(1970 신동아 1월호 부록 참조, 278~280쪽)에서 본 것이 기억난다.

③ **난곡장**(蘭谷丈, 1861. 12. 2.~1935. 5. 8.)

아버지가 난곡장 이건방(李建芳) 선생을 처음 뵈온 것은 열세 살 (1905) 때였다고 한다. 윤석오는 《근대인물 100인선》에서 "문장(文章), 재기(才氣)가 벌써 능숙해서 그 숙예(夙詣)의 탁월함은 노성(老成)으로도 어찌할 수 없고 가르치고 배우고 할 것이 없다." 하였다고 한다.

허나 난곡과 정식으로 사제지의(師弟之義)를 맺는 것은 경술(庚戌 1910) 국치 후 10월이었다(역주본 中 280~289쪽 참조, 담원문록 5권).

〈제난곡이선생문(祭蘭谷李先生文)〉을 보면 다음과 같은 대목이 있다(역주본 280쪽).

돌이켜보건대 이 못난 것이	顧玆愚庸
일찍부터 가르침 받자왔으니	夙荷提誨
정의(情誼)로는 부자(父子)요	父子之游
의리로는 사제지간(師弟之間)	師弟之義
......	
이직도 삼삼해라 경술(庚戌) 그 해	猶記庚戌
밤에 재동 댁 찾아뵙던 일	夜造齋衚
외로운 등불 아래 횃닭이 울도록	孤燈晨鷄
숨어 깊은 슬픔을 말씀하셨지	示我隱痛
이 뒤로부터는	自是之後
임 향한 마음 날로 깊어져	傾響日深
임 따르기 기약했네 엎드러지건 곱드러지건	期從顚沛
동서건 남북이건......	東西南北

선생에 대한 절대적인 향념(向念)과 제자의 각오가 이만저만이 아님을 알 수 있다. 283~284쪽에 또 다음과 같은 구절이 있다.

선모(先母)[서씨] 병환이	先母之病
위중타 듣고 그 밤으로	聞革以夜
인시(寅時)[새벽 3~5시] 기차로 떠나는데	車以寅發

온 장안은 다 잠든 때.	滿城皆臥
숭례문(남대문) 밖에	崇禮門外
바람은 맵고 하늘은 컴컴컨만	風冽天黑
또한 선생님만이	亦惟先生
와서 그 슬픔 살펴주셨네	來視其惻

이때 아버지 나이 스물여섯, 난곡장의 연세는 쉰여덟이었다. 얼고 녹는 사제의 정을 엿볼 수 있다.

《난곡존고(蘭谷存稿)》30쪽 〈서기정경시인보(書寄鄭景施寅普)〉에는 제자에 대한 난곡장의 살뜰한 사랑을 드러낸 다음과 같은 구절이 있다.

오랫동안 경시를 못 보니	不見景施久
아득아득(아스랗다) 그리움에 내 애가 타누나	悠悠勞我思
한 평생에 오직 자네가 있을 뿐	一生有汝在
천하에 다시 뉘 알리오?	四海更誰知
우리 유도(儒道)가 어려움에 빠질 때	吾道艱難日
이 말 저 말이 얄궂을 때	羣言俶詭日
문장은 천고를 가는 일이니	文章千古事
어려운 시절 부디 조심하기를	珍重歲寒期

난곡장은 당신 아버님의 《마니실유고(摩尼室遺稿)》를 맡겼고, 묘지명(墓誌銘)도 유언으로 부탁하였다. 난곡장에 대한 아버지와도 같은 존숭(尊崇)과 사랑은 그 맏아드님인 종하(琮夏)와도 형제같이 지내서 그의 묘비명까지 짓게 되니, 말하자면 3대에 걸친 연분이 된다.

영재 이건승(寧齋 李建昇)는 절개를 굽히지 않고 자기 몸을 깨끗이 할 의리를 지켰으나 난곡장은 항상 세상을 구하기를 주장하여, 한갓 모르는 척해서는 안 된다고 여겼으므로 아무리 외진 물가에 숨어산다 하여도 서양의 헌법·재정·형법·외교 등을 연구하지 않음이 없었으며, 지난날 선비들이 지나치게 《춘추(春秋)》만 끌어대어 음악도 토속적인 것을 지키지 않아 백성으로 하여금 숫저음(순수함)을 잃게 한 것을 절통하게 여기어, 말이 이에 미치면 문득 흥분하곤 하였다.

윗글은 《난곡선생묘표(蘭谷先生墓表)》에서 따온 글이다.

늘 이 겨레 이 땅을 차마 못 잊어 안경 쓴 지친 눈 괴롭히면서 신구(新舊) 서적 뒤적이며 동서의 정법이며 통화의 팽창과 폭락 등을 연구하였다. 선배학자 중 난곡이 가장 높게 본 분은 다산 정약용(茶山 丁若鏞)이었다.

망명 결의

담원선생은 임자년(1912) 섣달 스무닷새에 생어머니 서씨 부인을 모시고 압록강을 건너 안동현(安東縣)[지금의 단동(丹東)]에 도착한다. 그리고 사흘째 되던 스무여드렛날, 서른넷이나 손위인 큰댁언니[재종형(再從兄) 인승(寅昇)]께 다음과 같은 편지를 보낸다.

아우는 사뢰나이다. 옛말에 "사람이면 누가 허물이 없으리오? 고치는 것이 귀하니라." 하였사오니 아우 같은 놈도 진실로 고치기만 한다면 사람이 되겠사옵니까? 언니께서는 아우를 깊이 사랑하시기 거의 우리 아버지 버금일 것이오니 언니께서 가르쳐주시기 바라옵니다.

자기 "평생에 어버이를 섬긴다는 것이 어떤 일인지도 모르고, 한 갓 제 뜻만을 행하려 들어 어버이를 섬기는 외에는 천하에 아무 것도 없다는 것을 특히 몰랐다"는 불효자의 쓰라린 가책(呵責)을 털어놓은 글이다. 당시로서는 상노인인 57세의 아버지와 59세의 생어머니, 그리고 67세의 양어머니에게 끼칠 당신의 불효를 스스로도 차마 견디기 어려웠을 것이다.

허나 자신이 가고자 하는 지상(至上)의 길은, 금수가 아닌 사람의 길은, 독립을 위한 망명에 투신함이라 생각하였기 때문에 자식으로서의 갈등을 어쩌지 못했던 것이다.

편지는 다시 이어진다.

아우가 해포 전[(1910) 열여덟] 서울에 있을 때, 마침 세상일은 크게 변하여 슬프고 답답하여 구라파로 노닐고자 머리 깎고 검은 옷〔양복(洋服)〕을 입으니, 남들처럼 바람 따라 물결에 휩쓸리듯 한 것은 진실로 한 것이 아니고, 나름대로 구구한 고충이 있어서였사옵니다.

머리를 깎고 검은 옷을 입은 것은 나라가 망한 뒤의 일임을 알 수 있다. 편지는 사뭇 고해하는 신자의 뉘우침으로 이어진다.

그러나 그 움직임이 속에서 터져 나온 것이 아니고, 밖으로부터 격발되었을 따름이오라 그게 쉬웠던 것이옵니다. 또한 밖으로부터요, 오래 쌓였던 게 아니고 갑작스러웠기 때문에 얼마 안 있어 밖으로 요염한 아름다움에 흔들리고, 금칠한 수레에 마음이 홀려서 더러 기생집에 묵기도 하고, 더러 세도 있는 자에게 이리저리 돌아다니기도 하였사옵니다. 머리 깎은 게 아름다워 보이고 검은 양복 입은 게 단정해 보여야 거리를 다닐 때 이른바(망국에 대한) 슬픔도 없고, 이른바 고민도 없어서 대개 제 본성을 차츰차츰 잃게 되었사옵니다.

열여덟 살 젊은이의 안살 없는 자기 성찰의 고백이다. 그러다가 어느 날의 소스라친 깨달음을 다음과 같이 잇는다.

신해년((1911) 열아홉) 가을 쯤 밤에 뜰을 거닐다가 하늘의 달을 우러러 보니, 거울 같아 마치 제 마음 속을 비추는 듯하여 서글프게 뉘우침이 터져 나와 땀이 흘러내려 등을 적시었사옵니다. 이때부터 방탕한 연정은 스러지고, 구차한 영화(榮華)에 대한 생각은 끊어지고, 슬픔에 주룩주룩 눈물이 흐르고, 번민이 가슴에 벅차올라 지난날에 비겨 도리어 더 심하였사옵니다.

청나라 변두리에 밭을 사고 장사도 하여 늙으신 어르신네를 받들고 옮겨 살려 하온데, 농사나 짓고 장사나 하려는데 그치는 것은 아니옵니다. 때를 살펴 깊숙이 들어가 본디 품은 뜻의 만의 하나라도 행하기를 기약하옵니다.

이렇게 가닥이 잡힌, 망명하고자 하는 집념과 낯선 땅에서 노인네가 겪는 고생에 쓰라리게 가책하는 불효자의 몸부림 사이의 갈등도 마침내는 금수가 아닌 사람의 길(독립운동)을 걸어야 한다는 지상의 명령 앞에 그만 압도되고 만다.

편지는 다시 이어진다.

이제 인간의 도(道)는 장차 끊어져 버릴 것이옵니다.
젊은이는 마땅히 더욱 노력하여 뒷사람에게 도움이 되도록 기약

해야 할 것이옵니다. 대저 지금 세상에 태어나서, 옛 도에 뜻을 두고
서 천하에 왕공 노릇하기를 반기지는 않고, 천하 백성이 하려들지
도 않는 것만을 좋아라 하며, 그리고 이에 유독 그 일만을 하니, (이
일을) 좋아하는 자는 가난하고 이 일을 하는 자는 벼슬도 없사옵니
다. 그런데도 유독 오히려 앞으로도 (이 일만을) 하려들고 조금도 그
치지 않으니 무슨 까닭이겠사옵니까?

대개 차마 스스로를 포기하여 금수가 될 수는 없기 때문입니다.
대개 천지간에 사람으로 태어나서 할 일은 무엇이겠사옵니까?

아우의 뜻은 결연하옵니다. 아우의 마음은 확고하옵니다. 지난날
은 그만이거니와 미래는 오히려 힘써야 하옵니다. 언니께서는 이 아
우를 지난날의 저로 여기지 마옵소서.

다만 이촌(梨村)의 땅값이 제법 비싸니 지금 파는 것이 유리할 듯
하옵니다. 아우가 문장(文章)에 대한 못 잊음을 끊어버린 지 한 달
이 되었사오니 이 말씀을 언니께 여쭙지 않을 수 없사옵니다.

인간을 포기하고 금수가 될 수는 없어 천하에 태어나서 해야 할
일이란 오직 독립운동을 위한 망명의 길임을 밝히는 것이라, 그 좋
아하던 문장에 대한 미련도 버렸음을 언니께 아뢴다.

어려움이 닥칠 때, 백성의 의지가 될 것은 문장이 아니라 정치, 헌
법, 재정, 군사, 외교에 대한 학문의 축적임을 난곡*¹에게 들은 바 있

---

*1 祭蘭谷李先生文(역주본 중 281쪽 담원문록 권5)

당신 말씀은 이러하였느니라	先生曰此(文章)
이건 선비가 귀히 여길 바 아닐세	非士攸貴
정치며 법률	政治典憲
재정 군사야말로	財賦戎事
기구한 어려움 덮칠 때	岐嶇艱厄
백성의 의지가 될 것일세	要歸民倚

거니와, 바로 자기 스스로 그러함을 살뜰히도 깨닫게 되었기 때문일 것이다.

금수가 아닌, 내 얼을 올곧게 지닌 사람으로 살기〔獨立運動〕를 굳건히 다짐한 글이었다.

서행(중국행)

아버지의 '추옥 장흥방 감부(傲屋長興坊感賦)'는 다음과 같이 시작된다.

열한 살에 낯익은 거리 떠났고	十一辭舊巷
열세 살때가 을사(乙巳)였지	十三爲乙巳
열아홉엔 북으로 압록강을 건너니	十九北渡鴨
조상의 옛 터전 이미 잃었네	已失先君履
미친 바람만 까마득히 불어 젖히니	狂風吹茫茫
외론 배는 뜰락 잠길락	孤舟沒復起
떠돌이 신세 마흔 해에	漂泊四十年
사방으로 남에게만 휘불린 것	四方不由己

이라 하여 열한 살〔계묘(癸卯) 1903〕에 낯익은 회동을 떠나 양근(楊根)으로 낙향하였고, 이태 뒤가 바로 을사늑약(1905), 그리고 열아홉〔신해(辛亥) 1911〕에는 압록강을 건넌 것을 말하고 있다. 그리고 끝줄의 사방불유기(四方不由己)에서 끝내 민주적이지 못되었던 회한을 느끼게 한다. 이렇게 공개적으로 말한 것도 실은 8·15 이후 특히 1948년 정부수립 후에 지은 글이었기 때문이리라. 살얼음판 40년에 어느 글에서 서행에 대한 공언(公言)이 있을 수 있었으랴.

① 1910년

그런데 《이산집(伊山集)》 서문(序文)[경진(庚辰) 5월(1940년 지음)]에서 담원선생은 다음과 같이 말한다.

이산(伊山) 예옹(芮翁)의 휘는 대회(大僖)니 영남 청도(淸道)에서 태어나 자라서는 송연재(宋淵齋)[병선(秉璿)] 선생의 문하에 유학하여 선생과 그 아우 심석(心石)[병순(秉珣)]을 아울러 섬겼는데 두 선생은 앞서거니(1905) 뒤 따르거니(1912) 순절하셨고, 옹도 나이 먹고 쇠하였건만 변고[庚戌 1910] 후에 압록강을 건너서 북으로 옛 부여와 고구려의 유허에 이리저리 떠돈 지 이미 오래되어, 아버지가 늙어서 돌아왔다(담원문록 권2, 번역본 494쪽 첫 부분).

그리고 이현지(李玄之[현규 玄圭])의 명(銘)과 김동강(金東江[영한 甯漢])의 서(序)와 담원의 서(序)를 구(求)함을 썼다. 그 아래에 다음과 같이 있다(번역본 495쪽).

옹이 한창 북으로 갈 때 보(普)의 나이는 열아홉으로 봉천(奉天) 안동(安東)에서 장사하면서 제법 왕래하는 현인(賢人) 호걸(豪傑)을 맞아들여 내 사람으로 만들었다. 이때 젊은이들은 동서남북으로 베 짜듯 오갔으며 모두가 펄펄하며 서슬이 푸르렀고, 연만하신 높은 선비로 수파(守坡) 안공(安公 : [효제(孝濟)]) 같은 분이 여사(旅舍)에 묵고 계셨으며, 노대눌(盧大訥)[상익(相益)]·노소눌(盧小訥)[상직(相稷)]·맹동전(孟東田)이 다 있었다. 서춘강(徐春江) 군도 여러 노임을 위하여 상업을 하여 찾아온 손님 대접을 하는 주인 노릇을 하며 젊은이 어른이 둘러 앉아 있었다.

위의 글에서 '옹도 나이 먹고(마흔다섯) 쇠하였건만 변고 후에 압록강을 건너서 북으로 옛 부여와 고구려의 유허에 이리저리 떠돈지······' 한 부분과 다음에 인용한 '옹이 한창 북으로 갈 때, 보(普)의 나이 열여덟, 열아홉으로······'라 하였으니 국치(1910) 후와 열여덟은 바로 경술(庚戌)이 되고, 열아홉은 1911년 신해(辛亥)가 된다. 옹이 한창 북으로 압록강을 건널 때가 바로 담원선생 열여덟, 열아홉 때라 하니, 열여덟 때 벌써 서행함을 알 수 있고 한두 번의 짤막한 서행으로는 펄펄하고 서슬 푸른 젊은 현인·호걸을 내 사람으로 만들 수 있었겠는가? 번역본 496쪽 4~5행에 "지난날을 생각건대 낯선 땅 황량하고 추운 데서 서로 보기에 초췌하였건만, 오히려 마치 일시의 성황이었던 듯 싶다."라는 대목을 잊을 수 없다. 그 길에 온 정열을 다 쏟고 있던 젊은이들의 의기가 나를 느껍게 한다. 그러나 보다 확실한 근거를 《현산집(玄山集)》에서 찾을 수 있다.

이현규(李玄圭)의 《현산집(玄山集)》권9 묘갈명(墓碣銘) 중 '이산거사(伊山居士) 예공 묘갈명 병서(芮公墓碣銘幷序)'에 다음과 같은 글이 눈에 뜨인다.

> 庚戌(1910) 有屋事變 居士至遼滿 遊歷數月. 壬子(1912) 春 挈家 渡鴨綠 泝混江 至桓仁縣老黑山下 戒兒種豆秫. 國亡屬耳豪傑志士多遁跡于遼薊 安校理孝濟·李剛齋承熙·孟東田輔淳·金吾石學韶·李古狂世永·申丹齋采浩·李筱浣某倬 皆莫逆也 相與奔走俄淸英伊間······

윗글에서 경술(1910)년 국망(國亡) 즈음에 거사(居士)가 요동·만주로 두어 달을 떠났었음이 밝혀지고, 이것이 바로 담원선생 열여덟 때와 맞먹는다.

이산(伊山) 거사가 가족을 거느리고 다시 압록강을 건너간 것은 임자(1912)년 봄이라 했다. 1911년 이현산의 《이산거사 예공 묘갈명 병서》에서는 안효제, 이승희, 맹보순, 김학소, 이세영, 신채호 등과 막역한 사이였다고 하였다. 그리고 담원선생의 《이산집(伊山集)》 서(序)에서는 수파(守坡) 안공(安公), 노대눌(盧大訥), 노소눌(盧小訥), 맹동전(孟東田), 서춘강(徐春江) 등을 여사(旅舍 ; 여관)에서 만나뵈었다고 하였다.

② 1911년

우선 추옥 장흥방 감부(僦屋長興坊感賦)에서 "십구북도압(十九北渡鴨)"이라 하여 열아홉인 신해년(1911)에 압록강을 건넘을 알 수 있거니와 수파(守坡)는 언제 감시망을 벗어났단 말인가? 수파 안공은 일본인이 준다는 은사금(恩賜金)이라는 것이 "비은(匪恩)이오 이욕(伊辱)"이라 펄펄 뛰며 거절하는 바람에 거창옥(居昌獄)에 갇히게 된다. 벽구멍으로 넣어주는 밥덩이를 욕되다고 나흘이나 굶는 바람에 옥사하면 그의 소원을 이루는 셈이라고 옥리(獄吏)는 그를 내어 놓고 만다. 아들 철상(喆相)을 달래고 어르며 받으라 하나, "네가 그놈의 돈을 받는 날은 네 아비가 목숨을 끊을 날이니 아비를 죽인 놈이 되지 말지니라(汝受金之日 卽汝父命絶之日 汝無爲弒父人也)"는 그 아버지의 편지 쪽지를 보고는 아들마저 풀어주고 만다. 그러나 날마다 공의 동정을 감시하였다.

그 이듬해(1911) 겨울, 감시가 다소 뜸해짐에, 공은 북을 향해 3,000리를 걸어 중국 땅 임강현(臨江縣)〔봉천(奉天) 흥경부(興京府). 지금의 요녕성(遼寧省)에 속함〕에 이른다(11월 7일 길 떠나, 11월 11일 압록강 건너, 섣달 초닷새에 유하현〔(柳河縣) 양지(陽知)에 도착하여 다시 70리 : 수파집(守坡集) 권3 49~54 요하일기(遼河日記)〕. 얼음과 눈길을 정강말(제 발로 걷는 것을 이르는 말)로 가느라 장딴지 털이 다 쓸려 없어졌다고 이건승 선생의 《해경당수초(海耕堂收草)》의 〈홍문관교리

수찬안공행장(弘文館校理修撰安公行狀)〉(丁巳 1917 作)에 적혀 있다. 경재(耕齋)와 수파(守坡)가 안동현 접리촌(接梨村)에서 한 집 건너 이웃하여 붙어살게 된 것은, 그로부터 다시 1년 남짓하여(1912) 아들 철상이 아버지를 뵈러 온 뒤였다.

그러므로 담원선생이 여사(旅舍)에서 수파옹을 뵈었다는 것은 아마도 접리촌에서 안정되기 전인 신해(辛亥)[1911] 겨울이라 생각한다.

③ 임자(壬子) 1912년 겨울

생어머니 서씨 부인을 모시고 압록강을 건넌다. 담원정인보전집 권1. 담원시조 자모사 제37에

이강이 어느 강가 압록(鴨綠)이라 엿자오니
고국산천이 새로이 설워라고
치마끈 드시려 하자 눈물 벌써 굴러라

주(註)에 임자년 겨울 안동현으로 뫼시고 갈 제 기차가 압록강을 건너니 어머니가 나를 부르며 "나라가 이 지경이 되어 내가 이 강을 건너는구나." 하여 임자년(1912) 겨울(스무 살 때) 서행함을 알 수 있다. 더구나 임자년 겨울 섣달 스무닷새 안동현(지금의 丹東)에 도착함을 편지에서 이미 보았다.

④ 계축(癸丑) 1913년 2월 하순

담원문록 권1 서사(抒思)[그리움을 적다] 번역본 상권 204쪽에 다음과 같이 쓰여 있다.

2월 스무사흘은 아내의 생일이다. 계축(1913) 봄 인보는 중국행을

결심하였다. 아내는 생일이 겨우 며칠밖에 남지 않았는데 머물지 않음을 속으로 섭섭하지 않을 수 없었겠지만 인보 생각에는 우리 내외는 다 젊은이라 앞날이 많으려니 하여 마음 쓰지 않았었다.

그러므로 중국행은 계축 2월 아마도 스무날쯤이 아니었을까 한다. "아내의 부음을 듣고 돌아왔을 때 아내는 벌써 묻혀 있었다." 하였으니 시어머니를 따라 중문까지 바래주던 것이 마지막이었던 것이다.

음력 10월 초하루(양력 10월 28일) 황포강 부두에서 예관(睨觀) 신규식(申圭植) 선생이 전송하여 주셨음을 십이애(十二哀)〔시조집〕 4에 "박히고 박힌 설움 금강석도 뚫을랐다. 황포강 여읠 적이 어제런듯 33년 넋 응당 오셨으련만 바라 아득하고녀"의 주(註)에서 밝혔다(날짜는 《지산외유일지(志山外遊日誌)》 참조).

담원선생은 국변 뒤 그 해(1910) 열여덟로부터, 열아홉(1911)·스물(1912)·스물하나(1913)에 걸친 망명길에 나섰다. 그 당시로서는 오직 독립운동만을 위한 망명만이 금수가 아닌 인간의 길이라 여겼으므로 그는 늙은 부모에 대한 불효까지 무릅쓰고 그 길로 나섰던 것이다.

수파(守坡) 안효제(安孝濟), 예관(睨觀) 신규식(申圭植), 단재(丹齋) 신채호(申采浩), 호암(湖巖) 문일평(文一平) 등과의 귀한 만남이 그의 일생에 크나큰 보람이었고, 기어이 사람답게 살기로 마음먹고 그대로 굽히지 않고 꺾이지 않고 매진할 수 있었음이 또한 타고난 그의 어기찬 기(氣)의 부림이라고 생각한다. 그러나 그런 망명의 길도 처음 장가가서 맞이한 부인의 비보로 귀국길에 오르니, 1913년 10월 초하루 상해를 떠남으로써 마감하게 된다. 자신의 힘이 부족해 남에게 기대보려는, 남과 힘을 얼려보려는 독립의 길이 얼마나 맹랑한가를 뼈저리게 깨닫고 그는 고국으로 돌아왔을 것이다.

강단에서 논단에서

1913년 음력 10월 1일(양력 10월 29일) 예관 신규식 선생의 배웅을 받으며 뜻을 못 편 상해를 떠난 뒤 고향에 돌아오니 신산스러운 일이 많았다. 설마하니 만날 수 있겠지 했던 전처는 이미 흙에 묻혀 말이 없었고, 1915년 3월 10일에는 큰 외숙[서병호(徐丙祜)]이, 1918년 6월 21일에는 진천에서 생모 서씨 부인이, 그리고 1923년 3월 18일에는 양어머니 이씨 부인마저 목천에서 세상을 뜨셨다. 서울 양사골(충신동) 6가 66번지 방태영씨 댁에 세들게 된 것은 1923년 8월 그믐이었다. 1913년 음력 동짓달 스무사흘 조씨 부인과 재혼, 1915년 4월 10일 첫아들 선모(先謨)가 태어났으나 어린 나이에 죽고, 1916년에 태어난 명완(明婉)이도, 1922년에는 임완(壬婉)이 태어났으나 어린 나이에 죽으니 낙향생활에 사랑하는 많은 살붙이를 잃은 뒤 남은 가족을 서울로 데려온 것이다. 1920년대 초부터 연희전문, 세브란스전문, 이화여전, 혜화전문 등 강단에서, 그리고 신문과 잡지의 논단에서, 그리고 여러 강연회를 통하여 젊은 학생과 일반 대중에게 민족의 얼을 심어 주는 것이야말로 올바른 자주독립을 획득하는 길임을 깨닫고 심혈을 기울여 이에 헌신하였다. 1922년 무렵부터 1937년까지 아버지는 연희전문에 봉직하셨다. 1938년부터는 우리말로 가르칠 수 없고 일본어로 가르치는 것만 허용되었기 때문에 연희전문을 떠날 수밖에 없었다.

《근대학문의 형성과 연희전문》(연세대학교 국학연구원 편, 연세대학교 출판부, 2005년 5월 10일) 중 정선이 교수(서울여자간호대학 교수)의 「연희전문 문과의 교육」 69쪽 표-1을 보면 문과 교수진의 학력 및 경력란 맨 아래칸에 「중국 남경, 중국어·중국문학 수학(1912~1913)·중앙고보 교사(1915)」라고 되어 있고 재임 기간은 「1922~1938(1940 사직)·담당 과목은 한문학·조선문학」으로 되어 있다. 연세대에서 나온 이 연구물들을 통해 아버지가 1915년 중앙고보 교사로도 봉직했음을 알 수 있게 되었다. 또한 89~90쪽에 이르는 표-4 중 90쪽 첫 칸부터 셋째 칸에 이르는 과목란에는, 과목 소개 및 담당 교수·학년·주당 시간 수에는 일목요연하게 구체적인 과목 소개까지 갖추어져 있어 고맙기 이를 데 없다. 아버지가 담당한 과목은 '작문'으로 3학년에 일주일에 한 시간이며 문장구조와 어휘선택, 모범작문 연구 및 작문연습으로 되어 있다. '문학'은 3학년에 일주일 두 시간으로 조선 문학의 다양한 형태를 접할 수 있도록 하고, 소재는 대표적인 시·가사·소설·근세 산문·번역된 중국 시가 소개·비평적 연구와 설명적 강의로 되어 있다. 또한 4학년을 위해 일주일에 두 시간씩 조선 문학 발달의 비평적 연구, 고대문학·삼국시대 문학·통일신라 문학·고려시대 문학의 중국적 형태와 한국적 형태의 갈등, 문예중흥기와 후기 발달 연구 및 비평, 강의와 독서로 되어 있다.

연희전문에서 국사는 이미 일본사로 일인 교수가 담당하고 있었다. 드러내어 놓고 우리 것을 가르치는 것을 당국에서 꺼리자, 백낙준 박사의 슬기로 「중국사」 교과명 아래에 《사기(史記)》·《자치통감(資治通鑑)》을 가르치는 한편, 우리의 상고사(上古史)와 《삼국유사(三國遺事)》, 근세사를 가르치게 하였고, 한문학(漢文學) 과목에서는 중국 것에 곁들여 박연암(朴燕巖)을 가르칠 수 있게 하였으며, 중국 시문학에 곁들여 우리 시문학을 가르칠 수 있게 하였다. 백 박사와 아버지는 국학의 진흥이 곧 우리의 자주독립을 이루는 길임에 공감하였고, 백 박사는 아버지의 연구에 필요한 한문으로 쓴 책을 상해 상무인 서관(上海商務印書館)에 주문하여 연구실에 비치해 주어 연구를 도와 주었다.

1914년(22세)에 훗날 전(傳)을 짓기까지 속마음으로 존경하고 좋아한, 훌륭한 인물은 민영달(閔泳達)[당시 60세]을 서울에서 처음 만났던 것을 기억함직하고, 이 해가 또 담원문록의 첫 작품인 금산군수 홍공 사장(錦山郡守洪公事狀)을 지은 해라고 짐작된다.

1915년(23세) 중앙고보 교사였음이 「연희전문 문과의 교육」의 교수진의 학력과 경력란에 밝혀져 있고, 중앙고보의 숙직실(의 별실)은 고하(古下) 송진우(宋鎭禹) 선생, 인촌(仁村) 김성수(金性洙) 선생, 소성(小星) 현상윤(玄相允) 선생 등이 늘 남몰래 모여서 교육을 의논하고 국가의 앞날을 걱정하던 곳임을, 특히 1919년 3·1운동의 산실임을 나는 늘 잊지 못한다. 그래서 계동 고갯마루를 지날 때마다 옷깃을 여미게 된다. 그동안 여러분이 남모르게 꾀를 내고 애를 태운 독립을 위한 여러 일들을 정확히 알아낼 수는 없으나 어렴풋이 짐작은 간다. 결코 드러내어 이야기할 수 없는 비밀스러운 일들이었기 때문이다. 1919년 봄에는 진천을 떠나 목천으로 이사하게 됨을 학산장의 《춘경대집(春耕臺集)》 중 〈간 족숙 연재공〉(簡族叔淵齋公)[연재공=정은조(鄭誾朝)] 주에 "연공 금춘(淵公今春(己未)) 자 금리 종 거목천(自琴里從居木川)"에서 더듬어 알 수 있게 할 뿐이다.

《담원 정인보 전집》을 보면 총 6권 중 1·2·3·4권이 모두 국한문 혼용이고 한문으로 된 것은 5·6권 뿐이다. 물론 이것을 우리말로 풀어 쓰면 비슷한 분량이 되겠으나, 학생을 가르칠 때도 그렇고, 대중매체 —당시는 신문·잡지 등—를 통해 일반 독자에게 보다 더 널리 우리 역사·문학을 가르쳐 민족정신을 드높이기 위해서도 국한문 혼용이

수월했을 것이다.

1922년 《동명》 10-1에 〈예관 신규식(睨觀 申圭植) 선생을 생각하며〉를 발표함을 비롯하여 1924년 8월 〈개결무구(介潔無垢)의 박은식씨(朴殷植氏)〉를 《개벽(開闢)》에, 9월 3일에는 〈억 겸곡 노인(憶謙谷老人)〉(겸곡은 박은식 선생의 호)을 동아일보에 게재하였다. 물론 1924년 2월 18일에는 경재장(耕齋丈)이 안동현(安東縣) 접리촌(接梨村)에서 돌아가시고 장인 성건호(成健鎬) 공이, 그리고 민영달 공이, 그리고 못내 사랑하던 친구 박승익(朴勝益)이, 그리고 이희원(李熙元)이 돌아가면서 민영달전, 박승익전, 이희원전이 이해에 나오게 된다.

이해 11월 6일에는 「이충익(李忠翊) 호초원(號椒園)」, 11월 15일에는 「곡 백암 박부자(哭白巖朴夫子)」를, 12월 1일에는 「과산자 성 이씨 휘 문익 자 순사 초원 동모형야(窠山子姓李氏諱文翊字純士椒園同母兄也)」, 12월 2일에는 「항해 홍공 길주호야(沆瀣洪公吉周號也)」를 동아일보에 이어 게재하기 시작한다. 이 작업은 근세 우리 사상사의 근간을 이루는 명저를 하나하나 정리하는 노트로서 학생들에게 가르치기 위해 구상한 교재이기도 하며, 대중계몽용으로 쓰려는 뜻에서 마련하였다고도 본다. 학생들에게는 한문교재로, 또한 번역연구의 실례로서 가장 적절한 선택이라고 생각한다.

1923년 8월 그믐 온 식구를 서울로 데려오기 전, 아버지는 늘 서울과 시골을 오갔다. 서울에서는 대부분 원동(苑洞) 아버지 처가에서 많이 묵으셨으리라 짐작된다. 그러나 서울로 올 때는 두 분 어머니를 다 여의고 한 분 아버지만 모시게 되는 형편이었다.

1926년 서른넷에 제술관(製述官) 윤용구(尹用求)를 대신하여 3월 14일 「유릉지문(裕陵誌文)」을 짓는다.

1926년 3월 16일에는 동아일보에 「대행애사(大行哀辭)」를 짓는다. 문고리를 안으로 걸어 잠그고 며칠을 나오지 않는 바람에 할아버지는 애가 바작바작 타셨다고 한다.

어짊과 슬기 그리고 탁월한 통치능력을 지니고 있으면서도 때를 못 만나, 의지 없고 죄 없는 백성들에게 포부와 사랑을 베풀 길 없는 망국(亡國) 황제의 속 깊은 서러움, 일인 손에 참혹하게 시해된 모후(母后) 명성황후에 대한 살이 에이는 통한(痛恨), 어르고 우격다짐으로 선위(禪位)시킨 아버지 고종에 대한 피나는 효심, 일인의 마수(魔手)로 형제조차 헤어져 살아야 하는 비분(悲憤) 등, 이 모든 것을 인간적인 사랑으로만 그려나간 작품, 그 임금의 펴지 못한 쓰라린 사랑을 오히려 측은하게 생각하는 온 백성의 사랑이 한바탕 통곡 속에 몸부림치게 하는 글이다. 이 글은 다른 의견이 있어 돌에 새기지 못하고 계산약국 홍승초(洪承初) 선생의 손으로 항아리에 묻혔다가 8·15 이후에야 땅으로 나오게 된 작품이다.

이 가을에 자모사(慈母思) 40수가 나온다.

이해(1926) 2월 18일 제 경재 이장문(祭耕齋李丈文(大祥))을, 1927년 3월 31일에는 이상재(李商在) 선생의 장서(長逝)(동아일보), 월남선생 묘비(月南先生墓碑).

1928년 5월 하순에 《당릉군 유사징(唐陵君遺事徵)》

1928년 11월과 12월에는 연이어 「지나문학론(支那文學論)」을 《청년(青年)》에 게재.

1929년(37세)

《사설(僿說)》에 엄영(掩映)되는 이성호(李星湖)의 「광회이(曠懷二)」를 중앙일보에 게재.

1930년(38세) 5월 「남강 이공묘비(南岡李公墓碑)」

5월에 「남강 묘비후(南岡墓碑後)」

9월 2일~9월 28일 「동도잡지(東都雜誌)」(동아일보),

「조선문학 원류초본 제1편(朝鮮文學源流草本第一編)」《연희전문문과

연구집》 제1호에 게재).

1931년(39세)

1월 19일부터 5월 11일까지 고서해제(古書解題) 「이대연 면백(李岱淵 勉伯)의 감서(憨書)」~「이소재 이명(李疏齋 頤命)의 《소재집(疏齋集)》」에 이르는 15책을 해제하였으니 이 모두가 학인(學人)과 일반인의 교양계발에 이바지한다.

그리고 이충무공 유적보전 사업위원회의 위원이 되어 1931년 5월 14, 15, 21, 26일, 그리고 6월 15, 17일에는 연달아 민족혼을 솟구치게 하는 이충무공 관련 글을 발표한다.

같은 해 12월 9~12일에는 (종교예배당에서) 동계 학술대강연회 「조선문학」 강연을 하였다.

고서해제는 7월 6일에 정조의 「《어정 무예도보통지(御定武藝圖譜通志)》」로 이어지고,

1932년(40세) 4월 《동방평론(東方評論)》 창간호에 「담예쇄록(談藝瑣錄)」, 6월 7일에는 「중건 현충사 비문(重建顯忠祠碑文)」을 발표하였다.

1933년(41세) 10월 8일 수창동 198번지로 이사하였다.

이해 7월 15일부터 「관동 해산록(關東海山錄)」을 조선일보에 30회에 걸쳐 게재했다.

9월 8일부터 12월 17일까지 66회에 걸쳐 「양명학 연론(陽明學演論)」을 동아일보에 연재하니 그 가운데 "양명을 들먹일 게 아니라, 내 마음에 물어 내 스스로 옳다 여길 때 행하라." 하신 말씀이 귀하다.

1934년 동아일보에 7월 31일부터 9월 29일까지 44회에 걸쳐 「남유기신(南遊寄信)」을 게재했다.

9월 10일부터 15일까지는 「유일(唯一)한 정법가(政法家) 정다산(丁茶山) 선생」을 게재, 경학자(經學者)인 석천(石泉)과는 다른 경세가(經

世家)인 다산의 진면목을 알리기 시작했다.

1935년(43세)

1월 1일~12월 31일 (158회) 「5천년간 조선의 얼」(동아일보)

7월 16일 「정다산(鄭茶山) 선생 서거(逝去) 백년을 기념하면서」 (동아일보 조간)

7월 29일~8월 1일에는 하기 순회 강좌.

9월호《신동아》에 「다산 서전 재료고 주(茶山敍傳材料考 註)」

11월 11일~11월 20일 조선역사 강좌(상고사 上古史 3회) 매일 6시 30분 동아일보 강당

1936년(44세)

1월 7일~8월 26일 「5천년간 조선의 얼」(동아일보) (282회)을 지은 해이다.

2월 26일, 2월 28일 「단재(丹齋)와 사학(史學)」 상·하 4 신단재(申丹齋)를 추억한 잔억(殘憶)의 수편(數片) (신동아 087-64, 36-2),

4월에 「신단재를 추억함」

5월 23, 24, 26일에 「을지공 묘산 수보문제(乙支公墓山修保問題)」 상·중·하를 동아일보에 게재.

「봉산석실가(鳳山石室歌)」

「기오생(寄吳生(昌根)」

「(윤)중암 발산 별업 득일천 감열 파인정축 좌우영대 구여작시 장각지암애벽상([尹]中暗鉢山別業得一泉甘洌派引渟蓄左右映帶求余作詩將刻之巖厓壁上)」

「발산석실가(鉢山石室歌)」("석재작 병자 계하 담원서(釋齋作 丙子季夏 舊園書)"로 나무에 새긴 현판)이 있음(비가 소장(卑家 所藏)).

8월 26일 「고구려 패업(高句麗霸業)과 영락대왕(永樂大王)」을 동아

일보에(1. 7~8. 26), (「5천년간 조선의 얼」 282회) 게재. 8월 28일부터 동아일보 정간(1937년 6월 2일까지).

12월에 「태교신기 음의서략(胎敎新記音義序署)」

「경운대사비(擎雲大師碑)」〔순천 선암사 대승암(順天仙巖寺大僧菴)〕

「제 학산 족형문(祭學山族兄文)」〔11월 30일 소상(小祥) 전날〕

「응교 윤공 묘표(應敎尹公墓表)」 등을 지었다.

1937년(45세)

6월 10일 「영인 훈민정음서(影印訓民正音序)」(조선어학연구회 발행)를 동아일보에 발표.

4월에 「안 함평갈(安咸平碣)」

10월 14일 「금강산 비경행(金剛山秘境行)」(민촌(民村) 이기영(李箕永)과 함께), 「석천 유고기(石泉遺稿記)」 등이다.

이상으로 연희전문 시절에 집필한 것들을 대충 추려 보았다.

연희전문을 그만 두고 8·15까지

1938년 그래도 2월까지는 학기가 끝나지 않았을 것이다.
1938년 4월 「종조형 참판공 묘명(從祖兄參判公墓銘)
8월 「재종수 홍부인 부장 각석(再從嫂洪夫人祔葬刻石)」
「단양 이씨 세장천비(丹陽李氏世葬阡碑)」
「이수봉 묘갈명(李秀峰墓碣銘)」
「경주 박군 화준 위 십절 봉간(慶州朴君華準 爲十絶奉簡)」
「서 김창강 수사 문헌비고 후(書金滄江受賜文獻備考後)」
「서대 곡애 안도산 창호 선생(西臺曲哀安島山昌浩先生)」
「김군 춘 동래언 기대인 소옹 비승 금년 육십일 생신 위 부 장구 기지(金君春東來言 其大人 素翁 秘丞今年六十一生辰 爲賦長句 寄之)」
「칠월 이십오일 야 장반 회 제 종숙 문헌부군 기형 망일근 우 념 윤상왕 재시일 위부 오십운 해시제질(七月二十五日夜半 會祭從叔文憲府君 旣兄亡日近 又念淪喪往在是日 爲賦五十韻 解示諸姪)」
「정군지용시기소위금강산시(鄭君芝溶示其所爲金剛山詩)」

1939년(47세)
「석전상인 소전(石顚上人小傳)」
「갑신사 사내신 지 내시부 지사 상선 유공 묘갈명(甲申死事內臣知內侍府知事 尙膳柳公墓碣銘)」
「첨정 증 승정원 좌승지 유공 묘지(僉正贈承政院左承旨兪公墓誌)」

정월(正月) 삭후 오일(朔後五日)에 「《여유당전집》 총서(《與猶堂全集》總序)」

정월 삭후 육일(六日)에 「우당 유공 묘표(愚堂兪公墓表)」를, 《여암전서》 총론(《旅菴全書》總論)」

《농포문답》 서(《農圃問答》序)

《겸재유고》 서(《兼齋遺稿》序)

「서 《재물보》 후 (書 《才物譜》 後)

「부 서파 여 이진사 만영 서(附西陂與李進士晚永書)」

「최군 묘표(崔君墓表)」

「제시 동강매화(題詩東岡梅花)」

「길주목사 윤공 묘표(吉州牧使尹公墓表)」

「학생 윤공 묘표(學生尹公墓表)」

「문호암 묘기(文湖巖墓記)」

「제 난곡선생 문(祭蘭谷先生文)」

「고인 황위현 이기 숙부 석전옹 금년 등 수 칠십 원 구 여언 여 초상 난옹 염 석전 유심 첩 위 칠고일편 탁 선군 태섭 귀 치지 옹 발함 당위 현연(故人黃渭顯以其叔父石田翁 今年登壽七十 遠求余言 余初喪蘭翁 念石田愈深 輒爲七古一篇 托宣君太燮歸致之 翁發函 當爲泫然)」

7월 25일 《육서심원》 서(《六書尋源》序).

6월에 「제 외고 윤부인 문(祭外姑尹夫人文)」을 짓다.

1940년(48세)

봄 「김서경 충현 기시 소서 영련(金恕卿忠顯寄示所書楹聯)」

소춘(小春, 음10월) 「제 양주동 향가 증석 권 수(題梁柱東鄕歌證釋卷首)」

「이공 유허비(李公遺墟碑)」

「정 충장공 비(鄭忠莊公碑)」

「고종 어필 서검 을사력 후 공제(高宗御筆書檢乙巳歷後恭題)」

「이문경(빈승) 초회 개운사 영전 하회 봉장인 겸진(李文卿(斌承)招會開運寺迎餞河晦峰丈人謙鎭)」

「요회봉석찬 인용 전운 위 별 삼수(邀晦峰夕餐 因用前韻爲別 三首)」

「운려권처사 권영운 묘갈 명(雲廬權處士權寧運墓碣銘)」

「항우 노인 생광각 석(巷憂老人生壙刻石)」

「오촌 설공 묘비(梧村薛公墓碑)」

「현씨 선묘갈명(玄氏先墓碣銘)」

「제 종조형 관찰 공문(祭從祖兄觀察公文)〔동곡공 종상 야(東谷公終祥也)〕

「장단 선천비(長瑞 先阡碑)」

「부재 이공 기몰 여 의위 입전……타일 채철 조구 당졸 위 전지(溥齋李公旣沒 余擬爲立傳……他日採掇粗具 當卒 爲傳之)」

「족질 춘재 진사 학산 옹자야……전세 동 기 자부 재경 산 제이남 춘재 문 지 희심 용 송 소식 시운 견시 위차 이 보언(族姪春齋進士學山翁子也……前歲冬其子婦在京産第二男 春齋聞之喜甚 用宋蘇軾詩韻見示 爲次而報焉)」

「합제가헌 박공문(合祭稼軒朴公文)」

10월에「대원군 화 란 정자 가(大院君畵蘭幀子歌)」

「치재 이장 장후 일일작(耻齋李丈葬後一日作)〔서 치재 이공 광 지 명 후(序耻齋 李公 壙誌銘 後)〕

「김 유인 기 절비(金孺人紀節碑)」

가을에 창동(倉洞)으로 이사하다.

1941년(49세)

4월 24일 「송거 이공조 전사(松居李公祖奠辭)」

「송거 이공 묘명(松居李公墓銘)」

「난곡 이선생 묘표(蘭谷李先生墓表)」

「마니실 이군 묘지명(摩尼室李君墓誌銘)」

「《이천 서씨 족보》 서(《利川徐氏族譜》 序)」

「황헌 이군 묘지(黃軒李君墓誌)」

1942년(50세)

「백은 유공 묘표(白隱兪公墓表)」

「도사 증 규장각 부제학 성공 묘표(都事贈奎章閣副提學成公墓表)」

초춘(初春) 「하겸진 《동시화》 서문(河謙鎭 《東詩話》 序文)」

3월 차녀 경완(庚婉) 결혼〔홍기무 처(洪起武 妻)〕 한글 「혼례사」 가 있음.

「강동희군 세치 하묘 금하 우미 작시 기사(姜東曦君歲致暇卯 今夏 尤美 作詩 寄謝)」

8월 20일 「우리 글씨 쓰는 법(김충현) 서문」

1943년(51세)

외손 홍석화(洪錫和) 태어남〔외손 홍석화 백일 지희 오수(外孫洪錫 和百日志喜五首)〕

「박 유인 묘지명(朴孺人墓誌銘)」

「학생 이공 묘표(學生李公墓表)」

「진주 성사첨 독서 산정 야방 여 심환 각이기시 기화기운 우지. 야 장무면 우첩지우수 우기 시 계미 여우거 양주(晉州成士瞻讀書山亭 夜訪余甚歡 覺而寄詩 旣和其韻 郵之. 夜長無眠 又疊至又首 又寄 時 癸

未 余寓居楊州)」

「지옹 윤공 묘갈명(芝翁尹公墓碣銘)」을 짓다.

1944년(52세)

「벽초(碧初) 딸 삼형제를 강정리〔청주(淸州)〕로 보내면서」(시조)

「예별좌 묘갈명(芮別坐墓碣銘)」

초복(初伏)「삼례(參禮) 땅 윤근중 이소장 〈현재 야일 방춘도〉 구제(尹謹重以所藏〈玄齋野逸訪春圖〉求題)」

「진주 허상선 기시 첩차 사지(晋州許尙善寄詩疊次 謝之)」

「상선 우화 우차(尙善又和 又次)」

「백련당 기(白蓮堂記)」

「결성현감 윤공 묘갈명(結城縣監尹公墓碣銘)」

3월 20일 장남 연모(淵謨) 결혼〔처 파평 윤여정(尹汝貞)〕

「관 수재기(觀水齋記)」

「손 소전 재형 휴시 〈김추사 세한도 권〉 구제(孫素荃在馨携詩〈金秋史歲寒圖卷〉求題)

음 5월 18일 둘째딸「경완 생일에 인절미 대신 보내다.」(시조)

1945년(53세)

「정 송포 낙훈 보고인야 금년 생세지 갑자일주 이 노모 무양 시이하지(鄭松圃樂薰普故人也 今年生歲之甲子一周而老母無恙詩以賀之)」

「김 유인 묘지명(金孺人墓誌銘)」

「총계당 정공 묘표(叢桂堂鄭公墓表)」

6월「윤시경 육십 수 서(尹始卿六十壽序)」

「상선 시사 불궁 응접 불가 화자지 자괴야(尙善詩思不窮 應接不暇和者秖自愧也)」

「간 상선(簡尙善)」

「학생 윤공 묘표(學生尹公墓表)」

「단인 김씨 묘표(端人金氏墓表)」 등을 지었다.

연희전문을 그만 두고 1945년 8월 15일 전까지의 작품들을 들어 보았다. 가르치는 일에서 벗어나 근세사상사의 근간이 될 중요한 마디들을 비롯하여 쓰고 싶고 써야 할 많은 작품들을 꾸준히 남기셨다.

1945. 8. 15 이후

　전북 익산 황화정리(皇華亭里)에서 맞은 8·15는 실로 꿈만 같고 느꺼웠다. 광목을 끊어 커다란 태극기를 그리시고, 남녀노소가 그것을 흔들며 장터로 나아가 목이 터져라 만세를 부른 마을 사람들. "하늘이 미쁘사 오늘을 보게 되었다."는 소오(小梧) 설의식(薛義植) 선생의 첫 편지가 반갑고도 느꺼웠다.

　8·15가 가져온 온 것은 통일된 조국이 아니라 분단된 어수선한 혼돈이었다. 11. 22일 임정(臨政)이 환국함에 「봉영사(奉迎辭)」를 지었고, 「순국선열 추념문(殉國先烈追念文)」을 지으니, 8·15 이후 처음으로 온 정성을 다하여 지은 명문(名文)들이다.

　1946년(54세)
　조선사연구 下 9 : 20 : 「성재 이공 환국 이 주년의(省齋李公還國已週年矣)

　「계동 초 위공 악강지신(季冬初爲公嶽降之辰)」
　「경 부 장구 식침(敬賦長句識忱)」
　「고하 송군 묘비(古下宋君墓碑)」
　「광복 선열(光復先烈)의 영령(英靈) 앞에 삼천만(三千萬) 다 함께 머리 숙이자」(동아일보).
　전 조선문필가 협회장에 오름.
　「제 허 뇌산옹 문(祭許雷山翁文)」

「하회봉 선생 상사(河晦峰先生傷辭)」

「후릉 참봉 김공 묘갈명(厚陵參奉金公墓碣銘)」

10월 한글만으로「세종대왕 어제 훈민정음 반포 오백주년 기념비
(世宗大王御製訓民正音頒布五百周年記念碑)」

12월 10일「숙초(宿草) 밑에 누운 고우 송고하(故友 宋古下)를 우
노라」(古下 일주기. 동아일보 중간 일주년 기념, 동아일보) 18수를 지
었다.

가리사니 없이 어지러운 정국(政局), 앞을 꿰뚫어 볼 수 있는 혜안
에, 탁월한 능력을 갖춘 고하 선생의 죽음을 뼈아파하는 글이다.

1947년(55세)

국학대학장에 취임한다.

공들이고 정성 쏟아 우리 품에 돌아온 조국에서 첫 번 시도하는
육영(育英) 사업이다. 내 학생에게 내 말로 가르치지를 못하게 하여
그만둔 연희전문 뒤에 긴긴 10년 만에 그들이 물러가고 내 학생에
게 내 말로 가르치게 된 벅찬 아버지의 느꺼움을 나는 짐작한다. 양
주동 선생을 모셔오고 몽고어를 가르치는 것이 바로 애국의 길이라
고 표문화(表文化) 선생을 기어이 데려왔던 아버지, 휴강이 있을 때
는 직접 당신이 보강(補講)을 하셨다. 뜻있는 젊은이들이 그곳에 많
이 모였던 기억이 난다. 흑석동에서 전차로 현저동으로 출근하셨고
때로는 쓰리쿼터라는 짐차로도 오실 때가 있었다. 그러나 힘들어 하
시지 않고 기쁜 빛이었다.

「유일창(俞一滄) 치웅(致雄) 우당장 소자야(愚堂丈少子也) 보굴호로
제(普屈呼老弟) 림우중 과 아강루(霖雨中過我江樓) 출 옥판 이폭(出
玉板二幅) 구 졸서(求拙書) 첩위고시 여장귀(輒爲古詩與長句) 지진(紙
盡) 시지(詩止)」

「하모 손 유인 묘갈(河母孫孺人墓碣)」·민주위원·독립촉성회 부회장·
문필가협회 회장 사직.「병천 기 의비문(幷川紀義碑文)」을 짓다.

1948년(56세)
2월《담원시조(薝園時調)》발간(을유문화사).
「첫 정」
「경주중학 수봉 이규인 선생 동상에」
6월 25일 상모 결혼 (처 김무희).
7월 24일 「이장군(범석) 논설집(李將軍(範奭)論說集) 위에」
8월 15일에 정부수립 감찰위원장 취임.
정부수립 후 국경일 노래를 지음.
「김죽봉 기의비(金竹峰紀義碑)」
「석전 황선생 묘비(石田黃先生墓碑)」
「향산 이공 순절 유허비(響山李公殉節遺墟碑)」
「우정 선생 추도문(偶丁先生追悼文)
「추옥 장흥방 감부(僦屋長興坊感賦)」
「동산 몰후 의부곡 구이미수 광복지년 동십일월 득공 가여 일창
남행 일창 유숙 율리 보입 공주읍 중야와 전전 감 회석년 납 잡성
수수 시 송치 상설지전 의위 상가 일음야(桐山歿後擬赴哭 久而未遂
光復之年冬十一月得公暇與一滄南行一滄留宿栗里普入公州邑中夜臥輾轉
感懷昔年拉雜成數首詩送置象設之前意謂尙可吟也)」
11월 「고 우당 유공 묘문(告愚堂兪公墓文)」
「시흥군수 김군 건렬 여거 목천 시 비린 유통가지호……이지 구서
위작칠고 도회(始興郡守金君健烈余居木川時比隣有通家之好……以紙
求書爲作七古道懷)」
「이충무공 기념사업회 취지서(李忠武公記念事業會趣旨書)」

「제승당비(祭勝堂碑)」와 「충렬사비(忠烈祠碑)」의 제막식 예사(除幕式禮詞)

「노량 충렬사 비문(露梁忠烈祠碑文)」

「한산도 제승당 비문(閑山島制勝堂碑文)」

「나는 이렇게 하고 싶다」(감찰위원장) 등.

민족의 얼을 흥기시키기 위해 이충무공 관계의 여러 글들을 온 정성을 다하여 그 자취마다 남기려 애썼다.

1949년(57세)

2월 9일 「윤봉길 열사 기념비」

3월 10일 「사령(私令)을 제(除)하고 공령준행(公令遵行)의 관기(官紀)를 세우자.」(시정월보 2호)

4월 「졸 서류 위일이 동호 소추 실즉 임진이이 무타기 ……지방검사장 최군 대교 검사 강군 석복 ……최·강 이군 구시 내서 칠고 각일 이응. 시 이군 신거직 조야 석지(拙書謬爲一二同好所推 實則任眞而已 無他技 ……地方檢事長崔君大敎檢事姜君錫福……崔·姜二君求詩乃書七古各一以應. 時二君新去職 朝野惜之)」

7월 「열사 백추강 선생 기념비」〔추강 백락관기념비문(秋江白樂寬紀念碑文)〕

9월 「신라 태대각간 순충장렬 홍무왕 김공 신도비명(新羅太大角干純忠壯烈興武王金公神道碑銘)」(번역문도 있음. 경주 김유신(金庾信) 장군 묘역에 있음)

「백범 김선생 만련(白凡金先生晩聯)」

「제 우당 이공 화란(題友堂李公畫蘭)」

「서 유씨 삼효(書兪氏三孝)」

「감찰위원회 감찰관 유정식 단긴불요 중외탄지…… 찰원 이여 수임

창초 게조 기구 우 작 수소본 견기 내이 일본 증군 제시기측(監察委員會監察官兪廷植端縶不撓中外憚之……察院以余受任刱初揭照紀舊又作數小本見寄乃以一本贈君題詩其側)」

8월 감찰위원장 사직. 사(邪)가 뽑혀야 정(正)이 심긴다는 굳은 뜻으로 나선 관로(官路), 그러나 뜻이 맞지 않아 그만두고 만 것이다.

10월「한 무구 행 증 노 총헌 진설 노군 이 대법관 대여(寒無裘行贈盧總憲鎭高盧君以大法官代余)」

「선무공신 삼도 수군통제사 식성군 이공 이운룡 기적비(宣武功臣三道水軍統制使息城君李公李雲龍紀蹟碑)」

겨울「윤의사 봉길 대부인 김씨 주갑 생신 재금 동지후 이일 기시 위수(尹義士奉吉大夫人金氏周甲生辰在今冬至後二日寄詩爲壽)」

「장야 무매 회 일창요우 주필 유작(長夜無寐懷一滄僚友走筆有作)」.

1950년(58세)
1월「경인년(庚寅年)의 종종고사(種種故事)」(조선일보)
「소왕계래(紹往啓來)의 정진(精進)」(새해의 제언(提言))
2월 9일「국립도서관 속제(國立圖書館屬題)」
3월 15「창전형 추도문(蒼田兄追悼文)」
「제 윤사건 소장 자하 시경 도장자(題尹士建所藏紫霞詩境圖帳子)」
「의승장 기허당대사 기적비(義僧將騎虛堂大師紀蹟碑)」
「순난 의병 장사 공묘비(殉難義兵將士公墓碑)」
「기획처차장 홍헌표 휴 이응로 맹호 우행도 병풍 래 구제 위 기 태부인 수(企劃處次長洪憲杓携李應魯猛虎雨行圖屛風來求題爲其太夫人壽)」

6·25동란(動亂) 7월 31일 피랍(被拉).(朴啓陽先生 漢陽病院)

아버지는 당신 몸을 사릴 줄 몰랐다. 광복된 조국—그러나 아직 모든 게 바로 잡히지 않은 현실에서 남의 일 보듯 모른 척할 수 없는 것이 아버지의 마음이었다. 국경일의 노래며, 학교의 교가, 신문의 논설, 강단에서, 그리고도 못내 자기를 더 바쳐야 한다고 들숨 한번이라도 쉴 수 있는 한은 다 바쳐야 한다 여겼기에 써야 할, 쓰고 싶은 글들을 1950년 그 해에도 쓰셨다.

자하(紫霞)의 시경도(詩境圖)에 글을 보고 있는 신선은 바로 자하 자신의 자화상으로 보셨다. 의승(義僧) 영규대사(靈圭大師)의 기적비(紀蹟碑)에 드러난 기허당(騎虛堂)의 최후의 일순간까지도 바치고야 말려는 모습에서 나는 또한 아버지를 보았다. 「순난 의병 장사 공묘비(殉難義兵將士公墓碑)」도 아마 꼭 쓰고 싶으신 것이라 생각한다. 의로 뭉친 군대지, 군령으로 묶인 군대가 아니라 달아나는 이 하나 없이 모두가 끝까지 질서정연하게 싸우다 함께 나라 위해 스러진 영령에 대한 아버지의 숭앙, 이 분들의 나라사랑의 이 얼을 겨레의 마음에 새겨주고 싶어서 쓴 글이라 생각한다.

그리고 「선무공신 삼도 수군통제사 식성군 이공 기적비(宣武功臣三道水軍統制使息城君李公紀蹟碑)」는 충무공이 당신의 후계자로 이원익(李元翼) 공에게 추천하였던 이운룡(李雲龍) 공의 업적의 기록이다. 지금껏 통영(統營) 사람이 충무공 제사를 지낸 다음에는 이공(李公)을 못내 그리며 "공께서 충무공을 못 잊었듯이 저희가 공을 못 잊음은 그 의(義)가 하나라." 함에서 그 공렬(功烈)이 사람의 마음 속 깊이 스며있음을 알 수 있다 하였고, "충무공이 거북선으로 제승(制勝)하였는데, 공은 배에 대해 묘하게 통달하였으며, 충무공은 통포(筒砲)로 적을 섬멸하였는데 공은 무기에 대해 익히 알았다. 충무공의 생각을 이어받아 더욱 정교히 한 분이며 연구하여 도왔던 분이다." 광해군 2년 경술(庚戌, 1610년) 마흔아홉에 이승을 뜬 명장이었다. 그리고 이 글 끝에 분통(噴筒) 기술자로 강예수(姜禮秀)를, 전선(戰船) 기술에 우수라(禹壽羅)를 잊지 말 것도 당부하고 있다.

역사의 변증(辨證)을 위해 「광개토 경평안 호태왕릉 비문 석략(廣開土境平安好太王陵碑文釋略)」·「정무론(正誣論)」 상·중·하를 쓰셨다. 또 사회제도상의 규제로 높은 경륜에 뛰어난 재주를 지니고도 능력 발휘의 기회가 막힌 불우한 인재를 제자리에 쓰지 못하는 비색(否塞)한 국운에 대해 못내 안타까워 하였다.

이희원(李熙元)도 그러한 역관(譯官)이었다. 《당릉군 유사징(唐陵君遺事徵)》도 역관 홍순언(洪純彦)의 이야기인데 그는 조선인의 의기를 중국에 알렸고, 그의 무상(無償)의 시혜(施惠)로 안 여인을 구했다. 그 보은으로 그릇된 왕계(王系)를 바로잡는 일이 중국에서 인준(認准)을 받게 되었고, 임란(壬亂) 때는 평양에서의 도륙(屠戮)을 면할 수 있게 했던 것이다.

거기에는 강제로 끌려간 동포들을 갖은 수단으로 몇 백 명씩 데려오거나, 화약 만드는 법을 알아오거나, 정부의 손길이 미처 닿지 않는 국경지대 외진 곳에 함부로 들어와 제 땅인 것처럼 사는 중국인을 내쫓고 다시는 그런 일이 없도록 상대방 대표부에 담판까지 짓는 역관, 시(詩) 잘하는 역관, 셈 잘하는 역관 등등 갖은 분야에서 남달리 뛰어난 역관들을 들어 올렸고, 그들이 직접 가르친 경험을 토대로 만든 교재 등을 알려주고 있다.

「이인 침룡 도기(異人鍼龍圖記)」의 이인 또한 사회제도에 희생된 뛰어난 의사, 즉 이인(異人)이다. 죽어가는 용이 바로 병들대로 병들어 대수술을 받아야 할 사회(社會)로 본 것이다. 기이한 인술(仁術)을 사람에게 못쓰고 용에게나 시술하게 되는 불우한 인재를 그려 스스로 슬퍼하고 사회를 조상하는 것으로 본 작품이다.

비문 중에는 정 충장공(鄭忠莊公)·길주목사 윤공(吉州牧使尹公)·총

계당 정공(叢桂堂鄭公)·유상선(柳尚膳) 등 역사를 살펴가며 지은 것
도 있지만, 월남(月南)·남강(南岡)·유우당(兪愚堂)·이난곡(李蘭谷)·이경
재(李耿齋)·유백은(兪白隱)·송고하(宋古下)·문호암(文湖巖) 등 친히 섬
기고, 존경하고, 사귀고, 사랑해마지 않은 당대의 큰 인물에 대한 기
록이 주를 이룬다.

전(傳) 또한 직접 뵙고, 존경하고 받드는 민영달(閔泳達)·석전상인
(石顚上人)·이희원(李熙元) 그리고 못내 사랑한 벗 박승익(朴勝益)·일
상의 소중함을 기린 신국포전(愼菊圃傳) 꼭 전(傳)을 쓰려고 벼른 부
재(溥齋)(줄거리는 대충 잡혀 있음) 문호암 등을 들 수 있다.

화제시(畵題詩) 중에 우당(友堂)의 화란(畵蘭)에 붙인 글은 당시
관동군사령관 무등(武藤)을 암살하려 대련(大連)으로 잠입하기 바로
전에 그린 절필(絶筆)로, 거기에 웅대하고 걸출한 우당의 생애가 또
한 기록되어 있다.

그림에 대해서도 글씨에 대해서도 특히 우리의 전통을 더듬기 잊
지 않았고 우리 창(唱)에 대해서도 명창 송흥록사(宋興祿事)는 짧지
만 기막힌 명작이다.

시조 중에도 자모사(慈母思), 첫 정, 둘째딸 경완(庚婉) 생일에 인절
미 대신 보내다, 유모 강씨의 상행(喪行)을 보내며…… 등을 특히 잊
을 수 없다.

우리 집안은 장수(長壽)하는 집안이다. 6·25의 처참한 동란이 아니
었던들 아버지가 쓰기 시작한 우리의 역사는 1936년 8월 26일 동아
일보의 정간(停刊)으로 상고(上古)로부터 「고구려(高句麗) 패업(霸業)
과 영락대왕(永樂大王)(5천년간五千年間 조선의 얼 282회)」으로 중단
되지는 않았을 것이다.

8·15 이후 동아일보는 중간되었으니 8·15의 감격과 북새도 가라앉
으면 아마 계속되어 한 완결된 역사로 우리에게 물려주게 되었으련

만……. 얼마나 더 쓰고 싶으셨을까? 써야한다 벼르신 작품들은 또 얼마나 있었을까? 다산(茶山)을, 여암(旅庵)을, 담헌(湛軒)을, 석치(石癡)를, 농포(農圃)를, 겸재(兼齋)를 서러워하던 당신을 서러워하는 우리의 모습을 어느 하늘가에서 굽어보시는가? "서러워 말고 네 할 일을 정성껏 하라." 이르시지 않는가? 인후경신(仁厚敬愼)의 가훈을 가슴에 여미고…….

아버지는 신년의 노래, 광복절 노래, 3·1절 노래를 지으셨다.

물망 전인충(勿忘前人忠) 분주 위국병(奔走爲國屛)
물망 전인관(勿忘前人寬) 궁후 책인경(躬厚責人輕)
물망 전인절(勿忘前人節) 결기 보영정(潔己葆永貞)
물망 전인근(勿忘前人勤) 조차 좌민생(造次佐民生)
(「추옥 장흥방 감부(僦屋長興坊 感賦)」)

조상의 충성 잊지 말고 나라의 울이 되기에 분주하거라
조상의 너그러움을 잊지 말고 자신을 심판할 땐 매섭게,
남을 책망할 땐 슬쩍하라
조상의 절개 잊지 말고 내 몸 깨끗이 하여 길이 곧음을 간직하라
조상의 부지런 잊지 말고 잠시라도 민생을 도와라

하신 말씀 명심하고 작게는 집안에 크게는 나라에 도움이 되도록 노력하자. 사랑하는 형제, 자매여. 아들아! 딸아! 그리고 조카, 손자, 손녀들이여!

아버지도 늘 이 마음을 간직하고 계셨을 것이고, 당신 자손들도 이 마음을 가짐을 잊지 않기를 바라셨을 것이다.

슬픈 시기에 배운 아버지의 올곧은 가르침

비가 부슬부슬 내리는 오후였다. 아버지와 나는 큰 우산을 함께 쓰고 뜰을 거닐고 있었다. 나는 볼멘소리로 이렇게 투덜거렸다.

"아버지! 저는 슬퍼요. 다른 애들처럼 예쁘길 해요, 노랠 잘해요, 춤을 잘 춰요? 하느님도 너무 하셔요. 제 친구 순희는 예쁘지요, 노래도 잘하지요, 게다가 춤까지 잘 춘다고요!"

나는 내 몫을 덜 탄 것 같은 억울함에 샐쭉해져 있었다.

"아니, 우리 셋째 따님은 겨우 그런 걸 가지고 슬프다고 하시는가?"

나는 더 골이 났다.

"그럼 아버지는 무어가 슬프세요?"

"글쎄, 나는 왜 달빛처럼 햇빛처럼 고루 사랑하지를 못할까! 그게 슬프단다. 내 어머니와 이웃 할머니가 함께 물에 빠졌다고 하자. 나는 우선 나의 어머니를 구해내기에 정신이 없을 것이다. 어머니는 구해냈어도 혹 이웃 할머니는 때를 놓칠 수도 있을지 모른다. 아무리 뉘우치고 가슴을 친들 그 이웃 할머니는 결국 못 살리고 말지도 모른다. 이 애비는 그게 슬프단다. 왜 사람의 사랑은 달빛이나 햇빛 같지를 못할까! 그게 슬프단다."

내 어른을 어른 대접하고 그 사랑을 넓혀 이웃 어른을 대접하는 것만도 기특한 일이라고 옛 어진 분이 말씀하였는데, 아버지의 사랑은 그것을 넘어 햇빛이나 달빛 같지 못한 당신의 좁은 사랑을 슬퍼하고 계시지 않은가! 얍삽한 시새움으로 인생이 슬프다고 뾰로통했던 내 마음은 슬그머니 풀렸다. 고마워해야 할 것도 많은데…… 어느 틈에 망망대해가 내 앞에 펼쳐지는 것을 느꼈다.

공립여학교는 군대처럼 1반, 2반 하지만 사립여학교는 매반, 국반, 난반, 근반이라고 하여 꽃 이름을 붙이기 일쑤였다. 여고에서는 반반이 반가(班歌)도 있었다. 매반, 난반, 국반에는 트집 잡을 것이 없었던지 무슨 꼬투리라도 잡으려 드는 종로서 고등계 형사는 반가를 지은 나의 아버지를 이른 아침에 연행해 갔다. 할아버지께서 사셨을 때니까 병인(1926)년을 넘지는 않을 것이다. 물론 나는 태어나기도 전이었다.

"근(槿)은 무궁화 근이지요. 이 무궁화란 조선의 나라꽃이 아닙니까? 이 가사는 젊은 여학생에게 조선에 대한 민족애와 조선에 대한 애국심을 충동이는 불온한 사상에서 나온 게 아닙니까?"

이에 아버지는 고개를 저으며 이렇게 말씀하셨다 한다.

"아니, 그저 무심코 꽃을 읊은 나의 시를 그토록 심오하게 해석하시다니, 미처 몰랐던 깊이를 알려 주시어 정말 고맙소."

태연하게 딱 잡아떼는 아버지에게 더 이상 할 말이 없던지 종로 고등계 형사는 "이왕 오셨으니 점심 대접을 하고 싶습니다만……"하고 얼버무리자, 아버지는 "공연한 일로 소란을 피우는 바람에, 연만하신 어르신네가 아침도 못 잡수시고 이 못난 자식을 기다리고 계실 테니, 나는 어서 가봐야겠소!" 하며 온가족이 불안에 떠는 집으로 돌아오셨다 한다.

우리가 서울에서 못 살고 창동으로 이사 간 것은 1940년 가을이었다. 이웃에 벽초 홍명희, 가인 김병로, 고하 송진우, 일사 방종현 선생이 살고 계셨고, 임화 문예봉 부부도 거기 사셨다. 여자들은 '몸뻬'라는 발목을 조이는 바지를 입어야 기차를 탈 수 있었다. 학교에는 넉 자짜리 혹은 다섯 자짜리 이름들이 허다하였다. 일인들이 자기네의 식민지정책의 일환으로 일본사람처럼 이름을 고치라는 창씨개명을 강요했기 때문이었다. 그러니 한 학년에 석 자짜리 이름은 몇 안 되었다. 창동에서도 순사(순경)가 우리집에 찾아왔다.

"영감님! 창씨개명 하셔야지요!"

"아니, 창씨개명이라니요?"

"영감님! 쉽게 말씀드리지요. 영감님 성함이 지금 석 자지요? 이 석 자짜리 성함을 넉자로 고치라는 거예요."

"허!"

하더니 아버지는 천연덕스럽게 이렇게 말씀하셨다.

"난 또 뭔가 했더니 어려울 것도 없겠네요. 꼭 넉자로만 하면 된다면, 우리 식구 이름 끝에 다 씨(氏)자를 하나씩 더 붙이면 되겠네요, 난 또 뭔가 했더니만."

"아이 참, 정말 안 통하는 영감이시네!" 하면서 순사는 혀를 차고 가버렸다. 미련한 척 강요에 대처하는 아버지의 기지에 난 다시 한 번 놀랐다.

우리가 창동서도 못 살고 다시 전라북도 익산군 황화면 증기리로 숨어살게 된 것은 1945년 2월 그믐께였다. 일인들이 마지막에는 모모한 우리 인사들을 다 죽이고 간다는 정보가 있었기 때문이었다. 그 무서운 일인들의 온갖 트집과 괴롭힘 속에서도 아버지를 아끼고 좋아하며 아버지를 존경하던 윤기중 선생과 그 조카 윤석오 선생의 전적인 호의와 도움으로, 아버지는 황화정리행을 결정하신 것이었다. 내가 여학교 3학년으로 올라가는 때였다.

"애! 내일 가서 한 학기 휴학한다고 하고 오너라. 애비 따라 황화정리로 가자!"

소갈머리 없는 나는 학교를 안 가면 인생이 끝나는 줄 알았다.

그러나 아버지의 단호한 말씀에 꼼짝도 못했다. 아버지는 거울을 들여다보듯 내 마음을 꿰뚫고 계셨다.

"양완아, 걱정마라! 우리가 선생이 되어 우리 것을 가르치는, 우리 학교에서 공부할 날이 머지않다. 알았지?" 하셨다. 우리가 익산으로 가려고 밤기차로 서울역을 떠날 때, 우리를 배웅해주신 분은 일창 유치웅 선생 오직 한 분이셨다. 책이며 독그릇은 다 실어 보내고, 아버지는 유건을 쓰고 행차독(신주를 모시고 가는 집같이 생긴 함)을 모시고 가셨었다. 바로 그 며칠 전에 육당 선생께서 다녀가신 것이 잊히지 않는다.

"난 들어갈 때가 되었고, 자네는 나갈 때가 되었네. 아무쪼록 몸 건강히 일 잘하길 비네."

팔짱을 끼고 아랫목에 앉은 채 말이 없던 아버지, 윗목의 방석 하나를 들고 아버지 앞에 바짝 가 앉으시던 돈비 차림의 육당 선생.

"아버지도 너무 하시다. 어쩜 찾아오신, 예전엔 죽자 사자 하시던 친구에게 따뜻한 말씀 한마디 않으시다니…… 육당 선생은 너그럽기도 하시지, 저런 괴팍한 친구보고 몸조심 하라고 일 잘하라고 귀띔하러 오시다니……"

작은 오빠가 물 한 대접을 알 쟁반에 받쳐 들여갔을 뿐이다. 한동안 두 분은 말도 없이 정물(靜物)같이 앉아계셨다. 그리고 육당 선생은 떠나셨다. 아버지는 배웅도 하지 않으셨다. 철이든 지금에서야 나는 두 분의 깊은 마음을, 아버지의 통곡에 가까운 슬픔을, 그리고 벗을 사랑하는 진정한 우도(友道)를 짐작할 수 있게 되었다. 진정으로 사랑했기에 야속하리만큼 섭섭했고, 살뜰히도 사랑했기에 와락 달려들어 얼싸안지도 못한 아버지의 마음을 지금 알 만하다. 그런 괴팍한 친구를 그래도 차마 못 잊어 몸조심하라고 부탁하신 육당 선생의 속마음을 나는 지금은 알 만하다. 두 분 속에 감추어진 통

곡을 나는 지금은 알 만하다. 그리고 반민특위에 육당 선생을 변론
하러 가시던 날, 마치 우리 안에 갇힌 사자 같이 흥분된 몸짓으로
뒷짐을 지고 방안을 왔다 갔다 하시던 아버지의 모습을, 고뇌에 찬
모습을 나는 잊지 못한다. 아버지에게 있어서 육당 선생은 남이 아
니고 바로 또 하나의 자신 같으셨을 것을 나는 짐작한다. 반민특위
에서의 아버지의 변론은 다음과 같이 요약된다.

"내가 친일파를 두둔하겠소? 않겠소?"

"안 하시지요."

"내가 육당을 두둔하겠소? 않겠소?"

"안 하시고 말고요."

"내가 일본 형사에게 쫓겨 육당 집으로 숨어들었다고 합시다. 육당
은 결코 나를 일인 경관에게 내어주지 않을 것입니다. 육당이 친일
파요? 아니요?"

이래서 육당 선생은 집행유예로 나오게 되었다.

"아버지가 계셨다면 아마 문병 가셨을 것이다. 가서 뵙고 오너라."

어머니의 말씀에 따라 동관 육당 선생 댁을 찾아갔었다. 누운 채
나를 쓱 보시더니 "애비 많이 닮았구나. 속도 닮아야지. 네 애비는
불에 들어도 물에 들어도 끄떡없는 사람이다. 돌아올테니 기다려라.
안심하고." 라고 하시며 그 큰 얼굴에 특히 빛을 발하던 육당 선생의
눈을 나는 잊을 수 없다. 육당 선생은 6·25의 참화를 몸으로 겪으셨
다. 여의전에 다니던 따님을 아버지를 찾아내지 않는다고 공산당원
은 그 가슴을 도려내어 죽였다.

8·15가 되었다. 우리 선생님들에게서 우리 역사와 우리글을 배우
게 되었다. 그때는 특별한 국정교과서가 없어서, 선생님들이 프린트
해 주시거나 필기를 시키셨다. 어떤 선생님은 우리에게 대뜸 석보상
절을 가르치셨다. 한글을 겨우 아는 우리에게 순경음 ㅂ(ㅸ)이니 반

치음(△)이니 별게 다 나오는 신기한 글이었다. 한글로 된 소설이나 읽을 거리를 닥치는 대로 탐독하였다. 그리고 낯설고 처음 보는 어휘들을 사전을 찾아가며 적어가며 외웠다. '징검다리' '숫접다' 등은 참으로 신선한 어휘들이었다. 그렇듯 바라던 8·15는 꿈과는 달리 가리사니 없이 뒤엉킨 실타래였다. 본심도 잊고 나라도 잊고 저만 아는 이기심으로 나라는 병들어갔다. 아버지와 그리고 많은 순국선열들의 기구도 잊고, 그토록 외치고 울면서 호소한 본밑 마음은 어디로 갔는지! 이 본밑 마음을 되찾아 든든한 새나라를 건설하자는 꿈은 진창 속으로 빠져 들어갔다.

"절대로 남이 쓴 서문은 읽지 마라! 너는 네 눈으로 봐야 한다. 남의 눈으로 보면 쓰겠느냐?" 또 "시는 꼭 원전으로 읽어야 한다. 번역을 하면 시어의 음향성이 살겠니?"

한참 헤르만 헤세에 빠져 일어 번역본을 즐겨 읽던 나에게 아버지가 독일어 사전 하나를 구해주시며 하신 말씀이었다. 그리고 춘향전을 배울 때, 내 노트는 아버지의 그림이 몇 군데나 들어갔다. "비녀차(釵)와 비녀 잠(簪)은 어떻게 다르냐?"는 나의 질문에 차에는 Y자형 비녀를, 잠에는 끝이 갈라지지 않고 둥글거나 매화꽃, 대 마디 등이 조각된 그림을 그려 주셨다. 춘향전의 "삼(麻)단 같은 이 내 머리 피살이 춤이 웬 말인가"의 삼을, 우리 선생님은 인삼(人蔘) 단으로 가르쳐 주셨다. "어떤 작자가 내 딸에게 거짓말을 가르쳤느냐? 사형감이다" 하셨다. 나는 교사노릇 하면서 아버지의 무서운 가르침을 생각하여 두렵고 떨릴 때가 많다. 그 무서운 책임을 생각하며 가르치는 것이 재미있으면서도 다음 세상에서는 그저 배우고만 싶다.

6·25동란이 터졌을 때였다. 모두들 웅성거리고 수군거리며 보따리를 싸느라 야단들이었다. 아버지께도 몇 분에게서 피난 가자는 전화가 왔었다. 그 때만해도 철없는 나는, 아니 내 나름으로는 양심있는

생각으로 씩씩거렸다. 공산당을 전혀 모르고서.

"아니, 가긴 어딜 가? 만날 친애하는 동포 여러분을 그토록 외치고 법석 떨던 양반들이 피난 짐을 싸가지고 거리로 나서다니! 친애하는 동포 여러분은 다 내팽개치고……."

거리에는 짐을 싣고 자가용, 트럭들이 마구 달렸다. 부잣집 셰퍼드까지도 군용 담요에 싸여 우유와 고기를 앞에 놓고 군용 지프차에 실려 남으로 내려가고 있었다. 무턱대고 거리로 나선 죄 없는 백성들은 어쩔 줄 모르고 쌀자루를 이고 지고, 어린애를 업고 안고 조무래기들 손을 잡고 방황하고 있었다. 아버지는 유건을 쓰고 도포를 입으시고 사당에 고유(告由)를 하셨다. 글을 지어 울며 아뢰셨으나 나는 알아들을 수가 없는 한문이었다. 우리 집에서는 윗대 어느 할아버님께서 "이 다음에 무식한 자손이 나오면 읽지도 못할 축문을 그만두라"하셔서 집에서 자랄 때 나는 축문 읽는 것을 들은 적이 없었다. 아마도 "불민한 이놈의 대에 이르러 조상님을 제대로 모실 수 없을지도 몰라, 이에 행차독에도 모시지 못하고 이렇게 백지에 싸서 보자기에 모시고 가게 되었사옵니다. 나라가 편안해지는 날 제대로 모시겠사오니 부디 이 불효를 용서해주옵소서"하시는 것 같았다. 아버지의 눈물로 나는 이렇게 짐작하였다. 분 먹인 신주에 쓰인 글씨들을 떨리는 손으로 긁어내셨다.

"아버지! 왜 정부가 아버지와 같이 피난가지 않고 자기들만 가요? 아버지! 정부가 왜 이래요?"

나는 시비조로 여쭈었다. 아버지의 말씀은 이러하였다.

"나라를 왜 사랑하느냐? 내 나라라 사랑하지 않을 수 없어서 사랑하는 것이다. 보답을 바라서 사랑하는 게 아니란다. 나라가 나에게 잘해주고 나를 돌보아주고 혜택을 입히기 때문이 아니란다. 내 나라니 내가 사랑하지 않을 수 없어서 사랑하는 거란다."

연구와 가르침을 통한 나라 사랑
(아버지 생애 요약)

아버지께는 스승이 세 분 계셨다. 학산장 정인표(學山丈 鄭寅杓), 경재장 이건승(耕齋丈 李建昇), 난곡장 이건방(蘭谷丈 李建芳)이시다. 학산장은 아버지가 천자를 떼자 곧 글을 배우기 시작한 스승이고, 커서는 주역을 배웠다고 한다. 경재장은 할아버지 친구이자 아버지의 외숙과도 절친한 사이로 아버지를 몹시 사랑하고 아껴서, 1910년 망명한 뒤에도 열흘이 멀다하고 편지를 보내신 분이었다. 난곡장은 열세 살에 처음 뵙고 제대로 스승으로 모시게 된 것은 1910년 열여덟 살 때였다. 삼촌 같이 거의 아버지 같이 모셨고, 난곡 선생 또한 아버지를 친아들로 여겼던 사이였다.

어느 날 길에서 난곡장을 만나자 아버지는 땅에 엎드려 절을 하더라는 것이다. 그때 비가 와서 땅이 진창이었다고 하는데, 당신 스승님만 보였지 젖은 땅은 눈에 들어오지 않았던 모양이다.

나의 아버지 담원(薝園) 선생은 1893년〔계사(癸巳)년〕음 5월 초 엿새에 북단재〔鐘峴 : 지금의 명동〕뾰족집(성당) 외가에서 태어났다. 북단재 뾰족집이 전의 우리 외가라고(자모사 23번에) 적혀 있다. 담원(薝園)이라는 호는 와신상담(臥薪嘗膽)의 쓸개 담(膽)자에서 육달 월(月)을 빼고 위에 초두(艹)를 얹은 치자꽃 담(薝)자라, 우리를 총칼로 짓밟고 억지로 빼앗은 일본에 대한 피맺힌 원한과 앙갚음을 잊지 않으려는 결의가 담겨져 있다. 그래서 담원문록(薝園文錄)에 실린 내용을 짐작케 한다.

태어난 이듬이듬해가 갑오경장(1895), 열한 살 때(1903) 서울(好賢坊)을 떠나 양근(楊根)으로 낙향, 열세 살 때가 을사조약 해, 열여덟 때가 경술(1910)……. 국운이 내리막길로만 곤두박질치는 시기를 아버지는 기구하게 사셨다. 그러나 서러워만 하고 원망만 할 겨를도 없으셨다. 그래서 화산처럼 치밀어 오르는 울분으로 망명을 결의하고, 중국행으로 그 방법을 더듬느라 몇 해(1910~1913)가 지났다. 당시 중국 자체도 허덕이고 있는 때라, 제 힘이 있어야 진정한 독립을 쟁취할 수 있음을 뼈저리게 깨닫고 아버지는 귀국하셨을 것이다. 귀국 후 1915년 중앙고보를 위시하여 1922년 연희전문, 이화여전, 세브란스, 혜화전문, 협성신학교 등 강단(講壇)에서, 신문(동아·조선), 잡지(개벽·동명·신동아 등) 논단에서, 그리고 순회강연회에서 조국 광복을 위한 정열을 불태웠고, 1938년 일본어로만 강의가 허용되자 그만 연희전문을 떠나게 된다.

1938년 연희전문을 그만둔 뒤, 1940년 가을 창동으로, 1945년 봄 익산으로 나불리면서도 더욱 연구에만 몰두하셨다. 8·15후에도 연구는 그칠 줄 몰랐다. 정부수립(1948)과 함께 감찰위원장직을 맡았으나, 뜻같지 않아 1949년 8월 관을 떠났고, 6·25동란으로 남산동 집에서 쫓겨나 1950년 7월 31일 한양병원(朴啓陽 선생 병원)에서 납북되기까지 역시 혼신의 정력을 기울여 쓰고자 했던 글들을 남기셨다. 뭉뚱그려서 책으로 나온 아버지의 저서는 다음과 같다.

《조선사연구》상·하(서울신문사, 1946. 동아일보에 1935년 1월 1일부터 12월 31일까지 158회 연재하고(다시 1936년 1월 7일부터 8월 28일까지 282회 연재한 《5천년간 조선의 얼》을 어머니가 모아두셨고, 이것을

간행한 것)

《담원시조》(을유문화사, 1948, 백낙준 박사께서 모아 두셨던 것)

《담원국학산고》(부산문교사, 1955, 장준하 선생)

《舊園文錄》(영인본 연세대출판부, 1967)

《양명학연론》(문고판, 삼성문화재단, 1972)

《담원시조》(문고판, 을유문화사, 1973)

《담원 정인보 전집》전 6권(연세대 출판부, 1983)

연희전문에서는 백낙준 박사와 뜻이 맞아 국학의 진흥이야말로 참 독립운동이요, 국권 회복의 밑거름이라 여겼다. 아버지의 연구에 필요한 온갖 책들을 상해 상무인 서관(上海商務印書館)에 주문해 드린 분이 바로 백 박사님이셨다. 두 분은 형제같이 사랑하셨다.

아버지가 광복 전 우리나라에서 가장 훌륭한 정치가로 높이는 분은 고하 송진우 선생이었다. 그분과 뜻이 맞아 이충무공 기념사업회 위원이 되어 이 충무공 관계 글을 발표하셨다(1931~1932). 이에 앞서 1926년(34세 때)에는 〈유릉지문〉을 제술관 윤용구를 대신해 짓는다. 때를 못 만나 포부와 사랑을 베풀길 없는 망국(亡國) 황제의 속 깊은 서러움, 일인에게 참혹하게 시해된 모후 명성황후에 대한 살을 에는 통한, 어르고 우격다짐으로 선위시킨 아버지 고종에 대한 피나는 효심, 일인의 마수로 형제자매조차 헤어져 살아야 하는 비분 등 이 모든 것을 인간적인 사랑으로만 그려나간 작품, 그 임금의 펴지 못한 쓰라린 사랑을 오히려 측은해 하는 온 백성의 사랑이 한바탕 통곡 속에 몸부림치게 하는 작품이다. 다른 의견이 있어 이 글은 돌에 새기지 못하고 계산약국 홍승초(洪承初) 선생의 손으로 항아리에 담겨 깊이 묻혔다가 8·15후에 땅위로 나오게 되었다. 이 글을 쓰시느라 문고리를 안으로 잠그고 며칠을 밖에도 나오지 않아서 할아버님의 애를 타들어가게 하였다고 한다.

「광개토 경평안 호태왕릉 비문 석략」, 「정무론」(상·중·하) 등은 일본의 식민지 정책에 따른 일본학자들의 가증할 만한 논리를 과학적인 논거로 반박한 심혈을 기울인 논설들이다.

1936년 1월 7일부터 282회에 걸쳐 써 내려가신 「5천년간 조선의 얼」(동아일보)은 겨레의 마음에 우리 얼을 심어주고자 상고시대로부터 고구려 영락대제에 이르는 국사연구이다. 동아일보의 폐간으로 중단되었고, 8·15 이후의 혼돈시대가 자리 잡혔으면 다시 계속하여 현대사로 이어져 갔으련만, 6·25의 참화는 모든 것을 파멸 속에 묻어버리고 말았다. 1945년 11월 22일 임시정부 환국 즈음의 「봉영사」와 「순국선열 추념문」은 8·15 이후 처음으로 온 정성을 다 쏟아 지으신 명문이다. 우리나라 3·1절, 광복절, 제헌절, 개천절 등 4대 국경일의 노래, 신년의 노래, 공무원의 노래 등과 각 중·고등·대학교의 교가를 지어서 젊은이들에게 겨레의 얼을 심어주셨다.

1950년, 꼭 써야겠다고 벼르신 듯 《의승장 기허당대사 기적비(義僧將騎虛堂大師紀蹟碑)》 《순난 의병 장사공 묘비(殉難義兵將士公墓碑)》 등은 마지막 대저(大著)라고 생각한다.

태어나기 전 아버지가 지으신 내 이름은 양모(亮謨)였다고 한다. 제갈량 같은 아들을 낳아서 일본에 앙갚음하려는 뜻이었는데, 그만 나는 딸이었던 것이다. 끝으로 연세대 후원 태학사 간행으로 나온 《담원문록》 역주본에 나의 불민함으로 오역·오자가 많은 것을 못내 죄스럽게 여기며 여러 어른들의 올바른 가르치심을 우러르는 바이다.

위당 정인보 선생 학문에 대하여

위당은 우리 고대사의 가장 중요한 문제를 낙랑과 임나의 문제로 압축하였다. 이에 대한 위당의 고증과 해석이 그대로 통용될 수 있는 것인지는 논자에 따라 의견이 다를 것이지만, 한국 고대사의 핵심의 하나로 이것을 포촉한 것은, 위당의 '얼'의 소산인 동시에 그 형형한 사안(史眼)의 소산이라 할 것이다. 그리고 위당이 던져 놓은 이 큰 과제는 아직도 오늘의 연구자들의 무거운 짐으로 남아 있는 것이다.

(천관우, 《한국근대사산책》, 정음문화사, 1986, 287쪽)

① 우리 전통적인 얼을 시조 주제로 확충해 창작 활동을 한 것.

② 옛말을 시조에 살려 씀으로써 국어 발전 및 옛말 현대화 운동에 이바지한 것.

③ 우리의 전통 가락을 잘 살린 것.

④ 프로문학 이후 싹튼 시조부흥기에 횃불 구실을 한 것.

⑤ 육당·춘원·무애 양주동 등과 함께 국민문학파로서 그의 시조가 노산 이은상·가람 이병기 시조의 현대화에 영향을 미친 것.

⑥ 순수시조 개척은 물론 생활시조, 교양시조로서 국민대중에게 시조의식을 고취시킨 것.

이상의 결론을 통하여 위당 시조가 지니는 문학성이 새롭게 평가될 것이며 시조시인으로서의 위당도 재인식 될 것으로 믿는다.

(오동춘, 《위당 시조연구》, 한강문화사, 1991, 234~235쪽)

고금을 물론하고 문인천재들이 경역자족(輕易自足)하는 폐단이 없지 않았지만 위당은 다른 사람이 다룰 수 없는 천분을 가졌을 뿐 아니라 다른 사람이 따를 수 없는 돈실을 겸비했다.

항상 자기의 조예가 고인(古人)에 불급함을 겸연히 여겨 노년에 이르러서도 추호의 자족하는 의태(意態)를 볼 수 없고 향곡주유(鄉曲侏儒)의 문자라도 그 누졸을 고솔하기는 고사하고 오히려 향곡의 순박성을 마치 탁류에서 풍기는 냄새에 비하여 자기로서 미치지 못하는 일면이 있다고까지 겸손하였다고 허기애인(虛己愛人)하고 고고불휴(攷攷不休)하는 정사 마후의 공이 오늘의 위당을 이룬 것이다.

(윤석오, 〈정인보〉, 《한국근대인물 백인선》, 동아일보사, 1979, 280쪽)

그의 옥고에는 국혼이 생동하고 문향이 아울러 깃들어 있다. 위당은 평소 김치를 입에 대지 않는 사람이었으나 그러나 누구보다도 한국 냄새를 많이 또 널리 풍기는 인물이었다. 그는 차림차림에서 항상 한복을 입었다.

그는 인생의 실천적 유심론자로서 독일의 피히테에 못지않았다. 그가 의리를 밝힐 때에는 경학자(經學者)요 통경치용(通經治用)할 때에는 경세가였다. 또한 그는 국사연구를 할 때에는 무(巫)를 바로잡고 류(謬)를 고칠 때에는 고증학자였다.

민족의 위기의식을 통절히 느끼면서 민족적 자아실현을 위하여 지성과 양식에 기초를 둔 학문의 발전을 선양하고 민족의 본심을 환기하기 위하여 위(僞)·허(虛)·사(詐)·사(邪)의 고질을 치유하고 진실과 성정에서 우러나오는 실심의 학 즉 실학의 본질을 규명하였다.

(백낙준의 평가 : 박성수 편역, 《정인보의 조선사 연구》, 서원, 2000, 160쪽 재인용)

위당은 철저한 민족주의자였지만 역사를 정치이념의 도구로 만들지 않았다. 어떤 정치적 이념으로 포장된 사이비 민족주의자도 배격했던 순수한 한국적 민족주의자였던 것이다. 그러기에 위당은 1930년대 일본인들의 일제 식민사학과 조선인들 스스로가 그들의 춤에 맞장구를 친 조선학을 싸잡아 비판했던 것이다. 특히 후자는 전자보다 훨씬 더 위험하고 유해한 사이비 국학으로 생각하였다.

(박성수 편역, 《정인보의 조선사 연구》, 서원, 2000, 189쪽)

조선시대 유가들이 구기고 좁혀 놓았던 '조선사'의 인식을 그대로 식민지시대 일본인 학구(學究)들이 조선총독부의 정책에 영합되어 그런 것을 합리화시키며 다시 구기고 좁혀 놓았던 것을 단재 선생이 한편 구김살을 펴 보시려 하고, 이어 선생님이 다시 펴 보시려던 것이었다. (……) 꺼지지 않는 마음의 불을 '조선의 얼'에 붙여 이어가려 하시었으나, 세태는 달라 중일전쟁으로, 태평양전쟁으로 모든 것을 단념하시고 경원선 창동역 부근으로 옮기시어 새 날을 기다리시게 되었으나, 그대로 교단과 집필에서 영영 떠나시게 되었음이 '얼'이 고대사에서만 멈추게 된 제1의 원인이었다. 그렇다고 해방과 더불어 선생님을 꼬집어 이 길에만 계시게 할 그 아무 준비가 없었다.

(홍이섭, 〈위당 정인보〉, 《한국사의 방법》, 탐구당, 1978, 322쪽)

선생이 남기고 가신 글월들을 대하면서 새삼 선생이 들려주시던 말씀을 되새기어 감개를 금하지 못한다. 다산 정약용과 성호 이익에서 비롯되는 강화학파의 오랜 맥이 지하에 숨어 흐르다가 선생의 평생의 작업을 통해 마침내 오늘날과 같은 시민권을 획득하게 되었다고 필자는 믿고 있다.

검은 펠트 모자와 검은 천의 두툼한 신발, 도수가 짙은 검은테 안경, 그리고 한 발 먼저 선생 앞을 가던 지팡이, 이들은 모두 변하지 않는 선생의 모습이었다. 볼품없이 꼬여진 옷고름은 늘 아무렇게나 고쳐 매시던 선생의 습관 때문이었다.

(민영규, 〈서문〉,《담원 정인보전집》 2, 연세대출판부, 1983)

선생은 국문 문학을 중시하고 국한문을 실용화하는 데 크나큰 기여를 하는 한편, 한시문의 가치도 중시하였다. 선생에게서 한시·한문의 창작이 어떠한 의미를 지니는지에 대하여는 단언하기 어렵다. 그러나 민족사의 암흑기에 한시·한문이 여전히 민족정신을 담는 그릇으로 유효하였다는 사실은 분명하다. 근년의 국문학 연구는 1910년 이후의 한문학에 대하여 '시대에 뒤떨어진' 것으로 속단하는 경향이 있는데 이것은 한문학의 역사적 실상과는 부합하지 않는다.

선생은 국한문 혼용의 산문에서나 시조에서도, 그리고 한시문에서도 형식주의를 배격하고 정감과 사상의 참(眞)을 중시하였다. 이것은 선생이 양명학적 사유를 바탕으로 인간 삶에서 진실무위(眞實無爲)를 주창하였던 사실과 표리를 이룬다. 인간관이 곧 문학론의 기초를 이루었던 것이다.

(심경호, 〈정인보〉,《평론》 제2호, 생각의 나무, 2007, 485~486쪽)

한마디로 정인보의 국문학 연구 태도는 철두철미 민족정신을 기반으로 하여, 우리의 역사 연구에서 주체성을 확립하고 우리 역사의 본질을 그 속에서 파악하려 했던 점이다. 1930년대라고 하는 당시의 시점에서 우리의 역사학이 지향해야 할 방향과, 우리의 사가들이 수행해야 할 역사의식이나 사명감을 진작시켜주는 것이었다. 이 점에서 그의 사론(史論)에는 철학이 있었고, 이 시기를 대표하는 훌륭한 역사이론이 될 수 있었다.

(이훈종, 〈정인보〉, 《역사의 인물》 9, 일신각, 1979, 206쪽)

아버지를 사랑하고 아낀 분들은, 그리고 아버지가 끔찍이도 받든 분들은 대부분 할아버지의 친구였다. 학산장(정인표)·경제장(이건승)·난곡장(이건방)·문원장(홍승헌)·치제장(이범세)·가헌장(박풍서)·송거장(이희종)·우당장(愚堂丈, 유창환)·우당장(友堂丈, 이회영)·성재장(이시영)·백은장(유진태) 등인데 이분들은 아버지를 아들처럼 생각했고 아버지 또한 그분들을 백부·숙부처럼 따랐다.

그밖에 존경한 분으로 겸곡 박은식·단재 신채호·안효제·이상재·이승훈·안창호·하겸진 선생을 들 수 있다. 아버지가 사랑 받은 이들 중, 그 재주를 못내 아까워하고 애달파한 것은 가정장(여규정)에 대해서였다.

그리고 아버지가 못내 좋아한 분은 벽초장(홍명희)을 비롯하여 일창 유치웅(우당 유창환 선생의 아드님)·동산 심재찬·재관 이빈승·고하 송진우·인촌 김성수·현상윤·범산 김법린·가인 김병로·근촌 백관수·추강 김용무·상선 허유·송포 정낙훈·현산 이현규·민세 안재홍·호암 문일평·김용승과 그 사위 최태영·석우명·양주동 여러 선생님이다.

특히 좋아하여 전(傳)까지 남기신 분은 원당 민영달·이희원·박승익·석전상인·신국포 등이며, 꼭 전을 쓰려 벼른 보제 이상설 선생과 호암 문일평 선생을 들 수 있겠다.

사랑한 후학으로는 홍이섭·민영규·성낙서·민태식·김춘동·정지용·이원조·김충현·윤석오 여러분을 들 수 있겠는데, 한학적으로는 윤석오 선생에 대한 사랑과 기대가 특히 극진하였다.

(정인보 저·정양완 역, 〈담원문록 발문〉, 《담원문록》 下, 태학사, 2006, 529쪽)

첫째, 명가의 전통 영향이다. 앞에서도 살핀 것처럼 담원의 증조부는 대단한 분이었다. 담원의 집안이 조부의 반골 기질 때문에 몰락의 길을 걷기는 했으나 어릴 때부터 한학(漢學) 공부는 충실했을 터이다. 더욱이 11세 때 회동의 정씨 마을을 떠나기 전까지 문중이 모여 있는 곳에서 지냈으니 유년 시절에 한학 공부는 확실하게 받았을 것으로 보인다.

둘째, 중국 절강학파(浙江學派)의 영향이다. 담원은 1908~1910년 사이의 2년여 동안 상해에 머물렀다. 정확히는 알기 어려우나 이 시기에 상당한 공부가 있었을 것으로 추정할 수 있다. 민 교수의 회고에 의하면 내수동 시절의 담원의 거실에는 황종희·장학성·장병린의 문집들이 가지런하게 정리되어 있었다고 한다. 또한 담원에게서 장병린의 학문적 기풍을 강하게 느낄 수 있다고 했다. 이러한 모든 담원의 2년여의 상해 체류기간 동안에 이루어진 것으로 보인다. (······)

셋째, 스승 이건방의 영향이다. 난곡 이건방은 어려서 《수호전》을 탐독한 다음에 정명도(程明道)와 왕양명(王陽明)의 세계에 몰입했다고 한다. 그는 또 루소·몽테스키외·칸트·다윈 등을 중국 역서를 통해 공부하여 서방 사상을 부지런히 섭취하기도 했다. 난곡은 담원을 통해 그들의 학(學)을 계승시키려 했다. 담원의 양명학에 대한 관심, 다산의 사상적 영향 섭취 등은 그 스승 난곡의 영향이 컸을 것이다.
 (이동명, 〈정인보의 생애와 문학적 업적〉, 《도남학보》 17집, 1998, 147~148쪽)

정인보는 이건방의 문인으로서 강화학파의 학통을 최근까지 이어주었다. 그는 《양명학연론》을 저술하여, 양명학의 개관과 왕양명의 전기 및 중국 양명학파와 조선의 양명학파를 소개하였다. 그것은 양명학사를 정리한 최초의 업적이라는 중요한 의미를 갖고 있다. (······) 《조선사 연구》를 저술하면서 '얼'을 '양지'와 같은 뜻으로 제시하여 양명학을 민족의식과 연결시켜 인식하였다. 양명학이 인간의 주체성과 능동성을 확립하는 입장이라면, 주체성 문제는 언제나 현재의 문제로서 역사 변천과 더불어 새롭게 물어 질 것이다.

(금장태 외, 《조선 유학의 학파들》, 예문서원, 1996, 416쪽)

나는 세계일주 무전여행을 할 생각으로 4년간 인생의 가장 아름다운 시기를 바친 오산학교를 떠나서 안동현을 갔다. (……)

안동현에서 한 밤을 자고 나니 낭중에 소존한 70 몇 전, 이것을 가지고 봉천(奉天)을 향하고 갈 수 있는 데까지 가 가지고는 걸식여행으로, 직접 하남(河南) 등지를 지나 남경으로, 상해로, 항주로, 복건으로, 광동으로, 인도로, 파리로 끝없는 방랑을 계속하자는 것이었다.

바로 객사문을 나서는데 천만 의외에 위당 정인보 군을 만났다. 군은 수년 전 경성서 일면식이 있었을 뿐이요, 아직 친하다고 할 만한 처지도 아니었다. 그러나 나도 위당의 문명(文名)을 흠모하던 터이므로 반갑게 그의 명주 고름같이 가냘프고 부드러운 손을 잡았다.

"이거 웬일이요? 그런데 대관절 어디로 가는 길이요?"

하는 것이 그가 내게 하는 인사였다.

나는 노방에 선 채로 내 의도를 말하였다. 내 말을 듣던 위당은,

"그게 말이 되나. 이 치운 때에…… 대관절, 상해로 가시오. 상해에 가인(可人 : 당시 홍명희 군의 호)도 있고, 호암(문일평 군의 호)도 있어. 나도 집에 다녀서는 곧 도로 상해로 나갈 테야" 하고 나를 강권하였다.

나는 처음에는 몇 마디 고집을 부렸으나 마침내 위당의 호의를 받았다. 위당은 자기 노수(路需) 중에서 중국 지폐 10원 박이 두 장을 내게 주었다. 그리고 그길로 그는 정거장을 나아가 서울로 향하였다.

나는 위당이 준 중화(中貨) 20원을 가지고 상해까지 선표를 14원에 사고 퍼렁 청복 한 벌을 사입고 악주(岳州)라는 영선에 선객이 되었다.

(이광수, 〈상해 이 일 저 일〉, 《삼천리》, 1930년 10월호)

위당은 귀국 후 검은 옷차림을 하게 되었고, 이로써 일본 경찰에 여러 번 연행되어 조사받기도 했다. 검은 양복에 모자, 거기에 검은 색의 풍안까지 곁들였다고 한다. 양복의 상복이 검은 빛깔이어서 그러하였으리라 생각되기도 하지만, 스무 살이 갓 넘은 위당이 양복으로 상복을 입은 것은 나라 잃은 것도 아울러 곡하는 뜻이 겹친 젊은 청년의 일종의 객기였는지도 모른다.

(황원구, 〈정인보〉, 《진리와 자유의 기수들—연세의 초석 15인》, 연세대출판
  부, 1982, 72쪽)

1922년 봄, 새 학년을 기해서 위당은 연희전문의 교단에 서기 시작한다. 이때를 전후해 협성학교와 불교중앙학림에도 관계하게 되지만, 어떻게 해서 위당과 양인(洋人) 학교가 서로 계약을 맺게 되었던지 나는 그 자세한 경위를 알지 못한다. 다만 그것이 우연한 기회에 우연한 인사들끼리의 수작이 아니었음을 나는 단언해서 좋을 것이다. 위당의 존재는 이미 이 방면에 정평을 얻고 있었기 때문이다.

(민영규, 《담원 정인보전집》 2, 연세대출판부, 1983, 494~495쪽)

10년 가까운 시골 살림을 하다가 서울의 양삿골로 다시 이사했다. 물론 내 집이 아니었다. 삭월 셋방이 아니면 전셋집이었다. 이 동네에서 저 마을로 여러 차례 거처를 옮기면서도 가난을 허물로 여기지 않았다. 오직 사람다운 생활, 선비다운 몸가짐, 망국의 유민다운 마

음가짐뿐이었다. 위당이 스스로 난곡(이건방)에게서 전수받은 양명학적인 정신 지주가 그러했고, 그 몸을 온전히 지키는 데 어쩔 수 없는 곤고이기도 했다.

(황원구, 〈정인보〉,《진리와 자유의 기수들—연세의 초석 15인, 연세대출판부, 1982, 74쪽)

박지원·사마천의 《사기》·《대학》·《중용》·시조를 강의하시면서 연암을 가지고 또 학용(學庸)·시조를 통하여 한국을 이해시키고자 하였고, 《사기》와 《자치통감》을 가지고 한문과 한족사(漢族史)를 강설하시었다. 특히 학용의 강의에서는 중국경학의 중요한 면모를 전하시고자 하신 것 같았다. 이러한 강의는 한문을 조선문학의 명목으로 하시었는데 문학과 사학이 직결된 중국 것이기 때문에 문학 즉 사학 강의일 수도 있었다. 그리고 또 가다가 양명론, 조선 양명학파에 논급하시었으나 짤막짤막 내비치실 정도이었다. 교실에서 들을 때는 무심하게 지냈다. 후일 선생님의 글을 읽으며, 당시를 회상하는 데서 그때의 선생님의 뜻을 오늘에서야 알 수 있다는 것이다.

(홍이섭, 《위당 정인보》, 《한국사의 방법》, 탐구당, 1978, 313~314쪽)

내가 연희전문학교에 와서 처음 강의를 할 때 교실에 들어와 방청한 분이 정인보 님이었다. 정인보 님은 내가 중국에서 공부를 하여 한문학 강의를 듣고자 한 것이며, 이래서 우리는 가까와지고 나는 정인보 님에게서 실학에 관한 지식을 많이 얻게 되었다. 내가 문과과장으로 있으면서 실학 내지는 국학을 진흥시켜야겠다고 느끼고 그런 방향으로 애쓴 것은 정인보 님의 깨우침과 협력이 있었기 때문이었다.

(백낙준, 《나의 종강록》, 정음문화사, 1983, 266쪽)

조선 문학에서는 박지원의 《열하일기》 문장을 통해서 조선 후기 실학의 학풍도 설명하고, 시조를 통해서 한국의 정서를 힘주어 강의하기도 했다. 그리고 간혹 일본인 학자들에 의한 한국 고대사의 허구에 관해서 비판하기도 했는가 하면, 양명학의 본질을 연구하기도 했다.

국학(國學)이라고 하면 언필칭 위당을 연상하고 하는데, 위당은 연희전문학교에서 강의를 통하여 이 국학을 힘주어 역설했다. 따라서 당시의 문과 학생이면 위당에게서 한문과 조선문학뿐만 아니라 한국의 전통적인 역사와 문화에 대해서도 가르침을 받았다. 위당도 당시 중국에서의 국학의 제창자였던 장병린(章炳麟)의 문장을 좋아하기도 했다.

(황원구, 〈정인보〉, 《진리와 자유의 기수들》, 연세대출판부, 1982, 74쪽)

위당은 늘 쪽지 몇 장만을 가지고 강의를 했다. 원문은 모두 암기하고 있었기 때문에 노트가 필요없었다. 어떤 때는 원전을 달달 외어서 학생들을 놀라게 했다고 한다.

취미로 전각도 했다고 하지만, 이는 여가의 일이었고, 전하기로는 청나라 학자 옹방강(翁方綱)의 문집인 《복초재집(復初齋集)》의 필체를 좋아했다고도 한다.

(황원구, 〈정인보〉, 《진리와 자유의 기수들》, 연세대출판부, 1982, 74~75쪽)

전형적인 선비다운 독특한 필체로 많은 문고(文藁)를 집필했다. 더러는 벽자를 골라서 쓰기도 했고, 까다로운 문체를 구사하기도 했지만, 문장은 대체로 전통적인 팔가문(八家文)의 세계를 터득한 것이었다. 아울러 한국의 옛말을 골라서 유창한 글과 아름다운 시조를 짓는 데도 일품이었고, 한시의 경지도 탈속하면서도 현실적인 경세(經世)의 호소력이 있었다. 이와 같은 사장(詞章) 면에서만이 아니라 그의 치밀한 고증 면에서도 위당의 면모는 드러났다.

(황원구, 〈정인보〉, 《진리와 자유의 기수들》, 연세대출판부, 1982, 75쪽)

연희전문에는 교수 사택이 있었건만 아버지는 거기 들지 않았다. 혹시라도 마음에 안 맞아 그만 둘 일이 생길 때 식구를 한데서 떨게 할 것이 안쓰러워 행여 자기의 뜻을 굽히는 일이 생기기라도 할까 보아 아예 세사는 것을 두려워 않았던 것이다.

(정인보 저, 정양완 역, 《담원문록》 下, 태학사, 2006, 540쪽)

그는 언론을 통해서 민족정기를 고취하는 논설을 써서 민족 계몽운동을 펼쳤던 언론인이라는 일면도 있었다. 개화기 언론인들 가운데는 역사학과 언론이 동일한 기능을 갖는 것으로 보고 언론을 경세학(經世學)으로 인식했던 사람이 많았다. 장지연·박은식·신채호 같은 사람이 그런 경우이다. 정인보도 언론과 역사학을 하나로 생각했던 한말 언론인들의 맥을 이어 일제 치하에 언론활동을 벌였다. 그가 실학을 높이 평가하고 우리 민족의 고질이 되어 있는 허(虛)·위(僞)·공(空)·가(假)를 철저히 근절하여 진과 실과 행에 환원하기를 열망하는 글을 썼다.

(정진석, 〈정인보의 언론을 통한 민족정신 고취〉, 《어문연구》 28-3, 어문연구사, 2007, 286쪽)

'조선학'이란 말은 30년대로 와서 더러 쓰였는데 그것이 학계의 과제로 제기되기는 1934년부터가 아닌가 한다. 1934년 벽두에 〈동아일보〉는 신남철의 〈최근 조선연구의 업적과 그 출발〉이란 논문을 연재하고 있다. '조선학은 어떻게 수립할 것인가'라고 부제를 단 글이었다. 이 논문은 조선학의 개념을 정립한 다음, 그러한 방향에서 '조선연구'를 재출발할 것을 천명한 내용이다. 그해 9월 8일에 《여유당전서》 발간사업을 추진하던 신조선사는 다산 서세 99주년에 즈음해서 기념강연회를 개최한다.

그 자리에서 정인보는 〈조선학에서 정다산의 지위〉라는 논제를 내걸었던 바 당시의 소식을 전하는 기록이 있다.

(임형택,《실사구시의 한국학》, 창작과 비평사, 2000, 31쪽)

'만학(萬學)의 인(人)'이 담원을 포괄적으로 묶어서 표현한다면 국학자라 할 수 있다. 그는 국학이란 말을 처음으로 사용했고, 해방 후 국학대학을 설립하여 학장을 지냈다. 그의 다양한 모습을 한 가지 관점에서 조명한다는 것은 옳지 못하여 자칫하면 그를 왜곡할 염려도 있다. (……)

그러나, 그는 〈시문학〉 동인으로 참여했고, 다수의 시조를 창작했고, 장편의 기행문 및 많은 수필, 한시문들도 남겼다. 또《조선문학원류고(考)》를 통해 우리 문학을 그의 민족주의 사관으로 조명하기도 했고,《지나문학논총》으로 한시의 원류를 구명하기도 했다.

(이동영, 〈정인보의 생애와 문학업적〉,《도남학보》 제17집, 도남학회, 1997, 144쪽)

위당은 글을 지었다. 그의 유저는 다방면에 있었다. 유가 경전의 해석도 있었지만 국학의 국사, 국문, 고증학에도 존편(存編)이 많이 있다. 그의 국사학에는 민족주의 역사관의 근거를 밝힌 저서가 있고, 국문학에서는 고문의 현대적 이해와 사상적 교훈을 명시하였다. 그의 기행문과 고증학은 모두 선민의 유품을 깨우쳐 줄 뿐만 아니라 정확한 견해를 가르쳐 주고 있다. 그가 20여 년 재직하여 있던 연희전문의 제자들은 그를 한국학의 독보적 거성이라고 하였으니 이보다 더 이상 깊은 증언은 없을 것이다.

(백낙준, 〈담원 정인보전집 서〉, 《담원 정인보전집》 1, 연세대출판부, 1983)

3·1운동 이후 한동안 활발히 전개되던 민족운동이 만주사변(1931~32) 이후로 크게 봉쇄되자, 그 민족의식은 민족정신의 온존 앙양이라는 심층적·내면적인 방향을 잡게 되고, 역사학은 그러한 면에서도 더욱 활기를 띠게 되었다. 조선 후기 실학이 체계화되기 시작하고 그와 표리를 이루면서 '조선학'—오늘날의 '실학'으로 논의가 활발해진 것도 이 시기이다. 이 시기의 민족주의 사학으로 국내에서 두드러진 이들로 정인보·안재홍·문일평 같은 이들을 들 수 있고, 이때 여순 감옥에 있던 신채호의 구고가 국내에서 발표되어 큰 영향을 주고 있었다. 이 가운데서도 '실학' 내지 '조선학'이라는 시각에서는 위당의 비중이 가히 독보라고 해도 좋을 것이다.

(천관우, 〈정인보〉, 《진리와 자유의 기수들》, 연세대출판부, 1982, 84쪽)

고산(윤선도)의 문학은 '온유돈후'한 것으로 주성적(主性的) 경향을 띤 데 반해 송강(정철)은 선초의 성리학자들이 경계했던 '이정(利精)'이 풍부했다. 담원은 이 점을 높이 평가한 것이다. 이외에도 담원은 송강의 절묘한 표현이 압축미, 소박하면서도 지나가는 색향을 머금는 기교, 층을 지어 꺾이는 여운 등을 들어서 높이 평가했다. 그렇다고 화려한 사장(詞章)을 지지한 것은 아니다. 원인(元人)의 〈비파기(琵琶記)〉 가운데 '탄강곡(呑康曲)'이 유명하나 기교가 너무 과하다고 비판하였다.

(이동영, 〈정인보의 생애와 문학업적〉, 《도남학보》 제17집, 도남학회, 1997,

153쪽)

《양명학연론》은 선생(정인보)의 그 해박한 지식으로 깊이 파헤쳐 풀이한 글인데 전연 기교를 부리지 않은 심장에서 우러난 그대로를 구술해 놓은 것 같은 생생한 문장인데도 그 문장이 어쩌면 그렇게도 유려한 문체로 흘러 내려간 것인지 원고지를 옮겨 700여 매나 되는 글을 나는 점심밥도 저녁밥도 먹지 않고 그저 그 글에 빨려 들어가 읽을 수가 있었다. 속 마저 경건해졌었다.

나는 비로소 백낙준 박사가 그 글을 〈사상계〉지에 전재할 것을 나에게 권한 뜻을 알게 되었다. 교육에서 실용주의 사상에 심취한 분으로 특히 전시수도 부산에 와 오래 있다 보니 그 고루한 사유적 사고방식이 더욱 짙은 남도 사람들한테서 그것이 촉발되었을 것도 짐작이 갔다.

(장준하,《씨올의 소리》, 1973년 3월호, 96~97쪽)

늘 단재 선생의 인격을 흠모하시며 사안을 찬탄하신데서라든지 선생님의 고대사 서술 자체가 보여주는 것으로 조선의 얼은 그대로 단재 사학의 확충 전개이었으며, '조선의 얼'이 근세 현대에 미쳤더라면 조선사에서 단재 사학의 기본 이념의 광휘가 있는 전개이었고, 일단의 완료를 보는 날 정신사적으로는 한국사로는 장관이었을 것이, 오늘 거듭 애석하다고 하겠다.

(홍이섭,《한국사의 방법》, 탐구당, 1978, 321~322쪽)

위당의 '얼' 사관은 물론 역사를 단지 과거의 사실로서만 취급하자는 것은 아니었다. 역사는 흔히 현재의 역사이어야 한다고 하지만, 위당은 얼을 통해서 현재 속에 과거를 느끼고 과거 속에서 현재를 인식해야 한다고 말하였다. 그는 과거에 역사를 주름잡던 사람들이 타인이 아니라 바로 우리 자신이라고 생각하였다. 우리를 구곡에서 찾으면 고인이 우리가 고인이 아니지만 한 번 그 얼에 들어가 생각 해보면 우리의 고인이 곧 우리 자신이라는 것이었다.

(이완재, 〈1930년대 민족주의 사학의 발전 : 위당과 호암을 중심으로〉, 《동 아시아 문학 연구》 제21호, 한양대 국학연구원, 1992, 166쪽)

첫째, 정인보의 역사인식은 정신사관이라 할 수 있다. 이것은 그의 사상의 핵심이라 할 수 있는 양명학 사상을 배경으로 하고 있다. 그 러나 1930년대 일제의 폭압적인 정치상황 속에서 국내의 거의 모든 민족운동은 위축되거나 표면화되지 못했던 시대적인 한계성도 함께 고려되어야 한다. 정인보는 식민통치 아래 궤멸되어 가는 민족의 '얼' 을 되찾고 이것을 주체적 기반으로 하여 민족을 지키려고 하였다. 따라서 그는 '얼' 중심의 역사인식을 갖게 되었고 이것으로써 전체 역사를 조망하게 되었던 것이다.

둘째, 정인보는 실학파 역사학 및 1910~20년대의 민족주의 사학 을 계승하여 발전시켰다. 특히 신채호의 영향은 민족주의 사학의 '발전기'(1930년대)를 대표하는 인물로서 동시대의 민족주의 사학자 들과의 교류—안재홍과 문일평—를 통해서 역사인식의 폭을 넓혀 갔으며, 일정하게 그들에게 영향을 주고 있다.

셋째, 정인보는 역사의 중심에 민족을 놓고 있다. 즉 역사의 주체 로 민족을 중시하고 있다는 것이다. 이것은 초기 민족주의 사학의 영웅중심 사관을 탈피하고 극복한 것이라 하겠다. 결국 정인보는 민 족사의 입장에서 우리 역사를 주체적으로 이해하려고 하였고, 그것 을 통하여 역사를 체계화하려 했던 것이다.

넷째, 그의 반식민주의 사학의 성격을 들 수 있다. 정인보는 식민주의 사학자들의 한국사 왜곡에 분개하여 역사 연구를 시작했던 만큼 반식민주의 사학의 성격을 강하게 드러내고 있다. 이것은 민족주의 사학의 공통적 인식에 기반을 두고 있는 것이고, 특히 식민주의 사학의 타율성론을 타파하려 한 점에서 그 의의가 있는 것이다.

(최지연, 〈정인보의 고대사 인식〉, 숙명여대 석사학위논문, 1988)

정인보의 얼사관은 두 말할 것 없이 박은식의 국혼, 신채호의 낭가사상 등에서 영향받은 것이지만, 국외의 독립운동 전선에서 계속 활동한 신채호의 사관이 투쟁사관·민중주체사관 등으로 발전해 간 데 비하여 국내의 식민지 치하에서 산 정인보의 민족주의 역사학은 관념적인 얼사관에 한정되고 만 것이라 할 수 있을 것이다.

요컨대, 근대 우리 역사학으로서의 민족주의 사학은, 본래 시민계급 중심의 역사학으로 국민 국가의 성립 발달에 이바지하는 성격의 역사학으로 발전할 것이었으나, 국민국가의 수립에 실패하고 식민지로 전락함으로써 이제 그것은 민족 독립운동의 정신적 기반인 민족혼을 유지하기 위한 방법의 하나로서의 역사학, 다시 말하면 민족 독립운동에 이바지하는 역사학이 되었던 것이다.

(강만길, 〈일제시대의 반식민지학론〉《한국사학사의 연구》, 을유문화사, 1992, 237~238쪽)

위당의 문장이 너무 어렵다든지 그가 본시 역사학 전공이 아니었다든지 하는 이유도 있겠지만 가장 큰 원인은 위당이 한국전쟁 당시 납북되었다는 데 있는 것 같다. 그의 학문이 지금까지도 민족주의 사학이니 유심론 사학이니 하는 이름으로 마치 방계 사학처럼 치부되고 있는 것도 그 때문이 아닌가 싶다.

위당은 철저한 민족주의자였지만 역사를 정치이념의 도구로 만들지 않았다. 어떤 정치적 이념으로 포장된 사이비 민족주의자도 배격했던 순수한 한국적 민족주의자였던 것이다. 그러기에 위당은 1930년대 일본인들의 일제 식민지사학과 조선인들 스스로가 그들의 춤에 맞장구를 친 조선학을 싸잡아 비판했던 것이다.

(박성수 편역, 《정인보의 조선사 연구》, 서원, 2000, 189쪽)

지금 《조선사 연구》를 다시 읽는다면 고사(古史)의 문헌실증적인 이해에 있어 얼마나 새로운 논증을 통해, 고대 사회와 문화를 넓혀 보시었는지를 알 수 있을 것이다. 그리고 초점은 '조선 반도'가 옛부터 북으로는 한민족(漢民族)의 식민지요, 남으로는 일본의 식민지였다는 일본인 학자들의 문헌학적 내지 고고학적인 논증을 비판, 시정하자는 일체의 논증을 그에 집중시킨 것이었다. 이 시비는 아직 한국 고대사면에서 제대로 논란의 대상이 안 되고 있으나 단재·위당의 조선상고의 연구는 다시 한 번 논의될 날이 있을 것이다. 즉 낙랑과 임나의 문제는 경경히 어떠한 데에 추종할 바 못됨은 이미 《조선의 얼》에서 논증되었으므로 위당 학설에 좌단치 않더라도 위당설을 한 번 신중히 다뤄보아야 한다는 이 말까지 복고적이니 국수적이니 할 것은 없을 것이다.

(홍이섭, 《한국사의 방법》, 탐구당, 1978, 323쪽)

정인보의 고대사 연구는 한사군의 위치가 반도 밖에 있었느냐, 안에 있었느냐 하는 것은 그때에도 중요한 문제였다. 그것은 고조선의 영역과도 관계가 있고 한국 역사의 자주성 문제와도 깊은 관계가 있었기 때문이다. 그리하여 일본인 학자들은 그들의 이른바 실증적인 방법으로 위만조선의 위치는 말할 것도 없고 한사군의 위치도 반도 안에 설정하기에 바빠 심지어는 진번군을 전남지방에 비정하기도 하였다. 그것을 확증하려고 평양을 중심으로 하여 고고학적인 발굴을 실시하였다. 그들은 처음에 요동지역에서 한사군의 위치를 찾으려고 그곳에 발굴을 계획하다가 무슨 심사에서인지 갑자기 평양 쪽으로 바꾸었다. 발굴하면서 그들은 근처의 민간인들로부터 출토품을 아주 비싼 값으로 사들였다. 따라서 위조품도 많이 사들일 수밖에 없었다고 한다. 정인보는 한사군 특히 낙랑군이 한반도 밖에 있었다는 주장을 문헌을 가지고 증명하려 했을 뿐만 아니라 일본인이 발굴했다는 유물을 가지고서도 면박하였다.

(이만열,《한국근대역사학의 이해》, 문학과 지성사, 1981, 253쪽)

선생의 시조는 섬세한 채 단단하고 깊숙한 채 들날리며 고아하되 사무치고 정서적인 대로 사상적이니, 얼른 말하자면 살과 뼈가 있는 강유를 겸비한 작품이다. 이 어찌 자가의 독특한 경지에서 사도의 엄연한 규범을 보인 귀중한 결정이요 고마운 업적이 아니랴. (……)

위당은 내가 알기에는 가장 정적(情的)인 분이다. 그의 감정은 만져지는 그의 손길보다도 더욱 다감하다. 이제 집중의 육친과 근척을 추모·상념하는 사(辭), 고인과 지우를 회억, 애상하는 기다(機多)의 문학을 읽어보라. 그 다감·섬세·은근한 '정'이 어느 무정을 눈물겹게 하지 않으랴. 그러나 단순한 감상이 아니라 언제나 우리의 정서를 순화·고결화하는 높은 감상이매도 그대로 귀한 것이다. 또한 집중 어느 장 어느 구에서나 예리한 섬광 같이 번뜩이고 삼열(森烈)한 수림 같이 둘려 있는 그 '재(才)'와 '식(識)'을 보라. 그의 사용한 독획의 법과 법외의 법은 아는 이라야 알려니와, 심상한 눈으로써도 거의 도처에 허다 야릇한 문장의 묘와 알뜰한 사구(辭句)의 정을 볼 것이요, 더구나 그 함축성 깊은 고근어(古近語)의 풍부한 채택에 의하여 아어(我語)의 정치성과 입체성을 배우는 동시, 아울러 기다의 고실(故

實) 전통—일언으로 말하면 이른바 우리의 고유한 맛과 정조를 충분히 감득하게 될 것이다. 그리고 그보다 더 중요한 것은 통편 수처에서 혹은 은연히 혹은 단적으로 발산하는 고귀한 '정신'의 그윽한 향내요 뿌리 깊이 박혀 있는 그 우호한 사상적 저류이니, 이 경앙(敬仰)에 값하는 골똑한 전통성과 일관성은, 설령 그와 시대적 거리를 달리하는 왕래의 군자로서도, 옷깃을 바로하지 아니치 못할 것이다.

혹 집중 제작(諸作)의 표현과 상(想)이 대체로 난삽하고, 사뭇 애(哀)하고, 끝내 고(古)함을 난할 이도 있을 것이라. 천근한 문자에만 익은 이는 이른바 일왕탐정(一往探情)과 점입가경의 맛을 알기 위하여 모름지기 백편의 풍통으로써 심층의 바다에 참체하라. 허랑한 가락에만 귀를 기울이는 이는 지금까지의 우리의 산하와 조우한 시대를 무엇으로 보고 느끼느뇨.

〔정인보, 〈서〉(양주동 글), 《담원시조》, 신세계문고, 1955, 3~5쪽〕

위당의 시어는 주로 일상어가 쓰였다. 고어 시어도 많이 쓰여 고시조 같다는 비평을 받는다. 인명시어, 시간 및 공간시어, '님' 사용 시어, 기타 시어 등 위당의 시어는 나름대로의 개성을 지녀 위당 시조를 돋보이게 했다.

(오동춘, 《위당시조연구》, 한강문화사, 1991, 234쪽)

위당 정인보는 한학의 조예가 깊고 한국사에 깊은 연구와 한국문학에 관심이 컸던 애국자였음은 주지하는 바이다. 일제 말기에도 친일전선을 칭병으로 끝까지 회피하고 애국지조를 변하지 않고 광복을 맞이한 분이다.

그의 애국심도 표면화시키지는 못하고 그의 시조집인 《담원시조집》에 실은 〈자모사라는 제목 아래에서〉 또는 〈백마강 뱃 속에서〉

와 〈숙초 밑에 누운 고우 송고하를 우노라〉와 〈진주 의기사 영송신고〉 등에서 단편적인 애국심을 읊어 놓았다. 물론 이러한 작품들을 고이 간직하였다가 해방 후 펴냈기 때문에 일제를 적으로 말한 고하(古下)의 말도 그대로 나타냈다.

(이태극, 《시조의 사적 연구》, 선명문화사, 1974, 169~170쪽)

나는 10여 세 때부터 서울의 변영만·정인보·홍명희라는 세 문학가가 있다는 얘기를 들었다. 그 뒤 1939년 봄에 나는 처음 서울에 왔었다. 약관 23세의 청년인 나는 그 세 어른을 위에서 열거한 순으로 찾아뵙게 되었다.

그에 앞서 이 세 분과 이름이 막상막하이던 최남선·이광수는 이에 이르러서 이미 뜻 지닌 청년 후배에게 신망을 잃어버렸고, 그 아류에 속하는 선비들은 혹은 지나치게 고루하여 진부한 옛 껍질에서 벗어나지 못하는가 하면, 스스로 개화파라 일컫는 경조부박한 시류는 얄미웁기 짝이 없었다.

혹은 이 세 분을 일러 경성삼재(京城三才)라 하기도 하였다. 그 중 위당과 변옹은 특히 고문가(古文家)로 이름이 높았으므로 더욱이 쌍벽적인 존재였던 것이다.

위당은 몹시 맑고 연약한 한편 역시 내강(內剛)하였고, 그의 아호인 위당의 위(為)는 일을 부지런히 한다는 의미이다. 위는 애당초 어미 원숭이를 상형한 글자로서, 원숭이는 조금도 쉴 사이 없이 무엇을 조직하기 때문에 하염이 있다는 뜻을 지닌 것이다.

(이기원, 〈정인보〉, 《진리와 자유의 기수들》, 연세대출판부, 1982, 78~79쪽)

위당의 글이 대체로 난삽하고 사뭇 애(哀)하고 고(古)하다 하나 천근(淺近)한 문자에만 길들여진 사람들로서는 위당의 그 깊고 깊은 정과 들어갈수록 아름다운 맛을 알기 어려울 것이다. 그러니 모름지기 수백 번 낭송하여 그 깊은 바닷속으로 가라앉아 보아야 위당의 큰 뜻을 새겨서 알 수 있으리라.

거짓으로 가득한 허랑(虛浪)한 가락에 귀를 기울이는 사람들로서는 감히 무엇을 보고 우리의 산하(山河)를 말할 수 있으며 우리가 겪고 있는 시대를 느끼고 알 수 있으리요.

(양주동의 평가를 재인용 : 박성수 편역, 《정인보의 조선사 연구》, 서원, 2000, 167쪽)

위당이야말로 이건창의 《당의통략(黨議通略)》을 계승하여 조선조의 당파싸움에 대해 처절한 반성을 수행했다. 나아가 스승들이 국권상실 전후 읽은 《명이대방록》을 바탕으로, 《양명학연론》에서도 '원군(原君)'을 강조하였다. 이러한 개혁주의적 성격은 청년 위당이 상해 동제사에서 활동하던 1911년, 1913년의 모습에서 쉽게 찾을 수 있다. (그 성격은 복벽주의이기보다는 유교개혁주의에 가깝다) 하지만 김태준은 위당의 이러한 면모에 대해서는 전혀 언급하지 않고, 오직 그가 '양반 출신이므로 봉건'이라는 주장을 되풀이하고 있다. 물론 위당은 개혁적이면서도 동시에 보수적인 면모도 갖고 있다. 그러나 그것을 모두 아우르는 것은 역시 심학적 전통으로서, 진실됨과 애틋함의 마음에서 우러나오는 행위에 대해서는 정치적 좌우, 신분상의 차이에 관계없이 높게 평가하였다.

〔이황직, 〈김태준의 '정인보론'을 통해 본 해방 전 위당 정인보에 대한 평가〉, 《양명학》 제20호, 한국양명학회, 2008(재인용)〕

정인보의 역사 인식은 식민지 시대에 식민사관에 매몰되지 않도록 하기 위한 민족혼의 유지를 최대 목적으로 부각시키는 데 성공

하였다 평가할 수 있다. 〈오천년간 조선의 얼〉이 지니는 의의는 무엇보다도 신채호를 이어 한국사의 정신적 이해의 새로운 기점을 세운 것이라 할 수 있다. 그러나 그의 사학은 심한 정신주의적인 데 빠져 있었다. 그리하여 민족사의 위치를 세계사와 연결시키는 문제 등으로 그 영역을 확대하는 데 있어서는 전혀 인식을 갖지 못했던 것이다. 이 점은 그가 근대적 교육을 받지 못했던 데도 한 원인이 있을 것이다. (……) 그러나 (이청원)의 혹평에도 불구하고 광복 후 〈오천년간 조선의 얼〉이 《조선사 연구》라는 이름으로 간행되자 많은 사람들의 관심 속에서 두루 읽혀졌다.

(최영성, 〈정인보의 양명학 선양과 얼사관〉, 《한국유학사상사》 5. 근·현대편, 아세아문화사, 1997, 218~219쪽)

위당은 언제나 그의 가정의 학을 받아 학문에는 왕수인을 조술하고, 문학에는 소식(蘇軾)을 스승으로 삼아왔으며, 또 우리나라의 문인 중에서는 특히 신위(申緯)의 시와 이건방의 문을 배웠고, 사상적인 면에서는 특히 이익·안정복·홍대용·박지원·정약용 등의 실학파 학자를 숭배하여 자못 발명한 바 있었다.

그러므로 더러는 그를 가르켜 조선 실학파의 주류를 점유한 학자인 듯 논평을 하였으나, 실은 조선 실학파의 주류는 이미 정약용에 이르러 끝난 듯싶고, 다만 실학 연구가로서는 그를 첫째로 손꼽지 않을 수 없겠는데, 이에 대한 전문적인 저서를 남기지 못하고 겨우 단편적인 산고(散稿)가 이 책중에 수록되어 있음이 크게 유감스러운 일이 아닐 수 없다.

(이가원, 〈위당 정인보의 인간과 학문〉, 《한국명인 소전》, 일지사, 1975, 131~132쪽)

첫째, 담원 시조가 일견 평범한 듯하면서도 전아한 홍취를 일으키는 것은 고어와 토속어에 의지하고 있음을 알 수 있다.

둘째, 시의 극적인 상황을 찬송과 기원으로 대별하여 고찰한 결과, 찬송이 15편, 기원이 10편이 되었다. 담원의 시조 전수(全首)가 이렇게 찬송과 기원 가운데 포함된다는 사실은 그것이 시의 본래적인 자리에 위치하고 있다는 것을 의미한다.

셋째, 음조와 압운(押韻)을 고찰하였다. 시는 언어의 소리와 뜻을 다함께 중요한 것으로 활용하는 예술이기 때문이다. 그 결과 담원 시조의 음조는 4절음을 음보(音步)의 표준 단위로 하여 일행(一行)이 4음보로 구성된 4보격(四步格)의 시인임을 드러났다.

넷째, 심상과 상징을 가식적인 것과 기능적인 것, 인습적인 것과 사적인 것으로 나누어 고찰해 보았다. (……) 이렇게 볼 때 심상은 고시가와 현대시에 공통된 시의 요소이지만 상징 특히 사적인 상징은 현대시에 특유한 것이라는 통념이 다시 확인되는 것을 알 수 있다. 또 담원 시조는 비교적 심상을 능숙하게 다루고 있다는 사실도 알 수 있다.

(김인환, 〈담원 시조론〉,《한국사상》제11집, 한국사상연구회, 1974, 237~
238쪽)

위당의 저항의식 속에서 우리는 두 가지 특징적 단면을 검출할 수 있다. 그 하나는 그가 저항의 근거를 어디까지나 민족의식에서 찾고자 한 점이다. 그는 먼저 묵시적인 '나' 또는 '우리' 라고 전제한다. 그리고 '나' 또는 '우리'에 대한 인식없이 민족적 저항이 효과적으로 이루어질 수 없다고 본다. 그러면서 위당은 여기서 문제되는 정신을 '얼'이라고 규정했다. 구체적으로 그는 '얼'을 자기 자신을 아는 것, "기신(己身)으로써 타구(他軀)를 감작하여 가지고 외영(外映)하는 것"

에 반발할 수 있는 정신이라고 보았다.

(김용직, 《한국근대시사》 下, 학연사, 1986, 343쪽)

① 소년기의 비운을 극복하고 청년기부터 안정.

② 문필가이며 국학자.

③ 역사 연구로는 고대사(단재 사학 계승한 유심론 사학)와 조선 후기 실학을 연구(개척의 공로)—조선학 운동의 기초.

④ 소년기의 가학적(家學的) 희망(소론·양명학·실학)을 고수하고 대성했다.(민영규는 강화학을 계승 발전시킨 것으로 평가)

⑤ 선비의 전형적 풍모와 고집스런 생활.

⑥ 8·15후의 정치단체 관여는 자신의 학문과는 무관한 외도와 같은 것.

⑦ 교우—홍명희·백남운·안재홍·송진우·문일평.

(조동걸, 〈연보를 통해 본 정인보와 백남운〉, 《한국독립운동사 연구》 제5집, 한국독립운동사연구소, 1991, 396쪽)

담원이라면 나에게는 생소할지 모르는 사람 같다. 경시(景施) 아니면 위당으로만 친숙하였더니만큼 나는 후자인 위당이란 호를 택하겠다. 위당과 나는 서로 안 지가 근 50년이다. 내가 11~13세 때이고 위당은 16~17세 때로 기억한다. 연령 풀이를 하면 위당은 돌아가신 나의 큰 형님보다도 4세 연하이고 나보다는 5세 연장자이다.

어려서 자랄 때에는 5년이란 끔찍한 차이이다. 그런데다가 위당은 유난히 숙성하였다. 관례를 하고 초립동이로 제법 간들거리며 맹현(현 가회동) 우리 집을 놀러오면 으레 나의 아명을 따라지게 불렀다. 나는 하는 수 없이 "정서방이오"하였다. 그제만 해도 관동지별(冠童之別)을 그렇게 차리던 때였다. 3, 4년 후 나도 인천으로 장가갔다

와서는 "외자해라" 듣기가 억울하여 처음에는 서먹서먹한 것을 죽기기쓰고 벗을 트기 시작하였다.

재교·문교로 해서 교앙스럽기 짝없던 위당은 좀처럼 응하지 않으려 들었으나 내 알 바 아님은 물론이었다. 여하간 세월이 지나며 우리 두 사람의 정의와 친분은 부지불식중 짙어지고 깊어졌다. 나중에는 하루라도 만나지 않으면 서운할 정도이었다. 성장한 사람들로서 애들과도 같이 손에 손목을 잡고 거리를 쏘다녔던 것이다.

'정(情)'은 위당의 독점인양 정 표시에는 언제든지 수동이요 피동적이었다. 걸핏하면 그는 성이 나서 팩 돌아서는 것이었다. 그리하여 때로는 인종적이 아니될 수 없는 나이었다. 만나면 골이 터지고 입에 침이 마르도록 해가 지고 밤이 으슥하여 지는 것도 모르며 문학 이야기를 하였다. 위당은 전공이 한학이니만큼 한학 지식 멸여한 나에게는 친구라기보다 스승이었다. 내가 한시 기십 수라도 외이는 것은 순연히 위당의 소사(所賜)이다. 그가 낭송하면 우열과 교졸 판단은 나의 임무이었다. 더욱이 국한문으로 지은 것이면 그는 으레 그 원고를 휴래하여 나의 평을 구하는 것이었다. 나의 평은 때로는 가혹하였다. 더러는 허용하거나 묵인도 하였지만 때로는 격노도 하여 글로 해서 절교하기 전후 3차나 되었다.

상설은 피하나 제1차 절교는 〈중외일보〉에 소재된 〈해산 추량기(海山追凉記)〉로 해서요, 2차 절교는 일성(一星 李灌用) 추도문으로 해서이며, 제3차요 최종 절교는 연희전문 강사 시대의 교재로 쓴 《문장강화》로 해서였다고 기억한다.

상기대로 상세는 피하나 논란의 요점인 즉 '내용'에 있지 않고 '표현'에 있었던 것이다. 얼뜬 말하면 위당 문장의 결점이랄까 하자란가는 '수식'이 과다함이었다. 정한이 지나친데 표현 따라 도외로 곡지하매 자연히 다소 부자연한 인상을 주는 것이었다. 호례(好例)로는

〈사모행백수(思母行百首)〉이겠다.

회고담이 너무 길었다. 위당은 세소공지(世所共知)의 한학의 거장이다. 진정한 최고의 후계자가 있을까 말까이다. 이러저러한 의미로 보아 최종의 '명인'이다. 순한문학도이다가 중년 때부터는 역사에도 염필(染筆)하고 시조 시작에도 적공을 한 것이다.

역사하면 고증이 해박하고 시조하면 그 표현이 직교하였다. 말하자면 무처부당의 관이 있었다. 석학이라 홍유(鴻儒)라기보다도 솔직히 '격세의 재사'라 할 만한 거인이라고 나는 말하고 싶다.

총예하고 영롱(玲瓏)키는 붕배(朋輩) 중 누구보다도 뛰어나는 이상한 글재인 것이다. 당세 무적이라 함이 결코 과찬 아님은 나의 성격을 짐작하는 독자는 수긍할 것이다. 이러한, 이렇던 위당이 그 저주스러운 6·25동란 통에 이북으로 끌려갔다.

생각할수록 통석한 일이다. 우리 붕배간의 손실이라기보다 우리 국가 우리 민족의 메울 길 없는 손실일 것이다! 기백 기천의 친지들이 이북에 납치되어 그네들을 회억하는 마음 낮밤의 별(別)이 없건만 유독히도 꿈에 나타나기는 두 친구뿐이므로 그 두 친구란 다름도 아닌 구자옥·정인보 양인인 것이다.

생시와 다름없이 손에 손을 잡고 참다웁게 갖은 이야기 다하다가 소스라쳐 깨이면 생시 아닌 꿈이었다! 그럴 때마다 나의 마음은 설렁하고 몸에는 땀까지 흠뻑 배이는 것이었다!

이번 위당의 지동의(志同意) 합한 문제(門弟)들이 통감한 바 있어 이리저리 산일되어 있던 것을 고심 수록하여 《담원국학산고》란 제명으로 일책을 출간케 됨에 이르러 나로서는 만감 교집함을 금할 수 없는 것이다. 국학의 정수를 뽑고 모은 부피는 엷은 채 위당의 심혈을 경주한 이 저서가 강호 제현의 재독 삼독을 강요하여 절필한다.

〔정인보, 〈서문〉(변영로 글), 《담원국학산고(薝園國學散稿)》, 문교사, 1955〕

8·15해방을 맞아 조풍연(趙豊衍)과 민병도(閔丙燾 뒷날 한국은행 총재)가 함께 정진숙(鄭鎭肅)을 찾아왔다. 조풍연은 정진숙보다는 서너 살 아래지만 이태준이 주도한 《문장》 편집장으로 출판계 일꾼이었다. 민병도 또한 정진숙과 동일은행 동료로 각별하게 지내던 터였다.

"저희와 함께 출판사업을 한번 해 보시는 게 어떨까 해서……."

먼저 조풍연이 운을 뗀다.

"글쎄, 일전에 민 형의 제의를 받았소만 출판에 대해서 아는 바도 없고……회사 운영도 낯선 분야라서……."

"출판경영은 이제부터 배우면 될 것이고, 그간의 은행업무 경험과 소양을 살려 착실하게 운영하면 되지 않겠소?"

민병도는 정진숙에게 거듭 권유하며 결단을 촉구하였다. 정진숙은 좀처럼 마음을 정하지 못했다. 조풍연이 이틀 뒤 다시 찾아와 위당 정인보 선생을 찾아뵙자고 해서 따라 나섰다.

"출판이야말로 36년간 일제에 빼앗겼던 우리 역사·문화 그리고 말과 글을 다시 소생시키는 크나큰 일이 아닌가. 그러니 출판사업을 하는 것 또한 나라의 문화를 세우는 건국사업이야."

위당은 적극적으로 출판업을 권했다. 정진숙에게는 동래 정씨 문중 어른인 위당 정인보의 이 한 마디가 뜻을 굳히는 계기가 되었다.

1945년 12월 민병도(뒷날 한국은행 총재)·정진숙·조풍연·윤석중은 위당의 뜻을 받들어 해방된 을유년을 기념 '을유문화사(乙酉文化社)' 창업의 깃발을 올린다. 모두가 30대 청년들로, 우리말 우리글이 되살아난 감격을 안고, 출판이 바로 나라 문화를 세우는 일임을 자부하면서 출발했다. 출판사업을 문학상 제정, 장학사업, 음악회 등 여러 문화사업을 두루 일으킬 목적에서 출판사보다 '문화사'로 했다.

(고정일, 《한국출판 100년을 찾아서》 정음사, 2012, 598~599쪽)

아버지를 기다리며

정양완

그리운 아버지

1950(4283). 10. 2.

어느새 이렇게 목이 다 잠기는지.

그러고 보니 군밤이 벌써 영글었다. 플라타너스는 아직 잎이 붙어 흥성한 듯도 하나 이미 푸르지 못하다. 누르퉁퉁하다. 선고를 받고 짐짓 웃는 여인의 서글픈 애교처럼 햇살의 미소에 어려 사뭇 내 마음에 사무치는 듯하다.

무엇을 한 것도 하는 것도 없이 무엇을 하자는 의욕조차 빼앗긴 허수아비.

컹! 하고 웃든지 짖으면 그만⋯⋯

그래도 사람이라고 할 수 있을까. 불릴 수 있을까. 모든 것은 이렇게 박탈당한 듯 서운⋯⋯ 그렇다. 이제 아주 서운조차 가시고 만⋯⋯ 퍼지던 물올조차 잦다. 물속엔 떠오를 일 없는 무거운 돌이 가라앉아 있건만⋯⋯ 내 마음의 물위를 스치는 풋잠자리의 나래여.

살풋한 그 감촉이여.

코스모스가 피었다고 하늘이 푸르다고 누가 노래를 부른다고 하여도 다스려지지 않는 멍청한 내 마음.

이젠 정말— 이게 벌써 몇 백 번인지— 아주 몹쓸 사람이 되어 버린 것인가 보다.

부를 사람이 없다.

찾을 길이 없는 듯하다.

물도 없는 좁은 우물에 그만 빠지고만 듯하다.

1950(4283). 10. 9. 새벽.

어스름한 때이리라 또는 훤한……
당장 급한 발걸음으로 오신
아버지…… 안경…… 두루마기
오—랜 오랜 세월이었다.
오신 아버지, 아버지.
왈칵! 달겨들고 얼싸안았다.
아버지 정말. 아버지……
'누구보다 누구보다 네가 제일 보고 싶더라.'
아버지 정말 고생 많이 하셨지요. 정숙아 정말이냐?…… 그럼……
뜨겁게 뜨겁게 안기고 안겨 울다보니…… 꿈이었다.

어두움 속에서 불도 켜지 않고 나는 슬픔에 눈이 젖었다. 너무도 너무도 가혹한 몹쓸 운명이다. 정말 얼마나 고생하실까. 오늘이 구일 아니 한글 기념일이라 한다. 아버지가 지으신 노래는 이미 부르지도 않는다…… 다른 누가 지었는지……

「구일날 너 ……와 같이 성 선생한테 가 보리라 미국…… 가 널 데 려 간다더라」…….

그러나 내가 보긴 그건 백 선생님이었다…… 누구와 같이 가라셨 는지 잊어버렸다. 아마 나에게 무슨 좋은 일이 생기려는가, 또는 일 생에 있어서의 큰 무슨 변화가 일려는가, 또는 가없는 나의 허영에 대한 아버지의 한 뜨거운 사랑의 가르치심인가…… 어머니의 사랑 을 떠나 한때라도 나만을 위함이 있다면, 죄스러울 날…… 그런데 밤 새 반짝이던 별이었을까? 낙엽의 축복의 기도였을까? 어느 그 아름 다운 마음이 있어 나와 나의 아버지를 축복했을까…….

1950(4283). 10. 20.

그들이 가칭한 해방이 우리에게는 사변(事變), 전란(戰亂)이었고 난리였다.

물결같이 밀려 오고가는 군중 속에 내 어찌 반가운 얼굴을, 그리운 음성을 기다릴 수 없으랴. 내 눈은, 귀는 귀뚜라미의 촉각처럼 먼 공기의 떨림을 가려 한결로 긴장되어 있다.

헙수룩하게 차린 노인네의 뒷모습도 지척댐도, 왠지 남의 일 같지가 않다.

한참 바라보기도 하고 멀거니 섰기도 하고……. 우리 아버지가 오실 날이 이 밤이 지나면 하루 더 다가오려니 훤히 날이 새기를 기다린다. 물기 없는 바위에서 꽃이 피듯 하늘과 땅이 얼러 조화를 부리어야 할 크나큰 기적을 난 기다리고 있다. 아니 굳이 믿고 있다. 하늘이 미운 나를, 죄 지은 나를 살리셨거늘 착한 아버지를.

곧잘 하늘을 부르고 못 뵈온 할머니 할아버지를 애끓게 불러본다.

굽어 도와주옵소서.

1950(4283). 10. 21.

좋은 소식을 들으면 믿고 싶어도 안 믿어지고, 언짢은 말은 귀담아 듣기 싫은데도 어느 틈에 백여 걱정이 된다.

철원에서 뵈었다고, 또 철원에 살아 계시다고. 기적이다. 할머니, 할아버지.

1950(4283). 10. 27. 늦은 아침.

또 속는 게 아닌가. 몇 다리 건너 듣는 소식이란 도대체 곧이들리지가 않는다. 그러나 믿을 수밖에…….

거리에 나서면 하느니 붙들려 갔다는 소린 것 같은데 또 들리느니 살아서 돌아왔다는 소리뿐.

석 달 고생살이에 파리한 얼굴들에도 핏기가 돌고 태극기도 이젠 펄렁대건만, 난 그들과 꼭 같이 희색(喜色)을 띠울 수도 없고.

그 오죽한 누더기를 입고 곡기도 못 하며 사는 움집 식구들이 옹기종기 모여 앉아 되잖은 국물을 마시며 지내는 게, 그 아버지며 어머니 형제들이 다들 있는 게 세상에 없이 귀하고 부럽다.

마음에도 퍽 단련이 되고 그 말마따나 사람이 되었을 법한데 나에게 소득이란 보리밥에는 양과, 인색, 신경질, 시들함.

모든 게 시들하다. 옳게 못 살아오고 더럽게 그르게만 지내온 스물 몇 해가, 아까운 것보다 장차도 그러할, 정작 내가 불쌍만 하다.

근본적으로도 썩고 추한 것만 같고 양심도 아름다움도 가신 영혼이 가련하다.

미움과 추함, 그리고 게으름 또한 깊은 사색을 거치지 못한 헐떡깨비 우울·비애, 모든 게 싫다. 내가 제일 싫다.

아버지는 어디서 무슨 고행을 하시는지, 아니 생사조차 모르면서 동물적 생활에서 오는 모든 욕구에 못 이겨 세 끼 밥이나 두둑히 먹으면, 새끼 밴 돼지처럼 자빠져 잘 생각.

진정 슬프다. 어쩌면 이런가 하고, 맹랑하다. 무섭다. 더럽다.

하느님 우리 아버진 살아오시지요. 꼭요. 착하니깐. 네…….

1950(4283). 10. 28.

담배를 팔다 들어왔다. 문득 사랑문을 밀어 보았다. 아버지가 일로 해서 와 계신가 보느라고.

치워 논 방에 찬기가 언짢았다. 아버지가 계실 땐 훈훈했는데 언제든지, 아버지가 아랫목 요를 들치시고 두 손을 비비실 때도 웃음으로 맑음으로.

얼른 오세요.

1950(4283). 11. 11.

신문사 게시판 밑에는 신문장사 아이들의 웅얼거림과 각층 사람들이 군중을 이루고 있었다. 아무런 반가운 소식이 있을 수 없는 신문을 난 쳐다보기도 싫었다.

마음에도 없는, 신나지도 않는 나는 취직 자리를 찾아보려고 우둑하니 서서, 웅웅거리는 벌떼같이 분주스럽고 굉장한 사람들 속을 헤치고 벗이 오기를 기다리고 있었다. 아버지가 다니시던 관청이라 언제나 마음에 귀엽던 이층집을 멀거니 바라다보고 있었다. 그 순간 내 눈에는 현관 층계 앞에 단장을 짚고 선 키 큰 중노인, 아니 아버지의 모습이 솟아올랐다. 여위고······.

양복을 입은 아버지를 난 뵌 일 없건만, 정말 아버진가 하고 눈을 부비고 가슴을 가다듬고 다시 보았다. 딴 어른이었다. 또 깜짝할 새 역시 아버지가 거기 서 계셨다. 혹 계시던 관청으로 집보다 먼저 모셔 온 게 아닌가. 저 아버진데······ 비젓도 안 한 딴 사람이었다.

이성으로는 도저히 따질 수 없는 일이 곧잘 굳건히 성립되고 미어지곤 한다.

언젠지도 모르게 녹엽(綠葉)이 단풍지고 또 다시 낙엽이 되어 바스락거리며 날리는 것을 보면, 그야말로 폐허가 된 서울을 보면, 거리보다 낙엽보다 소슬하고 무너진 내 가슴 속에선, 수정같이 언 슬픔이 얇은 봄볕에 녹듯 소리도 없이 쓸쓸히 녹는 것만 같다. 낙엽을 밟으며 가을볕을 즐겨 가노라면 혹 아버지 연세된 노인을 만난다. 한참 보면 볼수록 아버지 같다. 아아, 눈도 저렇게 들어가셨을 거야. 볼도 얼마나 여위셨을까. 필경 저렇게 되셨을 거야······ 수염, 굽은 등. 그래도 아버진 저렇게 허옇거나 늙지는 않으셨을 거야. 딴판인 비치지도 않은 길손을 곧잘 아버진가 그리워하며 반가워 속곤한다. 전보다 더 길에 나서기 싫고 괜히 난 이 세상을 지싯거리며 다니는 이방인 같은 서투른 생각이 나고 슬퍼지곤 한다. 저쯤 유난히 아버지와 걷던 길을 책점(冊店) 길을 동생을 붙들고 걸어보았다. 갑책을 한참 바라다 보았다. 아버지 생각이 난다. 또 몇 발짝마다 음식점이 늘어선 오른편 말고 왼편 책점에 눈이 팔린다. 냄새는 좋더라. 실컷 냄새로 포식하고 나니 책점 속엔 그래도 난리를 겪고 나온 귀한 사람들이 책을 고르고 있더라. 하마 어찌 발을 들여 놓을 것인가. 책 그리는 사람들을, 책 고르는 사람들을 멀거니 바라보고 있었다. 다 가져가고 두어 권 남긴 찌꺼기로 남은 내 책도 한 부 가지런히 짝맞는 전집이 죽은 애의 얼굴처럼 아른댄다. 귀함, 그리움, 부러움…… 먼지와 껌, 땀, 화장품, 욕, 모략, 아유(阿諛)에 썩은 진 고개에 보리알 시레기를 골삭하게 주워 담은 체온 삼십칠팔도의 내 몸뚱이, 탈을 쓴 내게선 그러한 냄새가…… 그리움, 귀함, 부러움, 아름다운 귀한 정인가 싶다. 내게도 일순 번개같이 밝게 잠깐 왔다 지는 빛임을 나도 안다.

어머니 혼자 모든 근심을 짊어지고 있는데 책을 부러워하는 게 주책 아니냐. 변변히 읽지도 않으면서…… 어린애같이 많이 좋은 걸 가지고 싶고, 들고만 있어도 보고만 있어도 좋은 책…… 주책 아니냐…… 게다가 고등학교 삼학년짜리 동생도 낯선 나라 상노로, House boy로 가게 된 처지에 강의를 듣겠다고 시간표를 베끼러 가다니, 아니 갔다 왔으니…… 가슴이 진정 아픈 것 같다. 야릇하게 뭉클하다. 내 피끼리 부림받아도 싫은 상노 노릇을 제일 나어린 막내둥일 시키고, 눈이 반반해지는 것 같다. 반찬 많이 먹는다고, 밥 많이 먹는다고, 구박한 게, 미워한 게 걸리고 측은하고 괜히 슬퍼진다.

나서도 집에서도 우울만 하고 섧기만 하고, 아, 만일 「Irony」 아니었던들 어찌 하룬들 목숨을 끌 수 있으랴. 하고 싶어하는 그것보다 미워하는 그것보다 제일 큰 건 가라앉는 듯한 우울과 바닥 모를 서러움이다.

아무와도 상관 말고 뉘게도 신세 끼치지 말고, 공기도 그야말로 최소한도로 겨우 마셔가며, 소리 없이 오실 때까지 살고 싶다. 많이 꼬아서, 분해서, 그리고 풀 없어서 싫어서.

사람을 조르느니 바위를 안고 울고 싶고 사람을 찾느니 나뭇잎과 더불어 말 건네고 싶은 그런 심정이다.

게다가도 잡념, 정말 울고 싶다. 죽고 싶다. 어디로 멀리 가버리고 싶다. 없어져 버리고 싶다. 나를 사랑하는 어머니에게 또 큰 슬픔을 보태 쓰겠나, 다만 그 일념이면 한다. 제 목숨 아끼는 추잡한 탈이 아닌가 과연 가슴이 그만 서는 것 같다.

삼차전이나 또 벌어지게 되면, 어디로 우리네가 간단 말이냐, 부산도 이젠 소용도 없으니, 꼼짝없이 앉아 죽을 도리밖에 없다. 아버지나 오시면 같이…… 그래도 아버지만은 우리와 같이 죽어서는 안 된다. 학자로 누가 평화스런 곳으로 모셔 갔으면, 인도나…… 내가 그리는 곳에 공부도 하게…….

제 나라 제 땅을 버리고 좋은 데도 난 싫다는 외곬으로 박힌, 애국심이 어머니의 윤리가 그윽히 높음을 난 스스로 부끄러워함으로 존경한다. 실상 배운 게 더 있고 잘났다는 사람들보다, 얼마나 우리 어머니가 골똘히 나라를 사랑하는지 난 어머니가 그지없이 귀엽다.

일생에 또다시는 소원이 없겠노라, 다시는 원을 세우지 않으리라, 한결같이 아버지가 살아오시기만 축수하는 어머닐 봐서라도 하늘이 미쁘리라, 하늘아, 보소서.

하느님을 부를 수도 없는 죄인이로소이다. 그렇지만 하느님, 우리 아버지를 돌아오게, 이 후엔 평생 고생 않으시게, 우리 어머니, 모두 살려 주시옵소서. 할머니, 아버지.

약소국, 무책임하고 학자 모르는 무지한 정부, 살아야 하는 서글픔, 사느니보다 숨도 채 못 내쉬고 그냥 귀신에게 물려가고 마는 슬프고 한 많은 영혼. 쥐여지내는 나라의 아유배(阿諛輩), 사형집행자.

한 사람의 슬프고 죄 많은 생애가 가없이 파리보다 헐하게, 아, 그만 시여지고 말다니. 깊은 위자(慰藉)를 마음속으로 보내고 싶다. 아픈 델 다칠세라, 만져 주고 싶다.

나아서 고생하고 공부하느라 고생하고 아는 이도 없이 슬프게 살다마는 걸, 자기는 알았길래 그나마 살아왔지 자기에겐 값있게······.

저 슬프고 원통한 영들이 뒹굴고 몸부림칠 어머니 가슴 같은 잔디가 있을까.

학자라서가 아니다. 아닌가가 아니다. 부인이 아이들이 가여워서만도 아니다. 그저 그 사람으로 태어나 사는 게, 그러다 저렇게 시여지고 마는 게 슬프다. 아버지가 말하시던 비(悲)를 느끼는 것 같다.

Oh! bring back my father to me, to me!

bring back, bring back my father to me!

Father! I can not call Thy name, but please save him.

Save our soul! Oh Father.

Leaves are falling under the lonesome Fall sunshine.

I wish pray Father's coming back.

The day before yesterday I met my college master's daughter······.

I asked if she heard or her dear, father,

She said "No", on her eyes then began to weep

It was so sad. Don't weep pretty girl, he will back sure

I wished to solace her sadness. But instead of consolate
I wept with her wordlessly. Oh, bring back our father!

1950(4283). 11. 15. 새벽.

오늘이 초이틀
내일 모래 글피는 좋은 날, 묵꾸리쟁이가 아버지 오신다는 초닷샛날
하느님— 아버지…….

오늘이라 기다린 날이 그만 어제가 되고, 내일이라 믿은 날이 저 파아란 바람 속에 새어 온다.

오늘이 허수히 어제되고 내일이 또한 오늘 되고, 반가운 꿈도 뒤숭숭한 꿈도 바람에 쓸려 어제로 가셔버렸다.

눈썹이 가렵다고, 까치가 반겼다고 오감스럽게 기다린 오늘이 먼 어제가 되고 말았다.

영결스러운 꿈도 까치의 반김도 없건만

풍…… 새암 솟듯 그리운 그 무슨 냄새를 오늘이 오늘이려니 기다린다.

발길 가는 곳이 키이는 곳이려니 무작정 아무데고 가 버린다.

저어기 벼락 친 고목이 보인다.

다홍실 감어 유모가 채주던 그 나무 조각, 그리운 얼굴이 달같이 돋아 온다.

나무는 알 것 같다 물어볼까.

오늘이 그냥 어제 되고 내일이 헛되이 오늘 되건만, 눈뜨면 오늘이라 새 기다림 누우면 내일이라 키이는 마음.

오늘이 머언 어제 돼 가고 내일이 지루한 오늘이 돼도, 머언 내일을 반가울(그리운) 내일을, 어린 때 설날을 기다린다.

1950(4283). 11. 17. 새벽.

기분이 우울해선 언짢지 않나? 혼자 웃으려는 호젓한 길, 걸음걸음 만나느니 아버지 같이 모두 아니구나 땅을 보고 걸으면 지금, 아까 막 골목으로 가 버린 게 아버진가 싶어 쫓아 가보고 머쓱해진다.

싸아늘한 방이 문 열자 훈훈하기, 아버지 내음샌 듯 반가웁기, 혹 오늘인가 기다렸던 초닷새도 등잔 닳는 것과 함께 폭싹 꺼지고 말았다.

엿새도, 그리고 넘나든다는 핑계로 잡은 이렛날마저 헛되이 가 버리고 말았다.

산울림이라도 울릴 듯한 공허, 쓸쓸함.「생초목(生草木) 불붓다는 생별(生別)이면 하노라」

어디 살아 계시다면, 한 달에 한 번이라도 뵈올 수 있다면, 아니 꼭 살아만 계시다면, 몸 편하시고 글 쓰실 수 있다면, 만나고 싶지만 참을 것 같은데, 못 참지만.

꼭 믿어만 진다면, 지금 믿지 않느냐, 어찌 그 무서운 생각을 품으랴. 꼭 믿는다. 믿는 게 아니라 믿고 싶고 믿을 수밖에 없고 헌대, 머리털부터 발가락 끝까지 오싹 솜털이 서는 그런 무서운 생각이 든다. 연옥의 문을 엿본 어린애의 두려움이다. 무서움이다.

아버지가 오셔야지 그렇잖으면 난 미쳐 죽는다는 어머니……

언젠가 고개 넘을 때 아주 잎 하나 없이 앙상한 나무를 보니깐 말할 수 없이 가엾고 불쌍한 생각이 들었었다. 강물이 은근하게 흐느끼며 지나는 게 뼈에 저리더니.

더 마를 수 없이 여위고 마음 편한 날 드물고, 돈 때문에 쌀 때문에 나무일에 걱정.

왜 이렇게 인색해지고 마음이 시들어버렸나, 마음이 그만 거지가 돼버렸나 할 땐 통곡을 해도 시원치 못하다.

모질고 박하고 더러운 사람이 됐나 하면, 그 길로 그만 죽어버리고 싶다. 어쩌다 이렇게 악인 됐나 하면.

아무튼 우리 집도 야릇한 성격들이 빚어주는 괴상한 막걸리가 있는 것만은 사실이다. 서로 마시곤 쓰다 울고 외면하는.

결코 모두 악의가 있는 건 아니건만 일부러 심술궂게, 애꿎게 마음에도 없는 말을 해선 싸움이 된다.

귀찮다. 서로 싸움이나 하고, 하루가 가고, 어머니 마음에 가시를 묻어주고, 묻어주고 그렇게 해서 지난날들이, 달들이, 해들이 저윽히 우굿이 자란 잡초들 같아 서글프다.

시끄럽게 사는 걸 보면 대번 가버리고 싶다. 다만 하나, 내가 믿을 수 있는 아름다움은 아버지, 어머니, 그리고 소수의 내가 높이는 스승과 벗들이다.

내게선 모든 걸, 고운 걸 아름다운 허위로 돌릴 수 있으나 어머니에게선, 아버지에게선 불허. 추한 면만 자꾸 뵈서 슬퍼지건만 어머니를 보고 아버지를 보면 그렇지가 않다. 외곬으로 티 하나 없는 그 맑은 새암같이 풍풍 끝이 없이 솟는 사랑.

우리 아버지요, 착한 일만 했어요, 글 좋아 했어요, 모두 사랑만 했어요, 나쁜 일 하나도 안 했어요.

염라부(閻羅府)에 내가 불린다면…… 어느 틈에 난 귀신 앞에서 할 말까지 궁리하고 있었나 보다.

좋아하던 처량한 노래대로 된 게 아닌가, 아니 되는 게 아닌가, 아버지와 어머니가 그렇게나 꺼리시던 노래들을, 몸서리치게 후회가 된다. 즐거운 명랑한 노래를 좋아해야겠다고, 된다고 쏩쓸히 타이른다. 모든 게 나의 좋지 못한 심상, 까닭 없는 비애, 고독이 다 이런 조짐 아닌가, 식칼날보다 서슬 푸른 공포.

명랑만 해지고 싶고 햇볕만 쪼이고 싶다.

무서운 일을 생각하고 있는 나를 발견한다. 아버지 얼굴도 어머니 손도 다 이런 무서운 일을 생각하는 악독한 나를 마악 죽이고 싶다. 무섭다. 이게 다 몽마(夢魔)다. 아버지도 어머니도 내 옆에 계신 거고 이게 다 꿈이고, 아니 무겁게 눌린 꿈이다 싶다.

이게 생시냐 이게 꿈이냐……

아버진 사랑에 누워 계시고 글 지으시고 매화 보시고 명상하시고 어머닌 안방에 계시고 다아 아무 일 없다.

이 긴 가위가 속히 깨여서 얼른 사랑으로 안방으로 가고 싶다. 너무 무거워 이 가위에 치여 죽은 것만 같다. 꿈에 꿈임을 알면서도.

찾으러 갈 수 없다. 나의 아버지를, 남은 아버지를 찾고 구하는데 아버지를 죽음 같은 구렁에 혼자 넣고 먹고 자고 먹고 자는 짐승—정말 죽으면 한다. 더러운 더러운 나를 보기가. 아, 슬프다. 몸서리친다. 아버지—

할머니, 할아버지, 하느님 속히 돌아오시게 하여 주옵소서…… 신이여…… 굽어보소서, 아름다움이여 꽃이여.

1950(4283). 11. 18. 아침 후.

아버지를 살리시려, 도우시려 애닳아 하시는 할아버지, 할머니, 어서 아버지 사랑에서 기다려 주세요. 반가운 날을 하늘이 내신 날을, 꼭 돌아오시리라 믿고 할아버지 영혼이에요. 어찌 아니 도우시오리까. 할아버지 살펴 주세요. 사랑에 계시오나니 할아버지 어서 빨간 불사약(不死藥)을 아비에게 나리소서. 할아버지 향내가 진동할 터이니 나타나 불사약을 먹여서 어미를 살리시듯 많은 죄 지은 저를 용서하옵시고 부디 할아버지, 아비를 살려 주시옵소서.

어찌 혼인들 감이 없으시랴 애절 않으시랴 할아버지 살려 주시옵소서.

어디서 물으니깐 할아버지께서 애절하시며 한숨지시며 「네 어찌 내 난리 땐 잘 피하랜 것을 저버리고 이 웬일이냐……」 사랑에 혼이 와 계시다 하더란다. 자식이 팔남매나 되면서 아버지 하날 못 살리고.

할아버지, 불효의 죄, 만가지 죄를 다 눈감으시고 어서 아비를 구해 주소서.

이렇듯 잠 못 이루고 속이 닳아 꿈을 꿀 땐, 아버지도 우리 꿈을 꾸시리라고, 풋잠을 그냥 깨어 날 새는 걸 같이하시는 어머니.

어머니 꿈대로 원대로 하늘이여 도우소서. 이루게 하소서.

골 속에 무슨 피가 흘러나오는 것 같던 새벽.

이불 속에서 혼자 슬퍼져서 할아버지를 염불 외듯 부르며 흥건히 괴는 눈물을 삼키며 잠이 들었다.

할아버지가 꼭 언제고 어머니 아버지를 도우셨으니깐, 꼭 도우시지 애쓰시느라고 우리 꿈에 오셔서 꼭 알려 주옵시고 아비를 살려 주옵소서 할아버지.

허망한 세상에 더러운 목숨을 걸며 사는 것이 욕이라면서 막연히 어둠 속에 숨 쉬는 짐승. 눈을 씻고야 본다는 샛별은 코끼리처럼 그리운 집이, 아버지가 가슴에 떠오르면 몸부림 치고 울고 싶다. 망아지처럼 하늘에 목 놓아 울고 싶다.

1950(4283). 11. 20.

그야말로 내야 삼십칠도 몇 부의 고깃덩이지…… 하루 종일 쏘다니었다. 차마 하기 싫은 말을 하러, 차마 아니 떨어지는 걸음을 옮기었노라. 이제도 내게 남은 무엇이 있다더냐. 공작 같은 오만이 가셔 버린 지 이미 오랜 이 내게, 무엇인지 그 쓸쓸한 슬픈 무엇이 남아 있어 종시 나를 못살게만 군다.

거리를 헤매노라니 하면 하더라. 그래 아무리 밥벌이 하나 구하기가— 그래도 명색이 대학 나부랭이를 다니면서— 이 조그마한 학문의 길의 싹도 못되는 그걸 방패로 내세우고, 문패처럼 내걸려는 가늘은 매련의 어리석음이 지극히 섧다.

그냥 이대로 얼어버리든지 녹아버리든지 다 그만두고라도 감각이라도 없어지면 싶더라. 폭삭 기둥처럼 묻히고 싶더라.

저주할 사람도 없고 세상도 얼토당토 않으니 나는 하늘이나 저 죄 없는 나무에게나 투덜거리면.

사람보다도 세상보다도 내게는 네가 왠지 만만하구나, 눅어 뵈누나. 나무와 실컷 얘기하고 싶다.

오늘 같은 날엔 그저 눈보라나 치고 막 헤매기만 하고 싶어, 그러다 눈에라도 파묻혀 죽어도 그건 할 수 없지. 말할 수 없이 내가 외톨 같았다. 슬펐다. 좀 분하고 그게 섧고.

1950(4283). 11. 21. 새벽.

깨고 보니 오늘이 열나흘이 아니냐. 혹 내일은 그리운 아버지가 돌아오실까. 뒷문에서 아버지 음성이 들리는 듯 싶어 이 잠에 소스라쳐 일어나고 말았다.

이 잠도 아니다. 하기야 기인 밤을 실컷 자고는 났지만, 아버지가 제일 귀여워하실 사랑하시는 딸이, 학교도 못 다니고 밥벌일 한다며 돌아와 아버지가 섭섭해 하실거라, 언짢아 하실거라, 마음 내키지도 않는 심부름을 하는 동안에 아버지는 돌아오셔서 앉아 계시지 않을까. 난 아홉 시나 되어야 돌아오는데.

쭉쟁이 밤깍지 하나 지는데 산이 묻히고 바다가 메일 듯한 태풍이 불다니, 정말 쭉쟁이 밤깍지나 될지 모른다.

야반에 지변이 일게 하는 듯한 숫사자의 우짖음이 바로 조그마한 내 심장에서 터지는 듯하다.

생각을 하면 모두 싫고 몸부림 쳐도 시원치 않고 싸늘한 자계심(自戒心)이 들어 그저 육체노동이나 하면 싶다. 나의 "긍지"를 그대로 지닐 수 있고 과히 비우사 높지 않을 irony가 따를 테니까…….

뉘한텐지 모를 코웃음이 창자 속에서부터 터져 나온다. 화끈 단내가 나는 듯. 내게겠지 하니 아앗질하다.

아버지를 대고 뉘에게 적선을 하라 할까.

「주지 못 할지면 달래라고」 귀한 생각이려니 여겨왔던 나에게서 못 주면 달래지도 말자는 슬픈 생각이 들어 있으니 굳는가 싶어 애연하다.

바쁜 사람들을 만나 붙들고 늘어지기도 열적고 무안하고, 내게도 이렇듯 찰찰히 애상을 지운 내가 누구에게 무슨 반가운 인상을 줄 것이냐. 모두 만나기도 싫다. 몇 평도 못 되는 좁은 뜰에서 그래도 잠시 쉬일 수 있을 아늑한 울 안엘 서머거리는 발걸음으로 지싯지싯 들어치기 서럽다. 싫다.

모든 것에 지기만 하고 이렇듯 보람 없이 살다 지누나 생각하면 몸도 맘도 닳는지 화끈하다. 이냥 타버리는 게 아, 얼마나 나을까 싶다.

내가 남에게서 종노릇을 하고 밥을 얻어먹고 저물어 집에 들이닥칠 때, 반가운 목소리가 사랑에서 난다면 그 아니 좋으랴. 그 아니 좋으랴. —무어라도 좋다. 아버지만 돌아오신다면, 그 동안 어떻게 꾸려나가야지 모두 살아 아버지를 뵈어야지.

장골목에도 퍽 좋은 책이 있더라, 주책이다 멈칫, 지나려 하나 다음에 벌려놓은 헌 책 앞에서 어느덧 멀숙히 서고마는 자신을 발견한다. 사든 못하면서 귀한 먼지로 손은 분발랐다. 정화된 먼지내가 분보다 향긋하지 않으냐—

오늘부터 난 "메이드"

통곡을 할 것도 없지 않느냐, 즐거이 일하라 복이 오리니, 뭐 있다고, 뭐 남았다고 통곡이냐— 웃어나 버리렴, 지저분한 일에는.

뜨개질도 하고 Maid 노릇도 하고 도나스 장사도 하지

다 하며 기다리지 우리 아버지 오시는 날을. 혹 나 없는 동안에 오시잖을까.

날 기다리시잖을까. 아버지가.

1950(4283). 11. 23.

그렇지 않아도 속상한 어머니를 아침부터 화내고 퉁명부려 맘 상하게 해드렸다. 아버지는 아직 돌아오시지 않아서 이 몇 달 어머니 맘속은 여릴 대로 여려지고 기막히는걸. 잘못했다 생각은 해도, 곧 '해' 하고 웃고 푸는 게 오히려 거짓 같은 겸연쩍음에서 아무 말도 않고 그대로 퉁명을 부리고 말았다.

「waitress」 남이 차 내던진 허름한 자리이건만 내게는 반가워—이걸 반갑다니…… 허겁지겁 승낙—승낙이 아니지 눌러 받았다. 어머니가 퍽이나 섭섭해 하고 지난 error를 생각하면, 혹 무슨 좋지 않은 일이 있을까 걱정하시더라.

내 마음은 매우 슬펐다. 날마다 믿고 믿음 받는 어버이와 자식 사이를, 도장 없이 허락받는 신성한 그 무엇을 내게서 앗아가고만 아, 「stain」

하긴 하찮은 사람들과 시시덕거리고 사귀게 될 것이 분하고 싫지만 내 딴은 큰 맘 먹고—책이 사고 싶어선지, 혹 돈이 가지고 싶어선지, 번다는 그게 좋아선지, 식구를 돕는다는 미명에 홀려선지—그 욕지거리 날 분한 걸 참고 수속을 했던 것이다. 양공주가 되기도 이렇듯 쉽잖으냐, 업심을 받아가며 눈치를 보아가며 이 더러운 밥을 넘

겨야 할 것이냐, 피눈물이 가슴에 흥건한 듯하였다.

　신원증명이 제대로 안 돼서 아마 못 가게 될 모양이다. 혼자 이른 새벽에 나갈 때…… 써 주는 이력서를 들고 그 큰 Bus에 타고 올 때 정말 이래도 살아야 하나 싶었고 외로웠다.

　몇몇 날을 타박거리다 얻어걸린 자린지라 안 되니 또 한편 서운하다. 내가 싫어하지 않는 자리를 남 줄 수도 없는 거고…… 알아도 시원찮은 자리겠지만 Miss 장이 해 준다는 데가 어디인지 글도 배울 수 있는 그런 계통의 직업이면 한다.

　철없이 학교엘 가고 싶고 주책없이 책이 사고 싶다.

1950(4283). 11. 24.

Yang Wan a!

　나를 부르시게 나를 부르시게 소스라쳐 큰 소리를 질렀다. 그렇듯 부드러이 부르시는 소리는 얼마 만에 들은 반가운 음성인가. 그러나 싸늘한 샛바람이, 횃닭의 울음이 그만그만 데려갔나 보다.

　나를 그렇게 부드럽게 차마 귀여운 듯 부르신 아버지의 음성, 지금 어디서 아버지가 날 부르시는지도 모르지…… 옷 밑에 발을 넣고 이러고 엎드린 나를…… 어디 추운 데서 아버지는. 무서워 차마 생각이 앞서질 못한다. 누가 아버지를 잘 모시고 있겠지. 할아버지 할머님의 도우심으로 그 반가운 음성, 어머니의 음성과도 또 다르게 나를 부를 때는, 그렇듯 부드러운 그 말 겨울비만큼 반갑고 사랑스러운 음성.

　이 세상에서는 아무리 나와 가까운 사람이 있다고 하더라도 아버지같이 그런 음성을 내 귀에, 그 외는 없을 것이다. 그렇게 크고 뜨겁고 참된 사랑이 없을 것이니깐.

　하느님, 제가 죄지은 딸이지만 아버지를 살려 주십시오. 꿈이라

깨지 않는 그런 참 아버지 음성을 제 귀에 담아 주세요. 아버지 저를 부르셨지요. 어디 계세요. 이 아직 새도 않은 차가운 새벽에 홰치는 소리가 제법 울리고 남은 이 고운 한 새벽에, 어디서 저를 부르셨어요.

아버지, 제 소리가 들리지요. 부디 자력이 일어 아버지를 어머니가 기다리시고 아버지가 그리워하시는 집으로 모셔오고 싶다. 도우소서. 자력을 낮게 하소서—꼭 자력이 작용할 것이다. 믿으면 되고 말하면 이루어지는 제 원을 하늘 아래 제일 깨끗하고 사무치는 원을 하느님 이루어 주옵소서.

그 몇 새벽 꿈결에도 일어나서 보셨을 매화봉이 보풀면 차마 아버지…….

매화가 기다리고, 곱게 되려고 은은하고 높은 향내인 아버지, 시를 기다리는 저 매화를 어서 찾아오세요.

아버지, 네! 저예요. 이렇게 대답하는 게 들렸지요. 들려요? 아버지 아버지, 아버지, 아버지…….

1950(4283). 11. 30.

거리로 나서본다. 되지 않은 분에, 기름내 땀내가 섞인 고리타분한 냄새에 비위가 뒤집힐 것 같다. 에잇! 반갑지도 곱지도 않은 이들의 냄새, 말도 건네기 싫은 사람과의 인사, 수작. 집에서는 항상 악돌이고 되지고 고약한 나. 거리에서 길에선 가장 내 마음이 깨끗하고 그래도 훨씬 높을 때다. 그건 내가 가장 나를 슬퍼하고 나를 꾸짖을 때이니깐. 길에서 정화가 되다니, 흐…….

더럽다. 남이라면 대놓고 욕지거리나 하련만, 이게 속상하게도 내 일면이니, 실상은 그러기에 더 가여운 나.

스물이 넘었으면서 공부와는 손방이고 생각을 않으니 발버둥쳐도 원통한 노릇이다. 오늘도 난 나를 묻고 오는 것 같은, 나의 죽음을 당하고 온 듯한 서글픈 기분이 든다. 내 친구 영전이는 그렇게 효녀일까. 효란 얼마나 성스럽고 귀하냐…… 굽어보소서.

새록새록 내 자신이 시틋하고 밉기만 하다. 세 끼 밥을 감빨고 싸우고 미워하고 욕하고, 추우니 어쩌니 이불 덮고 속옷 입고 쓰러지면 잠이 드는 소와 같은, 소만 못한 내가 걸린다. 길에서 누굴 만나면 넌덕을 떨고, 내가 어쩌면 이럴까. 어머니가 아버지를, 우리를 생각하시듯 나도 아버지를 어머니를 그리고 형제를 생각할 수 있으면 싶다. 가장 동물적인 그 거룩한 정을 금가고 녹슨 이성보다 높이고 싶다.

스무 날이 지났다. 옥인동 최 장님은 못 맞히고 말았다. 두 곳도 새달 초닷새께면 꼭 오신다니 그나 그뿐인가 싶어서 안암동서두 집이 꼭 같으니 제발 맞게 해 주세요. 아직 열흘이 더 남았으니, 신이여 기적을 내리소서…….

1950(4283). 12. 3. 새벽.

정말 오늘은 오실지도 모른다. 오늘이라면 꼭 오늘이 오늘이라면 단 하나 그래도 의지하고 믿어온, 너마저 나를 저버리려 하누나. 오직 하나의 현실로서 내가 사랑해 오고 미쁘게 여긴 꿈, 너마저 나를…… 귀여운 꿈아, 날 버리지 말아다오.

영절스러운 네 노래는 성좌같이 어김없으리라.

너의 노래도 나래 소리도 가신 이 누리에서 또 어둠을 타고 올 너를 기다린단다. 귀여운 꿈아, 눈처럼 잠이 고이고이 나려 쌓이건 폭신한 나래를 내 가슴에 쉬이며 어서 그 반가운 노래를─귀여운 꿈아.

혈마 꿈마저 날 버리려고…….

어제는 거푸 네 가지 꿈을 꾸었다. 깰 줄만 알았지, 그만 거푸 꾸는 바람에 생시려니 하였지.

아버지가 오셨다. 모두 아버질 위로하고 붙들고 울며 말들을 한다. 난 아무 말도 못하고 그냥 아버지 손만 꼭 붙들고 있었다. 눈물이 흐르기만 했다. 오래 그랬다고 번갈아 하나씩 우리를 안아 주시마고 아버지가 우릴 차례로 품어 주셨다.

뒤에는 짓수세미 걸레 같은 꿈이 너저분하게 부산하게 잇달았다. 생시인가만 싶었다. 아버지 오셨어요. 꿈결에 지른 내 소리에 소스라쳐 깨었더니.

동관의연 말대로 초닷새엔 오시지…… 엿새까진 뭐 꼭 오시지…… 새처럼 날으리, 새처럼 옹알거리리.

할아버지, 할머니 어서 아버지를 살려주세요. 집에 데려다 주세요. 꿈처럼 꿈처럼.

그리고 어머니 꿈에 나타나셔서 할아버지를 꼭 반겨주세요. 네, 할아버지.

꿈이야 헛될 리 없지.

꿈이야 어길 리 없지.

영검을 타고 나려 영절스런 가락을 고르고 가지, 아무럼 영절스럽게도 맞히고 말고.

아버지…….

눈속에 오묵한 발자국처럼 공기 속에 울리고 멎을 음성. 아아 버어 지이…….

양완아…….

비인 낮의 산울림처럼 산등을 치고 되돌아 멀숙할 음향.

야앙 와안 아아…….

산고오개를 타고 새암에 씻긴 이 두 음향이 아늑한 어느 골에서 만나리라.

교환수 없는 무전이 흐릅니다.

아버지가 우릴 보고 싶어 하시는 말씀

우리가 아버지를 그리는 마음 다 통하는—.

아버지 이제 오늘, 그리고 내일 두 밤만 곤히 주무세요. 두 밤 자고 눈을 뜨면 그날은 아버지 우리 날예요. 초닷새요. 할아버지 초닷샛날엔 아버지 꼭 오게 해 주세요, 네.

이불 속에서 옷 밑에서 혹 거적을 쓰고 다리 밑에서 서울 사람들의 꿈이 한참 달 새벽, 비행기가 벌떼처럼 웅웅거린다.

어서 아버지가 오셔야지. 그러면 다 되는데.

조알보다도 더 적을 이 옹색한 속에서 왁작왁작 철모르는 벌레들이 그래도 고 적은 뿔들을 대고 비비고 싸움을 하는 양을, 난 웃는다. 나도 그 속에 휩쓸려 들어간 한 마리 낯선 벌레이면서…… 난 운다. 이걸 알 때…… 우리가 다 미운 게 아니라 가여운 것을 안 그때…… 내가 그래도 남을 미워하고 욕심을 부릴 궂임을 안 때…….

숨이 막힐 듯 독에 찬 공기에 억눌리면서…….

내뿜은 맑은 공기가 있을까 하고…… 난 운다.

BLAKE의 자장가가 퍽 좋다.

거리에 나서면 irony란 선심이 나서기 전에 만나느니 보다 밉기만 하다. 죽기까진 않더라도 다 내 눈에 안 뵈면 싶다. 겨우 차마 안 보면 싶다. 모두 불쌍한 벌레들인 걸…….

대한민국의 구세주라는 대통령의 얼굴이 동화백화점 이층 꼭대기에 넙죽 걸려 있다.

대한민국의 죄 없는 가여운 백성이 총부리에, 칼끝에 쓰러지고, 죽고 붙들려들 가고 매를 맞고 집을 잃고 떨고 하는데 마치 제사장에서 모든 애국자가, 참 애국자가 제물이 된 높은 제단 위에서 제사를 맡아 보는 제관 같다.

십자가를 진 이는 누구이길래⋯⋯ 그렇지, 참 많이 죽었지만 그들 나라 위해 죽었고, 그의 명령 때문에 심부름하다 죽은 이도 있지만, 다 거룩하신 분들 사셨으니, 그 구세주 아닌가.

김일성을 내세우고 이 박사를 깎아내려 욕지거리할 때 비위가 모두 뒤집혔다. 지금 이 박사를 구세주라 내세울 때 비위가 또 사납다.

사람을 그리 무수히 죽여도, 목숨을 그리 무수히 잘라도 수단껏 이 세상에선 구세주도 된다?

우스울 일일까. 혹 꼴사나울 일일까? 으레 그러려니, 그저 버려둘 일일까⋯⋯ 그렇지, 그저 그러려니 해야지⋯⋯ 그럴 수밖에 또 없는 걸 뭐⋯⋯.

허긴 구세주라 자인한 게 아니지 더러운 아유배가 제관의 말초신 경을 간지럽게 하려는 간사스런 살살이 웃음으로 떠받친 이름이지

자인보다 더 더럽고 미운 일이다. 그건—

1950(4283). 12. 3.

이것은 내가 가장 귀히 여기는 즉 내가 제일 헐한 예의로 대할 수 있는 그런 사람에게 읽혀질 것이다. 그 꼭두각시 같은 남들이 이르는 그런 예의와 제복이 없이 드나들 수 있는 그 대신 우리 외엔 잡 사람이 없고 서로 친근한 우리 사이 향긋한 스스로움이 더욱 빛이 되고 맑음이 될⋯⋯.

1950(4283). 12. 3. 밤.

아버지

나는 그 무서운 소설을 그릴 수도 없어요

아무리 아름답고 슬픈 시로도

아버지

나는 그 무서운 일을 생각할 수도 없어요.

아버지

나는 주정꾼이 무섭고 미워요.

그런 이의 딸이 무척 불행하다고 생각했어요

그렇지만 아버지가 살아오시면—

아버지가 주정꾼이라도 난 아버지가 좋아요.

난 불행하지 않을 거예요.

아버지 그저께는 어머니와 장사를 나갔어요.

어머니 그 추운 날 이른 아침 과자점 선술집을

기웃거리며 「도—나스빵 안 사세요」 목에서 꺾기는 소리를 할 땐

아버지 차마 앞이 아니 보였어요.

한나절 몇 푼어치 팔지도 못 하고 돌아올 때

뒹굴며 울고 싶었어요.

아버지가 집에 와 계시다면

장사도 좋지요. 부끄럽지도 아니꼽지도 않지요.

수선거려요. 아버지.

얼루들 우리 사는 이 나라를 버리구…….

헌신짝이나 입다 버린 헛옷처럼 대수롭지 않게

여길 버리고 남의 나라에도 간대요. 보를 싸고 짐 꾸리고

아버지 우리나란 왜 이리 쪼들리고 몰리고—

아버지 이렇게 살다가도 염라부 가면은 대왕께 살아왔다 아뢸까

요—.

아버지 어서 오세요. 내일이라도, 모레라도 어서, 꼭.

모레는 꼭이다. 틀림없다. 어서 내일이 되어라. 모레가 내일로 되게.

뭐 뭐 말할 수도 없이 좋지 광희(狂喜)……. 할아버지가 아버지 집

에 돌아오시게 하는 운동하시느라고 무지하게 바쁘시다. 요새……
모레는 꼭이다. 뭐, 정말이다. 꼭…… 모레, 모레, 아버지 오신다. 우리
아버지.

사태가 험상궂은 모양이다. 단념할 것도 없이 우린 움직이지 못
한다.

조국을 버리고 어디로들 간단 말이냐. 아, 가는 이를 부러워도
하느니, 가엾다. 우리 민족이, 어쩌다 서로 붙들고 얼고 녹질 못하
고…….

하늘이여 굽어보소서. 이 조알 같은 인간의 굴속으로 빛을 나리
소서…… 향기를, 가면 무엇을 할 것이냐 또다시 우리가 먹히고 만
다면 이곳이 전장터로 변한다면 그냥 죽어버리자. 에이라 궂은 세상.

1951(4284). 1. 1. 낮(부산 양정동 동래 정씨 사당에서)

애울음, 진엄지 잔 냄새 북새통에 밤이 가고 오고 날이 새고 저물
고 휘영청 달이 밝은 밤이었다. 「배— 사이소」 멧떨어진 장사의 웅얼
댐이 야기(夜氣)에 싸늘하고 달은 둥두렷이 의젓도 하고 훤하기도 하
더라. 솔 사이 그 큰 너그러운 얼굴을 나타내고 있는데 바람은 불고.
어째 그 청량한 마음이 들더라. 어머니는 괴로워하시고 어린 조카는
보채고 울고 나도 애들처럼 마냥 울기나 하면 싶더라.

달이 참 밝았었다, 그날 밤은. 구포였을 게다, 그곳이,

「배— 사이소, 가고 배」

그 잊히지 않게 처량하더라. 아마 달이 그리 처량했나 보다.

아버지를 혼자 뒤에다 두고 우리가 살자고 간다는 곳은 아버지와
한 발짝이라도 더 떨어지는 멀어지는 걸음이 아닌가. 처량하고 언짢
고 섧기도 그지없고. 짐짓 웃으려 까불려 했다. 아무런 생각도 다아

목을 따버리고 그대로 배겨볼까 한다. 아버지는 어디 계신데……. 조상님 계신 델 와서야 어째 마음이 놓이고 반갑더라. 이 집에서 우리가 아버지를 맞이할 수 있다면 얼마나 좋을까.

아버지, 난 당신을 생각할 수 있고 느낄 수 있고 꿈꿀 수 있습니다. 어디서 당신을 찾으오리까…….

국운이나 틔어야 말이지, 모든 게 신신치 않으니 죽어나버리면 싶은 때가 아주 한두 번이 아니다. 뻔뻔히 누워서 놀아먹기도 안 됐고 뭐든 하자니 수도 재주도 없으니─.

산다는 건 괴로움이다. 슬픔이다. 그리고 괴로움과 슬픔은 높고 귀한 것이다.

머릿속이 쑤셔내다만 쓰레기통 같다. 내게로 내 냄새가 욕지기나게 끼친다. 이만 살면 어떠냐…….

당장 괴로워 귀찮아 죽고 싶다가도 이렇게 허무하게 거저 죽는다면 불쌍도 하다. 한문도 하고 영불(英佛)도 해서 아버지 글을 번역해야지…… 나에게 주어진 큰 일일 것 같다. 사랑하는 나의 아버지를 알다, 공부하다 죽으면 한다.

죽음에 대한 도피일지 생에 대한 도피일지─

아버지가 오시면, 오시면, 오셔야지, 오셔야지, 아니 오시지 꼭 오시지.

어떡하면 좋을지, 하느님께서 아버지를 살려 주셔야지…….

1951(4284). 1. 9.

내일은 부산엘 가야 한다. 어디 취직이 될 듯하다. 사실 당혹한다. 돼도 안 돼도.

1951(4284). 1. 12. 밤.
방

부친 것 하나 없는 민벽이 휑하니 그 방이 크게 보인다. 아버지 그리는 뒤로는 치지도 열지도 않은 방을 하로 들어가 창거리었다. 꿈도 그렇고 어쩐지 키는 듯해서.

글을 알아서가 아니라 그림처럼 눈 익은 책 모양을 보고 벼루상 가까이 머리맡 가까이 놓으시던 책을 너덧 권 제자릴 찾아 놓고, 텅 빈 서랍만 줄줄이 달린 탁자도 제자리에 놓고 누워 편찮으시다 더러워진 요도 깨끗이 빨아 풀 메겨서 쌍그랗게 시쳐 깔고, 손이나 오시면 씨우는 놋 재떨이는 멀찍이 책상 밑에 밀어 넣었다.

언제나 제법 후끈해 보이듯 한 아버지 방이지만 열면 싸늘한 게 어째 이게 그 방인가 싶었었다.

꼭 오늘은 오시리라 하니 학교 가 선생님을 뵈어도 괜히 웃음이 나고 길에서도 혼자 입이며 눈시울이 부드러지는. 한 시간도 엄벙덤벙 급히 마치고 자전거에 칠 뻔…… 오는 이에 부딪치며 엎드러질 뻔하며 집으로 왔다. 뒷문 길이 가까워 혹 열렸나? 닫혀 있었다. 신이 하나 더 안 있나? 보았지만 못 보았다. 어머니…… 문…… 문을 연 동생의 얼굴에는 아버지 오신 기색이 없었다. 아직 안 오셨니? 학교에 나가신 때처럼, 시골이나 가신 때처럼, 두근두근 하는 걸 참고 아버지 방문을 열어 보았다. 오랜만에 뜨뜻이 불 땐 방에선—몇 달 동안 먼지와 휴지 밖에 쌓이지 않은——훈훈한 운김에 섞여 아버지 냄새가 나는 듯했다.

매화가 아무리 향기로워도 먹네요. 헌책 내(먼지)에 얼려 나는 아버지 냄새를 가릴 수 있는 내 코. 훈훈한 방에선 아버지 냄새가 불현듯 끼쳤다. 오늘 밤에라도 오실 거다.

뒤에 인기척만 있으면 긴가 하고 바람만 스쳐도 오시나 하고 집안에 모여서 기다린 날.

훈훈한 방, 아버지 냄새가 나는 방. 아버지 빈 요만이 혼자서 아랫목에 누워서 잔 방.

남이야 뭐라건 양주동(梁柱東) 선생님을 뵙고 싶다. 한바탕 붙들고 정말 울고 싶다. 그는 진실로 우리 아버지를 아는 사람 같아서, 알 사람 같아서. 나에게 단 한 사람 스승으로 남은 사람 같아서. 꼭 내가 죽기까지—이 소란스런 세상이지만—그에게 사숙하게 될 것 같은 숙명에 가까운 저린 사무친 무엇이 날 그에게 당기게 한다.

아버지야 돌아오시지, 오셔야지. 아무튼 그 선생님은 나의 스승이 될 것 같다. 꼭 스승으로 뫼시고 싶다. 그분은 그래도 우리 아버지와 많이 통하고 비슷한 데도 적지 않고—처음이고 학교거야 그만이던 그 선생님 강의 시간—우리 아버지 얘기로 가득 찼던 까닭에 적어도 우리 아버지를 온당히 비평하는 한 사람으로 여긴 까닭인지도 모르지만 나에게는 잊혀지지 않을 단 한 번의 대학 강의였다. 왜 그런지 전부터 편들고 싶고 누가 뭐라면 좋지 않은 게 뭐 켕기는 게 있는지, 아버지가 그를 좋아한 때문인지도 모른다.

1951(4284). 1. 12.
풍란(風蘭)

성북동 어귀에 들어서면 벌써 그 매운 향……코에 눈에 햇살보다 부드러운 주름을 잡아가며……아버지 얼굴이 내 눈(을 씻고 씻고)에 달 같이 돋아 오른……하는 아이들이 인형 꿈꾸듯 얼마나 풍란을 구하려 하셨던지. 고목 비자 등걸에 실 같이 가는 뿌리를……포릇포릇한 잎새가 겨우 하나 붙은 기생초가 진해에 사는 어느 일가에게서 주례 폐백 겸 좋아하신다 해서 보내진 것은 지난 겨울 일이었다.

뿌리가 습한 바닷바람에 저절로 이지고 마침내 그 매운 향내 품은 꽃을 피운다는 이 이상한 꽃을 아버지는 일흔의 막내둥이보다 더 귀여워하셨다. 하루에도 수십 번, 진지를 잡숫다가도 수저를 놓고 한 번, 입 못 감아 하시던 아버지 모습, 그 웃음, 언제나 훈훈치 못 하던 방에 이러고 앉으신 아버지 얼굴이 내겐 별보다도 빛보다도 덥고 곱더니.

가슴과 발바닥이 그냥 맞닿은 슬픔 속에 괴로움 속에 그래도 내가 안고 나간 것이 이 풍란이었다. 그 중에도 잊지 않고 물을 주고 바람 쐬고 볕을 뵌 이 풍란이 극성스런 조카 손에 모즐러 지고 만 것은 우리가 아버지를 그린 지 두 달에 보름은 더한 때였다. 하 그리 위하시던 꽃인지라 어머니가 애명글명 솜을 끼고 어루만져 겨우 비자나무 등걸에 뇌부치긴 했으나 그만 꽃은 시들어지고 말았다. 애 재롱 보듯 그 말 없는 생명이 커 가는 것을 술김에 자랑삼은 늙은이처럼 아, 고거야. 요 잎사귀, 순 같이 싹처럼 피어나는 이걸 보아…….

그럴 때마다 빛나던 아버지 눈, 그 눈부신 얼굴.

내게서 해를 달을 앗아가고 아버지와 같이 있게만 해 준다면—.

부통령(이시영) 댁에는 풍란이 제법 크더라. 꽃도 좋고 그 향이 어디 어느 술에 댈 거니…….

좋은 책을 보고 안 들어오시는 날 같은 퍽 부러우신 얼굴을 하셨었다. 그 향내를 빌려다 아버지의 웃음을 돕고 싶던 황당한 생각이 새삼 그리워진다.

저절로 죽은 게 아니니깐 뭐 아무 방정맞은 생각할 게 없다고 곰곰이 스스로를 타이른다. 한 권도 못 들고 나가게 한 아버지 책들도 낙일(落佚)됐겠지만 그래도 거의 남아 있고 아버지의 아들 딸이 다들 그래도 목숨은 붙어 어머니와 함께 당신 돌아오시기만 이렇게 불 때 놓고 기다리는데……. 차마…… 입담을 그 아니 피던 매화 봉오리가 못 참아 부얼부얼 피어나던 걸—. 매화가 처음이지. 그렇게 천덕이로 피어 보기는 하느님 주시는 햇살만 받고 바람의 노래만 듣고 피기는. 달밤에 미닫이에 어리는 그림자도 그리 좋으니라. 고우니라. 미닫이 있는 방을 그리시던 아버지.

매화의 향기가 밴 방 안에서 좋아하는 그림에 붙여 지으신 시를 안개 걷혀 보는 꽃처럼 읽고 안 첫봄이 그 방이 내게는 여기 같지 않고 딴 나라 같고 인내 나는 뫼안 같고 향나라 같다.

또다시 뒷바람이 우릴 몰아치는 통에 아버지가 계실 그 어느 북방 쪽 어디를 더 멀리 등지고 여윈 등걸에 밝게 피인 매화도 못 데리고 여기 아주 낯선 마을로 오고 말았다.

어떻게 헤서라고 풍란을 구해 오죠. 매화도 얻어 오죠. 네, 아버지……

1951(4284). 2. 4. 초저녁
새언니의 출산

산파를 불러왔다. 언니가 애기를 낳으려고 한다. 아버지 오시고 애기 낳고 하면 얼마나 좋을까 속으로 바랐었다. 아버지가 집에 아니 계시고 해산할 방 때문에도 말이 많고. 아버지 어서 오시면 그것 밖에 아무 소원도 없다. 어머니가 애태우고 비는 마음은 저승의 할아버님께서 굽어보실 거고 아버지는 먼 데서 마음 키시리라. 지금까지 우릴 살리실 도우신 은덕 다시 두텁게 나리셔서 무사히 순산하고 아들일 것 같다. 언니는 얼마나 배가 아프고 괴로울까. 거룩한 일 이루노라. 고통이 빛 되리라.

어서 아버지 오셔야지. 어서 오세요 아버지. 이 소식은, 이 기별은 아버지한테 못 알린담.

어머니 혼자 말해 줄 남자 하나 없이 속을 썩이고 애를 태는 게 어찌 말로 이룰 바이랴. 쓰리고 아프다. 혼자서 저렇게 약한 몸 예민한 신경으로—그만 몸부림 치고 싶다. 몸도 마음도 부서지도록 고생만 하고 애만 태우고, 그래도 어제 같던 명대 말이 왜 그런지 미더워 어머니도 마음이 좀 좋으신 모양이다. 애 낳느라 애쓰는 언니, 보느라고 마음 태우는 어머니, 두 거룩한 마음에 빛이 밝히 비추소서. 훌륭한 인물 될 애기 낳게 해 주십시오. 할아버지 어서 바삐 집으로 모셔올 복동이 경사동이 낳게 하여 주옵소서.

마음이 경사롭고 기쁘며 한쪽은 언짢다. 느꺼웁다. 먼 데서 얼마나 지금쯤 우리의 아픔을 같이 앓고 계실꼬. 어서 접어 버렸으면 달력장 같이 이 두 달을, 삼월이면 돌아오실 아버지를 어서 우리 모시고 웃게.

오빠도 꿈은 꾸겠지. 아버진 무척 애쓰시겠지. 아버지, 할아버지, 반가운 바람결에 아버지 냄샌가 그리운 부드런 그 무슨 냄새. 기원(祈願), 희원(希願).

1951(4284). 2. 5. 새벽. 신기하고 신통하고(12시 24분에)

아버지 밤새 언니가 아들을 낳았어요. 솔숲 우우 하는 소리 멀리 바다 같고 "아버지 아들이에요" 한마디 외칠 데 없으니, 이 경사 우리끼리만 먼저 보니 어째 쩐합니다. 영특하게 잘생겼다고요. 순산이래요. 아버지 먼 데서 꿈으로라도 아시지요. 꿈만이 약이고 꿈만이 사탕이고, 믿고 믿으며 살아왔다.

초 켜들고 방문 열자 웃음 반 울음 반의 어머니 음성, "잘생겼어. 아버지, 할아버지 제 애비, 그리고 볼게는 너도 닮았다. 계셔서 어서 오셔서 이름만 지으시면 어서 오시기만 하면 오죽 좋으랴. 저도 울고 나도 울었다."

바람이 문풍지를 후두길 때면 행여 학이 와서 문을 열려나 어리

미친 사람같이 귀가 번쩍.

1951(4284). 2. 5. 밤

가슴 속 어디가 헌것처럼 마냥 피가 흐르는 것 같다. 오늘이 그믐일 자고나면 설이란다. 반갑지도 기쁘지도 않은 설이 되고 나이를 먹게 되고, 총결산이나 하듯 바로 게으르다. 한 번 쓰는 일기냥 싶어서 쓰기가 싫었다. 내가 쓰는 나만 보는 이 낙서에, 예도 또한 허위가 꾸밈이 필요한가? 눈을 감으니 곰곰이 생각나는 게 가엾은 나의 모습.

이렇게 억지로 나이를 먹고 마음은 하나도 자라지 못한 채 피둥피둥 몸만 살찌는 게 가여워 못내 가여워.

문둥이처럼 썩는 나의 심령이 회 속에 이따금 반짝이는 불똥처럼 밝아지는 때가 있다. 나는 어떻게 될 것인가. 자연 그대로? 아니 되어야 할 나로?

모든 게 옷 입혀 놓은 본능에 인간성 아니 동물성의 가장이냐. 싶다. 뭐 그리 시틋하고 시뻐서(싫어서).

죽이더라도 잠자코, 차더라도 다소곳 채어야 할 나인데.

설이 오는 게 싫고 헛되이 나이만 먹는 게 싫고, 죽는 게 싫다고 그러는 건가? 이렇게도 지지란 걸레 같은 생을.

마음에 켜켜 묵은 때도 먼지도 그대로 두고 이냥.

매미 꺼풀 같은 허순한 웃음을 짓고 주책없이 지껄이고 거짓말 하고, 거짓…… 이거마저 거짓인가? 이런 때 울어도 될까? alas!

어서 사월이 되어 그리운 아버지와 만나게 해 주십시오. 어떠한 비겁한 짓이라도 하죠. 제발 아버지만.

1951(4284). 2. 5. 밤

그래도 전에는 설이 무의미하게 지나는 것을 탄식한 일이 있었더니. 말끝에 등줄기 한 대 얻어맞고 개보름 쇠듯 설은 쇘다. 맞은 것이 분한 것도 아니고 그렇다고 뭐 기분 좋을 것도 없지만 그다지 노할 것까지도 못 되는데 어린애 떼처럼 심술처럼 채울 수 없는 마음의 부족함이 모두 한데 보여서 솔을 내고 성을 냄으로 풀어보려는지 말도 웃기도 싫었다. 뾰로통한 것도 심술이 난 것도 아니다. 정말 뭐라고, 모양 없는 기분이다. 이것도 허술히 기분이라 할지.

괜히 등이 아파서 죽어 버렸으면 싶기도 하고 이만 일에 노여워해서 쓰나 어머니 속만 상해 드리지. 그러다가도 밥 지어도 저녁은 굶을까 보다. 그럼 안 된다. 열두 가지 생각이 다 든다.

얼마나 너절하게 값 없이 살아온 스물두 해야. 뭐 부끄럴 건 없다. 벌써 부끄럼은 남과의 수작이니깐. 허무하다. 스물두 해가. 스물넷이 됐다고 제칠 때마다 문틀어 버린 달력장과 함께 휴지통 속으로 구겨 박질러진 나의 반생이 그 어디 섧단 말로 다 거둘 수 있을까.

솔숲을 달리는 바람이 우리 방 문풍지를 울리고 간다. 학이 후드기는 나래 소리가 아닌가? 어서 오시면, 어서.

우린 그래도 저녁이라 맨밥이라도 먹고 남들이 채려 보낸 설 음식까지 먹고 저녁에 모여 앉아 장난, 얘기로 때를 보냈건만 아버진 어디서 누구와 뭘 잡숫고 무슨 얘길 하셨을까. 지금쯤 천정 낮은 방에 혼자 누워서 엎치락 뒤치락 여윈 손을 부비시며 오죽이나 우리를 생각하실까.

아버지 시조를 읽었다. 서문도 둘 다 읽었다. 아버지를 칭찬한 말에 어깨가 으쓱대고 좋았다. 하지만 아버지 시조에는 방에서 나는 꽃향기 속에서도 내가 가릴 수 있는 그 무슨 냄새가 아버지 냄새가 참말 나더라. 해면처럼 젖어드는 것 같더라.

헌 누더기에 더껍더껍 덧붙이는 헝겊대기처럼 구지레한 나이가 켜를 이루는 게 무거웁다. 넝마만도 못한 정말 이 누더기 조각은 난 어떻게 살라 버려야 하는지. 희던 바랑이 염색되고 검어지고 오동 쪽 제비가 된대 누르퉁퉁한 것 거무텁텁한 것 쥐 빛깔 뭐 지지한 헝겊이 해지고 또 해지고 가으로만 조금씩 유물처럼 남은 헌 누더기처럼 나의 존재가 그렇듯 초라하고 볼 꼴 사납다. 스물넷이라니 양력으로도 스물셋이나 되니—아찔하다.

공부도 못 하고 사람도 못 되고(지금만큼은 내가 순진한 마음으로 숫된 말은 쓰는 걸 잊어선 안 될 것이다.)

스물넷이, 퐁퐁 솟던 샘이 흐르지도 채 않고 그냥 말라 버리는 게 아닌가. 뒹굴고 싶다. 가슴은 두근거림도 가쁨도 잊고 새끼 난 암소같이 늘어져 버린 것 같다. 난 나의 죽음을 건너다 본 것 같다. 이건 확실히 죽음이고, 좋게 말해 동면이다. 언제 내가 깨어 살아 보려는지. 노년에는 모든 슬픔을 다 내리고 긴 쉼터인 바다로 흐를 그러한 개울의 강물 같은 생애를 기린다면은.

나는 광인과 차이가 없다. 백치와도 난 다를 게 없다. 희박하게 근근히 살라면서도 설워질 때도 있고 삐껴 볼 때도 되잖은 오만이 날칠 때도 있으니, 모욕을 받는 분한 자존이 꿈틀할 때도 있으니, 그럼 뭘 해. 결국엔 모두 다 시어지고 사외고 마는 걸.

코에 끼치는 솔내가 좋더라. 아침 저녁 아궁지에서 나는 그 냄새.

모두 다 기다리고 있다. 빌고 있다. 믿고 있다. 아버지 오시기만을.

—오셔서 지으셔야지 하다못해 개똥이라 지시더라도 할아버지 오셔야 짓는다고 그만두라고— 어린애 이름 질 것을 언니가 신통하고 느껍다. 우리 아버지 며느리라 다르지. 뭐라 말할 수 없이 기특하고 귀하고 언닌 참 신통하다. 청국밥도 잘 먹고 애기도 귀엽고 할아버지 사진과 퍽 많이 같다. 오빠도 같고 아버지도 같고. 누굴 닮았달

지 집어서 말하기는 어렵다. 바람을 타고 밤이 오나 보다. 저 솔밭이
우우는 소리,

기분이 언짢은, 체한 것 같다.

1951(4284). 2. 6. 아침 후에.

깨고 나서도 얼쩍지근 뻐근한 몽마(夢魔)로 밤을 새웠다. 깨고 보
니 초하루. 쓸쓸한 설이다. 집에 아버지도 안 오시고. 그래도 밥이라
고 누룽지라도 먹으니 차례도 못 잡수는 게 황송 섭섭하다. 밥이라
도 저희들만 먹는 게 마음에 안 됐다.

주과로라도 지내면…… 욕심이다. 내일에야 어린애 삼일날인데 방
은 겨우 열두어 시간 빌려 나차 들어왔다. 비탈 같은 섬돌을 그 해
산한 몸으로 올라오는 게 걸리고도 신통하고 천덕이 노릇 하는 게
마음에 짠하였다. 어제 도로 건너방 재창방(齋窓房)으로 올라오고
일가댁 쓰시라고 방을 내드렸다. 다 제대로 옳게만 했건만 어쩨 마
음에 걸린다. 어린애 낳다 하니깐 아버지를 부르더라는 언니. 신통하
고 고맙고 귀하다. 아침에 물 푸는데 바람에 은은한 그 무슨 향내.
아버지 집에 오실 복된 해라고 바람이 전하는 선물인가 보다. 우리
를 사랑하고 위해 주는 고마운 마음들의 향기인가 보다. 경찰학교
입교 중인 둘째 오빠 앓는다는데 동무들이 주물러도 주고 과자도
사다가 주긴 한다지만 집이 얼마나 그리울까.

혹시나 점대로 아버지 어느 귀인 만나서 어느 골짝에라도 숨어 계
셔서 이 설을 맞으셨나? 오죽이나 식구를 걸려하실까. 그만 아프다.
쓰리고.

모든 상한 마음에 빛과 힘을 주는 좋은 해이기를 누구에게도 없
이 빈다. 내가 사랑하는 모든 마음에도 빛과 힘이 있기를 바란다. 글

로도 말로도 결코 알릴 일 없는 그런 먼 데 있는 나의 사랑하는 모든 벗들의 마음에 복 있기를 빈다.

어젠 눈이 좀 오시더라. 한 해 한 번은 오신다니깐 섭섭해 오시는 눈 같더라.

배를 삼키고 돛을 꺾는 사나운 파도는 대체 어디로 몰려 갈 것이냐. 가여운 새우들은 어찌 될 것이며. 하늘이 어여삐 하시리라. 이 불쌍한 영들을.

본능은 항상 교묘한 외투를 입고 자기의 행동은 미화한다. 그저 있는 그대로 사는 게 옳지. 그렇다. 하긴 이것만이 옳고 저건 그렇다는 그러한 진리는 있을 수 없다. 다 옳다. 내게 어느 것을 택하려느냐 묻는다면 역시 내가 짐승에게 걸리는 게 사실인진 몰라도 이게 곧 나는 아니라는 생각이 든다. 있는 그대로가 아니고 있어야 할 나로 되어야 하는 게 아닐까. 그게 나일 것이다. 그걸 택할 것이다. 다만, 하늘 위에서 구렁을 내려다보는 몸만의 천사보단 구렁에서 하늘을 그리는 마귀의 아들이, 그 죄인이 내게는 늘 높아 뵌다.

그러나 내게는 가릴 수 없이 억지로 인긴 운명이 있다. 떠맡겨진 길이 있다. 가기 싫어도 가야 하고 꼭 가야만 할— 그 지루하고 싫은 길을 가기 위해서 우린 거짓 꾸밈으로 그 길이 좋은 듯 남이 볼 때 좋은 듯 꾸민다.

골방 안에서 아버지 사진을 혼자 꺼내 보았다. 참 좋다. 날 가만히 보시더라. 듣는 듯 괴는 듯한 정과 얼음 같고 벤 듯한 이성, 거기에 섬광 같은 맑은 양심, 지저분하다. 이리 늘어놓는 게, 이 모든 것을 포함해도 아버지와 꼭 같은 인상은 아무에게서도 받을 수 없을 것이니깐. 중도 같고 혁명가도 같고 철인과도 같고 시인도 같고 또— 우리 아버지 같지 뭐, 아버지.

......

슬플 때 그리운 아버지, 기쁠 때 그리운 아버지, 아버지—. 어디서 꿈결에 울음 섞인 나를 보실 것인가. 그러고 보면 내가 제일 사랑하는 것은 다른 아무도 아니고 곧 아버지인 것 같다. 아버지만 오시면, 한 번 그 눈만 보면 우주를 다 안아도 남을 듯한 그 두 팔로 나를 안아만 주신다면— 아, 아버지.

1951(4284). 2. 7. 밤

오늘도 또 다 가버렸다. 쓸데없이 지껄이고 웃고 쓰다가 잉크 묻혀 휴지통에 꾸겨박은 종잇장처럼 쓸쓸히 쌓여가는 나의 삶이 참 처연하다. 지금쯤 외지에 가서 공부나 실컷 하고 있는 사람은 얼마나 좋을까. 군인, 군속, 경관 이외에는 남자가 없는 이 세상이 바로 잡힌 때 도대체 모두 다 어떻게 할 셈일까. 하다못해 다친 군인에 약 하나 붕대 하나 못 감아주고 집에서 자고 먹고 벌레 같이 산 나는 무슨 턱인가, 공부 않는 건 나의 태타(怠惰) 외 아무것도 아닌데.

저녁에 시조 가사를 읽다 문득 좋은 게 있어 몇 번이나 외워 봤다. "산촌에 밤이 드니 먼 데 개 짖어온다. 사립을 열고 나니 하늘이 차고 달이로다. 저 개야 공산 잠든 달을 짖어 무삼 하리오."

아버지 시조를 소리내어 읽었다. 자리에 누운 식구들이 들었다. 참 좋다. 좋다. 이 맛은. 아버지와 난 잘 통한다. 매화를 보시며 아 좋다. 바로 그 좋다. 거기에 정이 더 붙은 좋다. 그리움이 더 붙은 좋다. 아버지 어서 오세요. 지버아, 리빨리빨.

아버진 꼭 오실 것이다. 뭐 그 책을 읽으면서도 다른 슬픈 생각 안 나고 그냥 그 시 하나 하나에만 마음이 폭 쏠리고 마는 걸. 꼭 오신다. 우리 아버지는 삼월까지는 뭐 틀림없지.

왜 종작없이 지껄이고 나불거리는지, 난 천성이 사교적인가? 결코 사교적이 못 된다. 이 무딘 눈치로 무슨 사교니…….

문득 경숙이가 그립다. 웬일일까? 주소나 알아둘 걸 찾아라도 가게. 어쩐 일일까? 오지 않으니?

이를테면 고깃근을 저울에 달아 보듯이 양심에 맞게 사람을 달아 보아야 한다는 것은 무슨 이유일까. 나도 그 까닭을 모르기 때문은 아니다. 다만 그렇게 장사치들처럼 한 푼도 어김없이 달아 보는 게 시틋한 연고다. 그건 혹 내가 하도 무능해서 달 줄 모르는 탓인지도 모른다. 자기의 일생은 아주 게다가 부쳐야 한다는 그러니깐 자기의 일생의 벗이니깐 가리고 골라야 한다는—하긴 그렇다. 왜 꼭 그러지 정할만 사귀어야 하고 친해야 하는지. 내가 뭐 아무것도 모르는 철부지라 그런 게 아니라, 왜 사람이 돼서 이런 귀찮은 구지레한 셈을 차려야 하나 과히 좋지 않다. 어머니 같은, 우리의 여린 마음을 애무하고 우리의 속된 비루한 세상 사리에 더럼탄 마음은 씻어줄 빛이 되는 그러한 높은 바다 같은 땅 같은 사랑을 마음 속 깊이 기린다. 편협하고 모자라고 추하고 인내 나는 사랑보다……그건 가랑이 아니고 욕이고 부끄럼일 것이다. 달이 우리를 모두 다 아무 말 없이 비춰주듯 이슬이 소리 없이 풀잎에 내리듯 그러한 사랑.

짓궂은 소리를 횡설수설한다. 괴발개발이다. 망칙한 말들이다. 카메라나 스케치처럼 순간의 머릿속 단면도를 그리다 저버리는 것이다.

내가 날 곰똘히 생각하자면 오죽이나 쓰리고 목메이련만—난 귀찮은 어설픈 생각은 다아 덮어둔다. 창거리는 일 없는 책상 서랍처럼. 그건 동물의 정신 위생인지도 모른다. 추하다느니 오히려 연민을 느낀다. 한없이 불쌍한 인간이다. 언제 난 떠보나, 이 바닥에서 해감내 나고 까아마득한 이 속에서 언제 난 솟쳐보나. 오래간만에 머리맡이 든든하다. 아버지 시조집도 있고 또 뭣도 있고 든든하다.

1951(4284). 8. 14.

장지 밖에서 기다리듯 비서실에서 난 우두커니 서 있었다. 아버지를 밤에라도 시급히 찾았던 애제자의 하나인 사람—지금은 아버지가 앉혀 준 자리에서 큰 기침하는—을 만나보려고. 하, 나도 얌생이 꾼의 하나를 보태주는 게 아닌가. 오빠가 목이 메어서 멀숙히 돌아갈 때의 얼굴이 가슴에 뭉클하고, 또한 잊히지 않는 아버지 얼이 내 가슴에 찌르르 하였다. 아버지라면 이런 말을 비굴코 천한 말을 할 일 없는 것을, 사랑하는 아버지의 딸이 이리도 비리비릿한 짓을 하고 있다니. 아버지의 청이 아니라고 저런 딸의 말이라고 변명하고 싶은 것을, 목이 콱 미어서, 다시금 습벽하였다. 그렇듯 꿋꿋한 아버지 딸이 왜…… 어머니가 못 잊혀서 차마 칼을 잡을 수도 집을 뜰 수도 없는 오빠, 그만 가버린 큰오빠, 걸려온 동생들, 그리고 어머니는 왜 그런지 오늘은 온갖 나의 감상이 뭉게뭉게 구름일 듯한다. 아버지, 아버지 딸이 남에게 무슨 청을 한대요. 모두가 야속하고 분하고 섧다가도 그걸 다 참고 삼켜 버린다. 허나 멍이 든 것 같은, 골병 든 것 같은 마음은 어쩔 수가 없다.

하늘을 좀 더 넓힐 수 없을까. 좀 더 나를 조려부칠 수 있도록 가파른 언덕빼기 같은 이 내 길의 숨 좀 돌려 쉬게 가만히 젖어드는 모래밭처럼 말없이 젖어드는 나의 슬픔, 아버지가, 아버지가 무한히도 그리워, 으스러지도록 으서지도록 힘껏 안고 안기고 싶은 심사.

벌써 점심 종이 밍밍히 친다.

내일도 허수히 우리를 버리리라.

1951(4284). 8. 27. 하오.
어머니 병환

다 헤져버린 주머니 끝에 남은 심술이 마구 떼를 부린다. 독서가라는 둥, 외국어를 잘 한다는 둥, 특히 불어를 잘 한다는 둥.

도저히 솔직히는 들을 수 없는 비위 사나운 말지거리이기는 하지만, 역시 불쾌하다. 더욱이 불어책 콘사이스를 펴 놓고 아─베체를 공부하는데.

아무러한 생각도 없이 실과 껍질이나 휙 집어 내던지듯 입술이 나 불거리는 말은 제멋대로 지껄이고 마는 사람이 많다. 아무래도 불쾌하다. 진실한 사람이 아니면 차라리 허위 그것의 사람이 차라리 얼치기보다 사랑스럽다.

금지암으로 올라가는 가파른 고개. 휘 숨 돌려 뒤를 본다. 먼 하늘과 이야기하듯 아물거리는 너른 바다.

향목이 우긋한 속에 암자가 앉아 있다. 진정 불심을 알고 싶은 문외한. 인도 철학이 무척 공부하고 싶으면서도 난 이 작은 소원을, 아니 아 큰 내 소원을 남에게 입쩍도 못하고 있다. 부끄러워. 젠 척 하는 것 같아서, 버거워서.

아버지 얘기를 하던 벗. 퍽이나 안됐다던 벗의 표정, 찾아간 집 방에 울 같던 책, 소 같은 학교 학생. 의사집 방에서의 맴돈 머리 안. 비서실 안. 내 머릿속의 너저분한 넝마더미, 먼지 쥐미, 피.

어머니 약을 지어 주었으면, 차마 지어달랠 수는 없고. 거저라는 게 얼마나 무안한 짓이냐. 부끄러운 일이냐. 그렇다고…… 어머니가 점점 말라가고 병들어가는 걸, 자식이라고 보고만 있으니. 이것을 이기고 나갈 수 없다면 밥숟가락을 놓는 게 마땅하건만, 미적미적 이러고 질질 끄니.

좋은 변명이 하나 예 있다. 가난한 내 머릿속, 부모의 약도 남의 적선으로 지어드릴 수가 있을까. 몸뚱이가 멀쩡한 자식 새끼들이 우굴우굴 하면서, 어떻게.

어떻게 해서든지 한 십만 환만 내 손으로 벌 수 있다면, 그리고 그것으로 약을 지었으면, 그러나 내가 이러고 염치에 취하고 체면에 병든 동안 어머니가 위독해진다면.

악착스럽고 가증스러운 생이다. 도무지가.

그래도 내 머릿속엔 또 쉬가 슬고 구더기가 우물거리고, 파리가 송장된 내 머리를 독차지하고 있다. 슬픈 경치다. 구슬픈 음색이다.

1951(4284). 8. 28.

머릿속에 집처럼 짜이는 상(想)을 짓밟고.

말을 봉(封)하고.

우박처럼 쏟아져 나오는 글을 깡그리 지워 버리고.

찢고, 수세미 하고.

그래도 버릴 수 없어 쓰이는 글. 그 궂은 글, 슬픈 글을 그나마 재로 사르는 마음.

그러나 감정, 더욱이 심오한 게 아니고 껍질 같은, 또 가냘픈, 감관적인 정이란 더럽지 않느냐? 잊으려 해 잊어지면 그만이지. 그래도 잊히지 않는다면.

모르겠다. 알기도 싫다. 소름이 끼쳐야 할 텐데.

더럽고 추악한 내 사념에, 도무지 돼지가 되고만 나. 가엾다. 아니 짓마어 버리고 싶다.

또 심술이 난다.

그야말로 무심코 날 부르는 소리가 그리 귀에 거슬린다. 양완이하고 부르는 그 소리가, 부르라는 이름인데 왜 그렇게 비위가 사나운지. 이것도 아마 꼬투리만치 남은 무슨 뼈나 피의 줄기인지. 그러나 아무리 들어도 싫은 무슨 냄새같이 도무지 비위에 당기지가 않는다.

돈 없어 서푼짜리 직업을 못 버리는 사람의 새끼가, 비위는 다 뭐고, 종시 거슬린다는 둥 씩뚝꺽뚝한 소리가 도대체 분수에 맞지 않은 감정이다. 타일러 본다.

아버지는 나를 「양완」이라 불렀다. 결코 아무런 조사도 덧붙이는 일 없이, 무한히 정답고 푸근한 그 음성. 나를 또 "양완이"라 부른 사람도 있다.

요샌 정양, 미스 정, 양완아. 아무려나 좋다. 허나 "양완이" 그건 참 싫다. 그게 내 귀에 설망정 짙고, 그래 만들었을지라도 귀에 잠긴 호칭이기 때문인지도 모른다.

예라, 돼지를 돼지라듯 나도 아무렇게나 뭐라고라도 맘 내키는 대로 입술을 나불거리는 대로 불러보아라. 그만한 관대에 콧마루가 찡긋.

홍소를 금할 수 없다. 약맛이 나는 웃음.

약속을 어기어 마음이 언짢다. 뚫을 수 없는 체기가 마구 가슴을 미치게 한다.

1951(4284). 9. 10.

멀리 M으로 가버린다는 벗.

그 벗을 차마 돌아도 못 보고 헤어져온 나.

내일은 학교엘 가야지, 인사하러.

하느님 부디 제가 잘 가르칠 수 있도록 도와주십시오.

아버지가 교가를 지으신 학교.

가슴이 아프고 느껍다. 신경이 더디다.

내 아버지 계시더라는 곳—

가도가도 물결

사람의 흐름

그리운 당신의 모습 찾을 수 없는

거리.

넓은 거리.

거리

죽음을 본 짐승 떼가 으르대는 거리.

술렁거리는 거리.

마주치는 눈과 눈이 싸늘한 거리.

누구의 상여를 메고 가는 상여꾼들의 행렬이냐.

슬픈, 화려한 지옥의 거리.

나인 때문에 진정 나인 때문에 난 널

이 화려한 찌는 듯한 지옥을 튀어나가기 싫구나.

거리.

나의 간(肝)을 질겅질겅 씹듯

난 이 거리의 슬픔을 노래로 삭이리라.

어느덧 나의 머릿속 대화의 상대는 여러분,
사랑스런 여학생들이 되고 말았다.
귀여운 그들에게 「참」을 가르치고 싶은 아름다움을 착함을 알리고
싶은 욕망, 기쁨

1951(4284). 10. 1.

"타고—르" 별.

태양에 목욕하는 참새와 같이 그의 사상에 목욕을 한다. 아름답
고 넓고 거룩한 사상, 불, 시.

일기를 쓰고 싶다. 돌아오는 길, 마음 같이 슬픈 푸른 하늘을 우러
러 취하듯 걷는다. 익어가는 볏대와 갈꽃이 바람에 서걱이는데, 그
바람결에 그 바람결에 어디서 오는가 보드라운 아버지의 손길.

부유스럼한 젖빛 구름 속에서 내려다보는 듯.

뒤쫓아 오는 듯 아버지의 눈빛……

화려한 추억도 꿈도 내겐 죄 아닌가. 모든 것을 살라 버렸다. 모든 상도 사위어 버리기를 빌면서.

어쩐지 마음이 울적하고 몸부림 칠 기력도 흘릴 눈물도 다한 나의 심정.

자비! 얼마나 얼마나 다사롭고 서글픈 말이냐.

문득 죽고 싶어졌다.

1951(4284). 10. 3.

영자는 나도 좋다.

글을 곧잘 쓰는 모양인데 나한테 써 달랜다.

부끄럽다. 그래도 안 써줄 수도 없고.

편지해 줄게 하고 그 시간의 어색함 무안함.

깨끗한 마음에 「티」인 듯 흠씬 홍당무 되는 듯한 마음.

어머니가 편치 않으셔서 마음이 한참 갈피 잡을 수 없고 뒤숭숭 심란만 하다.

아, 구월이다. 초사홀, 이달부터 구시월 동짓달이니까 반가운 달이 고마운 달 되기를.

1951(4284). 10. 8. 저녁.

그 무시무시하고 흉측한 짐승에게 쫓기어 내가 죽게 될 때 메리가 날 구해 주었다. 그 충실한 모습, 고마운, 든든한 모습.

숨이 막히는 듯한 가위에서 헤엄치듯 간신히 깨어나니 얼마 만에 한 시가 치고 두 점이 치더라.

아침이 되니 찌뿌드드 왠지 심기가 좋지 않고 늘 아침이면 나가던 것이 오늘따라 오전엔 가기도 싫었다.

마음이 키더니, 책사(册肆)에서 화를 내고 시비하러 왔다더라. 경솔하다는 것이 얼마나 나쁜 것인지, 역시 사회에서는 더욱 침착, 아니 앞뒤를 헤아리고 행동해야지 하는 생각이 절실하다. 나는 도무지 불쑥 아무런 생각 없이 말을 헤프게 하는 일이 있다. 그러나 말이 가시면 모두 같이 없어지면! 모두가 나를 용서해 주면, 참 미안하다. 퍽 미안도 하고, 내 무슨 누구를 미워함도 아니지만 역시 난, 경솔하다. 오늘 수업이 마음에 들었건만, 밥 먹고 나니 잊었던 빚쟁이처럼 날 기다리고 노리고 선 가책, 용서하여 주십시오. 하느님, 모두를.

마음이 심히 괴롭다. 알력(軋轢)이 싫은. 도대체 시비담판이 싫은.
─참 그런 거 귀찮다.

1951(4284). 12. 28. 낮

정체란 있을 수 없는 것이라 한다. 번연히 알 만한 말이언만 뇌어 보고 새겨 본다. 새삼스럽게……. 흐르는 물에 결이 없을 수 있는가. 가만히 내가 서있다고 하여 그 자리에 그대로 언제까지 서 있을 수 있을까. 더군다나 나는 단번에라도 삼킬 듯한 이 사나운 물살에, 폭풍에, 힘이 다하도록 젓지 않고선 나는 흘려 내려가고 말 것이다. 번갯불에 비치듯 스친다. 내가 서있는 위상이, 아찔하다. 발밑이 뒤흔들린다. 사뭇 내 염통이 소용돌이를 친다. 오직 하나의 진(眞)으로 섬겨 기어코 단 하나의 현실로 만들고야 말 나의 꿈과, 깨이면 그만 깨끗이 잊고 말 단 하나의 꿈으로 돌리고 싶은 악착한 현실의 폭포가 내리치면 숲속의 물벌레처럼 앙바둥거리는 나의 삶이다.

울 것 같고 얼굴이 화끈거리는 너절한 시간을 또 한 시간 하고 나왔다. 섧더라. 누굴 불러야 하나 이 터질 듯한 괴로운 마음으로. 야! 누가 없느냐, 좀 와다오, 누구라도, 애…… 왜 난 그리도 너절한 수업을 해 버리고 나왔느냐? 게다가 자기(自棄) 속에 섞인 아니 그 속에 또렷한 득의를 감추고. 정말 될 수 있다면 짓마아 버리고 싶다. 이 귀신에 홀린 듯한 나를, 가엾은 나를 이러고 목메어 피나도록 울어 봤댔자 누가 내게 올 것이냐. 누가 나를…… 아, 뉘 있어 내게 와 날 꼭 안아주고 내 눈물을 씻긴단들 내 마음이 나을 것이냐.

온종일 하늘은 푸르렀다.
잿빛으로 흐린 내 하늘에선 주먹덩이 같은 우박이 막 퍼부었다.

1952년 봄, 부산에서
봄을 맞이하여

벌써 앓아누운 지도 보름이 가깝다.

어디라 짚어 말할 만큼 아픈 곳도 없으면서 시름시름 앓는 것이 이렇게 길어졌다. 내 머릿속에는 깜깜한 밤이 고인 채 그대로 흐르지 않는 것도 같다. 숨이 막힐 만큼 고요하다. 수탉이라도 한 마디 울어나 주었으면. 열어 논 미닫이 밖에는 어렴풋한 꿈처럼 오련한 버들 순이 돋아나온다. 올해도 잊지 않고 봄은 또 오려나 보다. 아니 왔는데 뭐. 공연히 모두가 시들스러워 봄에 오는 것도 대수롭지 않다. 지리한 지도 모르는 채 그럭저럭 겨울도 지냈다. 어느 틈에 이렇게 새싹들이 나는지. 긴긴 삼동 밤을 나는 다 뭘하며 보냈던지 나의 어제를 아니 내일을 생각이라도 하고 지났던지─잔뜩 물오르는 나무를 닮아 포르스름한 꿈으로 부풀어 올라야 할 이 첫 봄에, 내 마음은 왜 이렇게나 우울한 뉘우침과 무기력 속에 파묻혀 있는지.

불러 볼 이름 하나 떠오르지 않고, 불러 볼 노래 한 가닥 입가에 떠돌지 않는다. 쑥쑥 자라나는 듯한 저 버들가지는 밉살스럽게도 나에게 멎지 않고 흐르는 시간을 가르쳐 준다. 찌르는 듯하다. 내가 이러고 누워 있는 동안 그대로 흐를 대로 흐른다. 그저 때의 흐름에 따라 나는 나도 모르는 어느 물가에 떠나려 오게 되었는지 고개를 살며시 둘러본다. 푸른 물이 그저 망망히 흐를 뿐, 난 지금 어데 있는지도 모르겠다. 봄마다 저러고 피어나고 솟아날 수 있는 나뭇잎들이 새 엄들이 말할 수 없이 사랑스럽다. 부럽기도 하고. 그러나 나무야 나처럼 이렇게 무기력한 겨울을 꿈도 없이 지냈을라구? 말없는 저 어린 싹들이 돋을 때까지. 고목도 얼마나 애를 썼을까? 화려한 봄을 차리기 위하여 저 이름 없는 새 풀들은 또 그 얼마나 숨가쁜 꿈들을 안았었을까? 그들의 꿈이 크면 컸을 만큼 그들의 생명은 이 지고 푸르를 것이다.

거리를 바라본다. 여인의 옷빛이 한결 엷어졌다. 새침하게도 차리고 다니는 여인네들이 봄을 먼저 당겨오는 게 아닌지.

깜깜한 밤이 고인 채 흐르지 않는 것처럼 내 마음은 이상히도 우울하다. 무슨 언짢은 일 불쾌한 일이 있은 것도 아니다. 꿈자리라도 사나웠다면 혹 몰라도. 또 누구와 말다툼이라도 한 게 아닌데, 지나간 싫은 생각이 문득 떠오른 것도 아니건만 앉아서 머리칼만 문틋었다 따끔하여 빠지는 그 통감이 주는 쾌감! 뽑고 또 뽑았다. 손톱을 잘강잘강 씹었다. 그저. 그저, 정말 그저, 얼굴을 모다 쥐어뜯고 문틋고 싶었다. 숨쉴 공기가 좀 있었으면. 목을 빼본다. 바람 한올이 느껴지지 않는다. 무풍이다……. 이런 때엔 소나기나 한줄기 흐뭇이 쏟아지면 한결 살겠는데. 어쩌면 이렇게 노래 한 가락 입에 안 오르고 사무치는 듯 숨막히는 밤이 있는지. 그런데도 엉! 하고 한 번 울고 싶어지는 것도 아니다. 눈물이야 가신지 오래라 치자. 울고라도 싶다면 좀 그래도. 맙소서.

땀에 절도록 꼭 쥐고 있었던 손수건을 갈갈이 찢었다.

1952(4285). 4. 2.

새벽! 선잠 깬 사람의 안정(眼睛)처럼 먼 배 떠나는 소리, 호롱 호롱! 오래된 추억 같이도 어렴풋하다. 쓸 상대자도 없는 편지를 머릿속에 쓰다 깬 새벽. 역시 새벽은 아름다워. 내 당기는 성냥개비에 불붙는 새벽. 어린 때처럼 불현듯 그리워진다.

나는 무엇을 하고 이리 살고 있는고. 꿈틀거리는 두더지와 같이 땅굴도 아니 파니 두더지만이나 한가? 내 마음 속 싶은 곳이 큰 물결처럼 수을렁인다. 깊고 넓은 그리고 푸른 바다가 생미역 냄새 향긋한 마음의 바다가 수을렁인다. 그 속 깊이 혹 산호가 피었는지 진주가 숨었는지. 바다! 바다는 하늘의 미(美)를 갖추고 있다. 거기에 더한 거세고 아름다운 생명을 가지고 있다. 하늘은 가벼운 꿈. 시(詩) 같고 바다는 육중스런 퉁명스런 혼잣말 중얼대는 슬픈 사람 같다. 바다! 남들이 바다를 두고 시를 짓는 것 보고 바다가 퍽 좋은 줄 알았다. 지금 난 바다의 시 한 줄도 없이 몹시도 그가 그리웁다. 만약에 한 줄의 시를 쓰고 죽을 수 있다면 나는 바다의 노래를 하나 써 보고 싶다. 스물넷! 난 뭘 했나. 뭘 할 것인가? 저지음 미친 듯이 찾아 헤매이던 나란 그 무엇인가의 답도 못 얻고 다시 뭘 할 것인가? 우습다. 슬프다. 나는 죽기까지에 내가 살아있다는 살아가야 한다는 그 무슨 변명을 하나 만들어보자. 나의 공부는 어찌될 것인가? 교원 노릇은 언제까지고? 그저 아버지만 오시면 모두가 다 해결될 것 같다. 수선화도 매화도 내부치만 같다. 너무 징그러운 구데기는 아직 그렇지 않지만.

살고 있다는, 죽으리라는 그것이 저와 내가 같은 탓인지.

"그대 마음 속 깊은 곳이 수—ㄹ렁 할 그러한 음향을 들었나뇨. 하늘과 땅 사이 날 두고 에워쌓는 침묵의 층(層)"

1952(4285). 4. 2. 낮.

노랑 미색 목련꽃이 이다지도 아름다운 고요한 오후에는 나는 무엇을 할꼬!

불현듯 죽고 싶다. 어쩌면 하늘이 저리도 곱담. 까닭도 없이 그저 죽어 없어지고 싶다. 노래도 잊었고 꽃도 시들은 나. 이 아름다운 봄을 상하게 하는 꼭 하나 미운 흠 같은 나. 나는 지금 죽을 수 있을까? 무엇을 하여 왔던고? 하고 있노? 할 것인고. 어려서 치던 몸부림이나 남아 있다면 그래도 좀 후련하기나 하련만—.

정말 말이 하고 싶은—하기 싫어서—사람이 깨지는 그릇 같은 음성을 목련 향기 자옥한 방 안에 퍼트리고 나간다. 찢어진 그의 꿈과 애타는 그의 의욕의 아들, 딸을 나는 보고 싶다. 듣고도 싶고—.

이 좋은 향기를 어이할까. 누에게. 아, 하얀 손수건이 하나 있다면 한밤을 이 향기에 물들여서 슬프고 외로운 마음에 보내주고 싶다. 내가 한 번도 못 본 사람도 좋다. 모르는 이도 좋다. 아니 새끼 난 암토끼에게도 좋다. 햇풀을 되씹는 벌판의 황소에게도 좋다. 모두가 하늘을 우러러 사는 한 가지 짐승, 생물인 정에서인지.

오늘이 충무공의 탄신일이라 한다.

아버지의 글, 아버지, 모두가 나를 슬프게 한다. 맘 아프게 한다.

1952(4285). 4. 9. 새벽

오늘 순희와 선희가 왔다. 얼마나 기뻤던지 반가웠던지. 그러나 오히려 그리워하고 그리워짐을 받은 양 있을 걸⋯⋯도 싶다. 순희는 더 고와졌다. 얼굴이 참 더 어려진 것 같다. 무척 지껄였다. 뭣을 그리 지껄였던지.

오는 길엔 딴은 퍽 빈 것 같더라. 고개 넘어 오려니까.

바지런한 참새 떼가 벌써 앞뜰에 와 짹짹거린다. 고요한 이 새벽을 진정 기리는 모양이다. 「하느님은 저 새들에게만, 그리고 파릇파릇한 새싹, 엄들에게만 첫봄의 찬가를 올리게 안 하셨으련만, 시인이여 노래하라……」 아미엘의 일기의 어느 구절, 퍽 좋다. 나는 지금 무엇을 생각하기에 이다지도 무겁고 어두운가. 나의 그릇으로 살아온 스물네 해를 울어서인가, 막연한 내일이 두려워서인가? 참새보다도 더 가볍게 푸른 하늘로만 날 수 있던 나의 나래. 햇솔보다도 더 향긋하던 나의 꿈. 앗아졌던가 그 꿈. 그 나래? 모든 Lost라는 것이 나는 퍽 우습다. 나에게서 나온 것, 나에게 있는 것 그것이 뭘 잃어지고 한담. ……당한다는 것이 우습다. 당하는 것만은 아닐 것이다. 적어도……. 버리는 것 돌아서는 것, 곧 스스로가, 내가…… 하는 외에는 아무것도 당하는 것은 없을 것 같다. 하긴 돌아서게 되는 것, 버리게 되는 것…… 그게 숙명이련만…… 그것만은…….

컹! 하고 한 번 짖으면 한참만에 되돌아 올 메아리처럼 공허한 나의 바람. 스물다섯의 연륜이 메어나 보면 내 가슴에 둘러 있을꼬? 무서움이 지나 서글플 만큼 공허한 나의 모든 어제여, 오늘이여…….

선생 노릇을 한다는 것, 아는 것 없이 지껄인다는 것, 오…… 나를 죽이고 살게 할 그 누구여! 나로 하여금 이 죄 많은 생활에서 하루 바삐 물러서게 하여 주소서. 나로 돌아가게. 이렇듯 뉘우침과 무안에서 허덕이는 나의 마음을 누구에게도 전할 수는 없다. 거기에는 어쩌면 직업조차 싫어하는 양반이 들어 있는지도 모르는 때문도 있겠다. 하긴―. 그것도 사실이고. 선생들이 내 말에 빨려들도록 열 있고 충실된 시간을 나눌 수 있다면, 도대체가 뿌리 든든치 못한 내가 무슨 선생.

선생이라는 말이 곧 죄악이다. 적어도 내 경험으로는. 어서 이 탈을 벗고 싶다. 하루라도 속히.

아버지가 이따라도 오실 지 아니? 기적을 기다릴 수 있는 어리석고 어수룩한 내 마음이여 축복될지어다.

육갑을 따진다고 헤다 보니 내년이 계사년, 아버지의 환갑이다. 올해도 생신날은 돌아오겠지. 연잎은 또 푸르런만. 설마 올해야 뫼시고 그날을 지내겠지. 아버지는 어디서, 아, 어디서 봄을 또 맞으셨을고. 우리가 산 지도 모르시려니, 글로 해 더욱 섧으시렸다.

그래, 이따라도 별안간 문 열어, 양완! 하시고 들오실지 아느냐. 그래, 정말.

부디 우리 아버지를 도와주시고 보호해 주십시오.

나를 죽일 수도 살릴 수도 있는 그 분이여!

참새들의 저 찬가를 듣기에도 민망스런 어두운 내 마음. 문을 열고 이불을 걷어차고 봄을 안아 볼까.

1952(4285). 4. 16. 밤

솔숲이 물소리를 낸다. 오늘 권일재 선생께 갔었다. 충무공기념사업회로. 중국에서 발간한 한국항일명장 이순신(韓國抗日名將 李舜臣)이란 책을 받았다. 부수가 적어 차례 오지 못할 것을 당신 몫을 주셨다. 아버지 딸이라니 목이 벌써 메신다. 이 자식이 그 애비 자식이면 이걸 읽어보련만, 완(婉)자 때문에 망신 완(宛) 자를 그려 보였다. 비단 치마에 비단 저고리 모두 언니 것이지만 보기에 너무 번쩍이는 거라 항상 무명만 입으신 아버지 딸이라서 부끄러웠다. 얼굴은 그 애비 많이 닮았다만 정신이 그 애비여야지. 어서 어서 가거라.

차마 그리워 애달파 못 견디시겠는 모양이다. 아버지를 그렇듯 사랑해 주고 생각하는 분이 계시다는 것이 나를 딸처럼 생각하고 말하신 것이 참 느껴웠다. 풀어진 회색 무명 두루마기 고름을 매어 드렸다. 버릇이 없다면 뭣이겠나. 돌아오시면 얘기 보탬 되려니—

그러나 아버지 글을 너무 모르는 딸, 난 꼭 한문 공부를 해야겠다. 곧이라도 시작해야겠다.

1952(4285). 4. 23.

내가 살아왔다는 것, 살고 있다는 것, 살아도 가하다는 것—죽을 수 있는 secret를 가지고 싶다. 내 피로 쓴, 한 줄의 시라도 좋다. 오! 쓰고지고! 모든 외로운, 슬픈, 짓밟힌 마음을 쓰다듬고 어루만지고 기쁘게 하고 힘 줄 수 있는 아름답고 힘차고 참다운 너그러운 가슴 같은 글, 태양과 같은 글, 그런 글을 쓰고 싶다.

1952(4285). 4. 28. 아침.

꽃이 언제 졌는지 혼자 피었다 싱겁게도 지고 말았군. 어제 고개 넘자니 머리 위에 푸른 가지, 어머니 언제 잎이 피었어요. 늬 땅만 보고 다녔노?…… 하늘을 안 보고 지났나 보다. 그리고 보니.

꽃잎이, 아주 늦은 꽃이 진다. 바람이 부유스름 잿빛 나는 하늘에서 분다. 구름이 막 몰려간다. 꽃받침이 흘러진다. 꽃받침 비…… 꽃 비를 못 맞은 게 이 봄의 유감이다. 긴 소매에, 꽃비에 젖어 걸어나 보았다면.

오늘이 며칠이더냐? 초나흘, 사월도 벌써. 3월이 기다리던 3월이 꿈결에 지났건만 허전한 마음 서글픈 마음 꽃받침이 진다. 마냥 진다. 앞뜰이 붉다. 꽃받침.

열네 살도 열다섯도 아닌 내가 왜 이리 꽃 지는 아침에 서글퍼질까.

1952(4285). 4. 30.

나는 늙었는지 몰라?…… 스물…… 비가 오신다. 속을 보고 사는 사람의 말을 들었다. 내 영이 막 떨리었다. 나는 어쩌다 이러고 나와 는 담 쌓고 살아왔던지.

금시 흐뭇이 울고나 나면?

나는 왜 이렇게 값싼 센티멘털리즘에 빠지고 있을까? 한쪽에서 아니다 한다. 아니다 하고 싶어서인지.

노트가 있어설까 쓰고 싶다.

왜 사람과 사람은 통하질 않을까.

별로 쓸쓸할 것도 없다 하긴. 그런데 왠지 좀 뷘 것 같다. 말벗이 생겨서 무던히 속살거린다. 이 얘기를 하고나선 또 멋없이 쓸쓸하고, 공허하기 위해서 지껄인 것도 같다. 우리들은 망해 가고 있는데 하늘은 곱고 미루나무 잎새에는 하마 어린 매아미의 깃이 굼틀거릴듯 푸르다.

어리던 앳된 봄이 쇠어가고 있다. 하늘은 너무도 곱다. 슬픈 우리에게 비춰주기에는. 하늘이라도 따로 푸르거라,

비 갠 뒤. 넓은 뜰, 포플러나무가 하나 웅덩이 물에 누워 있다.

1952(4285). 5. 1.

나는 무엇을 하고 있을까? 나에게 주어진 주어져가는 생(生)의 움직임 아니 급류. 폭포 속에서 무엇을 어떻게 조금이라도 하고 있는지? 커다란 차라리 권태가 그립다. 나는 왜, 지금 무엇을 하고, 아니 생각이라도 하고 있는지 이렇게 막연히 기다리고 있는 그러한 내일도 다음 순간도 있을는지 알 수 없는 노릇이다. 그런데 나는 그저 미루어만 나간다. 이 일순이 곧 나의 짧은 영겁과 통한다는 것조차 잊어버리고. 그런데 왜 나는 발버둥을 치고 있을까. 이 풀 가라앉은 밑바닥에서, 퍼드덕거렸댔자 소용 없는 이 구렁에서, 목을 뽑는다. 파란 하늘이 그리워 아니 한숨 새 공기가 그리워, 바람을 쐬어 보면

내 곰팡이 슬 법이나 한지, 그저 막연히 나는, 이러고 술렁대다 몸부림치다 싸울 용기도 단념할 싱겁들은 마음도 없이 아, 이러다 가야 하리.

1952(4285).

비가 오셨다. 지금도 부슬부슬 또 오신다, 비가. 글을 읽다가 붓을 들지. 써 보려고 아니 널 그저 무작정 부르느라.

엿처럼 늘어진 날이 지루하다. 언제 오늘이 끝나고 내일이 되고, 또 그 내일이 오늘이 되고 오늘이 어제가 되고. 기가 막힐 노릇이다. 왜 내가 너를 부를까? 졸리워선가? 또 괜히 심심해선가?

정호도 하숙으로 옮겨갔다. 보리밥만 반찬도 없이 먹인 게 걸리는구나. 가까운 곳이라 좋지만, 학교 앞이라. 난 한결 허룩해졌다. 비었다. 그리고 보면 밤마다 푹씬 잠만 잤구나. 잠잔 것이 후회도 아니되니 이제는 내야 죽어도 될 거야. 글이 읽구 싶다. 모르면서 자꾸, 글이.

1952(4285). 5. 8.
노량 여행(露梁旅行)─아버지 발자취, 동래여고 학생들과
전야(前夜)!

떠난다는 것은 얼마나 좋은 일인지, 제대로 눈도 못 붙이고 조그마한 손가방 하나를 챙기는 마음, 단 사흘을 위하여 나는 얼마나 잔 걱정 준비를 해야 하는 거냐. 같이 갈 아우, 여학생들도 지금쯤 아마 곤히 못 잘게다. 가느다란 어머니를 가운데 두고 동생 둘이 코를 곤다. 불현듯 어머니 곁에, 바로 곁에 자고 싶은 충동!

바람도 잦은 모양이다. 푸른 기왓골에는 달빛이 고이고 담쟁이 잎에는 밤이슬과 같이 푸른 달빛이 가만히 가만히 내리고 있다. 떠난다는 것은 좋은 일이다. 문득 이런 생각이 든다. 이 길이 다시 못올 길이라면? 사를 것은 없는지? 정돈이나 됐는지? 대타인적으로(?). 그는 헝클어뜨린 채 갔느니라면? ……

그래도 좀 책을 가지런히 해 놓는다. 누가 자기 죽을 것을 알겠느냐? 무슨 편지 부스러기 같은 것이 나온다면? 그러나 사랑하는 아버지와 어머니, 그리고 형제들은 용사(容赦)하리라. 그리고 오직 나를 위하여 그저 우시고 슬퍼하시리라. 기도하시리라. 문득 아주 가버리는 길이라면 싶기도 하다. 한편 이리도 허수히 게을리 하품만 하다 찌부드득하게 가는 것이 언짢기도 하고.

돌아와 보면 아버지가 와 계실른지?

전보를 받고 내가 돌아오게 되지나 않을지?

허둥지둥 미친 것처럼 배를 타다가 그만 그 소식 듣고 돌아올게 아닌지.

아, 그렇다면 얼마나 좋을까.

나를 극진히 아껴주고 생각해주는 여학생이 있다.

S양! 나는 양을, 위로해주고 정말 사랑해주고 싶다.

그런데 도리어 나를 생각해 주는 게 —

어느 기대의 대상이 된다는 것은 슬픈 일이리라.

안됐다.

푸른 가지를 드리워 뜨거운 볕을 가리는 싱싱한 나무여,

불현듯 움추린 목이 부끄러 지향도 없이 솟고 싶어라 자라고 싶어라.

오늘 S양은 안 왔다. 어제의 내 글이 그를 너무도 슬프게 해준 것이 아닐지?

왜 S양은 어제 그렇게 땀이 쪽 흘렀을까? 나를 부를 때?

눈을 감았다. 손을 가렸다. 오로라가 보인다. 내 오로란지 영인지. 또 누구의 그것인지.

연분홍이 불빛처럼 노트에 어린다.

아침에 이런 시가 떠올랐다. 나는 육체이면, 붕어처럼 물고기처럼 고우리니…… 아, 왜 썩어진 구더기 끓는 영이 있더란 말이냐. 불살라 버리기엔 너무도 아름다운 불이요. 어쩌나, 아, 어쩌나 저 징그러운 구더기 끓는 영을!

쨍쨍이 쪼이는 뙤약볕에나 그만 강으로 바싹 말려 버릴까?

그러나 그 징그런 껍질은 어쩌잔 말이냐. 이 생각만 하면 아마 미구에 죽을 수도 있을 게다.

날이 새면 가야 한다. 하하 가야 할 곳도 없이.

그러나 빌고 바란다. 아무쪼록 마음도 몸도 깨끗하기를. 잘들 다녀올 수 있기를.

그 동안 어머니가 걸린다. 외로움처럼 솔숲엔 잠 못 든 바람이 일다.

1952(4285). 5. 9. ①

그저 허허 넓은 푸른 물.

두둥실 뜬 우리 배는 물 위에 시소를 타듯 울렁인다.

반갑게 솟았다간 손짓도 없이 그만 숨는 귀여운 알섬들…… 하이얀 은조각이 나불나불 홀연 진다. 꽃잎이냥 물에 멱감는 흰 갈매기 떼다.

하염없는 외로움처럼 푸른 물 위를 풍풍풍 풍풍풍 배는 간다. 먼 바윗가에 부서져 흰 안개를 이루고 으서지는 파도, 그래도 미련겨워

다시 한 번 부딪치는.

아득히 멀어진 짐먼지 사람 북새, 뭍이 부런 그리워지다. 배는 흰 포말을 못본 척하고 앞만을 보고 간다. 몇 사람을 울리고 몇 사람을 희망에 태워 오간 갑판인지.

헤치며 치는 파도 소리, 부서져 그만 몸부림치는 흰 포말! 하 기막혀 히히히 미친 듯 웃는가도 싶고 서로 허허 푸른 물벌에서 문튼는 듯도 싶고. 내 가여운 것 잠시 잊고 저 바다가 그저 걸륜해지는 잠시간.

문득 지새던 달빛과 여윈 어머니의 두 볼이 눈에 어린다. 암만해도 바다는 못 견디는 괴로움 같다. 아침 햇발이 물올에 어리니 그 위에 넘실넘실 앉아 보고 싶어라.

1952(4285). 5. 9. ②

하늘이 넓고 바다가 너그럽다.

갸웃이 누운 얄미운 섬, 뾰로통해 돌아선 암상난 섬.

퉁명스럽게 버티고 선 섬, 눈썹 같은 섬, 윗입술 같은 섬.

강아지처럼 웅크린 섬, 섬, 섬을 헤치고 배는 헤엄쳐간다.

갑판에 기대어 가노라면 그물친 물말둑에 물새가 떼져 울고 재재거린다. 물고기가 모이는 곳이 물새가 오물오물하다. 이 넓은 어미 품에 스며드는 저 무죄한 고기떼를 저리 무자비하게 그물을 쳐 잡는구나. 내 꽉 쥔 몸일진대 왜 저 깔깔대고 노는 물고기를 잡는단 말인고. 마음 한편 여린 곳에 가여움이 고인다. 물새 울음이 몇 가닥 푸른 어미 품에 안겨 자다.

카메라를 드신 선생님은 연방 어여쁜 산과 노래하는 여학생을 눈여겨 찍고, 교장 선생님은 푸른 섬과 바다를 가르켜 충무 대감 싸우시던 저지음의 일을 생생히 설명하신다. 뺑돌아진 사람처럼 한편

가에 기대섰으면 몸소 오셔서 또 말씀하신다. 문득 아버지! 하고 그만…… 고 싶은 생각.

이 길이 아버지와 같이 오는 길이라면 노래하는 바다를 볼 수 있겠고 장난치고 웃는 물결을 희롱할 수 있었으리. 아버지와의 뱃길이라면, 아, 이 길이.

푸른 바다고 맛이 아얘고 물새 소리도 시들스럽다. 내 마음엔 밀물처럼 그리움만 몰려든다. 숙자는 좋겠다!

이 다음엔 꼭 한번 와 봐야지. 아버지하고. 둘이서.

상냥스럽게 개었던 하늘이 어느 결엔지 흐리기 시작하고 잦았던 물살이 거칠어진다. 낙동강 하류라더니 선취약(船醉藥)을 안 먹은 나는 켕기기 시작해서 선실로 들어 두 알, 물 달래기도 싫어 침을 괴어 삼켰다. 부끄럼도 잊고 그만 누웠다. 파도치는 소리가 꿈속에서처럼 들린다.

1952(4285). 5. 9. ③

거칠던 물살이 잦고 바다는 사뭇 더 넓은 듯하다.

하늘은 나즉히 휘어 나린 것 같고. 통영을 그냥 스쳐 노량으로 향한다. 몸은 가늘어도 단단하여 빡빡한 김밥을 물도 없이 꼬약 꼬약 먹는 학생도 있고 허위는 커도 녹초가 되어 늘어진 학생도 있다. 나는 배가 가는 동안에는 사과 한 쪽 못 먹었다. 속이 울렁울렁하고 아니꼬아서 뭐라도 먹었단 어쩌나 하고 입을 다물고 있었다. 남 먹는 걸 봐도 구미도 단침도 돌지 않았다.

삿치기 삿치기 삽뽑뽀! 스무고개, one, two three, one two four! 바다로 가자! 바다로 가자!

흥겨운 학생들이 사뭇 귀여워진다. 정말 어린애 같다.

날이 흐리니 노랫소리도 멎고 선실로 기어든다.

의자를 놓고 앉았으려니 두어 선생이 와서 얘기를 한다. 지나간 못박힌 슬픈 이야기다. 사람이 사람을 심판함으로써 지음했고 그로써 짙은 모든 허물들이다.

우리는 이 겨레는 어느 날까지 이리고 싸우고 서로 죽인 뒤 살이 풀릴 것인지. 가슴 한 구석에 흥건히 무거운 피가 고이는 것 같았다. 무력한 나는 그저 바랄 데도 없는 채 구하소서 기도하였다.

거제도를 지났다. 한덩이 작은 섬인줄 알았더니 퍽 큰 대섬이었다. 섬기슭에 고목을 의지하여 추녀를 이은 나직한 초가집이 엎드리고 있다. 공께서 소금 고으시고 질오지 구우시던 데도 다 이 어름이니라고 설명하신다. 단 하나의 친구인 K양이 살던 곳이라니 그립기도 하고 수많은 피난민! 포로들을 생각하니 내 마음은 다시 먹구름으로 덮히었다. 그들을 그릴 그 수보다 더 많은 사랑하는 이들을 생각할 때 내 마음은 쬐이는 것 같고 할퀴는 것 같았다.

언제 이 누리도 좀 어질어 볼까? 나는 슬펐다. 저쪽에선 그리 잡아다 이리 가두고 이쪽에선 이리 잡아다 저리 가두니라. 모두 잡힌 자는 불의요, 잡는 자는 의니라고.

손가락에 침 발라 뚫은 저 미닫이 구멍에서 본 고의를 버리고 망한 우리의 길을 보라. 탓느니라. 너와 나는. 이리고 한쪽 배에. 두둥실 떴다. 들까불리는 이 배! 소리를 들을 수도 없단 말이냐? 왠 말이냐? 싸움이.

너와 나는 멀지 않아 없어지리라. 이 다물 줄 모르는 크나큰 입에 삼켜지리라.

기울은 이 배에서 뒤틀리는 이 배에서 겨누나니, 아, 차라리 이 지옥을 비추어주는 저 태양을 겨누어 쏘아 떨어트려라. 이 미운 세상을 검은 어둠으로 덥혀 주잤구나. 바다는 시치미 떼고 웅얼대게 하고.

1952(4285). 5. 9. ④

입을 버린 이 바닷속에 그만 풍덩 뛰어들 기력조차 없는 가여운 나를 위하여 나는 홀로 조상을 하였다.

기어코 구름은 비를 내리고 우린 지향해 온 노량에 내렸다. 비가 제법 촉촉이 내렸다. 한적하고 자그마한 마을이었다. 남해의 절이 좋다는 걸 예정 관계에다 도의원선거 통에 버스가 징발되어 우리 몫은 없었다. 남성여관에다 짐만 뿌리고 배에서 지친 몸도 풀지 않은 채 우리는 충렬사로 향했다.

비는 내리고 저 이름 있는 노량 싸움이 이 어름에선가 아니 해이한 내 마음도 다시 꼭 매이는 듯 옷깃을 여미게 되었다. 노량 바다는 꿈노래에 취한 듯 순하였다. 푸른 회나무 서있는 곳에 사당채가 보이고, 쪼은 지도 얼마 안된 돌 비(碑)가 하나 거북등을 디디 밟고 서 계시다. 저 바다를 제하시던 공의 모습을 담은 듯도 싶었다. 공을 그리워하는, 높이는 마음들이 어여쁘기도 하이. 글로만 보던 비, 이리고 눈 앞에 뵈오니 마음이 퍽 언짢았다. 뫼시고 아버지가 사진 박으시더니, 내 이제 예 홀로 왔습네. 걷잡을 수 없는 그리움이 파도처럼 몸부림친다.

마음을 달래 그저 좋은 척하고 바다를 바라보았다.

향 피우고 가신 님의 신주 앞에 절하고 님의 가르치심 마음에 사기며 구부정 휘어진 길, 그리운 길을 내려왔다. 아버지가 밟으셨을 이 이름없는 골목. 아버지 눈에 느꺼웠을 저 곁없는 바다. 그의 눈에 스치었을 나뭇잎 하나하나가 불현듯 그리워지는 저녁 어스름.

발을 돌려 관음포로 향했다. 이곳이 곧 공께서 전사하신 바다라. 물을 말없이 퍼지는 바다야 그저 푸르러 넓을 뿐이나, 그 한 분 위에 온 나라에 맡겨졌던 저 지음을 생각하니 무딘 내 마음도 슴벅하였다. 예 와보니 거년(去年)에 새로 사긴 돌 비가 하나 있었다. 이곳을 이락이라고 불러왔다 한다. 그러나 그 음에도 글자를 제멋대로 갖다 대어 공께서 지신 곳이라 이락이라 한다함은 차마 죄송한 일이고 무엄한 짓이라. 그는 저리 지키고 그만 혼과 몸이 한가지로 이 나라 이 겨레에게만 있었거늘 후인은 부끄럽다 참으로. 그 원수에게 다시 짓밟히고 먹히어 근 사십년을 숨이 잘렸건만 이곳을 이락(李落)이라니 무식도 무식이려니와 나랏넋이 한탄스럽다. 어째 그들에게 짓밟히지 않으랴. 내 거룩한 어른 높일 줄 모르는, 이 무엄한 죄 많은 겨레이니.

나는 「이락」의 뜻을 진정 알고 싶다.

곳곳마다 비요 비각이요 제당이니 공을 그리는 정(情)과 성(誠)이 어여쁘다. 허나 그 비와 비각 너머 서리었을 국혼이 각인에게 임(臨)하여서 정말 기뻐 이곳에 다시 향 피우고 절할 날 있기 간절히 빈다.

노량 관음포에서 돌아와 여관에서 잤다. 주인 이름이 재미있지, 김소몽치(金小夢致)라! 아마 쇠뭉치처럼 단단하라고 덕담으로 지은 이름일게다.

잠이 안 왔다. 비가 오시고. 어머니가 나 때문에 또 바람잦기 비시는 모습을 뵙는 듯하였다.

1952(4285). 5. 10.
내가 이름도 모르는 나무, 우거져 있다.
푸른 잎은 비에 씻겨 높을 만치 아름답다.
선경인지 학도 나른다. 학의 울음이 비 갠 뜰에 그득할 뿐. 비가 있는 곳.

1952(4285). 9. 29. 아침.

나와 문학(文學)

나란 얼마나 데퉁맞고 나의 작품조차 사랑할 줄 모르는지. 아무에게나 찬밥덩이나 버리듯 내주고 왔다. 더구나 나를 잘 아는 사람. 나의 생각, 게다가 그것을 희롱하고 웃기나 할, 또는 더 야릇하게 천한 어떤 생각의 기관을 달아 제 혼자 달릴지도 모르는 사람에게— 아차! 내가 돌지 않았나? 그 사람들도 한 줄의 시 때문에, 한 마디의 말 때문에 일찍이 긴 밤을 울어 새던 사람이었든지. 지금의 그를 따지지 말자. 보이면 어떠냐. 그래, 나의 진실한 노력으로 그들을 아름답던 과거로 다시 키 돌려 새 길을 갈 힘을 줄 순 없을까? 아무에게나 보여주면 어떨까? 내 피와 눈물로 쓰지 않은 몇 십 장의 글장난! 참, 나는 어쩌면 이리도 부족할까? 자존, 우스꽝스런 놈 같으니. 자존! 하하하— 바닷가에 쌓아 놓은 모래성처럼 묻히려무나 우수수—. 자존 나부랭이, 그따위 안 갖는 게 내 자존이다. 아무에게나 보이자. 보이면 어떠냐. 울지도 못하게 굳어진 가슴을 울려야 하는 게 나의 시고, 바위도 절벽도 뚫고 스며야 할 것이 나의 시가 아니었던지?

나는 우선, 내 마음을, 출렁이는 것조차 알 수 있는 야릇한, 이 물살을 어찌 가라앉혀야 할지 모르겠다.

내일이 가고 모레면, 가 보이야지. 켜 앉은 얼굴로, 나는 그들을 나쁘게 생각하고 싶지 않다. 그들도 한 때는 나 같았을 것이다. 무엇이 그들을 그리 만들었는지. 허나, 그것 때문에 그리 만들어지고만 그들이 밉고 싫지만. 내가 또 언제 어찌될지. 나만은 단연—.

김 선생이라는 분이 누굴까? 삼년 전의 나의 글을 어찌 보아 줄지, 나는 나의 길이 열리면 싶다. 안 열린다면 내가 혼자, 내가 손수 열고 내가 가지.

하하하하— 나는 어쩌자고 게다가 일기를, 낙서 모두 두고 왔을까? 진지하게 읽고 쌓아 두지 말고 보아줬으면. 곧 화폐로 바꾸어 주마고. 아직 난 팔아선 안 된다. 내 딴에는 노동을 해서 입에 풀칠할지언정 글은 팔아 못 쓴다.

소위 여류라는 그들 앞에, 찻잔을 기울이며 낄낄대잖을까?

이 앤 이제야 이 고비야. 이 센티하고 못생긴 걸 아직도 쓰고 있으니 딱하지 쯧쯧! 얘가 아무개 딸이지. 우리 아무개와 한 때 좋아했지. 그런 애야. 이런 대목— 난 알 수 있지. 싫다 싫다. 내 가슴을 두어 치만 긁어 버릴까? 진저리가 난다. 입안이 모두 헤지는 것 같다. 나는 이렇게 못 생겼다. 내 나에게 모욕코자 이런 짓을 했다. 다방이 이렇게 나를 못살게 군다는 것, 그것 우습다. 난 그것을 퍽 생각하고 있다. 안 들어가려고. 지금쯤, 그래 심심풀이로 읽고 웃을 게다. 이 앤 왜 이렇게 똑같은 몇 쌍둥이를 내게 앵겼나 하고. 내가 미쳤다. 미쳤어 안 미치고도 배길 수 있다냐? 응.

나에게 있는 이 Romance를 나는 어서 벗어야겠다. 훌훌! 내가 다 끄슬러 타 죽기 전에. 그러기 위해서 난 일인칭의 편지 혹 소설과 일기를 써야겠다. 모두 깡그리 쏟아 버리도록—.

1952(4285). 10. 3.

나는 왜 군이 문학을 하겠다는 걸까? 비로드 치마를 한사코 입잔다면 얼마나 비웃을 난데? 난 왜 꼭 쓰고 싶을까? 단 한 줄의 시도 없으면서. 미쳤나? 정말? 영도로 일기를 가지고 간 것, 받으러 간 것, 얼마나 뻔뻔스럽고 반죽 좋은 강화년이야 나는. S와의 관계를 그들이 모르는 것처럼. 스물넷! 반이나 거의 산 나. 하나도 없는 나. 나도 없는 나. 줏대가 될 아무런 인생관도 없이 데생 하나 변변히 못하면서 그래도 문학을 하겠다니, 아서라 그렇게 앙바둥이질 말라. 미학 상으로도 젬병이니. 나는 정숙이와 정호의 글을 보았다. 얼마나 아름답고 괴로움을 겪은 글인지 고개가 수그려지고 내가 겁난다. 하도 비어서. 빈 것을 모를 만큼 빈 것으로 찬 나. 하느님! 부디 나의 문학이 비로소 치마처럼 걸치는 게 아니고 내 속에 이글거리는 불이기를. 난 미쳤나 보다. 이게 허영 아닌가? 이러고 한사코 안간힘을 써가며 문학을 하겠다는 것은? 무섭다. 그러나 울려 보고 싶다. 두드려 보고 싶다. 불러 보고 싶다. S가 열심히 공부하여서 참 예술가가 되지 않는다면— 난 새삼스레 슬프다. 그를 도와주소서. 속공부하고 꾸준히 쓰도록. 편지를 쓸까 했다. 몇 줄 머릿속에서 쓰다 말았다.

1952(4285). 10. 6.
벌써 저버린 일이 있다. 엷은 생각같이 부는 바람에 어느새 져서 구르는 낙엽이 있다. 눈이 부시게 아름답고 가을이 창 밖에 고여 있다. 초침 소리가 내 안에 울린다. 똑딱똑딱, 홍모에게서 편지가 왔다. 졸립다. 일직하는 낮은 길 기도하다.

별을 흔드는 듯 맑은 벌레가 내 마음에 운다. 어제 김 선생님 댁에 갔었다. 내 일기에 대한 평이, 비현대적, 무내용, 불균제 그리곤 잘 쓰고 효녀라고—.

어쩌자고 이런 미친 짓을 했을까? 나를 얼마나 뻔뻔한 년이라고 보았을까? 국물도 없는 게 어디라고 가지고 와서 바로 문학을 함세, 이런 오장이 뒤집힐—. 이게 그래 뭐야 개떡 같으니.

여러 가지 조소와 비꼬임으로 나는 흠씬 나를 모욕하고 싶다. 끼얹힌 모욕은 과하여 속속들이 배었다. 세상에 너무 효녀라, 그런 건 없을 것이다. 일기에는 내가 곧잘 나를 미화했나 보다. 무안하다. 정숙이 정호에게 너무나 미안하다. 그 애들은 참 잘 쓴다. 곧 나보다 하고 저울질하는—게다가 내 척수로—불쌍한 비굴한 내가 밉상이다.

어떻게 하면 이 단 하나의 진실이 또 하나의 허위로 끝나지 않을 것이냐?

1952(4285). 10. 10.

내가 왜 이렇게 들뜬 것 같고 얼빠지고 그리고 이렇게 우울할까? 원고지를 샀다. 천장이나. 난 날 처음이다. 이런 한 뭉텅이의 종이를 산 것은. 돈이 아깝다. 아니 미안하다. 집에—부질없는 낙서(樂書)를 이렇게 어려운 돈을 들여 사는 것—미안하다. 내가 번 돈에서 처음으로 내가 쓰는 십만 환. 과연 이것이 허영이 아닌지! 아! 나의 허영은 아니겠지. 하느님! 내 양심! 나!

허영이 아님만 아니라 유일의 진(眞)이기를 미(美)이기를.

1952(4285). 11. 3.
되면! 가서 만나게.

어제는 달도 좋았다. 구월 보름이었다. 그저께가 평완이 생일이고. 꿈에 내 글을 보여주고 칭찬받고 하였다. 그리고 "아버지" 세 글자를 손에 쓰면서 제일 좋더라고. 오련한 그리움처럼 푸른 하늘을 흐르던 낮달이 내 마음에 떠오른다. S!

1952. 11. 22(음력).

눈 펄펄 나는 어스름
늙으신 어머님은
기다리시리
길섶을 서성대며

중얼거리시며
오려마 돌아오려마!
이 어미 품으로!

어머님 그립습니다.
뵙고픕니다.
이 아들 내일이면
돌아가리다. 그리운
어머님 내 어머님 품으로!

함박눈이 펄! 펄! 날린다.
땅검은 다가오고 내 생일도 저문다.
나는 기쁘게 기쁘게 이 세상에
처음 태어났을 텐데 스물네 해 전
이날!

1952(4285). 12. 3.

지금 나는 여기 있다. 논산집, 초배만 한 방. 뜰에는 달무리 진 새벽 하늘이 써늘하고 이슬 머금은 황국이 함초롬이 젖어 향긋하다. 어쩌면 이렇게 외로이 아무도 없는 곳에 오고 말았는지! 아버지와 떨어져 이 낯선 곳까지 밀려오고만, 물거품 같은 우리 식구. 그럼 이제, 걷자. 눈물도 섭섭도. 곧 달이 돋겠지. 두둥근 달이 고루 비치겠지. 그 순한 빛을. 그때가 다가오는 거다. 새벽이니, 한자욱 더 바특이.

믿는 마음에 축복을 내리소서.

아직 취직이 되지 않았다. 동래(東萊)에는 인사도 못 하고 와 버려서 정말 미안하다. 하루하루 지내는 것이 참 미안하다. 이러고 뻔뻔히 노는 것이…… 어서 열흘이 있는 거냐? 무슨 세월을 보겠다고.

너무도 악착스럽고 몹쓸 숙명의 별을 원망 않을 수 없다. 내가 그렇게 죽었다면 그래도 좋다. 하지만 어쩌자고 하느님도 내 동생(홍모)을 그애를—

그럴 순 없다. 그럴 순 없다.

꿈자리가 밤마다 뒤숭숭하다. 그 애가 오죽 사경을 헤멜고. 오…… 하느님…… 우리 아버지를, 동생을 살려 주십시오…… 수 때문에라면 이 나를 잡아가 주십시오…….

지금, 이 순간을 너의 마지막으로 알고 단 십분이라도 살다가 가려무나. 양완아!

이 순간, 그렇다. 바로 지금 내가 죽을 지도 모른다. 내게는 아무런 차림도 마련되지 않았다. 질퍽질퍽한 밤길처럼 내게 죽음은—.

홍모가 곧 돌아왔으면! 살아왔으면!

"어머니도 그래 내가 죽을 것 같아요? 아이, 참" 하고 빙그레 웃겠지. 그 그지없이 순한 낯으로.

김장을 했다. 목구녕이 포도청이라더니. 너무도 비참하고 악착스러운 생이다. 죽음을 곁에 두고 서로 얼싸안고 입 맞추고 혼례도 지낼 게 아닌지. 이리도 이 인면수(人面獸)들은? 소름끼친다. 아이구…….

미칠 것 같다. 마구 미쳐 나갈 것 같다. 천사만념(千思萬念)에 내 마음은 갈갈이 찢기는 듯하다.

1952(4285). 12. 6.

눈

님이여 오사이다

바람피리 가락삼아
새하이얀 수란드리고
님이여 오사이다.

1952(4285). 12. 8.

오늘 낮엔 이 집도 또 떠난다. 부디 무사하기를—.

홍모가 어서 죽을 고비를 넘기고 있을까 흩날리는 흰 눈 속에 매서운 바람결에, 그래도 이 누이년은 김장도 푸짐히 해 넣고 속대쌈만 싸 처먹고 고기까지 사다간 꼬약꼬약 귀 먹었으니…… 홍모는 어찌 있는지도 모르면서 몹쓸 년…… 누이가 다 뭐냐 그럴 우애가…… 더럽고 악착스런 목숨이다. 짐승처럼 먹고 자고 날을 달을 허술히 보내고 만다.

연일 아버지 꿈을 꾸었다. 여위고 파리하실 아버님의 모습이 떠오른다. 별이 둘로 셋으로 얼뵈인다.

첫닭도 홰치기 전, 모든 혼과 영이 어울려 안겨 한창 달겠다 꿈도 잠도. 오, 이 새벽을 기리기만 할 수 있던 그리운 옛날이여 어린 날이여…….

수많은 편지를 쓴다. 보내기 싫다. 그저 아무렇게나 읽기 민주댈까봐, 아름다운 나의 슬픔을 마주 다뤄 버릴까봐 아깝고…… 남에게 내 정을 편다는 게 싫다. 도모지, 알뜰히 누가 느껴줄라고, 누가……….

무엇하러 노트를 없애가며 편지를 애써 써야 하나? 들쳐보고 무안했다. 무엇 때문에 남에게, 꾸며가며, 싫은 것을 편지해야 되나. S의 딸이 지훤이라 한다. 이름도 곱다. 이쁘겠다. 닮았다니…… 이달 그믐께나 새해 정초에 결혼하겠다고…… 아조 멀어져 이름도 떠오르기 드물어진 벗······.

너는 무엇을 적어 보겠다는 것이냐? 대체, 이 "떨림"을 어떻게 그래 적어 보겠단 말이냐? 울렁거리는 마음, 떨리는 마음, 왜 나는 초비상경계의 촉각을 솟구쳐 이러고 서 있을까, 아니 안절부절 못할까? 왜 이렇게 두려울까? 왜, 나를 데려간 그이가 두려움의 "마스크"를 쓴 그이가 드디어 나에게, 이 나에게 다가옴인가? 아무것도 아무것도 거두지 못한 상기 심지도 않은 나를— 그렇듯 시틋한 이승이 언만도······ 난 왜 이리 떨고 있는고. 이 무슨 피나는 풍자이뇨? 이내 그만 죽어버린다면! 아찔하다. 가엾은 나. 너무도 가엾은 나······.

살며시 덧문을 여는 기척에도 그만 오장이 울리고 쏟아지는 것 같다. 놀란 가슴, 말재주 부린다던 동무의 말이 얼마나 허사로우냐, 내겐 한 개의 단어도 없다. 이 가슴을 표현할!

홍모가 산화했다는 신문을 본 것이 스무하룻날(1952. 11. 21)이었다. 찬밥을 막 달게 먹고 술을 놓던 순간이었다. 아이구 하느님!

나는 왜 이렇게 생생히 혼자 살아남아 무상한 우정이다. 하하.

어제 난 미쳐나갔었다. 모두 나 보고 정신병자 광인이라고 야단들이었다. 초연히 나는, 천재나 이러느니라고 모두를 비웃으며 중얼대며 거리를 헤매고 있었다. 꿈이었다. 꿈. 내가 생시와 꿈을 분간할 수 있을까? 모르겠다. 난, 이게 꿈인지 생시인지.

아름다운 J.H가 귀여웁다. 나보단 어른이 아닌지? 단 한모로는? 우습다 모두가. 이러고 내가 있음 여기······ 하염없어라.

보고 싶은 벗도 없다. 떠오르는 이름도 없다. 벗이란 것도 다, 내 방정에 멀어지고 없어지는 것······ 그만두자 애초에 도무지 벗이니 마니를—

이십오! 이러고 난 여기, 어쩌자고······ 이러고, 이십오······ 녀자도 아니고 남자도 아니고······ 공부도 않고 아무것도 못쓰고······ 이러고 난…… 하하하. 넌 달아나며 비웃는. 저 너의 기다리던 내일의 시체, 오늘을, 어제를 못 본단 말이냐. 그래도 눈귀를 싸매고 또 내일에 턱을 치받친단 말이냐 반죽 좋은…… 아! 내일광아…….

1952(4285). 12. 10.

내가 왜 미쳐나갔을까? 꿈이지만도…… 내가 미치고 말 것인가? 언젠가는? 머잖아서? 죽으려는 건가? 내가? 난 이러고 허술히 영글 줄 모를 키만 커도 될까? 무엇을 정말이지 죽을 수 있는 무엇을 가지고 있어야 할 텐데…… 하…… 단 관두고 배짱이라도……죽을 수 있는, 이러고 능청히, 늑장을 부리는 나에게 성화같이 재촉할 사자가 오면? 내 불려갈 사자를 위해 짚신과 밥덩이 물을 떠 놓고 검은 글씨 쓴 조등을 밝힐 자는 누구일까? 그리운 이도 이젠 없다. 정말 보고픈 이도 이젠 정말…… 혈연 이외엔…… 내 아버지, 홍모 그 둘 이외엔! 나는 돌아온 듯하다. 어쩌면—허나 난 그릇된 듯하다. 아, 얼마나 내가 「다슴」에서 뭐—냐? 인간, 생물, 모든 것…… 멀다. 멀다…… 「다슴」 금방 샐쭉해지는, 노여워지는 그런 사랑…… 하하…… 헛되다.

눈이 치닷분은 실히 왔다. 함박눈도 아니었지만 싸락눈도 아니었다. 새하얘진 온 누리. 앙상한 가지가 소복이 흰 눈을 입고 금시라도 고운 가락이 울려 나올 듯 눈이 부시게 희다. 하늘은 늙은이의 얼굴 같다. 웃는 것도 아닌, 우는 것도 아닌…….

이렇게 몸을 쓰지 않고 먹고 자고 먹고 자고 나는 이렇게 나날이 아니 각각으로 늙어가는 것이다. 이새따라 갈라서 땋아 느린 검은 머리가 내 얼굴에 어울리지 않는 것 같다. 올려 부치기 싫어서 어머니와 아귀다툼처럼 억지까지 쓰고 따졌더니…… 이제…… 내 눈에 안 어울리는 어린 티나는 내 머리. 나는 이렇게 늙어가는 거다.

1952(4285). 12. 22. 동지.

혼인날 색시의 눈빛과도 같이 맑고 깨끗한 빛. 자고 깨니 온통 눈천지다. 어쩌면 저렇게 새하얀 웃음을 누가 간밤에 웃고 갔을까? 눈이 부시게 흰 누리. 햇빛이 애인의 웃음처럼 퍼져 흐른다. 땅은 돌려웃음 짓는 행복한 색시같이 웃는다. 어젯밤엔 그렇듯 우리를 어르는 듯 무섭던 바람이 누그러지고, 어쩌면 저리도 해사스레 웃는지. 빛, 눈부신 빛, 빛 새하얀 빛의 홍수! 참새 하나 까치 하나 없어도, 추녀에(지는 고드름 녹는 소리) 낙수 물소리. 아무도 즐기는 이 없는 빈 하오의 향연을, 나는 주인인 듯 손도 없이 잔을 들고 이 아름다운 자연을 즐긴다.

노트에 먼지가 뽀얗도록 붓과 함께 멀리하던 나. 어쩔고. 이제, 난. 이리다. 무어나 하나 써 볼까?

기침이 하도 나서 들썩 쓰고 누웠다가 고개를 들었다. 마주 뵈는 거울에 내 얼굴이 들었다. 찡그려진다. 어쩌면 저렇게 흉할까? 그 미운 코가 더 부어터진 것 같다. 우둥퉁 살만 찐 내 얼굴. 주문이 있었으면! 내가 날 아니 볼 수 있는, 남이 날 아니 볼 수 있는 그런.

      ......

왜 꼭 먹어야만 살게 마련일까? 왜 꼭 태어나고 말았을까? 왜 꼭 살아야만 마련일까? 다같은 찌꾸산이 없는 물음이다. 그건 내겐. 하지만, 어쩌자고 불쾌한, 아니꼬운 그런 걸 먹고도 병 들지 않고 사람이 살이 찔까 말이다. 난 이렇게 놀고 모름지기 먹어선 안될 인간이 먹고 있다. 일 안 하고. 엊그제는 성 씨가 왔었다. 서무과장이라는 이가 돈 십만 환을 마루 끝에 놓고 가더란다. 성 씨가 주는 거라고…… 같이 와서 왜 몸소 주면 어때서 남을 시켜 주고 갔을까? 같이 서서? 왜? 그야말로 거릿부정에 침 뱉듯이, 시! 그러면서 하는 말이 진 씨가 지나실 테니 시간 없으시고 할 테니까 길에 나와 기다리라구. 우리 어머닐 뭘로 아는가? 권세가 지금 없고 의지를 지금 잃었기로, 그래 거리로 나서 낯 모르는 그이를 그저 지금 당장 세도가 없다는 걸로 기다리라는 그런 거꾸로 된 예절. 놀라웁다.

그러다 늦게야 진 씨가 지냈다 한다. 어머니는 물론 나갈 리 없다. 저녁에 오빠가 돈 십만 환을 들고 들어왔다. 진 씨가 주고 갔느니라고.

강아지같이 장바닥을 쏘다니는 강아지와도 같이 이 사람 저 사람이 질겨 뱉는 고기 힘줄 같은 것을 그나마 허겁지겁 받아먹고 살다니…….

우애라는 걸 생각해 본다.

난 지금 이집에서 가시 같은 존재 같다. 왜 그런지. 식구들이 한결같이 날 사랑해 주고 아껴주건만도. 난 한 푼도 벌지 못 하고. 그리고 끼니마다 사발밥을 퍼 먹는 나. 밥을 안 먹을 수 있다면! 그러고도 먹고 싶지 않다면! 오빠는 볼이 헬쑥하다. 삐쩍 마르기만 한 오빠 목을 얽매 놓고 죽자고 악착 것 매달리는 겨우살이 밤느저리 같다. 나는 몹쓸. 형제간이 어른 되면 멀어지는 게 이리도 서운한데 부모의 원근법이 어떠할까? 사람이란 도시, 모두 쓸쓸만 하게 마련일까? 왜 사람은 독점하고 싶을까? 그래야만 속이 뿌듯하고 시원하고, 얼굴에 웃음이 돌고 느긋할까? 얼마나 천하냐. 우리들은, 이 중생은. 섭섭한 생각이 내게 없었으면…… 홍모가 죽었을까! 십일월 이십오일 경에 유 선생님께 편지 오고 허 선생님께도 음 십월에 편지했다던데……. 꿈같이 살아오렴. 홍모야 웃고 돌아오라. 홍모야.

……

어떤 상처 입은 사람의 안과도 같이 길이 질펀인다. 눈에서 자꾸 그저 눈물이 나온다. 아무고 간에 볼 수가 없이 어인 액운이냐. 이 모든 것이 다, 아 어쩌잔 액운이냐. 내가 이리 팔짱만 끼고 그놈의 액운 앞에 쥐죽은 듯함이야말로 지금의 나를 무엇에 비할까? 문득 성냥개비 생각이 난다. 커다가 황만 반짝 불붙다 꼭지만 약간 그슬린, 새 성냥. 그러다 황은 타서 다신 못 그을—. 그 불론 누리를 볼 수 없었다. 나를 볼 수 없었다. 이렇게 나는 젊은데, 나는 아무짝에도 소용이 없다. 고기 밥으로도 연하든 못할 것 같다. 늘 속이 상했는 걸, 고기가 즐길까…….

그렇잖다. 성냥은 황이 닳았다만도 너는 성냥이 아니다. 다른 성냥을 켤 수 있다. 다시—

벼루를 사고 붓, 먹을 갖추니 글씨 쓰고 싶다. 하지만 돈이 없다. 난 못 버는 걸, 뭐.

난 뭐가 되는 걸까? 글이냐 글씨냐? 죽도 밥도 아니냐? 그저 공부꾼이냐?

어머니한테 나는 너무 불손하다. 몹쓸 딸이다. 그저 늘 네 네. 하고 살 수 없을까? 왜 성미를 부릴까? 발끈할까? 어머니가 얼마나 섧고 마음이 걷잡을 수 없으실 텐데 얼마나 하염없고 슬픈 삶이냐. 제 난 자식조차 그 어버이를 위하지 않고 절대 복종 아니 하니! 하염없고 서글픈 삶이여.

담배장사를 곧 시작하게 될 듯하다. 나이 많은 처녀라고 누가 수군대지 않을까. 남 뵈기 싫어서 남이 보는 게 싫어서, 그렇다고 머리를 올리고 과부나 남편 없는 여자처럼 그러긴 더 싫고. 왜 여자 됐을까? 남자는 총각이라도 그럴 것 같지 않은데, 남자도 자기 자신은 그런 거 싫은지 몰라도— 도대체 왜 난 이런 것까지 생각하고 있을까? 구지레하게스리. 한 가정을 이룬다는 게. 한 집안을 깨뜨리는 것 같으니. 아무래도 애정의 동무이니까, 그리고 또 덧붙이기, 떼거리를 만들고, 또 여의고, 멀어질 모두가 슬픔의 조짐 아닌 게 없다. 홀홀이 그저 사는 게 얼마나 좋으냐. 게다 대면, 양모가 올라나?

1952(4285). 12. 23. 새벽.

털 뽑힌 참새와도 같이 떨리는 가슴을 조여 가며 기다린다. 기적이 일기를. 오, 쇠북 소리여 그 무엇을 아뢰는고. 홍모가 살아오게 하옵소서. 그 어진, 그 착한 내 동생, 이 몸의 죄 하 많사와도 오, 부디 살아오게 하옵소서.

1953(4286). 1. 2.

미국 공사로부터 편지가 왔다 한다. 우리 형제 중의 한 사람을 유학 보내라고…… 홍모가 있으면! 그 애가 갈 것을— 큰오빠, 둘째 오빠 가기 어렵다. 가족 때문에…… 그 어린 몸들을 한 식구들 때문에 매인 게 걸린다. 양모가 가야지 한다. 나도 가고 싶다. 오랜만에 …… 싶어졌다.

영어도 배우고 한문도 배우고 불어도 배우고…… 그러고 싶다. 아버지가 강연하시면 내가 통역까지 하게— 나는 나의 사명—얼마나 어려운 그러나 빛나는 사명이냐만도—을 느낀다. 깨닫는다. 나로서의 내 창작 말고 난 한문, 영어, 불어를 해서 아버지의 글을 넓혀야 한다. 잿속에 묻힌 보패, 얼마나 많은 영혼이 아버지의 글로 위안 받고 구함 받고 또한 생기를 얻고 손잡을 것이냐. 미국 가고 싶다. 지지배가 뭘—. 미안하다. 내가 간다면. 허나 아버지만 집에 계시다면 우선권은 내게 있다…… 하긴 또 가면 뭘…….

편하고 나은 것은 아무에게 돌려야 할 것이다. 우린 이렇게 갈 궁리를 하건만 평완이는 가만히 모두 단념하고 돌아앉았다. 그의 눈앞에 흐릿할 세계가 불면걸륜 눈물이 날 듯 불쌍하다. 나에게 평생 지지 않으려는 그 다리를 잘 못 쓰는 그 괴로움—

난 너무 호강하고 싶어 한다. 그저 꾹 참고 기다리지 모든 것을— 상판집이 지어졌다. 내일부터라도 난 담배나 팔지. 좋은 생각이 꿈에라도 떠오르걸랑 쓰지. 언니도 포천 갔다. 애기 데리고. 삐쩍 마르고 인조 홑치마에 두루마기 하나 없는 어머니를 생각한다. 어머니! 너무도 고생하시고 걱정만 많은 우리 어머니. 난 왜 벌지도 못할까? 어머니가 저렇게 뼈만 남았는데, 어머니…… 아버지— 어떻게 하면 평완이는 다리가 완치될까? 나는 어떻게 하면 골을 안 내고 어머니한테 퉁명을 안 부릴까, 그 슬픈 우리 어머니. 약하고 착하고 아픈 어머니한테—.

어머니의 마음을 조금도 상함이 없이 나는 어떻게 하면 공부할 수 있을까? 양주동 선생한테 부적 가고 싶은 생각이 간절하다. 가서 아주 뫼시고 공부하고 싶다. 사실 그분이 허용만 해 준다면 난 미국 가는 것보다 몇 곱 공부될 것이다. 장난으로 제비를 뽑았다. 첫 번에 문필가. 그리곤 거지. 깡통. 시집…… 내가 정말 시집가게 된다면 어떻게 할까? 원통하고 억울해서 분해서, 난 정 싫다. 누구의 종이 된다는 건. 난 날 위해서 나대로 내 길을 걸어야 할 것이다. 양주동 선생의 고가연구(古歌研究)를 대강 읽고 있다. 그러나 한문을 몰라서 얼추 밖엔 모르겠고, 까다로운 곳은 잘 몰라 어름어름 넘긴다. 답답하다. 생각해 내는 머리, 또 사전과 같이 분화된—합이 아닌— 머리. 경향. 하나의 종합이 아님이 벌써 예술가는 아니다. 학자다. 나도 그러한 나의 경향을 느낀다. 반가운 건 아니다. 그렇기만 하다면, 그러나 공부를 흐뭇이 하고 생각하고 쓰고 난 백 살쯤 살고 싶다. 만일 그렇게 공부하고 쓸 생각만 하면—.

1953(4286). 1. 3.

꿈결같이 해는 바뀌었건만 그리는 우리 아버지, 홍모 언제 만날지
─

양모가 돌아오고 유 선생님의 글, 숙표의 편지 느꺼웠다.

내 마음은 노여운 듯 화가 치밀 듯 심상치 않다. 공연히 신물이
난다.

소대상이라고 빈정대도 두 수 없이 꿀 먹은 벙어리 노릇을 할 수
밖에 없던 내가 이렇게 반반히 밤을 밝히다니…… 불을 켜고 셔츠
로 가려 은은하게 하고 글을 쓴다. 콜록콜록 잔기침을 하시던 어머
님도 좀 잠이 드신 모양이다. 벌써 멀리 닭이 한 번 울었다. 「나 같은
할머니가 집안에는 있어야 한다고, 애들 기르는 데도 그렇고, 살
림에도 그렇고 도움이 된다고 퍽 부러운 듯이 얘기하더라. 다들 싫
어하고 민주대는 시어미를 부러워하는 이도 있으니. 딴 사람이지. 별
사람을 다 봤어. 온 시어미 맛을 못 봐 멋모르고 그러는 겐지, 남의
시어미라 그저 보고 부러웠던지 겪지 못 해 그런지─」 얼마나 쓸쓸
한 가슴 아픈 이야기냐. 나는 귀에 말뚝이나 박은 듯 이불을 덮어쓰
고 함구하고 있었다. 왜 어머닌 벌써 「할머니」라고 불리고 또한 자인
할까. 아무런 대꾸도 없이 다소곳이. 왜 어머닌 주재하는 걸 그만둔
양 그냥 돕기나 하신단 말인가. 난 싫다. 어머니가 돕는다는 게 정말
싫다. 우리가 돕고 어머니가 주가 돼야지. 왜 모두 딸은 여의게 마련
이고 제각각 어머니를 그리는 남의 딸을 생으로 데려다가 정을 짜내
고 그럴까? 우리 어머니같이 시어머니에게 정이 들고 일컫기만 하면
질금 질금 목 메이는 것이 정말 며느리가 아닐까? 그렇지 않다면 정
말 나쁜 마련 같다. 그런데 어머니 외의 다른 사람에게선 시어머니
에 대한 정이 그렇게 진정된 이를 보기 드물다. 어머니가 정말로 착

하고 진정인 때문일 것이다. 아마. 가정이라는 것에 염증을 느낀다. 모두가 남의 살 떼어다 붙인 것 같고 조금만 하면 곪고 터지고 모두 아름답지 못한 습관 같다. 어떻게 하면 세상은 좀 덜 번거럽고 덜 고 달프고 덜 섧을까?

담뱃가게를 시작했다. 호주머니께만 흠척거린 행인을 보아도 우리 담배 사려나 싶어진다. 난 벌써 세상에 제일 싫어하고 미워하던 「장사」가 내 속에 웅숭그리고 앉았음에 흠칫했다. 이렇게 천한가……그만.

홍모만한 군인이 지났다. 빤히 쳐다봤다. 부끄럽도 않았다. 혹시 그 앤가 어스름 속에 돌아오는—

기적이여, 미쁘소서,

1953. 1. 19. 어스름에 가게에서.
하늘을 보고 싶다. 고개를 들기가 귀찮다.
마치 눈 녹은 물이 땅에 흥건하다. 얼룩진 땅의 갓에
하늘이 얼븬다. 구름도 흐르고.

귀여운 아해, 찹쌀떡 파는 아해, 허기진 할멈에게 두어 쪽 팔며
그 웃는 얼굴. 귀엽다. 측은타.

머언 내일로 기다리어 오던 그날, 오늘이다.
허술히 땅검은 어김없이 내릴 차림을 차리는데
그리운 이 아버지는, 오시려나 언제—.
섣달 초엿새! 초엿새. 머언 듯 너무도
아득한 듯 그러나 참아온 기다려온 날, 오늘
오늘이 되고 말았다. 오실까? 아버지가.

그치, 아직 저녁…… 밤이 있거니…….

얼마나 반가울 것이냐—비록 협수룩한 모습에…… 아버지—.

이야기를 오랜만에 했다. 입맛이 텁텁

마음이 사뭇 쓰리다. 왜 사나…….

1953(4286). 2. 22. 낮.
계사 정월 초팔일(癸巳 丁月 初八日)

벌써 해가 바뀌고도 여덟 해나 된다. 기다림에서 음력을 세어 온 우리. 그마저 아무 소리 없이 다 갔다. 얼로 갔을까? 내 마음은 정말 골 덩어리, 화 덩어리…… 밉다. 금방 분하고 싸우고 싶고, 사회에서 물든 새 버릇으로 남을 대하고, 남과 입다툼까지 했다. 떨리는 소리로. 고은한 초저녁 가게에서 담배 사러 온 관청 사환 하고. 난 무언을 지키지 못한 나의 값싼 자존에 화가 치민다. 분하다. 얼마나 우스운 불쌍한 내 심상이냐.

그래도 베르그송을 읽는다고…… 좋아한다고.

어머니가 섣달 그믐날 토혈하시고 처음으로 며칠 누워 계시다. 난 여전히 공순치 못한 딸이다. 슬프다.

난 철학하는 게 나을까? 창작보다? 쓰는 것보다 행하는 게 나은 사람인가? 한 줄의 시도 못 가진 시인이 있다니…… 한 줄도 못 쓰는 시인이 있다니…….

편지 쓰고 싶다. 다 뱉아 버리려고. 그러나 십환이 없다.

분한 건 웰까? 대들 순 없고 참자니 덕이 없는 때문일 것이다. 용서하기엔 너무 좁고 싸우기엔 거쿨지들 못 하고 남는 건 짜증, 가슴의 떨림, 괘씸함. 없어졌으면 한다. 구름이 서듯, 바람이 가듯, 그렇게 스을쩍 소리도 없이 가뭇도 없이.

가엾은 것아, 스물여섯이 된 가엾은 것아. 난 어쩌면 노여워 않겠니…….

걸핏만 하면, 아니 아주 살짝 닿기가 무섭게 금시 꺼지는 비누 거품과도 같은 내 마음. 흐리멍텅한 검은 땟물 속에 불어터진 썩은 생선 같은 내 기분.

1953(4286). 11. 22.(음력)

정말 역겨웁다. 살뜰히도 심술이 난다. 이렇게까지 해서 살아야 한다는 나의 본능은 참으로 위대도 하구나 온 종일 분하고 몸이 아프고…… 터무니도 없는 레일을 그래도 은근히 바라는 비지 덩어리 같은 짐승! 날이 갈수록 짙어지는 증오! 진저리가 난다. 이젠. 그래도 한땐 푸른 하늘을 우러를 수도 있었거늘, 어찌하여 난 이다지도 비굴한 비루먹은 사람이 되고 말았나? 그래도 가시지 못한 감정이 너무 고맙구나. 쳇! 애진작 없어야 할, 적어도 이제쯤은 가뭇도 없어야 했을 나의 감성. 느끼기 싫은 너무도 무겁고 짓누르던 나의 모든 것 나를 에워싸는 오동꽃이 언제 피었었는지도 난 몰랐다.

애기씨 꽃이 피었다. 체한 것 같은, 그것도 미루체가 된 듯한 나의 위장과 정신 상(狀).

벗어야 한다고 한다. 넘어야 한다고 한다.

처음 보는 상급생에게 난 나의 말을 실컷 지껄였다. 돌아오는 길엔 속이 퍽 후닥거렸다.

정말이지 몇 관 되는 이 몸뚱어리 밖에 내가 또 뭘 지니고 있을까? 정신적 병마와 같은 허영심 외에? 나는 창작에 대한 나의 무가치한 의욕과 내일에 대한 믿음성, 부르지 못한 헛바람…… 그 모든 데 대한 노력 없는 몸부림에 또한 나의 허영을 따지고 나무라지 않을 수 없다. 허영이 아니고자 하는 허영! 너무도 슬픈 가엾은 허영.

스물다섯 되는 내 생일(음력) 이튿날 새벽 2시 반

1953년 11월 23일(음력).

떨리는 촛불 밑에 함박눈이 멋지게 날린다. 참 상쾌(爽快)하다. 차고 바람이 눈을 모시고 오니 마음이 밝아지는 것 같다.

밖에는 함박눈이 푹푹 내리고 있다.

고요한 밤에 하느님의 축복의 손길이신가! 우리에게 희망의 내일을 약속하실 기쁨의 조짐이신가?

하느님! 부디 우리 아버지를, 동생을 무사히 귀가하게 도와주옵소서…… 그 두 분을 남달리 축복하옵소서.

누나! 하고 들릴 듯 들리는 듯 함박눈 나리는 밤엔 싸릿문 소리가 나는 듯도 하다.

홍모야! 너 어딨니? 벌써 닭이 운다.

왜 그런지 이번 내 생일은 자고 보내기가 싫었다. 왜 그런지. 하루가 가는 게 아까웠다. 설날이 되는 게 아까운 섣달 그믐보다도 더—

이렇게 내 생일날을 밝혀 보기도 처음이다. 왜 이럴까! 자꾸 마음이 키이고 함은? 내가 헤임이 생기려는가? 철이 좀 들려는가?

1954(4287). 1. 1. 낮에.

울구 싶어졌다. 허는 것 없이 먹히는 나이가 억울해서도 아닐 텐데. 벌써 이젠 나인 주워 먹어 주는 지 오래니깐 뭐. 쑥 대리는 냄새가 난다. 내 머릿속은 자옥하다 빈 상이 차.

일 년의 계획이라니, 나는 내일의 계획도 아니 내일은 고사하고 이따 일도 도모지 걷잡질 못 하겠으니…… 공연히 어지럽고 체한 듯한 기분, 심정. 결코 외로워선 살 수 없을 것 같은 취약한 밉상인 나. 어떠한 무서운 고독이 와도 참아야 하고 견디어야 할 미지의 내 마음의 황야에 바람이 인다. 휘파람도 없이 외투 깊숙이 두 손을 처박고 타박거릴 것이 어리인다. 더 내가 못돼져서 그런지 글 한줄 말 한마디가 이어지들 않는다. 이 크나큰 공허를 내가 누구에게 호소할 수 있을까.

사람은 아마 그래서들 곧잘 사는가 보다. 으뜸가게 좋은 친구가 아니라도 같이 있고 친하면 견딜만하니깐…… 좋아 내치지 않아도 비둘기처럼들 지내나 보다.

다만 자기의 정열을 쏟기 위한 그런 상대자를…… 그렇다 요는 내가 쏟는 거지 상대는 아무래도 거의 상관이 없고…… 적어도 과히 상관이 없는지 …….

심리학 실험관 같은 내 마음의 장속을 난 들여다 본다. 1이 아니면 2라도 2도 못 되면 3이라도 아니 9라도 그대로 참아지는가 보다. 컹컹 짖고 싶은 웃음이 뼛속에 퍼진다.

연지동에서 1954(4287). 3. 22.

나는 또 무엇을 해야 될까.

하늘이 젊어오는군

버들이 부드러지고.

되는대로 돼 주지

돼지겠지 밀다가도

문득 아찔해 주춤할 때가 있다.

그게 짧고 긴 내 일생일까?

그게 일순이고 영원인 내 하루일까?

우울 버리러 거리에 나갔다가 슬픔을 보태어 와l서 눕는다. 친구가 좋다. 남자고 여자고 그저 흐뭇이 얘기할 수 있는 친구는 더 좋을 게다. 난 그런 친구가 있다. 위선 경숙이도…… 또 정숙이도.

그런데 왜 난 외로워했나! 몹쓸 것이.

무엇을 쓰고 싶은 허욕.

누워서 이내 갔으면 하는 허무.
그래도 묘하게 의아의 탈을 쓴 희망 그놈!
하하하!

아버지! 아아버어지이이이…….
홍모야! 흐응모오야아아아…….

반드시 이름을 부쳐야 사람은 더 정이 두터워지고 같이 있어야 더 아릇해지는 걸까? 그저 아무 명색도 없는 노방 문인이 천년의 지기 같이 여겨지는 건 무슨 일일까. 사람의 탈을 벗을 그날까지 이 탈을 쓴 오금으로 받아야 할 벌이 또 얼마나 있을까! 가을은 하늘에 있지 않고 마음속에 벌레 깃들인 풀밭에 있나 보다.

1954(4287). 7. 12.

나는 왜 이렇게 쉽사리 골이 나는지 모른다. 참말이지 깜냥 없는 화나라. 나는 이승에서 누구에게고 화를 내고 말 아무런 건데기도 없는 것이다. 다 같은 수난자, 그 불쌍한 이 삶의 수난자! 그 어느 한 사람에게도 아무런 기쁨도 즐거움도 주는 일 없이 그들에게 가시와 같이 얼음과 같이 대한다는 것은 확실히 죄이다. 부드러워지고 싶다. 착해지고 싶다.

허나 이런 생각, 말 그런 것이 정말이지 위선 같구나. 난 독의 간판을 지고 선을 행하고 싶다. 선의 간판이란, 그 자체가 벌써 악이요 위선 같다.

뭐니 뭐니 논하고 기력이 없다. 벌써 죽었어야 할 인간이 오래도 살아 있다는 기적을 누가 알까. 옴치고 뛸 틈사구니 하나 보이지 않는다. 텅 빈, 아니 횡 뚫린 구멍이 난들 난 벌써 뛰기는커녕 기어갈 힘도 없을 것이다. 진이 빠진 걸 뭐. 그래도 누구와 약속을 하고, 인사를 하고 웃기도 하고 그럴 수 있는 내가 가끔 신통해진다.

누가 꽃이 곱다 했나? 누가 하늘이 푸르다 했나. 시는커녕 산문 한 줄 못 쓰는 자칭 시인이 있소. 나무랄 것이 아니라 슬픈 그의 환각을 위하여 당신도 구슬픈 조가를 부르슈. "네로"를 읽고 난 울었다. 가엾은 그의 환각에 난 한없이 슬퍼졌었다. 내가 쪼그마한 또 하나의 자칭 사이비…… 아닐까 두려워졌다. 두렵다함이 벌써 뒤를 두는 희망을 주는 말이니 어처구니없다. 이것도 낙서*¹(樂書)에 속한다.

---

*1 만든 말. 글을 좋아한다는 뜻으로, 낙서(落書)와 동음.

정양완(鄭良婉)

1929년 서울에서 정인보와 조경희의 딸로 태어나다. 서울대학교 국문학과와 동 대학원을 졸업, 문학박사 학위를 받았다. 성신여자대학교·한국학중앙연구원 교수·연세대 객원교수 및 북경 중앙민족대학 객좌교수 등 역임. 위암(韋庵) 장지연상 수상(2008). 저서에 《조선조후기 한시 연구》《강화학파의 문학과 사상》《육아일기》 그리고 수필집과 논문들과 역주서 《담원문록(薝園文錄)》《내훈(內訓)》《영세보장(永世寶藏)》《일본동양문고본 고전소설해제》 교주서 《규합총서(閨閤叢書)》 등이 있다.

World Book 290

昭惠王后

內訓/鄭寅普小傳
내훈/정인보 소전

소혜왕후/정양완 옮겨풀어씀

1판 1쇄 발행/2020. 1. 1
발행인 고정일
발행처 동서문화사
창업 1956. 12. 12. 등록 16-3799
서울 중구 마른내로 144
☎ 546-0331~6 Fax. 545-0331
www.dongsuhbook.com

＊

ISBN 978-89-497-1736-4 04080
ISBN 978-89-497-0382-4 (세트)